普通高等教育"十一五"国家级规划教材

农村财政与金融

主编 邱成学
参编 （按姓氏笔画排序）
　　　李香允　杜　放　邱　爽
　　　张松灿　张艳玲　赵树敏
　　　曹秀娟

东南大学出版社
·南京·

内 容 提 要

本书的主要内容分为农村财政、农村金融两篇，共 10 章。农村财政篇打破按"收、支、平、管"构建"财政"教材体系的惯例，另辟蹊径把其整合为农村财政概述、农村财政管理、农村税收、农税征管和农村财政政策五个"板块"（章）；农村金融篇则设置了农村金融概论、农村金融业务、农村融资工具、农业保险和农村涉外金融业务五个"板块"，此举也突破了按"货币、信用、银行"构建"金融"教材体系的惯例。

本书最显著的特色是一改过去本末倒置即以财政、金融的基本理论和基础知识为主体内容，以农村经济与财政、信贷分配"结合部"为辅助内容的农村经济与财政、金融"三要素"、"两结合"教材模式，使农村财政、农村金融真正自成体系，而不是沦为财政、金融的"附庸"，成为真正意义上的教材主体，并使教材成为名副其实的"农村财政与金融"。

本书虽然作为普通高等教育"十一五"国家级规划教材，为农林管理专业"量身定做"，但亦可供本科及高职高专院校的财政、税收、金融、保险等经济管理类专业作为教学用书，更可供农村财政、农村金融领域的实际工作者作为培训教材。编者认为亦可供高等院校（本科）农林类专业作为教学参考用书。

图书在版编目（CIP）数据

农村财政与金融 / 邱成学主编. —南京：东南大学出版社，2011.2（2024.1 重印）
ISBN 978-7-5641-2580-6

Ⅰ.①农… Ⅱ.①邱… Ⅲ.①农村—财政—基本知识—中国②农村金融—基本知识—中国 Ⅳ.①F812.8 ②F832.35

中国版本图书馆 CIP 数据核字（2010）第 262968 号

东南大学出版社出版发行
（南京四牌楼 2 号　邮编 210096）
出版人：江建中
江苏省新华书店经销　广东虎彩云印刷有限公司印刷
开本：787mm×1092mm　1/16　印张：26.5　字数：662 千字
2011 年 2 月第 1 版　2024 年 1 月第 8 次印刷
定价：43.00 元

（凡有印装质量问题，可直接向读者服务部调换。电话：025-83792328）

前　言

自2002年8月"全国教育科学'十五'规划、教育部重点课题项目"职业教育教学改革的研究与实验"子课题——职教《农村财政与金融》四种版本教材的比较研究及体系创新"课题启动以来,我们在教学实践中,对新的教材体系边设计、边撰写、边试用、边修订、边评价,使之日臻完善。到本教材出版为止,一方面适应了提升农村财政与金融教学水平之需要;另一方面促成了课题研究之深入开展。

按照新的教材体系设计、撰写的《农村财政与金融》,其科学性、创新性、实效性主要体现在：在教材体系、章节设置方面有新的突破——农村财政与农村金融成并立之势,两相匹配,更加均衡,对农村财政与金融从理论层面和实证层面都做出了新的科学解释,从而突破了困扰学界多年的农村财政与农村金融不匹配的教学瓶颈,教材名称通过"正名",根除了"财政"作为属概念与"农村金融"作为种概念不属同级概念,二者用连词"与"相提并论,教材架构有父子同一辈分之嫌的简单形式逻辑错误,得以名正言顺。

本书分为农村财政、农村金融两篇,共10章。农村财政篇打破按"收、支、平、管"构建"财政"教材体系的惯例,另辟蹊径把其整合为农村财政概述、农村财政管理、农村税收、农税征管和农村财政政策5个"板块"(章);农村金融篇则设置了农村金融概论、农村金融业务、农村融资工具、农业保险和农村涉外金融业务5个"板块",此举也突破了按"货币、信用、银行"构建"金融"教材体系的惯例。

本书最显著的特色是一改过去本末倒置即以财政、金融的基本理论和基础知识为主体内容,以农村经济与财政、信贷分配"结合部"为辅助内容的农村经济与财政、金融"三要素"、"两结合"教材模式,使农村财政、农村金融真正自成体系,而不是沦为财政、金融的"附庸",成为真正意义上的教材主体。

本书力求构造一个以培养学生应职岗位综合能力为核心,以国家颁布的最新法律规范为依据,以能力模块取代三基本正"金字塔"状教学框架。本教材体例更像一个倒置的金字塔,它的塔锥即"两基"被淡化、弱化、简化到最低限度——以够用为度,它的塔顶则是一个以能力体系构造的大平台,被强化到最大限度——编者力所能及的极致。尽管教材依然保留了章、节设置的惯例,但每章、节实质上构成了相对独立的"教学单元"、"教学分单元"。

本书由邱学成任主编,负责全书编审定稿。本书编写人员分工如下：邱学成编写第1章(第1章初稿由杜放教授编写,但杜教授写出初稿即出国,所以邱学成重写了第1章);张松灿编写第2章、第5章;曹秀娟、赵树敏编写第3章、第4章;邱成学、邱爽编写第6章;李香允编写第7章、第8章;张艳玲编写第9章、第10章。

本书在编写过程中参考了大量国内外的相关教材和论著,借鉴了一些有益的说法,在此一并致谢。由于时间和水平所限,难免存在错误和疏漏之处,恳请指正。

编者
2011年1月

目 录

财 政 篇

1 农村财政概述 ……………………………………………………………………（ 1 ）
  1.1 财政与农村财政 …………………………………………………………（ 1 ）
    1.1.1 财政概述 ……………………………………………………………（ 1 ）
    1.1.2 政府收支分类 ………………………………………………………（ 2 ）
    1.1.3 农村财政的理论界定 ………………………………………………（ 4 ）
  1.2 农村财政收入 ……………………………………………………………（ 5 ）
    1.2.1 政府收入分类 ………………………………………………………（ 5 ）
    1.2.2 农村财政收入分类 …………………………………………………（ 6 ）
  1.3 农村财政支出 ……………………………………………………………（ 7 ）
    1.3.1 政府支出分类 ………………………………………………………（ 7 ）
    1.3.2 农村财政支出分类 …………………………………………………（11）
  1.4 财政支农资金 ……………………………………………………………（18）
    1.4.1 财政支农资金概述 …………………………………………………（18）
    1.4.2 财政支农资金的种类 ………………………………………………（19）
    1.4.3 财政支农资金的发展现状 …………………………………………（22）
    1.4.4 当前"三农"及"三农"财政政策方面存在的主要问题 …………（26）
    1.4.5 财政支农的改进措施 ………………………………………………（27）
    1.4.6 财政支农资金的分配使用 …………………………………………（28）
    1.4.7 财政支农资金的管理监督 …………………………………………（29）
  1.5 我国的财政与税务机构设置 ……………………………………………（29）
    1.5.1 财政机构设置 ………………………………………………………（30）
    1.5.2 税务机构设置 ………………………………………………………（39）

2 农村财政管理 …………………………………………………………………（41）
  2.1 财政管理体制概述 ………………………………………………………（41）
    2.1.1 财政管理体制的含义 ………………………………………………（41）
    2.1.2 财政管理体制的原则 ………………………………………………（42）
    2.1.3 财政管理体制的类型 ………………………………………………（42）
    2.1.4 财政管理体制的发展、演变 ………………………………………（42）
  2.2 政府预算管理 ……………………………………………………………（43）
    2.2.1 政府预算概述 ………………………………………………………（43）
    2.2.2 预算收支范围 ………………………………………………………（53）
    2.2.3 预算编制 ……………………………………………………………（54）
    2.2.4 预算执行 ……………………………………………………………（58）

2.2.5　预算调整………………………………………………………（61）
　　　2.2.6　政府决算………………………………………………………（62）
　2.3　预算外资金管理………………………………………………………（65）
　　　2.3.1　预算外资金概述………………………………………………（65）
　　　2.3.2　预算外资金管理的原则与制度………………………………（70）
　2.4　乡镇财政管理…………………………………………………………（76）
　　　2.4.1　乡镇财政管理的基本任务……………………………………（76）
　　　2.4.2　乡镇财政的收支范围…………………………………………（76）
　　　2.4.3　乡镇财政管理体制……………………………………………（78）
　　　2.4.4　乡镇财政机构设置和人员编制………………………………（81）
　　　2.4.5　预算法中对乡镇财政的规定…………………………………（83）

3　农村税收………………………………………………………………（84）
　3.1　税收概述………………………………………………………………（84）
　　　3.1.1　税收的含义……………………………………………………（84）
　　　3.1.2　税收的特征……………………………………………………（84）
　　　3.1.3　税收的产生和发展……………………………………………（84）
　　　3.1.4　税与费的区别…………………………………………………（85）
　　　3.1.5　税收的本质……………………………………………………（86）
　　　3.1.6　税收的职能……………………………………………………（86）
　　　3.1.7　税收原则………………………………………………………（86）
　　　3.1.8　国税与地税……………………………………………………（87）
　3.2　我国税收制度的要素结构……………………………………………（87）
　　　3.2.1　税收体系——我国税收制度的模式…………………………（87）
　　　3.2.2　税收制度的构成要素…………………………………………（87）
　3.3　农村税收的种类………………………………………………………（90）
　　　3.3.1　流转税…………………………………………………………（90）
　　　3.3.2　所得税…………………………………………………………（103）
　　　3.3.3　资源税…………………………………………………………（111）
　　　3.3.4　财产税…………………………………………………………（119）
　　　3.3.5　行为税…………………………………………………………（126）
　　　3.3.6　农业税…………………………………………………………（132）

4　农税征管………………………………………………………………（136）
　4.1　税金计算………………………………………………………………（136）
　　　4.1.1　比例税率应纳税额的计算……………………………………（136）
　　　4.1.2　累进税率应纳税额的计算……………………………………（136）
　　　4.1.3　定额税率应纳税额的计算……………………………………（139）
　4.2　税收征管………………………………………………………………（140）
　　　4.2.1　税收征管概述…………………………………………………（140）

    4.2.2 税务管理……(150)
    4.2.3 违反税收征管法的法律责任……(162)
    4.2.4 税务代理……(165)
  4.3 农村税制改革……(167)
    4.3.1 30年税制改革经历的三个阶段……(168)
    4.3.2 30年税制改革经历的六大变革……(169)

5 农村财政政策……(173)
  5.1 财政政策概述……(173)
    5.1.1 财政政策的含义和种类……(173)
    5.1.2 财政政策的目标、工具、功能……(176)
    5.1.3 财政政策的调节方式……(180)
    5.1.4 财政政策与货币政策的差异……(180)
    5.1.5 财政政策与货币政策的搭配模式……(181)
  5.2 财政农业支持……(182)
    5.2.1 财政农业支持的相关概念及理论依据……(183)
    5.2.2 我国财政农业支持存在的突出问题……(185)
    5.2.3 我国财政农业支持的原则……(187)
    5.2.4 近年来中央对发展"三农"事业的政策……(188)
    5.2.5 财政农业支持的范围及效率……(190)
  5.3 农村教育……(192)
    5.3.1 农村教育的类型及其经费投入机制……(192)
    5.3.2 农村教育综合改革……(195)
  5.4 农村公共卫生……(197)
    5.4.1 农村公共卫生的基本理论……(197)
    5.4.2 农村公共卫生的状况及成因……(198)
    5.4.3 建立和完善农村公共卫生服务体系……(199)
    5.4.4 建立新型农村合作医疗制度……(201)
  5.5 农村社会保障制度……(203)
    5.5.1 农村社会保障制度的内涵……(203)
    5.5.2 农村社会养老保险……(204)
    5.5.3 农村社会救济(助)制度……(206)

金融篇

6 农村金融概论……(210)
  6.1 金融与农村金融……(210)
    6.1.1 金融概述……(210)
    6.1.2 农村金融概述……(212)
  6.2 农村金融体系……(216)
    6.2.1 农业政策性金融……(216)

        6.2.2 合作金融 …………………………………………………………………… (217)
        6.2.3 商业金融 …………………………………………………………………… (219)
        6.2.4 三者之间的关系 …………………………………………………………… (220)
    6.3 中国农村金融的发展历程 ………………………………………………………… (220)
        6.3.1 新中国成立初期的大发展时期(1950—1957) ……………………………… (220)
        6.3.2 人民公社化后长达20年的大波折时期(1958—1978) …………………… (221)
        6.3.3 改革开放后的恢复、改革、攻坚时期(1979—现在) …………………… (222)
    6.4 农村货币流通 ……………………………………………………………………… (227)
        6.4.1 农村货币流通的特点 ……………………………………………………… (227)
        6.4.2 农村货币流通的衡量与调节 ……………………………………………… (229)
    6.5 农业资金与农业信贷资金 ………………………………………………………… (233)
        6.5.1 农业资金的含义和特殊性 ………………………………………………… (233)
        6.5.2 农业信贷资金的含义和作用 ……………………………………………… (234)
    6.6 农村金融机构体系 ………………………………………………………………… (235)
        6.6.1 农村金融体系中的政策性金融机构——中国农业发展银行 …………… (236)
        6.6.2 农村金融体系中的商业性金融机构——中国农业银行 ………………… (237)
        6.6.3 农村金融体系中的社区性地方金融机构——农村信用社 ……………… (241)
        6.6.4 农村金融体系中的新军——中国邮政储蓄银行 ………………………… (246)
        6.6.5 试点中的小额贷款组织——小额贷款公司 ……………………………… (248)
        6.6.6 试点中的新型农村金融机构——村镇银行、贷款子公司、
              农村资金互助社 …………………………………………………………… (252)

7 农村金融业务 …………………………………………………………………………… (257)
    7.1 中国农业银行的农村金融业务 …………………………………………………… (257)
        7.1.1 存款业务 …………………………………………………………………… (257)
        7.1.2 贷款业务 …………………………………………………………………… (262)
        7.1.3 中间业务 …………………………………………………………………… (266)
    7.2 农村信用社业务 …………………………………………………………………… (271)
        7.2.1 负债业务 …………………………………………………………………… (271)
        7.2.2 资产业务 …………………………………………………………………… (272)
        7.2.3 资产负债联合管理 ………………………………………………………… (276)
        7.2.4 中间业务 …………………………………………………………………… (276)
    7.3 农业发展银行业务 ………………………………………………………………… (278)
        7.3.1 农发行的资金来源业务 …………………………………………………… (278)
        7.3.2 农发行的贷款业务 ………………………………………………………… (278)
        7.3.3 农发行的中间业务 ………………………………………………………… (279)
    7.4 三类新型农村金融机构的业务 …………………………………………………… (280)
        7.4.1 村镇银行业务 ……………………………………………………………… (280)
        7.4.2 贷款公司业务 ……………………………………………………………… (280)
        7.4.3 农村资金互助社业务 ……………………………………………………… (280)

7.5 利息与利率 …………………………………………………………………… (281)
　　7.5.1 利息 ………………………………………………………………… (281)
　　7.5.2 利率 ………………………………………………………………… (282)

8 农村融资工具 …………………………………………………………………… (286)
8.1 货币证券——票据 …………………………………………………………… (286)
　　8.1.1 票据概述 ……………………………………………………………… (286)
　　8.1.2 汇票 …………………………………………………………………… (288)
　　8.1.3 本票 …………………………………………………………………… (290)
　　8.1.4 支票 …………………………………………………………………… (292)
　　8.1.5 票据贴现 ……………………………………………………………… (295)
8.2 资本证券——股票、债券、投资基金 ……………………………………… (297)
　　8.2.1 股权证券——股票 …………………………………………………… (297)
　　8.2.2 债权证券——债券 …………………………………………………… (305)
　　8.2.3 信托契约证券——投资基金 ………………………………………… (321)
8.3 证券市场中介机构 …………………………………………………………… (329)
　　8.3.1 证券经营机构 ………………………………………………………… (329)
　　8.3.2 证券服务机构 ………………………………………………………… (340)
8.4 证券监管机构 ………………………………………………………………… (342)
　　8.4.1 自律性组织 …………………………………………………………… (342)
　　8.4.2 政府证券监管机构 …………………………………………………… (342)

9 农业保险 ………………………………………………………………………… (344)
9.1 保险概述 ……………………………………………………………………… (344)
　　9.1.1 保险的含义及保险体现的经济关系、法律关系 …………………… (344)
　　9.1.2 保险的要素与分类 …………………………………………………… (345)
　　9.1.3 保险的功能与原则 …………………………………………………… (346)
　　9.1.4 中国保险业的历史、现状与前瞻 …………………………………… (348)
9.2 保险合同 ……………………………………………………………………… (349)
　　9.2.1 保险合同的含义与特点 ……………………………………………… (349)
　　9.2.2 保险合同的法律关系 ………………………………………………… (350)
　　9.2.3 保险合同的订立、变更、转让、无效和终止 ……………………… (352)
　　9.2.4 保险合同的解释原则 ………………………………………………… (354)
　　9.2.5 保险合同争议处理的方式 …………………………………………… (354)
9.3 保险业务流程 ………………………………………………………………… (355)
　　9.3.1 保险展业 ……………………………………………………………… (355)
　　9.3.2 保险承保 ……………………………………………………………… (355)
　　9.3.3 保险理赔 ……………………………………………………………… (356)
9.4 农业保险实务 ………………………………………………………………… (357)
　　9.4.1 农业保险概述 ………………………………………………………… (357)

9.4.2 农业保险的主要内容 ···(361)
　　　9.4.3 我国农业保险的组织形式 ······································(369)
　　　9.4.4 我国农业保险业的发展历程与现状 ··························(373)

10 农村涉外金融业务 ···(377)
10.1 国际收支 ···(377)
　　　10.1.1 国际收支的含义 ··(377)
　　　10.1.2 国际收支平衡表 ··(378)
　　　10.1.3 国际收支的调节 ··(380)
　　　10.1.4 国际收支失衡的经济影响 ·····································(381)
10.2 外汇与汇率 ···(387)
　　　10.2.1 外汇的含义与种类 ···(387)
　　　10.2.2 外汇汇率 ···(389)
　　　10.2.3 汇率变动的经济分析 ···(392)
　　　10.2.4 汇率制度与外汇管理 ···(394)
　　　10.2.5 人民币汇率制度与我国的外汇管理 ·······················(396)
10.3 利用外资 ···(402)
　　　10.3.1 利用外资的意义与原则 ·······································(402)
　　　10.3.2 利用外资的形式 ··(403)
　　　10.3.3 我国农业利用外资现状 ·······································(408)

参考文献 ··(413)

1 农村财政概述

[学习目标]

知识目标：识记财政的含义、政府收支分类，特别是农村财政的理论界定；理解财政支农的含义、对象和目标，财政支农资金的分配使用；掌握国家如何加强对财政支农资金的管理监督等问题。

技能目标：熟知农村财政收支的分类内容；正确理解财政支农资金的作用、存在的问题；正确把握县级财政、税务机构现行设置及其对农村财税的作用。

能力目标：能正确梳理农村财政收支分类内容在改革前后的发展变化，培养从事农村财税工作如农村集体或农民申请使用财政支农资金的基本能力。

1.1 财政与农村财政

1.1.1 财政概述

1) 财政的含义

财政是以国家为主体，为了实现国家职能的需要，参与社会产品的分配和再分配以及由此而形成的国家与各有关方面之间的分配关系。财政包括财政收入和财政支出两个部分。

人类社会迄今为止，存在三种经济体制形态：自然经济、市场经济和计划经济。相应的，财政也就形成了三种类型：家计财政、公共财政和国家财政。

(1) 家计财政 "家计财政"是指个人的、私人的财政。在自然经济下，主要是君主制或寡头专政，处于"溥天之下，莫非王土；率土之滨，莫非王臣"（出自《诗·小雅·北山》）的"家天下"状态。整个国家都属私人所有，财政作为国家进行的收支活动很自然地也就具有个人或私人的性质，即"家计"的性质。

(2) 公共财政 "公共财政"最初产生于西欧。市场经济作为一种体制形式在西欧经过了数百年的产生、发展和完善的过程，与之相对应的公共财政，也经历了数百年的产生、发展和完善的过程。公共财政是与市场经济相适应的一种财政类型与模式。为市场提供公共服务，是其区别于其他财政类型的根本性质。

公共财政也是政府进行的分配活动或经济活动，这是它与自然经济和计划经济下的财政所共同具有的性质。但是，公共财政只能为市场提供公共服务，这又使得它不同于只为君主私人服务的自然经济下的财政，或只为"国家"服务的计划经济下的财政。这样，"公共"就是市场经济给予市场型财政的根本性质。

为市场提供公共服务,是市场经济对政府及财政提出的根本要求。对于市场经济来说,政府及其财政提供的公共服务是必不可少的,这是市场活动必须具备的"外部条件"。反过来,市场也必须将政府及其财政的活动限制在一定范围和规模内,才能避免政府和财政对市场的危害。因此,"为市场提供公共服务"就成为市场经济下的财政的根本性质。而"为市场提供公共服务"的财政,也就是"公共"财政,从而市场型财政就具有"公共"这一根本性质。

(3) 国家财政　与计划经济相对应的"国家财政",是作为国家直接配置社会资源的手段,表现为"满足实现国家自身职能的需要"而进行的分配。企业只是国家和政府的行政附属物,个人只是企业或单位的行政附属物,整个社会和国家以政府为中心形成一个大企业,财政则是这个大企业的总财务。企业和个人的活动只能服从与围绕着国家和政府的经济计划来开展,财政也只能服从与围绕着国家的需要而活动——具有"国家"财政的性质。

2) 财政的特征

(1) 财政分配的主体　财政分配的主体是国家,在任何社会形态下都是如此。财政分配以国家存在为前提,由国家来组织进行,国家在财政分配中居于主导地位。这是财政分配区别于其他分配范畴的基本特征,包含了以下三层含义:一是国家是财政分配的前提;二是国家在财政分配中处于主动、支配的地位;三是财政分配是在全社会范围内进行的集中性分配。

(2) 财政分配的对象　从财政分配的实际内容来考察,财政分配的对象是社会产品,主要是剩余产品。

(3) 财政分配的目的　财政分配的目的是保证国家实现其职能的需要,这种需要属于社会公共需要。所谓社会公共需要,是指向社会提供公共安全、秩序、公民基本权利和经济发展的社会条件等方面的需要。社会公共需要分为三个层次:一是保证执行国家职能的需要(典型的社会公共需要),如国防、外交、普及教育等;二是准社会公共需要,如高等教育、医疗事业;三是大型公共设施,如邮政、民航、电力和城市公共设施等。

社会公共需要具有四个特征:一是提供的公共产品,其效用具有"不可分割性";二是为满足社会公共需要提供的产品不具有排他性;三是社会成员享用为满足社会公共需要所提供的产品和服务,无需付出代价或只需付出少量的费用;四是其物质来源只能是剩余产品价值的一部分。

1.1.2　政府收支分类

1) 政府收支分类的含义

政府收支分类是对政府收入和支出进行类别和层次划分,以全面、准确、清晰地反映政府收支活动。政府收支分类科目是编制政府预决算、组织预算执行以及预算单位进行会计明细核算的重要依据。

2) 政府收支分类改革

为完整、准确地反映政府收支活动,进一步规范预算管理、强化预算监督,财政部决定自2007年1月1日起全面实施政府收支分类改革。

(1) 改革的重要意义　进行政府收支分类改革,建立一套包括收入分类、支出功能分类和支出经济分类在内的完整规范的政府收支分类体系,一是有利于全面、准确、清晰地反映市场经济条件下政府的收支活动,合理把握财政调控力度,进一步优化支出结构,提高财政运行效率;二是有利于继续深化部门预算、国库集中收付、政府采购等各项改革,增加预算透明度,强化财政监督,从源头上防止腐败;三是有利于建立与国际接轨的、高效实用的财政统计分析体系,不断推进国际合作与交流。

(2) 改革的指导思想与基本原则

① 改革的指导思想:适应市场经济条件下转变政府职能、建立健全公共财政体系的总体要求,逐步形成一套既适合我国国情又符合国际通行做法的、较为规范合理的政府收支分类体系,为进一步深化财政改革、提高预算透明度、强化预算监督创造有利条件。

② 改革的基本原则:一要有利于公共财政体系的建立;二要有利于预算的公正、公开、细化、透明;三要有利于加强财政经济分析与决策;四要有利于国际比较与交流。

(3) 改革的主要内容 以建立包括收入分类、支出功能分类和支出经济分类在内的政府收支分类体系为目标,改革主要从以下三个方面展开:

① 对政府收入进行统一分类,全面、规范、细致地反映政府各项收入。收入分类全面反映政府收入的来源和性质,不仅包括预算内收入,还包括预算外收入、社会保险基金收入等应属于政府收入范畴的各项收入。从分类方法上看,原收入分类只是各种收入的简单罗列,如各项税收、行政事业性收费、罚没收入等。新的收入分类按照科学标准和国际通行做法将政府收入划分为税收收入、社会保险基金收入、非税收入、贷款转贷回收本金收入、债务收入以及转移性收入等,这为进一步加强收入管理和数据统计分析创造了有利条件。从分类结构上看,原收入分类分设类、款、项三级,改革后分设类、款、项、目四级,多了一个层次。四级科目逐级细化,以满足不同层次的管理需求。

② 建立支出功能分类体系,更加清晰地反映政府各项职能活动。支出功能分类不再按基本建设费、行政费、事业费等经费性质设置科目,而是根据政府管理和部门预算的要求,统一按支出功能设置类、款、项三级科目,分别为17类、170多款、800多项。类级科目综合政府职能活动,如国防、外交、教育、科学技术、社会保障和就业、环境保护等;款级科目为完成某项政府职能所进行的某一方面的工作,如"教育"类下的"普通教育";项级科目为完成某一方面的工作所发生的具体支出事项,如"水利"款下的"抗旱"、"水土保持"等。新的支出功能科目能够清楚地反映政府支出的内容和方向,可有效解决原支出预算"外行看不懂、内行说不清"的问题。

③ 建立支出经济分类体系,全面、规范、明晰地反映政府各项支出的具体用途。按照简便、实用的原则,支出经济分类科目设类、款两级,分别为12类和90多款。类级科目具体包括工资福利支出、商品和服务支出、对个人和家庭的补助、转移性支出、基本建设支出等。款级科目是对类级科目的细化,主要体现部门预算编制和预算单位财务管理等有关方面的具体要求。如基本建设支出进一步细分为房屋建筑物购建、专用设备购置、大型修缮等。全面、明细的支出经济分类是进行政府预算管理、部门财务管理以及政府统计分析的重要手段。

改革后的政府收支分类体系由"收入分类"、"支出功能分类"、"支出经济分类"三部分构成。

3) 政府收支分类体系涵盖范围

政府收支分类不仅涵盖了原政府预算收支科目中的一般预算、基金预算和债务预算收支,而且还纳入了社会保险基金收支和财政专户管理的预算外收支,从而形成了完整的政府收支概念。

由于此次政府收支分类改革并不改变现有预算管理方式,因此各级财政部门仍然要用新的政府收支分类科目继续分别编制政府一般预算、政府性基金预算和预算外收支预算等。与此同时,各级财政部门也可用新科目进行全部政府收支的统计汇总。

4) 政府收支分类在财政管理中的具体运用

(1) 编制和汇总预决算　各地区、各部门、各单位的预决算收支都要按照政府收支分类统一规定的科目填报汇总。

(2) 办理预算缴、拨款　各单位和个人都要按照政府收支分类科目填制专用凭证,办理缴、拨款,进行对账和结算。

(3) 组织会计核算　各级财政总会计、各单位预算会计的收支明细账,都要按政府收支分类科目进行核算。

(4) 报告预算执行情况　各地区、各部门、各单位都要按照政府收支分类科目,定期汇编总预算和单位预算收支执行情况表,以便各级人大、政府、社会公众及时了解预算收支执行情况。

(5) 进行财务考核分析　行政事业单位可以综合运用支出功能分类和支出经济分类,对既定的行政事业计划任务和单位预算进行分析比较、绩效考核。

(6) 进行财政收支统计　政府财政收支数据只有按统一的政府收支分类科目进行归集、整理,才可与有关历史数据、国际数据进行合理的对比分析。

5) 政府收支分类改革是否改变现行的预算管理方式

新的政府收支分类体系为预算管理方式的改进和完善创造了更为有利的条件。但是,此次政府收支分类改革并不改变现有预算管理方式。考虑到管理的需要和工作方便,在统一的政府收支分类的基础上,又拆分出了一般预算收支科目、基金预算收支科目、债务预算收支科目。这样,各级财政部门既可用新的政府收支分类科目继续分别编制政府一般预算、政府性基金预算等,也可用新科目进行全部政府收支预算的统计汇总。新科目的具体使用,可依照中央和地方各级预决算编制的有关要求进行。

6) 新旧科目数据如何进行对比分析

改革前后科目名称、口径发生了较大变化,如新科目中的"教育支出",除包括原"教育事业费"之外,还包括教育基本建设支出,教育行政费支出以及其他用于教育方面的支出。为保证2007年改革后与上年有关预算、执行数据的可比性,各级财政部门要对2006年的预算及其分月执行数按新科目进行数据转换,以实现新旧科目的衔接和可比。但改革后新科目数据与以前年度的旧科目数据之间不宜再进行直接比较。

1.1.3 农村财政的理论界定

农村是个相对于城市而言的地域或社区概念。从理论上说,凡城市以外的区域都是农村。具体来说,农村社区包括大的比较分散的农村居民点(村、屯),也包括比较集中的大大小小的各种类型的农村集镇(建制镇)。县城(县级市)是一个县(市)的政治、经济、文化中心,既具有城市的某些特点,又不乏农村的某些特色,是城市、农村经济的结合部、混合体,它在国民经济中处在承上启下、沟通城乡并且总揽农村经济大局的"龙头"地位。考虑到县作为一级政府领导农村、服务社会的职能,将其归属于农村范围,以作为划分农村财政的一个前提概念。这样,我们就可将农村财政界定为县、乡两级政府的理财活动。

在我国五级财政框架中,县乡级属于基层政权。县域国民经济是国民经济中最基本的子系统,是我国政治经济生活、社会生活、文化生活的支撑点,起着承上启下的重要作用。

把农村财政作为特定领域经济学、财政学的一个分支来研究,是由农村、农业、农民问题的特殊性决定的。首先,从总体来看,农村经济以农业为基础产业,而农业作为弱势产业还需要政府财政的反哺和扶持;其次,与城市经济相比,农村社区的国民收入及人均收入水平还有较大的差距,尤其是老、少、边、穷地区,还需要在各级政府的支持和帮助下解决温饱问题;第三,农村经济的所有制形式仍以集体合作制经济为主(家庭联产承包只是经营方式的改变)和农村经济商品化程度较低的特点也都需要政府财政给予特殊的安排和支援。进入21世纪,新一代中国领导人选择农村税费改革作为解决改革、发展中首要的"三农"问题的战略突破口,无疑是最具权威性的实证。在充分肯定农村税费改革取得了巨大成效的同时,农村税费改革中存在的问题也日益显现,诸如县、乡两级财政收支矛盾日趋尖锐、基础教育投入存在缺口、农业资金投入不足、农村社会保障压力不断加大等,无不需要加强对农村财政问题的研究。但由于我国现行的政府预算管理体制实行中央与地方五个级次的分级预、决算制度,而不是城乡分离的政府预算管理体制,上述城市财政和农村财政就只能是一种理论经济学、规范经济学意义上的相对划分,在实际、实证层面上尚不具备对其单独立法进而进行独立操作的条件。因此,对农村财政体系运作的分析、阐释,我们只能侧重于县、乡两级政府的理财活动,而不可能将其从赖以生存的五级财政体制的有机整体中硬性剥离或割裂出来,这样只会造成支离破碎而难以窥其"全豹"。从社会发展的大趋势、大背景来看,随着"三大差别"的逐渐消弭,城乡二元经济的格局将渐趋一元化、一体化。农村财政的理念必将淡化、淡出直至消失。基于这种考虑,既然"肢解"的办法已被证明并不足取,因此,本书尝试采取了一种不同于以往"农村财政金融"类教材的这种有侧重、不剥离的新的表述方式,即将农村财政作为政府财政的有机构成而不是纯粹意义上的个体来阐释,以免造成似是而非的误导。这是尊重客观实际的唯一选择,因为,目前我们还找不出比此更切合实际、更科学的方法。

1.2 农村财政收入

1.2.1 政府收入分类

1) 政府收入分类的含义

政府收入是预算年度内通过一定的形式和程序,有计划地筹措到的归国家支配的资金,是国家参与国民收入分配的主要形式,是国家实现职能的财力保障。政府收入分类即将各类政府收入按其性质进行归类和层次划分,以便全面、准确、清晰地反映政府收入的总量、结构及来源情况。

2) 现行收入分类科目的主要内容

收入分类主要反映政府收入的来源和性质。根据目前我国政府收入构成情况,结合国际通行的分类方法,将政府收入分为类、款、项、目四级。其中,类、款两级科目设置情况如下:

(1) 税收收入　分设21款:增值税、消费税、营业税、企业所得税、企业所得税退税、个人所得税、资源税、固定资产投资方向调节税、城市维护建设税、房产税、印花税、城镇土地使用税、土地增值税、车船税、船舶吨税、车辆购置税、关税、耕地占用税、契税、烟叶税、其他税收收入。

（2）**社会保险基金收入** 分设6款：基本养老保险基金收入、失业保险基金收入、基本医疗保险基金收入、工伤保险基金收入、生育保险基金收入、其他社会保险基金收入。

（3）**非税收入** 分设8款：政府性基金收入、专项收入、彩票资金收入、行政事业性收费收入、罚没收入、国有资本经营收入、国有资源（资产）有偿使用收入、其他收入。

（4）**贷款转贷回收本金收入** 分设4款：国内贷款回收本金收入、国外贷款回收本金收入、国内转贷回收本金收入、国外转贷回收本金收入。

（5）**债务收入** 分设2款：国内债务收入、国外债务收入。

（6）**转移性收入** 分设8款：返还性收入、财力性转移支付收入、专项转移支付收入、政府性基金转移收入、彩票公益金转移收入、预算外转移收入、上年结余收入、调入资金。

3）现行收入分类的主要特点

（1）从涵盖范围看，改革后的收入分类全面反映政府收入的来源和性质，不仅包括预算内收入，还包括预算外收入、社会保险基金收入等应属于政府收入范畴的各项收入。

（2）从分类方法看，原收入分类只是各种收入的简单罗列，如各项税收、行政事业性收费、罚没收入等。新的收入分类按照科学标准和国际通行做法将政府收入划分为税收收入、社会保险基金收入、非税收入、贷款转贷回收本金收入、债务收入以及转移性收入等，这为进一步加强收入管理和数据统计分析创造了有利条件。

（3）从分类结构看，原收入分类分设类、款、项三级，改革后分设类、款、项、目四级，多了一个层次。四级科目逐级细化，以满足不同层次的管理需要。

4）新旧收入分类的主要区别

（1）新的收入分类对所有政府收入按性质进行统一分类，使政府收入分类形式更趋规范。

（2）新的收入分类拓宽了收入涵盖范围，将社会保险基金和预算外收入纳入政府收入分类范围，使收入分类更加完整。

（3）新的收入分类对类款层次进行了调整，增加了一些汇总统计科目，如税收收入、非税收入，更便于财政收支统计和分析。

（4）利用新的政府收入分类科目，不仅可以分别编制一般收入预算、政府基金收入预算、预算外资金收入预算等，而且可以进行全部政府收入预算的汇总统计。

1.2.2 农村财政收入分类

农村财政收入是指县、乡两级政府财政职能部门组织的收入活动。由于我国目前尚无此层面的权威统计数据，所以编者这里引入涵盖了农村财政收入但比农村财政收入外延更宽泛的地方财政收入概念。地方财政收入是指地方财政年度收入，包括地方本级收入、中央税收返还和转移支付；或者说地方财政收入是中央财政收入的对称，由省（自治区、直辖市）、设区的市（自治州）、县（自治县、不设区的市、市辖区）、乡（民族乡、镇）四级的财政收入组成。

1）从结构内容角度看，地方本级财政收入包括地方财政收入、政府性基金收入和社保基金收入

（1）**地方财政收入** 包括增值税25%部分、企业所得税40%部分、个人所得税40%部

分、营业税、城市维护建设税、土地使用税、房产税、土地增值税、车船税、印花税、契税等税收收入，以及排污费、教育费附加、行政事业性收费、罚没收入、国有企业计划亏损补贴、其他收入等非税收入。

（2）政府性基金收入 政府性基金是指为支持某项公益事业发展，各级政府及其所属部门依照法律法规的规定，向公民、法人和其他组织无偿征收的具有专项用途的财政资金，主要包括地方教育附加、文化事业建设费、地方水利建设基金、残疾人就业保障金和土地出让金等收入。

（3）社保基金收入 主要指基本养老保险基金收入，基本医疗保险基金收入、工伤保险基金收入、失业保险基金收入、生育保险基金收入等五险收入。

2）从预算管理角度看，地方本级财政收入包括地方财政预算收入和预算外收入

（1）地方财政预算收入的内容 主要是地方所属企业收入和各项税收收入。各项税收收入包括营业税（不含铁道部门、各银行总行、各保险总公司集中缴纳的营业税）、地方企业所得税、个人所得税、城镇土地使用税、固定资产投资方向调节税、土地增值税、城市维护建设税（不含铁道部门、各银行总行、各保险总公司集中缴纳的部分）、房产税、车船税、印花税、农业税（其中农业特产税、牧业税已于 2006 年取消）、耕地占用税、契税、烟叶税（2006 年开征）、增值税（25%）、证券交易印花税的 3% 部分（2002 年以来的地方分成比例）和海洋石油资源税以外的其他资源税。另外，从 2002 年 1 月 1 日起，我国所得税（个人所得税、企业所得税）收入分配方式又有重大改革，2002 年所得税收入中央分享 50%，地方分享 50%，以后逐年调整分配比例，目前中央分享 60%，地方分享 40%，使用时要注意区分口径变化。地方财政预算收入还包括中央财政的调剂收入、补贴拨款收入及其他收入。

（2）地方财政预算外收入的内容 主要有各项税收附加，城市公用事业收入，文化、体育、卫生及农、林、牧、水等事业单位的事业收入，市场管理收入及物资变价收入等。

需要指出的是，1994 年分税制以后的地方财政收入与以前实行总额分成财政体制下的地方财政收入在内容和范围上有一定差别。

为了缓解地方政府的财政支出压力，自 2009 年起，中央级外商投资企业场地使用费收入，中央财政不再集中，由地方财政部门依法收取、安排使用。

中央级外商投资企业场地使用费收入是指中央部门所属企业及中央管理企业与外商合营创办的中外合资、合作经营企业缴纳的场地使用费，中央部门所属企业及中央管理企业与地方企业共同创办的中外合资、合作经营企业缴纳的场地使用费分成部分。

财政部要求各省市财政厅，外商投资企业是否缴纳场地使用费，应依据相关规定执行。应缴纳场地使用费的，地方各级财政部门应加强外商投资企业场地使用费征收管理，确保财政收入的及时、足额入库。

1.3 农村财政支出

1.3.1 政府支出分类

政府支出分类采用功能和经济两种分类标准。支出功能分类和支出经济分类从不同侧面以不同方式反映政府支出活动，有利于全面、完整、明晰地反映政府资金的使用情况。支出功能分类反映政府职能活动，说明政府的钱到底干了什么事，如办学校、修水利等；支出经

济分类反映政府支出的经济性质和具体用途，说明政府的钱是怎样花出去的，如办学校的钱究竟是发了工资，还是买了设备、盖了校舍。从某种意义上讲，支出经济分类是对政府支出活动更为明细的反映。

1）政府支出功能分类

（1）设置政府支出功能分类的作用　所谓支出功能分类，简单地讲，就是按政府主要职能活动分类。我国政府支出功能分类设置一般分为公共服务、外交、国防、公共安全等大类，类下再分款、项两级。这种分类主要有以下优点：

① 能够清晰地反映政府各项职能活动支出的总量、结构和方向，便于根据建立公共财政体制的要求和宏观调控的需要，有效地进行总量控制和结构调整。

② 支出功能分类与支出经济分类相配合，可以形成一个相对稳定的、既反映政府职能活动又反映支出性质、既有总括反映又有明细反映的支出分类框架，从而为全方位的政府支出分析创造有利条件。

③ 便于国际比较。支出按功能分类符合国际通行的做法，这种分类方法将各部门和单位相同职能的支出归于同一功能下，不受国家政府组织机构差别的影响，从而有利于进行国际比较。

（2）支出功能分类中类、款、项三级科目的确定　从总体上讲，支出功能分类中的类、款、项科目主要根据政府职能，按由大到小、由粗到细分层次设置。其中：类级科目反映政府主要职能，包括一般公共服务、国防、教育、公共安全等；款级科目反映政府履行某项职能所要从事的主要活动，如教育类下的普通教育、特殊教育等；项级科目反映某活动下的具体事项，如普通教育下的小学教育、初中教育等。

（3）我国支出功能分类科目的主要内容　支出功能分类主要反映政府各项职能活动及其政策目标。根据社会主义市场经济条件下政府职能活动情况及国际通行做法，将政府支出分为类、款、项三级。其中，类、款两级科目设置情况如下：

① 一般公共服务：分设人大事务等32款。

② 外交：分设外交管理事务等8款。

③ 国防：分设3款，包括现役部队及国防后备力量、国防动员、其他国防支出。

④ 公共安全：分设武装警察等10款。

⑤ 教育：分设教育管理事务等10款。

⑥ 科学技术：分设科学技术管理事务等9款。

⑦ 文化体育与传媒：分设6款，包括文化、文物、体育、广播影视、新闻出版、其他文化体育与传媒支出。

⑧ 社会保障和就业：分设社会保障和就业管理事务等17款。

⑨ 社会保险基金支出：分设6款，包括基本养老保险基金支出、失业保险基金支出、基本医疗保险基金支出、工伤保险基金支出、生育保险基金支出、其他社会保险基金支出。

⑩ 医疗卫生：分设医疗卫生管理事务等10款。

⑪ 环境保护：分设环境保护管理事务等10款。

⑫ 城乡社区事务：分设城乡社区管理事务等10款。

⑬ 农林水事务：分设7款，包括农业、林业、水利、南水北调、扶贫、农业综合开发、其他农林水事务支出。

⑭ 交通运输：分设4款，包括公路水路运输、铁路运输、民用航空运输、其他交通运输支

出。

⑮ 工业商业金融等事务：分设采掘业等18款。

⑯ 转移性支出：分设8款，包括返还性支出、财力性转移支付、专项转移支付、政府性基金转移支付、彩票公益金转移支付、预算外转移支出、调出资金、年终结余。

(4) 支出功能分类项级科目的具体设置情况　严格地讲，所有支出功能分类科目均应按政府职能活动设置，类、款、项三级只是粗细程度有所区别。但考虑到我国行政事业单位的不同特点以及部门预算管理的实际需要，在支出功能分类项级科目的设置方面采取了以下较为灵活的处理方法：

① 对所有行政单位的支出，均按三块设置项级科目，即设"行政运行"科目，反映行政单位的基本支出情况；设一个或多个特殊专项活动科目，反映较为特殊的项目支出；设"一般行政管理事务"科目，反映一般项目支出。

② 设"机关服务"科目，统一反映行政单位所属为机关工作服务的事业单位的支出。

③ 对部分事业单位的支出，在相关类、款科目之下，严格按功能分类原则设置项级科目。如"教育"类、"普通教育"款下设"小学教育"、"初中教育"等项级科目，完整地反映小学、初中的全部教育支出情况。

④ 对部分事业单位的支出，分设三块。一是设一个反映机构基本支出的科目。如"科学技术"类"基础研究"款下的"机构运行"，"农林水事务"类"林业"款下的"林业事业机构"。二是设一个或多个特殊专项业务活动科目，反映较为特殊的项目支出。三是其他一般专项业务支出统一在"其他"项级科目反映，如"科学技术"类下的有关科目。

⑤ 凡事业单位未设对应的支出项级科目的，其支出均在"其他"项级科目反映，如财政部所属投资评审中心的支出等。

(5) 支出功能分类科目与原预算支出类、款、项科目相比的变化　与原按经费性质设置的支出类、款、项科目相比，政府支出功能分类科目能够更加清晰地反映政府各项职能活动支出的总量、结构与方向，具体变化有五个方面：一是分类范围完整，即涵盖预算内外所有政府支出；二是分类标准统一，即统一按支出功能分类，确保集中、直观地反映政府职能活动；三是科目设置明细，充分体现预算细化、透明的要求；四是充分考虑国情，能给有关方面的管理与改革提供便利；五是与国际口径衔接，便于比较和交流。

值得注意的是，在现行预算管理方式不变的情况下，一般支出预算、基金支出预算、预算外支出预算等还将分别编制。但是，由于新的政府支出功能分类具有统一性，可以对上述分别编制的预算进行汇总，从而形成全部政府支出的概念。

(6) 地方可根据各地实际情况增设支出功能分类科目　在统一的政府支出功能分类框架下，地方可根据自身的特殊情况适当增设支出功能科目，但应注意以下问题：

① 为便于汇总全国的情况，支出功能分类中类、款两级科目由中央统一规定。地方需要增设的，应报财政部统一增设，地方不得自行调整。

② 地方某些支出没有专设的项级科目，又不宜在"其他"项级科目反映的，可增设项级科目。但在全国报表统计中，仍需并入"其他"科目反映。

2) **支出经济分类**

支出经济分类是按支出的经济性质和具体用途所作的一种分类。在支出功能分类明确政府职能活动的基础上，支出经济分类明细反映政府的钱究竟是怎么花出去的，是付了人员工资、会议费还是买了办公设备等。支出经济分类与支出功能分类从不同侧面、以不同方式反映政府支出活动,它们既是两个相对独立的体系,又是相互联系的,可结合使用。

(1) 政府收支分类单设支出经济分类的主要原因

① 使政府收支分类体系更加完整:依照国际通行做法,政府收入分类、支出功能分类以及支出经济分类共同构成一个全面、明晰地反映政府收支活动的分类体系。如果我们只设支出功能分类而不设支出经济分类,政府每一项支出的具体用途便无法反映。

② 使原有支出目级科目反映的内容更加明晰、完整:我国2001年以前只设有12个反映支出经济性质、具体用途的支出目级科目。2002年以后有关具体科目虽然细化、扩展到了30多个,但仍存在不够完整、不够明细的问题。比如,一些资本性支出就无法得到明晰反映。改革后的支出经济分类设类、款两级,款级科目达90多个,可以更加全面、清晰地反映政府支出情况。

③ 规范管理:支出经济分类既是细化部门预算的重要条件,同时也是预算单位执行预算和进行会计核算的基础。因此,单设支出经济分类对进一步规范和强化预算管理具有十分重要的意义。

(2) 支出经济分类科目的设置原则

① 全面反映的原则:支出经济分类将原来一个粗略反映政府部分支出性质的附属科目表,转变成一个可按支出具体用途独立反映全部政府支出活动的分类体系。

② 明晰反映的原则:支出经济分类较原预算支出目级科目更加细化,按预算管理要求分设90多个款级科目,可充分满足细化预算和强化经济分析的要求。

③ 便于管理的原则:支出经济分类科目的设置既参考了国际通行做法,也充分考虑了我国目前政府支出管理和部门预算改革的实际需要。

(3) 我国支出经济分类的主要内容 支出经济分类主要反映政府支出的经济性质和具体用途。支出经济分类设类、款两级,具体科目设置情况如下:

① 工资福利支出:分设7款,包括基本工资、津贴补贴、奖金、社会保障缴费、伙食费、伙食补助费、其他工资福利支出。

② 商品和服务支出:分设办公费等30款。

③ 对个人和家庭的补助:分设离休费等14款。

④ 对企事业单位的补贴:分设4款,包括企业政策性补贴、事业单位补贴、财政贴息、其他对企事业单位的补贴支出。

⑤ 转移性支出:分设2款,包括不同级政府间转移性支出、同级政府间转移性支出。

⑥ 赠与:下设2款,包括对国内的赠与、对国外的赠与。

⑦ 债务利息支出:分设6款,包括国库券付息、向国家银行借款付息、其他国内借款付息、向国外政府借款付息、向国际组织借款付息、其他国外借款付息支出。

⑧ 债务还本支出:分设2款,包括国内债务还本、国外债务还本。

⑨ 基本建设支出:分设9款,包括房屋建筑物购建、办公设备购置、专用设备购置、交通工具购置、基础设施建设、大型修缮、信息网络购建、物资储备、其他基本建设支出。

⑩ 其他资本性支出:分设和基本建设支出完全相同的9款。

⑪ 贷款转贷及产权参股:分设6款,包括国内贷款、国外贷款、国内转贷、国外转贷、产权参股、其他贷款转贷及产权参股支出。

⑫ 其他支出:分设5款,包括预备费、预留、补充全国社会保障基金、未划分的项目支出、其他支出。

(4) 支出经济分类与原目级科目相比的变化　与原支出目级科目相比,新的支出经济分类主要有三个方面的变化:

① 体系更加完整:将原来一个粗略反映政府部分支出性质的附属科目表,转变成一个可按支出具体用途独立反映政府全部支出活动的分类系统。

② 科目充分细化:按预算管理要求分设90多个款级科目,可充分满足细化预算和强化经济分析的要求。

③ 适用范围扩大:原支出目级科目只能预算单位行政事业经费的开支情况,而新的经济分类可以明晰地反映包括基本建设在内的所有政府支出情况。

值得注意的是,支出经济分类科目的细化虽为管理的细化创造了有利条件,但仍应根据各项管理的实际需要合理选用科目,不宜一味强调越细越好。

1.3.2 农村财政支出分类

农村财政支出与地方财政支出的关系亦如农村财政收入与地方财政收入的关系。地方财政支出是中央财政支出的对称,由省(自治区、直辖市)、设区的市(自治州)、县(自治县、不设区的市、市辖区)、乡(民族乡、镇)四级财政支出组成。地方财政支出主要包括:地方行政管理和各项事业费,地方统筹的基本建设、技术改造支出,支援农村生产支出,城市维护和建设经费,价格补贴支出等。

2007年全面实施政府收支分类改革后,"农林水事务"类科目反映政府农林水事务支出。具体包括:农业支出、林业支出、水利支出、南水北调支出、扶贫支出、农业综合开发支出、其他农林水事务支出7款。

1) 农业支出

农业支出是指财政用于种植业、畜牧业、渔业、兽医、农机、农垦、农场、农业产业化经营组织、农村和垦区公益事业、农产品加工等方面的支出包括以下几个方面:

(1) 行政运行支出　用于行政单位(包括实行公务员管理的事业单位)的基本支出。

(2) 一般行政管理事务支出　用于行政单位(包括实行公务员管理的事业单位)未单独设置项级科目的其他项目支出。

(3) 机关服务支出　用于为行政单位(包括实行公务员管理的事业单位)提供后勤服务的各类后勤服务中心、医务室等附属事业单位的支出。其他事业单位的支出,凡单独设置了项级科目的,在单独设置的项级科目中反映;未单设项级科目的,在"其他"项级科目中反映。

(4) 农业事业机构支出　用于农业事业单位基本支出。

(5) 农垦支出　用于农垦方面的支出,包括农垦机构的基本支出及专项业务支出等。

(6) 技术推广支出　用于农业新品种、新机具、新技术引进、繁育、试验、示范、推广及农产品加工重大关键技术筛选等方面的支出。

(7) 技能培训支出　用于农业系统管理干部和专业技术人员的培训、基层经管员的培训、农民培训等方面的支出。

(8) 病虫害控制支出　用于病、虫、鼠害及疫情监测、预报、预防、控制、检疫、防疫所需的仪器、设施、药物、疫苗、种苗,疫畜(禽、鱼、植物)防治、扑杀补偿及劳务补助,菌(毒)种保藏及动植物及其产品检疫、检测等方面的支出。

(9) 农产品质量安全支出　用于农业质量标准制定、实施和监督,投入品监管、残留监控,农产品质量认证、普查、标准化生产示范等方面的支出。

(10) 执法监管支出　用于农业法治建设、执法监督、纠纷处理、行政复议诉讼,安全生产、农产品质量监管、农资打假与市场监管,农民负担监测,草原、农机监理、跨区作业管理、农业机械使用跟踪调查及试验鉴定,渔政、兽医医政、药政管理、防疫检疫监督管理及实验室生物安全管理、农业基本建设项目监管,监督执法人员培训等方面的支出。

(11) 信息服务支出　用于农业统计调查与信息收集、整理、分析、发布及信息系统建设运行维护等方面的支出。

(12) 农村及农业宣传支出　用于农村政策、农业行业宣传等方面的支出。

(13) 农业资金审计支出　用于农业部门为管理各类农业资金而进行审计、检查的支出。

(14) 对外交流与合作支出　用于对外农业交流合作活动,领导人出访后续项目,招待来访、参观以及来华参加各项国际活动的外国代表团,对外联络等方面的支出。

(15) 耕地地力保护支出　用于耕地地力调查、污染治理、改良、保护性耕作、秸秆还田等方面的支出。

(16) 草原草场保护支出　用于草原草场改良、草原植被恢复、飞播牧草、禁牧舍饲等方面的支出。

(17) 渔业及水域保护支出　用于渔业水域水质调查、休渔、渔民转产转业及污染治理等方面的支出。

(18) 农业资源调查和区划支出　用于农业自然资源调查和农业区划等方面的支出。

(19) 灾害救助支出　对农业生产因遭受自然灾害损失给予的补助、海难救助补助、草原防火建设补助、草原扑火及因其他灾害导致农业生产者损失给予的补助。

(20) 稳定农民收入补贴支出　用于政府为稳定增加农民收入给予的补贴。

(21) 农业结构调整补贴支出　用于政府对农业结构调整给予的补贴。

(22) 农业生产资料补贴支出　对农业生产者使用农业生产资料所给予的补贴。

(23) 农业生产保险补贴支出　对农业生产者参与生产保险给予的补贴。

(24) 农民合作经济组织支出　对农民专业合作组织开展技术培训、质量标准与认证、市场营销等活动给予的补助。

(25) 农产品加工与促销支出　用于促进农产品加工、储藏、运输、国内外大型农产品展示、交易、产销衔接、开拓国内外农产品市场及农业产业化发展等方面的支出。

(26) 农村公益事业支出　对农村公益事业的补助支出。

(27) 垦区公共支出　对垦区中小学、公检法、公共卫生防疫等人员经费的补助支出。

(28) 垦区公益事业支出　对垦区公益设施建设的补助支出。

(29) 农业发展基金支出　用于农业发展基金安排的支出。

(30) 新菜地开发建设基金支出　用于新菜地开发基金安排的支出。

(31) 农业国有资产维护支出　用于农业国有资产维护方面的支出。

(32) 农业前期工作与政策研究支出　用于农业前期工作与政策研究方面的支出。

(33) 农民收入统计与负担监测支出　用于农民收入统计与负担监测方面的支出。

(34) 农业产业化支出　用于农业产业化方面的支出。

(35) 农业资源保护支出　用于农业资源保护方面的支出。

(36) 草原资源监测支出　用于开展草原面积、草原植被状况、草原生产力、草畜平衡、草原生态状况监测等方面的支出。

(37)外来物种管理支出　用于外来物种管理方面的支出。

(38)农村能源综合建设支出　用于农村能源综合建设方面的支出。

(39)农村人畜饮水支出　用于农村人畜饮水工程建设等方面的支出。

(40)村级债务化解支出　用于解决村办学校、村级道路、上缴税费等形成的村级债务方面的支出。

(41)农村道路建设支出　用于农村公路、乡村道路建设方面的支出。

(42)对村民委员会和村党支部的补助支出　用于农村税费改革试点地区对村民委员会和村党支部的补助支出。

(43)对村集体经济组织的补助支出　用于农村税费改革试点地区对村集体经济组织的补助支出。

(44)对村级一事一议的补助支出　用于农村税费改革试点地区对村级一事一议的补助支出。

(45)农资综合直补支出　用于财政对种粮农民的农资综合补贴支出。

(46)石油价格改革对渔业的补贴支出　用于石油价格改革对渔业的补贴支出。

(47)棉花专项补贴支出　用于按规定支出的除储备外的棉花专项补贴。

(48)农业生产资料专项补贴支出　用于农业生产资料专项补贴支出。

(49)农业国有资本经营预算支出　用国有资本经营预算收入安排的支出。

(50)对高校毕业生到村任职补助支出　用于按规定对高校毕业生到村任职的补助支出。

(51)其他农业支出　除上述项目以外其他用于农业方面的支出。

2）林业支出

政府用于林业方面的支出包括以下几个方面：

(1)行政运行支出　行政单位(包括实行公务员管理的事业单位)的基本支出。

(2)一般行政管理事务支出　用于行政单位(包括实行公务员管理的事业单位)未单独设置项级科目的其他项目支出。

(3)机关服务支出　用于为行政单位(包括实行公务员管理的事业单位)提供后勤服务的各类后勤服务中心、医务室等附属事业单位的支出。其他事业单位的支出，凡单独设置了项级科目的，在单独设置的项级科目中反映；未单设项级科目的，在"其他"项级科目中反映。

(4)林业事业机构支出　用于林业事业单位的基本支出。

(5)森林培育支出　用于育苗(种)、造林、抚育、生物能源建设以及义务植树,生物措施治理水地流失等支出。

(6)林业技术推广支出　用于良种繁育、新技术引进、区域化试验、示范和推广等支出。

(7)森林资源管理支出　用于森林经营、利用,森林资源资产、林地保护及权属调整处理等森林资源管理方面的支出。

(8)森林资源监测支出　用于森林资源清查、核查、监测以及资源状况评价等方面的支出。

(9)森林生态效益补偿支出　由森林生态效益补偿基金安排用于公益林营造、抚育、管理和保护等方面的支出。

(10)林业自然保护区支出　用于林业自然保护区域能力建设、本底调查、管护、试点示范等方面的支出。

(11) 动植物保护支出　用于动植物资源及其生存环境调查、监测，动植物资源保护管理、野外放归、巡护，濒危野生动物拯救、繁育，野生动物疫源疫病监测防控等方面的支出。

(12) 湿地保护支出　用于天然湿地保护和管理方面的支出。

(13) 林业执法与监督支出　用于林业执法与监督队伍建设，林业刑事、行政案件的受理、查处和督办，林业行政许可、复议与诉讼管理等方面的支出。

(14) 森林防火支出　用于森林火灾的预防和扑救等方面的支出。

(15) 林业有害生物防治支出　用于林业有害生物疫情监测、预报、预防、救治等方面的支出。

(16) 林业检疫检测支出　用于森林植物及其产品检疫检测等方面的支出。

(17) 防沙治沙支出　用于沙漠化防治、沙漠普查、监测等方面的支出。

(18) 林业质量安全支出　用于林业标准制定、规程规范编制与实施、森林认证、林产品质量检查监督等方面的支出。

(19) 林业工程与项目管理支出　用于林业工程及项目的监理、检查验收、效益监测以及规划、可行性研究、项目评估等方面的支出。

(20) 林业对外合作与交流支出　用于履行国际公约、国际合作项目管理、对外联络等交流合作方面的支出。

(21) 林业产业化支出　用于林业产业化建设及管理等方面的支出。

(22) 技能培训支出　用于林业系统管理干部和专业技术人员的培训、林业行业职工以及林农培训等方面的支出。

(23) 信息管理支出　用于林业统计调查、信息数据收集、整理、分析、保存、对外发布以及信息管理系统建设维护等方面的支出。

(24) 林业政策制定与宣传支出　用于林业法规、政策制定及林业宣传等方面的支出。

(25) 林业资金审计稽查支出　用于林业部门为管理各类林业资金进行审计、稽查等方面的支出。

(26) 林区公共支出　用于林区公共支出。

(27) 林业贷款贴息支出　用于林业贷款的财政贴息支出。

(28) 林业建设基金支出　用于林业建设基金收入安排的支出。

(29) 育林基金支出　用于林业主管部门收取的育林基金收入安排的支出。

(30) 森林植被恢复费支出　用于林业主管部门收取的森林植被恢复费安排的支出。

(31) 林业救灾支出　对林业因遭受自然灾害损失给予的补助。

(32) 石油价格改革对林业的补贴支出　用于石油价格改革对林业的补贴。

(33) 林业国有资本经营预算支出　用于国有资本经营预算收入安排的支出。

(34) 其他林业支出　除上述项目以外其他用于林业方面的支出。

3) 水利支出

政府用于水利方面的支出包括以下几个方面：

(1) 行政运行支出　用于行政单位(包括实行公务员管理的事业单位)的基本支出。

(2) 一般行政管理事务支出　用于行政单位(包括实行公务员管理的事业单位)未单独设置项级科目的其他项目支出。

(3) 机关服务支出　用于为行政单位(包括实行公务员管理的事业单位)提供后勤服务的各类后勤服务中心、医务室等附属事业单位的支出。其他事业单位的支出，凡单独设置了项级科目的,在单独设置的项级科目中反映;未单设项级科目的,在"其他"项级科目中反映。

(4)水利行业业务管理支出　用于水利行业业务管理方面的支出。有关业务包括:制定政策、法规及行业标准、规程规范,进行水利宣传、审计监督检查、精神文明建设以及农田水利管理、水利重大活动、水利工程质量监督、水利资金监督管理、水利国有资产监管、行政许可及监督管理等。

(5)水利工程建设支出　水利系统用于江、河、湖、滩等水利工程建设的支出,包括堤防、河道、水库、水利枢纽、涵闸、灌区、供水、蓄滞洪区等水利工程及其附属设备、设施的建设、更新改造、大中型病险水库防险、大中型灌区改造、农村电气化建设等支出。

(6)水利工程运行与维护支出　水利系统用于江、河、湖、滩等治理工程运行与维护方面的支出以及纳入预算管理的水利工程管理单位的支出。

(7)长江、黄河等流域管理支出　用于部门派出流域管理机构及其所属各级管理机构履行职责的支出。

(8)水利前期工作支出　用于水利规划、勘测、设计、科研及相关管理办法编制、业务培训、资料整编、设备购置等基础性前期工作的支出。

(9)水行政执法监督支出　用于水行政系统纳入预算管理的事业单位开展水利执法监督活动的支出。

(10)水土保持支出　用于水利系统纳入预算管理的水土保持事业单位的支出,包括规划制定和实施、治理、生态修复、预防监测、调查协调、综合治理、开发技术的示范、监督执法等支出以及水土保持生态工程措施和各项管理保护活动的支出。

(11)水资源管理与保护支出　用于水利系统纳入预算管理的水资源管理与保护事业单位的支出。有关事项包括进行水资源调查评价和水资源规划,水量分配方案、节水以及相关标准的制定及监督实施,组织实施流域或跨流域水资源调度,水功能区监督管理,取水许可,江、河、湖、库及水源地保护监管,水资源公报发布,基础资料整编,水量调度,节约用水,设备仪器运行维护,入河排污口监督管理,审定水域纳污能力和限制排污控制,水资源论证,地下水资源管理,超采区治理和保护,用水定额管理,水务管理和各项保护管理等。

(12)水质监测支出　用于水利系统纳入预算管理的水质监测事业单位的支出。有关事项包括:水质监测仪器设备运行维护,水环境监测技术的研究、开发与推广,进行水样品采集、保存、运输、测试、化验、分析、资料整编,发布水质公报等。

(13)水文测报支出　用于水利系统纳入预算管理的水文事业单位的支出。有关事项包括:江、河、湖、库、滨海、区的水文测报,水文测验,水文情报预报,河道(淤积)监测,水量调度监测,水文业务管理,水文水资源公报编制,水文资料整编及水文设施运行维护等。

(14)防汛支出　用于防汛业务支出。有关事项包括:防汛物资购置管护,防汛通信设施设备、网络系统、车船设备运行维护,防汛值班、水情报汛、防汛指挥系统运行维护、水毁修复以及防汛组织(如防汛预案编制、检查、演习、宣传、培训、会议等),汛期调用民工及劳动保护,灾后重建,退田还湖,蓄滞洪区补偿,水情预报、雨情预报、决策支持、视频会商等。

(15)抗旱支出　用于抗旱业务支出,对各级抗旱服务组织的补助以及抗旱设施设备的运行维护、应急水源建设等支出。

(16)小型农田水利支出　国家对农村举办的小型农田水利和打井、小型集雨设施、喷灌、滴灌等小型水利设施的补助,小型水库除险补助以及排灌站、小水电站补贴等。

(17)水利技术推广和培训支出　用于水利系统纳入预算管理的技术推广事业单位的

支出。有关事项包括国内外先进水利技术的引进、试验、技术创新、推广、应用、宣传以及水利系统人员培训等。

(18) 国际河流治理与管理支出　用于国际河流的治理开发和协调管理支出。具体包括岸线治理、国土保护、水资源开发、涉外工作等。

(19) 三峡建设管理事务支出　用于国务院三峡办公室在三峡建设管理方面的支出。

(20) 灌溉水源灌排工程补偿费支出　用灌溉水源灌排工程补偿费收入安排的支出。

(21) 大中型水库移民后期扶持专项支出　中央财政划转大中型水库移民后期扶持基金的支出，包括对销售电量加价部分征收的增值税返还以及用于解决水库移民遗留问题的定额补助。

(22) 中央水利建设基金支出　用于中央水利建设基金安排的支出。

(23) 地方水利建设基金支出　用于地方水利建设基金安排的支出。

(24) 水资源补偿费支出　用于水资源补偿费收入(基金)安排的支出。

(25) 水资源费支出　用于水资源费收入(一般预算专项收入)安排的支出。

(26) 砂石资源费支出　用于砂石资源费收入安排的支出。

(27) 信息管理支出　用于水利系统纳入预算管理的信息管理事业单位支出。有关事项包括业务信息数据的收集、整理、分析、保存以及信息管理系统的建设、维护等。

(28) 水利建设移民支出　用于水利工程建设移民、拆迁等方面的支出。

(29) 大中型水库移民后期扶持基金支出　中央和地方用于大中型水库移民后期扶持基金收入安排的支出。

(30) 大中型水库库区基金支出　用于大中型水库库区基金收入安排的支出。

(31) 三峡水库库区基金支出　用于三峡水库库区基金收入安排的支出。

(32) 水利国有资本经营预算支出　用于国有资本经营预算收入安排的支出。

(33) 其他水利支出　除上述项目以外其他用于水利方面的支出。

4) 南水北调支出

政府用于南水北调工程方面的支出包括以下几个方面：

(1) 行政运行支出　用于行政单位(包括实行公务员管理的事业单位)的基本支出。

(2) 一般行政管理事务支出　用于行政单位(包括实行公务员管理的事业单位)未单独设置项级科目的其他项目支出。

(3) 机关服务支出　用于为行政单位(包括实行公务员管理的事业单位)提供后勤服务的各类后勤服务中心、医务室等附属事业单位的支出。其他事业单位的支出，凡单独设置了项级科目的，在单独设置的项级科目中反映；未单设项级科目的，在"其他"项级科目中反映。

(4) 南水北调工程建设支出　用于南水北调工程的建设、更新改造等支出和南水北调办的建设支出。

(5) 政策研究与信息管理支出　用于纳入预算管理的南水北调政策研究咨询事业单位的支出，包括业务信息数据的收集整理、分析保存及信息系统的建设、维护支出。

(6) 工程稽查支出　用于纳入预算管理的工程监督管理事业单位的支出，包括工程稽查数据库建设与维护支出等。

(7) 前期工作支出　用于未纳入基本建设计划管理的南水北调规划、勘测、设计、科研及相关管理办法编制、业务培训、资料整编、设备购置等基础性前期工作的支出。

(8) 南水北调技术推广和培训支出　用于南水北调引进国内外先进技术、试验、技术创新、推广、应用、宣传以及南水北调工程人员培训等方面的费用。

（9）环境、移民及水资源管理与保护支出　用于南水北调工程水源及输水线路水质监测、水源保护、文物保护、征地移民、沿线治污、防止血吸虫北移、供水量调度等各项管理活动的支出。

（10）南水北调工程基金支出　用于南水北调工程基金安排的支出。

（11）其他南水北调支出　除上述项目以外其他用于南水北调方面的支出。

5）扶贫支出

用于农村（包括国有农场、国有林场）扶贫开发等方面的支出。扶贫资金主要包括财政扶贫资金、边境建设补助费和民族工作经费三大块。具体支出涉及贫困地区基础设施建设、资源开发、科技推广及农村基础教育、文化、广播、电视、医疗、卫生等各个方面。收支分类改革后，扶贫支出的口径有所调整，原财政扶贫资金、边境建设补助费按支出功能分类原则，应该分别列入城乡社区事务、教育、卫生事务等各类支出功能分类科目。但考虑到有关支出不宜按具体用途细分，同时也为了集中反映扶贫资金总体情况，因此在"农林水事务"类下单设了"扶贫"款级科目，而民族工作经费则列入民族事务款下相关科目。具体包括：

（1）行政运行支出　用于行政单位（包括实行公务员管理的事业单位）的基本支出。

（2）一般行政管理事务支出　用于行政单位（包括实行公务员管理的事业单位）未单独设置项级科目的其他项目支出。

（3）机关服务支出　用于为行政单位（包括实行公务员管理的事业单位）提供后勤服务的各类后勤服务中心、医务室等附属事业单位的支出。其他事业单位的支出，凡单独设置了项级科目的，在单独设置的项级科目中反映；未单设项级科目的，在"其他"项级科目中反映。

（4）农村基础设施建设支出　用于农村贫困地区乡村道路、住房、基本农田、水利设施、人畜饮水、生态环境保护等生产生活条件改善方面的支出。

（5）生产发展支出　用于农村贫困地区发展种植业、养殖业、畜牧业、农副产品加工、林果地建设等生产发展项目以及相关技术推广和培训、县乡村干部培训、贫困地区劳务输出培训等方面的项目支出。

（6）社会发展支出　用于农村贫困地区中小学教育、文化、广播、电视、医疗、卫生等方面的项目支出。

（7）扶贫贷款奖补和贴息支出　用于农村贫困地区扶贫贷款的奖补和贴息支出。

（8）"三西"农业建设专项补助支出　专项用于"三西"农业建设的补助支出。

（9）扶贫事业机构支出　用于除为行政单位（包括实行公务员管理的事业单位）提供后勤服务的各类后勤服务中心、医务室等附属事业单位外的其他事业单位的基本支出。

（10）其他扶贫支出　除上述项目以外其他用于扶贫方面的支出。

6）农业综合开发支出

政府用于农业综合开发方面的支出包括以下几个方面：

（1）机构运行支出　用于农业综合开发部门的基本支出。

（2）土地治理支出　中央和地方农业综合开发部门安排的土地治理项目支出。

（3）产业化经营支出　中央和地方农业综合开发部门安排的产业化经营项目。

（4）科技示范支出　中央和地方农业综合开发部门安排的科技示范项目支出。

（5）贷款贴息支出　用于农业综合开发项目贷款贴息支出。

（6）其他农业综合开发支出　用于农业综合开发部门的其他支出。

7) 其他农林水事务支出

其他农林水事务支出是指除上述项目以外其他用于农林水事务方面的支出。

1.4 财政支农资金

1.4.1 财政支农资金概述

1) 财政支农资金的含义

财政支农资金即政府支农资金,主要是指国家财政用于支持农业和农村发展的建设性资金投入,主要包括固定资产投资(农业基本建设支出:含国债投资和水利建设基金)、农业综合开发资金(农村研发支出)、财政扶贫资金(农村救济费支出)、支援农村生产支出和农村水利气象等部门的事业费、农业科技投入(农村科技三项费用)等。这些支出中,农民直接受益或者说是农民获益较多的财政支出主要是支援农业生产、农村科技三项费用以及农村救济费。

2) 财政支农的对象

财政支农的目的不是为追求利润,因此绝大部分是无偿的。财政以拨款或借款等形式,支持农业和农村经济的发展。除了拨给农业、林业、水利、气象、土地管理等事业单位业务经费和人头经费外,财政还投入大量资金,支持大江大河治理、农田水利基本建设和农业科技推广以及防汛抗旱和农业生产救灾等。一般来讲,财政支农的对象主要有以下四类:

(1) 农村集体经济组织　包括乡(镇)、村、组三级集体经济组织。

(2) 农户　实行家庭联产承包责任制以后,我国有2.3亿多个农户,其中有1.9亿多个农户是纯农业户,他们主要从事农业、林业、牧业和渔业生产。

(3) 农业事业单位　为了帮助农民发展农业生产,各级政府都建立了农业事业单位,包括农业部门办的良种场、农机鉴定站、农技推广站等,水利部门办的水文站等,林业部门办的苗圃,气象部门办的气象台站等。这些单位要开展工作,进行基本建设投资,由财政部门根据不同情况、按照不同的标准给予拨款补助。

(4) 国有农业企业　我国有黑龙江垦区、新疆生产建设兵团等大垦区,还有一些地方农场,这些大农场大多是在祖国的边疆地区,广大农场职工生产生活条件很艰苦,财政应当给予他们必要的支持。

3) 财政支农的目标

(1) 农业增产　我国在过去很长的一个时期内,粮食等各种农产品都不足,改革开放以前更是紧张。为了鼓励农民发展农业生产,增加农业产量,政府投入了大量的人力、物力、财力兴修水利,改善农业灌溉条件,支持农业机械化,支持化肥、农药、农膜等先进农资的生产和使用等。改革开放以来,农村实行了家庭联产承包责任制,极大地调动了广大农民发展农业生产的积极性,粮食等各种农产品的产量都有很大的增加。今后财政支持农业生产,要支持有市场需求的优质高效农业增产,不再支持生产过剩的农产品生产。

(2) 农民增收　1978年改革开放以来,党中央、国务院对农民增收问题极为重视,提出到20世纪末,农民收入要实现小康目标。30年来,农民的收入有了比较快的增长,农民的生活得到了较大的改善。为了增加农民的收入,政府多次提高农产品收购价格,对农产品实行保护价敞开收购,支持农民在发展粮食生产的同时大力发展农业多种经营,支持农民发展乡镇企业,增加就业门路,支持农民发展个体经济等。近年来,由于受到多种因素的影响,农民收入增长速度下降,引起了党中央、国务院的高度重视,果断实行粮食流通体制改革,实行了"以保护价敞开收购农民的余粮,粮食顺价销售,粮食收购资金封闭运行"三项政策,这对于保证种粮农民的正常收入、不给农民打"白条"、保证农民收入的稳定增长起了重要作用。为支持这些政策落实,各级财政要拿出大量的资金,修建粮食仓库,支付粮食保管费用、储存费用、运输费用及贷款利息等。近年来,农业产业化在沿海一些地方发展起来了。实践证明,农业产业化是增加农民收入的一条新举措。今后,我们还要按照党中央、国务院关于增加农民收入的精神,通过政策扶持和资金投入,鼓励、支持农民广泛应用农业科学技术,调整和优化农业生产结构,发展经济价值高的新产品,提高农产品质量,增加农民的收入。

（3）农村持续发展　我国是一个人口大国,农村人口多,随着吃饭问题初步解决,我们要下更多的工夫保护和改善农业生态环境。发展农业要做到节约用水,合理施肥,不破坏水资源和土壤；发展乡镇企业,要节约和保护耕地,严格控制废水、废气、废渣排放；我国农村人口多,不能把所有的农村人口都搬到大中城市去,多数农村人口还必须在农村就业,这就必须改善农村的交通、供电、通信、文化、教育、娱乐、医疗等设施,必须大力发展小城镇,必须对农村各行各业的发展进行统筹规划和长远规划。只有这样,才能实现农村经济、社会和生态的协调发展,实现农村的持久繁荣。例如,1998年国家发行1 000亿元国债,重点支持了水利设施建设、天然林保护工程、移民建镇、农村电网建设和改造、农村公路建设等。

1.4.2　财政支农资金的种类

财政支农资金包括农业生产投入、农业综合开发、农村公益事业管理服务、农业灾害救助、农村生态环境建设、农民生活转移支付、农村劳动力转移培训七大类,资金投入涉及财政部门、政府农业开发部门、扶贫办、发展改革委员会、教育、体育、卫生和农业管理各部门。如何合理地使用管理好支农资金,达到统一规划、科学立项、建设理想、公平公开、高质高效的目标,是值得认真探索的实际问题。

1）支援农村生产支出

这类资金是各级财政安排用于支持农村集体和农民发展农业生产和农村经济,改善农业生产条件等方面的资金。这类资金以各级财政的农村财政部门为主负责安排。资金从上级财政下达到下级财政,再由基层财政部门将钱拨到农村集体或农民所办的具体项目上去。支援农村生产支出主要包括以下资金:

（1）小型农田水利和水土保持补助资金　是各级财政用于支持农村打井、购买喷灌和滴灌设施、修建小型水电站等农田水利建设以及植树种草、防止水土流失等水土保持资金。

（2）支援农村合作生产组织资金　是各级财政用于补助农村乡（镇）、村两级兴办乡镇企业和支持困难生产队（组、户）发展生产,开展多种经营,添置小型农机具,购置耕畜,新建沼气池以及改造渔船,改善生产基本条件等方面的资金。

（3）农村农技推广和植保补助资金　是各级财政用于补助农村科技组织购置设备、仪器和进行农业技术推广、农作物病虫害防治等方面的资金。

（4）农村草场和畜禽保护补助资金　是各级财政用于补助牧区基本草场改良、草原治蝗灭鼠、牧区抗灾保畜和农牧区防治牲畜疫病等方面的资金。

（5）农村造林和林木保护补助资金　是各级财政用于补助农村造林、育苗和防治林木病虫害等方面的资金。

(6) 农村水产补助资金　是各级财政用于补助淡水养殖、海水养殖和渔业网具改造等方面的资金。

(7) 粮食自给工程资金　是财政用于支持缺粮地区提高粮食自给能力、粮食初步自给地区巩固生产能力和粮食产区改善粮食品种结构等方面的资金。

2) 农业综合开发资金

这类资金是指财政用于支持土地资源开发治理、多种经营及龙头项目开发、高新科技示范项目开发和补助贷款贴息等方面的支出。这项资金使用的主要特点是进行农田的成片开发治理。

3) 农、林、水、气等部门事业经费

这部分经费,是财政拨给农业企业和事业单位,用于开展业务和发放人员工资的支出。这类支出是由各级财政的农村财政部门负责,按照年初预算,按时拨付到农业、林业、水利、气象、国土等事业单位,支持它们开展各项为农民和农业服务的事业发展。

(1) 农垦事业费　是财政用于补助农垦系统良种推广和农业机械化推广、荒地勘察设计机构人员经费、农垦系统管理干部和技术人员专业培训经费等支出。

(2) 农场事业费　是财政用于补助国有农场小型农田水利建设支出,政策性、社会性支出以及集体转业官兵离休经费等方面的支出。小型农田水利建设支出包括垦区修建蓄水、灌溉、治碱、防洪、护田和打井等设施以及大面积平地改土等方面的支出。政策性、社会性支出包括中小学经费、安置老残干部工资、专职执法人员经费和边防民兵值勤经费等支出。

(3) 农业事业费　是财政用于补助农作物病虫害防治检疫机构、良种示范繁殖场、园艺特产场经费和乡(区)经营管理人员经费以及农村技术人员和财会人员专业培训经费、农业技术推广和良种推广经费、农业环境调查监测保护经费等支出。

(4) 畜牧事业费　是财政用于补助国有畜牧兽医站、种畜(种禽、种蜂)站、草原工作站、牧草种子繁殖场等单位事业经费和牧草良种推广经费、畜牧干部和技术人员专业培训经费、飞播牧草试验经费等方面的支出。

(5) 农机事业费　是财政用于补助农业机械化技术推广站、乡(区)农机管理站、国有拖拉机站和农机鉴定监理机构经费以及乡村农机手培训经费、农机干部和技术人员专业培训经费等方面的支出。

(6) 林业事业费　是财政用于补助营林机构和勘察设计机构经费、林业技术和良种推广经费、森林资源保护经费、防沙治沙经费和山区综合开发经费等方面的支出。营林机构经费包括营林林场、苗圃、林业工作站、林木种子站、自然保护区等事业单位的人员经费及业务经费。森林资源保护经费,包括森林资源调查经费、森林防火经费、航空护林经费、开设边境森林防火隔离带补助费、森林病虫害防治经费、野生动植物调查与保护经费等。

(7) 天然林保护经费　是财政用于补助森林资源管护人员经费和公用经费,社会统筹养老保险经费,政策性、社会性支出,商品林和转产项目建设贷款财政贴息补贴,停止采伐天然林后影响地方财政收入的专项补助等方面的支出。

(8) 水利事业费　指财政用于补助防汛经费、岁修经费、水利设施补助经费、技术推广经费、勘察设计经费、水质监测经费、乡村排灌机手培训经费、水文事业费和水土保持经费等方面的支出。防汛经费包括汛期的防汛、抢险和特大洪水后的堵口复堤费。岁修经费包括河道、堤防和已建成大中型水库、闸坝的维修补助费。水质监测经费包括开展水质工作所需的监测仪器、工具购置和监测业务经费等。

（9）水产事业费　指财政用于补助渔政管理费、技术推广经费、资源调查繁殖保护经费和干部训练经费等方面的支出。渔政管理经费包括渔业指挥，湖泊、船舶管理机构，海难救助船，渔政管理船，水产部门设置的渔用电台，航标灯塔等经费。水产资源调查繁殖保护经费包括渔业资源调查机构、调查船队经费，资源繁殖保护、水产养殖、水生物选种、鱼病防治等经费。

（10）气象事业费　指财政用于补助气象机构经费、气象探测经费、气象信息传输及加工处理经费、技术推广经费和干部训练费等。气象机构经费包括县以上各级气象台（站）、农业气象试验站、气象雷达站、气象卫星接收站、大气污染监测站等人员经费和业务费。气象探测经费包括用于气象探测方面的器材消耗、设备维修等经费。气象信息传输及加工处理费包括利用卫星、国际国内电路、电报、电话等传递气象信息与加工处理气象资料和电视节目等制作经费。

（11）乡镇企业事业费　指财政用于补助乡镇企业技术推广经费、干部训练经费、财务统计与调查经费等方面的支出。

（12）农业资源调查和区划费　指财政用于补助农业资源调查经费、土地资源调查经费和区划经费等方面的支出。

（13）土地管理事业费　指财政用于补助地籍管理事业经费、土地利用规划经费、土地干部训练经费、建设用地管理经费和技术推广经费等方面的支出。

（14）森林工业事业费　指财政用于补助技术推广经费，干部训练经费，政策性、社会性支出和救灾补助等方面的支出。

（15）退耕还林补助费　指专项用于退耕还林工程（含京津风沙源治理工程）的各项补助支出。

（16）其他农林水事业费　指财政用于除上述项目以外其他农林水事务方面的支出。

4) 农林水气基本建设支出

这类支出主要是指用于农业、畜牧、农机、林业、水利、水产、气象等方面的基本建设支出及其"拨改贷"等。农业基本建设投资对农业发展有重要的作用，例如，建设大中型水库和引水提水工程，加强江河海防干堤、整治湖泊等，能增加农业有效灌溉面积，减少灾害损失。开展大规模生态建设工程，能保护农业生态环境，改善农业生产条件。加大农机建设，能提高农业的现代化程度，提高农业劳动生产率。增加气象建设投入，改善气象装备，能更早、更准确地做好气象预报工作，做好防灾抗灾减灾准备。农业基本建设支出列入财政预算，具体项目主要由各级计划部门负责安排。

5) 扶贫资金

这类资金是指国家安排支援贫困地区和经济不发达地区经济社会发展的专项资金、以工代赈资金、新增财政扶贫资金、"三西"地区资金和扶贫贷款。这些资金主要用于修建县、乡公路和为扶贫开发项目配套的道路，建设基本农田，兴修农田水利，解决人畜饮水问题，支持贫困农民发展种植业、养殖业，支持贫困地区农村发展教育、文化、医院等基础设施。国家财政每年都要在预算内安排上述扶贫资金和扶贫贷款的贴息资金。扶贫资金由财政部门与各级扶贫开发领导小组办公室具体研究资金分配和项目安排。

小资料 1.1

"三西"地区

三西地区是指甘肃河西地区 19 个县(市、区)、甘肃中部以定西为代表的干旱地区 20 个县(区)和宁夏西海固地区 8 个县,共计 47 个县(市、区),总面积 38 万平方公里,农业人口约 1 200 万人。这也是与扶贫计划相关的"三西",即宁夏西海固、甘肃河西走廊和定西。

(资料来源:baike.baidu.com/view/174562.htm 2009-8-28 百度快照)

6) 农林水气科技三项费用

这类资金是指财政拨给农垦、农业、畜牧、农机、林业、水利、水产、气象、华侨等企业的新产品试制费、中间试验费、重要科学研究补助费等科学技术三项费用。这项资金由财政部门拨给农业部门,具体由农业部门安排使用。

7) 农业专项贷款贴息资金

这类资金包括林业项目、治沙、山区综合开发、种子工程、备荒种子、节水灌溉、粮棉生产、森林工业多种经营、贫困地区扶贫贷款和边境农场扶贫贷款等财政贴息资金,还有"贸工农"乡镇企业出口基地贷款、少数民族地区乡镇企业贷款、乡镇企业东西部合作示范工程贷款等财政贴息。国家设立这些贴息贷款都有特定的目的和用途,都是为支持那些得到贷款有困难的地区、单位和个人而设立的。设立这些贴息贷款,能有效地促进经济比较困难的地区、企业、单位和农民发展经济,改善生活;能促进生态环境的改善和出口创汇能力的提高。这些贴息贷款都各有管理办法,有关部门或地区负责安排项目,农业银行落实贷款,财政部门审核落实贴息资金。

1.4.3 财政支农资金的发展现状

2001 年以来,中央财政安排用于"三农"各项支出的年均增幅超过了 20%。2008 年,中央财政用于"三农"的支出达到 5 955.5 亿元,增长了 37.9%,其中中央财政对农民的粮食直补、农资综合补贴、良种补贴和农机具购置补贴达到 1 027.7 亿元,增长了 107.7%。巨额的财政支农资金犹如春天的甘霖,给广阔的农村大地带来了蓬勃生机。

(1) 财政支农资金的投入,改善了农业生产条件,促进了农村各项事业的发展。2004 年以来,围绕中央一号文件的主题,从促进农民增加收入、提高农业综合生产能力、推进社会主义新农村建设、发展现代农业、加强农业基础设施建设等方面,一系列强农惠农的财政政策陆续实施。这些财政政策总体上可分为两类,即以"少取"为特征的税收政策和以"多予"为特征的支出政策,包括"四减免"、"四补贴"、"六小工程"、"两免一补"、"三奖一补"等。

2008 年,财政增加了直接补贴额度,扩大了补贴范围,提高了粮食最低收购价,增加了防汛抗旱、动物防疫和农业基础设施建设投入,支持了农村金融服务的发展,进一步调动和保护了农民种粮积极性,促进了农业生产发展。此外,还通过支持"家电下乡"、"万村千乡市场工程"、加大农村财政减贫力度等方式,拉动了农村消费。

(2) 财政支农资金的稳定增长,促进了农业增产增效、农民增收致富。由于财政支农资金连续多年稳定增长,农业发展形势良好,农民的收入和生活水平明显提高,农村居民对未来充满信心。

在 2008 年,尽管我国农业农村发展经历了重大自然灾害以及多种困难的考验,但财政支农资金作为巩固农业农村发展形势和农村居民信心的重要支撑,在农业增产增效、农民增收致富方面带来了令人欣慰的成果:2008年我国粮食生产实现5年连续增产,达到5.29亿吨,再创历史新高,农垦经济实现生产总值2 286亿元;农民人均纯收入同样保持5年连续增长,达到4 761元,与1978年相比增加了近35倍,年增速达8.0%,高于近5年7.5%的平均水平,达到了改革开放以来的最高水平。

(3) 财政支农资金重点投向农村社会领域,提升了农村公共服务水平,促进了农村社会的和谐稳定。在财政支农资金总量逐年增加的基础上,资金结构不断优化,资金投入的针对性得到提高。近年来,我国公共财政重视改善民生,逐步将农村社会事业发展纳入保障范围。2008年,财政预算安排农村社会事业发展资金1 245.2亿元,比2007年增长96.5%,其中,支持农村教育、文化、卫生事业发展方面的支出611.4亿元,用于农村最低生活保障制度建立和完善的支出90亿元。由于财政支农资金重点投向农村社会领域,农民享受的公共服务水平明显提高,从而提高了资金投入的有效性。到目前为止,我国约有1.4亿农村中小学生享受了免除学杂费和免费教科书政策,1 100万名家庭经济困难的寄宿生享受了生活补贴,逾8.15亿农民被新型农村合作医疗覆盖,4 284万名农村困难群众享受到最低生活保障。

财政支农资金使用效益的提高还体现在资金投入形式灵活,能够及时地保证支农资金的需求。为了应对2009年北方部分地区严重旱情,支持抗旱保收和春耕生产,财政部提前拨付农资综合补贴资金716亿元和粮食直补资金151亿元。同时,为确保补贴资金及时兑付到农民手中,改变了按季均衡拨付的方式,将粮食风险基金中央补助款和农资综合补贴资金存量部分一次性全部提前拨付到各省份。由于财政支农资金投入具有较高的针对性、灵活性和有效性,较为充分地满足了农村、农业、农民对支农资金的需求,促进了农村社会的和谐稳定。

(4) 加大财政支农资金的投入力度,有助于启动农村潜在的巨大需求。当前,"三农"面临较为严峻的发展形势,农民工就业和农产品市场交易出现了一定困难,农业生产也面临气候等多种因素的影响。在此情况下,我国更加重视"三农"工作,以保护和巩固经济又好又快发展的根基。

从2008年到2010年,中央和地方各级政府要在3年内向农村投放1 100亿元的偿债资金,这笔资金直接增加农村需求1 000多亿元,考虑到产生的乘数效应,总共将拉动农村内需4 000多亿元。如果这些数字真正能够实现,那么财政支农资金就能够把农村内需的最大潜力挖掘出来。

(5) 进一步扩大财政支农资金规模,有利于建立健全稳定的财政支农资金增长机制。建立财政支农资金稳定增长机制是解决"三农"问题的有力保障,按照存量适度调整、增量重点倾斜的原则,这一机制正处于初步建立阶段。从形式上看,我国财政支农资金稳定增长的趋势明显;从内容上看,我国财政支农资金渠道不断拓宽。建立财政支农资金稳定增长机制除了要求直接增长外,还要求间接增长。

目前,我国新增教育、卫生和文化支出主要用于农村;耕地占用税税率提高后新增收入主要用于"三农";土地出让收入用于农业土地开发和新农村建设;新增建设用地土地有偿使用费用于基本农田建设和保护、耕地开发、土地整理;从水电和矿产资源开发收益中安排资金扶持"三农";利用以奖代补、贷款贴息等手段,优化农村金融资源配置和吸引农民资金投入。此外,随着财政政策从"稳健"转为"积极",调整和优化财政支出结构的重要性愈发明显,而加大对"三农"的投入是优化支出结构的首要安排,是积极财政政策促进现代农业发展、推进农村综合改革、促进农村社会全面进步的物质载体。由此可见,财政支农资金规模进一步扩大,有利于建立健全稳定的财政支农资金增长机制,有利于贯彻落实积极的财政政策。

2008年,"三农"工作借助于财政支农资金支持取得了显著的成效。2009年,"三农"发展的中心任务被确定为稳粮、增收、强基础、重民生,财政支农资金紧紧围绕着该中心任务"保量"、"保质"地被配置到每个必需的环节。到目前为止,在一些具体的民生事项上以及"家电下乡"、"市场下乡"等支农工程上,财政资金投入和使用的目标已经被确立。2010年,新一轮的财政支农资金投入定会取得新的成效。

专栏 1.1

"十五"期间国家财政支持"三农"政策的重大创新及评价

(1) 三取消、两调整、一改革　"三取消"即取消统筹费、农村教育集资等专门面向农民征收的行政事业性收费的政府性基金、集资,取消屠宰税,取消农村劳动积累工和义务工;"两调整"即调整农业税政策,调整农业特产税政策;"一改革"即改革村提留征收使用办法。

(2) 三减免、三补贴　"三减免"就是减免农业特产税、牧业税和农业税;"三补贴"就是针对种粮农民实施的直接补贴、针对粮食生产省安排的良种补贴和农机具购置补贴。仅2005年甘肃省财政投入资金就达1 500万元,同时甘肃省财政自筹资金启动了粮食直补政策,2004年和2005年从粮食风险基金中安排资金2.5亿元,对全省种粮农民进行了直接补助。这一"取"一"予"政策,2002—2005年,全省农民累计受益32.8亿元,人均受益40元,相当于2005年全省农民人均纯收入的年增长数(1998—2002年全省农民人均纯收入从1 393元增长到1 590元,年均增长40元)。"三减免、三补贴"政策的落实,既实实在在的增加了农民的收入,又有效地调动了农民发展生产的积极性。2005年,全省粮食总产量达到837万吨,比2000年净增124万吨,是继1998年之后甘肃省历史上的第二个高产年。

(3) 三取消、三改革　"三取消"的主要内容是:取消除烟叶以外的农业特产税,取消农业税,取消牧业税。2005年甘肃省仅农业税一项就取消了6.3亿元,困扰甘肃省多年的农民税费问题得到根本解决。"三改革"的主要内容是:大力推进乡镇机构改革、农村义务教育管理体制改革和县乡财政体制改革等相关配套改革。

(4) 三奖一补　对财政困难县乡政府增加县乡税收收入,对省市级政府增加对财政困难县财力性转移支付给予奖励,目的是充分调动地方各级政府缓解县乡财政困难的积极性和主动性;对县乡政府精简机构和人员给予奖励,目的是促进县乡政府提高行政效率;对产粮大县给予财政奖励,目的是调动政府抓好粮食生产的积极性;对以前缓解县乡财政困难工作做得好的地区给予补助,目的是体现公平原则。

(5) 两免一补　就是针对农村义务教育阶段贫困家庭的中小学生免费提供教科书,免收杂费,同时对寄宿生补助生活费的政策。据初步统计,2003—2005年全国财政预算内农村义务教育投入3 108亿元,用于实施全国中小学危房改造工程、国家西部地区"两基"攻坚计划、农村中小学现代远程教育、农村中小学布局调整等项目。2005年,中央和地方财政安排专项资金70亿元,对592个国家扶贫开发工作重点县1 700万名农村义务教育阶段贫困家庭学生免除学杂费、书本费,部分学生补助寄宿生生活费;对中西部地区非贫困县的1 700万名农村义务教育阶段贫困家庭学生提供免费教科书。东部地区也安排了16亿元专项资金,使480万名农村义务教育阶段贫困家庭学生直接受惠。2005年,甘肃省投入到"两免一补"中的费用就达2亿多元,使300多万名农村学生受益。

(6) 六小工程　指农村节水灌溉、人畜用水、乡村道路、农村沼气、农村水电和草场围栏工程。"十五"期间,甘肃省累计投入资金24亿元,积极支持集雨节灌、梯田建设、水土流失治理、人饮工程、小型水利基础设施建设。5年来,甘肃省新增灌溉面积167万亩,兴修梯田477万亩,治理水土流失1.2万平方公里,解决了467万人的饮水安全,新修改造堤防487公里;投入12.7亿元进行天保工程,投入64亿元进行退耕还林(草),有4 509万亩天然林资源得到有效保护,完成退耕还林(草)面积达837万亩,荒山造林1 200万亩;投入森林生态效益补助基金2.1亿元,覆盖重点公益林2 066万亩。同时,还积极支持了水土保持、三北四期、退牧还草、荒漠化治理和沙漠化治理等生态工程。有效地遏制了生态环境的恶化,实现了生态建设"跨越式"发展。

(7) 支持现代农业建设,促进农民持续增收 "十五"期间国家把提升农业科技进步和农业产业化经营提到了重要位置。实践证明,这是农民增收、农村快速发展的重要途径。国家财政在这方面投入了大量的资金。甘肃省"十五"期间仅省级财政每年用于支持农业科技进步的资金达2 400万元,先后设立了农业科技专项、农业生物技术工程、农业新技术和新品种引进等农业科技专项,使科技对农业的贡献率有了明显提高;五年来,投入到农业产业化的资金达3.05亿元,重点对产业化龙头企业和优质农产品生产基地给予扶持。同时,2003年以来,甘肃省财政筹措资金1 090万元,扶持了90个以发展特色、优质产业为主的农民专业合作组织,全省已初步形成了以马铃薯、酿酒原料、中药材、制种、果蔬产业等为典型代表的农业产业化支柱产业,农民、龙头企业和市场之间的关联度进一步加强,全省农业产业化水平得到较大提升。

(8) 积极支持新型农村合作医疗制度的改革 新型农村合作医疗是新时期完善农村社会保障制度的可行性选择,它突破了传统农村合作医疗制度仅靠农民个人出资的模式,加大了财政对农村合作医疗制度的扶持力度。2004年中央财政出10元,地方财政出10元,农民个人出10元;2005年中央财政出20元,地方财政出10元,农民个人出10元,用于农民大病统筹。同时,建立了农村医疗救助制度,近三年中央财政每年安排3亿元支持农村医疗救助工作,累计救助贫困农民1 752万人次;另外,安排补助地方公共卫生专项92亿元。新型农村合作医疗制度的目标是2005年农村覆盖范围达到20%,2006年达到40%,2008年在全国基本普及。

(9) 实施农村劳动力转移培训阳光工程 加快农村富余劳动力的转移,既是解决农村剩余劳动力的迫切需要,也是增加农民收入的当务之急。2004年以来,甘肃财政共投入资金4 100万元,实施了农村劳动力转移培训阳光工程项目,共培训农民工11万人,转移农村富余劳动力约10万多人,同时,配合有关部门实施了新型农民科技培训和青年农民科技培训工程,5年共培训农民20多万人。国家的目标是:2000—2005年,对拟向非农产业和城镇转移的1 000万名农村劳动力进行引导性培训,对其中的500万人开展职业技能培训;对已进入非农产业就业的5 000万名农民工进行岗位培训。2006—2010年,上述三个数据分别是5 000万人、3 000万人和2亿多人。通过培训,拓宽了农民增收的渠道,提高了农民增收的能力,有效地调动了农民发展生产的积极性,促进了农业生产效益的稳步提高和农民收入的持续增长。

(10) 坚持"少取、多予、放活"的支农政策 让公共财政的阳光逐步照耀农村,是落实科学发展观,建设和谐社会和小康社会目标的迫切需要。近两年,公共财政主要从三个方面加大了支持力度:一是"少取",为减轻农民负担做了实实在在的工作。在1999年规范减负的基础上,到2006年全面取消农业税、农业特产税和牧业税,使全国农民从中得到1 000亿元的好处,仅甘肃就可取消农业税8.6亿多元。二是"多予",为农民提供更多的公共服务。在教育方面,积极组织实施"两免一补"政策,同时加大农村医疗合作支持力度,支持农业综合生产能力的提高,加大粮食直补、良种补贴和农机补贴力度,还与有关部门配合,加大对种粮能力的提高、农村医疗保健、农村教育设施、农村水利以及农村文化建设等方面的支持力度,进一步改善了农民的生产生活条件。三是"放活",通过放活土地、放活经营、放活领域、放活空间,极大地解放了农村生产力,调动了亿万农民的生产积极性。

综观"十五"期间国家财政支持"三农"的政策选择,可以得到三个基本结论:一是近年来财政"三农"政策的内容非常丰富,基本政策导向是一方面取消税费,大力减轻农民负担;另一方面加大对农村社会经济发展的投入,为"三农"发展创造更好的条件。2004年国家财政支持"三农"的各种投入已超过3 000亿元,农民从中央财政支持"三农"投入中直接受益比重36%,比2003年提高9个百分点。这就体现了国家财政重视"三农"、以人为本的政策要求。二是支持农村劳动力转移培训是财政"三农"政策的重要组成部分和重大创新,也是公共财政覆盖农村的客观要求。三是支持现代农业建设,从多方面促进农民增收。

(资料来源:甘肃省财政厅课题组.公共财政体制下"三农"问题研究(上).经济研究参考,2006(12))

1.4.4 当前"三农"及"三农"财政政策方面存在的主要问题

1) 农业方面存在的主要问题

① 农业生产风险高,面临的灾害不仅种类多而且频率高、危害大。
② 农业生产技术含量低,农资、劳动力成本投入高,生产效率与产出利润十分低下。
③ 农业经营规模小,阻碍了生产力的发展。
④ 农业水利基础设施建设滞后,投入严重不足,功能十分脆弱。

2) 农村方面存在的主要问题

① 城乡二元化体制,滞后于社会发展的要求。
② 农村住宅分散,城市化建设严重滞后。
③ 农村剩余劳动力的转移比较困难。
④ 县、乡、村机构及其岗位的职能需要清理,人员配备需要研究确定。
⑤ 农村公共事业欠账较多,农民享受的公共财政阳光较少。

3) 农民方面存在的主要问题

农民方面存在的问题主要有三个:① 农民的文化知识水平较低;② 农民的思想意识比较落后、保守,小农意识明显;③ 农民的劳动技能不强。

4) "三农"财政政策方面存在的主要问题

(1) 财政对农业的支持力度不够,支农支出比例逐年下降。1950—1994 年,国家直接来自农业的税收收入 2 733 亿元(不包括正常收费、"三提五统"及乱收费、乱罚款、乱集资等),同期向农业投入 5 346 亿元,通过工农业产品"剪刀差"间接取得大约 20 100 亿元,相抵后国家提取农业剩余净额达 17 487 亿元,占农业 GDP 的 25.5%。另据资料显示,1979—2000 年,工农业产品"剪刀差"(1.6~1.8 万亿元)、农村储蓄流失(550~600 亿元)、土地资源直接损失(1.7~2 万亿元)三项使农民为此付出了 3.4~3.9 万亿元。从甘肃省的情况来看,财政支农资金比重由 1999 年的 12.7%下降到 2003 年的 11.6%。由此可见,在中国实现工业化过程中,农村是贡献最大的区域,农业是贡献最大的产业,农民是贡献最大的群体。中国"三农"的积累受到盘剥,而对"三农"的反哺却很少,农村经济结构调整、农业经济发展和农民增收受到严重影响。

(2) 财政支农支出结构不合理,农民直接受益较少。我国财政在农业支出上用于人员供养及行政开支部分大体维持在 60%左右,教育支出和农业科技支出较少。2001 年,国家对农村固定资产投资占全社会固定资产投资的比重只有 19.38%,国民经济按行业分的基本建设投资中农、林、牧、渔业仅占 2.93%,其中更新改造投资仅占各行业总额的 0.36%。2000 年,全国农村义务教育阶段预算拨款仅占全部经费的 65.7%,农村教育费附加、农村教育集资和学杂费收入占 34.3%。据 2001 年国务院发展研究中心的调查,中国的义务教育经费 78%由乡镇负担,而中央、省、县三级财政负担的比例分别为 2%、11%和 9%。若把乡镇上缴县级财政的收入计算在内,实际上最终由农民负担的义务教育投资约占农村义务教育总投资的 80%~90%。农村教育投入不足,农民素质提高滞后于科技发展速度,严重影响了现代农业对劳动力的需要,制约了农民向城市和非农产业的转移。

(3) 财政补贴方式不合理,农民得到的实惠较少。总体来说,一个国家农业支持水平与支持力度,与其经济发展水平和经济实力有很大的关系,尤其是一个国家经济实力对通过财政预算支持农业规模的影响程度更大。但是,从农业支持来源或者承担者来说,可能是纳税人,也可能是消费者。因此,除了通过财政预算途径支持农业外,还可以通过价格支持由消费者承担的方式对农业进行支持,即实施农业补贴。我国对农业的补贴主要是在流通环节,价格干预补贴农业生产者为负数,农业生产者受益较少,基本上是消费者受益。目前,财政用于农村的支出约1/3是农产品政策补贴(粮价补贴和粮食风险基金),仅这1/3支出还多数是直接用于流通环节的补贴,最终落到农民头上的不足50%。国务院发展研究中心的数据显示,如果收购粮食一年内销售不出去,政府保护价收购的补贴支出与农民受益之比为5∶1;如果连续三年销售不出去,其比例上升到15∶1。由此可见,财政支农支出比重低并下降、投入结构不合理、农业生产条件改善的投资不足、财政补贴方式不当,制约了农业的发展和农民的增收。

(4) 支农资金使用管理分散,严重影响了资金的使用效益和政策效应的发挥。近年来,各级政府对"三农"的投入不断增加,有力地促进了农业、农村经济的发展和农民的增收。但是,支农资金管理分散、交叉重复、效率不高的问题也愈加突出,造成政府部门的"缺位"和"越位",资金分散,重点项目不突出,形不成合力,办大事难。

1.4.5 财政支农的改进措施

各级政府对"三农"的投入不断增加,有力地促进了农业生产、农村发展和农民增收。但是,由于资金渠道来自不同部门,各自有不同的管理方式,也在一定程度上出现了支农资金使用管理分散现象,影响了支农资金的使用效益和政策效应的发挥。因此,在建设社会主义新农村的形势下,整合支农资金对于促进"三农"问题的有效解决,有利于逐步规范政府农业资金投向,合理有效地配置公共财政资源;有利于转变政府和部门的职能,消除"缺位"和"越位"现象;有利于集中力量办大事,提高支农资金的整体合力。

1) 160多个县(市、区)正在开展支农资金整合试点

时任财政部部长金人庆在2006年7月初表示,要进一步推进支农资金整合工作。这一信息显示,针对一些地区存在的支农资金使用管理分散的现象,财政部将采取措施促进财政支农资金使用效率的提高,以往支农资金的"撒胡椒面"现象有望改变。目前全国有160多个县(市、区)正在开展以县为主的支农资金整合试点工作。财政部整合一部分支农资金,并在全国13个粮食主产省区选择一部分县(市、区)开展支持社会主义新农村建设试点。

2) 以县级为主进行整合

针对目前支农资金的现实情况,财政部提出,要坚持以县为主整合支农资金。这主要是因为县一级是各种渠道投入的支农资金的汇聚点。目前,各种渠道的支农资金最终都投入到县一级。财政部提出,要选择若干县,将中央、省、市安排的支农资金进行"打捆"下达,推进支农资金整合。除救灾资金、粮食直接补贴资金等特殊用途资金外,财政部门管理分配的支农资金以及农口部门预算中用于项目的支出,都可纳入支农资金整合的范围。条件成熟后,积极推进政府安排的所有支农资金的整合。

支农资金整合并不是将各种渠道的资金简单归并,而是要通过整合明确支农资金的重点投向,提高资金的使用效益。财政部提出,各地可根据发展规划和重点项目对现有资金进行适当归并,并以主导产业或重点建设项目打造支农资金整合平台,通过项目的实施带动支农资金的集中使用。在具体方式方法上,可根据实际需要灵活选定。

3) 不强求统一模式

整合支农资金是一项带有探索性的工作,因此,要鼓励支农资金整合方式的创新,不能

强求统一资金整合的路径和模式。

由于支农资金目前还是多渠道投入,因此,中央部门也面临着支农资金整合问题。比如,针对部门和行业特点,明确各自的投入重点和支出范围,适时推进中央预算安排的支农资金整合,统筹安排支农资金的使用。

从一些地方实践的经验看,经过整合后的支农资金相对集中,数额较大。因此,更要强化支农资金运行各个环节的监管力度,确保资金使用安全。这包括建立健全资金管理各项规章制度;改革和完善项目立项管理,推行项目招投标制、公告制、专家评审制等制度,建立项目库制度;推行国库集中支付、政府采购、县级报账等管理措施,强化资金运行监管等。

1.4.6 财政支农资金的分配使用

1) 财政支农资金分配使用的原则

财政部门作为政府的管家,有责任、有义务合理地分配使用财政支农资金,促进农业和农村经济发展,增加农民收入,加快农业现代化。为了合理分配财政支农资金,财政部门要根据党和政府关于农业和农村发展的要求,并根据财政收支的情况,确定如下原则:

(1) 长计划、短安排 一个国家、一个省、一个县、一个乡、一个村,跟一个家庭一样,过日子都要有计划,要有长远打算,俗话说"人无远虑,必有近忧",只有计划好今年重点做什么,明年重点做什么,以后几年重点做什么,才能合理安排每年的支出。改革开放以来,国家财政根据中央关于农业增产、农民实现小康和脱贫的中长期规划来安排每年的财政支农支出。各级地方财政要按照中央的要求和当地农业发展的特点来安排每年的财政支农资金,每年都有计划地解决一些实际问题。

(2) 分清轻重缓急 每年需要财政支持的农业项目很多,如果面面俱到,就难以集中资金保证重点需要。例如,1998年我国发生了特大洪水,财政资金就要大量用于救灾。水灾使很多水利设施遭到严重损坏。因此,该年支农资金安排的重点之一,就是增加水利资金投入,搞好水毁工程修复。在保证重点支出和紧急支出的情况下,再来安排一般支出。

(3) 按照效益情况来支持 有的项目,如治理大江、大河、大湖,修水库等,直接经济效益比较分散,生态效益、社会效益比较大,需要较长时期才能发挥效益,才能给大家带来好处,而且这些项目投资比较大,农民没有那么多钱投入,即使有钱也不愿投入,在这种情况下,就需要国家财政来投入。有的项目,比如农产品加工项目,经济效益比较大,见效比较快,农民和企业愿意投入,银行也愿意贷款,财政一般就不再投入了。

(4) 自力更生为主,国家支持为辅 我国农村地域广大,农业生产力水平还不高,农业需要的投资很大。因此,主要还是依靠农民和集体经济组织来解决。农民投入的确有困难、但又必须建设的项目,国家财政应当给一些补助。

2) 农村集体或农民如何申请使用财政支农资金

财政支农资金的分配和使用有很严格的程序。一条主要原则是项目逐级申报制,资金逐级下拨制。如某个农户或某个村需要财政资金支持,可以写申请报告,写明申请的原因、具备的条件、需要支持的资金数量等,由所在村出具证明,上报到乡镇财政所。乡镇财政所审核同意后,能由乡镇财政所支持的,就由乡镇财政所直接支持。如果乡镇财政所无力解决,又确有必要支持的,可由乡镇财政所以正式文件上报到县财政局,县财政局根据有关资金使用管理办法,认真进行审核,符合条件,可给予一定的支持,将资金拨到乡财政所,再由乡财政所下拨到村集体或有关农户。如果县级财政无力支持,而确有必要支持,由县财政局以该局的正式文件上报到市(地级)财政局,市(地级)财政局以正式文件上报到财政部,如果财政部的有关司审核同意支持,资金就逐级下拨到省财政厅,省财政厅下拨到市财政局,这样层层下拨到县、乡财政部门,再由乡财政所拨到有关村、农户或项目上。

这里需要指出,申请财政支农资金不能越级(例如乡财政所向省财政厅)递交申请报告。各级财政也不能越级下拨资金,例如省财政厅不能直接将钱拨到乡财政所账上。这样做的目的,是为了加强财政资金管理和监督,明确责任制。另外,有的财政支农资金是由财政与有关主管部门,如农业部门、水利部门、林业部门、扶贫办等联合管理的,因此,要以两个(或两个以上)部门联合文件的名义向上申报项目的资金,文件要同时寄送到有关部门。

1.4.7 财政支农资金的管理监督

对财政支农资金进行管理是财政部门的一项重要任务。我国是一个经济不发达的国家,每一分钱都来之不易,财政的钱是工人、农民、知识分子创造的财富,一定要管好用好,要真正起到促进农业发展、提高使用效益的目的,绝不能损失浪费。为此,要做到以下几点:

① 选准项目:项目必须符合国家产业发展政策,符合国家财政支农政策,具有较好的经济效益、社会效益和生态效益。只有这样的项目财政才能给予资金支持。

② 加强项目的财务管理:要制定财务管理制度,对财政支农资金的分配、使用做出具体规定。用款单位要编制资金具体使用计划,确定支出范围和标准,做好原始记录,搞好财务决算。项目实施中要精打细算,减少支出,避免浪费,用尽可能少的投入,取得尽可能多的收益。

③ 做到民主理财:项目单位使用财政支农资金时,要编制计划,经过群众讨论,并向群众公开资金使用、收益及收益分配等情况,接受群众的监督。

④ 保护资金安全:凡是财政支农资金建立的设施,都属于国家财产,财务上都要立账核算,进行管理。财产的启用、转移、停用、出售、报废等,都要在财务上办理一定的手续,如有损坏丢失要按照财务制度的规定加以处理,追究有关责任人的责任。

对财政支农资金进行监督,是保证财政支农资金合理使用的一项重要工作。财政支农资金监督,可分为事前监督、执行过程监督和执行结果监督。事前监督,主要是对财政支农资金支出计划的编制情况进行监督,看能否根据农业生产发展的需要和资金力量的可能,科学、合理地分配财政支农资金。包括资金来源的渠道和数额是否可靠,资金安排是否突出重点,是否符合提高经济效益的原则等。执行过程监督,是日常监督,主要是看财政支农资金能否及时到位,支出是否合理,是否符合财务制度要求,对出现的问题能否及时纠正。对执行结果的监督,就是对执行结果的检查与考核。主要是检查财政支农资金使用情况和使用效益,是否有违反财经纪律现象,是否及时处理了违纪现象等。还有跟踪监督,主要看项目建成后的运转情况,能否达到计划预期的目的。对财政支农资金的监督,可由财政部门进行,也可由审计部门、社会中介组织进行。

1.5 我国的财政与税务机构设置

我国的财政机构设置随着改革开放的进程发生着变化——改革开放前,财政机构体系中包括税收机构体系;改革开放后,财政机构和税收机构开始分设。目前,我国的财政、税收体系设置如下。

1.5.1 财政机构设置

我国从中央到乡镇一共有五级政府,每一级政府都设置了财政部门,中央政府设财政部,省(自治区、直辖市)政府设财政厅(局),设区的市(自治州)政府、县(自治县、不设区的市、市辖区)政府设财政局,乡(民族乡、镇)政府设财政所。

1) 财政部的机构设置

财政部的机构设置包括:办公厅、综合司、条法司、税政司、关税司、预算司、国库司、国防司、行政政法司、教科文司、经济建设司、农业司、社会保障司、企业司、金融司、国际司。

2) 财政厅(局)的机构设置

1988年4月13日,第七届全国人民代表大会第一次会议通过了《关于设立海南省的决定》和《关于建立海南经济特区的决议》;1988年4月26日,中共海南省委、海南省人民政府正式挂牌。从此,海南成为我国最年轻的省份和最大的经济特区,海南的发展进入了一个崭新的历史时期。海南岛是中国南海上的一颗璀璨的明珠,是仅次于台湾的全国第二大岛。海南省是中国陆地面积最小、海洋面积最大的省。

海南作为我国最年轻的省份和最大的经济特区,它的财政机构设置可以说代表了省级政府行政机构改革的方向。下面以海南省人民政府行政许可目录为依据,以点带面介绍省级政府的财政机构设置。

根据财政厅主要职责,省财政厅内设18个处级职能机构和财政监察特派员办公室、农业综合开发办公室2个挂靠机构。

(1) 内设18个处级职能机构　包括办公室、综合处、法规处、预算处、国库处、行政政法处、教科文处、经济建设处、农业处、社会保障处、企业处、债务金融处、会计处、政府采购管理处、人事教育处、非税收入管理处、监督检查处、税政处。

农业处的主要职责是:拟定农、林、水、气象等部门和单位财政支出的政策、规定、规章;拟定相应的管理制度和开支标准;监管有关经费及支农专项资金;参与管理和分配财政扶贫资金;审核分管部门的年度决算;管理国有农业企业的资产和财务。

(2) 2个挂靠机构　包括省财政监察特派员办公室、省农业综合开发办公室。

省农业综合开发办公室的主要职责是:拟定全省农业综合开发的政策措施及项目、资金、财务管理制度实施细则;编制农业综合开发的规划、计划;管理监督和统筹安排省级财政农业综合开发资金;组织检查全省农业综合开发项目的执行情况。

3) 设区的市财政局的机构设置

佳木斯市位于祖国东北边陲,地处黑龙江、乌苏里江和松花江汇流的三江平原腹地,下辖前进区、向阳区、东风区、郊区(永红)、同江市、富锦市、桦川县、抚远县、桦南县、汤原县。下面以黑龙江省佳木斯市为例介绍设区的市财政局内设科室及涉农科室的主要职责。

内设科室27个:办公室、综合科、税政科、预算科、国库科、行政政法科、教科文科、经济建设科、经贸科、农业科、农村财政财务科、社会保障科、企业科、国际金融科、市政府采购管理办公室、乡镇科、会计事务管理科、监督检查科、罚没收支管理办公室、企业监督管理办公室、人事教育科、资产评估管理科、行政事业资产管理科、绩效评价科、机关党委、纪检监察室、法规科。

(1) 涉农科室的主要职责

① 农业科:研究拟定财政支农政策措施;拟定农业财务制度,管理农业企业、事业财

务;负责管理国有农业企业国有资产和制定管理制度,管理和申请、分配农业特大灾害、防汛抗旱等补助费和支农专项资(基)金;管理和申请、分配财政支援不发达地区发展资金;管理市直农口部门事业经费,会同分管部门研究提出经费开支标准、定额建议;参与研究制定部门行业发展规划和相关政策制度,研究提出财政支持分管部门事业发展的项目,参与可行性分析论证,提出支持建议;审核编制分管部门年度预算,监督分管部门预算执行;制定农口事业经费和专项资金使用的财务管理办法;管理部门和单位预算内外专项支出指标,对专项资金追踪问效,监督项目实施中资金的管理使用情况,参与项目完成后的效益考核;审核分管部门和企业、事业单位的年度财务决算。

② 农村财政财务科:负责财政支持新农村建设有关工作;按照各项财政补贴农民资金政策规定,组织承办乡镇以下补贴资金发放到农户的核定和落实;负责农村公益事业建设"一事一议"筹资"以奖代补"资金管理,农村村级偿还因举办社会公共事业所欠债务奖励资金管理,农村村级三项经费财务监督管理;负责财政涉农有关信访调查处理,对农业企业、农民税赋改革调研并提出有关建议,契税、耕地占用税和烟叶特产税征收管理;负责农村税费改革试点和农村综合改革的综合、指导、协调及监督。

③ 乡镇科:研究和制定全市乡镇财政建设规划,制定乡镇企业财务管理制度办法;会同分管部门研究提出经费开支标准和定额建议,审核编制分管部门单位年度预算,监督分管部门预算执行;指导县(市)区乡镇财政预算管理工作,参与研究制定乡镇企业发展规划,研究提出财政支持的项目,参与可行性分析论证,提出支持建议;制定部门、单位和项目资金使用的财务管理办法;管理部门和单位预算内外专项支出指标,对专项资金追踪问效,监督项目实施中资金的管理使用和配套到位情况,进行项目完成后的效益考核;审核分管部门和单位的年度财务决算。

所属事业单位16个:农村税费改革办公室、财源建设办公室、注册会计师协会、投资评审中心、票据监管中心、政府采购中心、国库集中收付中心、农业开发办公室、信息中心、机关服务中心、珠算协会秘书处、国有资产评估中心、产权交易中心、财政科学研究所、预算编审中心、社保基金管理中心。

(2)涉农事业单位的主要职能

① 农村税费改革办公室:负责贯彻落实中央、省有关农村改革的有关规定,研究制定本市农村税费改革政策;负责与农村税费改革相关的农业税减免、农村税费改革转移支付资金管理和对种粮农民的直接补贴等工作。

② 农业开发办公室:负责贯彻执行国家和省、市有关农业综合开发方针、政策和条例,拟定全市农业综合开发项目与资金管理的规章制度及实施细则。制定本市农业综合开发的总体发展战略,编制中长期发展规划,制定、上报、下达并组织实施项目年度计划。统一管理和统筹安排农业综合开发资金,负责农业开发资金的拨款、借款、有偿资金回收、财务核算及决算。组织考察、评估、论证农业开发项目,按规定和程序选项、立项,并申报国家和省农业综合开发项目。检查在建项目执行情况,配合国家和省农业开发办组织竣工项目检查验收。负责全市农业综合开发项目的可行性研究报告的初审和申报,负责国家批准立项的农业综合开发项目的扩大初始计划设计审批。负责实施项目法人责任制、项目招标制和项目监理制的管理工作。负责全市农业综合开发项目和资金统计管理及系统内部审计,掌握项目计划执行情况,监督检查农业开发资金的管理和使用,组织收集和积累有关信息资料,提供信息服务。研究制定农业综合开发利用外资的总体发展规划,并组织实施。指导全市农业综

合开发干部队伍及专业人员的培训和继续教育。负责全市农业开发的调查研究工作,改进和完善农业综合开发总体思路和管理机制。

4) 县财政局的机构设置

(1) 县财政局的主要职责　大竹县位于四川东部,达州南部,东邻梁平、垫江,南接邻水,西界广安、渠县,北连达县,现辖 14 个区(镇)、62 个乡(镇)、577 个村。面积 2 076 平方公里,其中耕地面积 93.14 万亩;全县总人口 103 万人,其中农业人口 92 万人。

① 拟定和执行全县财政、税收的发展战略、方针政策及中、长期财政规划,拟定和执行财政分配政策和财政改革方案;参与宏观经济分析预测和全县重大宏观政策的制定;提出运用财税政策实施宏观经济调控和综合平衡全县财力的建议;制定构建地方公共财政体系的政策、制度;指导全县财政工作。

② 研究、拟定全县财政、财务、会计管理的地方性法规、规章,制定和执行财政、财务、会计管理的规章制度;管理中央转贷的特种国债。

③ 编制年度县级预算草案并组织执行;受县政府委托,向县人民代表大会报告全县及本级财政预算及其执行情况,向县人大常委会报告决算;拟定财政税收收入计划,管理县级各项财政收入、预算外资金(包括政府性基金和行政事业性收费)及财政专户;核定行政事业单位财务管理体制;制定和规范各项财政收支管理的具体办法。

④ 根据国家税法和授权,草拟、审核和解释地方税收法规、政策;联系、协商与国税、地税等部门的税政业务工作;进行税政检查,提出减免税和对全县财政影响较大的临时特案减免税的建议;拟定和审议国家授权的地方税减免规定和各项税收优惠政策,管理、监督各类税收减免和有关税款退库及提退事项。

⑤ 管理县级财政公共支出;贯彻执行《事业单位财务规则》、《行政单位财务规则》;拟定和执行政府采购政策;制定需要全县统一的有关开支标准和支出政策;管理全县行政、事业单位和团体的非贸易外汇收支计划和有关国际收支事项;执行并实施基本建设财务管理制度。

⑥ 贯彻执行社会保障资金财务管理制度;管理县级政府的社会保障支出;组织实施对资金使用的财政监督;参与研究、拟定国有企业下岗职工基本生活保障、城市居民最低生活保障的政策。

⑦ 拟定和执行国有资产管理的方针政策、改革方案、规章制度、管理办法;组织实施国有企业的清产核资、绩效评价;组织实施县级企业国有资产产权界定、企业国有资产产权界定和转让,监缴国有资产收益;负责国有资产的统计、分析;管理和监督行政事业单位国有资产;指导资产评估业务;监督执行《企业财务通则》和相关财务会计制度。

⑧ 管理和监督财政性经济发展支出;县级财政安排的经贸、农业支出,挖潜改造支出,科技支出以及县级投资项目的财政拨款资金;审查财政性基本投资资金的概、预、决(结)算;监督地方商业银行、保险证券、担保行等地方金融机构财务;承担外国政府、世界银行、亚洲开发银行、日本国际协力银行和国际农发基金会的政府性外债管理工作;负责彩票的监管和发行规模的审核上报工作。

⑨ 贯彻落实县委、县政府关于大竹县县级城市建设、国土开发的财政政策措施;研究、拟定大竹县县级城市建设投资政策和管理制度;参与大竹县县级城市规划的实施和管理;监督、检查、指导县级城建、国土部门财务制度的执行;负责县级城建、国土、建设资金的预决算;负责县级城建、国土收益的监缴;负责县级城市建设资金的筹集、使用、管理和监督。

⑩ 管理全县会计工作;贯彻实施《会计法》、《企业会计准则》等会计法律、法规和制度;拟定和实施国家统一会计制度的有关具体办法和补充规定;会同有关部门管理会计专业技术职称工作;负责全县"会计集中核算中心"的业务指导和管理工作,指导和管理社会审计;组织清理整顿经济鉴证类中介机构。

⑪ 负责全县财政监督检查工作,拟定财政监督的规章制度;监督财税方针政策、法律法规的执行;检查反映财政收支中的重大问题;提出加强财务管理的政策建议;依法查处重点违反财经纪律和打击报复案件。

⑫ 制定财政科学研究和教育规划;组织财政业务和人才培训;负责财政信息和财政宣传工作;指导财政系统抓好精神文明建设和廉政建设,做好财政系统干部职工的思想政治工作。

⑬ 根据县政府的规定,管理大竹县收费局、大竹县财政监督检查局等直属事业单位。

⑭ 承办县委、县政府交办的其他事项。

(2) 县财政局内设机构及其职责 县财政局拟设17个职能股室和纪检组、监察室。

① 办公室:负责处理机关日常政务工作;负责有关重要会议的组织及其决议事项的督办;研究财政政策,起草有关综合性的报告和文件;管理财政宣传、财政信息、目标管理、文电管理、财政史志的编写等工作;负责机关综合治理、安全保卫、爱国卫生、文明建设、机要、档案、督查、督办、保密、信息、信访、后勤、机关财务和本局国有资产管理服务工作。

② 综合股:研究财政发展战略和财政分配政策,拟定财力综合平衡方案;预测全县经济运行形势及其对财政收支的影响,提出调整财政经济政策的可行性意见和建议;研究、拟定财政改革规划,负责重要的财政改革措施的组织和协调工作;编制中长期财政规划;提出住房、物价、国有土地使用等有关经济体制改革的政策性建议;拟定预算外资金管理政策及规章制度;负责全县和县级部门行政事业性收费、政府基金等立项报批,参与收费标准的确定;管理县级房改公积金及售房收入;管理国有土地有偿使用收入;拟定并执行彩票管理制度,负责彩票的监管和发行规模的审核上报工作;负责综合性财政统计及分析工作。

③ 财税法规制度股:协调有关财税和国有资产管理的地方性法规的起草、审议、解释和上报工作;审议其他地方性法律、法规草案中有关财政、税收和国有资产管理的条款;负责调处涉及县级单位的产权纠纷和行政仲裁;承担行政复议、行政赔偿和行政诉讼的应诉代理工作;进行税政检查;管理、监督税收减免和提退事项。

④ 预算股:拟订全县财政体制和预决算管理制度;拟订编制年度预算的指导思想和原则;编制并调整本级年度财政预算草案;管理县级财政专项资金项目库;汇总审定各部门人员经费和公用经费支出标准和定额;审查和批复部门预算;编制县级预算外资金收支计划;负责全县财政收支综合平衡工作;提出增收节支和平稳财政收支的政策措施和建议;汇总年度地方预决算;拟定县级与县以下地方政府间分配政策,负责县对县以下转移支付工作,指导县以下地方预算管理工作;办理省、市与地方财政结算事宜;承担与县人大财经委员会和预算工作委员会的有关联络事宜;负责与财政审计有关的工作。

⑤ 国库股:执行金库管理制度和政府总预算会计制度。拟定补充规定和实施意见;负责总预算会计工作;负责财政资金调度、办理预算内外资金收支结算划拨;跟踪县级和全县财政预算执行情况;管理县级预算外资金和国债转贷资金专户;编制县级财政总决算,批复县级部门决算;统一管理县级财政银行开户;研究和推行国库集中支付制度;负责社会集团

消费的监督管理工作;拟定和执行政府采购政策,监督、管理政府采购工作,进行信息统计分析。

⑥非税管理股(挂县收费局):统一监督和管理全县行政事业性收费、罚没收入、政府基金及其他非税收入票据,检查指导收费票据的使用;执行非税收入管理政策;负责对县级非税收入的监收和监交入库。

⑦行政政法股:负责制定行政性经费的财务管理制度,牵头贯彻执行《行政单位财务规则》。

⑧教科文股:负责制定事业性经费的财务管理制度,牵头贯彻执行《事业单位财务规则》。

⑨经济建设股(挂外事外债股):管理粮食、棉花、食糖、医药等专项储备资金,管理粮食、副食品风险基金和粮油、肉食价差补贴、城市公用等专项补贴;执行、制定专项资金管理办法,对专项资金的使用进行管理、监督、考核,监督项目实施过程中资金的使用和管理,进行项目的效益考核;分配和监督县级技改资金、科技创新资金、高风险投资资金、中小企业贷款担保资金、贷款贴息资金及其他资金。

该股还负责拟定和执行行政、事业单位和社会团体非贸易外汇管理制度和开支标准;拟定地方性外事财务管理制度,管理县级外事经费;负责外国政府贷款和世界银行、亚洲开发银行、日本协办银行、国际农业发展基金会等贷款的双边和多边谈判、磋商、转贷、偿还工作;负责政府性外债资金的使用和监管,建立偿债机制;管理局机关和下属事业单位的外事工作。

⑩农业股:管理扶贫等政策性支出专项贷款贴息;管理农业企业财务;参与管理和分配财政扶贫资金和重要救灾防灾资金。

⑪社会保障股:制定全县社会保障资金财务管理制度;参与研究制定、建立和完善县级社会保障制度的政策和措施;参与编制县级社会保障预算草案和相关资金的分配;监督配套资金的落实。

行政政法股、教科文股、经济建设股、农业股、社会保障股,分别负责掌握分管部门主要业务的全县基本情况;参与研究制定分管部门行业发展规划和相关政策、制度;参与制定分管部门和单位的经费开支标准和定额建议;参与研究并提出下年度预算编制需考虑的因素、安排重点和支出序列,审核提出分管部门年度经费预算建议;监管部门、单位财务运行和预算执行情况;制定专项资金管理办法,监督、考核专项资金的使用情况;审核分管部门和单位的决算。

⑫企业股(挂金融股、国资办):贯彻执行《企业财务通则》和企业国有资产管理政策制度,组织实施企业国有资产产权界定、登记和转让;负责资产评估项目的立项审核,对资产评估报告进行合规性检查;参与研究、拟定国家与企业分配关系改革的有关政策制度,提出调整建议;负责县级企业国有资产基础管理工作,编制国有资产预算草案,监缴国有资产收益;办理县级企业亏损补贴和税收返还的具体工作;归口管理和分配省级国有企业下岗补贴资金;管理县级中小企业科技创新资金;参与管理国有企业的租赁、拍卖、兼并、破产和组建企业集团、实施股份制改革工作,制定和实施相应的财务管理制度。

该股还负责拟定并贯彻落实地方商业银行、保险、证券、信托投资、担保行、城市信用社、典当行及其他非金融机构的财务管理和国有资产管理的政策制度,负责财务监管;掌握、分析、研究地方政府性负债情况;拟定地方政府性债务管理政策和制度;监管地方政府性债务,防范和化解地方财政风险。

⑬ 投资管理股：研究拟定贯彻落实县委、县政府关于产业布局和经济结构调整的财政政策措施；研究制定政府经营性投资政策和管理；实施财政投融资政策，管理财政投融资项目；负责归口建设资金的管理和使用；办理国债转贷资金的拨付并实施财务监督；管理预算内基本建设投资资金，组织对重大基础设施项目概、预、决算的评审。

⑭ 会计股：管理全县会计工作；贯彻实施国家统一的会计法律、法规、准则和制度，提出全县会计改革的政策建议；组织和管理全县会计人员的业务培训；指导和监督会计电算化工作；会同有关部门管理会计职称工作；指导和管理社会审计工作；组织清理整顿经济鉴证类中介机构；管理会计委派工作。

⑮ 统计评价股(挂县清产核资办公室)：负责全县公共资源的统计分析，建立公共资源数据库；拟定地方性清产核资的有关制度、办法和实施细则；组织实施清产核资工作；管理和监督行政事业单位国有资产。

⑯ 县农业综合开发办公室：拟定全县农业综合开发的政策及项目、资金、财务管理办法；编制全县农业综合开发规划；统筹安排和管理县级财政农业综合开发资金；组织检查农业综合开发项目的执行情况。

⑰ 人事教育股：负责局机关、下属单位(代管单位)、乡(镇)财政所的机构、编制、考核、工资等人事管理和教育培训工作；调查研究全县财政系统干部队伍精神文明建设情况；制定并组织实施全县财政系统教育培训规划；指导全县各级财政教育培训工作；管理县财政干部培训中心；负责局机关并指导所属单位老干部的管理和服务工作。

⑱ 纪检组、监察室(县纪委、县监察局派驻)。

(3) 有关行政管理职能机构主要职责

① 大竹县政府采购中心：是大竹县人民政府综合管理各单位使用财政性资金和自有收入安排采购工作的办事机构，为副科级，具体负责日常工作，由县财政局管理。主要职责如下：

a. 统一组织纳入集中采购目录的采购业务。

b. 组织使用财政性资金采购的大型公共工程货物和服务的有关事务。

c. 受采购单位的委托，代其采购或组织招标事宜。

d. 承担不具备或被取消独立采购资格的采购单位的采购业务。

e. 受县财政局委托，组织培训采购管理人员和技术人员。

f. 承办由县财政局委托的其他有关采购事务。

② 大竹县农业综合开发办公室：是大竹县农业综合开发领导小组的常设办事机构，为正股级，在县农业综合开发领导小组领导下，具体负责县农业综合开发管理的日常工作，由县财政局管理。主要职责如下：

a. 贯彻执行国家有关农业发展基金筹集的政策、规定、统一征收标准。

b. 编制和组织执行全县农业发展基金的收支计划。

c. 管理收费收据。管理投资项目的立项申请、方案设计、方案的评估论证，项目审批、签约、拨款、项目执行反馈和项目检查验收等事务。

d. 管理项目资金的回收和还本付息。

e. 提出制定投资项目的财务管理制度及管理办法。

f. 对各执行单位和项目受益单位的日常监督检查。

③ 大竹县财政监督检查局：是大竹县财政局的直属事业单位，机构级别为副科级，由县财政局负责管理。主要职责如下：

a. 拟定地方性财政稽查政策和制度，监督检查财税法规、政策的执行情况。

b. 检查反映财政收支和国有资产经营管理中的重大问题，提出加强财政管理和国有资产管理的政策建议。

c. 依法检查重点违反财经法纪和打击报复的案件。

d. 监督检查局内各单位在预算编制和执行过程中的执行财政法规、政策和制度的情况。监督检查局属各单位财务收支情况。

e. 监督检查社会审计机构出具的审计报告程序的合法性和内容的真实性、完整性。

f. 负责审计机关对县财政实施审计的业务协调工作。

④ 大竹县收费管理局：是大竹县人民政府综合管理全县行政事业性收费工作的办事机构，为副科级，负责全县收费的日常工作，由县财政局管理。主要职责如下：

a. 接受县财政局委托，管理、发放行政事业性收费票据，政府基金收入票据。

b. 负责监督和管理全县行政事业性收费、征收政府调控基金，检查指导收费票据的使用。

c. 参与研究全县和县级部门行政事业性收费、政府基金等立项及收费标准的确定。

⑤ 大竹县人民政府罚没收入管理办公室：是县人民政府综合管理全县罚没收入工作的办事机构，为正股级，具体负责罚没收入管理的日常工作，由县财政局管理。主要职责如下：

a. 执行国家财政政策，按照国家财政政策规定提出研究制定与我县实际相结合的罚没收入管理办法。

b. 清理有关罚没收入，督促解交入库，对执收单位进行日常监督检查。

c. 指导乡（镇）财政所罚没收入管理，确保社会财力调度使用综合平衡。

d. 承办县财政局交办的其他有关工作。

⑥ 大竹县投资公司：是受县政府委托对财政性资金进行投资和管理的专业机构，为副科级，具体负责投资和管理的日常工作，由县财政局管理。主要职责如下：

a. 根据国家投资的有关政策规定，负责对政府财政拟投资的项目进行具体的考察论证；对已投资的项目及资金实施规范管理。

b. 对股份形式的投资，按股份制企业规定以投资公司法人股的身份，参与股份制公司的重大决策，但不能参与日常生产经营管理。

c. 按县政府基础设施及城市建设规划要求，参与基础设施投资和城市规划前期开发工作。

d. 按照同股同酬的原则，参与投资或参股、控股企业的利润分红，并将所分红利划入公司开设的收益专户，经县财政局审核批准，按规定提取公司的营运经费后，分红收益每半年一次集中上交县财政。

e. 定期向县财政局报告投资项目生产经营的基本情况。

f. 对受政府财政委托进行的高风险投资，可由投资公司单独管理。

g. 大竹县投资公司所形成的资产及股份属于法人财产，终极所有权为国家，其处置决定权在县财政局。大竹县投资公司可按政府财政的要求，对持有的股权经批准后按规定进行转让，转让的资产变现收益，要及时划入收益专户，按照政府的要求上缴国库或继续投资。

h. 按政府的政策导向，支持企业资产重组、技术改造和产品结构调整；为企业提供投资咨询。

⑦ 大竹县国有资产经营管理公司：是从事县政府授权范围内的国有资产经营与管理工作的办事机构，为副科级，具体负责国有资产经营与管理的日常工作，由县财政局管理。主要职责如下：

　　a. 直接持有股份有限公司、有限责任公司中的国家股权，并对股份有限公司国有股权转让（包括配股股权转让）收入，有限责任公司国家出资转让收入，由国资经营管理公司收缴入库。

　　b. 国资经营管理公司按照谁投资、谁所有、谁受益的原则，以出资者的身份，按照出资比例，收取股份有限公司和有限责任公司国家股应分得的红利。

　　c. 负责县本级财政原有偿使用资金的回收和转投资事宜，并对这部分资金的运行和收益进行管理和收缴。

　　d. 在授权经营前提下，向授权经营的国有控股公司、参股公司，以出资者的身份派员参与董事会讨论企业的重大决策，但不干预企业的日常经营活动。

　　e. 参与国有企业的产权转让活动，管理并收缴国有资产的转让收入。

　　f. 通过参股、控股、租赁、合资合作的方式，具体组织国有企业实施资本经营管理。

　　g. 对国有独资企业的国有资产，以资产经营责任制的形式实施资本经营管理。

　　h. 由政府减税让利形成的国有资产，由资产经营管理公司负责管理并依法享有法人财产所有。

　　i. 承办县政府和财政局交办的其他事项。

⑧ 大竹县收费票据监管中心：是县专职票据管理机构，为正股级事业单位，由财政局管理。主要职责如下：

　　a. 负责县级单位的行政事业性收费票据的印制、发放。

　　b. 负责全县行政事业性收费专用票据的印制、发放。

　　c. 负责县级企业、事业、行政单位以及社会团体的非经营性统一结算收据的印制、发放。

　　d. 负责对县级各部门、各单位上述票据的日常稽查、年度审验工作。

⑨ 大竹县财政投资评审咨询中心：是县财政局的直属事业单位，为正股级，承担财政性投资项目的工程概预决算审查、咨询和投资效益的追踪检查，以及接受委托对一些项目的可行性进行复审等工作，由县财政局管理。主要职责如下：

　　a. 接受县政府和县财政局等综合经济部门委托，承担财政投资政策等有关课题的研究。对一些较有争议项目的前期可行性论证进行复审，为领导决策提供重要的信息资料。

　　b. 承担财政性投资项目的工程概预决算审查，对政府投资建设项目的竣工决算、材料设备降价处理和工程报废等签署审查意见。

　　c. 承担财政性投资的基本建设、技术改造、国土资源勘探等项目的评估咨询及后评价工作，为县财政局提供投资项目前期决策分析及建成后效益评价。

　　d. 承担财政性投资项目招标标底编制、评审及有关管理工作。

　　e. 开展与财政性投资咨询有关的市场研究、财务管理和分析、投资风险分析、信息服务等业务，为政府提出投资政策建议，进行财务管理软件开发，承办投资财务管理培训。

⑩ 大竹县人民政府罚没物资管理中心：是大竹县财政局直属的事业单位，为正股级，具体负责县级执法单位罚没财物的管理工作，由县财政局管理。主要职责如下：

a. 制止执法机关违反规定擅自处理罚没物资和执法机关与拍卖行搞"联手"变通,即将罚没物资等公物按底价拍卖给执法机关指定的关系户,逃避监督,变非法为合法的违纪现象发生。

　　b. 避免拍卖机构利用不正当手段进行竞争。

　　c. 控制拍卖机构对罚没物资等公物由于拍卖不及时,造成罚没物资的人为贬值和罚没收入不能及时入库,减少罚没物资等公物在处理过程中的流失。

　　⑪ 大竹县财政干部培训中心:是大竹县财政局的直属事业单位,为正股级,由县财政局管理。主要职责:大竹县财政干部培训中心是为我县集中培训、教育财政职工提供学习、住宿的固定场所。

　　⑫ 大竹县会计集中核算中心:是大竹县财政局的直属事业单位,为副科级,负责管理县级按规定纳入单一账户管理的单位各项收支业务核算和管理工作,由县财政局管理。主要职责如下:

　　a. 全面负责县级按规定纳入单一账户管理的单位各项财务收支业务核算和管理。

　　b. 认真贯彻执行《会计法》、《预算法》、《四川省预算外资金管理条例》等财政财经法律、法规。

　　c. 根据《行政单位会计制度》等国家统一的会计制度设置会计科目,进行会计核算。

　　d. 按照财政部《会计基础工作规范》的要求进行规范操作,实行会计电算化,提高工作效率。

　　e. 全面落实县政府对各单位下达的财务收支预算,加强资金管理,提高理财水平,管好用活资金,使有限的资金发挥出最大的效益。

　　5) 乡(民族乡、镇)政府设财政所

　　1983年,我国取消了政社合一的人民公社,恢复了乡(镇)政府行政体制,同时开始了建立乡镇财政试点工作。1985年,财政部颁发《乡(镇)财政管理试行办法》,乡镇财政从此正式成为我国五级财政体系中的一级。

　　1997年底,全国已建立乡镇财政所43 285个,占建制乡镇的95.6%;乡镇财政工作人员272 942人,其中具有大专以上文化程度的66 959人,占全体乡镇财政工作人员总数的24.5%;实行分税制财政体制的乡镇已达到28 111个,占全国乡镇财政单位总数的65%。从预算执行结果来看,收入在100万元以上的乡镇24 225个,收入在500万元以上的乡镇3 913个,收入在1 000万元以上的乡镇1 183个,分别占全国乡镇财政单位总数的56%、9%和2.7%。已建立国库的乡镇达到16 976个,建立国库的乡镇达到39%。全国乡镇财政决算总收入完成1 391亿元,总支出完成1 362亿元,分别是1986年的6倍和8.7倍。

　　2005年,配合缓解县乡财政困难工作,财政部对县、乡预算管理提出了制度创新的要求,各地在现行行政体制与法律框架内,积极进行"省直管县"、"乡财县管"等试点工作,取得了明显成效。

　　乡镇财政是我国最基层的一级财政。随着农村综合改革的推进,乡镇财政面临的形势发生了很大的变化。乡镇财政收入职能弱化,收入规模大幅度下降;乡镇政府的职能萎缩,财政支出范围逐步缩小;乡镇管理水平较低,债务负担沉重。

　　针对上述问题,2003年起,安徽省率先对乡镇财政管理方式进行改革试点,实行了"乡财县管"的管理模式,得到了党中央、国务院以及中央有关部门的充分肯定,也得到了各地的普遍认同和积极响应。目前,全国31个省(区、市)中,有28个地区实施了"乡财县管"改革,其中,16个地区全面推行,12个地区部分试点。

1.5.2 税务机构设置

我国目前的税收除关税由海关机构代表国家征收,耕地占用税、契税由地方财政部门或者地方税务部门负责征收管理外,其他绝大多数税种,如增值税、消费税、营业税、企业所得税、个人所得税、资源税、固定资产投资方向调节税、城市维护建设税、房产税、印花税、城镇土地使用税、土地增值税、车船税、船舶吨税、车辆购置税、烟叶税等依法由税务机关征收。

我国的税务机构设置主要由国家税务总局与省级及省级以下的国家税务局系统、地方税务局系统组成。

1) 国家税务总局

国家税务总局系国务院主管税收工作的正部级直属机构。2008年7月18日,国家税务总局召开机关机构改革动员大会,贯彻落实总局新的"三定"规定,对机构改革工作进行动员和部署。

国家税务总局设13个内设机构(正司局级):办公厅、政策法规司、货物和劳务税司、所得税司、财产和行为税司、国际税务司、收入规划核算司、纳税服务司、征管和科技发展司(大企业税收管理司)、稽查局、财务管理司、督察内审司、人事司。

这次机构改革涉及信息中心、注册税务师管理中心两个事业单位的职责变动,其余事业单位的职责暂不作调整。今后,将按照国务院的统一部署,适时推进事业单位分类改革。总局所属事业单位的设置、职责和编制事项将由中编办另行规定。

国家税务总局决定在2008年下半年组织实施省(区、市)国税局机构改革。总的要求是,按照国务院机构改革精神,坚持精简、统一、效能的原则,优化机构设置,完善运行机制,进一步提高税收征管的质量和效率,更好地适应税收事业持续健康发展的需要。

2) 省级及省级以下税务机构

税务机构是实现国家税收杠杆作用的实体,它在税收机制的运行中起着骨架作用。税务机构的设置紧随国家的税制及征管方式改革不断变迁,1994年,国家实行分税制,省级及省级以下税务机构分设为国税局和地税局,对流转税、所得税等税制分而治之,分级入库。随后,国税部门在既定的税制框架下,提出了税收管理的社会化、集约化、信息化、法制化、规范化的"五化"要求,国税机构改革实施了撤并乡镇国税分局(所),按经济区域设置机构的连横之举。1998年,随着上门申报、集中征收、重点稽查的管理模式得到广泛推行,又催生了国税机构改革按征、管、查流程设置征收局、管理局、稽查局的合纵之策。通过十多年的探索和运行,渐进的机构改革确保了新税制基本目标的实现,建立了征管流程间的相互监控机制。

(1) 国家税务局系统 包括省、自治区、直辖市国家税务局,设区的市、自治州、盟国家税务局,县、自治县、不设区的市、市辖区、旗国家税务局,征收分局、税务所是县级国家税务局的派出机构,税务所一般设在乡、民族乡、镇所在地。国家税务总局对国家税务局系统实行机构、编制、干部、经费的垂直管理,协同省级政府对省级地方税务局实行双重领导。

(2) 地方税务局系统 包括省、自治区、直辖市地方税务局,设区的市、自治州、盟地方税务局,县、自治县、不设区的市、市辖区、旗地方税务局,征收分局、乡、民族乡、镇税务所。省以下地方税务局实行上级机关和同级政府双重领导,以上级税务机关垂直领导为主的管理体制。

复习思考题

1. 怎样理解财政的含义、职能？政府收支如何分类？从理论上怎样界定农村财政？
2. 政府对农村财政收入、农村财政支出怎样分类？政府收支分类改革前后农村财政收支有何变化？
3. 财政支农资金的含义、对象、目标是什么？有哪些种类？发挥了哪些作用？存在哪些问题？如何改进？农村集体或农民如何申请使用财政支农资金？
4. 县级财政、税务机构是怎样设置的？它对农村财税有何意义？

2 农村财政管理

[学习目标]

知识目标:全面掌握政府预算的概念、特点、原则等知识,重点掌握实行复式预算的必要性、条件、合理性等;掌握政府预算的程序过程即编制、执行和决算环节中的主要任务和方法;掌握分税制财政管理体制的内容,理解其重要性,把握预算外资金的合理性及存在问题;掌握农村税费改革及县乡财政管理体制变革的知识。

技能目标:培养按照收支两条线、国库集中支付、乡财县管、省管县体制等现行财政管理制度开展业务的基本能力;形成运用复式预算编制乡镇政府经常性预算和资本预算的能力。

能力目标:从民主法制建设高度,养成科学制定政府预算,进而发挥其对乡镇财政工作宏观统辖作用的能力;坚持依法办事,正确行使预算法赋予各类国家机关财政管理权利的能力;善于把财政管理的理论与农村乡镇实际相结合,探索更好地解决农村税费改革中出现的新问题的财政管理制度的能力。

2.1 财政管理体制概述

2.1.1 财政管理体制的含义

1) 内涵

财政管理体制简称财政体制,是国家在财政管理中划分各级政权之间以及国家与国营企业、事业单位之间的责任、权力和利益关系的制度;是国民经济管理体制的组成部分。财政管理体制的实质是正确处理国家在财政资金分配上的集权与分权问题。国家的各项职能是由各级政府共同承担的,为了保证各级政府完成一定的政治经济任务,就必须在中央与地方政府、地方各级政府之间,明确划分各自的财政收支范围、财政资金支配权和财政管理权。一般来说,各级政府有什么样的行政权力(事权),就应当有相应的财权,以便从财力上保证各级政府实现其职能。在整个国民经济管理体制中,财政管理体制占有重要的地位,因为各项经济事业的发展都要有财力、物力的支持。正因为如此,财政管理体制必须适应经济管理体制的要求。由于财政管理体制属于上层建筑,它反映社会主义经济基础并由其决定。因此,财政管理体制要为社会主义经济基础和生产力的发展服务,并要适应国民经济发展的要求。在中国,财政管理体制有其特定的内容和原则。

2) 外延

财政管理体制包括预算管理体制,预算外资金管理体制,税收管理体制,行政、事业财务管理体制,固定资产投资管理体制和企业财务管理体制。

2.1.2 财政管理体制的原则

我国财政管理体制的原则有三项：一是统一领导、分级管理原则；二是依据和运用价值规律原则；三是经济管理与行政管理相结合原则。

2.1.3 财政管理体制的类型

根据财力的集中与分散、管理权限的集权与分权的程度不同，财政管理体制大体上可以划分为高度集权型、集权与分权结合型和分权型三种类型，如表2.1所示。

表 2.1 三种财政管理体制类型比较

类型	基本特点	优(缺)点	实行条件
高度集权型	财力与管理权限高度集中在中央，地方的财权财力很小，企事业单位的自主权也有限	不利于发挥地方和企事业单位当家理财的积极性	高度集中的计划经济体制
集权与分权结合型	财权与财力相当大的部分仍集中在中央，同时给地方和企事业单位一定的财权和自主权，但比较小	不利于地方和企事业单位积极性的发挥	有计划的商品经济体制
分权型	在中央统一领导和统一计划下，地方有较大财权，地方财力大大增加，企业和事业单位自主权大大增强	有利于调动中央与地方两个方面积极性	市场经济体制

2.1.4 财政管理体制的发展、演变

中国的财政管理体制经历了由高度集中的统一收支管理体制逐步转向中央统一领导、分级管理体制的过程。1978年后，为了加速进行社会主义现代化建设，财政体制进行了一系列的改革，主要是围绕中央与地方、国家与企业的关系进行，以后者为重点。在中央与地方的财政关系方面，扩大了地方的财权，加强了地方理财的责任心，体现了责、权、利相结合的原则。在国家与企业的财政关系方面，改变国家对企业统得过死的状况，扩大企业的自主权，先后试行了企业基金办法、各种形式的利润留成办法和盈亏包干办法。其后，在总结经验的基础上，把企业上缴利润的制度逐步改为向企业征收所得税，企业纳税后的利润归企业自行支配使用。通过征收所得税，用法律形式把国家与企业的分配关系固定下来，既保证了国家财政收入的稳定增长，又进一步发挥了税收调节经济的杠杆作用，从而有利于建立和健全企业内部的经济责任制，落实扩大企业自主权的各项措施，充分发挥企业和职工的积极性。在固定资产投资管理体制方面，把财政无偿拨款供应基本建设资金改为通过建设银行有息贷款，定期偿还，并推行投资包干制，明确建设单位和施工单位的经济责任，进一步调动其完成国家计划投资的积极性。对行政、事业单位的经费也开始推行包干使用、节余分成的办法，促使其在完成规定任务的前提下努力节省经费开支。

1993年12月5日，国务院发布了《关于实行分税制财政管理体制的决定》，决定自1994年1月1日起实行分税制财政管理体制。这次财政体制改革直接针对包干体制的弊端，紧紧围绕社会主义市场经济体制所提出的要求，是新中国成立以来改革力度最大、范围最广、

影响最为深远的一次制度创新。

针对当前我国财政税收体制中存在的突出矛盾和问题,"十一五"规划纲要提出着力推进我国财税体制改革的三大任务,即税制改革、预算制度改革和财政体制改革。"三轮并驱"深化改革,完善公共财政体制,成为未来中国财税发展的主旋律。一个良好的税收制度应当为市场主体和经济发展创造公平、相对宽松的环境,有利于财政收入稳定增长和宏观调控能力不断提高。"十一五"期间,财税体制改革的第一项任务是税收制度改革。改革方案具体涉及12个税种的改革,其中包括:在全国范围内实现增值税由生产型转为消费型;适当调整消费税征收范围;适时开征燃油税;合理调整营业税征税范围和税目等。财税体制改革的第二项任务是继续深化预算管理制度改革。按照规划纲要的提法,"十一五"期间我国财政预算改革将重点突出改革预算编制制度、继续深化部门预算、国库集中收付、政府采购和收支两条线管理制度改革等7个方面。其中改革的重点是推进政府收支分类改革。政府间财政关系是否得当,将体现宏观经济管理水平的高低及效果的优劣。因此,建立健全与事权相匹配的财税体制,进一步规范政府间财政关系,是下一步财税体制改革的重点,也是难点。

2.2 政府预算管理

2.2.1 政府预算概述

1) 政府预算的含义

政府预算是按照一定的法律程序编制和执行的政府年度财政收支计划,是政府组织和规范财政分配活动的重要工具,在现代社会,它还是政府调节经济的重要杠杆。

政府预算首先是以年度财政收支的形式存在的。它是对年度政府财政收支的规模和结构进行的预计和测算。其具体形式是按一定的标准将政府预算年度的财政收支分门别类地列入各种计划表格,通过这些表格可以反映一定时期政府财政收入的具体来源和支出方向。

政府预算是具有法律效力的文件,表现为政府预算的级次划分、收支内容、管理职权划分等都是以预算法的形式规定的;预算的编制、执行和决算的过程也是在预算法的规范下进行的。政府预算编制后要经过国家立法机构审查批准后方能公布并组织实施;预算的执行过程受法律的严格制约,不经法定程序,任何人无权改变预算规定的各项收支指标,这就使政府的财政行为通过预算的法制化管理被置于民众的监督之下。

政府预算是财政体系的重要组成部分,同国家财政具有内在的联系。从财政收支的内容上看,政府预算是国家财政的核心,但从起源看,两者不具有一致性。国家财政随国家的产生而产生,而政府预算是社会发展到封建社会末期资本主义初期的产物,即是国家财政发展到一定阶段的产物。当国家财政要求制定统一的年度收支计划,而且要求经过一定的立法程序审查批准时才出现政府预算。因此,简而言之,政府预算就是具有法律效力的国家年度财政收支计划。

2) 政府预算的原则

政府预算原则是指政府选择预算形式和体系应遵循的指导思想,也就是确定政府财政收支计划的方针。自政府预算产生之后,就开始了对预算原则的探索,形成各种各样的思想

和主张。时至今日,影响较大并为大多数国家所接受的主要有下述五条原则:

(1) 公开性　政府预算反映政府活动的范围、方向和政策,与全体公民的切身利益息息相关,因此政府预算及其执行情况必须采取一定的形式公诸于人民,让人民了解财政收支状况,并置于人民的监督之下。

(2) 可靠性　每一收支项目的数字指标必须运用科学的方法,依据充分确实的资料,并总结出规律性,进行计算,不能任意编造。

(3) 法律性　政府预算与一般财政经济计划不同,它必须经过规定的合法程序,并最终成为一项法律性文件。政府预算的法律性是指政府预算的成立和执行结果都要经过立法机关审查批准。政府预算按照一定的立法程序审批之后就形成反映国家集中性财政资金来源规模、去向用途的法律性规范。

(4) 统一性　尽管各级政府都设有该级财政部门,也有相应的预算,但这些预算都是政府预算的组成部分,所有的地方政府预算连同中央政府预算一起共同组成统一的政府预算。这就要求统一的预算科目,每个科目都要严格按统一的口径、程序计算和填列。

(5) 年度性　任何一个政府预算的编制和实现,都要有时间上的界定,即所谓预算年度。它是指预算收支起讫的有效期限,通常为一年。目前世界各国普遍采用的预算年度有两种:一是历年制预算年度,即从每年1月1日起至同年12月31日止,我国即实行历年制预算年度;二是跨年制预算年度,即从每年某月某日开始至次年某月某日止,中间历经12个月,但却跨越了两个年度,如美国的预算年度是从每年的10月1日开始,到次年的9月30日止。所谓预算年度原则,是指政府必须按照法定的预算年度编制国家预算,这一预算要反映全年的财政收支活动,同时不允许将不属于本年度财政收支的内容列入本年度的国家预算之中。

政府预算管理的原则与政府预算的特征不同。预算的特征是指政府预算从形式到内容所表现出的外部特点,而预算原则是指开展预算工作应予遵循的指导思想和方针,不同指导思想指导下的预算呈现不同的特点。就世界各国政府预算的一般特征而言,法律性、预测性、集中性、综合性是公认的预算特点。

就乡镇预算来说,为确保农村税费改革后乡镇基层政权的进一步巩固和加强,促进农村经济社会事业持续、健康、稳定发展,乡镇预算管理还必须坚持如下原则:

(1) 量入为出,收支平衡　要根据农村税费改革后乡镇财政收入及财力状况,按照事业发展的轻重缓急,统筹考虑需要与可能,合理安排各项预算支出,做到收支平衡,不搞赤字预算。

(2) 确保重点,兼顾一般　优先确保乡镇行政事业单位干部职工的工资支出、基层政权正常运转支出、农村教育支出等重点支出需要,然后再合理安排其他各项事业发展支出。

(3) 统筹安排,专款专用　根据农村经济和社会公益事业发展规划,结合当年乡镇财政财力的可能限度,对各项支出事项进行认真研究,统筹安排。各项支出预算一经乡镇人民代表大会批准,就要依法严格执行,确保专款专用,不得挤占和挪用。

(4) 厉行节约,讲求效益　坚持艰苦奋斗、勤俭办事,兼顾公平与效益,合理安排各项支出,提高资金使用效益。

3) 政府预算的分类

政府预算可以按照以下不同的标准分类:

(1) 按照收支管理范围可分为总预算和单位预算。

① 总预算：是各级政府的基本财政收支计划，它由各级政府的本级预算和下级政府总预算组成。

② 单位预算：是政府预算的基本组成部分，是各级政府的直属机关就其本身及所属行政事业单位的年度经费收支所汇编的预算，另外还包括企业财务收支计划中与财政有关的部分，它是机关本身及其所属单位履行其职责或事业计划的财力保证，是各级总预算构成的基本单位。

(2) 按照预算的级次可分为中央政府预算和地方政府预算。

(3) 按照编制形式可分为单式预算和复式预算。

① 单式预算：是传统的预算形式，其做法是在预算年度内，将全部的财政收入与支出汇集编入单一的总预算内，而不去区分各项财政收支的经济性质。其优点是把全部的财政收入与支出分列于一个统一的预算表上，这就从整体上反映了年度内政府总的财政收支情况，整体性强，便于立法机关审议批准和社会公众了解，而且简便易行。主要缺点是没有把全部的财政收入按经济性质分列和汇集平衡，不便于经济分析和有选择地进行宏观经济控制。

② 复式预算：是从单式预算组织形式演变而来的。其做法是在预算年度内，将全部的财政收入与支出按经济性质汇集编入两个或两个以上的收支对照表，从而编成两个或两个以上的预算。这种组织形式的典型例子是把政府预算分成经常预算和资本预算两个部分。其中经常预算主要以税收为收入来源，以行政事业项目为支出对象；资本预算主要以国债为收入来源，用于经济建设支出及宏观调控。首先，复式预算组织形式由于把政府的一般性质上的经常收支列为经常性预算，把政府的资本投资支出列为资本预算，这样就区分了各项收入和支出的经济性质和用途，便于政府权衡支出性质，分别轻重缓急，做到资金使用的有序性，比较合理地安排各项资金，便于经济分析和科学的宏观决策与控制。其次，把预算分成经常预算和资本预算两个部分，两个部分以各自来源应付各自的支出，各自平衡，这就打破了预算的完整性原则和传统的收支平衡观念。再次，由于把国债收入作为资本预算的正常收入项目，这就使得资本预算总是平衡的，只有经常预算的收支才可能有差额。

(4) 按照编制方法可分为增量预算和零基预算。

① 增量预算：是指财政收支计划指标在以前财政年度的基础上，按新的财政年度的经济发展情况加以调整之后确定的。

② 零基预算：是指对所有的财政收支，完全不考虑以前的水平，重新以零为起点而编制的预算。零基预算强调一切从计划的起点开始，不受以前各期预算执行情况的干扰。零基预算的做法是，编制预算不只是对新的和扩充部分加以审核，而且要对所有正在进行的和新的计划的所有预算支出申请都重新审核，以提高资金使用效率，从而达到控制政府规模、提高政府工作效率的目的。

(5) 按照投入项目能否直接反映其经济效果可分为项目预算和绩效预算。

① 项目预算：是指只反映项目的用途和支出金额，而不考虑其支出经济效果的预算。

② 绩效预算：是指根据成本—效益比较的原则，决定支出项目是否必要及其金额大小的预算形式。具体来说就是有关部门先制定需要从事的事业计划和工程计划，再依据政府职责和施政计划选定执行实施方案，最后确定实施方案所需的支出费用所编制的预算。绩效预算是一种比较科学的预算方法。其特点有二：一是绩效预算重视对

预算支出效益的考察,预算可以明确反映所产生的预计效益;二是按职责、用途和最终产品进行分类,并根据最终产品的单位成本和以前计划的执行情况来评判支出是否符合效率原则。

(6) 按照预算作用的时间可分为年度预算和中长期预算。

① 年度预算:是指预算有效期为一年的政府收支预算。这里的年度指预算年度,大体有公历年制和跨历年制。

② 中长期预算:也称中长期财政计划,一般1年以上10年以下的计划称中期计划,10年以上的计划称长期计划。在市场经济下,经济周期性波动是客观存在的,而制定财政中长期计划是在市场经济条件下政府进行反经济周期波动,从而调节经济的重要手段,是实现经济增长的重要工具。

4) 政府预算的组成

政府预算就是政府收支预算,一般说来,有一级政府即有一级财政收支活动主体,也就应有一级预算。我国政府预算组成体系是按照一级政权设立一级预算的原则建立的。我国宪法规定,国家机构由全国人民代表大会、国务院、地方各级人民代表大会和各级人民政府组成。与政权结构相适应,并同时结合我国的行政区域划分,我国预算法明确规定,国家实行一级政府一级预算,相应设立中央,省、自治区、直辖市,设区的市、自治州,县、自治县、不设区的市、市辖区,乡、民族乡、镇五级人民预算。不具备设立预算条件的乡、民族乡、镇,经省、自治区、直辖市政府确定,可以暂不设立预算。

中央政府预算由中央各部门的预算组成。地方预算由各省、自治区、直辖市总预算组成;地方各级总预算由本级政府预算和汇总的下一级总预算组成;地方各级政府预算由本级各部门的预算组成。各部门预算由本部门所属各单位预算组成。单位预算是指列入部门预算的国家机关、社会团体和其他单位的收支预算。政府预算组成体系如图2.1所示。

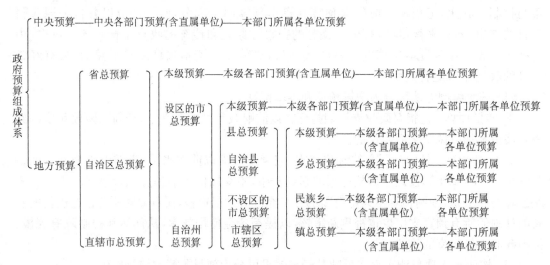

图 2.1 政府预算组成体系

(1) 总预算 是政府财政收支的综合计划,各级政府总预算由本级政府预算、下级政府汇总预算和财政部门直接掌握的收支计划组成。没有下一级政府预算的,总预算即指本级预算。本级预算由本级政府所辖各部门及直属单位的预算组成。

中央政府预算由中央各部门(含直属单位)的预算组成。中央预算中包括地方向中央上解的收入数额和中央对地方返还或给予补助的数额。除乡级以外的地方政府预算包括下级向上级上解的收入数额和上级对下级返还或者给予补助的数额。乡级政府因为没有下级政府,所以乡镇预算由乡镇各部门单位(七站八所)预算组成。

(2) 部门预算　部门预算是总预算的基础,由本部门所属各单位预算组成。部门预算是市场经济国家财政预算管理的基本组织形式,其基本含义有三点:其一,以部门作为政府预算编制的基础单元,从部门所管辖的基层单位预算开始编制。其二,政府预算要落实到每一个具体部门,预算管理以部门为依托,将各类不同性质的财政资金统一汇集到该部门。这是对传统预算将财政资金按性质归口管理做法的变革。其三,"部门"本身有严格的资质要求,特指那些与财政发生经费直接领拨关系的一级预算会计单位,才是预算部门。部门预算是综合预算,既包括下属行政单位预算,又包括下属事业单位预算;既包括一般预算收支计划,又包括政府基金预算收支计划;既包括正常经费预算,又包括专项支出预算;既包括预算内拨款收支计划,又包括核定的预算外资金收支计划及其他收支。总之,部门预算是一种全面反映部门收支活动的预算,由部门汇总基层单位收支情况编制,涵盖本部门所有收支,如图2.2所示。

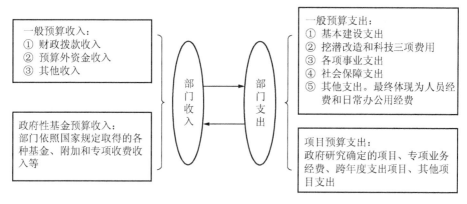

图 2.2　部门预算的基本收支关系示意图

我国以往的预算偏重由财政部门按收入类别和支出功能汇总编制,没有细化到部门,部门预算不完整,往往流于形式。为了适应市场经济的要求,财政部于2000年提出试编部门预算,这是对按财政支出功能和收入类别编制预算的传统做法的改革和完善,具有重要的现实意义。① 编制部门预算有利于提高国家预算的透明度,全面体现政府预算的公开性、可靠性、完整性和统一性,避免预算编制中的"打埋伏、造假账"等暗箱操作行为,加强廉政建设。② 编制部门预算使预算编制和执行的程序或流程更加制度化、规范化和科学化,有利于财政部门控制预算规模和优化支出结构,有利于资金使用部门和单位强化资金管理,提高财政资金的效益。③ 编制部门预算使得预算细化到部门、项目,有利于各级人大履行立法监督职能,有利于审计部门履行财政审计职能,还有助于发挥社会监督职能。④ 编制部门预算也是贯彻落实"依法治国"方针和规范政府行为的重要举措,实现依法理财,依法行政。

(3) 单位预算　是指列入部门预算的国家行政机关、事业单位、社会团体和其他基层单位根据自身职能任务所编制的收支预算,能够反映单位与财政之间的收支领拨缴销关系,反映行政工作任务和事业计划的规模和方向。单位预算根据单位级别划分为主管单位预算、二级单位预算和三级单位预算。

单位预算、部门预算和总预算之间的关系如图2.3所示。

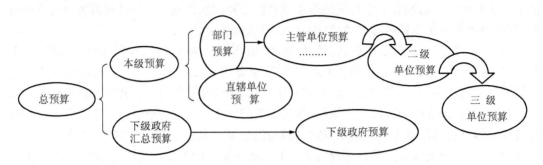

图2.3 单位预算、部门预算和总预算之间的关系示意图

5) 预算管理体制

预算管理体制是处理中央财政和地方财政以及地方财政各级之间的财政关系的基本制度,预算管理体制的核心是各级预算主体的独立自主程度以及集权和分权的关系问题。预算体制是国家预算编制、执行、决算以及实施预算监督的制度依据和法律依据,是财政管理体制的主导环节。或者说预算管理体制是根据国家各级政权的职责范围划分各级预算收支范围和管理权限,并规定收支划分的方法。预算管理体制是财政管理体制的核心。由于国家预算集中了国家的主要财力,是国家有计划地组织财政分配的基本形式,通常也把预算管理体制称为财政管理体制。主要内容包括:确定预算管理主体和级次,预算收支的划分原则和方法,预算管理权限的划分,预算调节制度和方法。

(1) 我国预算管理体制的沿革　我国的预算管理体制大致经历了以下历程:

① 统收统支体制(1949—1952):是新中国成立初期实行的地方主要收入上交中央、地方支出由中央拨付的体制,即高度集中的预算管理体制,财力、财权高度集中于中央。这是1950—1952年经济恢复时期的预算体制,在三年调整时期和"文革"时的一些年份也用过。

② 统一领导、分级管理体制(1953—1979):是我国1953—1979年20多年的时间内实行的一种管理体制。主要特征:中央统一制定预算政策和制度,地方分级管理;有关税权集中于中央,由地方组织征收,分别入库;中央确定地方预算的支出范围;中央统一进行地区间的调剂;地方以支定收,结余留用;该体制不能长期稳定。

③ 划分收支、分级包干体制(1980—1993):也称"分灶吃饭"体制,是我国于1980年对传统的预算体制进行改革开始实行的体制,并于1985年和1988年进行过两次调整。

④ 分级预算体制或叫分税制体制(1994年开始):分级预算体制是实行市场经济国家普遍实行的一种预算体制。它的主要特征在于规范化和法制化,长期相对稳定,地方预算构成名副其实的一级预算主体。分级预算体制可归纳为以下几个要点:一是一级政权一级预算主体,各级预算相对独立,自求平衡。二是在明确市场经济中政府职能边界的前提下划分各级政府职责(即事权)范围,在此基础上划分各级预算支出职责(即财权)范围。三是收入划分实行分税制。四是预算调节制度,即所谓转移支付制度,有纵向调节(纵向转移)和横向调节(横向转移)两种形式。五是各国的分级预算体制是适应本国的政治经济制度和历史传统长期形成的,就体制整体而言是相对稳定的,只是集权与分权关系及其相应的调节方法可以有经常的调整。

(2) 我国现行的分级分税预算管理体制　分级分税预算管理体制是实行市场经济体制

的国家普遍采取的一种预算体制。西方国家称之为"财政联邦主义",特征是规范化、法制化、长期相对稳定,从而使地方预算成为名副其实的一级预算主体。1985年,我国实行的分级包干体制,已经吸收了分级分税预算体制中的分税制因素。1994年实行的"分税制"改革,是从我国实际出发,借鉴西方市场经济国家的分级预算体制,初步形成的具有中国特色的多级预算体制。

1994年我国分级分税预算管理体制的内容,简单概括为分事、分税、分管和衔接四个有机联系的环节,如图2.4所示。

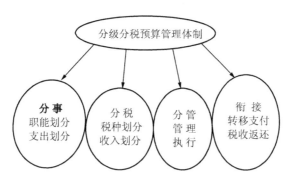

图2.4 分税制关键环节的联系示意图

① 分事——支出范围划分:事权即职能,职能即支出范围。事权划分不仅是预算管理体制的重要构成要素,而且是确定财政管理体制其他内容的前提。在中央政府和地方政府之间划分事权与职能范围,以此确定中央政府和地方政府的支出范围。

根据各国政府职责划分的一般做法,中央预算主要承担国家安全、外交和中央国家机关运转,调整国民经济结构、协调地区发展、实施宏观调控以及中央直接管理事业的发展。因此,中央预算的支出项目有:国防费,中央级行政管理费,武装警察部队经费,外交及援外支出,中央统管的基本建设支出,中央直属企业的技术改造和新产品试制费,地质勘探费,由中央安排的支农支出以及应由中央负担的国内外债务的还本付息支出,公检法支出,教育、科学、文化、卫生等事业费支出。地方预算主要承担本地区行政机关运转支出、本地区经济和各项事业发展支出。具体包括:地方行政管理费,公检法支出,部分武警经费,地方文化、教育、卫生等项事业费,城市维护和建设经费,地方统筹的基本建设投资,地方企业的技术改造和新产品试制费,支援农村生产支出,价格补贴及其他支出。

② 分税——收入划分:即在中央和地方政府之间根据税收种类的差异划分政府相应收入的权利。以上述事权的划分为根据,依据事权与财权相统一的原则,将税种划分为中央税、地方税和共享税三类。将有利于维护国家权益,实施宏观调控所必需的税种划为中央税,作为中央预算固定收入的主要来源;将适合于地方政府征管的税种划为地方税,作为地方预算固定收入的主要来源;将同经济发展直接相关的主要税种划为中央与地方共享收入,由二者共同分享。

③ 分管——分设两套税务管理机构:与政府收入划分办法相配套,建立中央和地方两套税务机构分别征管相应税收。由国家税务局和海关系统负责征收中央政府固定收入和中央与地方共享收入,国家税务机构实行由国家税务总局垂直领导的管理体制;地方税务局负责征收地方政府固定收入,省级地方税务局实行地方政府和国家税务总局双重领导、以地方政府领导为主的管理体制,省级以下地方税务局则由省级地方税务局垂

直领导。

④ 实行中央对地方的税收返还制度：由于大部分税收收入由中央财政掌握，因此实行分税制后必须建立中央财政对地方的税收返还制度。为此，1994年的分税制制定了中央对地方税收返还的办法：一是核定税收返还基数。以1993年为基期年，按分税后地方净上解中央的收入数额，作为中央对地方的税收返还基数，基数部分全额返还地方。二是确定税收返还增长率。1994年以后，税收返还额在1993年的基础上逐年递增，递增率按各地区消费税和增值税增长率1：0.3确定，即各地区"两税"每增长1%，中央财政对该地区的税收返还增长0.3%；如果1994年以后地方上划中央收入不到1993年基数的，则相应扣减中央对地方的税收返还基数。

⑤ 建立转移支付制度：实行分税制必须以中央对地方、上级对下级政府的转移支付制度作配合，以此来调节各级各地区预算财力的差距或不平衡性，最终达到全国范围公平分配的目的。本次分税制改革所建立的转移支付制度把握了以下原则：一是保留地方既得利益；二是在兼顾公平与效率的基础上，转移支付有所侧重，重点是缓解地方的突出问题，并向少数民族地区适当倾斜；三是中央对地方转移支付的财力主要来自于财政收入的增量。

(3) 省直管县财政改革2012年底前全面推行 我国实行的"市管县"体制是1983年以来逐渐形成的，这一模式在过去近30年中，在一定程度上发挥了城乡合治、以市带县的功能，但随着县域经济的发展，其对县域经济发展的制约作用也日益显现。由于各财政层级间"事权重心下移、财权重心上移"，我国基层财政尤其是县乡财政困难问题进一步凸显。2009年7月9日，财政部公布了《关于推进省直接管理县财政改革的意见》。作为我国财政体制改革的一项重要内容，"省直管县"财政改革将在2012年底前在我国大部分地区推行。

① 改革目标——2012年底前全面推进省直管县"财政改革"：改革意见明确提出了省直接管理县财政改革的总体目标，即2012年底前，力争全国除民族自治地区外全面推进省直接管理县财政改革。近期首先将粮食、油料、棉花、生猪生产大县全部纳入改革范围。民族自治地区按照有关法律法规，加强对基层财政的扶持和指导，促进经济社会发展。

② 改革内容——实现省财政与市、县财政直接联系：改革意见提出了改革的主要内容。实行"省直管县"财政改革就是在政府间收支划分、转移支付、资金往来、预决算、年终结算等方面，实现省财政与市、县财政直接联系，开展相关业务工作。

③ 资金往来——取消市县之间日常资金往来关系：建立省与市、县之间的财政资金直接往来关系，取消市与县之间日常的资金往来关系。省级财政直接确定各市、县的资金留解比例。各市、县金库按规定直接向省级金库报解财政库款。

④ 收支划分——确定市、县财政各自支出范围：在进一步理顺省与市、县支出责任的基础上，确定市、县财政各自的支出范围，市、县不得要求对方分担应属自身事权范围内的支出责任。按照规范的办法，合理划分省与市、县的收入范围。

⑤ 财政结算——市县间结算必须通过省财政办理：年终各类结算事项一律由省级财政与各市、县财政直接办理，市、县之间如有结算事项，必须通过省级财政办理。各市、县举借国际金融组织贷款、外国政府贷款、国债转贷资金等，直接向省级财政部门申请转贷及承诺偿还，未能按规定偿还的由省财政直接对市、县进行扣款。

⑥ 转移支付——由省直接核定并补助到市、县：转移支付、税收返还、所得税返还等由省直接核定并补助到市、县；专项拨款补助，由各市、县直接向省级财政等有关部门申请，由

省级财政部门直接下达市、县。市级财政可通过省级财政继续对县给予转移支付。

⑦ 财政预决算——市县各自编制本级财政预决算：市、县统一按照省级财政部门有关要求，各自编制本级财政收支预算和年终决算。市级财政部门要按规定汇总市本级、所属各区及有关县预算，并报市人大常委会备案。

(4) 预算管理体制的根本原则　要建立正确的预算管理体制，除了要以各级政府的职能划分为基本依据外，还需要遵循以下三项根本原则：

① 统一领导、分级管理的原则：统一领导、分级管理是设立预算管理体制的基本原则，其核心是处理集权与分权的关系，充分发挥中央与地方两个积极性，使各级政府都能关心国家预算管理，齐心协力地管好用好国家财政资金。为此，必须坚持中央有"三个统一"，地方有"三个职权"。中央的"三个统一"：一是统一的预算管理方针政策。它必须由中央统一制定，各地必须贯彻执行。二是统一的国家预算收支计划。国家统一安排预算收支计划，各地、各部门要努力完成，积极组织收入，合理安排支出，确保国家预算收支任务完成。三是统一的预算管理制度。全国性预算管理制度，必须由中央统一制定。地方的"三个职权"：一是地方预算的调剂权。在国家核定的预算和划分的收支比例、范围之内，地方有权结合本地区的情况，对本地区的总预算进行统筹安排，适当调剂。二是地方机动财力的支配权。地方有权支配本地区的机动财力，如预备费、支出结余、超收部分等，将其用于经济和文化建设事业。三是具体办法的制定权。地方有权根据国家预算管理制度，因地制宜地制定本地区的具体办法、实施细则。

② 财权与事权统一、权责结合的原则：事权是基础，是主体在一定背景下所承担的任务或职责；财权是主体履行职能、办理事务时所必需的对资金的处理和处分权力。可见，事权以财权为集中体现，财权以事权为实质内容，财权和事权是统一的。政府的财权与事权相统一，就是说，各级政府有什么样的职权，就有什么样的事权，最终要有相应的财权。

要实现财权和事权相统一，还必须实现权与责的有机结合。权与责相结合反映在预算管理体制方面，就是要使各级财政都有各自的收入来源和支出范围，把财政支出同财政收入尽量挂起钩来。只有权、责结合了，才能切实保证财权与事权的统一。

③ 预算管理体制与国家经济管理体制相适应的原则：预算管理体制是整个国民经济体制的重要组成部分，它不是恒定不变的，而是随着国民经济管理体制的变化而变化。计划经济时期，我国实行高度集中的指令性计划经济管理体制，由此决定预算管理体制只能实行"统收统支"体制；随着经济体制改革的进展，中央对地方下放权力，由此形成地方对中央、下级对上级的各种类型的"包干制"财政管理体制；如今我国实行社会主义市场经济体制，国家实行在市场对资源配置起基础性作用基础上发挥中央宏观调控的引导作用，从而形成了我国当今的分税制预算管理体制。可见，预算管理体制是为实现一定经济管理体制下国家的政治经济任务而服务的。

预算管理体制适应经济管理体制而变化，从理论上说主要有两个原因：一是国民经济管理体制的变革涉及财力、财权的分配问题，如国有企业改革、物价改革、社会保障制度改革等，都和财力的分配密切关联，要求预算管理体制要作相应变革。二是财政是国民收入分配的枢纽，直接关系到各地方、部门、企事业单位和广大群众的切身利益，只有随着国民经济管理体制的变革而相应的调整预算管理体制，调节好各方面的经济利益关系，才有利于调动各方面的积极性。

在我国五级财政框架中，县乡级属于基层政权。县域国民经济是国民经济中最基本的子系统,是我国的政治经济生活、社会生活、文化生活的支撑点,起着承上启下的重要作用。

6) 预算管理职权的划分

预算管理职权即预算权,是确定和支配国家预算的权力,是对国家预算的编制、审查、批准、执行、调整、监督等权力的总称。在所有的宪政体制之中,预算权都是一项实质性权力,是政府行为的核心环节,是一切政治活动据以开展的基础。必须从法律上明确国家各级权力机关、政府机构、财政部门以及各种预算执行部门和单位在预算管理方面的职权,这是保证政府预算依法执行的前提条件。预算管理职权具有六个特征:① 预算权发生于国家预算收支管理领域,体现国家的财政分配关系,是国家财政权的主要组成部分。② 预算权的主体只能是国家权力机关、国家行政机关和列入部门预算的其他国家机关。社会团体和其他单位、任何公民或非预算单位都不得享有预算权。③ 预算权是一种经济权力,而不是纯粹的行政权,它具有经济内容。④ 预算权的确定具有严格的法定性,不能由当事人约定。⑤ 预算权与预算年度紧密相连,具有严格的周期性。如我国预算年度自公历1月1日起,至12月31日止。⑥ 预算权所体现的利益归于国家、归于全体人民。

按照《预算法》的规定,地方各级人民代表大会、人民政府和财政部门在预算管理中承担着各自不同的职责:

(1) 县级以上地方各级人民代表大会拥有的预算管理职权 审查本级总预算草案及本级总预算执行情况的报告;批准本级预算和本级预算执行情况的报告;改变或者撤销本级人民代表大会常务委员会关于预算、决算的不适当的决议;撤销本级政府关于预算、决算的不适当的决定和命令。

(2) 县级以上地方各级人民代表大会常务委员会拥有的预算管理职权 监督本级总预算的执行;审查和批准本级预算的调整方案;审查和批准本级政府决算;撤销本级政府关于预算、决算的不适当的决定、命令和决议;撤销下一级人民代表大会及其常务委员会关于预算、决算的不适当的决定、命令和决议。

(3) 设立预算的乡、民族乡、镇的人民代表大会拥有的预算管理职权 审查和批准本级预算和本级预算执行情况的报告;监督本级预算的执行;审查和批准本级预算的调整方案;审查和批准本级决算;撤销本级政府关于预算、决算的不适当的决定和命令。

(4) 县级以上的地方各级政府拥有的预算管理职权 编制本级预算、决算草案;向本级人民代表大会做关于本级总预算草案的报告;将下一级政府报送备案的预算汇总后报本级人民代表大会常务委员会备案;组织本级总预算的执行;决定本级预算预备费的动用;编制本级预算的调整方案;监督本级各部门和下级政府的预算执行;改变或者撤销本级各部门和下级政府关于预算、决算的不适当的决定和命令;向本级人民代表大会及其常务委员会报告本级总预算的执行情况。

(5) 乡、民族乡、镇政府拥有的预算管理职权 乡、民族乡、镇政府是最基层的行政机关,它主要负责编制本级预算、决算草案;向本级人民代表大会做关于本级预算草案的报告;组织本级预算的执行;决定本级预算预备费的动用;编制本级预算的调整方案;向本级人民代表大会报告本级预算的执行情况。

(6) 地方各级政府财政部门拥有的预算管理职权 具体负责本级预算、决算草案的编制;具体组织本级总预算的执行;提出本级预算预备费动用方案;具体编制本级预算的调整方案;定期向本级政府和上一级政府财政部门报告本级总预算的执行情况。

(7) 地方各级政府各部门拥有的预算管理职权 负责编制本部门预算和决算草案;组

织和监督本部门预算的执行;定期向本级政府财政部门报告预算的执行情况。

(8) 各预算单位拥有的预算管理权　负责编制本单位预算、决算草案;按照国家规定及时足额地上缴预算收入,合理安排预算支出,并接受国家有关部门的监督检查。

7) 预算年度

预算年度是以年度为单位的关于预算收入和预算支出核算的有效起讫期限。我国的预算年度自公历 1 月 1 日起至 12 月 31 日止。

8) 预算计算单位

预算收入和预算支出以人民币为计算单位。预算收支以外国货币收纳和支付的,按照中国人民银行公布的当日人民币基准汇价折算成人民币计算。

2.2.2　预算收支范围

政府预算由预算收入和预算支出两部分组成。明确预算收支的范围,直接关系到各级政府的预算管理权限和可支配使用的财力,预算法对中央与地方预算收支范围的划分问题作出了明确的规定。

1) 预算收入范围的划分

预算收入划分为中央预算收入、地方预算收入、中央和地方预算共享收入。

(1) 中央预算收入　是指按照分税制预算管理体制,纳入中央预算、地方不参与分享的收入,包括中央本级收入和地方按照规定向中央上解的收入。其中,中央固定收入包括:关税,海关代征的增值税和消费税,消费税,中央企业所得税,地方银行和外资银行及非银行金融企业所得税,铁道部门、各银行总行、各保险总公司等集中交纳的收入(包括营业税、所得税、国有资本经营收入和城市维护建设税),车辆购置税,船舶吨税,资源税(指海洋石油资源税),中央企业上交国有资本经营收入,国有资源(资产)有偿使用收入等。

(2) 地方预算收入　是指按照分税制预算管理体制,纳入地方预算、中央不参与分享的收入,包括地方本级收入和中央按照规定返还或者补助地方的收入。其中,地方固定收入包括:营业税(不含铁道部门、各银行总行、各保险总公司集中交纳的营业税),地方企业所得税(不含地方银行和外资银行及非银行金融企业所得税),地方企业上交国有资本经营收入,个人所得税,城镇土地使用税,固定资产投资方向调节税,城市维护建设税(不含铁道部门、各银行总行、各保险总公司集中交纳的部分),房产税,车船税,印花税,耕地占用税,契税,烟叶税,土地增值税,地方企业上交国有资本经营收入,国有资源(资产)有偿使用收入等。

(3) 中央和地方共享收入　是指按照分税制预算管理体制,中央预算和地方预算对同一税种的收入,按照一定划分标准或者比例分享的收入。包括增值税、资源税、证券交易税。增值税中央分享 75%,地方分享 25%。资源税按不同的资源品种划分,大部分资源税作为地方收入,海洋石油资源税作为中央收入。证券交易税,中央与地方各分享 50%;自 1997年 1 月 1 日起,证券交易印花税分享比例由 1994 年开始执行的中央与地方各 50%,调整为中央 80%,地方 20%;2002 年证券交易印花税调整为中央 97%,地方 3%。另外,从 2002年 1 月 1 日起,我国所得税(个人所得税、企业所得税)收入分配方式又有重大改革,2002 年所得税收入中央分享 50%,地方分享 50%,以后逐年调整分配比例,2009 年中央分享 60%,地方分享 40%。

2) 预算支出范围的划分

预算支出划分为中央预算支出和地方预算支出。

（1）中央预算支出　是指按照分税制预算管理体制，由中央财政承担并列入中央预算的支出，包括中央本级支出和中央返还或者补助地方的支出。根据中央政府和地方政府事权的划分，中央财政主要负责国家安全、外交、中央国家机关的运转、调整国民经济结构、协调地区发展、实施宏观调控以及由中央直接管理的事业发展等事务所需支出。中央本级的预算支出主要包括：国防费，武警经费，外交和援外支出，中央级行政管理费，中央统管的基本建设投资，中央直属企业的技术改造和新产品试制费，地质勘探费，由中央财政安排的支农支出，由中央负担的国内外债务的还本付息支出以及中央本级负担的公检法支出和文化、教育、科学、卫生等各项事业支出。

（2）地方预算支出　是指按照分税制预算管理体制，由地方财政承担并列入地方预算的支出，包括地方本级支出和地方按照规定上解中央的支出。地方财政主要负责本地区政权机关运转及本地区经济及事业发展所需支出。地方本级支出主要包括：地方行政管理费，公检法支出，部分武警经费，民兵事业费，地方统筹的基本建设投资，地方企业的技术改造和新产品试制费，支农支出，城市维护和建设经费，地方文化、教育、科学、卫生等各项事业费，价格补贴支出以及其他支出。

2.2.3　预算编制

预算编制是指各级政府、各部门、各预算单位制定筹集和分配预算资金年度计划的预算活动，是预算法必须规范的主要内容。预算编制是预算管理工作的重要环节。各级政府、各部门、各单位都应当按照国务院规定的时间编制和报送预算草案。预算编制应当遵守国家编制预算的原则，按照编制办法和程序进行。对此，我国《预算法》做出了明确的规定。

1）预算的编制方式

预算的编制方式属于预算的技术组织形式，是关于预算项目的划分、编列、分块、平衡和评估等的规定，是表现预算内容的方法、结构和格式等的总称。随着社会经济生活和财政活动日益复杂化，政府预算由最初简单的收支一览表方式，演变为能满足多种需要的复杂系统。

《预算法》规定，中央预算和地方各级政府预算，应当参考上一年预算执行情况和本年度收支预测，按照复式预算编制。复式预算是相对于单式预算的一种预算编制方式。它是在单式预算的基础上发展演变而成的，并为现代大多数国家所采用。复式预算的编制原理是：将同一预算年度内的全部预算收支按性质分别对应汇集、编制成两个或两个以上的"收支平衡表"。复式预算优于单式预算之处在于：更能适应市场经济发展所带来的预算资金分配格局的变化；更有利于对预算资金进行分类、分析与控制；更清晰地反映预算平衡状况和预算赤字的原因，以便采取有效手段进行调整。我国编制的复式预算具体划分为政府公共预算、国有资产经营预算、社会保障预算和其他预算。复式预算的具体编制办法和实施步骤，由国务院另行规定。

（1）政府公共预算　是指国家以社会管理者身份取得的收入和用于维持政府公共活动，保障国家安全和社会秩序，发展各项社会公益事业支出的预算。中央和地方政府公共预算都应坚持收支平衡的原则，在保证政府各项公共支出合理需要的前提下，争取有较多结余，转入国有资产经营预算。

① 政府公共预算收入主要包括：增值税，消费税，营业税，企业所得税，个人所得税，关税，印花税，车船税，船舶吨税，车辆购置税，耕地占用税，契税，公益性国有资产收益，各种行

政性收费收入和其他收入等。

② 政府公共预算支出主要包括：国家公益性基本建设支出，各项事业发展支出，社会福利事业费支出，公益性国有企业亏损补贴支出，国家政权建设支出，价格补贴支出，对外援助支出，国内外债务利息支出，各种行政性收费支出和其他支出等。

(2) 国有资产经营预算　是指国家以国有资产所有者身份取得的收入和国家用于国有资产经营方面支出的预算。中央国有资产经营预算的部分资金可以通过发行国债的方式来补充。地方国有资产经营预算按收支平衡安排。

① 国有资产经营预算收入主要包括：政府公共预算结余转入，经营性国有资产收益（包括经营收益、产权转让收益和其他收益），资源性国有资产收益，矿产资源补偿费收入，海域场地矿区使用费收入，各种政府性基金收入（包括电力建设基金收入、铁路建设基金、邮电附加费等）和其他建设性收入等。

② 国有资产经营预算支出主要包括：补充国有企业资本金，经营性基本建设支出，流动资金，科技三项费，企业挖潜改造资金，支援农业生产性支出，经营性国有企业亏损补贴支出，海域场地矿区使用费支出，支援不发达地区支出，各种政府性基金支出（如电力建设基金、铁路建设基金等）和其他支出。

(3) 社会保障预算　是指国家以行政手段筹集并管理的社会保障收入和安排的支出的预算。建立社会保障预算对于深化企事业单位改革，保持社会稳定，顺利建立社会主义市场经济体制具有重要意义。建立与我国生产力发展水平相适应的社会保障制度是政府的一项基本职责，作为体现政府意志的国家预算应全面反映这方面的活动。由于社会保障收入来源于财政、企业、个人等方面，它与一般的财政资金性质也不一样，需要单独编制一个预算进行管理和监督。各种社会保障基金在社会保障预算中列收列支，由财政部门和劳动部门、民政部门、卫生部门等共同管理，各项社会保障收入和支出都要经过国库。在保证基金正常支付和运转的情况下，可将社会保障基金的结余用于购买国家债券，以确保社会保障基金的保值增值。

① 社会保障预算收入：包括社会养老保险基金收入、社会待业保险基金收入和社会医疗保险基金收入。

② 社会保障预算支出：包括社会养老保险支出、社会待业保险基金支出和社会医疗保险基金支出。

(4) 其他预算　是指在上述三种预算外，国家根据管理的特别需要，将某些收入与支出对应反映形成的预算。

2) 预算的编制原则

(1) 坚持量入为出和"一要吃饭，二要建设"的原则　根据收入和财力的可能安排预算，做到量力而行，收支平衡。

(2) 坚持实事求是的原则　切实做到收支计划积极稳妥，杜绝瞒报、虚报的现象。

(3) 坚持综合预算的原则　实施预算内外资金统筹安排。

(4) 坚持部门预算的原则　部门预算作为一个单位的总预算，是涵盖单位所有资金的收支预算，既包括本级预算又包括其下属单位预算，既包括正常经费预算又包括专项经费预算。

(5) 坚持零基预算的原则　人员经费按标准核定，公用经费按部门分类分档的定额核定，事业发展和建设项目按轻重缓急排序。

(6)坚持一般不予调整预算的原则 部门支出预算确定以后,除突发性事件和政策性因素增加的必不可少开支,并经财政审核后报人大批准调整预算外,其他支出项目当年财政不予追加,一律在编制下一年度预算时考虑。

3)预算草案的编制依据

(1)各级政府编制年度预算草案的依据 ① 法律、法规;② 国民经济和社会发展计划、财政中长期计划以及有关的财政经济政策;③ 本级政府的预算管理职权和财政管理体制确定的预算收支范围;④ 上一年度预算执行情况和本年预算收支变化因素;⑤ 上级政府对编制本年度预算草案的指示和要求。

(2)各部门、各单位编制年度预算草案的依据 ① 法律、法规;② 本级政府的指示和要求以及本级政府财政部门的部署;③ 本部门、本单位的职责、任务和事业发展计划;④ 本部门、本单位的定员定额标准;⑤ 本部门、本单位上一年度预算执行情况和本年度预算收支变化因素。

4)预算编制的准备工作

编制政府预算是一项极其复杂而又细致的工作,并且具有重要的现实意义,需要在调查研究的基础上进行大量的计算。因此,为了保证预算的质量,及时完整地编制好预算,在正式编制预算前,必须做好一系列准备工作,主要包括以下几个方面:

(1)对本年度预算执行情况的预计和分析 本年度预算收支的执行情况是安排下一年度预算的基础。财政部门在编制预算之前,应当根据当年预算的实际情况加上后几个月收支数字的预计进行分析研究,检查预算执行好坏的原因,总结经验,找出各项收支的规律,为编制下一年度预算提供参考。

(2)拟定计划年度预算收支指标 为了正确体现国家预算在国民经济中的地位,安排好各种比例关系,在编制预算以前,财政部应根据国家的方针政策和国民经济计划指标统一拟定并下达预算收支计划,作为各级编制预算的依据和参考。拟定预算收支指标的主要根据是党的方针政策和计划年度政治经济任务、本年度预算执行情况、计划年度国民经济计划控制数字、各地区和各部门提出的计划年度收支建议数字等。

(3)颁发编制政府预算草案的指示和具体规定 为了使各级预算的编制符合党和国家的方针政策以及国民经济计划的要求,保证政府预算的统一性、完整性和准确性,每年在编制政府预算之前都要向各地区、各部门发出编制政府预算草案的指示和具体规定。这些要求和规定主要有:编制预算的方针和任务,编制各项主要收入支出预算的具体要求,各级预算收支划分和机动财力的使用范围,编制预算的方法,预算报送程序和报送期限。

(4)修订预算科目和预算表格 为了适应国民经济发展变化情况和预算管理制度变化的要求以正确反映预算收支的内容,在每年编制预算以前,财政部都要对国家预算收支科目和预算表格进行修订。

5)预算的编制内容

(1)中央预算的编制内容 ① 本级预算收入和支出;② 上一年度结余用于本年安排的支出;③ 返还或者补助地方的支出;④ 地方上解的收入。中央财政本年度举借的国内外债务和还本付息数额应当在本级预算中单独列示。

(2)地方各级政府预算的编制内容 ① 本级预算收入和支出;② 上一年度结余用于年度安排的支出;③ 上级返还或者补助的收入;④ 返还或者补助下级的支出;⑤ 上解上级的支出;⑥ 下级上解的收入。

6）预算的编制标准

单位预算由收入预算和支出预算组成,实行"大收大支"(是指从以前预算内、预算外两套账册核算改变为在统一账册内核算的方式。并不是单指财政部门,其他原来分预算内、外设账的单位均改变其核算方式了)的预算收支总额控制制度。

（1）收入预算

① 预算内收入：由财政部门根据社会经济增长水平和全年的GDP目标进行编制。

② 预算外资金收入：由各部门根据本单位次年的业务工作量、收费项目和标准、实际增减因素进行测算。

③ 经营收入：根据年底确定的次年经营指标进行测算。

④ 其他类型的资金(如罚没收入、捐赠收入、往来收入等)：按历年经验数据进行测算。

（2）支出预算

① 人员经费：按编制内实有在职人数和国家确定的工资、省市出台的津贴、补贴标准和奖金数额测算。

② 公务费用：根据单位维持正常运转所必需的费用按实测算。

③ 业务费、设备购置费：根据单位业务特点,按年初计划的业务项目测算编制。

④ 会议费：按单位会议计划,根据会议次数、规模、人数、天数测算。

⑤ 修缮费和基建费用：按有关部门批准的计划,根据项目进度进行测算,对年初未列入的作为备选的项目,根据年中实际执行情况分轻重缓急研究处理。

7）预算的编制程序与审批

（1）政府预算编制的程序与审批　政府预算的编制程序一般是自下而上和自上而下相结合。首先,由各地区和中央各部门提出计划年度预算收支建议数并报送财政部。然后,财政部参照这些建议数,根据国民经济和社会发展计划指标拟定预算收支指标,报经国务院批准后下达。各地区和中央各部门根据下达的预算收支指标,结合本地区和本部门的具体情况,经过切实的核算,自下而上地编制地方总预算草案和中央各部门的单位预算草案并报送财政部。财政部对各主管部门编制的单位预算和财务收支计划以及报送的总预算必须进行认真的审核。财政部审核的内容一般包括：预算收支的安排是否符合党和国家的各项方针、政策以及国务院关于编制预算草案的指示精神；是否符合国民经济和社会发展计划指标与国家分配预算指标的要求；收支安排是否符合预算管理体制的要求；内容是否符合要求,资料是否齐全,有无技术性差错等。

财政部根据各地区的地方总预算草案和中央各部门的单位预算草案编制出中央预算草案,再将中央预算草案和地方预算草案汇编成国家预算草案,然后附上编制国家预算草案的说明报送国务院,经国务院审查通过后提交全国人民代表大会财经委员会审查。全国人民代表大会根据其财经委员会对预算草案审查的报告作出批准或修改的决议。国务院根据全国人民代表大会的修改决议对原预算草案进行调整,并分别向各地区和中央各部门批复预算。

（2）部门预算的编制流程　部门预算的编制实行"两上两下",即自下而上、自上而下的程序。

① 每年下半年(6月或8月)由财政向各部门布置预算编制工作,具体说明预算编制的有关事项。

② 按照一个部门对财政一个处室的原则,各部门在7月或9月底前将部门收支预算建

议计划(含基层单位预算)上报财政主管处室。

③ 财政主管处室按资金性质(基本建设、科技三项费、离退休经费、公费医疗经费、住房基金、办案费、排污费、水资源费、城市维护费等专项支出),将部门预算建议计划分送各业务处室进行初审;业务处室审定后,报主管处室统一编制部门预算。

④ 10 月底前财政将汇总后的分预算科目、分部门的预算报本级政府综合平衡。

⑤ 11 月底前财政向各部门下达收支预算控制总额。

⑥ 12 月中旬各部门(含基层单位预算)将调整后的预算计划报财政部门。

⑦ 财政将汇总的预算建议计划报本级政府审定,形成的政府预算草案提交人代会审议。经人大批准的预算由财政向各部门(含基层单位预算)批复下达。

2.2.4 预算执行

政府预算经过批准后就进入预算的执行阶段。政府预算的执行,是组织预算收支实施的过程,是整个政府预算管理的中心环节。政府预算执行的基本任务如下:① 根据国家的方针、政策积极地组织预算收入,使其正确、及时、足额地纳入国库。② 按照计划及时合理地拨付资金,保证各项建设和事业的需要。③ 通过组织收入和拨付资金,督促企业和事业单位加强经营管理,合理有效地使用资金。④ 根据国民经济的发展情况,组织预算执行的平衡,保证政府预算收支任务的圆满实现。

政府预算的执行机关是国务院和地方各级政府。国务院负责执行国家预算,地方各级政府负责组织执行本级预算。财政部在国务院领导下负责全面组织国家预算的执行工作,执行中央预算并指导地方预算的执行。地方各级财政部门在各级政府领导下具体负责组织本级预算的执行,并监督所属下级预算的执行工作。中央和地方各主管部门负责执行本部门的财务收支计划和单位预算。此外,国家还指定专门的管理机关参与预算的执行工作。税务机关是负责组织国家税收收入的专职机关,专门负责办理国家税收的征管工作;海关主要对进出口货物和各种物品、旅客行李和运输工具等依法征收关税;国家开发银行运用财政拨付的资本金和重点建设基金向国家重点建设项目进行股本投资;中国建设银行负责办理基本建设拨款、贷款、结算和监督工作;中国农业银行负责办理支农资金的拨款、贷款工作;中国人民银行经办中央国库业务等。

预算执行是预算程序的第二个阶段,是整个预算工作程序中最重要的环节。执行权力机关通过的预算是政府行政机构的职责。主管财政收支的政府机构——财政部门负责指导和监督国家各所属预算单位具体执行收支预算。在执行过程中的国库出纳业务,一般由中央银行管理。对预算执行的监督主要包括两个方面:一是由国家行政首脑领导的预算管理机构进行的监督,即财政监督;二是由立法机构或对立法机构负责的专门监督机构对预算执行的监督,即审计监督,其目的是监督行政机构是否依法执行预算。收入入库、支付拨付以及预算调整都必须按照法律和有关规定的程序进行。各级预算由本级政府组织执行,具体工作由本级财政部门负责。预算收入征收部门,必须依法及时、足额地征收应征收的预算收入。有预算收入上缴任务的部门和单位,都必须依照法规的规定,将应上缴的预算资金及时、足额地上缴国库。各级政府财政部门都必须依照法律和规定及时、足额地拨付预算支出资金,并加强管理和监督。

预算执行管理是财政管理的重要组成部分,是预算实施的关键环节。预算执行管理水平的高低,直接关系到国家各项重大政策的贯彻落实,直接关系到政府公共服务水平和财政管理水平。

近年来,按照建立中国特色公共财政体系的要求,通过体制、机制和制度创新,我国的预算执行管理发生了根本性的变化,逐步构建起中国特色现代财政国库管理体系,涵盖了国库集中收付、国库现金管理、政府采购管理、预算执行情况报告、政府会计核算管理以及财政国库动态监控等诸多方面,并形成相互促进的有机整体,为加强和完善财政管理、贯彻落实财税政策、实施宏观调控提供了有效手段和坚强保障。

1) 国库集中收付制度

2001年3月,我国正式开始实施财政国库管理制度改革。改革的基本目标是改革传统的财政资金银行账户管理体系和资金缴拨方式,建立以国库单一账户体系为基础、资金缴拨以国库集中收付为主要形式的财政国库管理制度。改革从根本上改变了传统的财政资金运行机制。财政资金运行过程通过电子化监控系统实时监控,有效地提高了预算执行透明度,强化了预算监督。

截至2008年底,在国库集中支付改革方面,所有中央部门及所属12 000多个基层预算单位实施了国库集中支付改革;地方36个省、自治区、直辖市和计划单列市本级,300多个地市,1 900多个县(区),超过28万个基层预算单位实施了国库集中支付改革;改革的资金范围已由一般预算资金扩大到专项转移支付资金、政府性基金、预算外资金等。在收入收缴改革方面,有非税收入的中央部门均纳入改革范围,近60个中央部门已正式实施改革。地方绝大多数省份的省本级、近200个地市、1 000多个县(区)、超过18万个执收单位实施了非税收入收缴改革,改革的资金范围已扩大到行政事业性收费、政府性基金收入、专项收入、罚没收入、国有资源(资产)有偿使用收入、国有资本经营收入、彩票公益金收入以及其他收入八大类。

2) 公务卡制度

公务卡是指预算单位工作人员持有的,主要用于日常公务支出和财务报销业务的信用卡。2007年7月,我国正式实行公务卡制度改革。推行公务卡改革,对公务消费由公务卡取代现金支付结算,利用"刷卡支付、消费有痕"的特点,使公务消费置于阳光之下,财政部门能够掌握所有通过公务卡支付报销的明细信息,并可通过监控系统实时监控,加强了财政财务管理。截至2008年底,绝大多数中央预算部门和地方省级部门推行了公务卡改革试点。

3) 财政国库动态监控

财政国库动态监控是指在国库集中支付制度改革的基础上,通过动态监控系统,对国库集中支付资金相关信息进行判断、核实、处理,及时纠正预算执行偏差,保障财政资金安全、规范、有效,以达到纠偏、警示、威慑目的的预算执行监管工作。截至2008年底,财政国库动态监控已覆盖所有中央部门及所属12 000多个基层预算单位。同时,还将农村义务教育等中央补助地方专项转移支付资金纳入动态监控范围。

4) 财税库银税收收入电子缴税横向联网

财税库银税收收入电子缴税横向联网是指财政部门、税务机关、国库、商业银行利用信息网络技术,通过电子网络系统办理税收收入征缴入库等业务,税款直接缴入国库,实现税款征缴信息共享的缴库模式。2007年,我国财税库银税收收入电子缴库横向联网工作正式启动,截至2008年底,20多个省份已开展试点。从试点情况来看,联网运行良好,纳税人可以足不出户享受7×24小时全天候的纳税服务,不需再到纳税大厅排队缴税,税款缴纳可以在数秒内完成,并直接从纳税人账户划入国库,征缴过程透明,征缴信息实现共享。

5) 政府采购制度

政府采购是指各级国家机关、事业单位和团体组织,使用财政性资金采购依法制定的集中采购目录以内的或者采购限额标准以上的货物、工程和服务的行为。

1996年,我国开始进行政府采购制度改革试点。2003年《中华人民共和国政府采购法》正式实施,标志着政府采购制度改革进入了新的历史发展时期。

目前,我国政府采购制度改革已取得重大进展。一是政府采购范围和规模不断扩大,经济效益和社会效益大幅提高。政府采购规模由2002年的1 009.6亿元增加到2007年的4 660.9亿元,2002—2007年我国政府采购资金年节约率在11%左右,累计节约财政资金约1 900多亿元。二是政府采购法律制度框架基本形成,初步建立了以政府采购法为统领的政府采购法律制度体系。三是政府采购管采分离成效显著,初步建立了采购管理机构统一监督管理下的集中采购机构和采购单位具体操作执行的采购管理体制。四是政府采购政策功能取得重大突破,在促进节能环保、自主创新以及相关产业发展等方面发挥了积极作用。五是集中采购工作逐步加强,形成了以集中采购为主要形式的采购格局。六是依法采购水平全面提升,公开透明的采购运行机制逐步形成。七是监管工作进一步加强,在促进廉政建设方面取得了新突破。八是通过开展全国政府采购执行情况专项检查,在强化监管、规范操作、提高工作质量和效率等方面取得新进展。九是全国政府采购信息化建设工作步伐加快,全国电子化政府采购管理交易系统建设开始启动。

6) 国库现金管理

国库现金管理是指财政部门代表政府在确保国库支付需要和国库现金安全的前提下,有效管理国库现金以降低筹资成本和获取投资收益的一系列财政管理活动。经国务院批准,2006年我国正式开展国库现金管理工作。

目前,我国国库现金管理工作主要针对中央国库现金,采取两种相对安全的操作方式,即商业银行定期存款和买回国债,提高了国库资金使用效益,并在与国债管理有效结合以及促进宏观经济政策的贯彻落实方面发挥了积极作用。

7) 预算会计

预算会计是指以预算管理为中心的宏观管理信息系统和管理手段,是核算、反映和监督中央与地方各级政府预算以及行政事业单位收支预算执行情况的会计,具体包括财政总预算会计、行政单位会计和事业单位会计等。

8) 账户管理

规范预算单位银行账户和财政资金专户管理,是推进预算管理和国库管理制度改革的基础性工作,是强化资金监管和确保资金安全运行的根本性措施,也是维护社会主义市场经济秩序和从源头上预防腐败的重要手段。

(1) 预算单位银行账户管理　2001年,中央和地方分别建立了预算单位银行账户管理制度。近年来,通过健全账户管理规章制度,规范账户审批管理,建立账户年检管理制度,完善账户管理信息系统,强化账户日常监管等措施,基本实现了预算单位银行账户的规范化和长效化管理。

(2) 财政资金专户管理　财政资金专户是指各级财政部门为核算具有专项用途的财政资金,在商业银行及其他金融机构开设的资金账户。为加强对财政资金专户的管理和监督,财政部门建立了财政资金专户管理档案制度和年度报告制度,对各类财政资金专户实施动态管理。目前,财政资金专户已基本实现规范化管理。

9）预算执行情况报告

预算执行情况报告是根据各级金库报表和各级财政总预算会计报表编制并逐级汇总而成，包括预算收支执行情况报表和文字分析两部分，主要反映各财政收支项目本旬（月）及累计发生数、完成预算进度及增减变化情况等，同时，对执行情况进行分析说明并提出有关建议。预算执行情况报告是有关部门和领导进行财政经济管理决策的重要参考依据。

10）财政总决算

财政总决算是对按照法定程序编制的全面反映各级政府年度预算收支执行结果的综合报告。现行的财政总决算由中央财政决算和地方财政总决算构成，分别按收入分类和支出功能分类，全面反映政府收支活动。

11）部门决算

部门决算是全面反映各部门（单位）年度预算执行情况的综合财务报告。近年来，我国部门决算编审工作不断改进和完善，已将预算单位的全部收支及资产负债情况全部纳入部门决算编报范围，并形成一套比较完善的部门决算报表体系和编审工作流程。部门决算数据是分析预测社会事业发展和编制部门预算的重要依据。通过对决算数据进行深入分析，能够揭示单位年度预算执行情况及财务管理和会计核算方面的问题，从而加强和改进财政财务管理，形成"预算→决算→预算规范"的预算管理链，建立部门决算与部门预算相互反映、互为依据、相互促进的有效机制。

12）财政统计

财政统计是指对财政预算执行信息按一定的标准进行归类整理的方法，是社会经济统计体系中的一种专业统计，是财政政策制定、财政经济形势分析和宏观调控的重要依据。一是对公开发布过的财政统计数据口径差异和变化情况进行集中整理并逐步统一和规范；二是定期通过《中国统计年鉴》、《中国财政年鉴》等公布财政决算收支数据；三是整理汇编财政历史数据并研究利用，及时提供财政统计数据资料和统计分析报告；四是定期向国际货币基金组织等提供财政统计数据。

预算执行管理下一步工作思路：一是完善国库集中收付管理体系，健全预算执行管理机制；二是深化政府采购制度改革，健全政府采购管理体系；三是建立国库现金管理制度，提高科学理财水平；四是推进政府会计改革，建立政府会计管理体系。

财政部门在执行财政预算中最主要的任务是不断地、及时地组织新的平衡。这主要是通过编制季度收支计划和进行预算调整的方法来进行的。季度收支计划是政府预算的具体执行计划，主要是根据上个季度的执行情况，结合本季度政治经济情况的发展变化和具体要求来编制的。季度收支计划的项目不宜过繁过细，只要求规定主要指标，其编制一定要及时。政府预算季度收支计划由地方预算季度收支计划和中央预算季度收支计划组成。

2.2.5 预算调整

1）预算调整的含义

财政预算毕竟是一个收支计划，在实际执行的过程中，由于各种情况的变化，财政部门要不断地按规定进行预算调整，组织新的预算平衡。所谓预算调整，是指在预算执行过程中因实际情况发生重大变化需要改变原预算安排的行为。预算管理部门在进行预算调整时，所要遵循的法律程序与预算编制程序基本相同。在预算执行中，因上级政府返还或者给予补助而引起的预算收支变化不属于预算调整。接受返还或者补助款项的县级以上地方各级政府应当向本级人民代表大会常务委员会报告有关情况；接受返还或者补助款项的乡、民族乡、镇政府应当向本级人民代表大会报告有关情况。

2）预算调整的类型

按调整的幅度不同，预算调整分为局部调整（小调整）和全面调整（大调整）。

(1) 局部调整　它是对预算收支某些项目的调整，在预算执行过程中，它是经常发生的，主要有四种措施：

① 动用预算后备基金（包括预备费和预算周转金）：预备费是各级总预算中预留的不规定具体用途，专门用于解决某些意外支出需要的资金；预算周转金是为了平衡预算收支季节性差异、应付资金周转需要而用历年预算结余设置的专项资金。在预算执行过程中，如果发生原来政府预算没有列入而在本年度又必须解决的开支，可以动用预备费。中央预备费和地方预备费的动用应当分别经过国务院和各省、直辖市、自治区政府的批准，并尽可能在下半年动用。

② 预算的追加追减：在原核定的预算总额的基础上，增加预算收入或支出数额，就是追加预算；减少预算收入或支出指标，就是追减预算。

③ 经费流用：是指在保证完成各项工作计划，又不超过原定预算支出总额的情况下，由于预算科目之间调入、调出和改变资金用途而形成的预算资金再分配，也称科目流用或预算支出科目之间的经费流用。

④ 预算划转：是指由于预算单位隶属关系改变而将其预算划转至新的接受单位的调整方法，如行政区划的改变、国有企事业单位隶属关系调整等。

(2) 全面调整　是在国家对原定的国民经济和社会发展计划作出较大调整时，财政预算相应进行的大调整，它实际上是重编预算，一般在第三季度末或第四季度初进行。

3）预算调整的程序

各级政府对于必须进行的预算调整，应当编制预算调整方案。中央预算的调整方案必须提请全国人民代表大会常务委员会审查和批准。县级以上地方各级政府预算的调整方案必须提请本级人民代表大会常务委员会审查和批准；乡、民族乡、镇政府预算的调整方案必须提请本级人民代表大会审查和批准。未经批准，不得调整预算。

2.2.6 政府决算

1）政府决算概述

(1) 政府决算的含义　决算是预算执行的总结。当政府预算执行进入终结阶段，要根据年度执行的最终结果编制政府决算。它反映年度政府预算收支的最终结果，是国家经济活动在财政上的集中反映。决算收入表明国家建设资金的主要来源、构成和资金积累水平，决算支出体现了国家各项经济建设和社会发展事业的规模和速度。因此，政府决算是指政府各部门按照法定程序编制的、用以反映经法定程序批准的年度预算执行结果的政府预算会计总结报告。政府决算由决算报表和文字说明两部分组成，它通常按照我国统一的决算体系逐级汇编而成。

政府决算是预算管理过程中必不可少的、十分重要的阶段，它通过对各地区、各部门、各单位预算管理过程的各种会计信息资料进行及时、正确和完整的反映，并通过这些信息资料，满足政府管理和各类社会机构及人员对政府活动了解和监督的需要。可以从以下几个方面来理解政府决算的含义。

① 政府决算是一个政府预算会计总结报告：从政府决算的实质内容来观察，政府决算是通过政府预算会计技术将预算执行过程中所发生的各类资金收支信息进行记录和汇总而形成的。

② 政府决算是一个审查报告：政府预算虽是按法定程序批准的报告，但在预算执行过程中，因为很多主观和客观因素影响所形成的追加（减）预算、跨年度结算等项目，如何统一、全面、及时地加以总结和反映，这是政府预算已不能再胜任的职能，只有通过政府决算来完成，特别是在中国的政府决算中，所承担的这类工作更多，有必要通过最后的审查保证这类政府预算的合规性。

③ 政府决算是一个批准报告：政府预算只是对未来一年中的资金收支情况所作的一个相对科学合理的预测，这种预测最终体现在政府预算年度内对各地区、各部门和各单位资金的满足情况，在一些预测数和实际数不一致的方面，就要等年终的政府决算最终确定和批准，决算不批准的数量，预算执行数是无效的。

（2）政府决算的组成　凡是编制政府预算的地区、部门和单位都要编制政府决算，只有这样，这些地区、部门和单位的预算才是全面、真实和完整的。因此，政府决算体制和政府预算体制一样，通常按照一级政府一级决算的要求，按统一的政府决算体系逐级汇编而成。

① 按政府决算的级次分为中央级决算和地方级决算：中央级决算即中央政府决算，是由中央各主管部门汇总所属的各行政、事业、企业单位财务决算和基建财务决算以及国库年报和税收年报等所组成的，由中央财政部审核并汇总编成。其中，中央各主管部门分别编制本部门的决算草案，最后交由财政部汇编成中央级决算草案。

地方级决算包括省（自治区、直辖市）、设区的市（自治州、盟）、县（自治县、旗、不设区的市、市辖区）、乡（民族乡、镇）四级决算。地方各级政府总决算由同级各主管部门汇总所属相应的各单位决算、企业财务总决算、基建财务决算和所属下级政府总决算以及国库年报、税收年报等组成。

② 按政府决算的内容分为决算报表和决算文字说明两部分：政府决算报告的内容必须遵守一定的技术要求，以准确反映相关的信息，方便各申报、审核单位的管理工作，因此，政府决算按报告的内容分为决算报表和决算文字说明两部分。其中，决算报表主要是用数字填列各种决算表格，决算文字说明主要是对本级预算的执行和管理等各种情况所作的书面文字总结，以配合决算表格数字的内容。

③ 按政府决算报送单位分为总决算和单位决算：政府决算报送单位的规定是区分财政资金审批单位和使用单位而形成的，以有利于财政资金的纵向和横向管理。

总决算是总预算执行最终结果的报告文件，是由各级财政部门汇总本级及其下级财政部门的年度实际收支所编制的决算。它是各级总预算执行结果纵向的全面反映。其内容有：全年的收支预算数、决算数以及其他相关的基本数字和决算说明书。我国的总决算由中央总决算和地方总决算组成。

单位决算是构成各级总决算的横向基础，由执行单位预算的行政、事业单位编制。它要求各单位在年终终了后，在搞好年终清理、结清账目的基础上，及时、准确、完整地编制单位决算草案，分别填列预算数和决算数，并附有决算说明书，按照预算支出的领报程序自下而上地逐级审核汇总后，上报同级财政部门，汇入总决算。

2) 政府决算的编制

(1) 政府决算的编制原则

① 集中、统一与灵活、分工协作相结合原则：集中与统一，一方面是指要遵守统一的《预算法》以及遵守每年拟定和颁布的决算编报的要求和办法，所有的决算都必须以这些法律、规定为基础，进行决算的准备、编制等工作；另一方面是指决算工作涉及预算、财会、统计等技术部门，也涉及国家政权的各级组织和成千上万的企业、事业等单位，无论涉及面多广、政策性多强、事情多复杂，都应统一于财政部门的领导之下，按政策规定的要求和程序办事。灵活与分工协作是指各地区、各部门具体应用法规的时候，在统一政策规定的基础上，可灵活地处理所在地区和部门的具体问题，使各地区和各部门有效地履行其职责，协调完成好各自的工作，以便高质量、按期限将年度决算这一任务完成。

② 真实、准确、全面、及时原则：这既是会计制度的一般要求，也是政府决算工作的要求。从某种意义上来看，政府决算的真实、准确、全面、及时性原则对实际工作的意义更为重要，这是由政府决算的内容在整个经济社会生活中的地位所决定的。因此，应强化决算质量意识，提高政府财政决算水平。

真实、准确是指政府决算收支数字，凡当年发生的财政收支，都要如实地作为预算收支列入决算，并要按收付实现制的原则真实填报，以真实、准确地反映各部门、各单位的实际情况，各级、各类财政决算和财务决算，都要坚持自下而上、层层汇总的原则，都不能以估代编或随意更改数据；全面、及时是指要严格按照政府决算的编制、审查要求和编制时间，掌握决算的具体方法，对布置的所有表格都要认真填报，逐项落实，没有遗漏和随意填报的情况，符合各类技术性规范的要求。同时，各地区和各部门还应严格按规定的时间，在保证政府决算质量的前提下，把握好编制政府决算工作的时间进度，采用先进的各种现代技术手段，提高政府决算的编制效率，力争缩短编制政府决算的时间，以节省人力、物力和财力，并做到及时上报。

(2) 政府决算的编制方法　政府决算的形成是从基层单位决算开始的，它是在预算年度终了后，由各地区、各部门和各单位按照财政部所规定的时间及编审要求，在年终清理和结算的基础上进行的。

① 单位决算的编制方法：基层单位决算是由执行单位预算的基层行政、事业等单位编制的决算，它是构成各级总决算的基础，是整个政府决算质量的关键所在。

各基层单位在编制决算工作时，首先要将本单位的年终清理内容做好。其次在结清各类会计账目的基础上，及时、准确、完整地填报单位决算表格，并编制单位决算。此外，基层预算单位在编制决算报表的同时，还应编写单位决算说明书。决算说明书是年度政府预算和政府预算管理工作的文字总结，其内容是对年度预算的执行情况所作的一次全面分析，以重点说明预算执行的经验教训，并对今后提高管理水平和改进会计核算提供建议。决算说明书是单位决算必不可少的一个组成部分，各单位根据决算的收支数据和事业发展情况等资料编写完成后，与已编成的单位决算表格一并报送主管部门或财政部门。

② 总决算的编制方法：各级财政总决算是各级财政总预算的执行结果，由各级财政部门在收到同级主管部门报送的汇总单位决算后，连同总决算会计账簿的有关会计数据进行汇总编制。各级财政部门都按照总决算报表要求的基本内容填写相应的数字，并将以上各项数据进行认真的核对，然后编成本级财政总决算。各级财政部门在编制本级总决算的同时，也要编写总决算说明书。总决算说明书是对本级年度预算全年执行情况和预算管理工

作的书面文字总结,它是财政部门和其他相关部门研究工作、分析问题、制定政策的重要资料。总决算说明书是根据年度国民经济总体发展规划、各项事业收支计划、各项收支决算数字、所属地区及部门编报的决算说明书以及财政部门平时调查研究所掌握和积累的有关资料进行编写的。

3) 政府决算的审查与批准

决算草案的审批和预算草案的审批程序相同。国务院财政部编制中央决算草案,报国务院审定后,由国务院提请全国人民代表大会常务委员会审查和批准;县级以上地方各级政府财政部门编制本级决算草案,报本级政府审定后,由本级政府提请本级人民代表大会常务委员会审查和批准;乡、民族乡、镇政府编制本级决算草案,提请本级人民代表大会审查和批准。

各级政府决算经批准后,财政部门应当向本级部门批复决算。财政部门向本级部门批复决算是为了让各部门了解本级财政部门、政府、人大常委会对本部门决算的审查结果,从而更好地总结过去一年预算执行情况,做好本年的预算管理工作。

地方各级政府应当将批准的决算报上一级政府备案。县级以上各级政府对下一级政府依照规定报送备案的决算认为有同法律、行政法规相抵触或者有其他不当之处,需要撤销该项决算的决议时,应当提请本级人大常委会审议决定。经审议决定撤销的,该下一级人大常委会应当责成本级政府重新编制决算草案,提请本级人大常委会审查和批准。实行决算的备案制度可有效地保证上级政府对下级政府实施监督、上级人大对下级人大实施监督,保证决算的准确完整。

4) 决算编、审、批程序

编制政府决算要从执行预算的基层单位开始。在搞好年终清理的基础上,各单位要根据财政部关于决算编报办法的规定和决算表格的内容,自下而上进行编制、审核和汇总。决算的总体编、审、批程序如图 2.5 所示。

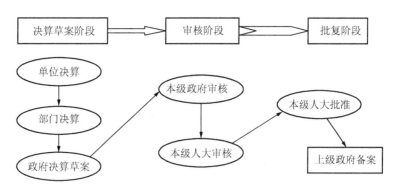

图 2.5 政府决算编、审、批程序示意图

2.3 预算外资金管理

2.3.1 预算外资金概述

1) 预算外资金的含义与范围

预算外资金是指国家机关、事业单位和社会团体为履行或代行政府职能,依据国家法

律、法规和具有法律效力的规章而收取、提取和安排使用的未纳入国家预算管理的各种财政性资金。预算外资金在性质上属于一种财政性资金,其财政性主要体现在"四权"的归属上:一是预算外资金的所有权归国家,而不是归哪一个部门和单位所有;二是预算外资金的支配权和调控权归政府;三是预算外资金的管理权归财政;四是预算外资金的使用权归单位。预算外资金必须由具有政府背景的行政事业机构根据国家规定的项目和标准组织收入,其他机构不得参与预算外资金的动作;收取、提取和使用预算外资金,是为了履行政府职能,其支出用途和范围只能用于被指定的政府职能范围内的事务,不能挪作他用。

从主观上说,设置预算外资金是为了弥补我国以集权为主的计划经济体制的不足,给地方政府、各部门、各单位以至国有企业一定的相机发展社会经济事业的机动权。众所周知,我国地方政府缺乏正式的收入自主权(税收立法权集中于中央,地方没有主干税种),这反倒使得地方政府多了一种"非正式"收入的自主权,表现为地方政府拥有两项收费权力:一是地方政府的收费自主权,也就是地方政府在法律规定范围之外的各种收费,并且逐渐递延到各行政事业部门身上。收费虽是"非法"收入,但却成为地方收入的主要来源,致使预算外收费占地方预算的比例相当大。这些收费几乎涉及各行各业,相对集中于公共事业、医院、学校、道路建设等方面收费。对地方来说,各种收费对地方收入的贡献很大,对满足地方政府基本支出需要发挥了重要作用。但是,收费的频繁使用却扭曲了地方的收入分配结构、纳税人成本以及整个社会的公平性,这一点必须予以重视。二是企业的税收减让和优惠。地方政府另一种非正式收入自主权,表现在给企业的税收减让和优惠较多,这直接减少了对中央的收入,但是却间接增加了地方财源。从正常情况来说,政府给予企业一定的税收优惠和减让,本是税法授予政府的一项权力。但关键是,地方政府不规范而且频繁地运用此种权力,则导致了预算外资金以另一方式不正常地增长。1994年实行分税制以来,中央加强了省级政府实行税收减免权力的控制,但是,地方政府在组织税收和收入时,仍然特别多地在各种开发区继续实行税收减免政策。

在我国,预算外资金的范围主要包括:① 地方财政支配的各项附加收入和集中的有关资金;② 国有企业及主管部门掌握的各项专用基金;③ 行政事业单位的自收自支资金;④ 中央和地方主管部门所属不纳入预算的企业收入;⑤ 法律、法规规定的行政事业性收费、基金和附加收入等;⑥ 国务院或省级人民政府及其财政、计划(物价)部门审批的行政事业性收费;⑦ 国务院及财政部审批建立的基金、附加收入等;⑧ 主管部门所属单位集中上缴资金;⑨ 用于乡镇政府开支的乡自筹和乡统筹资金;⑩ 其他未纳入预算管理的财政性资金。社会保障基金在国家财政尚未建立社会保障预算制度以前,先按预算外资金管理制度进行管理,专款专用。财政部门在银行开设统一的专户,用于预算外资金收入和支出管理。部门和单位的预算外收入必须上缴同级财政专户,支出由同级财政按预算外资金收支计划和单位财务收支计划统筹安排,从财政专户中拨付,实行收支两条线管理。

2) 预算外资金的特点

为了进一步加强对预算外资金的科学管理,有必要进一步明确预算外资金的三个特性:一是所有权属于国家。预算外资金不是地区、部门或单位的自有资金,资金的分配权和管理权仍属于财政。那种强调"预算外资金既然不纳入国家预算管理,就属于各地区、各部门、各单位自主支配、自行提取、自主使用"的观点是错误的。二是收取受到法律、法规和财政规章的硬性约束。预算外资金有别于银行信贷基金、企业盈利、居民收入等自由支配资金,还有别于各部门、各单位违规设立的"小金库"资金。预算外资金的设立、提取等严格受到国家法律的约束。三是用途专一。预算外资金多是为了解决地区、部门和单位的特殊需要而设置的,是为了保证某些专项支出,收支有很强的对应性。总之,预算外资金是一个特殊的财政范畴,是处理财政资金分配和使用过程中集中与分散、一般和特殊等矛盾的手段,是为了充分调动预算执行单位的积极性所采取的重要措施。

预算外资金是国家预算资金的必要补充,与预算内资金相比,预算外资金具有以下特点:

(1) 资金征用方式具有分散性　预算外资金项目众多而繁杂,在组织征收上具有零星分散性。

(2) 资金使用方向具有专用性　预算外资金必须直接用于满足政府履行其职能的需要,不能用于纯盈利性项目开支。

(3) 资金存在方式具有依托性　预算外资金依托于政府预算而存在,在存在方式上具有不稳定性。

(4) 资金属性具有分离性　预算外资金具有"三权"分离性,其中:资金所有权属于国家,调控权属于同级政府,使用权属于部门单位,但使用权要通过政府授权的形式来实现,实施财政监督管理。

(5) 管理方式的自主性　预算外资金是不纳入预算内管理的财政资金,各地区、各部门、各单位在国家规定的范围内,对预算外资金享有一定的支配使用权,即具有自主性。

3) 预算外资金的分类

(1) 预算外收入分类

① 行政性收费:国家法律、法规和财政制度明确规定了国家各级行政机关、司法部门等进行各种管理、提供各项服务的收费项目和标准,此外的一切管理公务和业务活动都不得收费。行政性收费形成的支出主要用于抵补行政事业经费、改善服务或管理工作条件。

② 事业服务性收费:这是按国家既定收费标准,向服务对象收取的服务费、工本费、管理费等,不能以营利为目的。其支出主要抵补事业费不足和改善服务条件等。

③ 基金性收入:这主要是高等院校、中专、技校向社会各方面提供科研、教学服务收取的培训费,获得的奖励、酬金、稿酬、科研收入、校办工厂收入等。其支出主要用于改善办学条件,发展教育事业和学校职工奖励、集体福利等。

④ 专项基金:这是指各有关部门、单位依据国家有关规定收取的公路养路费、内河航道养护费、教育事业附加费以及各种社会集资等专项基金。其支出原则是专款专用,保证各专项事业的发展。

行政事业性收费和政府性基金是预算外资金的构成主体。行政事业部门收费受国家规定的范围和项目限制,即要"取之有据、收之有度、用之有序、收支合理",严禁乱收费、乱摊派,规范支出范围及项目的管理。

(2) 预算外支出分类

① 预算外经常性支出:这是政府及各部门、各单位将预算外资金用以维护其机构基本运作所规定的支出。一般包括福利支出、奖励支出、养路费支出、城市维护支出、科技三项费用、增补流动资金、事业费支出、行政费支出和其他支出等。预算外经常性支出是为了弥补预算内支出不足而存在的,为各部门工作条件的改进和效率的提高提供资金保障。

② 预算外投资:这是指各预算外资金主体运用预算外资金安排的资产性支出。一般

包括基本建设支出、大修理支出、更新改造支出等。预算外投资是预算外资金中主要的支出。规划预算外投资是预算外工作的重点之一。

4) 我国预算外资金的历史和现状

我国对预算外资金的认识经历了一个从模糊到逐步规范和管理的过程,简要概括如下。

新中国成立之初实行高度集中的统收统支体制。进入第一个五年计划时期后,为了调动地方的积极性,开始把原来预算内的一部分收入放到预算外管理,国家财政资金开始分为预算内和预算外两部分,这才形成预算外资金这个特殊范畴。十年动乱时期,预算外资金迅速膨胀,1976年已相当于预算内收入的35.5%。

1979年,我国进入全面体制改革的新时期,对地方预算扩大了自主权,对企业放权让利,所以预算外资金的增长超过任何一个时期,已经成为经济运行的一个重要特点和问题,按当时口径统计的预算外资金的增长变化有以下四个特点:

① 预算外资金增长过快,1992年比1978年增长11倍,相当于预算内收入的1 107%,名副其实地成为国家的"第二预算"。

② 预算外资金历年增长速度均超过同年的GDP和预算内收入的增长速度,造成资金的严重分散。

③ 从预算外资金结构看,一向是企业和主管部门管理的预算外资金居主导地位;从近几年变化趋势看,行政事业单位管理的部分增长较快,比重上升,地方财政管理的部分绝对数和比重下降的幅度都较大。

④ 由于管理不严,财经纪律松弛,化预算内为预算外、化生产资金为消费基金、化公为私等现象有所滋长和蔓延。因此,预算外资金迅速增长,已成为预算内收入占GDP的比重偏低的重要原因,也是当时固定资产投资膨胀和消费基金膨胀的重要原因。

1983年,财政部发布了我国改革开放以后第一个全国性预算外资金管理办法。1986年,国务院又发布了《关于加强预算外资金管理的通知》,明确规定了预算外资金的定义和统计口径,指出:预算外资金是由各地区、各部门、各单位根据国家有关规定,自行提取、自行使用、不纳入国家预算的资金。包括行政事业性收费、各项税收附加、国营企业及其主管部门掌管的专项资金、预算外国营企业收入等。

我国1993年以前的预算外资金包括国有企业及其主管部门集中的各种专项基金、地方和中央主管部门管理的预算外资金。随着预算管理体制改革的深入和完善,1993年以后,对预算外收入的范围进行了调整,将拥有法人财产权的企业及其主管部门集中的资金不再列作预算外收入,1993—1995年预算外资金收入项目只包括行政事业性收费和地方财政收入两项;从1996年开始,电力建设基金、铁路建设基金等中央政府性基金(收费)纳入预算管理,加入乡镇自筹、统筹资金;从1997年开始,又取消地方财政收入,增加政府性基金收入、国有企业和主管部门收入及其他收入。由此,1997年以后预算外资金收入项目包括行政事业性收费、政府性基金收入、乡镇自筹统筹资金、国有企业和主管部门收入及其他收入,其中主要是行政事业性收费,2000年占全部预算外资金收入的69.4%。预算外资金主要用于基本建设支出、城市维护费支出、行政事业费支出、乡镇自筹统筹支出、专项支出和其他支出,其中行政事业费2000年占63%。

为了加强预算外资金的管理,国务院曾于1986年下发过《关于加强预算外资金管理的通知》,要求对预算外资金实行规范管理,各级政府和财政部门据此相继实行了"计划管理,财政审批,专户储存,银行监督"的管理办法。但是,十余年来,随着我国经济体制改革的不断深入,社会财力分配格局和经济活动发生了很大变化,原有的预算外资金管理制度已不能完全适应市场经济发展和政府宏观调控的需要,也不能保证防范腐败和廉政建设的要求,预算外资金管理中存在的问题越来越突出。针对预算外资金制度与管理中存在的问题,国务院于1996年7月颁布了《关于加强预算外资金管理的决定》,系统地规定了预算外资金管理的政策措施,指明了预算外资金管理的工作方向,标志着我国预算外资金管理工作进入一个新的阶段。同1986年的《关于加强预算外资金管理的通知》相比,《关于加强预算外资金管理的决定》无论是在管理的广度上还是在深度上都有实质性的突破。为了贯彻落实上述决定,财政部先后制定了《预算外资金管理实施办法》、《中央预算外资金财政专户管理暂行规定》等配套文件,同时,在《事业单位财务规则》中还增加了有关预算外资金财务管理的规定。预算外资金管理实行统一领导、分级管理的原则。各级财政部门负责预算外资金管理和监督工作。各级人民银行、物价、审计等部门应当按照各自职责,对预算外资金的收取和使用情况进行监督和检查。归纳起来,预算外资金管理的新措施主要包括下列内容:

(1) 重新界定预算外资金的性质和范围 《关于加强预算外资金管理的决定》明确做出以下规定:国有企业提取的各项基金(包括税后留利)不再作为预算外资金管理;地方财政部门按国家规定收取的各项税费附加,作为地方财政固定收入,统一纳入地方财政预算后,不再列入预算外资金的管理范围;事业单位和社会团体通过市场获得的并不体现政府职能的经营服务收入,不作为预算外资金管理,但要依法纳税;将乡自筹和乡统筹资金明确纳入预算外资金管理。

(2) 部分预算外资金纳入预算管理 为了完善财政预算分配制度,保证国家预算的完整性和统一性,新措施规定,从1996年起,将中央政府凭借政府权力取得的、在一定程度上具有"准"税收性质的政府基金或收费纳入预算管理,按规定专款专用,不得挪作他用,也不能用于平衡预算。

(3) 严格控制行政事业性收费和政府性基金规模 为了控制预算外资金规模不断膨胀,《关于加强预算外资金管理的决定》重申了行政事业收费(基金)审批权限的管理规定,各部门、各单位必须按规定的审批权限设立收费(基金)项目,不得越权收费和建立基金,否则按乱收费行为处理。

(4) 建立预算外资金收支预决算制度 首先,各部门和各单位要按规定编制预算外资金收支计划和决算,报财政部门审批。其次,财政部门要在银行设立预算外资金财政专户,实行收支两条线管理,即各部门和各单位取得的预算外资金收入要缴入财政专户,支出由各部门和各单位按规定的用途安排使用,财政部门根据预算外资金收支计划从专户核拨资金。

(5) 严格规定了预算外资金的使用范围 专用于公共工程和公共事业的基金和收费以及其他专项资金,要按计划和规定用途专款专用,由财政部门审核后分期拨付资金;用于工资、奖金、补贴、津贴和福利等方面的支出,必须严格执行财政部门核定的项目、范围和标准;用于固定资产投资的支出,要按国家规定立项,纳入国家固定资产投资计划,并按计划部门确定的国家投资计划和工程进度分期拨付;用于购买专项控购商品方面的支出,要报财政部门审查同意后,按国家规定办理控购审批手续。

(6) 建立健全监督检查制度,严肃查处各种违法乱纪行为。

2.3.2 预算外资金管理的原则与制度

1) 预算外资金管理的原则与模式

预算外资金坚持"先提后用、先收后支、量入为出、收支平衡"的原则,为加强预算外资金管理应坚持以下原则和方法:一是严格区分预算内和预算外的界限,不得任意扩大预算外资金范围和征收数额;二是对行政事业单位和地方财政的预算外资金应坚持专款专用,特定的收入来源和专门用途相对应;三是在维护预算外资金自主性的前提下,尽可能纳入预算管理,指导和调节预算外资金的规模和使用方向;四是重新审定预算外资金项目、用途以及收费标准和开支标准;五是加强预算外资金收支的计划管理;六是运用经济手段调节预算外资金使用规模和使用方法。

预算外资金的管理模式,主要由以下几个环节构成:① 收费立项审批管理,必须经过国务院或省级以上政府及其财政、计划(物价)部门批准,其他部门无权批准行政事业性收费。② 收费票据管理,使用由省以上财政部门统一印制或监制的行政事业性收费专用票据。③ 财政专户管理,实行收支两条线管理。④ 单位专用账户管理。行政事业单位必须设立一个预算外资金支出专用账户。⑤ 计划和决算管理。有预算外资金的单位,必须编制年度预算外资金收支计划,并上报同级财政部门审批。⑥ 监督管理。财政部门利用单位预算外资金收支计划、财政专户以及票据发放等手段,对单位的预算外资金收支活动进行经常性监督和管理。⑦ 禁止把预算内资金转到预算外。

2) 预算外收支两条线的管理制度

预算外收支两条线管理是强化预算外资金管理的重要方法,它从制度上打破了以往由部门和单位自收自支、收支一体的体制。"收支两条线"是广大财政财务工作者对财政收支活动的形象比喻和概括,是对财政部分收支活动具体实践的合理总结。所谓"收支两条线",是指政府对行政事业性收费、罚没收入等财政非税收入的一种管理方式,核心要求是非税收入与发生的支出脱钩,收入上缴国库或财政专户,支出由财政根据各单位履行职能的需要按标准核定。具体是指国家机关、事业单位、社会团体以及政府授权的其他经济组织,按照国家有关规定依法取得非税收入,收入全额缴入国库或者财政专户,支出通过编制用款预算,由财政部门统筹安排,并通过国库或者财政专户拨付资金的财政资金运行机制。

(1) 预算外资金财政专户储存 预算外资金财政专户是指财政部门在银行开设的统一专户,用于预算外资金收入和支出管理。财政专户分为中央财政专户和地方财政专户,分别办理中央和地方预算外资金的收缴和拨付。财政专户管理是国家强化行政事业单位预算外资金管理的一种行政手段,具有强制性的特点。

财政专户管理的运作方法是:部门和单位的预算外收入必须上缴同级财政专户,支出由部门和单位提出用款申请后,同级财政部门根据年度预算外资金收支计划、单位财务收支计划和预算外资金收入上缴财政专户情况,从财政专户中及时核拨资金,实行收支两条线管理。部门和单位要严格按照财政部门的规定使用预算外资金。

(2) 规范单位预算外资金银行账户 部门和单位如果在银行开户过多过滥,就会给挪用、截留、坐支国家预算外资金提供可乘之机,使大量的预算外资金滞留在财政专户外,不能及时上缴财政,因此,必须取消单位擅自在银行开设的过渡性账户。确需开立预算外资金账户,必须经财政部门批准,可在指定的一家银行设立一个预算外资金支出账户;确有必要的,也可再开设一个预算外资金收入过渡性账户。未经财政部门审核同意,银行不得为部门和单位开设预算外资金账户。

(3) 实行票据管理、使用单一化　强化收费票据管理,即收费票据管理集中统一到财政部门。收费单位收费时,必须按隶属关系使用中央或省级财政部门统一制发的收费票据。票据的购买、管理要在单位财务部门统一办理,同级财政部门要做好票据的发放、核销工作,对各单位领取的收费票据进行验证、审核、结算,通过验证把收取的各种预算外资金划转到财政专户。严格票据的审批、领用、缴销和监督,对非中央或省级财政部门印制或监制的票据一律予以取消。

(4) 实行收缴分离、票款分离的管理办法　为确保预算外资金及时足额缴入预算外资金财政专户,财政部门要在统一票据的基础上管住票据,实行征收与缴款分离,采取银行代收、收款人代缴的办法;一切预算外资金的支付一律凭财政部门的拨款凭证,由预算外资金财政专户统一办理拨付。

票款分离和收支脱钩是实行"收支两条线"管理的核心。在"收"的方面,重点要加快票款分离步伐,做到罚没款和行政事业性收费的开票与收缴相分离。

实行收支两条线管理,对于促进行政机关依法行政、公正执法、整顿财政分配秩序、从源头上预防和治理腐败具有十分重要的意义:有利于从源头上治理腐败;有利于整顿政府收入分配秩序;有利于规范执收单位银行账户管理;有利于提高财政资金运行效率;有利于促进公共财政体系建设。

3) 预算外收、支和结余的管理

(1) 严格预算外收入环节

① 严格预算外资金立项审批制度,统一审批权限。预算外资金的收取,必须依据法律、法规、规章以及国家和省政府及其财政、物价部门有关文件规定的项目、范围、标准和程序执行。一是行政事业性收费的审批,严格执行中央、省两级审批的管理制度。省级以下人民政府及各部门一律无权批准设立收费项目,也不得调整收费标准。二是政府性基金的审批,必须严格按国务院规定统一报财政部审批,重要的报国务院审批。

② 明确收费权限。收费权限的确定是和公共商品覆盖的范围相联系的,基本等同于公共权力的范围。严格收费权限的问题关键在于界定收费的审批主体及职权,审批主体主要包括政府(包括国务院和省级政府)、财政部门、计划(物价)部门。行政事业性收费项目的设立和收费标准的制定与调整,必须依据国家和省政府的有关规定报国务院或者省政府及其财政、物价部门审批。各市、州、县、乡级人民政府和其他各部门均无权审批。设立政府性基金,须由省财政部门审核,经省政府同意后,报财政部审批。

③ 严格收费项目和标准,并实行公开化。确定收费项目可理顺政府收费的范围,有利于事权和财权相适应,促进政府职能的转变。应做到收费项目法令化和收费项目公开化。

④ 实行收费许可制度。各收费单位收费时,必须持有同级物价部门核发的收费许可证,实行亮证收费。收取行政事业性收费以及各项基金、专项资金、附加的单位,必须使用省财政部门统一印制或者监制的票据。

⑤ 预算外资金必须由各单位的财务机构统一核算和管理,不得账外设账或者公款私存。

⑥ 各级财政部门应在银行开设预算外资金管理专用账户,用以核算预算外资金的缴拨业务。

⑦ 有预算外资金收入的单位经财政部门批准,可以在指定银行开设预算外资金收入和支出账户。未经财政部门批准,银行不得为有预算外资金收入的单位开设预算外资金账户。

⑧ 预算外资金收入账户是核算各单位收取的预算外资金收入存款的专用账户,其资金只能缴入财政专户,不得直接支出或者转到其他账户;预算外资金支出账户是核算各单位预算外资金支出业务的专用账户,其资金来源为财政专户拨款,其他任何资金不得直接存入该账户。

⑨ 各单位收取的预算外资金收入,必须依据财政部门规定按时足额缴入财政专户,不得截留、坐支或者挪用;逾期不缴入财政专户的,银行从该单位预算外资金收入账户中将预算外资金直接划入财政专户。

(2) 规范预算外支出　财政部门是预算外资金管理的职能部门。各单位必须严格按照国家规定和财政财务制度使用预算外资金。各单位所需支出,须编报预算外资金支出计划,经财政部门审批后从财政专户中拨付。财政部门应依据核定的预算外资金支出计划和单位存款情况,及时为单位拨付资金,不得延误资金的使用。严格预算外支出管理主要是看预算外资金使用是否合法、合理和有效。

① 专项支出:专项用于公共工程、公共事业的基金和收费以及其他专项资金,要按计划和规定用途使用。

② 人员支出:部门和单位用预算外资金发放工资、奖金、津贴、补贴以及用于福利等方面的支出,必须严格按财政部门规定的项目、标准和范围执行。

③ 固定资产投资支出:预算外资金用于固定资产投资的,须经财政部门审批资金,并按照国家规定立项,纳入固定资产投资计划;财政部门应按照计划部门下达的固定资产投资计划和工程进度拨款。

④ 购买专项控制商品支出:预算外资金用于购买专项控制商品的,须经财政部门审批,并按照有关控购管理规定办理审批手续。

⑤ 乡(镇)自筹和统筹资金的使用:使用时要按规定专款专用,经批准后,由财政部门按计划从财政专户核拨。

⑥ 预算外资金严禁用于计划外房地产投资和股票、期货等交易活动。

(3) 正确安排预算外资金结余

① 国家机关和受政府委托的部门、单位统一收取和使用的专项用于公共工程和社会公共事业的基金、收费以及以政府信誉强制建立的社会保障基金等,收入全额缴入同级财政专户,支出按计划和规定用途专款专用,结余可结转下年度专项使用。

② 各部门和各单位的其他预算外资金,收入缴入同级财政专户,支出由财政结合预算内资金统筹安排,资金结余经同级政府批准,财政部门可按隶属关系统筹调剂使用。除法律、法规和国务院、省政府另有规定外,各级财政部门经同级政府批准,可按照隶属关系对预算外资金结余进行统筹调剂或者根据省政府规定对预算外资金全额按照一定比例集中使用。

4) 预算外资金预决算和会计核算

(1) 各单位必须按照财政部门的规定编制年度预算外资金收支计划,并报送同级财政部门。

(2) 财政部门应根据各单位编报的预算外资金收支计划,结合财政预算经费使用情况,核定各单位预算外资金收支计划。

(3) 各单位必须严格执行财政部门核定的年度预算外资金收支计划,组织预算外资金收入,按计划安排支出。

(4) 财政部门应根据各单位编报的预算外资金收支计划,编制本级政府年度预算外资金收支预算,报本级政府批准后执行。

(5) 各单位应根据预算外资金收支执行情况,编制单位年度预算外资金收支决算,并报同级财政部门审批。

(6) 财政部门应根据各单位编报的预算外资金收支决算,编制本级政府的预算外资金收支决算,报本级政府批准。

(7) 预算外资金预、决算收支科目和财务会计制度,按照国家和省财政部门的规定执行。

(8) 财政部门应确定专职人员负责预算外资金管理和会计核算工作,设立预算外资金总会计,保证预算外资金核算及时、准确、完整。

预算外资金财务会计管理的具体要求如下:

① 严禁将预算外资金转交非财务机构管理、账外设账、私设"小金库"和公款私存。

② 财政专户预算外资金实行单独核算和平衡。

③ 行政事业单位实行预算内外资金统一核算、统筹管理和使用。

5) 预算外资金监督和检查

预算外资金的管理是我国预算管理的薄弱环节,从范围界定、性质区分、管理方法等多方面经历了多次变革。因此,关于预算外资金运行中出现的违规违纪现象比较多。对此,党中央国务院多次组织专项检查,予以坚决、严肃的处理。特别是 2003 年以来,财政部、监察部、审计署等协同作战,多次开展针对中央各部门和单位的基金收费、"收支两条线"执行情况等的专项检查。针对检查中发现的违规违纪问题,财政部分别下达了处理决定,并建议有关部门追究有关责任人的行政责任。与此同时,纪检监察部门也加大了对违反"收支两条线"管理行为的责任追究力度。地方财政部门也会同有关部门积极开展行政事业性收费审计工作,大力宣传国家有关"收支两条线"的政策规定,坚决查处纠正各种乱收费行为。

(1) 制度建设　财政部着力于建设预算外资金管理的规章制度,为实施监督和处罚提供了制度和法律依据。主要的规章制度如下:

① 制定了《违反行政事业性收费和罚没收入收支两条线管理规定行政处分暂行规定》,2000 年由国务院颁布,对有关人员违反"收支两条线"管理规定,制定了具体的行政处分规定。

② 收费基金项目公示制度。自 2002 年以来,财政部、地方财政部门按照公开透明的要求,相继向社会公布了全国性及中央部门和单位行政事业性收费项目目录、全国性政府基金项目名录,地方财政部门也相继公开了本行政区域实施的收费基金项目目录,进一步提高了收费基金管理的透明度。

③ 财政部制定了《预算外资金收入收缴管理制度改革方案》,明确规定由财政部设立预算外资金财政专户,取消各主管部门和执收单位设立收入过渡性账户;规范收入收缴程序;健全票据管理体系;充分运用现代信息技术,加强对预算外资金收入收缴的管理制度。

④ 制定了《行政事业性收费和政府性基金年度稽核暂行办法》,建立收费基金年度稽核制度,定期纠正和查处各种乱收费行为,确保收费基金收入及时收缴国库或财政专户。

⑤ 建立健全政府非税收入管理制度。2004 年,财政部发布了《关于加强政府非税收入管理的通知》,对政府非税收入的概念、范围和管理等做出了具体规定,规定政府非税收入要

纳入"收支两条线"管理。这个通知对于进一步转变思想观念,拓展财政理财领域,深化"收支两条线"管理,起到了积极作用。

⑥ 制定了《财政监察专员办事处实施中央财政非税收入监督管理暂行办法》,明确了财政监察专员办事处在中央财政非税收入监督管理中的具体职责,对于确保中央财政非税收入依法收取和解缴起到了积极作用。

(2) 各部门、各单位的职责

① 财政应建立健全预算外资金管理制度,加强对各单位收取和使用预算外资金情况的日常监督和检查。

② 人民银行应加强预算外资金账户的开设和管理工作,监督各单位和有关开户银行按照规定开设账户和划拨资金。

③ 审计部门应严格审查预算外资金收支决算,对预算外资金收支和管理情况进行审计监督。

④ 财政、物价部门应依法加强对收费项目、范围、标准和票据使用情况的监督和检查。

⑤ 应当接受有关部门对预算外资金收支情况的监督检查,如实提供有关会计资料,不得拒绝监督检查或者隐瞒真实情况。

6) 综合财政预算管理

在实行收支两条线管理的同时,还应实行预算外资金收支计划管理和预决算管理,编制"预算内、外收支综合财政计划"。

所谓预算外资金的计划管理包括:① 单位预算外资金的计划管理:一是编制预算外收支计划。这是指行政事业单位根据其预算外资金收入情况和支出需要,编制年度预算外资金收支计划。二是健全单位预算。行政事业单位预算外资金收支计划报同级财政部门审核后,应该与预算内拨款统一核算,统一管理。② 地方财政预算外资金的计划管理:一是地方财政的预算外资金纳入预算内管理。二是地方财政专户的预算外资金收支计划。三是实行财政综合预算。

财政部门在各部门、单位预算的基础上还要编制包括预算内、外收支的综合财政计划,实行综合预算,统筹使用预算内、外资金。财政综合预算是一种预测性、参考性、指导性计划,只能在不损害资金使用权的前提下,统筹和指导各项预算外资金。综合财政计划不参与国家对一部分剩余产品的集中过程,也不能代替国家预算去进行资金使用方面的具体分配,而只是从国民经济的整体需要出发,指导社会财力的分配和使用,对国家财力进行宏观控制和管理。

编制综合财政计划应该遵循以下原则:一是量力而行。有多少财力办多少事情。要在促进生产发展和提高经济效益的基础上,再按主次先后顺序安排好积累和消费等重大比例关系。同时,把主观和客观、需要和可能紧密结合起来,坚持做到量入为出,收支安排不留缺口。二是统筹安排、综合平衡。综合财政计划是财力平衡表,是协调财政预算内、外资金之间关系的行动方案,是保证整个国民经济计划顺利实现的重要文件。编制计划必须坚持通盘考虑、综合平衡的原则,适应经济和社会发展的需要。三是不平调资金。如果将综合财政计划作为国家筹集资金的手段,任意抽调资金,会严重挫伤各地区、部门和单位的积极性,违背物质利益规律的要求。

7) 当前预算外资金管理中存在的问题

① 预算外资金管理的法制建设滞后,对预算外资金的内容、性质、收支范围、管理模式

缺乏明确规定,难以依法进行管理。② 对预算外资金的性质还存在模糊认识,预算外资金的所有权和使用权归政府的规定未完全落实。③ 现行预算外资金管理制度还比较粗糙,一是征收管理体制不健全;二是基础性工作比较薄弱;三是监督处置力度不够。④ 财政部门内部的预算外资金管理机制不健全。

8) 政府收费体制的改革

(1) 税费并存的合理经济意义

① 公共财政理论:从经济效率角度推崇收费,收费将政府公共服务的受益与成本精确地内在化于付费者,从而提高了经济效率。

② 公共服务成本的分摊机制:一是税收机制,符合能力原则,即能力高者多纳税,如实行累进税制。它同社会伦理意义的公平观相适应。对于具有非竞争性、不易排他、受益广泛、偏好差异不大的公共服务,采用税收机制分摊成本比较有效率。二是收费机制,符合受益原则,谁受益谁付费,私人厂商严格遵循该原则。它同经济学意义上的公平相适应。对于大量具有私人物品特征的地方公共服务,以公共服务收费分摊成本更好。

③ 在不同级别政府中,收费适用程度不同。一般而言,级别越低的辖区越适合于以收费筹措公共服务资金。公共财政理论认为,合理的公共收费不失为地方财政的一种收入来源,而在中央一级,最佳的收入来源是税收。

(2) 税费制度改革的必要性　我国近年来政府收费较混乱,税费不分、费多税少、以费挤税的问题突出,地方政府及各部门越权设立的各种游离于预算之外的非规范性收费使企业和居民负担沉重。对此可采取转换、合并的办法实行税费整合,正本清源,综合分流预算外资金,规范政府的收入行为。

(3) 政府收费制度改革的思路和措施　通过财政体制和税收管理改革,用法律形式来规范国家、单位和个人的利益分配关系,科学设计税费项目,建立合理的税费体系,规范政府收入机制,将具有税收性质的收费用税收取代,保留必要的政府规费,纳入财政预算,实行收支两条线管理,全面整顿收费秩序,取消不合理收费。为此,需要由政府统一组织财政、税务、物价等部门对收费单位、项目、标准等进行分类,实行清理整顿,加强对重点部门和行业的清理。在清理工作的基础上,采取如下措施:

① 取消不合理收费:取消不合理、不合法、纯属乱收费的项目,合并或取消重复设置的收费项目,降低过高的收费标准。对于地方政府及部门重复设置的收费项目应予以合并,对于越权擅自立项、自定标准违法收费的,要进行严厉的行政和经济处罚。

② 费改税:与发达国家相比,我国收费收入占财政收入的比重过高,预算外收入规模过大。因此,在健全公共财政体系的过程中需要以费改税为主攻方向,结合地方税体系的完善,将一部分稳定、可控性强的收费和基金项目转为税收,扭转分配领域中费多税少的畸形局面。其中,对由国务院及有关部门批准实际上具有税收特征的收费、基金等,应通过立法开征新税种取而代之。如将公路养路费、公路建设基金、车辆过路过桥费、公路客货运附加费、公路运输管理费合并开征燃油税;将教育费附加、中小学教育基金归并为教育税;将排污费改为环保税。

③ 规范收费管理:合理规范的收费是政府收入的组成部分,是税收的必要补充。但对于收费也需进行规范管理,一是对属于预算外资金的收费收入,财政部门代表政府行使管理权,根据各部门、各单位预算外资金收入情况和支出需要,结合预算内拨款情况,核定单位预算外资金收支计划,结余全部或按比例归政府统一调控,用于经济建设和事业发展;二是对

收费单位实行收支两条线管理;三是逐步把各种行政性收费纳入政府财政预算,以增强其管理力度,提高其使用效益;四是对市场性收费,如中介机构收费,由市场机制调整,政府进行宏观指导,其收入不再作为预算外资金。

9) 预算外资金的改革与发展方向

(1) 近期改革目标　强化现行预算外资金管理制度,并对预算外资金的改革进行一些尝试:① 对现有的预算外资金进行清理;② 在对预算外资金进行清理的基础上,制定科学严格的预算外资金支出范围和标准;③ 改革计划管理办法,将预算外资金计划管理上升到预算外资金预算管理;④ 加强法制建设,制定《国家预算外资金管理条例》。

(2) 中远期改革目标　结合预算体系改革,进行预算外资金管理制度的创新:① 深化财税体制改革;② 进一步改革现行复式预算体系,建立税收和非税收预算(预算外资金预算)一体的国家预算,在总财力上实现预算内外资金的统筹使用。

2.4　乡镇财政管理

2.4.1　乡镇财政管理的基本任务

乡镇财政管理是财政部门对乡镇预算资金、国家补助收入及乡镇预算外资金的筹集、支出和监督的管理工作,通过预算、决算及监控等手段,对乡镇财政收支活动开展计划、组织、协调、监督等管理活动,达到发展乡镇公共事业,繁荣农村社会经济事业的目的。乡镇财政管理的任务总体上可概括为:管理乡镇财政收支;对行政、事业和企业进行财政管理和监督;为发展农业、农村经济和事业服务;为农村基层政权建设服务。乡镇财政所的职能具体表现为以下五个方面:落实兑现各级惠农补助资金,对农民负担和农村政策实施监管;围绕乡镇财源建设搞好服务;农村财务管理指导、监督和审计,依法代理村级财务,财政项目资金管理和乡镇政府机关财务代理;乡镇公有资产管理利用及村级集体资产监督管理;财政预算编制、执行及管理。

2.4.2　乡镇财政的收支范围

乡镇财政的收支范围包括国家预算内资金收支、预算外资金收支和自筹资金收支,如表2.2所示。

1) 预算内资金收支

(1) 乡镇一般预算收支

① 一般预算收入:主要来自乡镇范围内各经济组织、事业单位和个人的缴纳,要求纳入预算内统一管理,统一平衡。

② 一般预算支出:乡镇财政支出的核心内容,指乡镇政府对预算内资金所作的安排和运用,也是乡镇政府履行政权职能、支持乡镇经济建设、推动乡镇各项事业发展的财力保证。

(2) 乡镇基金预算收支

① 基金预算收入:指根据国家规定纳入乡镇财政预算管理的政府性基金(专项收费)的收入。

② 基金预算支出:指按照国家规定由专项基金收入列支乡镇财政预算管理的资金支出。

2) 预算外资金收支

(1) 预算外收入

① 行政事业性收费和基金收入：是指按照国务院、省级政府及其财政、计划部门共同审批的项目和标准所收取、提取的各种行政事业收费和基金收入。

② 主管部门的管理费收入：是指由乡镇主管部门按照国家规定从所属企事业单位和社会团体集中上来的管理费和其他资金收入。

③ 其他收入：主要包括以政府名义获得的各种捐赠资金和财政专户存款利息收入。

(2) 预算外支出　是指乡镇政府、各部门、各单位按照国家规定为解决某些特殊需要，对征收和筹集的预算外收入所作的安排和使用，它是乡镇财政预算支出的必要补充。主要包括：

① 乡镇行政事业支出：一指工资性支出，指未纳入国家预算开支的单位工作人员的工资、补助工资、职工福利费等；二指公务费支出，是乡镇从预算外资金渠道列支的公务费、邮电费、水电费、会议费、差旅费等；三指设备购置费支出；四指业务费支出。

② 用自筹资金进行的基本建设支出等。

3) 乡镇自筹和统筹资金收支

(1) 乡镇自筹资金和统筹资金收入　是指乡镇政府利用各种方式筹集的用于本乡镇经济建设、事业发展和公共福利等方面的资金，属于县乡的制度外资金。其中乡镇自筹资金主要包括：乡镇企业上缴利润、县乡事业单位上交的管理费和其他自筹收入。乡镇统筹资金包括农村教育费附加、计划生育费、优抚费、民兵训练费、乡村道路建设费收入等，主要用于乡村两级办学、计划生育、社会优抚、民兵训练、修建乡村道路等公共事业。

(2) 乡镇自筹资金和统筹资金支出　是乡镇的制度外支出，指乡镇政府将利用各种渠道所筹集的资金用于发展县乡经济事业、公益事业、基础设施、支援农业生产等方面的支出。

表 2.2　乡镇财政收支范围对照表

收入	支出
一般预算收入	一般预算支出
1. 工商税类收入：增值税、营业税、消费税等	1. 支援农业生产支出
2. 农业税类收入：农牧业税、农业特产税、耕地占用税、契税等 备注：为了进一步推进农村税费改革，国家大幅度减免农业税，于2006年在全国范围内免征农业税，这会在很大程度上影响到农村基层政权的财力	2. 农业综合开发支出
	3. 农林水利气象等部门的事业费
	4. 教育事业费
	5. 卫生经费
	6. 抚恤和社会福利救济费
3. 所得税类收入：企业所得税、外商投资企业和外国企业所得税、个人所得税等	7. 行政管理费
4. 其他税类：如城市维护建设税、土地使用税、车船使用税等	8. 公检法支出
5. 上级政府的税收返还和补助收入	9. 其他支出
6. 其他收入：如规费收入、国有资源管理收入、公产收入	

续 表

收入	支出
基金预算收入	基金预算支出
1. 电力建设基金收入	1. 电力建设基金支出
2. 养路费收入	2. 养路费支出
3. 公路建设基金收入	3. 公路建设基金支出
4. 地方邮电附加收入	4. 地方邮电附加支出
5. 农村教育费附加收入等	5. 农村教育费附加支出等
预算外收入	预算外支出
1. 行政事业性收费和基金收入	1. 县乡行政事业支出：如工资性支出、公务费支出、设备购置费支出、业务费支出等
2. 主管部门管理收入	2. 自筹基本建设支出
3. 其他收入：如各种捐赠收入、财政专户存款利息收入	
自筹资金和统筹资金收入	自筹资金和统筹资金支出
1. 乡自筹资金：如乡镇企业上缴利润、县乡事业单位上交管理费、其他自筹收入	主要用于发展乡镇公益事业、基础设施、支援农业生产、乡村两级办学等
2. 乡统筹资金：如农村教育费附加、计划生育费、优抚费、民兵训练费、乡村道路建设费等	

2.4.3 乡镇财政管理体制

财政管理体制是根据各级政权的职责和隶属关系,在各级财政之间划分收支范围、管理权限和利益分配的制度。在多级财政体制下,就乡镇财政管理体制而言,既然它是在县乡两级政府之间划分财政管理权责的制度,那么就要溯及省与县之间或市(地级市)与县之间、县与乡之间的两种财政管理体制。从农村税费改革以来的情况看,我国目前正在实施的主要是"市管县"、"省管县"和"乡财县管"三种财政管理模式。

1)"市管县"财政管理体制

所谓"市管县"财政管理体制,是指先由省规定对市(地级市)的财政管理体制,然后再由各市(地级市)确定对所辖县的财政管理体制。设立这一体制的目的是想促进城乡一体化进程,以城市为中心辐射带动周边县乡,加快城市化进程,做大做强县域经济。

早在20世纪50年代,中国为数不多的大中城市就开始管辖附近周边的县,到20世纪80年代前,"市管县"体制仍属零星现象。1978年之后,随着我国经济体制改革的深入,为了促进城乡一体化共同发展,解决设区的城市政府与地区行政公署之间的矛盾,中央于1982年决定,率先在经济发达地区实行市、地合并,实行市管县的行政体制改革。随后这一体制逐步在全国范围内普遍推行,至20世纪90年代中期,除少数地区尚存地区行政公署建制外,全国基本上确立了"市管县"行政体制。伴随行政体制的变革,根据"一级行政、一级事权、一级财政"的原则,"市管县"的财政管理体制应运而生。

实行这一体制,确实取得了一定的成效,中心城市对周边县市的辐射力明显加强,中心城市和周边县市之间人流、物流、信息流等日益加快,城乡联动,统一规划,综合布局,城市规模不断扩张,城镇化速度明显加快。我们必须肯定这一体制在遵循经济规律、市场规律办事方面所取得的成绩,但也必须看到其中所产生的问题:

① 重城市轻农村的发展思路致使城乡差距进一步扩大。
② 加剧了县财政困难的程度。
③ 阻碍县域经济的科学发展。

2)"省管县"财政管理体制

所谓"省管县"财政管理体制,就是由省级政府直接确定与县级和地级市之间分配关系的管理制度,县级财政和地市级财政一样,在财政收支划分、专项拨款、预算资金调度、财政年终结算等方面直接同省级财政挂钩,由省直接分配下达到县、市级。

鉴于"市管县"财政体制中存在的弊端,为了进一步发展县域经济,2004年湖北、安徽、河南、吉林、广东等省纷纷宣布改革原来的"省管市"、"市管县"的财政管理体制,在全省实行"省管县"财政管理体制。

3)"乡财县管"财政管理体制

如果说"省直管县"是财政管理体制改革,那么"乡财县管"是财政管理方式改革。乡镇财政是我国最基层的一级财政。随着农村综合改革的推进,乡镇财政面临的形势发生了很大的变化。乡镇财政收入职能弱化,收入规模大幅度下降;乡镇政府的职能萎缩,财政支出范围逐步缩小;乡镇管理水平较低,债务负担沉重。针对上述问题,从2003年起,安徽省率先对乡镇财政管理方式进行改革试点,实行了"乡财县管"的管理模式,得到了党中央、国务院以及中央有关部门的充分肯定,也得到了各地的普遍认同和积极响应。截至目前,全国31个省(区、市)中,有29个地区实施了"乡财县管"改革,其中,16个地区全面推行,12个地区部分试点。

① "乡财县管"财政管理体制的含义:"乡财县管"的财政管理体制,简单地说就是"乡财县管乡用",具体是指在乡镇预算管理职权、资金所有权、资金使用权、资金审批权、乡镇债权债务关系五权不变的前提下,由县级财政直接统筹管理并监督乡镇财政收支,将乡镇作为独立核算主体,实行"预算共编、账户统设、集中收付、采购统办、票据统管"的制度。乡镇政府在县级财政部门指导下编制本级预算、决算草案和本级预算的调整方案,组织本级预算的执行。乡镇政府要按照预算重点和顺序编制本级预算草案,按规定程序审批,并报县级财政部门备案;乡镇结余资金归乡镇所有,县级财政不能集中、平调;属于乡镇财权事权范围内的支出,仍由乡镇按规定程序审批;乡镇债权债务仍由乡镇所有并承担。

② "乡财县管"财政管理体制的基本原则:一是县乡利益分配不变原则。县乡分税制财政体制不变,在"乡财县管"体制实施期间,除财税政策调整外,乡镇财政收支范围和定额上交(补助)基数不变。二是乡镇的预算分配权不变原则。乡镇政府按《预算法》的有关规定自主决定本级财政预算编制,组织本级预算的执行,决定本级预算的调整方案。三是乡镇资金的所有权和使用权不变原则。乡镇的资金所有权和使用权归各乡镇所有,县财政不集中、不平调。四是财务审批权不变原则。乡镇的财务审批仍实行乡镇长审批制度。五是独立核算主体不变原则。以乡镇为单位进行乡镇财务核算,结余归各乡镇所有。六是债权债务关系不变原则。乡镇的债权、债务仍由乡镇享有和承担。

③ "乡财县管"财政管理体制的内容:"乡财县管乡用"是在现行财政体制和政策不变的前提下,由县级对乡镇实行"预算共编、账户统设、集中收付、采购统办、票据统管"的预算管

理方式,做到所有权、使用权与管理权、核算权相分离,由县财政部门直接管理并监督乡镇财政收支。

"预算共编",是指县财政部门按有关政策,结合财力实际,兼顾需要与可能,明确预算安排顺序和重点,提出乡镇财政预算安排的具体指导意见,报县政府批准;乡镇政府根据县财政部门的指导意见,结合各自经济和社会事业发展的需求,编制本级预算草案,经县财政部门审核后,报乡镇人民代表大会审查批准,经批准后,由乡镇财政所及时批复至各单位,同时上报县财政部门备案。

"账户统设",就是相应取消乡镇财政在各银行和金融机构的所有账户,由县会计核算中心委托乡镇财务核算中心在各乡镇金融机构统一开设县财政专用账户。账户设立"基本结算户、专项资金专户、支出专户和村级资金专户"等。"基本结算户"和"专项资金专户"银行印鉴由乡镇财务核算中心公章、县会计管理核算中心代理会计私章组成,实行印鉴分管。"基本结算户"用于核算乡镇所有预算内、外收支,其他收支及往来款项。包括农业税收、行政事业性收费、应上交的其他收入、上级补助收入及县财政调度资金、乡镇借款等。"基本结算户"下面分设"待解农业税收存款、农业税附加存款、财政预算内存款、财政预算外存款、专项资金存款"等二级科目进行明细核算。"专项资金专户"用于核算上级下达的各种专项资金和人员工资以及民政补助等收支事项。"支出专户"用于核算公用经费和一般性支出,该账户不得接收除"基本结算户"拨款外的一切收入,只能用于支出。"村级资金专户"用于核算乡镇村级各项收入和支出。

"集中收付",指乡镇所有预算内收入、预算外收入以及上级部门补助收入等必须全部进入"基本结算户",县会计管理核算中心根据乡镇收入类别和科目分别进行核算。乡镇所有支出由乡镇各部门根据年初预算提出用款计划,送乡镇财政所审核、乡镇长审批后,报县会计管理核算中心审核,再根据用款性质从"基本结算户"拨付到有关专户,乡镇按规定使用。

"采购统办",指乡镇各项采购支出,由乡镇提出申请,县会计管理核算中心按照乡镇的资金库存情况进行审核,大额采购支出需报县政府分管领导批准,再交县采购中心集中统一采购,采购资金由县会计管理核算中心直接拨付给供应商或县采购中心专户。

"票据统管",指乡镇使用的行政事业性收费票据、罚没票据,其管理权全部上收到县财政部门,乡镇票据采取"限量领用、定期核销、票款同行"的管理办法,做到以票管收,票款同行,严禁坐收坐支。农业税收票据由农税专管员负责向县农税局办理票据的领、缴、销手续。未经财税部门监制的票据均为非法票据,乡镇不得使用。

④ "乡财县管"财政管理体制的作用:"乡财县管"改革对于规范乡镇收支管理、提高行政效率、控制人员增长、抑制新增债务、杜绝组织财政收入中的不良行为等都具有十分积极的作用。一是进一步理顺和规范了县乡财政分配关系,全面推进了县乡财政管理体制和村级财务管理制度改革的步伐,巩固了农村牧区税费改革取得的成果;二是缓解了县乡财政存在的矛盾和困难,规范了乡镇财政支出管理,保证了乡镇、村干部人员工资正常发放,严格控制了不合理开支,切实保证了农村牧区基层政权的正常运转;三是严格控制了乡镇财政供给人数的增长,保证了农村税费"三项配套"改革的顺利实施;四是彻底划清了乡镇各项债权、债务,建立了乡镇债权债务备案制度和项目建设报告审批制度,严禁新增负债,并按照谁欠债谁清理的原则,逐年核定消化债务比例,列入考核目标;五是调动了乡镇增收节支和当家理财的积极性,促进了全县财政收入的快速增长。

⑤ 实行乡财县管体制的配套措施:一是清理乡镇票据。将乡镇财政所原有的收款、收

费收据,全部上交县财政部门进行核销,重新领取新票据。二是清理银行账户。乡镇财务核算中心只开设"基本结算户"、"专项资金专户"、"支出专户"和"村级资金专户",乡镇所属各部门的账户一律取消。三是清理债权债务。将乡镇政府的所有债权债务逐一登记,上报县会计管理核算中心备案。四是建立稽查制度。乡镇所属单位和村级财务收支凭证,先由乡镇财务核算中心总稽核根据有关规定和资金性质审核无误后交会计记账,单位的会计凭证和报表还要交县会计管理核算中心审核。乡镇财务收支未及时报账或改变资金用途的,县财政部门停拨其经费;乡镇实现的收入未及时入账或票据未及时缴销的,县财政部门将对其停发收据,使用非法票据的,县财政将在体制结算中直接扣缴违纪资金。五是严明改革纪律。各乡镇应进一步提高对"乡财县管乡用"改革的认识,加强领导,规范操作,自觉接受纪检、财政、审计等部门的财务检查。不准在实行"乡财县管乡用"之前私分资产、滥发钱物,否则一经发现,除没收违纪资金外,还要追究乡镇主要负责人和直接责任人的责任。

⑥ "乡财县管"财政管理体制的不足:2006年农村税费改革对县乡财政管理体制改革提出的总要求是:按照社会主义市场经济条件下公共财政的原则要求,建立健全与事权相匹配的省以下财政管理体制,明确界定县乡政府的支出责任,合理调整政府间收入划分,加大对县乡政府的转移支付力度,进一步完善财政奖补政策,切实提高基层政府财政经费的保障能力。用这一标准检验,"乡财县管"并非最后的适应乡镇政府理财需要的财政管理体制,目前来看仍属权宜之计。毕竟乡镇财政自身的造血功能依然不足,没有达到"一级政权、一级事权、一级财政"的科学标准,乡镇政府的财权与事权还没有完全统一。这个体制本身存在的不足,必须给予高度重视,未雨绸缪。

综上所述,"乡财县管乡用"改革是适应农村税费改革后新形势需要的乡镇财政管理新模式,它确保了乡镇依法组织收入,规范了财政支出,缓解了乡镇财政困难,化解了乡镇财政风险,加强了县财政对乡镇财政的监管,是完善公共财政体制的重要内容,是对乡镇财政管理方式的制度创新,需要随着改革的深入和发展继续不断完善和提高。

2.4.4 乡镇财政机构设置和人员编制

1) 机构的性质与设置依据

乡镇财政机关,是以宪法、预算法为依据设立的政府行政机构。它受乡镇政府的委托,是代表乡镇政府履行财政职能的机构载体。乡镇财政机构作为基层乡镇政权机关的重要部门,在乡镇政府的领导和上级财政部门的指导下,履行乡镇财政的资源配置、收入分配和监督管理职能,负责本乡镇区域范围内的财政收支和预决算管理等工作。

2) 机构改革的原则

为了切实有效地做好乡镇财政工作,根据"精简、统一、效能"的原则,建设机构精干、办事高效、运转协调、行为规范的乡镇财政机构,既是国家一切政府机构改革的要求,也是乡镇财政机构本身设置与完善的要求。

(1) "精简"原则 是指乡镇财政机构的人员配备要少而精。裁撤冗员,坚决革除决策慢、办事拖拉、财政工作效率低下的弊病。

(2) "统一"原则 是指乡镇财政机构的设置不能各自为政,要根据财政工作的根本目标和履行职能的要求,设置相对统一的部门或岗位,分工协作,共同完成政府授予财政部门的职能任务。从新中国成立以来的实践来看,各级财政部门既受同级政府领导,又受上级财政部门的业务指导;各级财政机构内部都要设置预算部门和总预算会计岗位等是较为成功的经验。

(3)"效能"原则　是指乡镇财政机构的设置要能够迅速、正确地贯彻执行各项财经方针、政策和法律法规,能够做到少花钱、多办事、办实事、办好事的要求。

3) 乡镇财政机关人员编制

乡镇财政机关人员编制,根据加强农村基层政权建设和精兵简政的原则设置和配备。乡镇财政机构从性质上属于国家行政机构,因此乡镇财政工作人员属于国家公务员序列,但是,结合广大乡镇经济、社会事业发展的实际情况,乡镇财政工作人员中也可以适当存在一部分事业编制人员,以满足各项业务的需要。

乡镇财政公务人员编制数量的确定,首先要根据乡镇财政的职能范围、工作职责等来确定工作岗位。其次,要结合乡镇规模、经济发展水平、管辖区域面积、财税工作量大小等因素,本着精简效能的原则来确定,可以一岗一人,也可以一人多岗。

严格核定和控制乡镇行政和事业编制,由省级实行总量控制,5年内不得突破。乡镇事业编制总量的调整,由县级机构编制部门报上一级编制部门审核,省级编制部门审批。按照将事业单位公益性职能和经营性职能区别对待的原则,整合乡镇事业站所。有条件的地方,还要做好撤并乡镇村组的工作。

(1) 乡镇财政机关名称一般称财政所。乡镇财政所一般设所长、总预算会计、农业税收征管员、工商税收协税员和财务管理等专管人员。乡镇财政总预算会计不得兼任单位预算会计。具体人员编制数额,可根据乡镇规模的大小和经济事业的发展情况等加以配备。乡财政干部的聘用、任免和调动事宜,要与县财政机关商定。乡财政人员的有关待遇,按照国家规定的乡镇机关工作人员待遇执行。

(2) 乡镇财政机关经费,按照国家规定的资金供应渠道,分别在行政经费、事业经费和乡镇财政自筹资金中列支。

县级财政机关要加强对乡镇财政工作的指导和管理。

4) 岗位及其职责

在发展社会主义市场经济和实行分级分税财政体制的条件下,借鉴以前乡镇财政机构内部的岗位设置和业务分工情况,根据加强农村基层政权和精兵简政等原则,一般要设置以下10个岗位,其设置和职责划分如下:

① 所长:在乡镇政府领导下,主持乡镇财政所的全面工作,参与制定乡镇经济发展规划,组织编制乡镇财政收支预算、决算,掌握预算执行情况,定期向乡镇政府以及县级财政部门汇报预算收支执行情况,并负责向乡镇人民代表大会做乡镇预算、决算的报告。

② 总预算会计:负责年度乡镇预算、决算的编制及执行情况分析,加强财政管理和监督;做好财政收支平衡工作,合理调度各项财政资金和管理乡镇国库。

③ 行政事业财务:掌握本乡镇行政事业单位的机构设置、人员编制和财务收支情况,核定各项支出计划;掌握行政事业单位各项资金的使用情况,帮助行政事业单位搞好财务管理;检查行政事业单位收支计划和财政财务制度的执行情况。

④ 农业财务:管理本乡镇各项支农资金,掌握支农支出进度,监督各单位合理使用资金,提高资金使用效益。

⑤ 企业财务:掌握本乡镇各种经济组织的基本情况,加强各类经济组织的财务管理工作;对各类经济组织执行国家的方针、政策、法律、法规等情况予以监督。

⑥ 农业税收:负责本乡镇耕地占用税、契税、烟叶税的征收管理工作。

⑦ 地方工商税收：负责本乡镇地方工商税收的征收管理工作。

⑧ 国有资产管理：负责对乡镇各类经济组织中的国有资产和乡镇行政、事业单位的国有资产进行产权界定，维护国有资产权益，保证国有资产保值增值，防止资产流失。

⑨ 预算外资金管理：负责对本乡镇各单位、各部门预算外资金的管理，编制预算外资金收支计划。

⑩ 审计、监察：负责本乡镇所属各单位、各部门的内部财务审计和财政监督工作。

2.4.5 预算法中对乡镇财政的规定

预算法规定，不具备设立预算条件的乡、民族乡、镇，经省、自治区、直辖市政府确定，可以暂不设立预算。这一规定是与我国的政府级次和乡镇财政发展的实际情况相适应的。有一级政府就要有相应的一级财政，设立一级预算，以做到事权与财权相统一，实现相应的政府职能。乡镇政府是国家的基层组织，乡镇设立一级预算有利于加强乡镇财政收支的管理，保证财政支出及时入库，促进乡镇经济的发展。但由于各地乡镇经济和财政发展水平很不平衡，仅就目前来说，一部分乡镇的经济发展水平仍然比较低，财政收支规模很小，也没有单独设立金库。因此，对这部分尚不具备设立一级预算条件的乡镇，经省级政府确定可暂不设立一级预算。"不具备设立预算条件"的标准，一般是指经济欠发达、财政收支规模小，尚未设立财政机构的情况。

（1）乡镇人民代表大会的预算管理职权 根据《中华人民共和国宪法》（以下简称《宪法》）规定，乡镇一级人民代表大会不设立常务委员会，其预算管理职权由乡、民族乡、镇人民代表大会直接行使。具体职权有：① 审查和批准本级预算和本级预算执行情况的报告；② 监督本级预算的执行；③ 审查和批准本级预算的调整方案；④ 审查和批准本级决算；⑤ 撤销本级政府关于预算、决算的不适当的决定和命令。

（2）乡镇政府的预算管理职权 乡镇政府是最基层的行政机关，它负责：① 编制本级预算、决算草案；② 向本级人民代表大会做关于本级预算草案的报告；③ 组织本级预算的执行；④ 决定本级预算预备费的动用；⑤ 编制本级预算的调整方案；⑥ 向本级人民代表大会报告本级预算的执行情况。

复习思考题

1. 什么是预算？政府预算体系如何组成？预算草案的编制依据、编制内容有哪些方面？
2. 什么是预算管理体制？我国现行的分税制主要内容有哪些？预算外资金实行怎样的管理体制？怎样对预算外资金实行管理？
3. 简述乡镇财政管理的基本任务、收支范围和管理体制。
4. "省直管县"、"乡财县管"在创新县乡财政管理方式方面取得了哪些新进展？

3 农村税收

[学习目标]

知识目标：识记税制的含义和构成要素；理解税收的概念、特征与职能。

技能目标：熟知我国现行税制中的税种设计；熟知我国现行税收制度的基本框架与特点；正确把握农业税收改革与农村经济的关系。

能力目标：能正确地梳理我国现行税制中的流转税类、所得税类、资源税类、财产税类、行为税类、农业税类的税种设计，培养从事农村税收工作的基本能力。

3.1 税收概述

3.1.1 税收的含义

税收是国家为履行其职能、满足社会公共需要，凭借政治权力，按照法律所规定的标准和程序，通过税收工具强制地、无偿地参与国民收入和社会产品的分配和再分配取得财政收入的一种形式。

对税收的内涵可以从以下几个方面来理解：① 国家征税的目的是为了满足社会成员获得公共产品的需要。② 国家征税凭借的是公共权力（政治权力）。税收征收的主体只能是代表社会全体成员行使公共权力的政府，其他任何社会组织或个人是无权征税的。与公共权力相对应的必然是政府管理社会和为民众提供公共产品的义务。③ 税收是国家筹集财政收入的主要方式。④ 税收必须借助法律形式进行。

3.1.2 税收的特征

税收与其他分配方式相比，具有强制性、无偿性和固定性的特征，习惯上称为税收的"三性"。税收的三个特征是统一的整体，相互联系，缺一不可。无偿性是税收这种特殊分配手段本质的体现，强制性是实现税收无偿征收的保证，固定性是无偿性和强制性的必然要求。三者相互配合，保证了政府财政收入的稳定。

3.1.3 税收的产生和发展

税收并不是从来就有的，它是人类社会发展到一定历史阶段的产物，因而，税收是一个历史范畴。与其他经济范畴的起源一样，税收经历了一个从无到有、从简单到复杂、从不完全形态到完全形态的发展演变过程。那么，在人类历史上，税收是如何产生和发展的呢？

1) 税收产生的条件

任何经济范畴的产生,都取决于一定的客观条件。税收的产生也需要具备一定的客观前提条件。这就是剩余产品、私有制度、公共需要、公共权力的出现。税收的产生取决于以上四个条件,而这四个条件是互相影响、互相制约的。只有四个条件同时存在、共同作用,才产生税收这种特定历史条件下的分配形式。

2) 税收产生的过程

对于我国税收的产生时间,一般说法是产生于第一个奴隶制国家——夏代。主要依据是孟轲所言之"夏后氏五十而贡,殷人七十而助,周人百亩而彻"。夏代的贡,商代的助,周代的彻,都是我国税收历史上较为简单的、原始的课征形式,是税收的雏形,标志着税收的开端。到春秋时期,随着我国封建社会取代奴隶社会这一历史变革,赋税制度也发生了巨大变化。鲁国在公元前594年颁布的"初税亩"制度,国家"无论公田私田",一律按亩征税,即"履亩十取一也"。这标志着我国税收从雏形阶段发展到成熟阶段。从此,税收才作为一个完整的独立财政范畴出现。

3) 税收的发展

税收产生以后,经历了奴隶社会、封建社会、资本主义社会和社会主义社会四种社会制度。随着社会生产力的发展和国家政治经济条件的变化,税收经历了一个从简单到复杂、从低级到高级的发展过程。对于税收的发展过程,可以从以下几个方面来认识:

(1) 税收名称的变化　历史上税收有过许多名称。我国曾把税收称为贡、助、彻、租、赋、税、捐、课、调、役、银、钱等,其中使用范围较广的有贡、赋、租、税、捐几种。贡是最古老的税收名称,后世基本不再使用。赋、租、税、捐则沿用到近代。上述税收名称,有时在同一时期同时存在,有时互为混用或连用,所以又形成了贡赋、赋税、租税、捐税等几个主要名称。它们反映了不同历史时期税收的经济内容,从一个侧面反映了税收的发展史。现在这些名称已基本被税收所取代。

(2) 税收征收形式的发展　税收在历史上有三种基本征收形式,即力役形式、实物形式和货币形式。这些征收形式通过发展演变,到今天力役形式已不复存在,实物形式也降到了十分次要的地位,货币形式是当今世界各国税收的主要征收形式。新中国的税收除农业税外,其他税收都采用货币形式征收。税收由实物到货币的征收形式,从一个侧面反映了税收随着商品经济的发展而发展的历史进程。而就我国农村财政的基础层面,政府财政的基础级次乡镇财政而言,2006年全面取消农业税前,农业特产税、村提留和乡统筹采用货币形式征收,农业税、牧业税仍然基本保持着传统的"征实"方式(1985年起试行过折征代金),而农村义务工和劳动积累工则是典型的力役征收形式。乡镇财政在征收形式上的多样性是农村财政区别于城市财政的一大特点。

3.1.4　税与费的区别

与税收规范筹集财政收入的形式不同,费是政府有关部门为单位和居民个人提供特定的服务,或赋予某种权利而向直接受益者收取的代价。税和费的区别主要表现在以下几个方面:

(1) 主体不同　税收的主体是国家,税收管理的主体是代表国家的税务机关、海关或财政部门;而费的收取主体多是行政事业单位、行业主管部门等。

(2) 特征不同　税收具有无偿性,纳税人缴纳的税收与国家提供的公共产品和服务之间不具有对称性。费则通常具有补偿性,主要用于成本补偿的需要,特定的费与特定的服务往往具有对称性。税收具有稳定性,而费则具有灵活性。税法一经制定对全国具有统一效力,并相对稳定;费的收取一般由不同部门、不同地区根据实际情况灵活确定。

(3) 用途不同　税收收入由国家预算统一安排使用,用于社会公共需要支出,而费一般具有专款专用的性质。

3.1.5　税收的本质

从各国政府的税收实践来看,税收具有"返还"的性质,最终还是要通过国家财政预算,提供社会公共产品和服务等方式用之于纳税人。我国社会主义制度下,国家、集体和个人之间的根本利益是一致的,税收的本质是"取之于民,用之于民"。

按照国家税收法律规定,纳税人履行纳税义务,及时足额缴纳各项税款,这是纳税人享有国家提供公共产品和公共服务的前提和基础。国家通过税收筹集财政收入,通过预算安排用于财政支出,进行交通、水利等基础设施和城市公共建设,支持农村和中西部地区协调发展,用于环境保护和生态建设,促进教育、科学、文化、卫生等社会事业发展,用于社会保障和社会福利,用于政府行政管理,进行国防建设,维护社会治安,保障国家安全,促进经济社会发展,满足人民群众日益增长的物质文化等方面的需要。以 2007 年为例,全国财政总收入累计完成 51 304.03 亿元,比上年同期增长 32.4%。中央财政支出总计 29 557.49 亿元,其中用于"三农"的各项支出合计 4 318 亿元,增加 801 亿元,增长 23%;用于教育支出 1 076.35 亿元,增长 76%;用于医疗卫生支出 664.31 亿元,增长 296.8%;用于社会保障和就业支出 2 303.16 亿元,增长 13.7%;用于环境保护和生态建设支出 383.7 亿元;用于廉租住房制度建设支出 51 亿元;中央财政对地方(主要是中西部地区)的财力性转移支付达到 7 092.9 亿元,增加 1 933.2 亿元,其中一般性转移支付 2 505 亿元。在中央财政加大以上各项支出的同时,各级地方财政也相应加大投入和支出。

2003—2007 年,全国财政用于教育、医疗卫生、社会保障、文化体育等方面的支出累计达到 2.43 万亿元、6 294 亿元、1.95 万亿元和 3 104 亿元,分别比上一个五年增长 1.26 倍、1.27 倍、1.41 倍和 1.3 倍。中央财政用于"三农"的支出累计达到 1.6 万亿元。

3.1.6　税收的职能

税收职能,是指税收分配手段本身固有的职责和功能,也就是税收自它产生以后就具有的职责和功能。税收职能是税收理论中的一个重要内容。概括地说,税收具有财政、经济和监督管理三种职能。

近年来,我国税收收入呈现快速增长的态势。1999 年我国税收收入突破 1 万亿元大关,2003 年突破 2 万亿元,2005 年突破 3 万亿元,2006 年达到 3.76 万亿元。

3.1.7　税收原则

为了强化税收的宏观调控能力,充裕财政收入,促进经济结构和资源合理配置,保护我国在国际市场的利益,持续、快速、健康地发展国民经济,我国在社会主义市场经济条件下,应综合运用以下原则:① 充裕财政收入,强化宏观调控能力原则;② 公平税负,鼓励竞争原则;③ 调节经济,优化经济结构原则;④ 调节收入分配,促进共同富裕原则;⑤ 国家集中管理和合理划分原则;⑥ 规范、效率和简化、便利原则。

3.1.8 国税与地税

国家税务总局为国务院主管税收工作的直属机构(正部级)。在发展社会主义市场经济的过程中,税收承担着组织财政收入、调控经济、调节社会分配的职能。目前,我国每年财政收入的90%以上来自税收,其地位和作用越来越重要。1994年税制改革,省级以下国税、地税系统分设。

1) 国税系统负责征收管理的税种

① 增值税;② 消费税;③ 铁道、各银行总行、保险总公司集中缴纳的营业税、企业所得税、城市维护建设税;④ 中央企业所得税;⑤ 地方银行和外资银行及非银行金融企业所得税;⑥ 海洋石油企业所得税、资源税;⑦ 印花税(证券交易部分);⑧ 境内外商投资企业和外国企业所得税;⑨ 中央税的滞补罚收入;⑩ 车辆购置税。

2) 地税系统负责征收管理的税种

① 营业税;② 个人所得税;③ 土地增值税;④ 城市维护建设税;⑤ 车船税;⑥ 房产税;⑦ 烟叶税;⑧ 资源税;⑨ 城镇土地使用税;⑩ 耕地占用税;⑪ 企业所得税(除国税征管部分);⑫ 印花税(除国税征管部分);⑬ 契税;⑭ 地方税的滞补罚收入;⑮ 教育费附加。

3.2 我国税收制度的要素结构

税收制度简称"税制",是国家根据税收政策,通过法律程序确定的征税依据和规范,它包括税收体系和税制要素两方面的内容。税收体系,是指税种、税类的构成及其相互关系,即一国设立哪些税种和税类,这些税种和税类各自所处的地位如何。税制要素,是指构成每一种税的纳税义务人、征税对象、税率、纳税环节、纳税期限、减税免税、违章处理等基本要素。广义的税收制度,还包括税收管理体制和税收征收管理制度。

3.2.1 税收体系——我国税收制度的模式

在我国现行税收体系中不同的税种其地位和作用是不同的。自1994年以来,流转税收入占我国税收收入的比重一直保持在75%左右。以取得收入的相对重要性为标准,我国现行税制实际上以流转税为主体。据统计,1996年,流转税占税收总收入的比重为71%,所得税占18%,其中个人所得税占2.7%,其他税种约占11%。2007年流转税、所得税类收入分别为30 583.87亿元和12 859.91亿元,在税收总收入中所占比重分别为61.85%和26%。流转税所占比重过大,造成流转税与所得税的双主体税制模式名不副实。

3.2.2 税收制度的构成要素

税收制度是国家以法律形式规定的各种税收法律、法规的总称。税制构成要素也是税收法律制度的构成要素和税种的构成要素。任何一个国家,不论采用什么样的税制,其构成税制的要素都不外乎以下几项:纳税人、课税对象、税率、纳税环节、纳税地点、纳税期限、违章处理等。其中,纳税人、课税对象、税率是税制的三个基本要素。

1) 纳税人

纳税人是纳税义务人的简称,是税法规定的直接负有纳税义务的法人和自然人,法律术语称为课税主体。纳税人是税收制度构成的最基本的要素之一,任何税种都有纳税人。从法律角度划分,纳税人包括法人和自然人两种。法人是指依法成立并能以自己的名义行使权力和承担义务的组织。作为纳税人的法人,一般系指经工商行政管理机关审查批准和登记,具备必要的生产手段和经营条件,实行独立经济核算并能承担经济责任,能够依法行使权利和义务的单位、团体。作为纳税人的自然人,是指负有纳税义务的个人,如从事工商营利经营的个人、有应税收入或有应税财产的个人等。

与纳税人相关的概念有扣缴义务人和负税人。负税人是指实际负担税款的单位和个人。每一个公民不一定都是纳税人,但都是负税人。扣缴义务人是指负有代扣代缴税款义务的单位或个人。为了有利于征收管理,按税收法律、行政法规规定,有些税款由向纳税人取得收入或支付款项的单位或个人代扣代缴。

2) 课税对象

课税对象又称征税对象,是税法规定的征税的目的物,法律术语称为课税客体。课税对象是一种税种区别于另一种税种的主要标志,是税收制度的基本要素之一。每一种税都必须明确规定对什么征税,体现着税收范围的广度。一般来说,不同的税种有着不同的课税对象,不同的课税对象决定着税种所应有的不同性质。国家为了筹措财政资金和调节经济的需要,可以根据客观经济状况选择课税对象。正确选择课税对象,是实现税制优化的关键。

税目是课税对象的具体项目。设置税目的目的一是为了体现公平原则,根据不同项目的利润水平和国家经济政策,通过设置不同的税率进行税收调控;二是为了体现"简便"原则,对性质相同、利润水平相同且国家经济政策调控方向也相同的项目进行分类,以便按照项目类别设置税率。有些税种不分课税对象的性质,一律按照课税对象的应税数额采用同一税率计征税款,因此没有必要设置税目,如企业所得税。有些税种具体课税对象复杂,需要规定税目,如消费税、营业税,一般都规定有不同的税目。

与纳税对象相关的概念有计税依据、税源。计税依据,即计算应纳税额的依据。它与课税对象反映的都是课税的目的物,但角度不同。课税对象是从质的方面解决对什么征税的问题;计税依据则是从量的方面解决税款如何计算的问题。税源,即税收收入的经济来源或最终出处。有的税种课税对象与税源一致,如所得税;而有的税种课税对象与税源不一致,如财产税。

3) 税率

税率是指应纳税额与课税对象之间的比例,是计算应纳税额的尺度,它体现征税的深度。税率的设计,直接反映着国家的有关经济政策,直接关系着国家的财政收入的多少和纳税人税收负担的高低,是税收制度的中心环节。

我国现行税率大致可分为以下3种:

(1) 比例税率 对同一课税对象不论数额大小,只规定同一比例的税率。比例税率的优点表现在:同一课税对象的不同纳税人税收负担相同,能够鼓励先进,鞭策落后,有利于公平竞争;计算简便,有利于税收的征收管理。但是,比例税率不能体现能力大者多征、能力小者少征的原则。比例税率在具体运用上可分为以下几种:

① 行业比例税率:按不同行业规定不同的税率,同一行业采用同一税率。

② 产品比例税率:对不同产品规定不同税率,同一产品采用同一税率。

③ 地区差别比例税率:对不同地区实行不同税率。

④ 幅度比例税率:中央只规定一个幅度税率,各地可在此幅度内,根据本地区实际情况,选择、确定一个比例作为本地适用税率。

(2) 定额税率 是税率的一种特殊形式。它不是按照课税对象规定征收比例,而是按照征税对象的计量单位规定固定税额,所以又称为固定税额,一般适用于从量计征的税种。定额税率的优点是:从量计征,不是从价计征,有利于鼓励纳税人提高产品质量和改进包装,计算简便。但是,由于税额的规定同价格的变化情况脱离,在价格提高时不能使国家财政收入随国民收入的增长而同步增长,在价格下降时则会限制纳税人的生产经营积极性。定额税率在具体运用上又分为以下几种:

① 地区差别税额:为了照顾不同地区的自然资源、生产水平和营利水平的差别,根据各地区经济发展的不同情况分别制定不同的税额。

② 幅度税额:中央只规定一个税额幅度,由各地根据本地区实际情况,在中央规定的幅度内确定一个执行数额。

③ 分类分级税额:把课税对象划分为若干个类别和等级,对各类各级由低到高规定相应的税额,等级高的税额高,等级低的税额低,具有累进税的性质。

(3)累进税率 是征收比例随计税依据的数额的增大而增高的税率,即按征税对象数额的大小划分若干等级,每个等级由低到高规定相应的税率,征税对象数额越大税率越高,数额越小税率越低。累进税率因计算方法和依据的不同,又分为以下几种:

① 全额累进税率:对征税对象的金额按照与之相适应等级的税率计算税额。在征税对象提高到一个级距时,对征税对象金额都按高一级的税率征税。

② 全率累进税率:与全额累进税率的原理相同,只是税率累进的依据不同。全额累进税率的依据是征税对象的数额,而全率累进税率的依据是征税对象的某种比率,如销售利润率、资金利润率等。

③ 超额累进税率:把征税对象按数额大小划分为若干等级,每个等级由低到高规定相应的税率,每个等级分别按该级的税率计税。

④ 超率累进税率:与超额累进税率的原理相同,只是税率累进的依据不是征税对象的数额而是征税对象的某种比率。

在以上几种不同形式的税率中,全额累进税率和全率累进税率的优点是计算简便,但在两个级距的临界点税负不合理。超额累进税率和超率累进税率的计算比较复杂,但累进程度缓和,税收负担较为合理。

4)纳税环节

纳税环节是商品在流通过程中缴纳税款的环节。任何税种都要确定纳税环节,有的比较明确、固定,有的则需要在许多流转环节中选择确定。确定纳税环节,是流转课税的一个重要问题。它关系到税制结构和税种的布局,关系到税款能否及时足额入库,关系到地区间税收收入的分配,同时关系到企业的经济核算和是否便利纳税人缴纳税款等问题。

5)纳税地点

纳税地点指根据各个税种的纳税环节和有利于对税款的税源控制而规定的纳税人(包括代征、代扣、代缴义务人)的具体纳税地点。

6)纳税期限

纳税期限是税法规定纳税人缴纳税款的期限。纳税期限是税收强制性、固定性在时间上的体现。

我国现行税制纳税期限形式有按次纳税、按期纳税和按年计征、分期预缴三种形式。确定纳税期限,要根据课税对象和国民经济各部门生产经营的不同特点来决定。如流转课税,当纳税人取得货款后就应将税款缴入国库,但为了简化手续,便于纳税人经营管理和缴纳税款(降低税收征收成本和纳税成本),可以根据情况将纳税期限确定为 1 天、3 天、5 天、10 天、15 天或 1 个月。

7) 减税、免税和附加、加成

减税免税是指对某些纳税人和征税对象采取减少征收或者免予征税的特殊规定。减免税是税法的严肃性和必要的灵活性相结合的体现。

减税是对应纳税额少征一部分税款;免税是对应纳税额全部免征。起征点是指征税对象达到征税数额开始征税的界限。免征额是指征税对象中免予征税的数额。减税免税的类型有:一次性减税免税、一定期限的减税免税、困难照顾型减税免税、扶持发展型减税免税等。

附加是在征收正税之外,另外加征一定税额归地方财政,用于发展地方经济建设事业。加成是在按照规定的税率计算的正税税额基础上再加征一定的成数,如加征一成则为加征正税税额 10%。

8) 出口退(免)税

出口货物退(免)税是国际贸易中通常采用的、目的在于鼓励各国出口货物公平竞争的一种退还或免征间接税的税收措施。

9) 违章、违法处理

违章行为是指纳税人未按规定办理税务登记、纳税鉴定、纳税申报、建立保存账户、提供纳税资料、拒绝接受税务机关监督检查和欠税、漏税、偷税、抗税、虚开、伪造和非法出售增值税专用发票等。欠税是指纳税人因故超过税务机关核定的纳税期限,未缴或少缴税款的行为;漏税是指纳税人并非故意未缴或少缴税款的行为;偷税是指纳税人使用欺骗、隐瞒等手段逃避纳税的行为;抗税是指纳税人拒绝遵照税收法规履行纳税义务的行为。

违章处理是对有违反税法行为的纳税人采取的惩罚措施。违章处理是税收强制性在税收制度中的体现,纳税人必须按期足额缴纳税款,凡有拖欠税款、逾期不缴税、偷税逃税等违反税法行为的,都应受到制裁(包括法律制裁和行政处罚制裁等)。对违章行为一般采取以下处罚措施:① 征收滞纳金;② 处以税务罚款;③ 税务保全措施;④ 追究刑事责任;⑤ 税务复议。

3.3 农村税收的种类

我国实行城乡一体化的税收体制,城市和农村都执行全国统一的税收制度。改革开放 30 多年来,我国税收制度先后经历几次大的调整,初步建立起适应社会主义市场经济调控要求的复合税制体系。目前我国现行复合税制的 19 个税种大致可分为以下六类:① 流转税类有增值税、消费税、营业税、关税;② 所得税类有企业所得税、个人所得税;③ 资源税类有资源税、城镇土地使用税、土地增值税和耕地占用税;④ 财产税类有房产税、契税、车辆购置税、车船税和船舶吨税;⑤ 行为税类有城市维护建设税、固定资产投资方向调节税和印花税;⑥ 农业税类有烟叶税。

3.3.1 流转税

流转税亦称商品劳务税,指以纳税人商品生产、流通环节的流转额或者数量以及非商品交易的营业额为征税对象的一类税收。流转税是商品生产和商品交换的产物,各种流转税是政府财政收入的重要来源。

流转税的主要特点是:① 以商品生产、交换和提供商业性劳务为征税前提,征税范围较为广泛,既包括第一产业和第二产业的产品销售收入,也包括第三产业的营业收入;既对国内商品征税,也对进出口的商品征税,税源比较充足;② 以商品、劳务的销售额和营业收入作为计税依据,一般不受生产、经营成本和费用变化的影响,可以保证国家能够及时、稳定、可靠地取得财政收入;③ 一般具有间接税的性质,特别是在从价征税的情况下,税收与价格密切相关,便于国家通过征税体现产业政策和消费政策;④ 同有些税类相比,流转税在计算征收上较为简便易行,也容易为纳税人所接受。

流转税的作用:① 广泛筹集财政资金;② 能够保证国家及时稳定地取得财政收入;③ 配合价格调节生产和消费。

流转税是我国税制结构中的主体税类,包括以下四个税种。

1) 增值税

增值税是以销售货物,提供加工、修理修配劳务以及进口货物取得的增值额为征税对象的一种税。从计税原理上说,增值税是对商品生产、流通、劳务服务中多个环节的新增价值或商品的附加值征收的一种流转税。增值税实行价外税,由消费者负担,有增值征税,无增值不征税。但在实践中,商品新增价值或附加值在生产和流通过程中是很难准确计算的。因此,我国也采用国际上普遍采用的税款抵扣的办法,即根据销售商品或劳务的销售额,按规定的税率计算出销项税额,然后扣除取得该商品或劳务时所支付的增值税款,也就是进项税额,其差额就是增值部分应交的税额。这种计算方法体现了按增值因素计税的原则。

增值税的特点:一是实行价外税;二是划分纳税人,分为一般纳税人和小规模纳税人两种;三是简化征收率,增值税税率分为三档,一般纳税人为 17%、13%,小规模纳税人为 6% 或 4%,出口货物适用零税率。

增值税的税制要素如下:

(1) 纳税人 在中华人民共和国境内销售货物或者提供加工、修理修配劳务以及进口货物的单位和个人,为增值税的纳税义务人。

① 小规模纳税人:年应征增值税销售额(以下简称年应税销售额)在规定标准以下,会计核算不健全,不能准确核算增值税的销项税额、进项税额和应纳税额的纳税人。

② 一般纳税人:达到一定的生产经营规模(即超过小规模纳税人标准),并且会计核算健全,能按照税法的规定,分别核算销项税额、进项税额和应纳税额的单位。

③ 判定标准:一是从事批发零售的纳税人,年应税销售额在 180 万元以下的,一律不认定为一般纳税人;二是生产性企业和提供劳务企业,或兼营批发零售的,年销售额小于 100 万元,但大于等于 30 万元,有会计,有账,能正确计算进项、销项和应纳税额,可认定为一般纳税人;三是个人、非企业单位、不经常发生应税行为的企业,无论销售额多少,视同小规模纳税人;四是从 2002 年 1 月 1 日起,对从事成品油销售的加油站,一律按一般纳税人征税。另外销售免税货物的纳税人不办理一般纳税人认定手续。

④ 一般纳税人的认定

a. 办理增值税一般纳税人认定的条件:

一是已办理税务登记,年应纳增值税销售额达到下列标准的企业——从事货物生产或者提供加工、修理修配(以下简称应税劳务)的纳税人,以及从事货物生产或提供应税劳务为主,并兼营货物批发或零售的纳税人,年应税销售额在 100 万元以上的;从事货物批发或零售的纳税人,年应税销售额在 180 万元以上的,应当向主管国家税务机关申请办理增值税一般纳税人的认定手续。

二是已办理税务登记,年应纳增值税销售额未达到前项规定的定量标准的小规模企业,会计核算健全,能够按照会计制度和税务机关的要求准确核算销项税额、进项税额和应纳税额的,可以向主管国家税务机关申请办理增值税一般纳税人认定手续。

三是已办理税务登记,年应纳增值税销售额达到规定标准的个体经营者,能够按照会计制度和税务机关的要求准确核算销项税额、进项税额和应纳税额,可以向主管国家税务机关申请办理一般纳税人认定手续。

四是纳税人总分支机构实行统一核算,其总机构年应税销售额达到定量标准,但分支机构年应税销售额未达到定量标准的,其分支机构可以申请办理增值税一般纳税人认定手续。

五是新开业的从事货物生产或者提供应税劳务的企业注册资金在40万元以上,从事货物批发或零售的企业注册资金在60万元以上的纳税人,应当在办理税务登记的同时申请办理一般纳税人认定手续,待实际生产经营满一年后,视实际情况按规定办理。

b. 申请办理一般纳税人的手续:

一是申请。纳税人应当向主管国家税务机关提出书面申请报告,并提供合格办税人员证书、年度销售(营业)额等有关证件、资料,分支机构还应提供总机构的有关证件或复印件,领取《增值税一般纳税人申请认定表》,一式三份。

二是填表。纳税人应当按照《增值税一般纳税人申请认定表》所列项目逐项如实填写,于10日内将《增值税一般纳税人申请认定表》报送主管国家税务机关。

三是报批。纳税人报送的《增值税一般纳税人申请认定表》和提供的有关证件、资料,经主管国家税务机关审核、报有权国家税务机关批准后,在其《税务登记证》副本首页加盖"增值税一般纳税人"确认专章。纳税人按照规定的期限到主管国家税务机关领取一般纳税人税务登记证副本。

(2) 征收范围

① 一般范围:凡是在我国境内销售货物或者提供加工、修理修配劳务以及进口货物,均属于增值税的征税范围。货物是除土地、房屋和其他建筑物等不动产之外的有形动产,包括电力、热力、气体和水在内。加工是指受托加工货物,即委托方提供原料及主要材料,受托方按照委托方的要求制造货物并收取加工费的业务;修理修配是指受托对损伤和丧失功能的货物进行修复,使其恢复原状和功能的业务。

② 属于征税范围的特殊项目:货物期货(包括商品期货和贵金属期货),在期货的实物交割环节纳税;银行销售金银的业务;典当业的死当销售业务和寄售业代委托人销售物品的业务;集邮商品(如邮票、首日封、邮折等)的生产、调拨及邮政部门以外的其他单位和个人销售集邮商品的业务。

③ 属于征税范围的特殊行为视同销售行为:以下8种行为在增值税法中被视同为销售货物:将货物交由他人代销;代他人销售货物;将货物从一地移送至另一地(同一县市除外)用于销售;将自产或委托加工的货物用于非应税项目;将自产、委托加工或购买的货物作为对其他单位的投资;将自产、委托加工或购买的货物分配给股东或投资者;将自产、委托加工的货物用于职工福利或个人消费;将自产、委托加工或购买的货物无偿赠送他人。

混合经营:增值税征管中的混合销售行为,指的是既涉及增值税销售行为又涉及营业税销售行为。例如纳税人销售货物并负责运输,销售货物为增值税征收范围,运输为营业税征收范围。

兼营行为：增值税征管中的兼营行为是指纳税人在销售货物和提供应税劳务的同时还兼营非应税劳务。

（3）税率　增值税税率包括基本税率、低税率、零税率以及征收率等。具体适用如下：纳税人销售或进口货物，提供加工、修理修配劳务，适用基本税率，税率为17%；纳税人销售或进口粮食、食用植物油、自来水、暖气、热气、冷气、热水、煤气、石油液化气、天然气、沼气、居民用煤炭制品、图书、报纸、杂志、饲料、化肥、农药、农机、农膜以及国务院规定的其他货物等，适用低税率，税率为13%；纳税人出口货物，除国务院另有规定的，适用零税率；小规模纳税人销售货物或提供应税劳务，采用4%（商业）或6%（工业企业）的征收率。

（4）计税依据　纳税人销售货物或提供应税劳务的计税依据为其销售额，进口货物的计税依据为规定的组成计税价格。

（5）应纳税额的计算

① 一般纳税人缴纳增值税采用的是扣税法，即凭增值税专用发票和其他合法扣税凭证进行税款抵扣。

应纳税额＝当期销项税额－当期进项税额

销项税额＝不含增值税销售额×税率

"当期销项税额"是纳税人销售货物或者提供应税劳务，按照销售额和规定税率计算的。销售额是指纳税人销售货物，向买方收取的全部价款和价外费用。其中价外费用包括向买方收取的手续费、补贴、基金、集资费、返还利润、奖励费、违约金、包装费、储备费、运输装卸费、代收款项、代垫款项以及其他各种性质的价外收费。

"当期进项税额"为购进货物或接受应税劳务所支付或负担的增值税，以当期进货发票上注明的无需计算便可确定的增值税款为准，包括从销售方取得的增值税专用发票上注明的增值税额及从海关取得的完税凭证上注明的增值税额。

含税销售额换算成不含税销售额（价税分离公式）的换算公式为：

销售额＝含税销售额÷（1＋增值税税率）

视同销售货物行为的销售额的确定：对视同销售货物征税而无销售额的，应按下列顺序确定销售额——按纳税人当月同类货物的平均销售价格确定；按纳税人最近时期同类货物的平均销售价格确定；按组成计税价格确定。

组成计税价格＝成本×（1＋成本利润率）

② 小规模纳税人不得使用专用发票，其应纳增值税税额计算不得抵扣进项税额。

应纳税额＝不含增值税销售额×征收率

小规模纳税人的计税销售额与一般纳税人的一样，都是指纳税人销售货物或提供应税劳务向买方收取的全部价款和价外费用，不包括向购方收取的增值税税额；如果该课税对象同时征收消费税，其计税销售额中应包括消费税税额。当采用价税合一方式销售货物或提供应税劳务时，应将含增值税销售额换算为不含增值税销售额。

不含增值税销售额＝含税销售额÷（1＋征收率）

比较来看，小规模纳税人较一般纳税人所用的比率虽低，但不得抵扣进项税额，因此，小规模纳税人与一般纳税人的税负基本一致。

③ 进口货物应纳增值税，按照组成计税价格和适用税率计算应纳税额，不得抵扣任何

税额。

组成计税价格＝关税完税价格＋关税＋消费税

应纳税额＝组成计税价格×增值税税率

关税完税价格是指海关审定的到岸价格(CIF价)，即关税计税价格。

(6) 增值税的优惠政策

① 增值税的免税项目：农业生产者销售的自产初级农业产品；避孕药品和用具；古旧图书；直接用于科学研究、科学试验和教学的进口仪器、设备；外国政府、国际组织无偿援助的进口物资、设备；来料加工、来件装配和补偿贸易所需进口的设备；由残疾人组织直接进口供残疾人专用的物品；销售自己使用过的物品(不含游艇、摩托车、应征消费税的汽车)。

② 增值税转型：所谓增值税转型，就是将中国现行的生产型增值税转为消费型增值税。在现行的生产型增值税税制下，企业所购买的固定资产所包含的增值税税金，不允许税前扣除；而如果实行消费型增值税，则意味着这部分税金可以在税前抵扣。世界上采用增值税税制的绝大多数市场经济国家，实行的都是消费型增值税，因为它有利于企业进行设备更新改造，因而颇受企业的欢迎。

2) 消费税

消费税是对特定的消费品和消费行为征收的一种税。消费税或销售税是政府向消费品征收的税项，是国家为体现消费政策，对生产、委托加工、零售和进口的应税消费品征收的一种税。销售税是典型的间接税。消费税是1994年税制改革在流转税中新设置的一个税种。

(1) 消费税的特点

① 消费税以税法规定的特定产品为征税对象，即国家可以根据宏观产业政策和消费政策的要求，有目的、有重点地选择一些消费品征收消费税，以适当地限制某些特殊消费品的消费需求。

② 按不同的产品设计不同的税率，同一产品同等纳税。

③ 消费税是价内税，是价格的组成部分。

④ 消费税实行从价定率和从量定额以及从价从量复合计征三种方法征税。

⑤ 消费税征收环节具有单一性。

⑥ 消费税税收负担具有转嫁性，最终都转嫁到消费者身上。

(2) 消费税的功能　对消费品有选择地征收，可以合理地调节消费行为，正确引导消费需求，间接引导投资流向，调节产品结构，增加国家宏观调控能力，缓解社会分配不公，有利于流转税制的自我完善。

(3) 消费税的意义

① 优化税制结构，完善流转税课税体系。

② 配合国家户口政策和消费政策。

③ 筹集资金，增加财政收入。

(4) 消费税的作用　开征消费税的目的主要是为了调节产品结构，引导消费方向，保证国家财政收入。因此，消费税的作用表现为：

① 缩小贫富差距，实现社会公平。

② 矫正外部成本，优化资源配置。

③ 调节消费结构，缓解供求矛盾。

④ 取得财政收入。

消费税是在对货物普遍征收增值税的基础上,选择少数消费品再征收的一个税种。消费税1994年1月1日正式开征后,有人认为消费税是额外增加的商品税负,会引起物价的上涨,其实这是一种误解。根据税制设计,征收消费税的产品原来是征收产品税或增值税的,改为征收增值税后,这些产品的原税负有较大幅度的下降,为了不因税负下降造成财政收入减收,需要将税负下降的部分通过再征一道消费税予以弥补。因此,开征消费税属于新老税制收入的转换,征收消费税的消费品依然征收增值税,但基本上维持了改革前的税负水平,对少数消费品征收消费税也不会成为物价上涨的因素。

(5) 消费税的税制要素

① 纳税人:我国境内生产、委托加工、零售和进口《中华人民共和国消费税暂行条例》规定的应税消费品的单位和个人为消费税纳税人。具体包括:在我国境内生产、委托加工、零售和进口应税消费品的国有企业、集体企业、私有企业、股份制企业、其他企业、行政单位、事业单位、军事单位、社会团体和其他单位、个体经营者及其他个人。根据《国务院关于外商投资企业和外国企业适用增值税、消费税、营业税等税收暂行条例有关问题的通知》规定,在我国境内生产、委托加工、零售和进口应税消费品的外商投资企业和外国企业,也是消费税的纳税人。其中,金银首饰、铂金饰品、钻石饰品商业零售的单位和个人是消费税纳税人。

② 征税范围:消费税的课税对象原分为11个税目,即烟、酒及酒精、化妆品、护肤护发品、贵重首饰及珠宝玉石、鞭炮焰火、汽油、柴油、汽车轮胎、摩托车、小汽车。消费税的征收范围可归纳为以下5种类型的产品:第一类:一些过度消费会对人类健康、社会秩序、生态环境等方面造成危害的特殊消费品,如烟、酒、鞭炮、焰火等。第二类:奢侈品、非生活必需品,如贵重首饰、化妆品等。第三类:高能耗及高档消费品,如小轿车、摩托车等。第四类:不可再生和替代的石油类消费品,如汽油、柴油等。第五类:具有一定财政意义的产品,如汽车轮胎、护肤护发品等。

2006年3月21日,中国财政部、国家税务总局联合发出通知,对消费税的税目、税率进行调整。这次调整新增了高尔夫球及球具、高档手表、游艇、木制一次性筷子、实木地板等税目,取消了"护肤护发品"税目,并对部分税目的税率进行了调整。

为适应社会经济形势的客观发展需要,经国务院批准,从2006年4月1日起,将木制一次性筷子、实木地板、石脑油、溶剂油等石油制品纳入征收范围,以体现国家节约资源的宏观调控理念;对小汽车税率结构的调整,从政策上鼓励小排量汽车的发展,以体现国家促进环保的调控方向;对游艇、高尔夫球及球具、高档手表征收消费税及停止已具大众消费特征的护肤护发品征收消费税,以体现国家合理引导消费、调节收入分配、构建和谐社会的政策导向。

现行消费税的征收范围主要包括:烟,酒及酒精,鞭炮、焰火,化妆品,成品油,贵重首饰及珠宝玉石,高尔夫球及球具,高档手表,游艇,木制一次性筷子,实木地板,汽车轮胎,摩托车,小汽车等税目,有的税目还进一步划分若干子目。

③ 税目、税率:消费税共计14个税目,在其中的6个税目下又设置了21个子目,列举了37个征税项目。实行比例税率的有26个,实行定额税率的有11个。共有10个档次的税率,最低3%,最高45%(2008年9月1日起排气量在1.0升(含1.0升)以下的乘用车,税率由3%下调至1%)。

消费税的征收采用比例税率、定额税率及从量定额和从价定率复合征收三种形式,详见表 3.1。

表 3.1 消费税税目税率(税额)表

税 目	计税单位	税率(税额)
一、烟		
1. 卷烟		
(1) 每标准条调拨价 50 元以上的卷烟	标准箱	45%;150 元/标准箱
(2) 每标准条调拨价 50 元以下的卷烟	标准箱	30%;150 元/标准箱
2. 雪茄烟		40%
3. 烟丝		30%
二、酒及酒精		
1. 白酒		20%;0.25 元/千克
2. 黄酒	吨	240 元/吨
3. 啤酒		
(1) 价格在 3 000 元(含)以上的啤酒	吨	250 元/吨
(2) 价格在 3 000 元以下的啤酒	吨	220 元/吨
4. 其他酒		10%
5. 酒精		5%
三、成品油		
1. 汽油		
(1) 含铅汽油	升	0.28 元/升
(2) 无铅汽油	升	0.20 元/升
2. 柴油	升	0.10 元/升
3. 航空煤油	升	0.10 元/升(暂免)
4. 石脑油	升	0.20 元/升(暂按 30%征收)
5. 溶剂油	升	0.20 元/升(暂按 30%征收)
6. 润滑油	升	0.20 元/升(暂按 30%征收)
7. 燃料油	升	0.10 元/升(暂按 30%征收)
四、小汽车		
1. 乘用车		
(1) 气缸容量(排气量,下同)在 1.5 升以下的		3%
(2) 气缸容量在 1.5 升至 2.0 升(含)的		5%
(3) 气缸容量在 2.0 升至 3.0 升(含)的		9%
(4) 气缸容量在 2.5 升至 3.0 升(含)的		12%
(5) 气缸容量在 3.0 升至 4.0 升(含)的		15%
(6) 气缸容量在 4.0 升以上的		20%
2. 中轻型商用客车		5%
五、摩托车		
1. 气缸容量在 250 毫升(含)以下的		10%
2. 气缸容量在 250 毫升以上的		3%
六、汽车轮胎		3%(其中子午胎暂免征收消费税)
七、化妆品		30%

续 表

税 目	计税单位	税率(税额)
八、贵重首饰及珠宝玉石 　1. 金银、铂金和钻石首饰,钻石 　2. 其他贵重首饰及珠宝玉石		 5%(在零售环节征收) 10%
九、高尔夫球及球具		10%
十、高档手表		20%
十一、游艇		10%
十二、鞭炮、焰火		15%
十三、木制一次性筷子		5%
十四、实木地板		5%

④ 计税依据:分别采用从价和从量两种计税方法。实行从价计税办法征税的应税消费品,计税依据为应税消费品的销售额。实行从量定额办法计税时,通常以每单位应税消费品的重量、容积或数量为计税依据。

⑤ 计税方法

a. 从价计税时:

应纳税额＝应税消费品销售额×适用税率

b. 从量计税时:

应纳税额＝应税消费品销售数量×适用税额标准

c. 实行从量定额与从价定率复合征收的应纳消费税计算的,其计税依据是应税消费品的销售数量和销售额。

应纳税额＝销售数量×单位税额＋销售额×适用税率

d. 自产自用的应税消费品,用于连续生产应税消费品的,不纳税;用于其他方面的,有同类消费品销售价格的,按照纳税人生产的同类消费品销售价格计算纳税,没有同类消费品销售价格的,组成计税价格。

组成计税价格＝(成本＋利润)÷(1－消费税税率)

应纳税额＝组成计税价格×适用税率

e. 委托加工应税消费品的,由受托方交货时代扣代缴消费税。按照受托方的同类消费品销售价格计算纳税;没有同类消费品销售价格的,组成计税价格。

组成计税价格＝(材料成本＋加工费)÷(1－消费税税率)

应纳税额＝组成计税价格×适用税率

f. 进口应税消费品,按照组成计税价格计算应纳税额。

组成计税价格＝(关税完税价格＋关税)÷(1－消费税税率)

应纳税额＝组成计税价格×消费税税率

g. 零售金银首饰的纳税人在计税时,应将含税的销售额换算为不含增值税税额的销售额。

金银首饰的应税销售额＝含增值税的销售额÷(1＋增值税税率或征收率)

对于生产、批发、零售单位用于馈赠、赞助、集资、广告、样品、职工福利、奖励等方面或未分别核算销售的按照组成计税价格计算纳税。

组成计税价格＝购进原价×(1＋利润率)÷(1－金银首饰消费税税率)

应纳税额＝组成计税价格×金银首饰消费税税率

⑥ 纳税环节

a. 生产环节：纳税人生产的应税消费品，由生产者于销售时纳税。其中自产自用的用于本企业连续生产应税消费品的不纳税；用于其他方面的，于移送使用时纳税。委托加工的应税消费品，由受托方在向委托方交货时代扣代缴。如果受托方是个体经营者，委托方需在收回加工应税消费品后向所在地主管税务机关缴纳消费税。

b. 进口环节：纳税人进口的应税消费品，由进口报关者于报关进口时纳税。

c. 零售环节：金银首饰、铂金饰品、钻石饰品消费税由零售者在零售环节缴纳。

消费税实行价内税，只在应税消费品的生产、委托加工和进口环节缴纳，在以后的批发、零售等环节，因为价款中已包含消费税，因此不用再缴纳消费税，税款最终由消费者承担。

⑦ 减免：对纳税人出口应税消费品，免征消费税(国务院另有规定的除外)。出口应税消费品的免税办法，由国家税务总局规定。

3) 营业税

营业税是对在我国境内提供应税劳务、转让无形资产或销售不动产的单位和个人，就其所取得的营业额征收的一种税。营业税属于流转税制中的一个主要税种。

(1) 营业税的特点

① 征税范围广，税源普遍。营业税的征税范围包括在我国境内提供应税劳务、转让无形资产和销售不动产的经营行为，涉及国民经济中第三产业这一广泛的领域。第三产业直接关系着城乡人民群众的日常生活，因而营业税的征税范围具有广泛性和普遍性。随着第三产业的不断发展，营业税的收入也将逐步增长。

② 以营业额为计税依据，计算方法简便。营业税的计税依据为各种应税劳务收入的营业额、转让无形资产的转让额、销售不动产的销售额(三者统称为营业额)，税收收入不受成本、费用高低影响，收入比较稳定。营业税实行比例税率，计征方法简便。

③ 按行业设计税目税率。营业税与其他流转税税种不同，它不按商品或征税项目的种类、品种设置税目、税率，而是从应税劳务的综合性经营特点出发，按照不同经营行业设计不同的税目、税率，即行业相同，税目、税率相同；行业不同，税目、税率不同。营业税税率设计的总体水平较低。

(2) 营业税的税制要素

① 纳税人：凡在我国境内提供应税劳务、转让无形资产或者销售不动产的单位和个人，为营业税的纳税人。

② 征税范围：营业税是和增值税并行征收的税种，除已纳入增值税征收范围外的其他行业和业务都应征收营业税。其具体征税范围分为在我国境内提供应税劳务、转让无形资产或者销售不动产三大类。

③ 税目和税率

a. 交通运输业：税率3％。其中：一是陆路运输，包括铁路运输、公路运输、缆车运输、索道运输以及其他陆路运输；二是水路运输，打捞比照水路运输征税；三是航空运输，是指通过空中航线运送货物或旅客的运输业务，通用航空业务、航空地面服务业务，比照航空运输征税；四是管道运输；五是装卸搬运。

b. 建筑业：税率3%。

　　c. 金融保险业：税率5%。其中金融业务包括贷款(包括自有资金贷款和转贷)、融资租赁、金融商品转让、金融经纪业和其他金融业务。典当业的抵押贷款业务,按自有资金贷款征税。人民银行的贷款业务不征税。保险,一年期以上返还性人身保险业务免征营业税。

　　d. 邮电通信业：税率3%。包括邮政、电信。其中邮政包括传递函件或包件、邮汇、报刊发行、邮务物品销售、邮政储蓄、其他邮政业务;邮政部门销售集邮商品,征收营业税。电信包括电报、电传、电话、电话机安装、电信物品销售及其他电信业务。

　　e. 文化体育业：税率3%。包括文化业、体育业。其中文化业包括表演、播映、其他文化业;经营游览场所的业务,比照文化业征税。体育业包括举办体育比赛,为体育比赛或活动提供场所。

　　f. 娱乐业：税率5%～20%。包括经营歌厅、舞厅、卡拉OK歌舞厅、音乐茶座、高尔夫球、壁球、网球等项目;经营射击、游艺机、跑马、狩猎(包括钓鱼)、游艇、赛车(专供儿童娱乐的游艇、赛车除外)等游艺项目;台球、保龄球、其他游艺项目。

　　g. 服务业：税率5%。包括组织旅游、提供场所等。

　　h. 转让无形资产：税率5%。

　　i. 销售不动产：税率5%。

营业税税目税率详见表3.2。

表3.2　营业税税目税率表

税　目	征　收　范　围	税　率
交通运输业	陆路运输、水路运输、航空运输、管道运输、装卸搬运	3%
建筑业	建筑、安装、修缮、装饰及其他工程作业	3%
金融保险业	金融、保险、典当	5%
邮电通信业	邮政、集邮、邮汇、报刊发行、电话及安装	3%
文化体育业	文化活动、艺术表演、体育比赛、播映、公园	3%
娱乐业	歌厅、舞厅、卡拉OK歌舞厅、音乐茶座、台球、高尔夫球、保龄球、游艺	5%～20%
服务业	代理业、旅店业、饮食业、旅游业、仓储业、租赁业、广告业及其他服务业	5%
转让无形资产	转让土地使用权、专利权、非专利技术、商标权、著作权、商誉	5%
销售不动产	销售建筑物及其他土地附着物	5%

　　(3) 计税依据　以纳税人的营业额为计税依据。纳税人的营业额为纳税人提供应税劳务、转让无形资产或者销售不动产向对方收取的全部价款和价外费用(包括向对方收取的手续费、基金、集资费、代收款项、代垫款项及其他各种性质的价外费用)。

　　(4) 应纳税额的计算

　　营业税应纳税额＝营业额×税率

　　(5) 纳税期限　按营业税有关规定所确定的纳税人发生纳税义务后,计算应缴纳营业税税款的期限。根据营业税有关规定,营业税具体的纳税期限,由主管税务机关依纳税人应纳税额之大小核定,可核定为5日、10日、15日、1个月或者1个季度。不能按照固定期限纳税的,可以按次纳税。

(6) 起征点　根据《中华人民共和国营业税暂行条例》(2009年1月1日起实施)第十条:纳税人营业额未达到国务院财政、税务主管部门规定的营业税起征点的,免征营业税;达到起征点的,依照本条例规定全额计算缴纳营业税。根据《中华人民共和国营业税暂行条例实施细则》(2009年1月1日起施行)第二十三条:条例第十条所称营业税起征点,是指纳税人营业额合计达到起征点。营业税起征点的适用范围限于个人。营业税起征点的幅度规定如下:

① 按期纳税的,为月营业额1 000～5 000元。

② 按次纳税的,为每次(日)营业额100元。

省、自治区、直辖市财政厅(局)、税务局应当在规定的幅度内,根据实际情况确定本地区适用的起征点,并报财政部、国家税务总局备案。

(7) 免税项目　我国过去对营业税的减免,从性质上看,既有政策性减免税,也有困难的减免税;从审批权限来看,既有条例规定的减免税,也有国务院、财政部和国家税务总局批准的减免税,还有省(自治区、直辖市)批准的减免税。减免权限的分散和减免税的过多,实践证明弊病较多,不利于企业间的平等竞争,也影响国家的财政收入。针对这种情况,改革后的营业税对减免税政策进行了较大的调整,主要有以下几个方面:

① 将减免税权全部集中于国务院,任何部门和地区均无权决定减免税。

② 只保留统一减免税,对企业和个人一律不予个别减免税。

③ 统一减免税规定,保留少部分政策性强的免税项目。

根据2008年11月经修订后发布实施的《营业税暂行条例》规定,营业税的免税项目如下:

① 养老院、托儿所、幼儿园、残疾人福利机构提供的育养服务,婚姻介绍,殡葬服务。

② 残疾人员个人提供的劳务,即残疾人员本人为社会提供的劳务。

③ 医院、诊所和其他医疗机构提供的医疗服务。

④ 学校和其他教育机构提供的教育劳务,学生勤工俭学提供的劳务。

⑤ 农业机耕、排灌、病虫害防治、植保、农牧保险以及相关技术培训业务,家禽、牲畜、水生动物的配种和疾病防治。

⑥ 纪念馆、博物馆、文化馆、美术馆、展览馆、书画院、图书馆、文物保护单位举办文化活动的门票收入,宗教场所举办文化活动的门票收入。

⑦ 境内保险机构为出口货物提供的保险产品。

除上述项目外,营业税的减税、免税项目由国务院规定,任何地区、部门均不得规定免税、减税项目。

4) 关税

关税指国家授权海关对出入国境或关境的货物和物品征收的一种税。货物是指贸易性商品;物品是指非贸易的行李、邮包以及其他方式进出口国境的个人物品等。关税在各国一般属于国家最高行政单位指定税率的高级税种,对于对外贸易发达的国家而言,关税往往是国家税收乃至国家财政的主要收入。关税和非关税措施是衡量一个国家市场开放度的主要标志。

1985年3月7日,国务院发布《中华人民共和国进出口关税条例》(以下简称《进出口关税条例》)。1987年1月22日,第六届全国人民代表大会常务委员会第十九次会议通过《中华人民共和国海关法》(以下简称《海关法》),其中第五章为《关税》。1987年9月12日,国务院根据《海关法》重新修订并发布《中华人民共和国进出口关税条例》。现行关税法律规范以全国人民代表大会于2000年7月修正颁布的《海关法》为法律依据,国务院于2003年10月修订并发布的《进出口关税条例》,以及由国务院关税税则委员会审定并报国务院批准,作为条例组成部分的《中华人民共和国海关进出口税则》和《中华人民共和国海关入境旅客行李物品和个人邮递物品征收进口税办法》为基本法规。

关税税种按征税商品流向划分可分为以下几种:

① 进口税:是进口国家的海关在外国商品输入时,对本国进口商所征收的正常关税。

② 出口税:是对本国出口的货物在运出国境时征收的一种关税。征收出口关税会增加出口货物的成本,不利于本国货物在国际市场的竞争。

③ 过境税:是一国对于通过其关境的外国商品征收的关税。

征收关税是一国政府增加其财政收入的方式之一,但随着世界贸易的不断发展,关税占国家财政收入的比重在不断下降。每个国家都会对进出口的商品根据其种类和价值征收一定的税款。其作用在于通过收税抬高进口商品的价格,降低其市场竞争力,减少在市场上对本国产品的不良影响。关税有着保护本国产业的作用,但在经济全球化的今天其不利的影响也在逐步显现,主要是对就业率的影响。

关税的税制要素:

(1) 纳税人 关税的纳税人为进口货物的收货人,出口货物的发货人,进境行李物品的所有人和进口邮递物品的收件人以及上述人员的代理人。

(2) 课税对象 包括属于贸易性的,国家准许进出口的货物;属于非贸易性的,国家准许入境的旅客行李物品、个人邮递物品以及其他个人自用物品。

(3) 税率 由《海关进出口税则》规定。进口关税设普通税率和优惠税率。我国对出口货物按照国际惯例和"奖出限入"的原则一般免征出口关税。目前仅对国际市场容量有限或者资源有限而国内又有大量需求的商品征收关税。出口货物税率因品种有限只适用一种出口税率,不分普通税率和优惠税率。我国和大多数国家不征收过境税,因此不存在过境关税税率问题。

① 进口关税税率:设置最惠国税率、协定税率、特惠税率、普通税率、关税配额税率等税率。对进口货物在一定期限内可以实行暂定税率。

零关税是指关税税率为零,也就是没有关税,它既可以体现在特惠税率上,也可以体现在最惠国税率、协定税率、暂定税率等方面。

② 出口关税税率:我国出口税则为一档税率,即同一种出口商品按统一税率。国家仅对少数资源性产品及易于竞相杀价、盲目进口、需要规范出口秩序的半制成品征收出口关税。

③ 进出口关税税率:2003年修订的《进出口关税条例》第15条指出:进出口货物,应当适用海关接受该货物申报进口或者出口之日实施的税率。进口货物到达前,经海关核准先行申报的,应当适用装载该货物的运输工具申报进境之日实施的税率。转关运输货物税率的适用日期,由海关总署另行规定。

(4) 进出口货物完税价格的确定 关税的征税基础是关税完税价格。进口货物以海关审定的成交价值为基础的到岸价格为关税完税价格;出口货物以该货物销售与境外的离岸价格减去出口税后,经过海关审查确定的价格为完税价格。

① 进口关税的完税价格确定：进口货物以海关审定的正常到岸价格为完税价格。包括货物货价、货物运抵境内输入地点起卸前的运费、包装费、保险费、手续费等费用。或经海关审查估定完税价格。

② 出口货物的完税价格确定：出口货物应当以海关审查确定的货物运至境内输出地点装载前的运费、保险费及相关费用，但不包括出口关税。其完税价格计算公式为：

出口货物关税完税价格（CIF价）＝离岸价格（FOB价）÷（1＋出口税率）

关税应税额的计算公式为：

应纳税额＝关税完税价格×适用税率

（5）税款的计算方法

应纳税额＝完税价格×适用税率

① 从价关税的计算方法：从价关税是按进出口货物的价格为标准计征关税。这里的价格不是指成交价格，而是指进出口商品的完税价格。因此，按从价税计算关税，首先要确定货物的完税价格。

应纳税额＝应税进出口货物数量×单位完税价格×适用税率

② 从量关税的计算方法：从量关税是依据商品的数量、重量、容量、长度和面积等计量单位为标准来征收关税的。它的特点是不因商品价格的涨落而改变税额，计算比较简单。

应纳税额＝应税进口货物数量×单位货物税额

③ 复合关税的计算方法：复合税亦称混合税。它是对进口商品既征从量关税又征从价关税的一种办法。一般以从量为主，再加征从价税。

应纳税额＝应税进口货物数量×关税单位税额＋应税进口货物数量×单位完税价格×适用税率

④ 滑准关税的计算方法：滑准税是指关税的税率随着进口商品价格的变动而反方向变动的一种税率形式，即价格越高，税率越低，税率为比例税率。因此，实行滑准税率，进口商品应纳关税税额的计算方法，与从价税的计算方法相同。

应纳关税税额＝应税进口货物数量×单位完税价格×滑准税率

⑤ 特别关税的计算方法：

特别关税＝关税完税价格×特别关税税率

进口环节消费税＝进口环节消费税完税价格×进口环节消费税税率

进口环节消费税完税价格＝（关税完税价格＋关税＋特别关税）÷（1－进口环节消费税税率）

进口环节增值税＝进口环节增值税完税价格×进口环节增值税税率

进口环节增值税完税价格＝关税完税价格＋关税＋特别关税＋进口环节消费税

（6）减免、补征、退还

① 减免：下列进出口货物免征关税：关税税额在人民币50元以下的一票货物；无商业价值的广告品和货样；外国政府、国际组织无偿赠送的物资；在海关放行前损失的货物；进出境运输工具装载途中必需的燃料、物料和饮食用品。

在海关放行遭受损坏的货物，可以根据海关认定的受损程度减征关税。

② 补征：需由海关监管使用的减免税进口货物，在监管年限内转让或者移作他用，需要补税的，海关应当根据该货物进口时间折旧估价，补征进口关税。特定减免进口货物的监管年限由海关总署规定。

③ 退还：有下列情形之一的，纳税人自缴纳税款之日起 1 年内，可以申请退还关税，并应当以书面形式向海关说明理由，提供原缴款凭证及相关资料：已征进口关税的货物，因品质或者规格原因，原状退货复运出境的；已征出口关税的货物，因品质或者规格原因，原状退货复运进境，并已重新缴纳因出口而退还的国内环节有关税收的；已征出口关税的货物，因故装运出口，申报退关的。海关应当自受理退税申请之日起 30 日内查实并通知纳税人办理退还手续。纳税人应当自收到通知之日起 3 个月内办理有关退税手续。

按照其他有关法律、行政法规规定应当退还关税的，海关应当按照有关法律、行政法规的规定退税。

海关发现多征税款的，应当立即通知纳税人办理退还手续。

纳税人发现多缴税款的，自缴纳税款之日起 1 年内，可以以书面形式要求海关退还多缴的税款并加算银行同期活期存款利息；海关应当自办理退税申请之日起 30 日内查实并通知纳税人办理退税手续。纳税人应当自收到通知之日起 3 个月内办理有关退税手续。

（7）关税滞纳金　是指在关税缴纳期限内未履行其关税给付义务的纳税人，被海关课以应纳税额一定比例的货币给付义务的行政行为。征收滞纳金的目的是通过使滞纳关税的纳税人承担新的货币给付义务的方法，促使其尽早履行其关税给付义务。

（8）关税后纳制　是海关允许某些纳税人在办理了有关关税手续后，先行办理放行货物的手续，然后再办理征纳关税手续的海关制度。关税后纳制是在通常的基本纳税方式的基础上，对某些易腐、急需或有关手续无法立即办结等特殊情况采取的一种变通措施。海关在提取货样、收取保证金或接受纳税人其他担保后即可放行有关货物。关税后纳制使海关有充足的时间准确地进行关税税则归类，审定货物完税价格，确定其原产地等作业，或使纳税人有时间完成有关手续，防止口岸积压货物，使进出境货物尽早投入使用。

3.3.2　所得税

所得税又称所得课税、收益税，指国家对法人、自然人和其他经济组织在一定时期内的各种所得征收的一类税收。因此，所得税类是国家以个人、企业公司或其他经济组织在一定期间内获得的各种收益所得为征收对象的税收体系。

（1）所得税的特征　首先，税收负担的直接性，因此不易于转嫁。其次，税基的广泛性。作为课税对象的所得，可以是来自家庭、企业、社会团体等各种纳税人，在一定时间内可以获得的个人纯收益。再次，征税管理具有复杂性。因为所得税的计税依据是根据复杂计算所得到的应纳税所得额，在此基础上才能计算出应纳税额。在企业里，应纳税所得额不等于会计利润，需要进行分配扣除。在家庭中，也需要复杂计算。第四，税收分配的累进性。累进性，指经常性项目通常采用累计税率，税率设计时尽可能体现量能课征的公平性原则，以在纵向公平方面发挥积极作用。最后，税收入的弹性。税收入的弹性是指在累进的所得税制下，所得税的边际税赋随应纳税所得税的变化而变化，从而使所得税的收入随着经济繁荣而增加，随经济衰退而降低，不仅使税收收入具有弹性，而且可发挥调控经济的"自动稳定器"的功能。因此，所得税的特点可归结为：

① 通常以纯所得为征税对象。

② 通常以经过计算得出的应纳税所得额为计税依据。

③ 纳税人和实际负担人通常是一致的，因而可以直接调节纳税人的收入。特别是在采用累进税率的情况下，所得税在调节个人收入差距方面具有较明显的作用。对企业征收所

得税,还可以发挥贯彻国家特定政策,调节经济的杠杆作用。

④ 应纳税税额的计算涉及纳税人的成本、费用的各个方面,有利于加强税务监督,促使纳税人建立、健全财务会计制度和改善经营管理。

(2) 所得税的经济意义　对比来讲,商品课税比较有效率,但收入再分配能力有限;所得课税能较好地促进公平,但在效率方面有欠缺。一般认为,付出一定的征收成本,以改善社会公平状况是非常必要的。

① 所得税与公平:所得税具有税基广泛、税率累进的税制特征,加上扣除项目的设置,可以有效地促进横向公平与纵向公平。税基广泛,所得税仅次于商品劳务税的征收。

② 所得税与效率:通过所得课税实现经济的有效性及提高资源配置效率。所得税效率包括经济效率与行政效率。经济效率是指所得税是否能最有效地配置经济资源,给社会带来的负担最小或利益最大。行政效率是指税收的征纳成本是否减到最低程度,给国家带来的实际收入最大,给纳税人带来的额外负担最小。

③ 所得税对经济的影响:经济决定税收,税收影响经济。在经济增长过程中,消费、投资等要素对经济增长最直接。个人所得税直接影响消费需求,既而间接影响投资需求。企业所得税的税后可支配的收入高低,直接影响企业税后可支配的收入高低,影响企业的投资回报率,进而影响投资。

总之,企业所得税对经济增长有直接影响,其促进经济增长的功能是由两个功能实现的:所得税率降低;企业不同具体政策的应用,如折旧、存货、投资抵免等政策对微观经济的影响。

在新中国成立以后的很长一段时间里,所得税收入在我国税收收入中的比重很小,所得税的作用微乎其微,这种状况直到改革开放,特别是20世纪80年代中期国营企业"利改税"和工商税制改革以后才得以改变。所得税目前也是我国税制结构中的主体税类,包括企业所得税、个人所得税两个税种。

1) 企业所得税

企业所得税是指在中华人民共和国境内,企业和其他取得收入的组织,依照规定缴纳的企业所得税。2007年3月16日第十届全国人民代表大会通过的《中华人民共和国企业所得税法》,于2008年1月1日起实行。内外资企业所得税税率统一为25%。另外,国家给予了两档优惠税率:一是符合条件的小型微利企业,减按20%的税率征收;二是国家需要重点扶持的高新技术企业,减按15%的税率征收。

企业所得税的税制要素:

(1) 纳税人　在中华人民共和国境内,企业和其他取得收入的组织(以下统称企业)为企业所得税的纳税人。所有实行独立经济核算的中华人民共和国境内的内资企业或其他组织,包括以下6类:① 国有企业;② 集体企业;③ 私营企业;④ 联营企业;⑤ 股份制企业;⑥ 有生产经营所得和其他所得的其他组织。

企业是指按国家规定注册、登记的企业。有生产经营所得和其他所得的其他组织,是指经国家有关部门批准,依法注册、登记的,有生产经营所得和其他所得的事业单位、社会团体等组织。独立经济核算是指同时具备在银行开设结算账户;独立建立账簿,编制财务会计报表;独立计算盈亏等条件。特别需要说明的是,个人独资企业、合伙企业不适用本法,这两类企业征收个人所得税即可,这样能消除重复征税。

企业分为居民企业和非居民企业。居民企业,是指依法在中国境内成立,或者依照外国

(地区)法律成立但实际管理机构在中国境内的企业。非居民企业,是指依照外国(地区)法律成立且实际管理机构不在中国境内,但在中国境内设立机构、场所的,或者在中国境内未设立机构、场所,但有来源于中国境内所得的企业。居民企业应当就其来源于中国境内、境外的所得缴纳企业所得税。非居民企业在中国境内设立机构、场所的,应当就其来源于中国境内的所得,以及发生在中国境外但与其所设机构、场所有实际联系的所得,缴纳企业所得税。

(2) 征收范围 包括企业生产经营所得和其他所得。

(3) 税率 2008年起实行的《企业所得税法》规定,一般企业所得税的税率为25%。非居民企业在中国境内未设立机构、场所的,或者虽设立机构、场所但取得的所得与其所设机构、场所没有实际联系的,应当就其来源于中国境内的所得缴纳企业所得税,适用税率为20%,现在减按10%的税率征收。符合条件的小型微利企业,减按20%的税率征收企业所得税。国家需要重点扶持的高新技术企业,减按15%的税率征收企业所得税。

(4) 企业应纳税所得额的确定 企业所得税法定扣除项目是据以确定企业所得税应纳税所得额的项目。《中华人民共和国企业所得税法实施条例》(以下简称《实施条例》)规定,企业应纳税所得额的确定,是企业的收入总额减去成本、费用、损失以及准予扣除项目的金额。成本是纳税人为生产、经营商品和提供劳务等所发生的各项直接耗费和各项间接费用。费用是指纳税人为生产经营商品和提供劳务等所发生的销售费用、管理费用和财务费用。损失是指纳税人生产经营过程中的各项营业外支出、经营亏损和投资损失等。除此以外,在计算企业应纳税所得额时,对纳税人的财务会计处理和税收规定不一致的,应按照税收规定予以调整。企业所得税法定扣除项目除成本、费用和损失外,税收有关规定中还明确了一些需按税收规定进行纳税调整的扣除项目,主要包括以下内容:① 利息支出的扣除;② 计税工资的扣除;③ 在职工福利费、工会经费和职工教育经费方面的扣除;④ 捐赠的扣除;⑤ 业务招待费的扣除;⑥ 职工养老基金和待业保险基金的扣除;⑦ 残疾人保障基金的扣除;⑧ 财产、运输保险费的扣除;⑨ 固定资产租赁费的扣除;⑩ 坏账准备金、呆账准备金和商品削价准备金的扣除;⑪ 转让固定资产支出的扣除;⑫ 固定资产、流动资产盘亏、毁损、报废净损失的扣除;⑬ 总机构管理费的扣除;⑭ 国债利息收入的扣除;⑮ 其他收入的扣除;⑯ 亏损弥补的扣除。

在计算应纳税所得额时,下列支出不得扣除:① 资本性支出;② 无形资产受让、开发支出;③ 资产减值准备;④ 违法经营的罚款和被没收财物的损失;⑤ 各项税收的滞纳金、罚金和罚款;⑥ 自然灾害或者意外事故损失有赔偿的部分;⑦ 超过国家允许扣除的公益、救济性捐赠以及非公益、救济性捐赠;⑧ 各种赞助支出;⑨ 与取得收入无关的其他各项支出。

(5) 减免 是指国家运用税收经济杠杆,为鼓励和扶持企业或某些特殊行业的发展而采取的一项灵活调节措施。《实施条例》原则规定了两项减免税优惠,一是民族区域自治地方的企业需要照顾和鼓励的,经省级人民政府批准,可以实行定期减税或免税;二是法律、行政法规和国务院有关规定给予减税免税的企业,依照规定执行。对税制改革以前的所得税优惠政策中,属于政策性强、影响面大、有利于经济发展和维护社会安定的,经国务院同意,可以继续执行,主要包括以下内容:

① 经国务院批准的高新技术产业开发区内的高新技术企业,减按15%的税率征收所得税;新办的高新技术企业自投产年度起,免征所得税2年。

② 对农村的为农业生产的产前、产中、产后服务的行业,即乡村的农技推广站、植保站、水管站、林业站、畜牧兽医站、水产站、农机站、气象站以及农民专业技术协会、专业合作社,对其提供的技术服务或劳务所取得的收入,以及城镇其他各类事业单位开展的技术服务或劳务所取得的收入暂免征收所得税;对科研单位和大专院校服务于各行业的技术成果转让、技术培训、技术咨询、技术服务、技术承包所取得的技术性服务收入暂免征收所得税;对新办的独立核算的从事咨询业(包括科技、法律、会计、审计、税务等咨询业)、信息业、技术服务业的企业或经营单位,自开业之日起,免征所得税2年;对新办的独立核算的从事交通运输业、邮电通信业的企业或经营单位,自开业之日起,第一年免征所得税,第二年减半征收所得税;对新办的独立核算的从事公用事业、商业、物资业、对外贸易业、旅游业、仓储业、居民服务业、饮食业、教育文化事业、卫生事业的企业或经营单位,自开业之日起,报经主管税务机关批准,可减征或免征所得税2年。

③ 企业在原设计规定的产品以外,综合利用本企业生产过程中产生的,在《资源综合利用目录》内的资源作主要原料生产的产品的所得,以及企业利用本企业外的大宗煤矸石、炉渣、粉煤灰作主要原料生产建材产品的所得,自生产经营之日起,免征所得税5年;为处理利用其他企业废弃的,在《资源综合利用目录》内的资源而兴办的企业,经主管税务机关批准,可减征或免征所得税1年。

④ 在国家确定的"老、少、边、穷"地区新办的企业,经主管税务机关批准后可减征或免征所得税3年。

⑤ 企业事业单位进行技术转让以及在技术转让过程中发生的与技术转让有关的技术咨询、技术服务、技术培训的所得,年净收入在30万元以下的,暂免征收所得税。

⑥ 企业遇有风、火、水、震等严重自然灾害,经主管税务机关批准,可减征或免征所得税1年。

⑦ 新办的城镇劳动就业服务企业,当年安置城镇待业人员超过企业从业人员总数的60%的,经主管税务机关审查批准,可免征所得税3年;劳动就业服务企业免税期满后,当年新安置待业人员占企业原从业人员总数30%以上的,经主管税务机关审核批准,可减半征收所得税2年。

⑧ 高等学校和中小学校办工厂,暂免征收所得税。

⑨ 对民政部门举办的福利工厂和街道的非中途转办的社会福利生产单位,凡安置"四残"人员占生产人员总数35%以上的,暂免征收所得税;凡安置"四残"人员占生产人员总数的比例超过10%未达到35%的,减半征收所得税。

⑩ 乡镇企业可按应缴税款减征10%,用于补助社会性开支的费用。

(6) 企业所得税征收管理

① 企业所得税的纳税年度:是从公历1月1日起至12月31日止。纳税人在一个纳税年度中间开业,或者由于合并、关闭等原因,使该纳税年度的实际经营期不足12个月的,应当以其实际经营期为一个纳税年度;纳税人清算时,应当以清算期间为一个纳税年度。

② 企业所得税的纳税申报:纳税人在季度终了后15日内,年度终了后45日内,无论盈利或亏损,都应向当地主管税务机关报送企业所得税申报表和年度会计报表;纳税人进行清算时,应当在办理工商注销登记之前,向当地主管税务机关办理所得税申报。纳税人在规定的申报期申报确有困难的,可报经主管税务机关批准,延期申报。

③ 企业所得税税款缴纳方式：企业所得税按年计算，但为了保证税款及时、均衡入库，对企业所得税采取分期（按月或季）预缴、年终汇算清缴的办法。纳税人预缴所得税时，应当按纳税期限的实际数预缴；按实际数预缴有困难的，可以按上一年度应纳税所得额的1/12或1/4，或者经当地税务机关认可的其他方法分期预缴所得税。预缴方法一经确定，不得随意改变。

④ 企业所得税的纳税期限：按月份或季度预缴税款的纳税人，应在月份或季度终了后15日内向主管税务机关进行纳税申报并预缴税款。其中，第四季度的税款也应于季度终了后15日内先进行预缴，然后在年度终了后45日内进行年度申报，税务机关在5个月内进行汇算清缴，多退少补。

⑤ 企业所得税的纳税地点：除国家另有规定外，企业所得税由纳税人在其所在地主管税务机关就地缴纳。所谓"所在地"是指纳税人的实际经营管理所在地。

2）个人所得税

个人所得税是对个人（自然人）所得征收的一种税，即国家对本国公民、居住在本国境内的个人所得和境外个人来源于本国的所得征收的一种所得税。在有些国家，个人所得税是主体税种，在财政收入中占较大比重，对经济亦有较大影响。

个人所得税是调整征税机关与自然人（居民、非居民人）之间在个人所得税的征纳与管理过程中所发生的社会关系的法律规范的总称。个人所得税法，就是有关个人所得税的法律规定。

我国在中华民国时期，曾开征薪给报酬所得税、证券存款利息所得税。1950年，政务院公布的《税政实施要则》中，就曾列举有对个人所得课税的税种，当时定名为"薪给报酬所得税"。但由于我国生产力和人均收入水平低，实行低工资制，因此虽然设立了税种，却一直没有开征。

1980年9月10日，第五届全国人民代表大会第三次会议通过并公布了《中华人民共和国个人所得税法》。我国的个人所得税制度至此方始建立。

1986年9月，针对我国国内个人收入发生很大变化的情况，国务院发布了《中华人民共和国个人收入调节税暂行条例》，规定对本国公民的个人收入统一征收个人收入调节税。

1993年10月31日，第八届全国人民代表大会常务委员会第四次会议通过了《关于修改〈中华人民共和国个人所得税法〉的决定》的修正案（第一次修正），规定不分内、外，所有中国居民和有来源于中国所得的非居民，均应依法缴纳个人所得税。

1994年1月28日，国务院配套发布了《中华人民共和国个人所得税法实施条例》。

1999年8月30日，第九届全国人大常务委员会第十一次《中华人民共和国个人所得税法》会议通过了《关于修改〈中华人民共和国个人所得税法〉的决定》（第二次修正），把《中华人民共和国个人所得税法》第四条第二款"储蓄存款利息"免征个人所得税项目删去，开征了个人储蓄存款利息所得税。

2002年1月1日，个人所得税收入实行中央与地方按比例分享。

2003年7月，财政部财政科学研究所公布了一份名为《我国居民收入分配状况及财税调节政策》的报告，建议改革现行的个人所得税税制，适度提高个人所得税免征额，同时对中等收入阶层采取低税率政策。

2003年10月22日，商务部提出取消征收利息税，提高个人收入所得税免征额等多项建议。

2005年初，广东省财政厅再次对个税免征额提高进行调研，以便为中央尽快出台税改政策提供参考依据。

2005年7月26日,国务院总理温家宝主持召开国务院常务会议,讨论并原则通过了《中华人民共和国个人所得税法修正案(草案)》。

2005年8月23日,第十届全国人大常委会第十七次会议首次审议《中华人民共和国个人所得税法修正案(草案)》。

2005年10月27日,第十届全国人大常委会第十八次会议再次审议《个人所得税法修正案(草案)》(第三次修正),会议表决通过全国人大常委会关于修改《个人所得税法》的决定,免征额1 600元于2006年1月1日起施行。

2007年6月29日,第十届全国人民代表大会常务委员会第二十八次会议通过了《关于修改〈中华人民共和国个人所得税法〉的决定》,对个人所得税法进行了第四次修正。

2007年12月29日,十届全国人大常委会第三十一次会议表决通过了《关于修改〈中华人民共和国个人所得税法〉的决定》。个人所得税免征额自2008年3月1日起由1 600元提高到2 000元。

2008年2月18日公布《国务院关于修改〈中华人民共和国个人所得税法实施条例〉的决定》,自2008年3月1日起施行。

2008年个人所得税构成见表3.3。

表3.3　2008年个人所得税构成表

项　目	金额(亿元)	同　比
2008年个人所得税总额	3 722.19	16.8%
工薪所得税	2 240.65	28.1%
储蓄利息所得税	326.90	−37.0%
房屋转让所得税	27.60	26.7%

个人所得税的税制要素如下:

(1)**纳税人**　是在中国境内居住有所得的人,以及不在中国境内居住而从中国境内取得所得的个人,包括中国国内公民,在华取得所得的外籍人员和港、澳、台同胞。

① 居民纳税义务人:在中国境内有住所,或者无住所而在境内居住满1年的个人,是居民纳税义务人,应当承担无限纳税义务,即就其在中国境内和境外取得的所得,依法缴纳个人所得税。

② 非居民纳税义务人:在中国境内无住所又不居住或者无住所而在境内居住不满1年的个人,是非居民纳税义务人,承担有限纳税义务,仅就其从中国境内取得的所得,依法缴纳个人所得税。

个人所得税,以所得人为纳税义务人,以支付所得的单位或者个人为扣缴义务人。

(2)**课税对象**　分为境内所得和境外所得,主要包括以下11项内容:① 工资、薪金所得;② 个体工商户的生产、经营所得;③ 对企事业单位的承包经营、承租经营所得;④ 劳务报酬所得;⑤ 稿酬所得;⑥ 特许权使用费所得;⑦ 利息、股息、红利所得;⑧ 财产租赁所得;⑨ 财产转让所得;⑩ 偶然所得;⑪ 其他所得。

(3)**税率**　个人所得税根据不同的征税项目,分别规定了三种不同的税率:

① 工资、薪金所得,适用9级超额累进税率,按月应纳税所得额计算征税。该税率按个

人月工资、薪金应税所得额划分级距,最高一级为45%,最低一级为5%,共9级。

② 个体工商户的生产、经营所得和企事业单位的承包经营、承租经营所得,适用5级超额累进税率。按年计算、分月预缴税款的全年应纳税所得额划分级距,最低一级为5%,最高一级为35%,共5级。

③ 比例税率:对个人的稿酬所得,劳务报酬所得,特许权使用费所得,利息、股息、红利所得,财产租赁所得,财产转让所得,偶然所得和其他所得,按次计算征收个人所得税,适用20%的比例税率。其中,对稿酬所得适用20%的比例税率,并按应纳税额减征30%;对劳务报酬所得一次性收入畸高的、特高的,除按20%征税外,还可以实行加成征收,以保护合理的收入和限制不合理的收入。

(4) 应纳税所得额的计算

① 工资、薪金所得,以每月收入额减除费用2 000元后的余额,为应纳税所得额。

② 个体工商户的生产、经营所得,以每一纳税年度的收入总额,减除成本、费用以及损失后的余额,为应纳税所得额。

③ 对企事业单位的承包经营、承租经营所得,以每一纳税年度的收入总额,减除必要费用后的余额,为应纳税所得额。

④ 劳务报酬所得、稿酬所得、特许权使用费所得、财产租赁所得,每次收入不超过4 000元的减除费用800元,4 000元以上的减除20%的费用,其余额为应纳税所得额。

⑤ 财产转让所得,以转让财产的收入额减除财产原值和合理费用后的余额,为应纳税所得额。

⑥ 利息、股息、红利所得,偶然所得和其他所得,以每次收入额为应纳税所得额。

个人将其所得对教育事业和其他公益事业捐赠的部分,按照国务院有关规定从应纳税所得中扣除。

对在中国境内无住所而在中国境内取得工资、薪金所得的纳税人和在中国境内有住所而在中国境外取得工资、薪金所得的纳税人,可以根据其平均收入水平、生活水平以及汇率变化情况确定附加减除费用,附加减除费用适用的范围和标准由国务院规定。

纳税人从中国境外取得的所得,准予其在应纳税额中扣除已在境外缴纳的个人所得税税额,但扣除额不得超过该纳税人境外所得依照本法规定计算的应纳税额。

(5) 减免规定 十届全国人大常委会第三十一次会议于2007年12月29日表决通过了关于修改个人所得税法的决定。根据决定,从2008年3月1日起,我国个人所得税免征额从1 600元/月上调至2 000元/月。

① 法定所得免税。下列各项个人所得,免纳个人所得税:奖金——省级政府、国务院部委和军队军以上单位,以及外国组织、国际组织颁发的科学、教育、技术、文化、卫生、体育、环境保护等方面的奖金;债券利息——国债和国家发行的金融债券利息;补贴津贴——按照国务院规定发给的政府特殊津贴和国务院规定免税的补贴、津贴;救济性款项——根据国家有关规定,由于某些特定事项和原因,给纳税人的正常生活带来一定困难,其任职单位从提留的福利费或工会经费中支付给个人的临时性生活补助费;民政部门支付给个人的救济金以及抚恤金;保险赔款——保险公司支付的保险赔款;转业复员费——军人的转业费、复员费;安家费、离退休费用——按规定发给干部、职工的安家费、退职费、退休工资、离休工资、离休生活补助费;外交人员所得——依照中国有关法律法规规定应予免税的各国驻华使馆、领事馆的外交代表、领事官员和其他人员的所得;协议免税所得——中国政府参加的国际公

约、签订的协议中规定免税的所得;其他所得——经国务院财政部门批准免税的所得。

② 下列所得,暂免征个人所得税:奖金——个人举报、协查各种违法、犯罪行为而获得的奖金;手续费——个人办理代扣代缴税款手续费,按规定取得的扣缴手续费;转让房产所得——个人转让自用达5年以上并且是唯一的家庭生活用房取得的所得;延期离退休工薪所得——达到离、退休年龄,但因工作需要,适当延长离退休年龄的高级专家,其在延长离退休期间的工资、薪金所得,视同离、退休工资免征个人所得税。

③ 外籍个人的下列所得,免征个人所得税:生活费用——外籍个人以非现金形式或实报实销形式取得的住房补贴、伙食补贴、搬迁费、洗衣费;出差补贴——外籍个人按合理标准取得的境内、外出差补贴;其他费用——外籍个人取得的探亲费、语言培训费、子女教育费等,经审核批准为合理的部分;股息红利所得——外籍个人从外商投资企业取得的股息、红利所得。

④ 外籍专家工薪所得免税。下列外籍专家的工资、薪金所得,免征个人所得税:根据世界银行专项贷款协议由世界银行直接派往中国工作的外国专家;联合国组织直接派往中国工作的专家;为联合国援助项目来华工作的专家;援助国派往中国专为该国无偿援助项目工作的专家;根据两国政府签订的文化交流项目来华2年以内的文教专家,其工资、薪金所得由该国负担的;根据中国大专院校国际交流项目来华工作的专家,其工资、薪金所得由该国负担的;通过民间科研协定来华工作的专家,其工资、薪金所得由该国机构负担的。

⑤ 股息、红利收入免税。对个人从基层供销社、农村信用社取得的股息、红利收入,免征个人所得税。

⑥ 境外支付所得免税。在中国境内无住所,且在一个纳税年度中在中国境内连续或累计居住不超过90天或在税收协定规定的期间中在中国境内连续或累计居住不满183天的个人,其来源于中国境内的所得,由境外雇主支付并且不由该雇主在中国境内的机构、场所负担的部分,免征个人所得税。

⑦ 境外所得免税。在中国境内无住所,而在一个纳税年度中在中国境内连续或累计居住超过90天,或在税收协定规定的期间内在中国境内连续或累计居住超过183天但不满1年的个人,其来源于中国境外的所得,除担任中国境内企业董事或高层管理职务的个人外,不论是由境内企业和境外企业支付的所得,均免征个人所得税。

⑧ 境外所得免税。在中国境内无住所,但在境内居住满1年而不超过5年的个人,其在中国境外的所得,仅对由中国境内企业和个人支付的部分征收个人所得税,对由中国境外企业和个人支付的境外所得,免征个人所得税。

⑨ 见义勇为奖免税。对乡镇以上政府或县以上政府主管部门批准成立的见义勇为基金会或者类似组织,奖励见义勇为者的奖金或奖品,经主管税务机关批准,免征个人所得税。

⑩ 青苗补偿费免税。对于在征用土地过程中,单位支付给土地承包人的青苗补偿费收入,暂免征个人所得税。

⑪ 福利和体育彩票奖金免税。个人购买社会福利有奖募捐彩票和体育彩票,一次收入不超过1万元的,免征个人所得税;超过1万元的,全额征收个人所得税。

⑫ 转让股票所得免税。对个人转让上市公司股票的所得,暂免征个人所得税。

⑬ 国债利息和买卖股票价差收入免税。对个人投资者从证券投资基金分配中获得的国债利息、买卖股票价差收入,暂不征收个人所得税。

⑭ 差价收入免税。对个人投资者从买卖证券投资基金单位获得的差价收入,暂不征收

个人所得税。

(6) 征收管理　我国个人所得税的征收方式实行源泉扣缴(即税款由支付人在每次支付的款额中扣缴)与自行申报并用法,注重源泉扣缴。

自行纳税申报是指以下两种情形:

① 纳税人取得应税所得后,根据取得的应纳税所得项目、数额,计算出应纳的个人所得税额,并在税法规定的申报期限内,如实填写相应的个人所得税纳税申报表,报送税务机关,申报缴纳个人所得税。

② 纳税人在一个纳税年度终了后,根据全年取得的应纳税所得项目、数额、应纳税额、已纳税额、应补退税额,在税法规定的申报期限内,如实填写相应的个人所得税纳税申报表,并报送税务机关,办理相应事项。

凡在中国境内负有个人所得税纳税义务的纳税人,具有以下 5 种情形之一的,应当按照规定自行向税务机关办理纳税申报:① 年所得 12 万元以上的;② 从中国境内两处或两处以上取得工资、薪金所得的;③ 从中国境外取得所得的;④ 取得应税所得,没有扣缴义务人的;⑤ 国务院规定的其他情形。

个人所得税的征收方式可分为按月计征和按年计征。个体工商户的生产、经营所得,对企业事业单位的承包经营、承租经营所得,特定行业的工资、薪金所得,从中国境外取得的所得,实行按年计征应纳税额,其他所得应纳税额实行按月计征。

3.3.3 资源税

资源税是以自然和某些社会资源为课税对象的税种的总称。资源税类带有受益税的性质,征收阻力小,并且资源税类的税源比较广泛,因而合理开征资源税既有利于财政收入的稳定增长,也有利于合理开发和利用国家的自然资源和某些社会资源。这类税收的特点是:税负高低与资源级差收益水平关系密切,征税范围的选择也比较灵活。

级差资源税是国家对开发和利用自然资源的单位和个人,由于资源条件的差别所取得的级差收入课征的一种税。一般资源税是国家对国有资源,如我国《宪法》规定的城市土地、矿藏、水流、森林、山岭、草原、荒地、滩涂等,根据国家的需要,对使用某种自然资源的单位和个人,为取得应税资源的使用权而征收的一种税。

我国课征资源税的目的是在于保护及合理安排和使用土地、矿藏等各种资源,促进国有资源的合理开采,调节利用自然资源取得的级差收入,使企业在大体同等外部条件下开展竞争。

目前,我国对资源的课税具体包括对矿产资源和盐征收的资源税,对土地资源征收的城镇土地使用税、土地增值税和耕地占用税。

1) 资源税

资源税是对在我国境内开采应税矿产品和生产盐的单位和个人,就其应税数量征收的一种税。

(1) 资源税的特点

① 征税范围较窄:自然资源是生产资料或生活资料的天然来源,它包括的范围很广,如矿产资源、土地资源、水资源、动植物资源等。目前我国的资源税征税范围较窄,仅选择了部分级差收入差异较大、资源较为普遍、易于征收管理的矿产品和盐列为征税范围。随着我国经济的快速发展,对自然资源的合理利用和有效保护将越来越重要,因此,资源税的征税

范围应逐步扩大。

② 实行差别税额从量征收：我国现行资源税实行从量定额征收，一方面税收收入不受产品价格、成本和利润变化的影响，能够稳定财政收入；另一方面有利于促进资源开采企业降低成本，提高经济效益。同时，资源税按照"资源条件好、收入多的多征，资源条件差、收入少的少征"的原则，根据矿产资源等级分别确定不同的税额，以有效地调节资源级差收入。

③ 实行源泉课征：不论采掘或生产单位是否属于独立核算，资源税均规定在采掘或生产地源泉控制征收，这样既照顾了采掘地的利益，又避免了税款的流失。这与其他税种由独立核算的单位统一缴纳不同。

(2) 资源税的作用

① 调节资源级差收入，有利于企业在同一水平上竞争。

② 加强资源管理，有利于促进企业合理开发、利用。

③ 与其他税种配合，有利于发挥税收杠杆的整体功能。

④ 开征资源税，旨在使自然资源条件优越的级差收入归国家所有，排除因资源优劣造成企业利润分配上的不合理状况。

(3) 资源税的税制要素

① 纳税人：我国境内开采应税矿产品或者生产盐的单位和个人为资源税纳税人。

② 扣缴义务人：在某些情况下，可由收购未税矿产品的单位代为扣缴税款。

③ 征税范围：原油、天然气、煤炭、其他非金属矿原矿、黑色金属矿原矿、有色金属矿原矿、盐7个税目。

④ 税率：资源税实行从量定额征收的固定税率。税目、税额幅度详见表3.4。

表3.4 资源税税目税额幅度表

税　　　目	税　额　幅　度
一、原油	8～30元/吨
二、天然气	2～15元/千立方米
三、煤炭	0.3～5元/吨
四、其他非金属矿原矿	0.5～20元/吨(元/立方米)
五、黑色金属矿原矿	2～30元/吨
六、有色金属矿原矿	0.4～30元/吨
七、盐	
固体盐	10～60元/吨
液体盐	2～10元/吨

⑤ 计税依据：现行资源税计税依据是纳税人应税产品的销售数量和自用数量。具体是这样规定的：纳税人开采或者生产应税产品销售的，以销售数量为课税数量；纳税人开采或者生产应税产品自用的，以自用数量为课税数量。

⑥ 应纳税额的计算及减免

a. 资源税应纳税额的计算

应纳税额＝课税数量×单位税额

b. 资源税的减免税：开采原油过程中用于加热、修井的原油免税；纳税人开采过程中由意外事故等造成损失的，可照顾减免税；国务院规定的其他减免税项目。

⑦ 资源税的申报期限和纳税期限：资源税纳税人的纳税期限为1日、3日、5日、10日、15日或者1个月，由主管税务机关根据实际情况具体核定。不能按固定期限计算纳税的，可以按次计算纳税。纳税人以1个月为一期纳税的，自期满之日起10日内申报纳税；以1日、3日、5日、10日或者15日为一期纳税的，自期满之日起5日内预缴税款，于次月1日起10日内申报纳税并结清上月税款。扣缴义务人的解缴税款期限，比照前两款的规定执行。

2）城镇土地使用税

城镇土地使用税是国家在城市、县城、建制镇、工矿区范围内，对使用土地的单位和个人，以其实际占用的土地面积为计税依据，按照规定的税额计算征收的一种税。征收此税有利于合理利用城镇土地，调节土地级差收入，提高土地使用效益，加强土地管理。

《中华人民共和国城镇土地使用税暂行条例》（以下简称《城镇土地使用税暂行条例》）于1988年9月27日发布，根据2006年12月31日《国务院关于修改〈中华人民共和国城镇土地使用税暂行条例〉的决定》修订。我国修订后的《城镇土地使用税暂行条例》于2007年1月1日起实施。新条例的出台是地方税改革的最新进展，有利于统一税制、公平税负、拓宽税基，贯彻落实国家宏观经济政策，增加地方财政收入。

1988年公布实施的《城镇土地使用税暂行条例》是依据20世纪80年代中期的经济发展水平、土地利用状况及相关政策制定的。近年来，随着土地有偿使用制度的实施、经济的发展和土地需求的不断增加，原城镇土地使用税的一些规定已明显滞后于经济形势发展变化的要求。一是税额标准太低，每平方米土地年税额最高只有10元，最低仅为0.2元，这与我国人多地少、土地资源极为紧缺的现状以及近年来日益攀升的地价水平是极不相适应的；二是对外商投资企业不征税，税负有失公平。近几年，为了抑制投资过热，促进合理开发利用土地，中央采取了一系列宏观调控措施，特别加强了土地的管理，但一些地区和行业固定资产投资增长过快、乱占滥用土地的现象仍然严重。据有关报道，目前已出让的土地有2/3仍处于闲置状态。而城镇土地使用税作为我国目前在土地保有环节征收的唯一税种，长期以来税负偏低，2005年全国城镇土地使用税收入为137亿元，2006年为177亿元，占全国税收总收入的比重不足0.5个百分点，难以发挥其经济调节作用。而且，城镇土地使用税税额偏低，也影响了地方政府根据经济发展状况及时调整土地等级和税额的积极性。此外，外资企业使用土地不缴纳城镇土地使用税，造成内外资企业用地成本的差异，不利于不同经济类型的企业共同协调发展，也不符合市场经济公平竞争的原则。因此，需要对原《城镇土地使用税暂行条例》的有关内容进行调整和完善。

为了落实国家宏观调控政策和完善城镇土地使用税税制，2006年8月1日，《中共中央国务院转发〈国家发展和改革委员会关于上半年经济形势和做好下半年经济工作的建议〉的通知》明确提出了"提高城镇土地使用税单位税额，严格控制减免税范围"的要求。经国务院常务会议审议，在2006年12月31日发布了《关于修改〈中华人民共和国城镇土地使用税暂行条例〉的决定》，提高了城镇土地使用税的税额幅度，明确对外商投资企业和外国企业征收城镇土地使用税，并相应修订了《城镇土地使用税暂行条例》，重新进行了公布。城镇土地使用税暂行条例修改的具体内容如下：

（1）提高了城镇土地使用税税额幅度 新修订的《城镇土地使用税暂行条例》，将税额标准提高了2倍，调整后的"土地使用税每平方米年税额：大城市1.5元至30元；中等城市

1.2元至24元;小城市0.9元至18元;县城、建制镇、工矿区0.6元至12元"。考虑到城镇土地使用税的税负水平应与各地经济发展水平和土地市场发育程度相适应,条例仍授权各省级人民政府根据当地实际情况在上述税额幅度内确定本地区的适用税额幅度。具体来讲,省、自治区、直辖市人民政府,应当在规定的税额幅度内,根据市政建设状况、经济繁荣程度等条件,确定所辖地区的适用税额幅度。市、县人民政府应当根据实际情况,将本地区土地划分为若干等级,在省、自治区、直辖市人民政府确定的税额幅度内,制定相应的适用税额标准,报省、自治区、直辖市人民政府批准执行。经省、自治区、直辖市人民政府批准,经济落后地区土地使用税的适用税额标准可以适当降低,但降低额不得超过规定最低税额的30%;经济发达地区土地使用税的适用税额标准可以适当提高,但须报经财政部批准。

提高城镇土地使用税税额,增加了用地的成本,可以引导土地使用者合理节约的使用土地,提高土地利用效益,有利于进一步贯彻落实国家加强土地宏观调控的措施,有利于促进房地产市场的健康发展,有利于增加地方的财政收入。

(2) 将外资企业纳入城镇土地使用税征税范围　新修订的《城镇土地使用税暂行条例》在第二条中增加了第二款:将第一款中使用土地的单位和个人定义为:"前款所称单位,包括国有企业、集体企业、私营企业、股份制企业、外商投资企业、外国企业以及其他企业和事业单位,社会团体、国家机关、军队以及其他单位;所称个人,包括个体工商户以及其他个人。"即把在城市、县城、建制镇、工矿区范围内使用土地的外商投资企业、外国企业和外籍个人也确定为城镇土地使用税的纳税人,应当依照条例的规定缴纳土地使用税。

对外资企业用地征收城镇土地使用税,符合党的十六届三中全会关于"统一各类企业税收制度"的要求,有利于公平税负,平衡内外资企业的税收负担,有利于促进各类企业公平竞争。

土地使用税以纳税人实际占用的土地面积为计税依据,依照规定税额计算征收。土地占用面积的组织测量工作,由省、自治区、直辖市人民政府根据实际情况确定。

下列土地免缴土地使用税:① 国家机关、人民团体、军队自用的土地;② 由国家财政部门拨付事业经费的单位自用的土地;③ 宗教寺庙、公园、名胜古迹自用的土地;④ 市政街道、广场、绿化地带等公共用地;⑤ 直接用于农、林、牧、渔业的生产用地;⑥ 经批准开山填海整治的土地和改造的废弃土地,从使用的月份起免缴土地使用税5年至10年;⑦ 由财政部另行规定免税的能源、交通、水利设施用地和其他用地。

除上述规定外,纳税人缴纳土地使用税确有困难需要定期减免的,由省、自治区、直辖市税务机关审核后,报国家税务局批准。

土地使用税按年计算、分期缴纳。缴纳期限由省、自治区、直辖市人民政府确定。

新征用的土地,依照下列规定缴纳土地使用税:① 征用的耕地,自批准征用之日起满1年时开始缴纳土地使用税;② 征用的非耕地,自批准征用次月起缴纳土地使用税。

土地使用税由土地所在地的税务机关征收。土地管理机关应当向土地所在地的税务机关提供土地使用权属资料。

3) 土地增值税

土地增值税是对转让国有土地使用权、地上的建筑物及其附着物并取得收入的单位和个人,就其转让房地产所取得的增值额征收的一种税。开征此税的目的是为了规范土地、房地产市场交易秩序,合理调节土地增值收益,维护国家权益;因为征收土地增值税有利于抑制房地产投机、炒卖行为,规范房地产市场交易秩序,防止国有土地收益流失。

土地增值税的税制要素如下：

(1) 纳税人　转让国有土地使用权、地上的建筑物及其附着物(简称转让房地产)并取得收入的单位和个人,为土地增值税的纳税义务人。

(2) 征收范围　征收：① 有偿转让国有土地使用权；② 有偿转让地上建筑物和其他附着物；③ 非公益性赠予；④ 将投资联营房地产再转让；⑤ 合作建房,建成后转让的；⑥ 单位交换房地产；⑦ 抵押期满,不能偿还债务,而以房地产抵债。

不征收：① 转让非国有土地、出让国有土地的行为；② 继承不征；③ 房产、土地使用权所有人赠与直系亲属或承担直接赡养义务人的行为；④ 公益性捐赠；⑤ 以房地产进行投资、联营的；⑥ 合作建房,建成后分房自用；⑦ 企业兼并转让房地产；⑧ 个人之间互换自有居住住房的；⑨ 房地产抵押期间；⑩ 房地产出租的；⑪ 房地产评估增值；⑫ 国家收回房地产权。

(3) 应税收入的认定　纳税人转让房地产所取得的收入,包括转让房地产的全部价款及有关的经济收益。从收入的形式来看,包括货币收入、实物收入和其他收入。

纳税人有下列情形之一的,按照房地产评估价格(是指由政府批准设立的房地产评估机构根据相同地段、同类房地产进行综合评定的价格。评估价格须经当地税务机关确认)计算征收：一是隐瞒、虚报房地产成交价格(是指纳税人不报或有意低报转让土地使用权、地上建筑物及其附着物价款的行为)的；二是提供扣除项目金额不实(是指纳税人在纳税申报时不据实提供扣除项目金额的行为)的；三是转让房地产的成交价格低于房地产评估价格,又无正当理由(是指纳税人申报的转让房地产的实际成交价低于房地产评估机构评定的交易价,纳税人又不能提供凭据或无正当理由的行为)的。

土地增值税以国家有关部门审批的房地产开发项目为单位进行清算,对于分期开发的项目,以分期项目为单位清算。符合下列情形之一的,税务机关可要求纳税人进行土地增值税清算：已竣工验收的房地产开发项目；已转让的房地产建筑面积占整个项目可售建筑面积的比例在85%以上,或该比例虽未超过85%,但剩余的可售建筑面积已经出租或自用的；取得销售(预售)许可证满3年仍未销售完毕的；纳税人申请注销税务登记但未办理土地增值税清算手续的。

房地产开发企业将开发产品用于职工福利、奖励、对外投资、分配给股东或投资人、抵偿债务、换取其他单位和个人的非货币性资产等应视同销售房地产,其收入由主管税务机关参照当地当年同类房地产的市场价格或评估值确定。

(4) 确定增值额的扣除项目　① 取得土地使用权所支付的金额；② 开发土地和新建房及配套设施的成本；③ 开发土地和新建房及配套设施的费用(简称房地产开发费用)；④ 旧房及建筑物的评估价格；⑤ 与转让房地产有关的税金；⑥ 财政部规定的其他扣除项目。

(5) 税率　按照纳税人转让房地产所取得的增值额和规定的税率计算征收。纳税人转让房地产所取得的收入减除规定扣除项目金额后的余额,为增值额。土地增值税按增值额超过扣除项目金额的比率实行四级超率累进税率：① 增值额未超过扣除项目金额50%的部分,税率为30%。② 增值额超过扣除项目金额50%、未超过扣除项目金额100%的部分,税率为40%。③ 增值额超过扣除项目金额100%、未超过扣除项目金额200%的部分,税率为50%。④ 增值额超过扣除项目金额200%的部分,税率为60%。

(6) 税收优惠　有下列情形之一的,免征土地增值税：

① 纳税人建造普通标准住宅出售,增值额未超过扣除项目金额20%的。普通标准住

宅,是指按所在地一般民用住宅标准建造的居住用住宅。高级公寓、别墅、度假村等不属于普通标准住宅。普通标准住宅与其他住宅的具体划分界限由各省、自治区、直辖市人民政府规定。

② 因国家建设需要依法征用、收回的房地产。因国家建设需要依法征用、收回的房地产,是指因城市实施规划、国家建设的需要而被政府批准征用的房产或收回的土地使用权。因城市实施规划、国家建设的需要而搬迁,由纳税人自行转让原房地产的,比照本规定免征土地增值税。符合上述免税规定的单位和个人,须向房地产所在地税务机关提出免税申请,经税务机关审核后,免予征收土地增值税。

③ 个人因工作调动或改善居住条件而转让原自用住房,经向税务机关申报核准,凡居住满5年或5年以上的,免予征收土地增值税;居住满3年未满5年的,减半征收土地增值税。居住未满3年的,按规定计征土地增值税。

(7) 纳税申报及缴纳　土地增值税由税务机关征收。土地管理部门、房产管理部门应当向税务机关提供有关资料(是指向房地产所在地主管税务机关提供有关房屋及建筑物产权、土地使用权、土地出让金数额、土地基准地价、房地产市场交易价格及权属变更等方面的资料),并协助税务机关依法征收土地增值税。纳税人按照税务机关核定的税额及规定的期限缴纳土地增值税。

纳税人应按照下列程序办理纳税手续:纳税人应在转让房地产合同签订后的7日内,到房地产所在地(是指房地产的坐落地。纳税人转让房地产坐落在两个或两个以上地区的,应按房地产所在地分别申报纳税)主管税务机关办理纳税申报,并向税务机关提交房屋及建筑物产权、土地使用权证书,土地转让、房产买卖合同、房地产评估报告及其他与转让房地产有关的资料。纳税人因经常发生房地产转让而难以在每次转让后申报的,经税务机关审核同意后,可以定期进行纳税申报,具体期限由税务机关根据情况确定。

纳税人在项目全部竣工结算前转让房地产取得的收入,由于涉及成本确定或其他原因而无法据以计算土地增值税的,可以预征土地增值税,待该项目全部竣工、办理结算后再进行清算,多退少补。具体办法由各省、自治区、直辖市地方税务局根据当地情况制定。

4) 耕地占用税

耕地占用税是对占用耕地建房或者从事其他非农业建设的单位和个人,按其实际占用的耕地面积和规定税额一次性征收的一种税。

我国1987年开征此税的目的是为了合理利用土地资源,加强土地管理,保护耕地。1994年税制改革提出:尽快完成对耕地占用税的修改工作,拓宽征税范围,重新核定征收标准,缩小减免范围,强化税收征管,使耕地占用税真正起到保护耕地、补偿耕地的作用。

国务院2007年12月1日公布了《中华人民共和国耕地占用税暂行条例》,自2008年1月1日起施行。

耕地占用税的税制要素如下:

(1) 纳税人　占用耕地建房或者从事非农业建设的单位或者个人,为耕地占用税的纳税人,应当依照规定缴纳耕地占用税。耕地是指用于种植农作物的土地。农田水利占用耕地的,不征收耕地占用税。占用园地建房或者从事非农业建设的,视同占用耕地征收耕地占用税。

纳税人临时占用耕地(是指纳税人因建设项目施工、地质勘察等需要,在一般不超过2

年内临时使用耕地并且没有修建永久性建筑物的行为),应当依照规定缴纳耕地占用税。纳税人在批准临时占用耕地的期限内恢复所占用耕地原状的,全额退还已经缴纳的耕地占用税。

占用林地(包括有林地、灌木林地、疏林地、未成林地、苗圃等,不包括居民点内部的绿化林木用地,铁路、公路征地范围内的林木用地,以及河流、沟渠的护堤林用地)、牧草地(包括天然牧草地、人工牧草地)、农田水利用地(包括农田排灌沟渠及相应附属设施用地)、养殖水面(包括人工开挖或者天然形成的用于水产养殖的河流水面、湖泊水面、水库水面、坑塘水面及相应附属设施用地)以及渔业水域滩涂(包括专门用于种植或者养殖水生动植物的海水潮浸地带和滩地)等其他农用地建房或者从事非农业建设的,比照规定征收耕地占用税。适用税额可以适当低于当地占用耕地的适用税额,具体适用税额按照各省、自治区、直辖市人民政府的规定执行。

建设直接为农业生产服务的生产设施占用前款规定的农用地的,不征收耕地占用税。直接为农业生产服务的生产设施,是指直接为农业生产服务而建设的建筑物和构筑物。具体包括:储存农用机具和种子、苗木、木材等农业产品的仓储设施;培育、生产种子、种苗的设施;畜禽养殖设施;木材集材道、运材道;农业科研、试验、示范基地;野生动植物保护、护林、森林病虫害防治、森林防火、木材检疫的设施;专为农业生产服务的灌溉排水、供水、供电、供热、供气、通信基础设施;农业生产者从事农业生产必需的食宿和管理设施;其他直接为农业生产服务的生产设施。

(2)计税标准　耕地占用税以纳税人实际占用的耕地面积为计税依据,按照规定的适用税额一次性征收。耕地占用税的税额规定如下:人均耕地不超过1亩的地区(以县级行政区域为单位),每平方米为10元至50元;人均耕地超过1亩但不超过2亩的地区,每平方米为8元至40元;人均耕地超过2亩但不超过3亩的地区,每平方米为6元至30元;人均耕地超过3亩的地区,每平方米为5元至25元。

国务院财政、税务主管部门根据人均耕地面积和经济发展情况确定各省、自治区、直辖市的平均税额。

各地适用税额,由省、自治区、直辖市人民政府在规定的税额幅度内,根据本地区情况核定。各省、自治区、直辖市人民政府核定的适用税额的平均水平,不得低于规定的平均税额。

经济特区、经济技术开发区和经济发达且人均耕地特别少的地区,适用税额可以适当提高,但是提高的部分最高不得超过规定的当地适用税额的50%。

占用基本农田的,适用税额应当在规定的当地适用税额的基础上提高50%。

(3)减免规定　下列情形免征耕地占用税:军事设施占用耕地;学校、幼儿园、养老院、医院占用耕地。

规定免税的军事设施,具体范围包括:① 地上、地下的军事指挥、作战工程;② 军用机场、港口、码头;③ 营区、训练场、试验场;④ 军用洞库、仓库;⑤ 军用通信、侦察、导航、观测台站和测量、导航、助航标志;⑥ 军用公路、铁路专用线,军用通信、输电线路,军用输油、输水管道;⑦ 其他直接用于军事用途的设施。

规定免税的学校,具体范围包括县级以上人民政府教育行政部门批准成立的大学、中学、小学、学历性职业教育学校以及特殊教育学校。学校内经营性场所和教职工住房占用耕地的,按照当地适用税额缴纳耕地占用税。

规定免税的幼儿园,具体范围限于县级人民政府教育行政部门登记注册或者备案的幼儿园内专门用于幼儿保育、教育的场所。

规定免税的养老院，具体范围限于经批准设立的养老院内专门为老年人提供生活照顾的场所。

规定免税的医院，具体范围限于县级以上人民政府卫生行政部门批准设立的医院内专门用于提供医护服务的场所及其配套设施。医院内职工住房占用耕地的，按照当地适用税额缴纳耕地占用税。

铁路线路、公路线路、飞机场跑道、停机坪、港口、航道占用耕地，减按每平方米2元的税额征收耕地占用税。

规定减税的铁路线路，具体范围限于铁路路基、桥梁、涵洞、隧道及其按照规定两侧留地。专用铁路和铁路专用线占用耕地的，按照当地适用税额缴纳耕地占用税。

规定减税的公路线路，具体范围限于经批准建设的国道、省道、县道、乡道和属于农村公路的村道的主体工程以及两侧边沟或者截水沟。专用公路和城区内机动车道占用耕地的，按照当地适用税额缴纳耕地占用税。

规定减税的飞机场跑道、停机坪，具体范围限于经批准建设的民用机场专门用于民用航空器起降、滑行、停放的场所。

规定减税的港口，具体范围限于经批准建设的港口内供船舶进出、停靠以及旅客上下、货物装卸的场所。

规定减税的航道，具体范围限于在江、河、湖泊、港湾等水域内供船舶安全航行的通道。

农村居民占用耕地新建住宅，按照当地适用税额减半征收耕地占用税。规定减税的农村居民占用耕地新建住宅，是指农村居民经批准在户口所在地按照规定标准占用耕地建设自用住宅。农村居民经批准搬迁，原宅基地恢复耕种，凡新建住宅占用耕地不超过原宅基地面积的，不征收耕地占用税；超过原宅基地面积的，对超过部分按照当地适用税额减半征收耕地占用税。

农村烈士家属、残疾军人、鳏寡孤独以及革命老根据地、少数民族聚居区和边远贫困山区生活困难的农村居民，在规定用地标准以内新建住宅缴纳耕地占用税确有困难的，经所在地乡（镇）人民政府审核，报经县级人民政府批准后，可以免征或者减征耕地占用税。农村烈士家属，包括农村烈士的父母、配偶和子女，革命老根据地、少数民族聚居地区和边远贫困山区生活困难的农村居民，其标准按照各省、自治区、直辖市人民政府有关规定执行。

免征或者减征耕地占用税后，纳税人改变原占地用途，不再属于免征或者减征耕地占用税情形的，应当按照当地适用税额补缴耕地占用税。

（4）征收管理　耕地占用税由地方税务机关负责征收。土地管理部门在通知单位或者个人办理占用耕地手续时，应当同时通知耕地所在地同级地方税务机关。获准占用耕地的单位或者个人应当在收到土地管理部门的通知之日起30日内缴纳耕地占用税。土地管理部门凭耕地占用税完税凭证或者免税凭证和其他有关文件发放建设用地批准书。

经批准占用耕地的，耕地占用税纳税义务发生时间为纳税人收到土地管理部门办理占用农用地手续通知的当天。未经批准占用耕地的，耕地占用税纳税义务发生时间为纳税人实际占用耕地的当天。纳税人占用耕地或其他农用地，应当在耕地或其他农用地所在地申报纳税。

各省、自治区、直辖市人民政府财政、税务主管部门应当将本省、自治区、直辖市人民政府制定的耕地占用税具体实施办法报送财政部和国家税务总局。

3.3.4 财产税

财产税类是以法人和自然人拥有和归其支配的财产为对象所征收的一类税收。财产税是对于建筑物、船舶及航空器的所有,对其所有人课征的税。财产税是所得税的补充税,是在所得税对收入调节的基础上,对纳税人占有的财产作进一步的调节。财产的多少反映着纳税人的贫富,因此,财产税调节的重点是富人。强化财产税的调节作用,有利于缩小贫富差距。

财产税类是指以各种财产为征税对象的税收体系。财产税类税种的课税对象是财产的收益或财产所有人的收入,主要包括房产税、财产税、遗产和赠与税等税种。对财产课税,对于促进纳税人加强财产管理、提高财产使用效率具有特殊的作用。目前我国财产课税有房产税(城市房地产税)、契税、车辆购置税、车船税和船舶吨税。遗产和赠与税在体现鼓励勤劳致富、反对不劳而富方面有着独特的作用,是世界各国通用的税种,我国虽然列入了立法计划,但至今尚未开征。

财产税具有以下特点:① 土地、房产等不动产的位置固定,标志明显,作为课税对象具有收入上的稳定性,税收不易逃漏。② 征收财产税可以防止财产过于集中于社会少数人,调节财富的分配,体现社会分配的公正性。③ 纳税人的财产分布地不尽一致,当地政府易于了解,便于地方因地制宜地进行征收管理。因此,许多国家和地区都将财产税作为税制中的辅助税种,划入地方税。

1) 房产税

房产税是以房屋为征税对象,按房屋的计税余值或租金收入为计税依据,向产权所有人征收的一种财产税。现行的房产税是第二步利改税以后开征的,1986 年 9 月 15 日,国务院正式发布了《中华人民共和国房产税暂行条例》,从 1986 年 10 月 1 日起开始实施。

房产税具有以下特点:① 房产税属于财产税中的个别财产税,其征税对象只是房屋。② 征收范围限于城镇的经营性房屋。③ 区别房屋的经营使用方式规定征税办法,对于自用的按房产计税余值征收,对于出租、出典的房屋按租金收入征税。

房产税的税制要素如下:

(1) 纳税人 包括:① 产权属国家所有的,由经营管理单位纳税;产权属集体和个人所有的,由集体单位和个人纳税。② 产权出典的,由承典人纳税。③ 产权所有人、承典人不在房屋所在地的,由房产代管人或者使用人纳税。④ 产权未确定及租典纠纷未解决的,亦由房产代管人或者使用人纳税。⑤ 无租使用其他房产的问题。纳税单位和个人无租使用房产管理部门、免税单位及纳税单位的房产,应由使用人代为缴纳房产税。

(2) 征税对象和征税范围

① 征税对象:房产。所谓房产,是指有屋面和围护结构,能够遮风避雨,可供人们在其中生产、学习、工作、娱乐、居住或储藏物资的场所。但独立于房屋的建筑物如围墙、暖房、水塔、烟囱、室外游泳池等不属于房产,但室内游泳池属于房产。

由于房地产开发企业开发的商品房在出售前,对房地产开发企业而言是一种产品,因此,对房地产开发企业建造的商品房,在售出前,不征收房产税;但对售出前房地产开发企业已使用或出租、出借的商品房应按规定征收房产税。

② 征税范围:城市、县城、建制镇、工矿区,不包括农村的房屋。

(3) 计税依据与税率

① 计税依据:按照房产余值征税的,称为从价计征;按照房产租金收入计征的,称为从

租计征。

　　a. 从价计征：房产税依照房产原值一次减除10%～30%后的余值计算缴纳。扣除比例由当地政府规定。房产原值应包括与房屋不可分割的各种附属设备或一般不单独计算价值的配套设施，主要有暖气、卫生、通风等。纳税人对原有房屋进行改建、扩建的，要相应增加房屋的原值。还应注意以下三点问题：一是对投资联营的房产，在计征房产税时应予以区别对待。共担风险的，按房产余值作为计税依据，计征房产税；对收取固定收入，应由出租方按租金收入计缴房产税。二是对融资租赁房屋的情况，在计征房产税时应以房产余值计算征收，租赁期内房产税的纳税人，由当地税务机关根据实际情况确定。三是新建房屋交付使用时，如中央空调设备已计算在房产原值之中，则房产原值应包括中央空调设备；旧房安装空调设备，一般都作单项固定资产入账，不应计入房产原值。

　　b. 从租计征：房产出租的，以房产租金收入为房产税的计税依据。

　　② 税率：按房产余值计征的，年税率为1.2%；按房产出租的租金收入计征的，税率为12%。但对个人按市场价格出租的居民住房，用于居住的，可暂减按4%的税率征收房产税。

　　(4) 应纳税额的计算

　　① 从价计征的计算：从价计征是按房产的原值减除一定比例后的余值计征，其公式为：

　　应纳税额＝应税房产原值×(1－扣除比例)×年税率1.2%

　　② 从租计征的计算：从租计征是按房产的租金收入计征，其公式为：

　　应纳税额＝租金收入×12%

　　(5) 税收优惠

　　① 国家机关、人民团体、军队自用的房产免征房产税，但上述免税单位的出租房产不属于免税范围。

　　② 由国家财政部门拨付事业经费的单位自用的房产免征房产税，但如学校的工厂、商店、招待所等应照章纳税。

　　③ 宗教寺庙、公园、名胜古迹自用的房产免征房产税，但经营用的房产不免。

　　④ 个人所有非营业用的房产免征房产税，但个人拥有的营业用房或出租的房产，应照章纳税。

　　⑤ 对行使国家行政管理职能的中国人民银行总行所属分支机构自用的房地产，免征房产税。

　　⑥ 经财政部批准免税的其他房产。

　　⑦ 从2001年1月1日起，对个人按市场价格出租的居民住房，用于居住的，可暂减按4%的税率征收房产税。

　　除上述规定者外，纳税人纳税确有困难的，可由省、自治区、直辖市人民政府确定，定期减征或者免征房产税。

　　(6) 征收管理　房产税按年征收，分期缴纳。纳税期限由省、自治区、直辖市人民政府规定。纳税义务发生时间：将原有房产用于生产经营，从生产经营之月起缴纳房产税，其余均从次月起缴纳。

　　(7) 城市房地产税　我国现行税制中的房产税、城市房地产税在《政府收支分类科目》"税收收入类""房产税款"中集中反映（所以，这里作为房地产一个部分，而不是作为一个独立税种列举辨析)。

城市房地产税是对属于中外合资经营企业、中外合作经营企业、外国企业和外商的房屋、土地按照房价、地价或租价对房地产所有人或使用人征收的一种税。

① 城市房地产税征税范围：在城市、县城、建制镇和矿区的房地产。开征地区和标准由各省确定。

② 城市房地产税的纳税人：房产的产权所有人。产权出典的，由承典人缴纳。在中华人民共和国境内拥有房屋产权的外国侨民、外国企业和外商投资企业是城市房地产税的纳税义务人。目前只对外商投资企业征收。

③ 城市房地产税的计税依据和税率：城市房地产税的计税依据为房屋折余价值或房屋租金收入。城市房地产税依房屋折余价值按年计征，税率为1.2%；城市房地产税依租金收入按年计征，税率为18%。

④ 城市房地产税纳税地点：由纳税人向房产所在地的税务机关缴纳。房产不在一地的纳税人，应当按照房产坐落的地点分别向房产所在地的税务机关纳税。

⑤ 城市房地产税的优惠政策及管理：城市房地产税实行按年征收，分期缴纳，具体纳税期限由当地税务机关确定。

⑥ 城市房地产税应纳税额计算：准确计算城市房地产税，需要根据税法的有关规定，正确掌握计算方法，具体公式如下：

按照标准房价计税的：年应纳税额＝适用单位标准房价×应税面积×1.2%

按照标准房租价计税的：年应纳税额＝适用单位标准房租价×应税面积×18%

例：某中外合资企业，使用土地面积15 000 m²。自有应税房产面积2 000 m²，经核定平均单位标准房价为150元。计算该企业每年应纳的城市房地产税。

解：年应纳房产税额＝2 000×150×1.2%＝3 600元

根据规定，中外合资经营企业使用的土地应征收土地使用费，不再征收地产税。该企业全年应缴纳城市房地产税3 600元。

⑦ 城市房地产税减免：对外商投资企业城市房地产税的减免，由各省人民政府决定，是城市房地产税制中对某些特殊情况给予减税或免除税负的一种优待规定。2009年以前城市房地产税的减税、免税规定主要由地方政府给予，例如：新建的房屋，自落成的月份起免税3年。翻建房屋超过新建期50%的，从竣工月份起免税2年(以上两项免税规定不适用于外商投资企业)。华侨、侨眷用侨汇购买或建造的房屋，从发给房屋产权证之日起，5年免征房产税。其他有特殊情况的房产，经省级以上人民政府批准后，可以减税或免税。

2) 契税

契税是土地、房屋权属转移时向其承受者征收的一种税收。现行的《中华人民共和国契税暂行条例》及细则于1997年10月1日起施行。

契税是在土地、房屋等不动产所有权转移，当事人双方订立契约时，对不动产承受人课征的一种税。契税除与其他税收有相同的性质和作用外，还具有证明不动产所有人产权合法性的作用。征收机关在征税时，首先要查明产权转移的合法性才准予缴税，并发给新的契证作为产权合法性的证明。

契税，是指对契约征收的税，属于财产转移税，由财产承受人缴纳。契税中所涉及的契约，包括土地使用权转移，如国有土地使用权出让或转让，房屋所有权转移，应该称为土地、房屋权属转移,如房屋买卖、赠送、交换等。除了买卖、赠送、交换外,房屋所有权转移的方式还有很多种,其中,有两种常见的房屋权属转移,按规定要缴纳契税:因特殊贡献获奖,奖品为土地或房屋权属;预购期房、预付款项集资建房,只要拥有房屋所有权,就等同于房屋买卖。

契税是一种重要的地方税种,在土地、房屋交易的发生地,不管何人,只要所有权属转移,都要依法纳税。目前,契税已成为地方财政收入的固定来源,在全国,地方契税收入呈迅速上升态势。

契税具有以下特点：① 契税属于财产转移税。② 契税由财产承受人缴纳。开征契税有利于调控房地产市场,规范交易行为;抑制炒卖房地产等投机活动;有利于从法律上保护产权所有者的合法权益,避免产权纠纷。

近期契税变化:从2008年11月1日起,对个人首次购买90 m^2 及以下普通住房的,对个人销售或购买住房暂免征收印花税,契税税率暂统一下调到1%;对个人销售住房暂免征收土地增值税。地方政府可制定鼓励住房消费的收费减免政策。

契税的税制要素如下:

(1) 纳税人 在中国境内取得土地、房屋权属的企业和个人,应当依法缴纳契税。上述取得土地、房屋权属包括下列方式:国有土地使用权出让,土地使用权转让(包括出售、赠与和交换),房屋买卖、赠与和交换。以下列方式转移土地房屋权属的,视同土地使用权转让、房屋买卖或者房屋赠与征收契税:以土地、房屋权属作价投资、入股,以土地、房屋权属抵偿债务,以获奖的方式承受土地、房屋权属,以预购方式或者预付集资建房款的方式承受土地、房屋权属。

(2) 课税对象 契税是以所有权发生转移变动的不动产为征税对象,向产权承受人征收的一种财产税。应缴税范围包括:土地使用权出售、赠与和交换,房屋买卖,房屋赠与,房屋交换等。即土地增值税是出让方交,契税是承让方交。具体来说:① 土地使用权的出让,由承受方交。② 土地使用权的转让,除了考虑土地增值税外,另由承受方交契税。③ 房屋买卖：以房产抵债或实物交换房屋;以房产作投资或股权转让;买房拆料或翻建新房,应照章纳税。④ 房屋赠与赠与方不纳土地增值税,但承受方应纳契税。⑤ 房屋交换在契税的计算中,注意过户与否是一个关键点。

(3) 税率 契税实行3%~5%的幅度比例税率,各省、自治区、直辖市在这个范围内可以自行确定各自的适用税率。财政部、国家税务总局发出通知,从1999年8月1日起,个人购买自用普通住宅,契税暂时减半征收。

(4) 计税依据 各类土地、房屋权属转移,方式各不相同,契税定价方法也各有差异。契税的计税依据,归结起来有4种:

① 按成交价格计算:成交价格经双方敲定,形成合同,税务机关以此为据,直接计税。这种定价方式,主要适用于国有土地使用权出让、土地使用权出售、房屋买卖。即国有土地使用权出让、土地使用权出售、房屋买卖,以成交价格为计税依据。

② 根据市场价格计算:土地使用权赠与、房屋赠与,由征收机关参照土地使用权出售、房屋买卖的市场价格核定。土地、房屋价格绝不是一成不变的,比如北京成为2008年奥运会主办城市后,奥运村地价立即飙升。该地段土地使用权赠送、房屋赠送时,定价依据只能是市场价格,而不是土地或房屋原值。

③ 依据土地、房屋交换差价定税:交换价格相等时,免征契税;交换价格不等时,由多

交付货币、实物、无形资产或者其他经济利益的一方交纳契税。随着二手房市场的兴起,房屋交换走入百姓生活。倘若 A 房价格 30 万元,B 房价格 40 万元,A、B 两房交换,契税的计算自然是两房差额,即 10 万元。同理,土地使用权交换也要依据差额。等额交换时,差额为零,意味着交换双方均免缴契税。

④ 按照土地收益定价:这种情形不常遇到。假设 2000 年,国家以划拨方式,把甲单位土地使用权给了乙单位,3 年后,经许可,乙单位把该土地转让,那么,乙就要补交契税,纳税依据就是土地收益,即乙单位出让土地使用的所得。

⑤ 房屋附属设施征收契税的依据(2009 年新补充内容):一是采取分期付款方式购买房屋附属设施土地使用权、房屋所有权的,应按合同规定的总价款计征契税;二是承受的房屋附属设施权属如为单独计价的,按照当地确定的适用税率征收契税;如与房屋统一计价的,适用与房屋相同的契税税率。

(5) 应纳税额的计算　契税应纳税额的计算公式:

应纳税额＝计税依据×税率

(6) 税收优惠

契税优惠的一般规定:

① 国家机关、事业单位、社会团体、军事单位承受土地、房屋用于办公、教学、医疗、科研和军事设施的,免征契税。

② 城镇职工按规定第一次购买公有住房,免征契税。

③ 因不可抗力灭失住房而重新购买住房的,酌情减免。

契税优惠的特殊规定:

① 企业公司制改造:一般而言,承受一方如无优惠政策就要征契税;另外,要注意不征税与免税是不同的概念。企业公司制改造中,承受原企业土地、房屋权属,免征契税。

② 企业股权重组:在股权转让中,单位、个人承受企业股权,企业土地、房屋权属不发生转移,不征收契税。但在增资扩股中,如果是以土地使用权来认购股份,则承受方需缴契税。国有、集体企业实施"企业股份合作制改造",由职工买断企业产权,或向其职工转让部分产权,或者通过其职工投资增资扩股,将原企业改造为股份合作制企业的,对改造后的股份合作制企业承受原企业的土地、房屋权属,免征契税。

③ 企业合并、分立:一是两个或两个以上的企业,依据法律规定、合同约定,合并改建为一个企业,对其合并后的企业承受原合并各方的土地、房屋权属,免征契税。二是企业依照法律规定、合同约定分设为两个或两个以上投资主体相同的企业,对派生方、新设方承受原企业土地、房屋权属,不征收契税。

④ 企业出售:国有、集体企业出售,被出售企业法人予以注销,并且买受人妥善安置原企业 30% 以上职工的,对其承受所购企业的土地、房屋权属,减半征收契税;全部安置原企业职工的,免征契税。

⑤ 企业关闭、破产:债权人承受关闭、破产企业土地、房屋权属以抵偿债务的,免征契税;对非债权人承受关闭、破产企业土地、房屋权属,凡妥善安置原企业 30% 以上职工的,减半征收契税;全部安置原企业职工的,免征契税。

⑥ 房屋附属设施(2009 年新增):对于承受与房屋相关的附属设施(如停车位、汽车库等)所有权或土地使用权的行为,按照契税法律、法规的规定征收契税;对于不涉及土地使用权和房屋所有权转移变动的,不征收契税。

⑦ 继承土地、房屋权属：法定继承人继承土地、房屋权属，不征契税；非法定继承人应征收契税。

⑧ 其他：经国务院批准实施债权转股权的企业，对债权转股权后新设立的公司承受原企业的土地、房屋权属，免征契税。企业改制重组过程中，同一投资主体内部所属企业之间土地、房屋权属的无偿划转，不征收契税。

(7) 征收管理

① 纳税义务发生时间：契税的纳税义务发生时间是纳税人签订土地、房屋权属转移合同的当天，或者纳税人取得其他具有土地、房屋权属转移合同性质凭证的当天。

② 契税征管：要先交契税，才能办过户手续，即先契后证。

3) 车辆购置税

车辆购置税是对在我国境内购置规定车辆的单位和个人征收的一种税，它由车辆购置附加费演变而来。现行车辆购置税法的基本规范，是从2001年1月1日起实施的《中华人民共和国车辆购置税暂行条例》。

车辆购置税的税制要素如下：

(1) 纳税人　为购置（包括购买、进口、自产、受赠、获奖或以其他方式取得并自用）应税车辆的单位和个人。

(2) 征收范围　为汽车、摩托车、电车、挂车、农用运输车。

(3) 应纳税额的计算　车辆购置税实行比率税率，税率为10%。应纳税额的计算公式为：

应纳税额＝计税价格×税率

① 自用车税额＝计税价格×10%（其中计税价格不含增值税）

计税价格＝购买应税车辆而支付给销售者的全部价款＋价外费用

② 进口车税额＝计税价格×10%

计税价格＝关税完税价＋关税＋消费税

(4) 车辆购置税下调　为培育汽车消费市场，从2009年1月20日至12月31日，对1.6升及以下排量乘用车减按5%征收车辆购置税。

4) 车船税

车船税是对在我国境内应依法到公安、交通、农业、渔业、军事等管理部门办理登记的车辆、船舶，根据其种类，按照规定的计税依据和年税额标准计算征收的一种财产税。车船税作为财产税对财产价值具有调节作用。

新车船税自2007年1月1日起施行。主要做了以下方面的改革：一是统一了各类企业的车船税制；二是由财产与行为税改为财产税；三是适当提高了税额标准；四是调整了减免税范围；五是强化了税源控管的力度。

车船税的税制要素如下：

(1) 纳税人　在中华人民共和国境内，车辆、船舶的所有人或者管理人为车船税的纳税人。车船的所有人或者管理人未缴纳车船税的，使用人应当代为缴纳。从事机动车交通事故责任强制保险业务的保险机构为机动车车船税的扣缴义务人。

(2) 税目税额　车船的适用税额，依照《中华人民共和国车船税暂行条例》（以下简称《车船税暂行条例》）所附的《车船税税目税额表》执行，详见表3.5。

表 3.5　车船税税目税额表

税　目	计税单位	每年税额	备　注
载客汽车	每辆	60～660 元	包括电车
载货汽车	按自重每吨	16～120 元	包括半挂牵引车、挂车
三轮汽车低速货车	按自重每吨	24～120 元	
摩托车	每辆	36～180 元	
船舶	按净吨位每吨	3～6 元	拖船和非机动驳船分别按船舶税额的50%计算

注：专向作业车、轮式专用机械车的计税单位及每年税额由国务院财政部门、税务主管部门参照本表确定。

国务院财政部门、税务主管部门可以根据实际情况，在《车船税税目税额表》规定的税目范围和税额幅度内划分子税目，并明确车辆的子税目税额幅度和船舶的具体适用税额。车辆的具体适用税额由省、自治区、直辖市人民政府在规定的子税目税额幅度内确定。

《车船税税目税额表》中的载客汽车，划分为大型客车、中型客车、小型客车和微型客车4个子税目。各子税目的每年税额幅度为：① 大型客车(指核定载客人数大于或等于20人的)，480～660元；② 中型客车(指核定载客人数大于9人且小于20人的)，420～660元；③ 小型客车(指核定载客人数小于或者等于9人的)，360～660元；④ 微型客车(指发动机气缸总排气量小于或者等于1升的)60～480元。

《车船税税目税额表》中的船舶，具体适用税额为：① 净吨位小于或者等于200吨的，每吨3元；② 净吨位201吨至2 000吨的，每吨4元；③ 净吨位2001吨至10 000吨的，每吨5元；④ 净吨位10 001吨及其以上的，每吨6元。

（3）税收优惠　下列车船免征车船税：① 非机动车船(不包括非机动驳船)；② 拖拉机；③ 捕捞、养殖渔船；④ 军队、武警专用的车船；⑤ 警用车船；⑥ 按照有关规定已经缴纳船舶吨税的船舶；⑦ 依照我国有关法律和我国缔结或者参加的国际条约的规定应当予以免税的外国驻华使馆、领事馆和国际组织驻华机构及其有关人员的车船。

省、自治区、直辖市人民政府可以根据当地实际情况，对城市、农村公共交通车船给予定期减税、免税。

（4）征收管理

① 纳税地点：缴纳车船税的单位，应当向其机构所在地的地方税务机关申报缴纳车船税；缴纳车船税的个人，应当向其住所所在地的地方税务机关申报缴纳车船税。跨地、州、市(县)使用的车船，则应在车船登记地缴纳。

② 征收机关：车船税属于地方税，由地方税务机关负责征收管理。对于机动车，为了方便纳税人缴税，节约纳税人的缴纳成本和时间，《车船税暂行条例》规定从事机动车交通事故责任强制保险业务的保险机构为车船税的扣缴义务人，在销售机动车交通事故责任强制保险时代收代缴车船税，并及时向国库解缴税款。

③ 纳税方式：为了方便纳税人，严格车船税的征收管理，对于除拖拉机、军队武警专用车辆、警用车辆、外交车辆、省级政府规定免税的公交车辆以外的机动车，纳税人如果没有缴税，应当在购买机动车交通事故责任强制保险时按照当地的车船税税额标准计算缴纳车船税。

车船税可依照保险公司代收代缴和自行缴纳两种方式进行。所谓由保险公司代收代缴,是指纳税人在购买机动车交通事故责任强制保险(简称交强险)的同时由保险公司代收代缴应该缴纳的车船税。税务总局规定从2007年7月1日起全国都要实行由保险机构代收代缴的做法。所谓自行缴纳,是指车船税的纳税人,根据税务机关的规定时间,自己到税务机关自行缴纳车船税。已到地方税务机关缴纳了车船税的纳税人,不需要在购买交强险时再次缴纳车船税。

5)船舶吨税

船舶吨税是海关征收的主要用于港口建设维护以及海上干线公用航标的建设维护的税款。吨税以船舶净登记吨计收。吨税按照净吨位的大小划分等级,每一等级又可以分为一般吨税和优惠吨税。无论哪种吨税,按照时间分为30天和90天两种吨税执照的有效期。

现行船舶吨税的基本规范是1952年9月16日政务院财政经济委员会批准并于同年9月29日海关总署发布实施的《中华人民共和国海关船舶吨税暂行办法》。1991年和1994年交通部两次发文对税级税率表进行了修订。

我国船舶吨税征收的对象是:驶入我国港口或行驶于我国港口之间的外籍船舶、外商租用的中国籍船舶、中外合营企业租用的外国籍船舶。

我国海关总署负责公布适用优惠税率的国家和地区。我国吨税的征收依照《中华人民共和国船舶吨税暂行办法》。

3.3.5 行为税

行为税类,也称为特定行为目的税类,它是国家为了实现某种特定的目的,以纳税人的某些特定行为为课税对象的税种。行为税的征收是为了实现国家在某一历史时期的政治、经济目的,运用税收杠杆,对社会经济生活中某些特定的行为进行调节和限制。

这类税收的特点是:征税的选择性较为明显,税种较多,并有着较强的时效性,有的还具有因时因地制宜的特点。我国现行的城市维护建设税、固定资产投资方向调节税、印花税都属于这类税收。

1)城市维护建设税

城市维护建设税是我国为了加强城市的维护建设,扩大和稳定城市维护建设资金的来源而开征的一个税种。城市维护建设税是1984年工商税制全面改革中设置的一个新税种。1994年税制改革时,保留了该税种,作了一些调整,并准备适时进一步扩大征收范围和改变计征办法。

城市维护建设税的税制要素如下:

(1)纳税人 即承担城市维护建设税纳税义务的单位和个人。原规定缴纳产品税、增值税、营业税的单位和个人为城市维护建设税的纳税人,1994年税制改革后,改为缴纳增值税、消费税、营业税的单位(不包括外商投资企业、外国企业和进口货物者)和个人为城市维护建设税的纳税人。

(2)计税依据 即计算城市维护建设税应纳税额的根据。原规定以纳税人实际缴纳的产品税、增值税、营业税3种税的税额为计税依据。1994年税制改革后,改为以纳税人实际缴纳的增值税、消费税、营业税税额为计税依据。

(3)税率 即计算城市维护建设税应纳税额的法定比例。按纳税人所在地,分别规定为市区7％,县城和镇5％,其他地区1％。

(4) 减免　即减少或免除城市维护建设税税负的优待规定。城市维护建设税以"三税"的实缴税额为计税依据征收,一般不规定减免税,但对下列情况可免征城市维护建设税：① 海关对进口产品代征的流转税,免征城市维护建设税;② 从1994年起,对三峡工程建设基金,免征城市维护建设税;③ 对中外合资企业和外资企业暂不征收城市维护建设税。

2) 固定资产投资方向调节税

固定资产投资方向调节税是国家对在我国境内进行固定资产投资的单位和个人,就其固定资产投资的各种资金征收的一种税。1991年4月16日,国务院发布《中华人民共和国固定资产投资方向调节税暂行条例》,从1991年起施行。自2000年1月1日起新发生的投资额,暂停征收固定资产投资方向调节税。

固定资产投资方向调节税具有以下特点：① 运用零税率制;② 实行多部门控管的方法;③ 采用预征清缴的征收方法;④ 计税依据与一般税种不同;⑤ 税源无固定性。

固定资产投资方向调节税的税制要素如下：

(1) 征(课)税范围　凡在我国境内用于固定资产投资的各种资金,均属固定资产投资方向调节税的征税范围。各种资金包括：国家预算资金、国内外贷款、借款、赠款、各种自有资金、自筹资金和其他资金。固定资产投资,是指全社会的固定资产投资,包括：基本建设投资,更新改造投资,商品房投资和其他固定资产投资。

(2) 纳税人　即纳税义务的承担者,包括在我国境内使用各种资金进行固定资产投资的各级政府、机关团体、部队、国有企事业单位、集体企事业单位、私营企业、个体工商户及其他单位和个人。外商投资企业和外国企业不纳此税。固定资产投资方向调节税由中国建设银行、中国工商银行、中国农业银行、中国银行、交通银行、其他金融机构和有关单位负责代扣代缴。

(3) 计税依据　固定资产投资方向调节税计税依据为固定资产投资项目实际完成的投资额,其中更新改造投资项目为建筑工程实际完成的投资额。

(4) 税目　即征收的具体项目。固定资产投资方向调节税的税目分为两大系列。

基本建设项目系列：① 对国家急需发展的项目投资。列举规定的有农林、水利、能源、交通、邮电、原材料、科教、地质勘探、矿山开采等基础产业和薄弱环节的部分项目投资,对城乡个人修建和购置住宅的投资,外国政府赠款和其他国外赠款安排的投资以及单纯设备购置投资等。② 对国家鼓励发展但受能源、交通等条件制约的项目投资。列举规定的有钢铁、有色金属、化工、石油化工、水泥等部分重要原材料以及一些重要机械、电子、轻纺工业和新型建材、饲料加工等项目投资。③ 对楼堂馆所以及国家严格限制发展的项目投资。④ 对职工住宅(包括商品房)的建设投资。⑤ 对一般的基地项目投资。

更新改造项目系列：① 对国家急需发展的项目投资(与基本建设项目投资相同)。② 其他的更新改造项目投资。

(5) 税率　固定资产投资方向调节税根据国家产业政策确定的产业发展序列和经济规模的要求实行差别税率,具体适用税率为0、5％、10％、15％、30％五个档次。差别税率是按两大类来设计的,一类是基本建设项目投资;一类是更新改造项目投资。

对基本建设项目投资适用税率的具体规定：① 对国家急需发展的项目投资,如农业、林业、水利、能源、交通、通信、原材料、科教、地质、勘探、矿山开采等基础产业和薄弱环节的部门项目投资,适用零税率,予以优惠扶持照顾的政策。② 对国家鼓励发展但受能源、交通等制约的项目投资,如钢铁、化工、石油化工、水泥等部分重要原材料以及一些重要机械、电子、轻工业和新型建材等项目投资,实行5%的轻税政策。③ 对城乡个人修建住宅和职工住宅(包括商品房住宅的建设投资),分别实行从优从低政策。为了改善职工、农民居住条件,配合住房制度改革,对城乡个人修建、购买住宅的投资实行零税率;对单位修建、购买一般性住宅投资,实行5%的低税率;对单位用公款修建、购买高标准独门独院、别墅式住宅投资,实行30%的高税率。④ 对楼堂馆所以及国家严格限制发展的项目投资,课以重税,税率为30%。⑤ 对不属于上述四类的其他项目投资,实行中等税负政策,税率为15%。

对基本建设投资项目按经济规模设置差别税率,主要是对符合经济合理规模的项目,在适用税率上予以鼓励,反之则予以限制。比如对某些单位为过多追求局部利益和本单位利益而盲目建设规模小、技术水平低、耗能高、污染严重、效益差的项目,采取高税率加以限制。

对更新改造项目投资适用税率的规定:为了鼓励企事业单位进行设备更新和技术改造,促进技术进步,体现基本建设从严、更新改造从宽的政策精神,对国家急需发展的项目投资(与基本建设项目投资相同)给予优惠扶持,适用零税率;对除此以外的更新改造项目投资,一律按建筑工程投资额征收10%的投资方向调节税,但由于其计税依据仅限于建筑工程投资额,因此,税负将大大低于基本建设项目,这就有利于鼓励企业走内涵扩大再生产的道路,提高投资效益。

(6) 应纳税额的计算 固定资产投资方向调节税实行预征制,按固定资产投资项目的单位工程计划额预缴。年度终了后,按年度实际完成投资额结算,多退少补;项目竣工后,按全部实际完成投资额进行清算,多退少补。因此,税额计算应包括以下几方面内容:

① 预缴税额的计算:预缴税额应按批准的固定资产单位工程年度计划投资额一次缴足,其基本计算公式为:

预缴税额=批准的固定资产年度计划投资额×适用税率

纳税人按年度计划投资额一次缴纳全年税款确有困难的,经税务机关核准,可于当年9月底以前分项缴清应纳税款。

② 结算税额的计算:固定资产投资项目的单位工程在年度终了后,应按年度实际完成的投资额结算,多退少补。其基本计算公式为:

固定资产投资项目结算税额=年度实际完成的投资额×适用税率-本年度内已预缴税额

③ 清算税额的计算:固定资产投资项目竣工之后,原按实际完成的投资额计算全部投资的应纳税额,然后减去已预缴的税额,多退少补。其基本计算公式为:

固定资产投资项目竣工清算税额=全部项目实际完成的投资额×适用税率-预缴税额

例如:某公司经计划部门批准立项,建设一栋办公营业大楼,年度基本建设投资计划为450万元,次年竣工结算,实际完成投资额为430万元,该公司应预缴固定资产投资方向调节税税额和实际应缴纳的固定资产投资方向调节税税额应为:

按年度投资计划应预缴固定资产投资方向调节税=450万元×15%=67.5万元
按实际投资总额应缴的固定资产投资方向调节税=430万元×15%=64.5万元
竣工后应退该公司的固定资产投资方向调节税=67.5万元-64.5万元=3万元

(7) 减免 根据规定,除了起征点减免和国务院另有规定外,一律不得减免该税。关于起征点减免根据规定,对不纳入计划管理的、投资额不满5万元的项目,投资方向调节税的征收和减免,由各省、自治区、直辖市人民政府自行确定。

(8) 征收管理

① 纳税时间:固定资产投资方向调节税按固定资产投资项目的单位工程年度计划投资额预缴。年度终了后,按年度实际完成投资额计算,多退少补,项目竣工后,按全部实际完成投资额进行清算,多退少补。纳税人按照年度计划投资额一次缴纳全年税款确有困难的,经税务机关核准,可以于当年9月底之前分次缴清应纳税款。

② 纳税地点:固定资产投资方向调节税一般由纳税人向项目所在地的税务机关缴纳。如果个别项目不宜在当地缴税,纳税地点由上级税务机关确定。纳税人在使用项目年度投资以前,应当先到项目所在地税务机关办理纳税事项。纳税人按照规定预缴税款或者办理纳税手续之后,即可以持完税凭证到计划部门办理领取投资许可证手续。银行和其他金融机构根据投资许可证办理固定资产投资项目的拨款、贷款手续。

③ 征收办法:固定资产投资方向调节税由税务机关管理,采取各专业银行、其他金融机构及有关单位负责代扣代缴税款,以及计划等部门协同配合,实行计划统一管理和投资许可制度的源泉控管办法。所有固定资产投资应纳入计划统一管理,实行投资许可制度。不论投资项目的所有制和隶属关系,投资许可证均由省、自治区、直辖市及计划单列市计划经济委员会审查统一发放。投资许可证一次发给,多年使用,直至工程竣工。在每一年度按规定进行年检,凡符合规定,并办理当年纳免手续的项目,在许可证上盖章继续使用,凡未经年检盖章的许可证不得继续使用,相应的项目不得继续建设。

3) 印花税

印花税是对经济活动和经济交往中书立、领受的应税经济凭证所征收的一种税。1988年8月,国务院公布了《中华人民共和国印花税暂行条例》(以下简称《印花税暂行条例》),于同年10月1日起恢复征收。

印花税是以经济活动中签立的各种合同、产权转移书据、营业账簿、权利许可证照等应税凭证文件为对象所征收的一种税。印花税由纳税人按规定应税的比例和定额自行购买并粘贴印花税票,即完成纳税义务,现在往往采取简化的征收手段。

证券交易印花税,是印花税的一部分,根据书立证券交易合同的金额对卖方计征,税率为1‰。股票交易印花税的97%归中央政府,其余归地方政府。

印花税的特点:① 兼有凭证税和行为税性质;② 征收范围广泛;③ 税收负担比较轻;④ 由纳税人自行完成纳税义务。

印花税之所以受到大众的关注,与中国经济发展和资本市场的飞速发展是分不开的。

中国证券交易印花税率变动一览:

1990年6月28日,深圳市颁布《关于对股权转让和个人持有股票收益征税的暂行规定》,首先开征股票交易印花税,由卖出股票者按成交金额的0.6%缴纳。

1990年11月23日,深圳市对股票的买方也开征0.6%的印花税。1991年10月为了刺激低迷的股市,深圳市将印花税率调整到0.3%。1991年10月10日上海证券交易所对股票买方、卖方实行双向征收,税率为0.3%。

1992年6月12日,国家税务总局和国家体改委联合下发《关于股份制试点企业有关税收问题的暂行规定》,明确规定交易双方分别按0.3%的税率缴纳印花税。

1997年5月,针对当时证券市场过度投机的倾向,证券交易印花税率由0.3%提高到0.5%。

1998年6月12日,为了使证券市场能持续稳定向前发展,经国务院批准,国家税务总局又将税率由0.5‰调低至0.4‰。

1999年6月1日,为了活跃B股市场,中国国家税务总局再次将B股交易税率降低为0.3‰。

2001年11月16日起,财政部调整证券(股票)交易印花税税率。对买卖、继承、赠予所书立的A股、B股股权转让书据,由立据双方当事人分别按0.2‰的税率缴纳证券(股票)交易印花税。

2007年5月30日起,调整证券(股票)交易印花税税率,由1‰调整为3‰。即对买卖、继承、赠与所书立的A股、B股股权转让书据,由立据双方当事人分别按3‰的税率缴纳证券(股票)交易印花税。

2008年4月24日起,证券(股票)交易印花税税率由3‰调整为1‰。即对买卖、继承、赠予所书立的A股、B股股权转让书据,由立据双方当事人分别按1‰的税率缴纳证券交易印花税。

2008年9月19日起,对证券交易印花税政策进行调整,由双边征收改为单边征收,税率保持1‰。即对买卖、继承、赠与所书立的A股、B股股权转让书据,由立据双方当事人分别按1‰的税率缴纳股票交易印花税,改为由出让方按1‰的税率缴纳股票交易印花税,受让方不再征收。

从2008年11月1日起,对个人销售或购买住房暂免征收印花税。

印花税的税制要素如下:

(1)纳税人 在中华人民共和国境内书立、领受《印花税暂行条例》所列举凭证的单位和个人,都是印花税的纳税义务人,应当按照规定缴纳印花税。具体包括:① 立合同人;② 立账簿人;③ 立据人;④ 领受人。

(2)征(课)税范围 现行印花税只对《印花税暂行条例》列举的凭证征税,具体有5类:① 购销、加工承揽、建设工程承包、财产租赁、货物运输、仓储保管、借款、财产保险、技术合同或者具有合同性质的凭证;② 产权转移书据;③ 营业账簿;④ 权利、许可证照;⑤ 经财政部确定征税的其他凭证。

(3)税率 印花税根据应税凭证的性质,设置了13个税目,现行印花税采用比例税率和定额税率两种税率。比例税率有5级,即1‰、2‰、0.5‰、0.3‰和0.05‰。

适用定额税率的是权利、许可证照和营业账簿税目中的其他账簿,单位税额均为每件5元,详见表3.6。

表3.6 印花税税目税率表

税 目	范 围	税 率	纳税人	说 明
① 购销合同	包括供应、预购、采购、购销结合及协作、调剂、补偿、易货等合同	按购销金额0.3‰贴花	立合同人	
② 加工承揽合同	包括加工、定做、修缮、修理、印刷广告、测绘、测试等合同	按加工或承揽收入0.5‰贴花	立合同人	
③ 建设工程勘察设计合同	包括勘察、设计合同	按收取费用0.5‰贴花	立合同人	

续 表

税 目	范 围	税 率	纳税人	说 明
④ 建筑安装工程承包合同	包括建筑、安装工程承包合同	按承包金额0.3‰贴花	立合同人	
⑤ 财产租赁合同	包括租赁房屋、船舶、飞机、机动车辆、机械、器具、设备等合同	按租赁金额1‰贴花。税额不足1元,按1元贴花	立合同人	
⑥ 货物运输合同	包括民用航空运输、铁路运输、海上运输、内河运输、公路运输和联运合同	按运输费用0.5‰贴花	立合同人	单据作为合同使用的,按合同贴花
⑦ 仓储保管合同	包括仓储、保管合同	按仓储保管费用1‰贴花	立合同人	仓单或栈单作为合同使用的,按合同贴花
⑧ 借款合同	银行及其他金融组织和借款人(不包括银行同业拆借)所签订的借款合同	按借款金额0.05‰贴花	立合同人	单据作为合同使用的,按合同贴花
⑨ 财产保险合同	包括财产、责任、保证、信用等保险合同	按保险费收入1‰贴花	立合同人	单据作为合同使用的,按合同贴花
⑩ 技术合同	包括技术开发、转让、咨询、服务等合同	按所载金额0.3‰贴花	立合同人	
⑪ 产权转移书据	包括财产所有权和版权、商标专用权、专利权、专有技术使用权等转移书据	按所载金额0.5‰贴花	立据人	
⑫ 营业账簿	生产、经营用账册	记载资金的账簿,按实收资本和资本公积的合计金额0.5‰贴花。其他账簿按件贴花5元	立账簿人	
⑬ 权利、许可证照	包括政府部门发给的房屋产权证、工商营业执照、商标注册证、专利证、土地使用证	按件贴花5元	领受人	

(4)计税依据　印花税根据不同征税项目,分别实行从价计征和从量计征两种征收方式。

① 从价计税情况下计税依据的确定:一是各类经济合同,以合同上记载的金额、收入或费用为计税依据;二是产权转移书据以书据中所载的金额为计税依据;三是记载资金的营业账簿,以实收资本和资本公积两项合计的金额为计税依据。

② 从量计税情况下计税依据的确定:实行从量计税的其他营业账簿和权利、许可证照,以计税数量为计税依据。

(5)应纳税额的计算　实行从价计征的凭证应纳税额的计算:

应纳税额＝应税凭证所记载的金额×适用税率

实行从量计征的凭证应纳税额的计算：

应纳税额＝应税凭证件数×适用单位税额

（6）纳税环节和纳税地点　印花税的纳税环节应当在书立或领受时贴花。印花税一般实行就地纳税。

（7）缴纳方法　印花税实行由纳税人根据规定自行计算应纳税额，购买并一次贴足印花税票（简称贴花）的缴纳办法。为简化贴花手续，应纳税额较大或者贴花次数频繁的，纳税人可向税务机关提出申请，采取以缴款书代替贴花或者按期汇总缴纳的办法。

印花税的纳税期限是在印花税应税凭证书立、领受时贴花完税的。对实行印花税汇总缴纳的单位，缴款期限最长不得超过1个月。

印花税票是缴纳印花税的完税凭证，由国家税务总局负责监制。其票面金额以人民币为单位，分为壹角、贰角、伍角、壹元、贰元、伍元、拾元、伍拾元、壹佰元9种。印花税票为有价证券。印花税票可以委托单位或个人代售，并由税务机关付给5%的手续费，支付来源从实征印花税款中提取。

（8）税收优惠　下列凭证免纳印花税：① 已缴纳印花税的凭证的副本或者抄本。② 财产所有人将财产赠给政府、社会福利单位、学校所立的书据。③ 国家指定的收购部门与村民委员会、农民个人书立的农副产品收购合同。④ 无息、贴息贷款合同。⑤ 外国政府或者国际金融组织向我国政府及国家金融机构提供优惠贷款所书立的合同。⑥ 对商店、门市部的零星加工修理业务开具的修理单，不贴印花。⑦ 对房地产管理部门与个人订立的租房合同，凡用于生活居住的，暂免贴印花。⑧ 对铁路、公路、航运、水路承运快件行李、包裹开具的托运单据，暂免贴印花。⑨ 企业与主管部门等签订的租赁承包经营合同，不属于财产租赁合同，不应贴花。

（9）违章处理　纳税人有下列行为之一的，由税务机关根据情节轻重，予以处罚：① 在应纳税凭证上未贴或者少贴印花税票的，税务机关除责令其补贴印花税票外，可处以应补贴印花税票金额3～5倍的罚款。② 对未按规定注销或划销已贴用的印花税票的，税务机关可处以未注销或者未划销印花税票金额1～3倍的罚款。③ 纳税人把已贴用的印花税票揭下重用的，税务机关可处以重用印花税票金额5倍或者2 000元以上10 000元以下的罚款。④ 伪造印花税票的，由税务机关提请司法机关依法追究刑事责任。

3.3.6　农业税

农业税是国家对一切从事农业生产、有农业收入的单位和个人征收的一种税，俗称"公粮"。1958年6月3日，第一届全国人民代表大会常务委员会第96次会议通过《中华人民共和国农业税条例》（以下简称《农业税条例》）。从1983年开始，除农业税外，国务院还根据《农业税条例》的规定，决定开征农林特产农业税，1994年改为农业特产农业税；牧区省份则根据授权开征牧业税。1994年1月30日，国务院发布《关于对农业特产收入征收农业税的规定》。至2005年底农业税制实际上包括了农业税、农业特产税和牧业税三种形式。

为减轻农民负担，党的十六届三中全会确立了深化农村税费改革的各项政策目标，并加快了减免农业税和农业特产农业税的步伐。2004年6月，根据《中共中央、国务院关于促进农民增加收入若干政策的意见》，财政部、税务总局下发了《关于取消除烟叶外的农业特产农业税有关问题的通知》，规定从2004年起，除对烟叶暂保留征收农业特产农业税外，取消对其他农业特产品征收的农业特产农业税。2005年12月29日，十届全国人大常委会第十九次会议决定废止《农业税条例》。农业特产农业税是依据《农业税条例》开征的,取消农业税以后,意味着农业特产农业税也要同时取消。2006年2月17日,国务院第459号令废止了《国务院关于对农业特产收入征收农业税的规定》。从2004年政府开始实行减征或免征农业税的惠农政策,到2005年底已有近8亿农民直接受益。自2006年起全国全面取消农业税,《农业税条例》废止,我国有9亿农民依法彻底告别延续了2 600年的"皇粮国税"农业税,标志着社会主义新农村建设取得新突破,国家和农民的传统分配关系发生根本性变革,扭转了长期以来农民负担过重的局面,迈出统筹城乡发展的新步伐,农村税费改革取得了重要的阶段性成果。体现在与农村税费改革前的1999年相比,2006年全国农民共减轻负担约1 250亿元,人均减负约140元。

因此,现行农业税类只有烟叶税一种税。

烟叶税是以纳税人收购烟叶的收购金额为计税依据征收的一种税。1983年,国务院以《农业税条例》为依据,选择特定农业产品征收农林特产农业税。当时农业特产农业税征收范围不包括烟叶,对烟叶另外征收产品税和工商统一税。1994年我国进行了财政体制和税制改革,国务院决定取消原产品税和工商统一税,将原农林特产农业税与原产品税和工商统一税中的农林牧水产品税目合并,改为统一征收农业特产农业税,并于同年1月30日发布《国务院关于对农业特产收入征收农业税的规定》。其中规定对烟叶在收购环节征收,税率为31%。1999年,将烟叶特产农业税的税率下调为20%。

《农业税条例》自2006年1月1日起废止。至此,对烟叶征收农业特产农业税失去了法律依据。但是,停止征收烟叶特产农业税,将会产生一些新的问题:一是烟叶产区的地方财政特别是一些县乡的财政收入将受到较大的影响。按照现行财政体制,烟叶特产农业税收入是全部划归县乡财政的,而且这部分收入在当地财政收入中占有较大比重。如果停止征收烟叶特产农业税,在一定程度上会加剧烟叶产区地方财政特别是县乡财政的困难。二是不利于烟叶产区县乡经济的发展,对当地基层政权的正常运转和各项公共事业的发展会产生一定的负面影响。我国的烟叶产区多数集中在西部和边远地区,农业基础薄弱,经济结构和财源比较单一,当地经济的培育和公共事业的发展等基本上都要依靠地方政府的投入和推动,停止征收烟叶特产农业税会减少当地财政收入,对推动各项事业的发展不利。三是不利于卷烟工业的持续稳定发展。烟叶是卷烟生产的主要原料,停止征收烟叶特产农业税,会影响地方政府引导和发展烟叶种植的积极性,对于卷烟工业的持续稳定发展也是不利的。

基于以上情况,为了保持政策的连续性,充分兼顾地方利益和有利于烟叶产区可持续发展,国务院决定开征烟叶税取代原烟叶特产农业税。2006年4月28日,国务院公布了《中华人民共和国烟叶税暂行条例》(简称《烟叶税暂行条例》),并自公布之日起施行。

为什么要采取开征烟叶税的方式解决以上问题呢?财政部、税务总局曾考虑过三种解决方式:一是在消费税税目中增加"烟叶"子税目,这样对地方收入和烟叶生产均无大的影响,但会改变现行消费税属于中央收入的财政分配体制;二是适当提高卷烟消费税税率,然后由中央财政通过转移支付对地方财政进行弥补,好处是税制变动小,地方收入基本上可以得到弥补,但需要由中央政府向地方逐级返还收入,时间相对滞后,容易割断地方政府与烟草种植的经济互动关系,影响烟叶生产,地方财政也无法得到及时保证;三是开征烟叶税,在纳税人、征税环节、税率和收入归属等主要方面基本参照原烟叶特产农业税的规定。以上三种方式中,只有开征烟叶税的方式对现行税收制度、财政体制和对地方财政、烟草行业等各方面的影响最小,操作也简单,有利于改革的平稳过渡,因此,最后采纳了这种方式。

烟叶税为烟叶特产农业税的替代税种,是向收购烟叶产品的单位征收的税种,税负由烟草公司负担,属工商税种。目前烟叶税没有减免税政策规定。

① 制定《烟叶税暂行条例》的指导思想：按照国家农村税费改革和税制建设的总体要求,通过征收烟叶税取代原烟叶特产农业税,实现烟叶税制的转变,完善烟草税制体系,保证地方财政收入稳定,引导烟叶种植和烟草行业健康发展。

② 制定《烟叶税暂行条例》的基本原则：一是税制平稳过渡,烟叶税税制要素的确定基本上沿用原烟叶特产农业税的规定；二是统筹兼顾,既要兼顾烟草行业和地方政府的利益,也要兼顾税法的规范化要求；三是统一和公平税负,既要有利于公平税负、规范烟叶收购行为和维护烟叶收购秩序,同时也要有利于税收政策的统一,有利于国家和宏观调控。

③ 《烟叶税暂行条例》出台的意义：有利于解决烟叶特产农业税停止征收后产生的一系列问题,有利于实现改革的平稳过渡,有利于保持我国烟叶税制的完整和对烟草行业的宏观调控。烟叶作为一种特殊产品,国家历来对其实行专卖政策,与之相适应,对烟叶也一直征收较高的税收和实行比较严格的税收管理。1994年税制改革以前征收产品税和工商统一税,1994年以后改为对烟叶征收烟叶特产农业税,与对卷烟等烟草制品征收的增值税、消费税一起,构成对烟叶和烟草制品的完整的税收调控体系。这次停止征收烟叶特产农业税后,以烟叶税替代,不仅使原有政策得以延续,而且在税收制度上也保持了烟草税制的完整。这不仅有利于国家取得必要的财政收入,而且也有利于通过税收手段对烟叶种植和收购以及烟草行业的生产和经营实施必要的宏观调控。

(1) 纳税人　在中华人民共和国境内收购烟叶(指晾晒烟叶、烤烟叶)的单位为烟叶税的纳税人,应当依法缴纳烟叶税。因烟草专卖,烟叶税的纳税人具有特定性,一般是有权收购烟叶的烟草公司或者受其委托收购烟叶的单位。

(2) 征税范围　包括晾晒烟叶、烤烟叶。晾晒烟叶包括列入晾晒烟名录的晾晒烟叶和未列入晾晒烟名录的其他晾晒烟叶。

(3) 税率　实行比例税率,税率为20％。基本保持了原烟叶特产农业税的税率水平。烟叶税实行全国统一的税率,主要是考虑烟叶属于特殊的专卖品,其税率不宜存在地区间的差异,否则会形成各地之间的不公平竞争,不利于烟叶种植的统一规划和烟叶市场、烟叶收购价格的统一。

(4) 计税依据　是纳税人收购烟叶的收购金额,具体包括纳税人支付给烟叶销售者的烟叶收购价款和价外补贴。价外补贴统一暂按烟叶收购价款的10％计入收购金额。

收购金额的计算公式为：收购金额＝收购价款×(1＋10％)

(5) 征收环节　在烟叶收购环节征收。纳税人收购烟叶就发生纳税义务。

(6) 应纳税额计算

应纳税额＝烟叶收购金额×税率＝烟叶收购价款×(1＋10％)×税率

另外,对依照《中华人民共和国烟草专卖法》查处没收的违法收购的烟叶,由收购罚没烟叶的单位按照购买金额计算缴纳烟叶税。应纳税额以人民币计算。

(7) 征收机关　由地方税务机关征收。纳税人收购烟叶,应当向烟叶收购地的主管税务机关(指县级地方税务局或者其所指定的税务分局、所)申报纳税。

(8) 纳税义务时间　为纳税人收购烟叶的当天,具体指纳税人向烟叶销售者付讫收购烟叶款项或者开具收购烟叶凭证的当天。

(9) 申报期限和纳税期限　纳税人应当自纳税义务发生之日起30日内申报纳税。具体纳税期限由主管税务机关核定。

烟叶税是原烟叶特产农业税的替代税种。《烟叶税暂行条例》基本保持了原烟叶农业特产税的做法。课税范围、税率、纳税义务发生时间、纳税环节、纳税地点、纳税期限的规定与原烟叶农业特产税的规定基本相同;只是对纳税人、计税依据进行了微调;同时,明确地方税务局是征收机关,征收管理依照《中华人民共和国税收征收管理法》(以下简称《税收征收管理法》)执行,并取消了原烟叶农业特产税征收附加的规定,规定对烟叶收购方支付给烟叶销售方的价外补贴统一按收购价款的10%计入烟叶收购金额征税。

据国家税务总局提供的数据显示,烟叶税开征后一年,全国累计实现烟叶税收入47.97亿元,其中2006年全国实际征收入库烟叶税44.52亿元,2007年1~4月全国共征收烟叶税3.45亿元。各级财税部门以及相关单位立足于稳定烟叶生产,保持烟草行业正常发展,全面贯彻执行《烟叶税暂行条例》的各项规定,目前已实现了从原烟叶农业特产税到烟叶税的平稳过渡。

复习思考题

1. 什么是税收?如何理解税收的三个基本特征?
2. 简述税收的职能和作用。
3. 我国现行税制按纳税对象分,有哪些税?
4. 什么是税收制度?税收制度由哪些要素构成?

4 农税征管

[学习目标]

知识目标:识记税收征管的含义和构成要素;理解税收征管的地位与作用;掌握我国税收征管的基本程序。

技能目标:熟知我国税收征收管理的基本内容和原则;正确理解我国税收征管的地位与作用;能正确地计算比例税率、累进税率、定额税率的应纳税额及如何正确使用和管理账簿、凭证及发票。

能力目标:掌握办理税务登记、纳税申报税务登记、税款征收、税务检查的有关规定和税款征收中的各项制度等,培养从事农村税收征管工作的基本能力;能正确掌握我国现行农业税收制度改革的重大意义。

4.1 税金计算

4.1.1 比例税率应纳税额的计算

纳税人的负担应遵循公平原则的要求,即具有相同能力的人必须交纳相同的税收,而具有较高能力的人必须交纳更多的税收。前者称为横向公平,后者称为纵向公平。比例税率是税负横向平衡的基本体现,因此它的使用范围最为广泛。不仅流转税必须使用比例税率,而且所得课税、资源课税、财产课税、行为课税也可实行比例税率。现以烟叶税为例,演示比例税率应纳税额的计算。

烟叶税实行 20% 的比例税率。烟叶税的应纳税额按照纳税人收购烟叶的收购金额和规定的税率计算。比例税率应纳税额的计算公式为:

应纳税额=烟叶收购金额×税率

【例 4-1】 某烟草公司收购晾晒烟叶收购价款共计 4 万元,试计算该烟草公司应纳烟叶税税额。

【解析】 烟叶税的计税依据为烟叶的收购金额;收购金额,包括纳税人支付给烟叶销售者的烟叶收购价款和价外补贴。按照简化手续、方便征收的原则,对价外补贴统一暂按烟叶收购价款的 10% 计入收购金额征税。

收购金额=收购价款×(1+10%)=4×(1+10%)=4.4(万元)

应纳税额=收购金额×税率=4.4×20%=0.88(万元)

4.1.2 累进税率应纳税额的计算

如果说比例税率适合于对流转额的征税是税负横向平衡的基本体现,那么累进税率则适应于对所得额的征税是税负纵向平衡的基本体现。我国现行个人所得税的工资、薪金所得,个体工商户的生产、经营所得,以及对企事业单位的承包经营、承租经营所得,适用超额累进税率。

1) 以个人所得税(工资薪金所得)为例,演示超额累进税率应纳税额的计算

我国个人所得税中的工资、薪金所得,适用九级超额累税率,税率为5%~45%,详见表4.1。

表4.1 个人所得税(工资薪金所得)税率表

级数	全月应纳税所得额	税率(%)	速算扣除数(元)
1	不超过500元的	5	0
2	超过500元至2 000元的部分	10	25
3	超过2 000元至5 000元的部分	15	125
4	超过5 000元至20 000元的部分	20	375
5	超过20 000元至40 000元的部分	25	1 375
6	超过40 000元至60 000元的部分	30	3 375
7	超过60 000元至80 000元的部分	35	6 375
8	超过80 000元至100 000元的部分	40	10 375
9	超过100 000元的部分	45	15 375

工资薪金所得个人所得税应纳税额的计算公式为:

个人所得税额=应税所得金额×适用税率-速算扣除数

【例4-2】 某公司职员,每月薪金收入7 800元,单位为个人缴付三费一金共计1 200元,本月又领取加班费500元,计算该职员本月应纳个人所得税额。

【解析】 个人所得税免征额自2008年3月1日起由1 600元提高到2 000元;单位为个人缴付和个人缴付的基本养老保险费、基本医疗保险费、失业保险费、住房公积金(三费一金),允许从应纳税所得额中扣除。

应纳税所得额=7 800+500-(2 000+1 200)=5 100(元)

应纳税所得额为5 100元,其适用税率为20%,速算扣除数为375。

应纳税额=应纳税所得额×适用税率-速算扣除数=5 100×20%-375=645(元)

2) 以个人所得税(个体工商户的生产、经营所得)为例,演示超额累进税率应纳税额的计算

我国个人所得税中的个体工商户的生产、经营所得和对企事业单位的承包经营、承租经营所得适用5%~35%的五级超额累进税率,详见表4.2。

表4.2 个人所得税税率表

级数	全年应纳税所得额	税率(%)	速算扣除数(元)
1	不超过5 000元的	5	0
2	超过5 000元至10 000元的部分	10	250
3	超过10 000元至30 000元的部分	20	1 250
4	超过30 000元至50 000元的部分	30	4 250
5	超过50 000元的部分	35	6 750

个体工商户的生产、经营所得个人所得税应纳税额的计算公式为：

个人所得税额＝应税所得金额×适用税率－速算扣除数

个体工商户的生产、经营所得以每一纳税年度的收入总额，减除成本、费用以及损失后的余额，为应纳税所得额。其中成本、费用，是指纳税义务人从事生产、经营所发生的各项直接支出和分配计入成本的间接费用以及销售费用、管理费用、财务费用；损失，是指纳税义务人在生产、经营过程中发生的各项营业外支出。

【例 4-3】 某个体工商户从事商品经营，2009年4月全月销售收入28 000元，进货成本20 000元，各项费用支付额为2 700元，缴纳增值税1 584.9元，其他税费合计300元，当月支付2名雇员工资各800元（当地税务机关规定的月计税工资为1 000元），1～3月累计应纳个人所得额为10 000元，1～3月累计已预缴税额1 937.5元。计算该个体户4月应纳的个人所得税税额。

【解析】 个体工商户所得税实行按年计算，分月预缴。增值税是价外税不得扣除，支付雇员工资低于计税工资，可据实扣除。

(1) 4月份应纳税所得额＝28 000－20 000－2 700－300－800×2＝3 400（元）
(2) 1～4月份累计应纳税所得额＝10 000＋3 400＝13 400（元）
(3) 预计全年累计应纳税所得额＝13 400×3＝40 200（元）
(4) 1～4月份累计应纳税额＝(40 200×30％－4 250)÷3＝2 603.33（元）
(5) 4月份应纳税额＝2 603.33－1 937.5＝665.83（元）

3) 以土地增值税为例，演示超率累进税率应纳税额的计算

我国土地增值税实行30％～60％四级超率税率，详见表4.3。

表4.3 土地增值税税率表

级数	应纳税增值额	税率(％)	速算扣除率(％)
1	不超过50％的部分	30	0
2	超过50％至100％的部分	40	5
3	超过100％至200％的部分	50	15
4	超过200％的部分	60	35

土地增值税按照纳税人转让房地产所取得的增值额和规定的税率计算征收。土地增值税的计算公式为：

$$应纳税额 = \sum (每级距的土地增值额 \times 适用税率)$$

但在实际工作中，分步计算比较烦琐，一般都采用速算扣除率法简化计算，即按增值额乘以适用税率减去扣除项目金额乘以速算扣除系数的方法计算，具体公式如下：

(1) 增值额未超过扣除项目金额50％：

土地增值税税额＝增值额×30％

(2) 增值额超过扣除项目金额50％，未超过100％：

土地增值税税额＝增值额×40％－扣除项目金额×5％

(3) 增值额超过扣除项目金额100％，未超过200％：

土地增值税税额＝增值额×50％－扣除项目金额×15％

(4) 增值额超过扣除项目金额200％：

土地增值税税额＝增值额×60％－扣除项目金额×35％

公式中的5％、15％、35％为速算扣除系数。

【例4-4】 某房地产开发企业将其开发的一幢写字楼出售,共取得收入5 800万元。企业为开发该项目支付土地出让金600万元,房地产开发成本为1 400万元,专门为开发该项目支付的贷款利息120万元。为转让该项目应当缴纳营业税、城市维护建设税、教育费附加及印花税共计210.9万元。当地政府规定,企业可以按土地使用权出让费、房地产开发成本之和的5％计算扣除其他房地产开发费用。另外,税法规定,从事房地产开发的企业可以按土地出让费和房地产开发成本之和的20％加计扣除。则其应纳税额为:

（1）扣除项目金额＝600＋1 400＋120＋210.9＋(600＋1 400)×5％＋(600＋1 400)×20％＝2 830.9（万元）

（2）增值额＝5 800－2 830.9＝2 969.1（万元）

（3）增值额占扣除项目比例＝2 969.1÷2 830.9×100％＝104.88％

（4）应纳税额＝2 969.1×50％－2 830.9×15％＝1 484.55－424.64＝1 059.91（万元）

4.1.3 定额税率应纳税额的计算

定额税率计算简便,适用于从量计征的税种,即这些税种的征税对象应该是价格稳定、质量和规格标准较统一的产品。资源税采用从量定额的办法征收,并实施"普遍征收、级差调节"的征收原则,因此使用地区差别、分类分级和幅度相结合的定额税率。现以资源税为例,演示定额税率的计算。

资源税的应纳税额,按照应税产品的课税数量和规定的单位税额计算。应纳税额的计算公式为:

应纳税额＝课税数量×单位税额

其税目税额表见表4.4。

表4.4 资源税税目税额幅度表

税　目	税额幅度
一、原油	8～30元/吨
二、天然气	2～15元/千立方米
三、煤炭	0.3～5元/吨
四、其他非金属矿原矿	0.5～20元/吨(或0.5～20元/立方米)
五、黑色金属矿原矿	2～30元/吨
六、有色金属矿原矿	0.4～30/吨
七、盐	
固体盐	10～60元/吨
液体盐	2～10元/吨

【例4-5】 西北某油田5月份共开采原油10万吨,其中已销售7.5万吨,自用0.5万吨。尚待销售2万吨。按规定该原油单位税额12万/吨,计算该油田5月份应纳税额。

【解析】 资源税的课税数量:纳税人开采或者生产应税产品销售的,以销售数量为课税数量;纳税人开采或者生产应税产品自用的,以自用数量为课税数量。

（1）销售原油应纳税额＝销售原油数量×单位税额＝7.5×12＝90（万元）

（2）自用原油应纳税额＝自用原油数量×单位税额＝0.5×12＝6（万元）

（3）应纳税额＝销售原油应纳税额＋自用原油应纳税额＝90＋6＝96（万元）

【例 4-6】 某企业用外购液体盐加工固体盐,平均每 3.5 吨液体加工 1 吨固体盐。该企业 2003 年 1 月共销售固体盐 20 000 吨,按规定液体盐和固体盐应纳税额分别为 6 元/吨和 25 元/吨,计算该企业 2003 年 1 月应纳税税额。

【解析】 该企业 2003 年 1 月应纳资源税税额
＝已销售固体盐数量×适用税额－
固体盐所耗液体盐数量×适用税额

应纳税额＝20 000×25－20 000×3.5×6＝500 000－420 000＝80 000(元)

4.2 税收征管

税收征收管理简称税收征管,是税务机关为了贯彻税收的基本法规,实现税收计划,协调征纳关系,组织税款入库而开展的组织管理和监督检查等各项活动的总称。

现行《税收征收管理法》系第七届全国人民代表大会常务委员会第二十七次会议审议通过的,于 1993 年 1 月 1 日起施行。1995 年 2 月 28 日第八届全国人民代表大会常务委员会第十二次会议第一次修正。2001 年 4 月 28 日第九届全国人民代表大会常务委员会第二十一次会议第二次修订后的《税收征收管理法》公布,自 2001 年 5 月 1 日起施行。

4.2.1 税收征管概述

目前,制约我国农业和农村发展的深层次矛盾尚未消除,促进农民持续稳定增收的长效机制尚未形成,农村经济社会发展滞后的局面也还没有根本改变,统筹城乡发展的体制机制尚未完全建立起来。因此,全面建设小康社会,最艰巨、最繁重的任务在农村;必须妥善处理工农城乡关系,还需要不断深化农村税费改革,加快农村综合改革,建设社会主义新农村。

税收征管不仅直接关系到国家职能的实现和公共需求的满足,而且直接关系到纳税人的切身利益,与和谐社会建设息息相关。税收征收管理主要研究如何从管理制度、方法及措施等方面,提出一整套系统化、规范化的组织、管理、监督、检查管理体系,使税收征管井井有条。就税务机关而言,要加强税收征管、严格规范税收执法,文明服务;就纳税人而言,要具有依法诚信纳税意识,自觉履行纳税义务,依照法律、行政法规的规定及时足额缴纳税款,这也是广大纳税人享有国家提供的各项保障和服务权利的前提与基础。

1) 税收征管的含义

税收征管是国家税务机关依据国家税收政策、法规及有关制度规定,依法行使征税权力,通过一定的权力、程序,指导和监督纳税人(包括扣缴义务人、税务代理人)正确履行纳税义务,保证税收收入及时、足额入库的一种行为。

2) 税收征管环节

税收征管主要包括管理、征收、检查三个环节。

(1) 管理 也称税务管理,是为了保证税款的顺利征收所做的一些基础性工作。主要包括建立健全税务登记、纳税申报等征收管理制度,掌握税源、开展税法宣传等一系列基础工作。

(2) 征收 是指按税法规定,及时足额地组织应纳税款缴入国库的过程。

(3) 检查 是指税务机关根据税收法律、法规及相关的财务会计制度的规定,对纳税人履行纳税义务、扣缴义务人履行扣缴义务的情况所进行的检查和监督。

3）立法目的

《税收征收管理法》是一部重要的税收程序法，制定这部法律的根本任务，就是根据经济发展的要求，调整税收征纳关系，规范税收征收管理活动。以这一根本任务为出发点确立了以下5项立法目的。

（1）加强税收征收管理　税收征收管理是国家征税的具体过程，是税收分配程序的主要内容。加强税收征收管理，必然要确立相应的法律规范，进行税收征收管理立法，建立税收征收管理法律制度。可以说，制定税收征收管理法，体现了税收法治原则，适应了加强税收征收管理的需要。另一方面，从我国目前税收征收管理的实际情况看，由于征管基础还比较薄弱，征管手段不够发达，征管制度也不够健全，一些单位和个人的纳税意识又不够强，存在着大量的偷漏税现象，也存在着一些征税方面的虚假行为，也就是征税不规范的问题，这使得国家税款大量流失，严重影响了税收作用的发挥，严重损害了国家利益。因此，有必要加强税收征收管理。制定税收征收管理法，就是要从法律上保证强化税收征收管理，从而保障税收作用的有效发挥。

（2）规范税收征收和缴纳行为　税收征收管理活动可以分为征税和纳税两个方面，征税主体是国家，而代表国家行使征税权的是税务机关，税务机关征收税款的行为就是税收征收行为；纳税主体是纳税人，纳税人缴纳税款的行为就是税收缴纳行为。在税收征收管理活动中，税务机关与纳税人之间形成一系列权利义务关系。税收征收行为也就是税务机关的行为，税款缴纳行为也就是纳税人的行为以及税务机关与纳税人之间的权利义务关系，都应当是有规则的，不能是无秩序的。税收征收管理法正是为税收征收管理活动确立具有普遍约束力的行为规则，规范税收征收和缴纳行为，使税收征收管理活动在法制的轨道上有序地进行。

（3）保障国家税收收入　税收收入是财政收入的重要来源，是国家实现其职能的物质条件，是国家的利益。税收征收管理工作的基本任务就是征收税款，取得税收收入，加强税收征收管理的直接目标，就是保障国家税收收入。保障国家税收收入，对于保证国家财政收入，发挥税收在经济中的调控作用，有效地实现国家的职能，都具有重要意义。规范税收征收管理活动，确定税收征收和缴纳的程序，有利于维护税收秩序，促使纳税人正确地履行纳税义务，为国家的税收利益提供了法律保障。因此，税收征收管理法的一个重要的立法目的，就是保障国家税收收入。

（4）保护纳税人的合法权益　税收是国家从纳税人所占有的社会产品或价值中无偿地、强制地取得的，与纳税人的利益密切相关，纳税人除履行法定纳税义务外，其他的合法权益如财产所有权、生产经营权、受益权等，都应受到保护，不容侵犯。从另一方面看，在税收征纳关系中，税务机关是税收征收管理的行政主体，纳税人则属于行政相对人，税务机关在实施税收征收管理过程中，也就是纳税人履行纳税义务过程中，也应享有相应的权利，如知情权、参与权和寻求救济的权利，这些权利与纳税人在程序上的义务也是对等的。为保证行政程序的公正性，对纳税人的这些权利必须予以保护。同时，在税收法律关系中，税务机关作为行政机关具有行政优益权（是指为了公共利益的实现，在行政合同的履行、变更或解除中，法律赋予行政主体种种行政权力），纳税人在客观上处于比较弱的地位，因此，必须加强对纳税人合法权益的保护。规范税收征收管理活动，确定税务机关行使征税权力的法定程序，并确立在这个程序中税务机关征税行为的法定规则，就是对行政权力的有效制约，也是对纳税人合法权益的有力保护。

(5) 促进经济和社会发展　税收是为经济和社会发展服务的手段。从税收实践看,经济和社会越发展,税收越重要。国家通过税收筹集的资金,有的用于发展经济,有的用于发展科学、文化、教育、国防、卫生、体育、环保事业等,还有的直接用于改善居民的物质文化生活,如进行公共设施建设、提供社会保障等。随着税收的财政地位不断提高,其对经济发展和社会进步的影响和作用也将日益增强。规范税收征收管理程序,建立良好的税收秩序,有利于加强税收征收管理,保障税收收入,充分发挥税收的积极作用,从而促进经济和社会的发展。

4) 适用范围

法律的适用范围也就是法律的效力范围,可以从三个方面来确定:一是空间效力;二是对人的效力;三是时间效力。

法律的空间效力,就是法律效力所及的地域范围,是根据其制定的主体的权限确定的。有的在整个地域内有效,有的在该地域内的效力有一定界限。本法是由全国人民代表大会常务委员会制定并通过的,在中华人民共和国境内适用。这体现了主权原则。这里所谓境内,是指我国国境以内除香港、澳门特别行政区和台湾地区以外的全部区域,包括我国的领土、领海和领空。

法律对人的效力,就是法律效力所及的人的范围,也就是对哪些人有效,在本法效力所及地域内,不分国籍,不论是自然人或法人,只要有本法所调整的税收的征收或缴纳行为的,都适用本法。

法律的时间效力,就是法律效力的时间界限,本法自2001年5月1日起施行。

5) 调整对象

法律的调整对象,是指法律所要规范的对象。本法的调整对象是依法由税务机关征收的各种税收的征收管理行为,包括税收征收行为和缴纳行为。这样规定与我国现行的税收征收管理体制是相适应的。在我国现行的税收征收管理体制下,税收是由税务机关、财政部门和海关三个系统负责征收管理的,其中,海关负责征收关税、行李和邮递物品进口税;财政部门负责在有些地区征收和管理农业税(已于2006年1月1日起正式废止)、牧业税(已于2005年全面取消)及其地方附加、契税、耕地占用税;其他绝大部分税收,主要是工商税收及一些地区的农业税、牧业税及其地方附加、契税、耕地占用税,都由税务机关负责征收管理。由税务机关负责征收管理的税收具体有以下税种:增值税、消费税、营业税、企业所得税、个人所得税、城市维护建设税、印花税、资源税、城镇土地使用税、固定资产投资方向调节税、耕地占用税、土地增值税、房产税、城市房地产税、车辆购置税、车船税、船舶吨税、契税和烟叶税。

在中华人民共和国境内,除香港、澳门特别行政区和台湾地区以外,不论是中国人或外国人,不论是自然人或法人,只要是属于由税务机关负责征收的税种的征收管理活动,包括税务机关的征收行为和纳税人的缴纳行为以及其他有关当事人的行为,都必须遵守本法的规定。

6) 基本原则

税收征收管理必须依照法律规定进行,这是税收法定原则的重要内容,体现了税收法定原则的要求,是由税收的本质所决定的。税收法定原则是税收活动最重要的一项基本原则,这项基本原则的一个核心内容,就是课税要素法定原则。它的含义是,由于税收是国家为实现职能而对单位和个人占有的部分财产的强制再分配,税收征收管理对单位和个人的基本财产权利有重要影响,同时也对国家利益有重要影响,因此,课税要素的全部内容必须由法律规定。课税要素主要包括纳税人、征税机关、征税对象、税率、税收优惠、征税基本程序、税务争议的解决办法等,这些课税要素是纳税义务成立的必要条件。课税要素由法律确定,才能保证依法设定纳税义务。我国的法律是由全国人民代表大会及其常委会制定的,我国立法法也明确规定,国家税收基本制度属于全国人民代表大会及其常委会的立法事项,所以,税收征收管理的基本程序应当由法律来确定,实施税收征收管理活动必须严格遵守法律的规定。

税收征收管理的基本程序包括税收的开征、停征、减税、免税、退税、补税等重要环节。开征,是指设置新的税种或者对已设置但未征收的税种开始征收。停征,是指取消已经开征的税种或者对已开征的税种停止征税。减税,是指减少征收一部分按法定税率计算的应纳税额。减税的具体方法有两种:一是比例减征法,即按计算出来的应纳税额减征一定比例;二是减率减征法,即用减低税率的办法体现减征税额。免税,是指对法定应纳税额不予征收。退税,是指将依法已征收的法定应纳税额退还给纳税人。补税,是指对应征未征的或者应征少征的税额进行补征。按照税收法定原则,税收征收基本程序中这些重要环节,都必须由法律来确定,任何人都必须依照法律规定执行这些程序。

对税收征收管理程序,法律授权国务院制定行政法规加以确定。这是税收法定原则所允许的,也能够适应我国不断扩大对外开放、深化体制改革的需要,并且与我国的立法原则和国际通行做法也是相符合的。课税要素法定并不排除由行政法规来确定,特别是我国的经济体制包括税收体制仍处于改革过程中,在有些方面实践的积累还不够充分,立法的条件和时机还不成熟,这就可以由法律授权国务院制定行政法规,待条件成熟时再上升为法律。我国的立法法明确规定,除刑事、民事等方面的法律外,在法律制定之前,全国人民代表大会及其常委会可以授权国务院制定行政法规。因此,国务院可以依据法律授权,对税收的开征、停征及减税、免税、退税、补税作出规定。对于国务院依据法律制定的有关税收征收管理的行政法规,必须严格执行。这里需要强调的是,国务院制定税收征收管理程序方面的行政法规,必须以法律明确授权为前提,没有经过法律授权作出的规定是无效的。

在税收法定、课税要素法定的基础上,税收征收行为必须严格遵守法律、行政法规确立的规则,税务机关必须按照法定的内容和步骤征收税款。税务机关以及其他任何机关、单位和个人都不得违反法律、行政法规的规定擅自决定税收的开征、停征、减税、免税、退税、补税,或者擅自作出其他与税收法律、行政法规相抵触的决定,如提前征收"过头税",随意延缓征税等,都是绝对不允许的。由此看来,有这些行为的,将要受到法律制裁。这样规定有利于保证正当地执行法定的税收征收程序,保障国家利益,也维护纳税人的合法权益。

7) 纳税义务人、扣缴义务人的法律特征

纳税义务人就是负有纳税义务的人,一般简称纳税人,是税收征纳关系中的纳税主体,是课税要素最基本的内容之一,任何税种都有纳税人,明确什么人为纳税人是税收征收的前提条件之一。根据税收法定原则中课税要素法定的要求,纳税人必须依法确定。因此,法律、行政法规规定负有纳税义务的单位和个人为纳税人。按照本法的规定,纳税人有三个主要特征:其一,纳税人是由法律、行政法规确定的;其二,纳税人负有依法缴纳税款的义务;其三,纳税人可以是自然人,也可以是法人。

扣缴义务人是税收法律关系中一方重要的当事人,在税收征收管理中具有重要地位。

由纳税人以外的第三者代扣代缴、代收代缴税款,是税收征收管理的一种方法,称为源泉征收。实行源泉征收,主要是因为向纳税人直接征收税款有困难,或者能够确实并且高效率地征收税款,有利于保证国家及时、可靠地取得税收收入。按照本法的规定,扣缴义务人有三个特征:其一,扣缴义务人是法律、行政法规确定的;其二,扣缴义务人是依法负有代扣代缴、代收代缴税款义务的人;其三,扣缴义务人可以是自然人,也可以是法人。

纳税人、扣缴义务人经法律、行政法规确定后,应当依法履行自己的义务。纳税人必须依照法律、行政法规的规定缴纳税款,扣缴义务人必须依照法律、行政法规的规定代扣代缴税款。纳税人、扣缴义务人违反法律规定不履行义务的,将要承担相应的法律责任。

8) 税收征收管理体制

税收征收管理,是国家的一项重要职能,是政府的一项重要职责,需要通过各级政府及其所属的有关职能部门负责具体组织实施。为了保证国家税收征收管理职能的实现,有必要以法律形式确定税收征收管理体制,明确政府及其职能部门在税收征收管理中的职责权限。根据本法的规定,我国的税收征收管理体制主要包括以下内容:

(1) 国务院税务主管部门主管全国税收征收管理工作。国务院是国家最高行政机关,国务院税务主管部门是国家行政层级最高的税务机关,全国税收征收管理工作应当由国务院税务主管部门负责。确定国务院税务主管部门为全国税收征收管理工作的主管部门,有利于保证国务院对全国税收征收管理工作实施统一领导,有利于税收法律、行政法规的统一贯彻执行。对于国务院税务主管部门来说,主管全国税收征收管理工作是其法定职责,必须认真严肃地履行这一职责。目前,国务院设置的国家税务总局是主管全国税收征收管理工作的主管部门,其主要职责包括:拟定有关税收的法律、行政法规草案;参与研究宏观税收政策并提出相关建议;制定并监督执行税收业务的规章制度;组织实施税收征管改革,制定税收征管方面的规章制度;组织实施中央税、中央和地方共享税、烟叶税和国家指定的基金的征收管理;负责对征管方面的有关业务问题和一般税收问题进行解释,并负责办理有关减免税事宜;办理进出口商品的增值税、消费税的征收和出口退税业务等。

(2) 各地国家税务局和地方税务局应当按照国务院规定的税收征收管理范围分别进行征收管理。目前,我国根据分税制财政管理体制的需要,在各省、自治区、直辖市分设了国家税务局和地方税务局,省以下税务机关都分为国家税务局、地方税务局两套系统,分别负责对中央税、地方税以及中央与地方共享税的征收管理。从我国实际情况看,在分税制财政管理体制下,各地国家税务局、地方税务局的税收征收管理范围应当明确。由于国家税务局与地方税务局之间税收征收管理范围的划分,涉及中央与地方的财政收入分配关系,所以应当由国务院来规定,地方政府不能自行确定。各地国家税务局、地方税务局各自都应当按照国务院规定的税收征收管理范围进行征收管理。基于这种实际需要,本法确立了各地国家税务局、地方税务局按照国务院规定的税收征收管理范围分别进行管理的体制。

(3) 地方各级人民政府应当依法加强对本行政区域内税收征收管理工作的领导或者协调,支持税务机关依法执行职务,依照法定税率计算税额,依法征收税款。地方税务局是地方政府所属的职能部门,负责本行政区域内地方税收征收管理工作,地方各级政府对其所属的各级地方税务局负有重要的领导责任,对各级地方税务局职责范围内的地方税收征收管理工作也负有同样重要的领导责任。各地的国家税务局与地方各级政府不是行政隶属关系,但是各地国家税务局在税收征收管理过程中也需要地方各级政府做一些协调工作。为了保证税收征收管理的实现,地方各级政府应当加强对本行政区域内税收征收管理工作的领导或者协调。地方各级政府不得任意干预税务机关依法执行职务,不得违反法律、行政法规的规定向税务机关下指标、压任务,征收"过头税"或任意减免税。地方各级政府必须支持税务机关依法执行职务,依照法定税率计算税额,严格依法征收税款。

(4)各有关部门和单位应当支持、协助税务机关依法执行职务。税务机关依法执行职务,征收税款,是为了国家的税收利益,各有关部门和单位都有责任予以支持和协助。比如,为了加强对从事生产经营的纳税人税务登记的管理,税务机关需要向工商行政管理部门了解工商登记的有关情况,工商部门应当予以配合。又如,为加强对税源的管理控制,税务机关依法查询有关纳税人开立账户的情况时,银行和金融机构应当予以协助。各有关部门和单位与税务机关之间形成紧密配合、积极支持、大力协助的良好关系,可以为税务机关创造良好的执法环境,有利于税收征收管理的有效进行。

(5)税务机关依法执行职务,任何单位和个人不得阻挠。税务机关依照法律、行政法规的规定实施税收征收管理,就是依法执行职务,对此,任何单位和个人一方面有责任予以支持、配合或协助,另一方面不得进行阻挠。从纳税人、扣缴义务人来讲,偷税、抗税、骗取退税的,编造虚假计税依据的,采取各种手段妨碍税务机关追缴欠税的,逃避或者以其他方式阻挠税务检查等行为,都属于阻挠税务机关依法执行职务。从其他有关单位和个人来看,不依法向税务机关如实提供有关资料及证明材料,拒绝执行税务机关依法作出的决定的,强令税务机关违反法律、行政法规的规定提前征收或延缓征收税款等行为,也属于阻挠税务机关依法执行职务的行为。这些行为干扰了正常的税收秩序,损害了国家税收利益,应坚决予以禁止。

9)信息系统建设

税收征收管理现代化建设,是国家信息管理现代化建设的重要组成部分,是适应经济活动信息化的发展而强化税收征收管理的战略措施,必须予以积极而稳步地推进和加强。加强税收征收管理信息系统现代化建设,必须加强基础设施建设,国家会有计划、有步骤地用现代信息技术装备各级税务机关,包括统一开发征管软件,推广征管软件的应用,配备相应的计算机设备,建立税收电子化网络。通过互联网、局域网,各种信息可以瞬间被成千上万的人共享,所以,实行税收电子网络化管理,涉及税务机关与财政、工商、海关、银行等众多部门在信息使用上的协调,必须建立、健全税务机关与政府其他管理机关的信息共享制度。本法的相关规定为加强税收征收管理信息系统的现代化建设提供了法律保障,为建立、健全税务机关与政府其他有关机关的信息共享制度提供了法律依据。

与纳税和代扣代缴、代收代缴税款有关的信息,是税收征收管理信息的重要组成部分,这些信息主要应来自于纳税人、扣缴义务人。为了保证税务机关能够及时取得征收税款所需的真实、完整的信息,本法明确规定,纳税人、扣缴义务人和其他有关单位应当按照国家有关规定如实向税务机关提供与纳税和代扣代缴、代收代缴税款有关的信息。这一规定有以下含义:一是与纳税和代扣代缴、代收代缴税款有关的信息由纳税人、扣缴义务人和其他单位向税务机关提供。二是纳税人、扣缴义务人和其他单位何时何地提供信息,以及应提供的信息的具体内容,按照国家规定执行。这里所说的国家规定包括法律、行政法规、规章。三是税务机关有权按照国家规定要求纳税人、扣缴义务人和其他单位提供与纳税和代扣代缴、代收代缴税款有关的信息,纳税人、扣缴义务人和其他单位不得拒绝。四是纳税人、扣缴义务人和其他单位应当如实提供信息。五是纳税人、扣缴义务人和其他有关单位有责任或者税务机关有权要求提供的信息范围,只限于是与纳税和代扣代缴、代收代缴税款有关的信息,与此无关的信息,纳税人、扣缴义务人和其他有关单位可以不提供或者拒绝提供。

10) 税收宣传服务

法律制定通过后,关键在于实施,法律宣传工作做得如何与法律能否顺利实施有紧密联系。加强法律的宣传,可以使人们更好地了解法定的权利和义务,增强守法意识,有利于法律的顺利实施。税收法律、行政法规是我国税收制度的法律基础,是税收活动的基本规范,对经济生活有重要影响,几乎与每个人都有密切关系。税收法律,是指由国家最高权力机关全国人民代表大会及其常委会制定的以规范税收活动为内容的法律,目前主要有三部法律:《企业所得税法》《个人所得税法》和《税收征收管理法》。税收行政法规,是指由国务院制定的以规范税收活动为内容的行政法规,目前我国税收实体方面的规定主要是采用行政法规的形式,如《增值税暂行条例》《消费税暂行条例》《营业税暂行条例》等。目前在实际生活中,许多单位和个人对税法规定的权利义务了解较少,纳税知识也很缺乏,这不利于税法的执行,使纳税人的自我权益保护也受到影响。为推进税法的有效实施,税务机关应担负起以下三个法定职责:第一,广泛宣传税收法律、行政法规。人们对法律的了解增多、理解加深,既可以促使他们依法履行纳税义务,又有利于加强对税务机关执法的监督。第二,普及纳税知识。纳税知识包括税收方面的基本理论知识和实践经验,税务机关如果在社会上广泛普及纳税知识,使人们了解税收是国家为满足社会公共需要而征收的,我们社会主义国家的税收是用来发展生产、改善人民群众物质文化生活的,是取之于民用之于民,使人们了解自己纳税的基本要求,将会有利于提高人们纳税的自觉性,便于纳税人依法纳税。第三,应当无偿地为纳税人提供纳税咨询服务。由于税收法律、行政法规的数量很多,内容复杂,专业性强,仅靠宣传,纳税人也不一定能够充分了解、准确把握。为确保纳税人准确及时地了解税法信息,还需税务机关为纳税人提供纳税咨询服务,这种纳税咨询服务实质上是为税收征收管理服务的,是税收征管工作的一项重要内容,因此应当是无偿的。

11) 纳税人权利

纳税人负有法定的纳税义务,扣缴义务人负有法定的代扣代缴、代收代缴义务,相应的,他们也享有法定的权利。为了加强对纳税人、扣缴义务人合法权益的保护,防止随意执法造成对他们利益的损害,本法明确规定了纳税人、扣缴义务人在税收征收管理中所享有的若干重要权利。

(1) 纳税人、扣缴义务人依法享有知情权。知情权是行政相对人依法享有的了解行政机关从事管理活动依据的权利和行政行为程序的权利。行政机关的行政行为必须遵循合法原则和管理公开原则,必须接受监督,因此,行政相对人应有知情权。纳税人、扣缴义务人在税收征收管理活动中处于行政相对人的地位,税务机关则是行政机关,税务机关进行税收征收管理的依据是国家税收法律、行政法规的规定和有关征税程序,所以,纳税人、扣缴义务人有权向税务机关了解国家税收法律、行政法规的规定以及与纳税程序有关的情况。

(2) 纳税人、扣缴义务人依法享有利益保障权。行政机关在从事管理活动中对行政相对人的合法利益应当给予保护,行政相对人依法享有要求行政机关保障其合法利益的权利。税务机关在税收征收管理过程中了解的纳税人、扣缴义务人的有关情况,有的可能涉及企业或个人的商业秘密,或者涉及个人隐私,一旦公开可能造成纳税人、扣缴义务人合法经济利益或者人身利益受到损害,所以纳税人、扣缴义务人有权要求税务机关为其保密。纳税人、扣缴义务人提出保密请求后,税务机关应当依法对有关情况予以保密。也就是说,关系到纳税人、扣缴义务人合法权益的有关情况,税务机关应当予以保密,如果属于非法获得的利益的情况,不但不应给予保密,还应让其曝光。

(3) 纳税人依法享有减税、免税、退税的请求权。减税、免税是对某些纳税人和征税对象给予鼓励或照顾的一种税收优惠措施。出口退税是对纳税人出口产品给予鼓励的一种税收优惠措施。减税、免税和退税都是法律赋予纳税人减轻或免除其部分或全部纳税义务的权利,纳税人有权请求实现其合法利益。

(4) 纳税人、扣缴义务人依法享有参与行政程序、请求司法救济和国家赔偿的权利。行政机关的行政行为对行政相对人的权利义务会产生直接或间接的影响,行政行为是否公正与行政行为是否符合行政程序有密切的关系,科学的行政程序应当允许行政相对人参与。具体来讲,就是行政机关应当向行政相对人公开自己的行政程序,行政机关作出关系行政相对人权益的决定时,应当允许行政相对人陈述意见或提出申辩。因此,赋予纳税人、扣缴义务人陈述权、申辩权,有利于保证税收征收管理程序的公正性。为了保护行政相对人的合法权益,促使行政机关依法行政,在行政机关的行政行为对行政相对人的正当权利造成侵害时,行政相对人应当有权寻求司法救济。因此,纳税人、扣缴义务人对税务机关的行政决定有异议的,依法享有申请行政复议、提起行政诉讼的权利。根据国家赔偿法的规定,行政机关的违法行政行为给行政相对人的合法权益造成侵害时,行政相对人有权请求获得国家赔偿。

(5) 纳税人、扣缴义务人依法享有控告、检举权。根据《宪法》第四十一条的规定,我国公民对于任何国家机关工作人员,有提出批评和建议的权利,对于任何国家机关和国家工作人员的违法失职行为,有向有关国家机关提出申诉、控告或者检举的权利。由此可见,对行政机关及其工作人员的违法违纪行为进行控告、检举是宪法赋予的权利,纳税人、扣缴义务人当然有权对税务机关、税务人员的违法违纪行为进行控告、检举。

12) 税务人员素质和行为规则

税务机关是税收征收管理法的执法主体,担负着加强税收征收管理、保障国家税收收入、保护纳税人合法权益的重要职责。税务人员是国家公务人员,在具体的税收征收管理活动中,税务人员是税务机关的代表。比如,办理税务登记,进行税务检查等,都是由税务人员去具体实施的。为了促使税务机关不断提高税收征收管理水平,保证依法行政,从法律上规定税务机关应当加强队伍建设,提高税务人员的政治业务素质,是必要的。这样规定一方面是对税务机关提出了法定要求,促使其积极采取措施进行队伍建设,提高人员素质;另一方面也为税务机关从组织上、制度上建设税收执法队伍,培养高素质的税务人员,提供了法律依据和保障。

税务机关、税务人员在执法过程中,应当遵守法定的行为规则,主要有:① 税务机关、税务人员必须秉公执法,忠于职守,清正廉洁,礼貌待人,文明服务。秉公执法,就是坚持公正、公平的原则,以事实为根据,以法律为准绳,严格执行法律、行政法规的规定。忠于职守,就是忠实履行法定的职责。礼貌待人,就是对人要以礼相待,着装应当整齐,举止应当端正大方,在执行职务时,在不违反法律、行政法规的前提下,对依法履行义务的纳税人、扣缴义务人的民族习俗应予以尊重。文明服务,就是在为纳税人提供服务时,应当讲文明,要树立文明风尚。② 税务机关、税务人员应当尊重和保护纳税人、扣缴义务人的权利。在具体的执法过程中,对纳税人、扣缴义务人的合法权利,税务机关、税务人员应当给予保护,同时也应当予以尊重。比如纳税人在依法进行陈述或申辩时,不应粗暴打断,应认真聆听。③ 税务机关、税务人员的行为应当依法接受监督。④ 税务人员不得索贿受贿、徇私舞弊、玩忽职守、不征或者少征应征税款。⑤税务人员不得滥用职权多征税款或者故意刁难纳税人和扣缴义务人。以上规则是税务机关、税务人员在税收征收管理活动中必须遵守的法定行为规则,违反这些规则的将要承担相应的法律责任。

13）税务机关内部监督管理制度

为了确保国家税收收入,保证税务机关、税务人员依法履行征收税款的职责,法律赋予税务机关、税务人员相当大的权力,相应的就应加强对其权力的制约和监督。实行有效的监督制约,有利于保证公正执法,防止权力的滥用,从而更好地维护国家利益和纳税人、扣缴义务人的合法权益。加强对税务机关监督制约的一项有效措施,就是建立、健全内部制约和监督管理制度,也就是实行内部监督。因此,本法明确规定了税务机关建立健全内部监督管理制度的法律原则。按照这一原则,各级税务机关,包括国务院税务主管部门以及各地国家税务局、地方税务局,都必须建立内部制约和监督管理制度,不建立这项制度的,就是违反了法律规定。与此同时,建立了内部监督制度以后,还应当依法不断地健全和完善这项制度。

税务机关内部制约监督管理制度的一项重要内容,是上级税务机关依法对下级税务机关的监督。在税收征收管理活动中,税务登记、税款征收及税务检查等,都是由基层税务机关负责具体操作的,基层税务机关、税务人员与纳税人的联系也最为密切,加强对基层税务机关的监督非常重要。建立上级税务机关对下级税务机关进行监督的制度,形成自上而下层层监督的系统,有利于加强责任制,特别是加强对基层税务机关征税行为的约束,防止执法的随意性,减少执法出现偏差。上级税务机关对下级税务机关所进行的监督是根据行政隶属关系所进行的监督,其主要方式是工作报告制度,以及上级税务机关有权改变或者撤销下级税务机关作出的不适当的决定等。

税务机关内部制约监督管理制度的另一项重要内容,是税务机关对其工作人员依法进行的监督。这是由组织对个人实施的一种工作监督和职业道德监督,对于规范税务机关工作人员的行为,保证公正执法,是非常必要的。税务机关工作人员执行法律、行政法规的情况,包括是否依法行使权力及履行职责,是否遵守法定程序等。执行廉洁自律准则的情况,是指执行国家有关公务员廉洁自律准则、税务机关有关廉洁自律守则以及遵守职业道德的情况等。各级税务机关都应当对其工作人员执行法律、行政法规和廉洁自律情况进行监督检查。

14）税务人员岗位职责分离

税务机关建立内部监督制度,重要的是要形成有效的内部制约机制,确立内部控制的规则。实行主要工作岗位职责相分离,是形成内部制约机制,实行内部控制的基本规则,当然也是内部监督制度的核心内容。从一些行政机关执法腐败的案件看,许多重要的权力集中于一人或少数人手中,对权力缺乏必要的制约,缺少内部控制制度,是一个主要原因。因此,在本法中单列一条规定：税务机关必须建立内部控制制度。这项制度的基本要求是：第一,主要岗位的人员的职责权限必须明确。明确岗位职责是合法地行使权力和承担责任的必要的前提条件,可以防止职责不清引起混乱,防止滥用权力后推卸责任。第二,法定应当明确的职责是负责税收征收、管理、稽查、行政复议的人员的职责。第三,负责税收征收、管理、稽查、行政复议的人员的职责必须相互分离、相互制约。明确各项主要职责的目的,是使它们分离,进而实现制约。可以说,职责明确是形成制约的前提,职责分离是实现制约的基础,职责不清或混为一体,都不可能形成制约。当然,这种制约是在法制统一、法律规范相协调基础上的制约,其作用在于共同遵守和执行法律,与无原则的扯皮是绝对不同的。第四,除本条列明的四种主要岗位应当相互分离并相互制约外,如果在发展和改革过程中出现了新的需要分离的岗位,税务机关可以自行规定进行分离。

15) 回避制度

回避制度,是指执法人员遇有法律规定的情形,应当不再参加执法活动的制度。这项制度的目的主要是为了保证执法活动能够客观、公正地进行。在我国税收征收管理活动中,为防止税务人员在征收税款或者查处违法案件时,因与当事人有特殊关系而不公正执法,甚至徇私枉法,有必要实行执法回避制度。按照本法规定,税务人员在征收税款和查处税收违法案件时,遇有下列三种情形的,应当回避:一是与纳税人有利害关系,这种情形包括与纳税人是近亲属或者与纳税人有其他关系可能影响税款征收或者案件公正处理的。二是与扣缴义务人有利害关系,这种情形包括与扣缴义务人是近亲属,或者与扣缴义务人有其他关系,可能影响案件公正处理或者税款征收的。三是与税收违法案件有利害关系,这种情形包括税务人员本人与税收违法案件有利害关系或者其近亲属与税收违法案件有利害关系。

当发生本条规定的情形时,可以以两种方式提出回避申请:首先,税务人员知道自己具有应当回避的情形的,应当主动向所在单位提出回避申请,自行回避。第二种方式是在税务人员没有自行回避的情况下采取的,这就是如果税务人员明知自己应当回避而不自行回避或者不知道、不认为自己应当回避的,案件当事人有权要求他们回避。

本条对回避人员、回避范围的规定都是适宜的,也是严格的,总的原则是保证税款的征收和对案件的公正处理,从而保障国家的税收利益,保护当事人的合法权益。严格执行这项制度有利于防止腐败。本条所确立的这项回避制度是法定回避,就是有法定情形的即必须回避。具体实施还将依法制定相应的办法。这项制度实际上就是凡属有法律所规定情形的税务人员,就应当被排除在某项具体执法任务的人员之外,税务机关有责任要具体地、严肃地执行这项制度。

16) 税收活动的社会监督和对检举人进行保护和奖励

税收活动是国家为履行职能而以强制地、无偿地从单位或个人手中取得收入的形式对社会财富进行再分配的活动,税收活动必须建立在法制的基础上。税收法律、行政法规是税收活动的基本规范,任何单位和个人从事税收活动都必须遵守法律、行政法规,税务机关应当依法行使征税的权力,单位和个人应当依法履行纳税义务,对于违反税收法律、行政法规的行为必须坚决制止,严肃制裁。税收活动涉及面非常广,与国家利益以及单位和个人的切身利益密切相关。为有效打击各种税收违法行为,维护国家利益和纳税人的合法权益,应当动员全社会的力量,对税收活动实行广泛的社会监督。从我国实践看,社会监督是一种有效的监督形式,在价格法、会计法、海关法等法律中,都规定了对有关的经济活动实行社会监督。因此,本法规定对税收活动也实行社会监督。社会监督具有广泛性、及时性的特点,主要表现在以下方面:第一,社会监督的主体非常广泛,包括机关、企事业单位、社会团体、各种组织以及公民个人;第二,社会监督的对象范围很广泛,既包括对执法者的监督,也包括对相对人的监督,可以说对任何单位和个人都可以进行社会监督;第三,社会监督不受时间、地点和隶属关系等限制,随时可以进行,既可以在事前监督,也可以在执法过程中或执法行为完成以后进行监督。充分发挥社会监督的力量,有利于保障税收法律、行政法规的有效实施,保护国家利益和纳税人的合法权益。检举,就是向有关部门反映、揭露违法活动情况,提供有关违法行为证据的一种方式。对违法行为进行检举,是社会监督的一种重要手段和有效方式。按照本法规定,任何单位和个人都依法享有检举违反税收法律、行政法规行为的权利,这种检举权受法律保护,单位和个人依法行使检举权不受干涉。

为了保护检举人的合法权益,防止检举人受到打击报复,本法明确规定了一项保密义务,这就是,收到检举的机关和负责查处的机关应当为检举人保密。这是一项法定义务,收到检举的机关和负责查处的机关必须认真履行这项义务,违反这项法定义务的,就要承担相应的法律责任。对于保密的方式和保密的内容,法律未作具体规定,可由行政法规或规章规定,但不管确定什么保密方式、保密内容,都应当有利于保护检举人的合法权益。

为了鼓励检举违反税收法律、行政法规的行为,本法规定应当给予检举人奖励。这是一种行政奖励,实施奖励的主体是税务机关,奖励的对象是依法检举违反税收法律、行政法规的单位或个人。奖励主要包括精神奖励和物质奖励两大类,一般情况下,有效的奖励应具备三个要件:一是符合规定的奖励条件;二是符合法定的奖励形式,奖励机关违反规定另设奖励形式或变更奖励形式的,奖励无效;三是符合法定的奖励程序,奖励一般要经过申报、审查、决定和颁奖公布程序而生效。对于如何进行奖励,本法未作具体规定,应当依据有关规定办理。

17)征税主体范围

税收征收管理活动要在法律的基础上进行,依法征税的一个重要前提就是明确征税主体。按照本法规定,税务机关是代表国家实施税收征收管理的主体,也就是说本法的执法主体为税务机关。税务机关是一个统称,根据目前国家行政机关设置的有关规定,税务机关分为不同的行政层级,有不同的名称,在各级税务机关内部又有不同的职能部门,为保证税收法律、行政法规的有效实施,保证征税权的实现,规范征税行为,应当进一步明确征税主体的范围,对税务机关做出具体界定。

税务机关是在税收法律关系中实施税收征收管理行为的行政机关,作为行政主体,它具有以下基本特征:其一,税务机关是一种组织实体,不是个人,个人不能称为税务机关。其二,税务机关具有独立的行政资格,能够以自己的名义实施税收征收管理,如独立作出征税决定、独立参加行政复议或诉讼等。其三,税务机关能够以自己的名义承担其行为所产生的权利、义务和责任。税务机关作为行政主体,必须依据法律、行政法规对相对人行使征税权;其行为直接导致影响相对人权利义务的效果;它与相对人之间发生争议可依法适用行政司法及诉讼程序。只有具备以上资格条件的机关、机构,才可以作为税务机关依法行使征税权。根据我国的实际,本法对税务机关做出了界定,税务机关具体是指:

(1)各级税务局,包括国家税务总局、各地国家税务局、地方税务局。

(2)税务分局,是地、市级以下的税务机构,主要包括涉外税务分局和地域性税务分局。

(3)税务所,是县级以下的税务机构。

(4)按照国务院规定设立的并向社会公告的税务机构,这是指税收征收管理体制改革过程中产生的新的执法主体。近年来,为适应税收征收管理体制改革的需要,许多地方的税务机关按照征收、管理、稽查职责相分离的原则,对税务机构的设置进行了改革,执法主体发生了若干变化,比如许多县以下的国税局都改为征收分局。为适应税务机构改革的需要,法律授权国务院来确定新的执法主体。凡是按照国务院规定设立并向社会公告的税务机构都归属于税务机关,可以依照本法独立行使征税权。

4.2.2 税务管理

税务管理从狭义上讲是税务机关依据国家税收政策法规所进行的税款征收活动;从广

义的角度来说是国家及其税务机关依据客观经济规律和税收分配特点,对税收分配的全过程进行决策、计划、组织、监督和协调,以保证税收职能得以实现的一种管理活动。

我国税务管理模式根据国家形势的变化,几经改革,目前实行的是"以纳税申报和优化服务为基础,以计算机网络为依托,集中征收、规范管理、重点稽查"的征管模式。

税务管理的内容实际上就是税务机关对纳税人的纳税义务主体地位、纳税义务数额、纳税义务履行情况、纳税义务履行质量的确认。在实际工作中具体化为:税务登记、纳税申报、税款征收、税务检查及一些辅助性的工作,如账簿、凭证、发票管理等。

1) 税务登记

办理税务登记是征纳双方法律关系的依据和证明,是纳税人取得合法地位的标志,是纳税人履行纳税义务的第一步。税务登记又称纳税登记,是税务机关根据纳税人的申报,对纳税人的开业、变更、歇业以及生产、经营范围变化实行法定登记,并经审核发给税务登记证的一项管理制度。其意义在于:有利于税务机关了解纳税人的基本情况,掌握税源,加强征收与管理,防止漏管漏征,建立税务机关与纳税人之间正常的工作联系,强化税收政策和法规的宣传,增强纳税意识等。

依据办理税务登记的缘由不同,税务登记可分为开业税务登记、变更税务登记、停业和复业税务登记、注销税务登记、外出经营报验登记5种情况。

(1) 下列纳税人应当向国家税务机关申报办理税务登记:① 领取营业执照,有缴纳增值税、消费税义务的国有企业、集体企业、私营企业、股份制企业、联营企业、外商投资企业、外国企业以及上述企业在外地设立的分支机构和从事生产、经营的场所;领取营业执照,有缴纳增值税、消费税义务的个体工商户。② 经有权机关批准从事生产、经营,有缴纳增值税、消费税义务的机关、团体、部队、学校以及其他事业单位。③ 从事生产经营,按照有关规定不需要领取营业执照,有缴纳增值税、消费税义务的纳税人。④ 实行承包、承租经营,有缴纳增值税、消费税义务的纳税人。⑤ 有缴纳由国家税务机关负责征收管理的企业所得税义务的纳税人。

(2) 下列纳税人可以不申报办理税务登记:① 偶尔取得应当缴纳增值税、消费税收入的纳税人;② 自产自销免税农、林、牧、水产品的农业生产者;③ 县级以上国家税务机关规定不需要办理税务登记的其他纳税人。

(3) 税务登记的原则

① 普遍登记原则:为防止偷税漏税,除税法规定的极少数不办理税务登记外,纳税人、扣缴义务人都应当办理税务登记。

② 属地原则:纳税人应当向其机构所在地主管税务机关办理税务登记。

③ 及时准确原则:纳税人必须严格按照规定期限办理税务登记,不得拖延、误期。

④ 不重复登记原则:纳税人只需向所在地税务机关申报办理税务登记。

(4) 税务登记的期限

① 从事生产、经营的纳税人应当自领取营业执照之日起30日内,向生产、经营地或者纳税义务发生地的主管税务机关申报办理税务登记,如实填写税务登记表,并按照税务机关的要求提供有关证件、资料。

② 扣缴义务人应当自扣缴义务发生之日起30日内,向所在地的主管税务机关申报办理扣缴税款登记,领取扣缴税款登记证件;税务机关对已办理税务登记的扣缴义务人,可以只在其税务登记证件上登记扣缴税款事项,不再发给扣缴税款登记证件。

③ 纳税人税务登记内容发生变化的,应当自工商行政管理机关或者其他机关办理变更登记之日起 30 日内,持有关证件向原税务登记机关申报办理变更税务登记;纳税人税务登记内容发生变化,不需要到工商行政管理机关或者其他机关办理变更登记的,应当自发生变化之日起 30 日内,持有关证件向原税务登记机关申报办理变更税务登记。

④ 纳税人发生解散、破产、撤销以及其他情形,依法终止纳税义务的,应当在向工商行政管理机关或者其他机关办理注销登记前,持有关证件向原税务登记机关申报办理注销税务登记;按照规定不需要在工商行政管理机关或者其他机关办理注册登记的,应当自有关机关批准或者宣告终止之日起 15 日内,持有关证件向原税务登记机关申报办理注销税务登记。

⑤ 纳税人因住所、经营地点变动,涉及改变税务登记机关的,应当在向工商行政管理机关或者其他机关申请办理变更或者注销登记前或者住所、经营地点变动前,向原税务登记机关申报办理注销税务登记,并在 30 日内向迁达地税务机关申报办理税务登记。

⑥ 纳税人被工商行政管理机关吊销营业执照或者被其他机关予以撤销登记的,应当自营业执照被吊销或者被撤销登记之日起 15 日内,向原税务登记机关申报办理注销税务登记;纳税人在办理注销税务登记前,应当向税务机关结清应纳税款、滞纳金、罚款、缴销发票、税务登记证件和其他税务证件。

⑦ 从事生产、经营的纳税人外出经营,在同一地累计超过 180 天的,应当在营业地办理税务登记手续。

(5) 税务登记的用途 除按照规定不需要发给税务登记证件者外,纳税人办理下列事项时,必须持税务登记证件:① 开立银行账户;② 申请减税、免税、退税;③ 申请办理延期申报、延期缴纳税款;④ 领购发票;⑤ 申请开具外出经营活动税收管理证明;⑥ 办理停业、歇业;⑦ 其他有关税务事项。

(6) 税务登记的管理规定

① 国家税务局、地方税务局对同一纳税人的税务登记应当采用同一代码,信息共享,一般情况下从事工商行业者税务登记由国税办理,从事其他行业的税务登记由地税办理。

② 税务机关对税务登记证件实行定期验证和换证制度。纳税人应当在规定的期限内持有关证件到主管税务机关办理验证或者换证手续。

③ 纳税人应当将税务登记证件正本在其生产、经营场所或者办公场所公开悬挂,接受税务机关检查。

④ 纳税人遗失税务登记证件的,应当在 15 日内书面报告主管税务机关,并登报声明作废。

⑤ 从事生产、经营的纳税人到外县(市)临时从事生产、经营活动的,应当持税务登记证副本和所在地税务机关填开的外出经营活动税收管理证明,向营业地税务机关报验登记,接受税务管理。

⑥ 从事生产、经营的纳税人外出经营,在同一地累计超过 180 天的,应当在营业地办理税务登记手续。

⑦ 纳税人按照国务院税务主管部门的规定使用税务登记证件,税务登记证件不得转借、涂改、损毁、买卖或者伪造。

(7) 办理税务登记应带齐的相关证件和资料 办理税务登记应带的证件和资料依行业、经济性质与具体相关事务的不同而有所区别,所以税务登记办理前应咨询相应税务机关。但一般情况下,税务登记应向税务机关如实提供以下证件和资料:① 工商营业执照或其他核准执业证件;② 有关合同、章程、协议书;③ 组织机构统一代码证书;④ 法定代表人或负责人或业主的居民身份证、护照或者其他合法证件;⑤ 主管税务机关要求提供的其他有关证件、资料。

(8) 变更税务登记　纳税人改变名称、法定代表人或者业主姓名、经济类型、经济性质、住所或者经营地点(指不涉及改变主管国家税务机关)、生产经营范围、经营方式、开户银行及账号等内容的,纳税人应当自工商行政管理机关办理变更登记之日起 30 日内,持下列有关证件向原主管国家税务机关提出变更登记书面申请报告。有关证件包括:① 营业执照;② 变更登记的有关证明文件;③ 国家税务机关发放的原税务登记证件(包括税务登记证及其副本、税务登记表等);④ 其他有关证件。

纳税人按照规定不需要在工商行政管理机关办理注册登记的,应当自有关机关批准或者宣布变更之日起 30 日内,持有关证件向原主管国家税务机关提出变更登记书面申请报告。

纳税人办理变更登记时,应当向主管国家税务机关领取变更税务登记表,一式 3 份,按照表式内容逐项如实填写,加盖企业或业主印章后,于领取变更税务登记表之日起 10 日内报送主管国家税务机关,经主管国家税务机关核准后,报有权国家税务机关批准予以变更的,应当按照规定的期限到主管国家税务机关领取填发的税务登记证等有关证件,并按规定缴付工本管理费。

2) 账簿、凭证及发票管理

账簿、凭证是纳税人进行生产、经营管理和核算财务收支必不可少的工具,也是税务机关对纳税人依法征管、检查的重要依据。账簿是纳税人、扣缴义务人以会计凭证为依据,全面、连续、系统地记录各种经济业务的账册或簿籍,包括总账、明细账、日记账及其他各种辅助账簿。凭证是指纳税人、扣缴义务人用来记录经济业务,明确经济责任,并据以登记账簿的书面证明。凭证分为原始凭证和记账凭证。原始凭证是经济业务发生时所取得或填制的凭证,如发票等;记账凭证是由会计人员根据审核无误的原始凭证,按其内容根据会计科目和复式记账方式加以归类整理,并据以确定会计分录和登记账簿的凭证。通过凭证的填制和审核,不仅可以保证账簿记录的真实可靠,而且可以检查各项经济业务是否合理、合法,准确反映经营管理水平和经济效益,正确计算应纳税额。

(1) 账簿的设置　纳税人、扣缴义务人按照有关法律、行政法规和国务院财政、税务主管部门的规定设置账簿,根据合法、有效凭证记账,进行核算。

① 从事生产、经营的纳税人应当自领取营业执照或者发生纳税义务之日起 15 日内,按照国家有关规定设置账簿。

② 生产、经营规模小又确无建账能力的纳税人,可以聘请经批准从事会计代理记账业务的专业机构或者经税务机关认可的财会人员代为建账和办理账务;聘请上述机构或者人员有实际困难的,经县以上税务机关批准,可以按照税务机关的规定,建立收支凭证粘贴簿、进货销货登记簿或者使用税控装置。

③ 扣缴义务人应当自税收法律、行政法规规定的扣缴义务发生之日起 10 日内,按照所代扣、代收的税种,分别设置代扣代缴、代收代缴税款账簿。

④ 纳税人、扣缴义务人会计制度健全,能够通过计算机正确、完整计算其收入和所得或者代扣代缴、代收代缴税款情况的,其计算机输出的完整的书面会计记录,可视同会计账簿。

纳税人、扣缴义务人会计制度不健全,不能通过计算机正确、完整地计算其收入和所得或者代扣代缴、代收代缴税款情况的,应当建立总账及与纳税或者代扣代缴、代收代缴税款有关的其他账簿。

(2) 记账核算

① 从事生产、经营的纳税人应当自领取税务登记证件之日起 15 日内,将其财务、会计制度或者财务、会计处理办法报送主管税务机关备案。纳税人使用计算机记账的,应当在使用前将会计电算化系统的会计核算软件、使用说明书及有关资料报送主管税务机关备案。纳税人建立的会计电算化系统应当符合国家有关规定,并能正确、完整地核算其收入或者所得。纳税人、扣缴义务人的财务、会计制度或者财务、会计处理办法与国务院或者国务院财政、税务主管部门有关税收的规定抵触的,依照国务院或者国务院财政、税务主管部门有关税收的规定计算应纳税款、代扣代缴和代收代缴税款。

② 账簿、会计凭证和报表,应当使用中文。民族自治地方可以同时使用当地通用的一种民族文字。外商投资企业和外国企业可以同时使用一种外国文字。

③ 纳税人应当按照税务机关的要求安装、使用税控装置,并按照税务机关的规定报送有关数据和资料。

(3) 账簿、凭证保管 从事生产、经营的纳税人、扣缴义务人必须按照国务院财政、税务主管部门规定的保管期限保管账簿、记账凭证、完税凭证及其他有关资料。账簿、记账凭证、完税凭证及其他有关资料不得伪造、变造或者擅自损毁。账簿、记账凭证、报表、完税凭证、发票、出口凭证以及其他有关涉税资料应当合法、真实、完整。账簿、记账凭证、报表、完税凭证、发票、出口凭证以及其他有关涉税资料应当保存 10 年;但是,法律、行政法规另有规定的除外。

(4) 法律责任

① 纳税人有下列行为之一的,由税务机关责令限期改正,可以处 2 000 元以下的罚款;情节严重的,处 2 000 元以上 1 万元以下的罚款:未按照规定设置、保管账簿或者记账凭证和有关资料的;未按照规定将财务、会计制度或者财务、会计处理办法和会计核算软件报送税务机关备查的;未按照规定安装、使用税控装置,或者损毁或者擅自改动税控装置的。

② 扣缴义务人未按照规定设置、保管代扣代缴、代收代缴税款账簿或者代扣代缴、代收代缴税款记账凭证及有关资料的,由税务机关责令限期改正,可以处 2 000 元以下的罚款;情节严重的,处以 2 000 元以上 5 000 元以下的罚款。

(5) 发票管理 发票是在购销商品、提供或者接受服务以及从事其他经营活动中,开具、收取的收付款凭证。它是会计核算的原始依据,也是正确计算应纳税额和进行税务稽查的重要依据。发票管理是税务机关依照法律、行政法规的规定对发票的印制、领购、开具、取得、保管、缴销和检查等方面所进行的管理。

① 发票的印制:发票由省、自治区、直辖市税务机关指定的企业印制;增值税专用发票由国家税务总局统一印制。禁止私自印制、伪造、变造发票。发票防伪专用品由国家税务总局指定的企业生产。禁止非法制造发票防伪专用品。省、自治区、直辖市税务机关对发票印制实行统一管理原则,严格审查印制发票企业的资格,对指定为印制发票的企业发给发票准印证。发票实行不定期换版制度。发票应当使用中文印制。民族自治地方的发票,可以加印当地一种通用的民族文字。有实际需要也可以同时使用中外两种文字印制。

② 发票的领购:依法办理税务登记的单位和个人,在领取税务登记证件后,向主管税务

机关申请领购发票。申请领购发票的单位和个人应当提出购票申请,提供经办人身份证明、税务登记证件或者其他有关证明,以及财务印章或者发票专用章的印模,经主管税务机关审核后发给发票领购簿。领购发票的单位和个人凭发票购领簿核准的种类、数量及购票方式向主管税务机关领购发票。需要临时使用发票的单位和个人,可以直接向税务机关申请办理。临时到本省、自治区、直辖市从事经营活动的单位或者个人,应当凭所在地税务机关的证明,向经营地税务机关申请领购经营地的发票。临时在本省、自治区、直辖市以内跨市、县从事经营活动领购发票的办法,由省、自治区、直辖市税务机关规定。税务机关对外省、自治区、直辖市来本辖区从事临时经营活动的单位和个人申领购发票的,可以要求其提供保证人或者根据所领购发票的票面限额及数量缴纳不超过 10 000 元的保证金,以限期缴销发票。按期缴销发票的,解除保证人的担保义务或者退还保证金;未按期缴销发票的,由保证人或者以保证金承担法律责任。税务机关收取保证金应当开具收据。

③ 发票的开具和保管:销售商品、提供服务以及从事其他经营活动的单位和个人,对外发生经营业务收取款项,收款方应当向付款方开具发票;特殊情况下,由付款方向收款方开具发票。所有单位和从事生产、经营活动的个人在购买商品、接受服务以及从事其他经营活动支付款项,应当向收款方取得发票。取得发票时,不得要求变更品名和金额。不符合规定的发票,不得作为财务报销凭证,任何单位和个人有权拒收。开具发票应当按照规定时限、顺序、逐栏全部联次一次性如实开具,并加盖单位财务印章或者发票专用章。使用电子计算机开具发票,须经主管税务机关批准,并使用税务机关统一监制的机外发票,开具后的存根联应当按照顺序装订成册。任何单位和个人不得转借、转让、代开发票;未经税务机关批准,不得拆本使用发票;不得自行扩大专业发票使用范围。禁止倒买倒卖发票、发票监制章和发票防伪专用品。发票限于领购单位和个人在本省、自治区、直辖市内开具。省、自治区、直辖市税务机关可以规定跨市、县开具发票的办法。任何单位和个人未经批准,不得跨规定的使用区域携带、邮寄、运输空白发票。禁止携带、邮寄或者运输空白发票出入境。开具发票的单位和个人应当建立发票使用登记制度,设置发票登记簿,并定期向主管税务机关报告发票使用情况。开具发票的单位和个人应当在办理变更或注销税务登记的同时办理发票和发票领购簿的变更、缴销手续。开具发票的单位和个人应当按照税务机关的规定存放和保管发票,不得擅自损毁。已经开具的发票存根联和发票登记簿,应当保存 5 年。保存期满,报经税务机关查验后销毁。

④ 发票的检查:税务机关在发票管理中有权进行下列检查:检查印制、领购、开具、取得和保管发票的情况;调出发票查验;查阅、复制与发票有关的凭证、资料;向当事各方询问与发票有关的问题和情况;查处发票案件时,对与案件有关的情况和资料,可以记录、录音、录像、照相和复制。

3) 纳税申报

纳税申报是纳税人、扣缴义务人为正确履行纳税义务,按照法律、行政法规的规定,在申报期限内就计算缴纳税款等有关纳税事项向税务机关书面申报的一种法定手续。这个法定程序是现代化征管的基础,也是提供服务、实施征管监控和加强稽查的前提。

(1) 纳税申报的对象 下列纳税人或者扣缴义务人、代征人应当按期向主管国家税务机关办理纳税申报或者代扣代缴、代收代缴税款报告、委托代征税款报告:

① 依法已向国家税务机关办理税务登记的纳税人,包括:各项收入均应当纳税的纳税人;全部或部分产品、项目或者税种享受减税、免税照顾的纳税人;当期营业额未达起征点或

没有营业收入的纳税人;实行定期定额纳税的纳税人;应当向国家税务机关缴纳企业所得税以及其他税种的纳税人。

② 按规定不需向国家税务机关办理税务登记以及应当办理而未办理税务登记的纳税人。

③ 扣缴义务人和国家税务机关确定的委托代征人。

(2) 纳税申报的期限

① 各税种的申报期限:a. 缴纳增值税、消费税的纳税人,以1个月为一期纳税的,于期满后10日内申报;以1天、3天、5天、10天、15天为一期纳税的,自期满之日起5日内预缴税款,于次月1日起10日内申报并结算上月应纳税款。b. 缴纳企业所得税的纳税人应当在月份或者季度终了后15日内,向其所在地主管国家税务机关办理预缴所得税申报;内资企业在年度终了后45日内、外商投资企业和外国企业在年度终了后4个月内向其所在地主管国家税务机关办理所得税申报。c. 其他税种,税法已明确规定纳税申报期限的,按税法规定的期限申报。d. 税法未明确规定纳税申报期限的,按主管国家税务机关根据具体情况确定的期限申报。

② 申报期限的顺延:纳税人办理纳税申报的期限最后一日,如遇公休、节假日的,可以顺延。

③ 延期办理纳税申报:纳税人、扣缴义务人、代征人按照规定的期限办理纳税申报或者报送代扣代缴、代收代缴税款报告表、委托代征税款报告表确有困难,需要延期的,应当在规定的申报期限内向主管国家税务机关提出书面延期申请,经主管国家税务机关核准,在核准的期限内办理。纳税人、扣缴义务人、代征人因不可抗力情形,不能按期办理纳税申报或者报送代扣代缴、代收代缴税款或委托代征税款报告的,可以延期办理。但是,应当在不可抗力情形消除后立即向主管国家税务机关报告。

(3) 纳税申报的方式　税务机关应当建立、健全纳税人自行申报纳税制度。但经税务机关批准,纳税人、扣缴义务人亦可以采取邮寄、数据电文方式办理纳税申报或者报送代扣代缴、代收代缴税款报告表。另外,实行定期定额缴纳税款的纳税人,可以实行简易申报、简并征期等申报纳税方式。

① 上门申报:纳税人、扣缴义务人、代征人应当在纳税申报期限内到主管国家税务机关办理纳税申报、代扣代缴、代收代缴税款或委托代征税款报告。

② 邮寄申报:纳税人采取邮寄方式办理纳税申报的,应当使用统一的纳税申报专用信封,并以邮政部门收据作为申报凭据。邮寄申报以寄出的邮戳日期为实际申报日期。

③ 数据电文申报:是指以税务机关确定的电话语音、电子数据交换和网络传输等电子方式申报。纳税人采取电子方式办理纳税申报的,应当按照税务机关规定的期限和要求保存有关资料,并定期书面报送主管税务机关。

(4) 纳税申报的内容　纳税人办理纳税申报时,应当如实填写纳税申报表,并根据不同的情况相应报送下列有关证件、资料:① 财务会计报表及其说明材料;② 与纳税有关的合同、协议书及凭证;③ 税控装置的电子报税资料;④ 外出经营活动税收管理证明和异地完税凭证;⑤ 境内或者境外公证机构出具的有关证明文件;⑥ 纳税人、扣缴义务人的纳税申报或者代扣代缴、代收代缴税款报告表的主要内容包括:税种、税目,应纳税项目或者应代扣代缴、代收代缴税款项目,计税依据,扣除项目及标准,适用税率或者单位税额,应退税项目及税额、应减免税项目及税额,应纳税额或者应代扣代缴、代收代缴税额,税款所属期限、延期缴纳税款、欠税、滞纳金等;⑦扣缴义务人办理代扣代缴、代收代缴税款报告时,应当如实填写代扣代缴、代收代缴税款报告表,并报送代扣代缴、代收代缴税款的合法凭证以及税务机关规定的其他有关证件、资料;⑧税务机关规定应当报送的其他有关证件、资料。

4)税款征收

税款征收是国家税务机关等主体依照税收法律、法规规定将纳税人应当缴纳的税款征收入库的一系列活动的总称。其含义包括三个方面:

① 税务机关是税款征收的主体,法律规定必须由税务机关征收的税款,其他部门不得代征。但是,法律赋予海关、财政等部门征收税款的,海关、财政等部门也可成为税款征收的实体,如关税、契税等。

② 税务机关征税必须依照法律、法规的规定征收税款。

③ 税款征收是税务机关将纳税人的应纳税款全部解缴入库,组织国家财政收入的行为。

税款征收是税收管理工作的中心环节,是全部税收征管工作的目的和归宿,在整个税收工作中占据着极其重要的地位。

(1) 税款征收的原则

① 税务机关是征税的唯一行政主体。

② 税务机关只能依照法律、行政法规的规定征收税款。

③ 税务机关不得违反法律、行政法规的规定开征、停征、多征、少征、提前征收、延缓征收或者摊派税款。

④ 税务机关征收税款必须遵守法定权限和法定程序。

⑤ 税务机关征收税款或扣押、查封商品、货物或其他财产时,必须向纳税人开具完税凭证或开付扣押、查封的收据或清单。

⑥ 税款、滞纳金、罚款统一由税务机关上缴国库。

⑦ 税款优先。

(2) 税款征收的方式 税款征收方式是指税务机关依照税法规定和纳税人生产经营、财务管理情况以及便于征收和保证国家税款及时足额入库的原则而采取的具体组织税款入库的方法。税款征收方式主要有以下几种:

① 查账征收:指税务机关按照纳税人提供的账表所反映的经营情况,依照适用税率计算缴纳税款的方式。这种方式一般适用于经营规模较大、财务会计制度较为健全,能够如实核算和提供生产经营情况,并能正确计算税款的纳税单位。税务机关根据纳税人报送的纳税申请表等资料计算应纳税款,开具税收缴款书或完税凭证,由纳税人自行到银行划解税款。事后税务机关检查核实,多退少补。实行查账征收的,税款缴纳可采用两种方式:一是自核自缴,即由纳税人自行计算申报应纳税款,自行填写缴款书、自行到当地银行缴纳税款;二是自报核缴,即由纳税人自行计算申报应纳税款后,经税务机关审核,并开具缴款书,由纳税人据以向当地银行缴纳税款。

② 查定征收:指税务机关根据纳税人的从业人员、生产设备、原材料耗用情况等因素,查实核定其在正常生产经营条件下应税产品的数量、销售额,并据以征收税款的一种方式。如果纳税人的实际应税产品超过查定数量时,由纳税人报请补征;实际数量不及查定产量时,可由纳税人报请重新核定。这种方式适用于生产经营规模较小、产品零星、税源分散、会计账册不健全的纳税人,但这些纳税人能控制其材料、产量或进项货物。税务机关根据其正

常生产能力对其生产的应税产品、销售额等据以征收税款。

③ 查验征收:指税务机关对纳税人应税商品,通过查验数量,按市场一般销售单价计算其销售收入并据以征税的方式。这种方式一般适用于经营品种比较单一,经营地点、时间和商品来源不固定的纳税单位,如城乡集贸市场中的临时经营者和火车站、机场、码头、公路交通要道等地方的经营者。

④ 定期定额征收:指税务机关依照法律、行政法规的规定,对个体工商户在一定经营地点、一定经营时期、一定经营范围内的应纳税经营额或所得额进行核定,并以此为计税依据,确定其应纳税额的一种征收方式。这种征收方式适用于生产、经营规模小,确实没有建账能力,经过主管税务机关审核,报经县级以上税务机关批准,可以不设置账簿或者暂缓建账的个体工商户。

⑤ 委托代征税款:指税收机关委托代征人以税务机关的名义征收税款,并缴入国库的方式。这种方式一般适于小额、零散税源的征收。

⑥ 代扣代缴:是依照税法规定负有代扣代缴义务的单位和个人,从纳税人持有的收入中扣取应纳税款并向税务机关解缴的一种纳税方式。包括:向纳税人支付收入的单位和个人;为纳税人办理汇总存贷业务的单位。

代扣代缴和代收代缴的区别:代扣代缴义务人直接持有纳税人的收入从中直接扣除纳税人的应纳税款。代收代缴义务人在与纳税人的经济往来中收取纳税人的应纳税款并代为缴纳。

⑦ 代收代缴:指按照税法规定,负有收缴税款的法定义务人,负责对纳税人应纳的税款进行代收代缴。即由与纳税人有经济业务往来的单位和个人在向纳税人收取款项时依法收取税款。这种方式一般是指税收网络覆盖不到或者很难控管的领域,如消费税中的委托加工由受托方代收加工产品的税款。

⑧ 邮寄纳税:是一种新的纳税方式。这种方式主要适用于那些有能力按期纳税,但采用其他方式纳税又不方便的纳税人。

⑨ 其他方式:利用网络申报、用IC卡纳税等方式。例如,北京市地税局已与部分商业银行联网,实现部分网上申报纳税。

(3) 核定应纳税额

① 核定应纳税额的适用范围:纳税人有下列情形之一的,税务机关有权核定其应纳税额:依照法律、行政法规的规定可以不设置账簿的;依照法律、行政法规的规定应当设置账簿但未设置的;擅自销毁账簿或者拒不提供纳税资料的;虽设置账簿,但账目混乱或者成本资料、收入凭证、费用凭证残缺不全,难以查账的;发生纳税义务,未按照规定的期限办理纳税申报,经税务机关责令限期申报,逾期仍不申报的;纳税人申报的计税依据明显偏低,又无正当理由的。

对未按照规定办理税务登记的从事生产、经营的纳税人以及临时从事经营的纳税人,由税务机关核定其应纳税额,责令缴纳。

② 核定应纳税额的方法:上述由税务机关核定其应纳税额的纳税人,税务机关有权采用下列任何一种或者几种方法核定其应纳税额:参照当地同类行业或者类似行业中经营规模和收入水平相近的纳税人的税负水平核定;按照营业收入或者成本加合理的费用和利润的方法核定;按照耗用的原材料、燃料、动力等推算或者测算核定;按照其他合理方法核定。

纳税人对税务机关核定的应纳税额有异议的,应当提供相关证据,经税务机关认定后,调整应纳税额。

③ 加收滞纳金：滞纳金就是超过规定的缴款期限，向缴款人征收的一种带有惩罚性质的款项，一般是按超过规定期限的天数，每天征收应缴款额一定的百分比。

税收征管法规定了税收滞纳金加收的一般原则：纳税人、扣缴义务人未按照规定期限缴纳或者解缴税款的，税务机关除责令限期（最长 15 日）缴纳外，从滞纳税款之日起，按日加收滞纳税款 5‰的滞纳金。

(4) 税收保全措施　指税务机关对可能由于纳税人的行为或者某种客观原因，致使以后税款的征收不能保证或难以保证的案件，采取限制纳税人处理和转移商品、货物或其他财产的措施。

① 税收保全措施的对象：主体的对象是从事生产经营的纳税人；物的对象是存款、商品、货物或者其他财产。个人及其所抚养家属维持生活必需的住房和用品，不在税收保全措施范围之内。

② 税收保全措施的条件：一是行为条件（详见税收保全措施的内容）。二是时间条件，纳税人在规定的纳税期届满之前和责令缴纳税款的期限之内。三是担保条件，在上述两个条件具备的情况下，税务机关可以责成纳税人提供纳税担保，纳税人不提供纳税担保的，税务机关可以依照法定权限和程序，采取税收保全措施。

③ 税收保全措施的分类：税收保全措施，是法律赋予税务机关的一种强制权力。税收征管法规定了税务机关在何种情况下，可以采取税收保全措施。税收保全措施分别称之为简易税收保全措施、一般税收保全措施和特殊税收保全措施。这三种税收保全措施有以下差异：一是适用对象不同；二是税款所属期不同；三是执行对象不同；四是采取的手段不同；五是程序不同；六是批准权限不同；七是责令缴纳期限不同。

④ 税收保全措施的内容：税务机关有根据认为从事生产经营的纳税人有逃避纳税义务行为的，可以在规定的纳税期前，责令限期缴纳税款；在责令限期内发现纳税人有明显的转移、隐匿应纳税的商品、货物以及其他财产或者应纳税收入的迹象的，税务机关应责令其提供纳税担保；采取税收保全措施应当由两名以上税务人员执行，并通知被执行人。如果纳税人不能提供纳税担保，经县以上税务局（分局）局长批准，税务机关可以采取下列税收保全措施：一是书面通知纳税人开户银行或者其他金融机构冻结纳税人的金额相当于应纳税款的存款；二是扣押、查封纳税人的价值相当于应纳税款的商品、货物或者其他财产。

纳税人在上款规定的期限内缴纳税款的，税务机关必须立即解除税收保全措施。采取税收保全措施不当，或者纳税人在限期内已缴纳税款，税务机关未立即解除税收保全措施，使纳税人的合法权益遭受损失的，税务机关应当承担赔偿责任。个人及其所扶养家属维持生活必需的住房和用品，不在税收保全措施的范围之内。

(5) 强制执行措施　指采取税收保全措施后，纳税人限期期满仍未缴纳税款的，转入强制执行程序：经县以上税务局（分局）局长批准，税务机关可以书面通知纳税人开户银行或其他金融机构，从其冻结的存款中扣缴税款，或者依法拍卖或者变卖所扣押、查封的商品、货物或者其他财产，以拍卖或者变卖所得抵缴税款。税务机关扣押商品、货物或者其他财产时，必须开付收据；查封商品、货物或者其他财产时，必须开付清单。

(6) 正确区分税收保全措施与强制执行措施　税收保全措施、强制执行措施是法律赋予税务机关的两种不同权力，是对纳税义务人、扣缴义务人和纳税担保人不按规定履行纳税、代扣代缴税款和纳税担保义务而采取的暂停支付、扣缴存款、扣押、查封商品、货物等具体措施,其目的是为了保证国家税款及时足额入库。在税收实践中,这两种措施对打击偷税、抗税、逃税,维护税法的尊严起到了很好的作用,但在执行过程中应区别对待,不能混淆。

从实践中看,税收保全措施与强制执行措施既有区别,又有相同之处。

① 主要区别:一是两者适用对象不同。税收保全措施仅适用于纳税义务人;而强制执行措施不仅适用于纳税义务人,而且还适用于扣缴义务人和纳税担保人。二是两种措施的实施时间不同。税收保全措施是在法律规定的纳税期限之前实施;而强制执行措施只能在责令纳税义务人、扣缴义务人及纳税担保人限期缴纳和法律规定的纳税期限届满后实施。三是两者明确的金额界定不同。税收保全措施仅以"应纳税款"为金额依据;而强制执行措施可以以"应纳税款和滞纳金"为金额依据。四是两者采取的方式不同。税收保全措施采取的是书面通知金融机构冻结存款或扣押、查封商品、货物或其他财产;而强制执行措施采取的是书面通知金融机构从其存款扣缴税款或以依法拍卖或者变卖商品、货物及其他财产所得抵缴税款。五是两者对纳税人的财产处分权造成的后果不同。税收保全措施只是对纳税义务人财产处分权的一种限制,并未剥夺其财产所有权;而强制执行措施在一定情况下可以直接导致当事人财产所有权发生变更。六是两者税款入库的方式不同。税收保全措施最终达到的是限定纳税义务人限期入库应纳税款;而强制执行措施可以使应纳税款、滞纳金直接入库。

② 相同之处:一是两种措施实施的主体都必须是税务机关及税务人员。税务机关是具有决定权的主体,税务人员是具有执行权的主体,除此之外其他任何单位和个人无权实施。二是两种措施实施中都必须有两名以上税务人员,并出示具有法律效力的文书。三是两种措施都必须经县以上税务局(分局)局长批准,未经批准的不得实施。四是两种措施的实施必须依照法定权限和法定程序,不得查封、扣押纳税人个人及其所扶养家属维持生活必需的住房和用品。五是两种措施实施不当,使纳税人、扣缴义务人或者纳税担保人的合法权益遭受损失的,应当依法承担赔偿责任。六是两种措施实施前都必须先责令其限期缴纳。七是两种措施实施中都必须开具清单和收据。

税收保全措施和强制执行措施有效地保证了应纳税款及时足额入库,但实施过程中不得违背程序和原则,以免侵害公民、法人或其他经济组织的合法权益,造成税务案件纠纷。

5) 税务检查

税务检查制度是税务机关根据国家税法和财务会计制度的规定,对纳税人履行纳税义务的情况进行的监督、审查制度。税务检查是税收征收管理的重要内容,也是税务监督的重要组成部分。搞好税务检查,对于加强依法治税,保证国家财政收入,有着十分重要的意义。

通过税务检查,既有利于全面贯彻国家的税收政策,严肃税收法纪,加强纳税监督,查处偷税、漏税和逃骗税等违法行为,确保税收收入足额入库,也有利于帮助纳税人端正经营方向,促使其加强经济核算,提高经济效益。

(1) 税务检查的内容　主要包括以下几个方面:① 检查纳税人执行国家税收政策和税收法规的情况;② 检查纳税人遵守财经纪律和财会制度的情况;③ 检查纳税人的生产经营管理和经济核算情况;④ 检查纳税人遵守和执行税收征收管理制度的情况,查其有无不按纳税程序办事和违反征管制度的问题。

(2) 税务检查的方法　税务机关进行税务检查,一般采用以下三种方法:

① 税务查账:是对纳税人的会计凭证、账簿、会计报表以及银行存款账户等核算资料所反映的纳税情况所进行的检查。这是税务检查中最常用的方法。

② 实地调查：是对纳税人账外情况进行的现场调查。

③ 税务稽查：是对纳税人的应税货物进行的检查。

(3) 税务检查中征纳双方的权利与义务　根据《税收征收管理法》的规定，税务机关有权进行下列税务检查：

① 检查纳税人的账簿、记账凭证、报表和有关资料；检查扣缴义务人代扣代缴、代收代缴税款账簿、记账凭证和有关资料。税务机关在检查上述纳税资料时，可以在纳税人、扣缴义务人的业务场所进行，必要时经县以上税务局(分局)局长批准，也可以将纳税人、扣缴义务人以前年度的账簿、凭证、报表以及其他有关资料调出检查，但须向纳税人、扣缴义务人开付清单，并在3个月内完整归还。

② 到纳税人的生产、经营场所和货物存放地检查纳税人应纳税的商品、货物或其他财产；检查扣缴义务人与代扣代缴、代收代缴税款有关的经营情况。

③ 责成纳税人、扣缴义务人提供与纳税或者代扣代缴、代收代缴税款有关的文件、证明材料和有关资料。

④ 询问纳税人、扣缴义务人与纳税或者代扣代缴、代收代缴税款有关的问题和情况。

⑤ 到车站、码头、机场、邮政企业及其分支机构检查纳税人托运、邮寄应纳税的商品、货物或者其他财产的有关单据、凭证和有关资料。

⑥ 经县以上税务局(分局)局长批准，凭全国统一格式的检查存款账户许可证明，查询从事生产、经营的纳税人、扣缴义务人在银行或其他金融机构的存款账户。税务机关在调查税收违法案件时，经设区的市、自治州以上税务局(分局)局长批准，可以查询案件涉嫌人员的储蓄存款。税务机关查询所获得的资料，不得用于税收以外的用途。

税务机关对从事生产、经营的纳税人以前纳税期的纳税情况依法进行税务检查时，发现纳税人有逃避纳税义务行为，并明显地转移、隐匿其应纳税的商品、货物以及其他财产或者应纳税的收入迹象的，可以按照税收征管法规定的批准权限采取税收保全措施或者强制执行措施。

税务机关依法进行上述税务检查时，纳税人、扣缴义务人必须接受检查，如实反映情况，提供有关资料，不得拒绝、隐瞒；税务机关有权向有关单位和个人调查纳税人、扣缴义务人和其他当事人与纳税或者代扣代缴、代收代缴税款有关情况，有关部门和个人有义务向税务机关如实提供有关材料及证明材料。税务机关调查税务违法案件时，对与案件有关的情况和资料，可以进行记录、录音、录像、照相和复制。但是，税务人员在进行税务检查时，必须出示税务检查证，并有责任为被检查人保守秘密；未出示税务检查证和税务检查通知书的，纳税人、扣缴义务人及其他当事人有权拒绝检查。

6) 文书送达

文书送达制度是在税收征管活动中由征税机关向纳税主体传递相关信息的一项重要的制度，在整个税收程序法中都是不可或缺的。该制度对于保护征纳双方的权利同样具有重要作用。

在文书送达制度中，征税机关需送达的文书通常主要包括：① 纳税通知书；② 责令限期改正通知书；③ 催缴税款通知书；④ 扣缴税款通知书；⑤ 暂停支付存款通知书；⑥ 扣押、查封商品、货物及其他财产的财产清单；⑦ 税务处理决定书；⑧ 行政复议决定书；⑨ 其他税务文书。

税务文书的送达方式主要包括直接送达、留置送达、邮寄送达、委托送达、公告送达等。

其中,直接送达是最基本的送达方式,其他送达方式是在直接送达有困难时才采取的方式。对于上述各种送达方式,我国税收征管法实施细则均有规定。

(1) 直接送达　税务机关送达税务文书,应当直接送交受送达人。受送达人是公民的,应当由本人直接签收;本人不在的,交其同住成年家属签收。受送达人是法人或者其他组织的,应当由法人的法定代表人、其他组织的主要负责人或者该法人、组织负责收件的人签收。受送达人有代理人的,可以送交其代理人签收。

此外,送达税务文书必须有送达回证,并由受送达人或者其他有权签收的人在送达回证上记明收到日期,签名或者盖章,即为送达。

(2) 留置送达　受送达人或者其他有权签收的人拒绝签收税务文书的,送达人应当在送达回证上记明拒收理由和日期,并由送达人和见证人签名或者盖章,将税务文书留置于受送达人处,即视为送达。

(3) 委托送达与邮寄送达　在直接送达税务文书有困难的情况下,税务机关可以委托有关机关或其他单位代为送达,也可以邮寄送达。委托送达与直接送达一样,均以签收人或者见证人在送达回证上的签收或者注明的收件日期为送达日期;若是邮寄送达,则以挂号函件回执上注明的收件日期为收件日期,并视为已送达。

(4) 公告送达　如果同一送达事项的受送达人众多,或者采用其他送达方式无法送达,则税务机关可以公告送达税务文书。并且,自公告之日起满 30 日,即视为送达。

4.2.3　违反税收征管法的法律责任

法律责任通常是指违法者因违法行为所应承担的否定性的法律后果。"责任"一词经常在不同的语境下被人们使用。从日常习惯和我国法律中的用法来看,它有以下两个基本含义:第一,与义务通用。例如,我们说"某人有责任这样做"和"某人有义务这样做",这两句话的意思是一样的。第二,特指法律上应当承受的后果,也就是我们所说的"法律责任"。税收征管中的法律责任(简称税收法律责任)就是指税收法律关系的主体因违反税收法律规范所应承担的法律上的后果。

法律是权利和义务的集合,权利的行使应当受到保障,义务的违反必须给予制裁,这就是法律责任制度的功能所在。制定税收征管法是为了加强税收征收管理,规范税收征收和缴纳行为,保障国家税收收入,保护纳税人的合法权益,促进经济和社会发展。税收征管法的内容多数是义务性法律规范,必须有与之相适应的法律责任,才能使法律义务落到实处,充分发挥作用。

税收征管法规定了征纳双方的相关义务,对于这些义务,征纳双方均必须依法履行,否则即应承担相应的法律责任。一般来说,违反税收征管法应承担的法律责任可分为两类,即一般违法行为的责任和严重违法行为的责任。

依据我国税收征管法及其实施细则的规定,对于违反税收征管法的一般违法行为,其主要的制裁方式是罚款和其他行政处罚;对于违反税收征管法的严重违法行为,其主要的制裁方式则是罚金和其他刑事处罚。对于不同主体的不同违法行为,法律规定了不同的制裁手段,从而使违法主体相应的承担了不同的法律责任。

1) 违法纳税人的法律责任

(1) 纳税人违反税务管理规定的法律责任　税务管理制度包括税务登记、账簿及凭证管理、纳税申报等具体制度,违反这些具体制度规定,多属一般违法行为,纳税人即应承担相

应的法律责任。具体包括以下两种情况:

① 违反税务登记、账证管理规定的法律责任:如果纳税人有下述行为:一是未按照规定的期限申报办理税务登记、变更或者注销登记;二是未按照规定设置、保管账簿或者记账凭证和有关资料;三是未按照规定将财务、会计制度或者财务、会计处理办法报送税务机关备查。只要具备其中的一种行为,税务机关即有权责令其限期改正,逾期不改正的,可处以2 000元以下的罚款;情节严重的,处以2 000元以上10 000元以下的罚款。

此外,纳税人未按照规定使用税务登记证件,或者转借、涂改、损毁、买卖、伪造税务登记证件的,亦依照上述规定处理。另外,纳税人违反法律规定,在规定的保存期限以前擅自损毁账簿、记账凭证和有关资料的,税务机关可以处以2 000元以上10 000元以下的罚款;情节严重,构成犯罪的,移送司法机关依法追究刑事责任。

② 违反纳税申报规定的法律责任:纳税人未按照规定的期限办理纳税申报的,由税务机关责令限期改正,可处以2 000元以下的罚款;逾期不改正的,可处以2 000元以上10 000元以下的罚款。

(2) 纳税人违反税款征收规定的法律责任

① 偷税行为的法律责任:偷税是指纳税人采取伪造、变造、隐匿、擅自销毁账簿及记账凭证,在账簿上多列支出或者不列、少列收入,或者进行虚假的纳税申报等手段,不缴或者少缴应纳税款的行为。偷税是一种故意采取某些欺骗性的手段逃避纳税义务的行为,因而也称逃税。它与狭义上的避税、节税是不同的。由于偷税行为的主观恶性较大,社会危害较为严重,因而历来都是各国打击的重点。我国的税收征管法和刑法对偷税行为均明确规定了处罚措施,具体规定如下:

一是对一般偷税行为的处罚:纳税人偷税数额不满1万元或者偷税数额占应纳税额不到10%的,由税务机关追缴其偷税款,处以偷税数额5倍以下的罚款。

二是对偷税罪的处罚:纳税人偷税数额占应纳税额10%以上不满30%,并且偷税数额在1万元以上不满10万元的,或者因偷税被税务机关给予二次行政处罚又偷税的,构成偷税罪,除由税务机关追缴其偷税款外,处3年以下有期徒刑或拘役,并处偷税数额1倍以上5倍以下的罚金;偷税数额占应纳税额30%以上并且偷税数额在10万元以上的,处3年以上7年以下有期徒刑,并处偷税数额1倍以上5倍以下的罚金。

此外,企事业单位犯偷税罪的,判处偷税数额5倍以下的罚金,并对负有直接责任的主管人员和其他直接责任人员处3年以下有期徒刑或者拘役。

② 欠税行为的法律责任:欠税是指纳税人在纳税期限届满后,仍未缴或少缴应纳税款的行为。拖欠税款的纳税人通常在主观上没有逃避纳税义务的故意,只是由于种种原因而未能如期缴纳税款,因而与偷税是有区别的。对于欠税行为,征税机关一般是责令其限期缴纳并加收滞纳金;逾期仍未缴纳的,征税机关可通过强制执行措施等迫使其缴纳那些未缴或少缴的税款。

但欠税人如果采取转移、隐匿财产等手段,致使税务机关无法追缴其所欠税款时,则欠税人已存在偷税故意,因而其行为应视同偷税行为,从而应承担如下不同于一般欠税行为(也有人把这种情况称为逃税)的责任。

纳税人欠缴应纳税款,采取转移或者隐匿财产的手段,致使税务机关无法追缴欠缴的税款:数额不满1万元的,由税务机关追缴欠缴的税款,处以欠缴税款5倍以下的罚款;数额在1万元以上不满10万元的,处3年以下有期徒刑或拘役,并处欠缴税款1倍以上5倍以下的罚金;欠税数额在10万元以上的,处3年以上7年以下有期徒刑,并处欠缴税款1倍以上5倍以下的罚金;企业、事业单位有上述偷税性的欠税行为的,判处罚金,并对负有直接责任的主管人员和其他直接责任人员处3年以下有期徒刑或者拘役。

③ 抗税行为的法律责任:抗税是指以暴力、威胁方法拒不缴纳税款的行为。抗税行为的主观恶性和社会危害性较大,应承担如下法律责任:一是抗税行为情节轻微,未构成犯罪的,由税务机关追缴其拒缴的税款,并处以拒缴税款5倍以下的罚款。二是抗税行为构成犯罪的,除由税务机关追缴其拒缴的税款外,处3年以下有期徒刑或者拘役,并处拒缴税款1倍以上5倍以下的罚金;情节严重的,处3年以上7年以下有期徒刑,并处拒缴税款1倍以上5倍以下的罚金。

④ 骗税行为的法律责任:骗税行为即骗取出口退税的行为,它是指企事业单位或者个人通过采取对所生产或者经营的商品假报出口等欺骗手段,骗取国家出口退税款的行为。骗税行为主要包括三种情况:一是生产、经营出口产品的企事业单位,在出口退税申报中多报已纳税额骗取退税款;二是生产、经营内销产品的企事业单位通过假报出口的办法骗取退税款;三是不从事生产、经营的单位和个人采取伪造票证等手段骗取退税款。

骗取出口退税的行为未构成犯罪的,由税务机关追缴其骗取的退税款,处以骗取税款5倍以下的罚款;骗税行为构成犯罪的,应依法追究刑事责任。

2) 违法扣缴义务人的法律责任

(1) 违反税务管理规定的法律责任 依据我国税收征管法及全国人大常委会《关于惩治偷税、抗税的补充规定》,扣缴义务人对其违法行为应承担如下责任:

① 扣缴义务人未按规定设置、保管代扣代缴、代收代缴税款账簿或者代扣代缴、代收代缴税款记账凭证及有关资料的,由税务机关责令限期改正,逾期不改正的,可处以2 000元以下的罚款;情节严重的,处以2 000元以上5 000元以下的罚款。

② 扣缴义务人未按规定的期限向税务机关报送代扣代缴、代收代缴税款报告表的,由税务机关责令限期改正,可以处以2 000元以下的罚款;逾期不改正的,可以处以2 000元以上10 000元以下的罚款。

(2) 违反税款征收规定的法律责任

① 扣缴义务人采取偷税手段,不缴或者少缴已扣、已收税款,亦属偷税行为,其应承担的法律责任与前述纳税人的偷税行为应承担的法律责任相同。

② 扣缴义务人应扣未扣、应收未收税款的,由扣缴义务人缴纳应扣未扣、应收未收税款。但是,扣缴义务人已将纳税人拒绝代扣、代收的情况及时报告税务机关的除外。

3) 税务人员违反税收征管法的法律责任

我国的税收征管法规定,税务人员必须秉公执法,忠于职守;不得索贿、徇私舞弊、玩忽职守、不征或少征应征税款;不得滥用职权多征税款或者故意刁难纳税人和扣缴义务人。

税务人员对其各类违法行为,应具体承担如下法律责任:

(1) 税务人员与纳税人、扣缴义务人勾结,唆使或者协助纳税人、扣缴义务人实施偷税或者采取偷税性手段致使所欠税款无法追缴以及骗取国家出口退税的行为,构成犯罪的,应按照刑法关于共同犯罪的规定对税务人员予以刑事处罚;未构成犯罪的,给予行政处分。

(2) 税务人员利用职务上的便利,收受或者索取纳税人、扣缴义务人财物,构成犯罪的,按照受贿罪追究刑事责任;未构成犯罪的,给予行政处分。

（3）税务人员玩忽职守,不征或者少征应征税款,致使国家税收遭受重大损失的,依照刑法有关玩忽职守罪的规定追究刑事责任;未构成犯罪的,给予行政处分。

（4）税务人员私分所扣押、查封的商品、货物或者其他财产的,必须责令退回并给予行政处分;情节严重,构成犯罪的,移送司法机关依法追究刑事责任。

（5）违反法律、行政法规的规定,擅自决定税收的开征、停征或者减税、免税、退税、补税的,除依法撤销其擅自做出的决定外,补征应征未征的税款,退还不应征收而征收的税款,并由上级机关追究直接责任人员的行政责任。

（6）税务人员滥用职权,故意刁难纳税人、扣缴义务人的,给予行政处分。

4）其他主体违反税收征管法的法律责任

（1）税务代理人的法律责任 税务代理人超越代理权限,违反税收法律、行政法规,造成纳税人未缴或者少缴税款的,除由纳税人缴纳或者补缴应纳税款、滞纳金外,对税务代理人处以 2 000 元以下的罚款。

（2）为纳税主体的违法行为提供便利者的法律责任 为纳税人、扣缴义务人非法提供银行账户、发票、证明或者其他方便,导致未缴、少缴税款或者骗取国家出口退税款的,税务机关除没收其非法所得外,并可以处以未缴、少缴或者骗取的税款 1 倍以下的罚款。

4.2.4 税务代理

税务代理是联系纳税主体与征税主体的中介和纽带。通过税务代理制度,纳税主体不仅可以降低因日益繁杂的税制而造成的奉行纳税费用,分享中介机构的专业分工所带来的好处,而且还可以在依法纳税的前提下尽量降低自己的税负;与此同时,征税主体的征税成本亦会因税务代理活动而降低,税法的执行实效随之提高,从而有利于保障国家的税收利益和税法秩序。正因为如此,税务代理制度也是广义上的税收征管制度的重要组成部分。只是因其具有相对独立性,故在此单独予以介绍。

税务代理是指代理人接受纳税主体的委托,在法定的代理范围内依法代其办理相关税务事宜的行为。税务代理有两种基本模式:一种是普通代理型,即由律师事务所、会计师事务所等中介机构的执业人员直接做税务代理人,政府对代理人的资格不作专门认定,也不进行集中管理;另一种是专门代理型,即政府对税务代理的业务范围、代理人的资格认定等都有专门的严格规定。前一种模式以美国、加拿大等国为代表;后一种模式以日本、韩国等国为代表。

我国在 20 世纪 80 年代初已在涉外税收领域推行代理纳税申报,其后税务代理有了一定的发展,税务代理的业务也进一步扩展到代理账务处理、税收筹划等领域。此外,在税务代理的制度建设上也取得了长足的进步。依据我国税收征管法规定,纳税人、扣缴义务人（简称纳税主体）可以委托税务代理人代为办理税务事宜。这一规定为我国税务代理制度的建立和发展提供了重要的法律依据。以此为基础,国家税务总局还于 1994 年 9 月制定和发布了《税务代理试行办法》,对税务代理的原则、业务范围、代理人资格等作了较为具体的规定,从而使我国的税务代理制度亦初具规模。此外,人事部、国家税务总局还于 1996 年 11 月发布了《注册税务师资格制度暂行规定》,使我国的税务代理制度更趋完备。

1）税务代理机构

税务代理机构包括税务师事务所以及经国家税务总局及其省、自治区、直辖市国家税务局批准的其他机构。设立税务师事务所应有一定数量的专职从业人员,其中至少要有 5 名以上经税务机关审定注册的税务师,同时应向审批机关提出书面申请,并报送相关材料。在组织形式上,税务师事务所既可以由注册税务师合伙设立,也可以成立负有限责任的法人。经批准设立的税务师事务所应独立核算,自负盈亏,依法纳税。

此外,经批准设立的会计师事务所、律师事务所、审计师事务所、税务咨询机构需要开展税务代理业务的,必须在本机构内设置专门的税务代理部,配备5名以上经税务机关审定注册的税务师,并报经国家税务总局或省级国家税务局批准,方能从事税务代理业务。

值得注意的是,一个注册税务师只能加入一个税务代理机构从事税务代理业务。税务代理机构对其所属的税务师按规定实施的代理行为承担法律责任。

2) 税务代理的业务范围

注册税务师可以接受纳税人、扣缴义务人的委托,在下列范围内从事税务代理业务:① 办理税务登记、变更税务登记和注销税务登记;② 办理除增值税专用发票以外的发票领购手续;③ 办理纳税申报或扣缴税款报告;④ 办理缴纳税款和申请退税;⑤ 制作涉税文书;⑥ 审查纳税情况;⑦ 建账建制,办理账务;⑧ 税务咨询、受聘税务顾问;⑨ 税务行政复议;⑩ 国家税务总局规定的其他业务。

注册税务师可以根据纳税人、扣缴义务人的委托进行全面代理、单项代理或临时代理、常年代理。

3) 税务代理关系的产生和终止

(1) 税务代理关系的产生 税务代理业务由税务代理机构统一受理,并由受理机构与被代理人签订委托代理协议书。委托代理协议书应当载明代理人和被代理人名称、代理事项、代理权限、代理期限以及其他应明确的内容,并由注册税务师及其所在的税务代理机构和被代理人签名盖章。随着委托代理协议书的签订,税务代理关系亦告产生。

(2) 税务代理关系的终止 税务代理关系可因代理期限届满而终止,也可因法定情形出现,单方面终止代理行为而终止。单方终止的情况有以下两类:

① 被代理人单方终止。有下列情形之一的,被代理人在代理期限内,可单方面终止代理行为:一是注册税务师已死亡;二是税务代理人被注销资格;三是税务代理人未按委托代理协议书的规定办理代理业务;四是税务代理机构已破产、解体或被解散。

② 税务代理人单方终止。有下列情形之一的,税务代理人在委托期限内可单方终止代理行为:一是被代理人死亡或解体;二是被代理人授意税务代理人实施违反国家法律、行政法规的行为,经劝告仍不停止其违法活动的;三是被代理人提供虚假的生产、经营情况和财务会计报表,造成代理错误或被代理人实施违反国家法律、行政法规的行为。

不论是被代理人单方终止还是税务代理人单方终止,终止方均应及时通知另一方,并向当地税务机关报告,同时公布终止决定。

4) 税务代理人的权利和义务

(1) 税务代理人的权利 税务代理人在办理税务代理业务时,依法享有以下权利:

① 依法独立代理权:即税务代理人有权依法代理纳税人、扣缴义务人委托的税务事宜,独立进行代理行为,任何机关、团体、单位和个人不得非法干预。

② 获取信息权:包括业务信息的获取权和法律信息的获取权。即税务代理人有权根据代理业务需要,查阅被代理人的有关财务会计资料和文件,查看业务现场和设施。被代理人应当向代理人提供真实的经营情况和财务会计资料。此外,税务代理人也有权向当地税务机关订购或查询税收政策、法律、法规和有关资料。

③ 获得救济权：即税务代理人对税务机关的行政决定不服的，可依法向税务机关申请行政复议或向人民法院起诉。

(2) 税务代理人的义务　税务代理人必须依法履行下列义务：

① 如实提供相关信息的义务：税务代理人在办理代理业务时，必须向有关的税务工作人员出示税务师执业证书，按照主管税务机关的要求，如实提供有关资料，不得隐瞒、谎报，并在税务文书上署名盖章。

② 制止税收违法行为的义务：税务代理人对被代理人偷税、骗取减税、免税和退税的行为应予以制止，并及时报告税务机关。

③ 保守获知的秘密的义务：税务代理人在从事代理业务期间和停止代理业务后，都不得泄露因代理业务而得知的秘密。

④ 建立税务代理档案的义务：税务代理人应当建立税务代理档案，如实记载各项代理业务的始末和保存计税资料及涉税文书。税务代理档案至少保存5年。

5) 税务代理的法律责任

注册税务师和税务代理机构违法从事税务代理活动的，均应依法承担相应的法律责任。因违法从事税务代理活动所需承担的法律责任主要有两种形式，即行政责任和刑事责任。其中，税务师因从事违法的税务代理行为而受到行政处罚的占有较大比重。

注册税务师承担法律责任的情况包括以下几类：

(1) 税务师未按委托代理协议书的规定进行代理或违反税收法律、行政法规的规定进行代理的，由县以上国家税务局处以2 000元以下的罚款。

(2) 注册税务师在一个会计年度内违法从事代理行为两次以上的，由省级国家税务局注销税务师登记，收回税务师执业证书，停止其从事税务代理业务1年以上。

(3) 注册税务师知道被委托代理的事项违法仍进行代理活动或知道自身的代理行为违法仍进行的，由省级国家税务局收回其注册税务师执业证书，禁止其从事税务代理业务。

(4) 税务师触犯刑律，构成犯罪的，由司法机关依法惩处。

税务代理机构违反规定的，由县级以上国家税务局根据情节轻重，给予警告；或处以2 000元以下罚款；或给予停业整顿、责令解散等处分。

此外，注册税务师、税务代理机构从事地方税代理业务时违反规定的，由县级以上地方税务局根据规定给予警告、处以2 000元以下的罚款或者提请省级国家税务局处理。

4.3　农村税制改革

由于我国实行城乡一体化的税收体制，城市和农村都执行全国统一的税收制度，所以我国的农村税制改革也有广义和狭义之分。广义的农村税制改革即全国统一的税收制度税费改革；狭义的农村税制改革仅指农业税制(实际上包括了农业税、农业特产税和牧业税三种形式)税制改革。

1978年的十一届三中全会，拉开了改革开放的序幕，我国开始了现代化的伟大进程，全国人民努力建设国家，造就了经济的长期高速增长，取得了举世瞩目的伟大成就。30年国运昌盛，30年殷民阜利，税收事业发生翻天覆地的变化，作为经济体制配套改革重要组成部分的税制改革稳步推进，催生税收收入快速增长，税收对经济发展和民生改善的作用日益突出。认真分析改革开放30年来税制发展变迁，探讨如何推进新一轮税制改革，具有重要的现实与实践意义。

30年税制改革经历了三个阶段、六大变革,实现税收收入总额由1978年的591亿元上升至2007年的49 449亿元,年均增幅达2.79倍,创世界奇迹,并深刻影响经济生活的方方面面。

4.3.1　30年税制改革经历的三个阶段

1) 有计划的商品经济时期的税制改革(1978—1993)

这一时期的税制改革可分为涉外税制的建立、两步"利改税"方案的实施和1984年工商税制改革。

(1) 1978年至1982年的涉外税制改革　1978年至1982年是我国税制建设的恢复时期和税制改革的起步时期,从思想上、理论上为税制改革的推进做了大量突破性工作,为税制改革的推进打下理论基础。从1980年9月到1981年12月,为适应我国对外开放初期引进外资、开展对外经济合作的需要,五届人大先后通过了《中外合资经营企业所得税法》、《个人所得税法》和《外国企业所得税法》,初步形成一套大体适用的涉外税收制度。

(2) 1983年第一步"利改税"方案实施　1983年,国务院决定在全国试行国营企业"利改税",将新中国成立后实行了30多年的国营企业向国家上缴利润的制度改为缴纳企业所得税。这一改革从理论上和实践上突破了国营企业只能向国家缴纳利润、国家不能向国营企业征收所得税的禁区,成为国家与国有企业分配关系的一个历史性转折。

(3) 1984年第二步"利改税"方案实施和工商税制改革　为加快城市经济体制改革的步伐,国务院决定从1984年10月起在全国实施第二步"利改税"和工商税制改革,发布关于国营企业所得税、国营企业调节税、产品税、增值税、营业税、盐税、资源税等一系列行政法规,成为我国改革开放后第一次大规模的税制改革。此后,国务院又陆续发布关于征收集体企业所得税、私营企业所得税、城乡个体工商户所得税、个人收入调节税、城市维护建设税、奖金税、国营企业工资调节税、固定资产投资方向调节税、特别消费税、房产税、车船使用税、城镇土地使用税、印花税、筵席税等税收法规。1991年,七届人大四次会议将《中外合资企业所得税法》与《外国企业所得税法》合并为《外商投资企业和外国企业所得税法》。至此,我国工商税制共有37个税种。这些税种按照经济性质和作用大致可分为流转税类、所得税类、财产税和行为税类、资源税类、特定目的税类、涉外税类、农业税类七大类。总之,这一时期全面改革了工商税制,建立了涉外税制,彻底摒弃"非税论"和"税收无用论"的观点,恢复和开征了一些新税种,使我国税制逐步转化为多税种、多环节、多层次的复合税制,税收调节经济的杠杆作用日益加强。

2) 社会主义市场经济初期的税制改革(1994—2000)

1992年,"十四大"提出建立社会主义市场经济目标后,为适应市场经济的要求,按照"统一税法,公平税负,简化税制,合理分权,理顺分配关系,保障财政收入,建立符合社会主义市场经济要求的税制体系"的要求,1994年我国启动了新中国成立以来规模最大、范围最广、内容最深刻、力度最强的工商税制改革。

(1) 全面改革流转税　以实行规范化的增值税为核心,相应设置消费税、营业税,建立新的流转税课税体系。对外资企业停止征收原工商统一税,实行新的流转税制。

(2) 对内资企业实行统一的企业所得税　取消原来分别设置的国营企业所得税、国营企业调节税、集体企业所得税和私营企业所得税,同时,国营企业不再执行企业承包上缴所得税的包干制。

(3) 统一个人所得税 取消原个人收入调节税和城乡个体工商户所得税,对个人收入和个体工商户的生产经营所得统一实行修订后的个人所得税法。

(4) 调整、撤并和开征其他一些税种 调整资源税、城市维护建设税和城镇土地使用税;取消集市交易税、牲畜交易税、烧油特别税、奖金和工资调节税;开征土地增值税、证券交易印花税;盐税并入资源税,特别消费税并入消费税。改革后的我国税制,税种设置由原来的37个减少为23个,初步实现了税制的简化、规范和高效统一。

3) 社会主义市场经济完善时期的税制改革(2001年至今)

1994年的工商税制改革初步确定了市场经济下我国税收制度的基本格局,在此后的十几年间,随着社会主义市场经济的不断完善,我国又推行以费改税、内外资企业所得税合并、增值税的转型为主要内容的税制改革。

(1) 稳步推动"费改税"改革,将一些具有税收特征的收费项目转化为税收。2000年10月22日国务院颁布了《中华人民共和国车辆购置税暂行条例》,自2001年1月1日起在全国范围内征收车辆购置税,取消了车辆购置附加费。同时,为切实减轻农民负担,中央决定从2000年开始在农村开展税费改革,根据"减轻、规范、稳定"的原则对农(牧)业税和农业特产税进行了调整,明确在5年内逐步取消农业税。2006年3月14日,十届人大四次会议通过决议在全国范围内彻底取消农业税。

(2) 合并内外资企业所得税。2007年3月16日,十届全国人大五次会议审议通过《中华人民共和国企业所得税法》,结束了企业所得税法律制度对内外资分立的局面,逐步建立起一个规范、统一、公平、透明的企业所得税法律制度。

(3) 对车船使用税、城镇土地使用税等税种的改革。2007年1月1日,《中华人民共和国车船税暂行条例》正式实施,取代了1986年9月15日国务院发布的《中华人民共和国车船使用税暂行条例》。此外,修改过的《中华人民共和国城镇土地使用税暂行条例》也于2007年1月1日起正式实施。这次修改将外商投资企业和外国企业也纳入城镇土地使用税的纳税人范围,同时根据社会经济的发展情况,提高了税额标准;2006年4月28日国务院公布《中华人民共和国烟叶税暂行条例》,对烟叶的收购实行20%的比例税率。截止到2007年底,我国现行税制中的税种设置进一步减少为增值税、消费税、营业税、企业所得税、个人所得税、资源税、固定资产投资方向调节税、城市维护建设税、房产税、印花税、城镇土地使用税、土地增值税、车船税、船舶吨税、车辆购置税、关税、耕地占用税、契税、烟叶税19个,税制更加规范和统一。

4.3.2 30年税制改革经历的六大变革

1) 个人所得税改革

随着改革开放带来的经济发展,需要通过税收调节来缓解社会收入分配不均的状况,我国第一部《个人所得税法》于1980年9月公布实施,当时的免征额确定为800元。之后,涉及个人利益分配的税收法规相继出台:1985年先后发布了《国营企业奖金税暂行规定》、《国营企业工资调节税暂行规定》、《集体企业奖金税暂行规定》、《事业单位奖金税暂行规定》;1986年至1988年先后发布了《城乡个体工商业户所得税暂行条例》、《个人收入调节税暂行条例》、《关于征收私营企业投资者个人收入调节税的规定》。1994年修改后的《个人所得税法》施行,将个人所得税、个人收入调节税、个体工商业户所得税合并为个人所得税;1999年

《个人所得税法》再次修订,对储蓄存款征收利息税;2006年第三次修订,将免征额调整为1 600元;2008年3月第四次修订,将免征额调整为2 000元。

2) 涉外税制初步建立

1980年9月公布了《中外合资经营企业所得税法》,与随后(1981年)出台的《外国企业所得税法》一起,极大地促进了涉外经济的发展。1980年到1990年,外资从无到有,引资成效初现端倪。10年间我国实际利用外商直接投资206.92亿美元,涉外税收收入1980年仅有100万元,1990年达到49.15亿元。1991年7月起施行的《外商投资企业和外国企业所得税法》,对三资企业——中外合资企业、中外合作企业以及外国企业实施统一的所得税法。由于所得税负担水平普遍降低,极大地鼓舞了外商的投资热情,吸收、引进了大量的外商投资。1991年到1993年外资由少变多、渐成规模,不仅带来建设资金,还带来先进技术与管理经验,对我国经济快速增长、提高技术水平和企业管理水平起到促进作用。但一个内外有别的税收双轨制,势必形成对国民歧视与对外籍人士超国民待遇的双重效应,税收显然失于公平。

3) 利改税及工商税制改革

在认真总结国内流转税制发展经验的基础上,1980年在柳州、长沙、青岛、上海等城市进行增值税试点,1983年起实施增值税暂行办法,并对国营企业实行第一步利改税,国营企业所得税和国营企业调节税粗具雏形;1984年对国营企业实行第二步利改税,把现行工商税按照性质划分为产品税、增值税、营业税和盐税4个税种;对国营企业征收所得税;开征资源税和利润调节税;将国营企业缴纳的固定资产占用费改为固定资产税;恢复征收城市房地产税、车船使用牌照税、印花税、特种消费行为税和集市交易税,开征土地使用税和城市建设税,建立起多种税多环节多层次的复合税制,我国税制建设开始步入新轨,并相继发布了烧油特别税、牲畜交易税、建筑税、国营企业所得税、国营企业调节税、产品税、增值税、营业税、盐税、资源税、国家能源交通重点建设基金、国家预算调节基金、城市维护建设税、进出口关税、车船使用税、房产税、筵席税、印花税、特别消费税、教育费附加、固定资产投资方向调节税、农业(特产)税、耕地占用税等税收法规,合理调节各方面经济利益,正确处理国家、企业、个人之间的利益关系,中央与地方的关系,充分发挥税收作用,促进国民经济发展。

4) 分税制改革

20世纪90年代初,中央政府面临财力薄弱的窘境,那些需要国家财政投入的国防、基础研究和各方面必需的建设资金严重匮乏,终于引发1994年具有深远影响的分税制改革,构建出市场经济条件下中央与地方财政分配关系的基本框架。当年中央财政收入比上一年增加200%,占全国财政总收入比例由上年的22%陡升至56%。期间全面推行增值税,1993年12月发布了增值税、消费税和营业税三个暂行条例,形成以增值税为主的流转税制度,改革后的流转税由增值税、消费税、营业税组成,适用于内外资企业,取消对外资企业征收工商统一税的规定;统一内资企业所得税制,1993年12月发布《企业所得税暂行条例》,把原有国营企业所得税、国营企业调节税、集体企业所得税、私营企业所得税,统一为企业所得税;1993年12月发布《土地增值税暂行条例》,开征土地增值税;将盐税并入资源税,将特别消费税、烧油特别税并入消费税,取消产品税、盐税、集市贸易税、牲畜交易税、三个奖金税(国营企业奖金税、集体企业奖金税和事业单位奖金税)、工资调节税、两个基金(国家能源交通重点建设基金和国家预算调节基金);将屠宰税、筵席税继续征收或停征下放给各省市区人民政府;明确外资企业和外籍个人适用税种问题;1997年10月实施《契税暂行条例》,开征契税;2000年10月实施《车辆购置税暂行条例》,开征车辆购置税;2002年起对生产企业自营或委托出口货物全面推行抵免退税管理办法,2005年进一步完善出口退税负担机制;2004年7月起在东北地区部分行业实行增值税由生产型转为消费型的改革试点,逐步调整完善了增值税相关制度,2005年后又进一步完善试点方案,在中西部部分老工业城市和汶川地震灾区推行消费型增值税,为下一步增值税转型的全面推开积累经验;2006年5月起实施《烟叶税暂行条例》,征收烟叶税;2007年起实施《车船税暂行条例》,征收车船税,并废止原《车辆使用牌照税暂行条例》和《车船使用税暂行条例》;2007年起实施修改后的《城镇土地使用税暂行条例》,初步建立符合市场经济发展要求的税制框架,强化税收作为经济杠杆所具有的宏观调控功能,促进国民经济的持续快速健康发展。分税制运行十余年发挥出一系列正面效应的同时,也逐渐显露和积累一些问题。比如国税、地税两套征管机构的税源和运行成本矛盾逐日累积,特别是企业所得税征管划分障碍问题尤甚。

5) 取消农业税

从1983年开始,除农业税外,国务院还根据《农业税条例》的规定,决定开征农林特产农业税,1994年改为农业特产农业税;牧区省份则根据授权开征牧业税。至2005年底农业税制实际上包括了农业税、农业特产税和牧业税三种形式。早在2004年政府开始实行减征或免征农业税的惠农政策,到2005年底已有近8亿农民直接受益。自2006年起全国全面取消农业税,《农业税条例》废止,我国有9亿农民依法彻底告别延续2 600年的"皇粮国税"农业税,标志着社会主义新农村建设取得新突破,国家和农民的传统分配关系发生根本性变革,扭转长期以来农民负担过重的局面,迈出统筹城乡发展的新步伐,农村税费改革取得重要的阶段性成果。体现在与农村税费改革前的1999年相比,2006年全国农民共减轻负担约1 250亿元,人均减负约140元。

6) 两税合并

2008年起实施的企业所得税法及其实施条例实现四个统一,即内外资企业适用同一的企业所得税法,统一并降低企业所得税税率为25%,统一和规范税前扣除办法和标准,统一税收优惠政策,建立产业优惠为主、区域优惠为辅的税收优惠体系,为各类市场主体公平竞争创造一个比较宽松的财税环境。税收优惠主要锁定促进技术创新和科技进步,鼓励基础设施建设,鼓励农业发展及环境保护与节能,支持安全生产,促进公益事业和照顾弱势群体以及自然灾害专项免税优惠政策等方面,体现国家发展政策的转移,即从出口导向转为更重视内需的经济体制,同时也彰显了国家推动科技加速发展、加大治理环境力度,更加符合法律规范,更加适应我国税制现代化建设需要的宗旨。

复习思考题

1. 税额计算的基本方法有哪几种?累进税率的基本运用方式是哪两种?二者的区别何在?
2. 什么是税收征管?怎样理解《税收征收管理法》的基本内容?
3. 税款征收有哪些方式?在什么情况下税务机关可以采取税收保全措施?
4. 农村税费改革的主要内容是什么?成效如何?
5. 计算题

① 某烟草公司收购晾晒烟叶收购价款共计12万元,试计算该烟草公司应纳烟叶税税额。

② 某大学教员,每月薪金收入7 000元,单位为个人缴付三费一金共计700元,本月又领取讲课费1 000元,计算该教员本月应纳个人所得税额。

③ 某个体工商户从事商品经营,2007年12月全月销售收入30 000元,进货成本20 000元,各项费用

支付额为 3 000 元,缴纳增值税 2 700.9 元,其他税费合计 600 元,当月支付 2 名雇员工资各 2 000 元(当地税务机关规定的月计税工资为 1 200 元),1～11 月累计应纳个人所得税额为 40 000 元,1～11 月累计已预缴税额 7 750 元。计算该个体户 12 月应纳的个人所得税税额。

④ 某房地产开发公司转让一块已开发的土地使用权,取得转让收入 1 800 万元,为取得土地使用权支付金额 350 万元,开发土地成本 70 万元,开发土地的费用 25 万元,应纳有关税费 80 万元。计算应纳土地增值税税额。

⑤ 某企业用外购液体盐加工固体盐,平均每 4 吨液体加工 1 吨固体盐,该企业 2008 年 1 月份共销售固体盐 4 000 吨,按规定液体盐和固体盐应纳税额分别为 6 元/吨和 25 元/吨,计算该企业 2008 年 1 月份应纳税税额。

5 农村财政政策

[学习目标]

知识目标：了解财政政策的含义、种类、目标、工具与调节方式，现行我国农村财政政策的四个主要领域——农业、教育、卫生和社会保障；特别重视财政对四个方面给予支持的原因、方式、现状、管理制度及其改进等知识，重点掌握财政支持的理论依据、运行模式及管理方法。

技能目标：从一般理论的解释入手，消化理解WTO规则，养成熟悉财政农业支持的"绿箱"政策、合理运用"黄箱"政策的能力；能够正确判断分析具体的教育、卫生医疗事业的性质，在此基础上形成根据公益属性确定政府支持范围、力度、方式的能力；能够正确理解农村社会保障的意义、概念、种类和特点，具有开展农村社会保障活动的基本运作能力。

能力目标：农村社会保障制度建设是关系"三农"事业稳定、持续、健康发展的重大战略措施，在掌握社会保障基本理论的基础上，领会党和政府农村财政政策的精神实质，养成理论联系实际、努力探索解决乡镇财政问题的能力。

5.1 财政政策概述

5.1.1 财政政策的含义和种类

1）财政政策的含义

财政政策指的是通过政府部门的收入和支出来控制经济的政策意向与活动，即国家或政府以特定的财政理论为依据，运用各种财政工具以达到财政目标的经济政策，是政府宏观经济政策的重要组成部分，其制定和实施过程也是国家实施财政宏观调控的过程。财政政策是体系化了的财政措施，是采取的财政措施的总和。这一含义可从以下四方面理解：

（1）财政政策是国家（或政府）有意识活动的产物，因而它是上层建筑的范畴，但财政政策又是依据一定的反映客观的分配关系及其运动规律的财政理论而制定的，因此它又是主观见之于客观的东西。财政政策作为规范人们经济行为的准则之一，对客观世界的经济运行具有指导和控制作用，带有主观性，但这种主观指导是根据客观经济的实际制定的，是客观经济规律的反映，有其客观性。人们在财政实践活动中，形成了各种各样的财政理论，这些理论凝聚着人们对财政实践的认识成果，但这些认识成果不能直接规范人们的行为，一般要通过财政政策这一中介来完成。财政政策是基于经济发展规律和财政状况的认识而制定的，政策制定的基础是客观的，但制定出来的政策正确与否，要取决于政府的这种主观认识程度。

(2) 国家可以利用财政政策达到自己的预定目标。不论是资本主义国家还是社会主义国家，财政政策总是为国家预定要实现的某些目标服务的。它提供了一系列工具，为纠正"市场缺陷"、消除经济周期波动，使资源在促进充分就业、价格稳定和满意的经济增长率等方面得到最充分的使用，财政政策就是为经济运行最大限度地接近这些发展目标提供手段和措施。

(3) 财政政策是政府干预经济运行的主要调控手段。财政政策主要通过税收、支出、公债和预算等工具，以利益机制和强制力来影响经济活动。而税收、支出、公债、预算等工具，都要通过财政收支活动来得到贯彻。财政收支活动也总是在特定的财政政策指导下通过税收、支出、公债、预算等工具来进行的。

(4) 财政政策是国家整个经济政策的组成部分，同其他经济政策有着密切的联系。财政政策的制定和执行，要有金融政策、产业政策、收入分配政策等其他经济政策的协调配合。

财政政策的内容包括：社会总产品、国民收入分配政策，预算收支政策，税收政策，财政投资政策，财政补贴政策，国债政策，预算外资金收支政策等，它们之间是相辅相成的关系。

目前中国实行的是积极的财政政策和适度宽松的货币政策。

2) 财政政策的种类

(1) 自动稳定的财政政策和相机抉择的财政政策　将财政政策分为自动稳定财政政策和相机抉择财政政策，是根据财政政策调节经济周期的作用来划分的。

① 自动稳定的财政政策：是指财政制度本身存在一种内在的、不需要政府采取其他干预行为就可以随着经济社会的发展，自动调节经济运行机制。这种机制也被称为财政自动稳定器。主要表现在两方面：一方面，是包括企业所得税和累进个人所得税在内的所得税制的自动稳定作用。在经济萧条时，个人和企业利润降低，符合纳税条件的个人和企业数量减少，因而税基相对缩小，使用的累进税率相对下降，税收自动减少。因税收的减少幅度大于个人收入和企业利润的下降幅度，税收便会产生一种推力，防止个人消费和企业投资的过度下降，从而起到反经济衰退的作用。在经济过热时期，其作用机理正好相反。另一方面，是政府福利支出的自动稳定作用。如果经济出现衰退，符合领取失业救济和各种福利标准的人数增加，失业救济和各种福利的发放趋于自动增加，从而有利于抑制消费支出的持续下降，防止经济的进一步衰退。在经济繁荣时期，其作用机理正好相反。

② 相机抉择的财政政策：是指政府根据一定时期的经济社会状况，主动灵活地选择不同类型的反经济周期的财政政策工具，干预经济运行行为，实现财政政策目标。在20世纪30年代的世界经济危机中，美国实施的罗斯福-霍普金斯计划(1929—1933)、日本实施的时局匡救政策(1932)等，都是当时条件下相机抉择财政政策选择的范例。相机抉择财政政策具体包括汲水政策和补偿政策。

汲水政策是指经济萧条时期进行公共投资，以增加社会有效需求，使经济恢复活力的政策。汲水政策有四个特点：它是以市场经济所具有的自发机制为前提，是一种诱导经济恢复的政策；它以扩大公共投资规模为手段，启动和活跃社会投资；财政投资规模具有有限性，即只要社会投资恢复活力，经济实现自主增长，政府就不再投资或缩小投资规模；是一种短期政策，一旦经济复苏，汲水政策就当停止。

补偿政策是指政府有意识的从当时经济状况反方向上调节经济景气变动的财政政策，

以实现稳定经济波动的目的。在经济萧条时期,为缓解通货紧缩影响,政府通过增加支出、减少收入政策来增加投资和消费需求,增加社会有效需求,刺激经济增长;反之,经济繁荣时期,为抑制通货膨胀,政府通过财政增加收入、减少支出等政策来抑制和减少社会过剩需求,稳定经济波动。

(2) 扩张性财政政策、紧缩性财政政策和中性财政政策　将财政政策划分为扩张性财政政策、紧缩性财政政策和中性财政政策,是根据财政政策调节国民经济总量和结构中的不同功能来划分的。

① 扩张性财政政策:又称"积极"的财政政策、膨胀性财政政策或"松"的财政政策,是指通过降低财政收入或增加财政支出来刺激社会总需求的政策。由于财政支出大于财政收入,其结果表现为财政赤字。在经济衰退时期,国民收入低于充分就业的均衡水平,总需求不足。这时,政府通常要采取扩张性的财政政策。其主要内容是增加政府支出,减少政府税收。增加政府支出,包括增加公共工程的开支,增加政府对物品或劳务的购买,增加政府对个人的转移性支出。这样,一方面可使社会总需求中的政府开支部分提高,从而直接增加总需求。另一方面,也可刺激私人消费和投资,间接增加总需求。不仅如此,在政府支出乘数的作用下,增加政府支出还可引起国民收入和就业量的倍数增长。减少政府税收,包括降低税率、废除旧税以及实行免税和退税,其结果也可以扩大总需求。这是因为,减少个人所得税,可以使个人拥有更多的支配收入,从而增加消费;减少公司所得税,可以使厂商拥有更多的税后利润,从而刺激投资;减少各种对商品和劳务课征的间接税,也可导致商品和劳务价格下降,增加可支配收入的实际价值,从而刺激消费和投资。不仅如此,在税收乘数的作用下,减少税收,还可引起国民收入一轮又一轮的增长,国民收入的增加额可以达到政府税收减少额的数倍。

② 紧缩性财政政策:又称稳健的财政政策,是指通过增加财政收入或减少财政支出以抑制社会总需求的政策,其结果通常表现为财政盈余。在经济繁荣时期,国民收入高于充分就业的均衡水平,存在过度需求。这时,政府通常采取紧缩性的财政政策,其内容是减少政府支出,增加政府税收。减少政府支出,包括减少公共工程的开支,减少政府对物品和劳务的购买,减少政府对个人的转移性支出。这样,一方面可使社会总需求中的政府开支部分降低,从而直接减少总需求。另一方面,也可抑制私人消费和投资,间接减少总需求。而且,在政府支出乘数的作用下,减少政府支出还可以引起国民收入一轮又一轮的减少。国民收入的减少可以达到政府支出额的数倍。为此,政府执行紧缩性的财政政策,减少政府支出,造成国民收入减少,压缩了社会总需求,从而达到了抑制通货膨胀的目的。增加政府税收,包括提高税率、设置新税,其结果可以缩小总需求。这是因为,增加个人所得税,可以减少个人的可支配收入,从而减少消费;增加公司所得税,可以减少厂商税后利润,从而减少投资;增加各种对商品和劳务课征的间接税,也通过商品和劳务价格提高减少可支配收入的实际价值,从而抑制消费和投资。而且,在税收乘数的作用下,增加税收还可引起国民收入一轮又一轮的减少。国民收入的减少额可以达到政府税收增加额的数倍。

③ 中性财政政策:又称"平衡性"财政政策,是指通过财政收支的大体平衡,以保持社会总需求与总供给基本平衡的政策。其政策功能在于保持社会总供求的同步增长,以维持社会总供求之比的既定格局;政策实施表现为财政收支在数量上基本一致。因此,中性财政政策对社会总供求关系不具倾向性的调节作用。

5.1.2 财政政策的目标、工具、功能

1) 财政政策的目标

财政政策的目标是指通过财政政策的实施所要达到的目的。它是财政政策的核心,在财政政策体系中具有决定性意义。财政政策是多元化的,是随着经济发展和社会政治状况的改变而不断地进行选择和确定的。当前,根据我国社会经济发展以及财政的基本特点,我国财政政策的目标主要有以下四个:充分就业、物价稳定、经济增长和收入公平分配。

(1) 充分就业 所谓充分就业,是指那些适龄的、有劳动能力的并且愿意工作的人,都能按照市场的一般工资水平受到雇用或得到工作。这里的"就业"(工作或劳动)泛指一切用自己的劳动来维持自己生活的活动,即在各种所有制、各行各业的劳动,均属就业范畴;"充分"就业是指就业率(已就业人口占全部就业人口的比率)达到了某一社会认可的比率,比如95%、97%等。

但是,充分就业并不意味着没有失业,而是把失业率限定在一定范围内,当实际失业率超出该标准时,就采取各种手段予以调节,增加就业机会,以保持社会经济经常处于稳定状态。一个国家的就业水平通常是由失业率来反映的。一般而言,一国人口可以划分为三类:一是就业人口,即正在从事有报酬工作的人。二是失业人口,即没有工作,正在积极寻找工作的人,或被解雇而在等待重返工作岗位的人。三是非劳动人口,即除就业人口和失业人口之外的人口,如在校学生、退休者、不愿找工作者等。

失业人口和就业人口构成社会的劳动力人口。失业率是指失业人口占社会总人口的比例。当然,充分就业并非指社会劳动力100%的就业,或失业率等于零。为了进一步说明充分就业的含义,我们必须对社会上的失业现象作具体分析。一般来说,社会上的失业情况主要有以下几种:

a. 自愿失业:是劳动者不愿接受现行工资水平而造成的失业。

b. 季节性失业:是某些行业由于季节性变动而造成的劳动者的周期性失业。如在冬季农闲时,农场要解雇一批工人,这种失业是暂时的,生产淡季过去,旺季到来,工人又可以恢复工作。

c. 摩擦性失业:是由于劳动者对现有的就业机会不了解和劳动力的流动性差而造成的失业。如在一个国家内某个地区的某一职业的劳动者找不到工作,而在另外一些地区却又缺乏同类型的劳动者。

d. 结构性失业:是由于市场上劳动力需求结构的变化,劳动力供给结构不能尽快地或完全适应需求变化而造成的失业。比如,由于消费者偏好的改变,使得一些新企业应运而生,一些老企业被淘汰,而老企业的劳动者不能适应新企业的技术要求而造成的失业;由于劳动生产率的提高,使得原有的技术和经验变得过时,一部分工人一时掌握不了新技术造成的失业。这种失业人数的大小取决于经济结构的变化程度和劳动力供给结构调整的快慢。

e. 周期性失业:也称需求不足性失业,是指周期性经济危机而引发的失业,即由于社会总需求下降造成对劳动力需求不足而引起的。当经济处于衰退时期,失业就会增加;当经济处于繁荣时期,失业就会减少。

前四种失业属于正常的失业现象,是商品经济发展过程中不可避免的,与宏观经济运行状况没有相关关系,这些失业情况不属于财政政策作用的范围,可以通过其他方式和政策去解决。例如,通过沟通工作机会与失业人口之间的信息传播,可以减少摩擦性失业;通过加

强对劳动者就业培训和教育,鼓励劳动力流动,可以减少结构性失业;等等。而周期性失业主要是宏观经济失衡造成的,是财政政策作用的重点,因此,就财政政策而言,充分就业通常是指排除自愿失业、季节性失业、摩擦性失业和结构性失业因素后的充分就业,即周期性失业的失业率趋近于零。如果把前四种失业的失业率定为4%,那么96%的就业率就算充分就业。目前我国就业形势比较严峻,随着国有企业改革的深化,分流出大量富余人员;由于农业劳动生产率的提高,众多的农村剩余劳动力尚待转移。财政要通过安排好下岗职工基本生活费,支持再就业工程,鼓励发展劳动密集型产业等政策措施来缓解就业压力;采取增加投资性支出或减税等财政措施,努力实现充分就业,想方设法将失业率降低到尽可能低的水平。

(2) 物价稳定 所谓物价稳定,是指物价总水平基本稳定。在纸币流通的情况下,随着商品比价的不断调整,通常物价水平有缓慢上升的趋势,只要物价上涨的幅度是在社会可容忍的范围内,比如年增长率3%~5%,即可视为物价水平稳定。

经济稳定的重要标志之一是物价稳定。物价稳定并不是冻结物价,而是把物价总水平的波动约束在经济稳定发展可容纳的空间,也就是避免过度的通货膨胀或通货紧缩。在实际经济生活中,通货膨胀是一种常见的经济现象,对经济发展极为不利。当物价水平正在变动时,商品和劳务中的信息更加难以解释,从而使消费者、企业和政府的决策可能变得更加困难。譬如,通货膨胀使得未来的政府的计划、决策发生困难,投资者难以确定投资方向,消费者难以确定为子女接受大学教育所应储蓄的数额。通货膨胀的另一个明显的负面效应是对收入和财产的再分配产生影响,它危害放款者、退休者的利益而有利于借款人,如果工资增长落后于物价的上涨幅度,就会降低工薪者的生活水平,因而有可能引发社会冲突。总之,通货膨胀不利于投资者有计划的投资,不利于收入的公平分配,也不利于社会安定。因此,政府在财政政策目标的选择上应给予充分的重视。而通货紧缩所表现出的社会需求不足、物价下跌,同样对经济发展产生消极影响。因此,治理通货紧缩,政府在财政政策目标的选择上同样需要给予足够的重视。

(3) 稳定的经济增长 经济增长是指一个国家商品和劳务数量的增加,通常用国民生产总值(GNP)或国内生产总值(GDP)及其人均水平来衡量。经济增长受很多因素的制约,从哈罗德-多马的经济增长模型可知,在资本产出比率或投资效果一定的情况下,经济增长率的高低取决于储蓄率以及储蓄能否转化为投资和转化的数量(多少)。换言之,就是在投资效果一定的情况下,只要有持续的资本形成,就会有持续的经济增长。

政府的财政分配活动对于社会储蓄率的增长和资本的形成都有着重要的影响。经济增长问题实质上就是关于社会的眼前消费和未来消费之间的平衡问题,增加储蓄和投资,就是牺牲一部分眼前消费,而把节约下来的钱用于发展生产,使未来的消费能达到更高的水平。政府的财政活动对储蓄率的增长和资本的形成有着重要影响。政府运用税收、公债等财政工具,能有效地调节消费和投资之间的关系。必须指出,财政政策是以持续、稳定、适度的经济增长为目标,不以最大限度的经济增长为目标,因为经济增长过快,超出国力,会引起物价上涨;政府为控制通货膨胀,被迫提高利率,紧缩通货,又会影响投资,造成国民经济大起大落。因此,财政政策在推进经济增长的过程中,政策目标在导向上要处理好储蓄与消费的关系,保持适度的社会储蓄率,同时发挥财政在产业结构调整中的作用。

(4) 收入公平分配 收入公平分配是指社会成员收入分配均等化程度的提高,即收入分配差距的缩小。收入公平分配包括经济公平和社会公平两个层次。经济公平是市场经济的内在要求,强调的是要素投入与要素收入相对称,它是在平等竞争条件下由等价交换来实现的。而社会公平则很难用某个指标来衡量,通常是收入差距维持在现阶段各阶层居民所能接受的范围内。一些国家通过规定最低工资收入和最低社会水准线的办法,关注社会中的低收入阶层。

在市场经济条件下,由于社会成员的收入水平取决于其能力的大小,一个人受教育水平的高低或拥有财产的多少都会影响其收入水平的差距,而且这种不公会随着时间的推移不断地加大,因而,收入分配不公是市场经济的一个普遍现象。但是,社会收入分配不公会使社会矛盾激化,导致社会动荡不安,因此政府有责任解决收入分配不公问题。同资源配置机制一样,收入分配应发挥市场的基础作用,同时由政府实施宏观调控。财政政策目标在导向上是协调公平与效率的关系,使收入分配既要有利于充分调动个人的劳动积极性,又要防止贫富过分悬殊。合理确定纳税人税收负担,建立完善的社会保障体系,是实现收入公平分配的关键。

以上各项目标构成了财政政策目标体系,在这个体系中,各项目标之间存在着一定的矛盾。比如,经济增长与物价稳定之间的矛盾:在现代市场经济中,经济增长大多伴随着物价上涨,在经济正常增长时期,物价水平呈上升趋势,使经济出现不稳定的迹象,这意味着财政政策要实现一定的经济增长目标,就要承受物价水平上涨的压力。又如,经济增长与收入公平分配之间的矛盾:经济增长与收入公平分配之间的矛盾实质上是效率与公平之间的矛盾,财政政策为实现收入公平分配,可能会牺牲一部分效率,这对经济增长不利;反之,为了追求经济增长,可能会不顾收入分配的过大差距,难以兼顾收入分配的社会公平。再如,物价稳定与充分就业之间的矛盾:著名的菲利普斯曲线已说明了物价稳定与充分就业之间的关系——财政政策要实现充分就业,降低失业率,就要刺激社会总需求;而社会总需求增加,又会引起物价水平上涨。

从以上分析可以看出,财政政策目标之间的矛盾是客观存在的,在实现某一目标的过程中往往不可兼得,这正是财政政策实施的难点所在。一般而言,在实施财政政策时,解决目标之间矛盾冲突的方法有两种:一是侧重于统筹兼顾,力求协调;二是侧重于某一方面的目标,根据经济环境的需要而突出重点。

2) 财政政策的工具

财政政策工具是指国家为实现财政政策目标所采取的经济、法律、行政措施的总和。经济措施主要指财政杠杆;法律措施是通过立法来规范各种财政分配关系和财政收支行为,对违法活动予以法律制裁;行政措施指运用政府机关的行政权力予以干预。简言之,财政政策工具是为实现既定财政政策目标所选择和采取的手段,财政政策手段的选择是由财政政策的性质及其目标所决定的,主要包括税收、预算、国债、购买性支出和财政转移支付等手段。

中国财政政策的基本手段有以下几种:

(1) 预算政策　国家预算主要通过预算收支规模及平衡状态的确定、收支结构的安排和调整来实现财政政策目标。预算调节经济的作用主要表现在财政收支的规模及其差额上。一般来说,当社会总需求大于总供给时,政府预算往往缩减支出规模,保持预算盈余,抑制社会总需求;当社会总需求小于总供给时,政府预算往往扩大支出规模,保持一定的赤字规模来调节经济,刺激社会总需求。当供求基本平衡即经济稳定发展时期,政府往往实行中性的预算平衡政策,保持收支规模均衡。此外,政府还可以通过预算的追加或追减,灵活地应对经济形势的变化,相继实现经济扩张或紧缩的调控目标。

（2）税收政策　国家税收主要通过税种、税率来确定和保证国家财政收入，调节社会经济的分配关系，以满足国家履行政治经济职能的财力需要，促进经济稳定协调发展和社会的公平分配。税收是政府凭借政治权力参与社会产品分配的一种方式，也是保持经济稳定的重要手段。在经济萧条时期，政府通过减少税收（如降低税率、停征个别特定税种或实行更多的税收优惠），增加企业和个人可支配收入，刺激企业和个人的投资需求和消费需求，从而增加社会总需求，推动经济增长；在经济繁荣时期，政府通过增加税收（如提高税率、开征个别特定税种或减少税收优惠），减少企业和个人可支配收入，抑制企业和个人的投资需求和消费需求，降低社会总需求，促使过快增长的经济平稳回落。同时，税收也是政府公平收入分配的重要手段。公平税负是财政分配的重要原则。通过调整所得税的超额累进税率和免征额（或起征点），能够起到减少高收入者可支配收入的效果，实现收入公平分配的目标。

（3）投资政策　财政投资通过国家预算拨款和引导预算外资金的流向、流量，以实现巩固和壮大社会主义经济基础，调节产业结构的目的。财政投资是政府进行宏观调控，促进国民经济持续快速健康发展的重要工具，是克服某些领域"市场失灵"问题的必要手段。财政投资规模的调整可以影响社会总需求和未来的总供给，从而影响社会供求总量。财政投资方向的调整可以对经济结构起重要的调节作用，从而促进资源的合理配置和产业结构的优化。具体而言，当经济处于萧条时期，政府财政可以通过提高投资支出水平，拉动社会总需求，缓解或者消除经济衰退。当经济处于过热时期，政府财政可以通过降低投资支出水平，抑制社会总需求，促使经济平稳回落。在社会总供求基本平衡，而结构上存在矛盾时，政府财政投资可以采取有保有压的政策，压缩过热行业，加强薄弱环节，从而使社会总供求在总量和结构上保持一致。

（4）补贴政策　财政补贴是国家根据经济发展规律的客观要求和一定时期的政策需要，通过财政转移的形式直接或间接地对农民、企业、职工和城镇居民实行财政补助，以达到经济稳定协调发展和社会安定的目的。从调节宏观经济的效果来看，补贴支出的增减与税收的增减有着相反的作用。当经济处于萧条时期，政府增加补贴支出，企业和个人的可支配收入得以增加，从而刺激企业和个人扩大投资需求和消费需求，促进社会总需求的增加，推动经济增长；当经济处于过热时期，政府减少补贴支出，企业和个人的可支配收入减少，从而抑制企业和个人的投资需求和消费需求，导致社会总需求的减少，促使经济平稳回落。同时，补贴政策也是政府公平收入分配的重要手段。绝大多数情况下，补贴的支出对象都是低收入群体，这样就可以在一定程度上增加低收入者的可支配收入，促进社会公平分配。

（5）国债政策　财政信用是国家按照有偿原则，筹集和使用财政资金的一种再分配手段，包括在国内发行公债和专项债券，在国外发行政府债券，向外国政府或国际金融组织借款以及对预算内资金实行周转有偿使用等形式。在现代社会中，国债除了发挥补充政府财政性资金不足的作用外，也是政府实施宏观调控的重要政策工具。比如，通过调整国债的流动性程度，可以改变整个社会的流动性状况，从而对经济产生扩张性或紧缩性的影响。国内公债按偿还期限可以分为短、中、长期三大类。公债的期限不同，其流动性程度则有很大的区别：短期公债的变现能力强，有"准货币"之称，在三类公债中流动性最高；长期公债的变现能力相对较弱，在三类公债中流动性最低；中期公债的变现能力居中，其流动性亦居中。显而易见，公债发行中期限种类的不同设计会对经济产生扩张性或紧缩性的影响。同时，调换公债的长短期限也会收到类似效果。用长期公债调换短期公债，可以起到降低公债流动性的效果;用短期公债调换长期公债,可以起到提高公债流动性的效果。在公债政策中,还可以通过调整公债的发行利率或实际利率水平来影响金融市场利率的升降,同样可以对经济施加扩张性或紧缩性的影响,其传导过程是公债的利率水平变动影响金融市场利率水平变动,导致经济增长水平发生变动。

(6) 财政立法和执法　财政立法和执法是国家通过立法形式对财政政策予以法律认定,并对各种违反财政法规的行为(如违反税法的偷税抗税行为等)诉诸司法机关按照法律条文的规定予以审理和制裁,以保证财政政策目标的实现。

(7) 财政监察　财政监察是实现财政政策目标的重要行政手段,即国家通过财政部门对国营企业事业单位、国家机关团体及其工作人员执行财政政策和财政纪律的情况进行检查和监督。

3) 财政政策的功能

财政政策在宏观经济管理与调控中主要有以下四方面功能。

(1) 导向功能　财政分配和管理涉及人们的物质利益,从而影响到人们的经济行为。财政政策的导向功能正是通过调整物质利益进而对个人和企业经济行为的调节来引导国民经济的运行。具体表现在两个方面:配合国民经济总体政策和各部门、各行业政策,提出明确的调节目标;财政政策不仅规定应该做什么,不应该做什么,同时通过利益机制,引导人们的经济行为。

(2) 协调功能　财政政策的协调功能是指对社会经济发展过程中出现的某些失衡状态的制约和调节能力,它可以协调地区之间、行业之间、部门之间、阶层之间的利益关系。

(3) 控制功能　财政政策的控制功能是指政府通过财政政策对人们的经济行为和宏观经济运行的制约或促进,实现对整个国民经济发展的控制。财政政策之所以具有控制功能,主要是由政策的规范性决定的,无论财政政策是什么类型,都含有某种控制性的因素在内,它们总是通过这种或那种手段,让人们做某些事情,或不做某些事情。如对个人所得征收超额累进税,可以防止两极分化。

(4) 稳定功能　财政政策的稳定功能是指国家通过财政政策调节总支出水平,使货币支出水平与产出水平相适应,实现国民经济的稳定发展。财政政策稳定功能的主要特征是反周期性和补偿性。

5.1.3　财政政策的调节方式

现代国家的财政政策,都是随着不同时期政治和经济发展的不同需要而不断调整的。但这种调整在一定时期内又保持相对稳定性。主要的调节方式有:① 动态调节,即根据社会经济的发展变化规定相应的财政政策。② 总体调节,即从全局上组织各种经济活动之间、经济与社会事业之间平衡协调发展的财政政策。③ 主动调节,即基于对经济发展状况的认识而制定的有针对性的政策。调节经济的财政政策,有膨胀性财政政策、紧缩性财政政策、平衡性财政政策、总量调节政策和结构调节政策等。

5.1.4　财政政策与货币政策的差异

1) 制定政策的主体有差别

财政政策主体是政府,货币政策主体是一国货币当局(一般为中央银行)。

2）政策目标有区别

虽然经济增长、物价稳定、充分就业和国际收支平衡等都是财政政策和货币政策的宏观经济目标，但各有侧重。货币政策侧重于货币稳定；而财政政策多侧重于其他更广泛的目标。在供给与需求结构的调整中，财政政策起着货币政策所不能取代的作用——调节产业结构、促进国民经济结构的合理化。在调节收入分配公平方面，货币政策也往往显得无能为力，只能通过税收、转移支付等财政政策手段来解决。

3）政策手段有区别

财政政策的主要手段是税收、政府公共支出、政府转移支出；货币政策的主要手段是公开市场业务、法定存款准备金率、贴现率、信用控制等。它们在其特性、运作方式等方面都有很大差异。

4）政策时滞不同

政策时滞是指从发生问题、认识到需要采取政策行动，到政策产生效果为止所需要的时间。任何政策都存在着时滞问题，时滞越短，政策当局越能够对有关情况做出及时反应，政策越能及时发挥作用。按照不同阶段政策时滞可划分为内部时滞和外部时滞。内部时滞是从发生问题到政策当局意识到应该采取措施，到政策制定并开始执行所需要的时间。一般来说，货币政策的内部时滞较短。而要变更财政政策手段如公共支出、税收等则需要通过冗长的立法程序。外部时滞是指从政策开始执行到政策对目标发挥作用之间需要的时间。相对来说，财政政策的外部时滞较短，而货币政策则是通过货币供给量、利率来间接地影响微观组织的经济活动。

5.1.5 财政政策与货币政策的搭配模式

财政政策与货币政策在实践中往往要配合使用。财政政策和货币政策的配合，是指政府将财政政策和货币政策按某种形式搭配组合起来，以调节总需求，最终实现宏观经济的内外平衡。财政政策与货币政策的配合使用，一般有以下四种模式：

1）扩张性的财政政策和扩张性的货币政策，即"双松"政策

松的财政政策和松的货币政策能更有力地刺激经济。一方面通过减少税收或扩大支出规模等松的财政政策来增加社会总需求，增加国民收入，但也会引起利率水平提高；另一方面通过降低法定准备金率、降低再贴现率、买进政府债券等松的货币政策增加商业银行的储备金，扩大信贷规模，增加货币供给，抑制利率的上升，以消除或减少松的财政政策的挤出效应，使总需求增加，其结果是可在利率不变的条件下刺激经济，并通过投资乘数的作用使国民收入和就业机会增加。这样可以消除经济衰退和失业，比单独运用财政政策或货币政策更有缓和衰退、刺激经济的作用。扩张性的财政政策和扩张性的货币政策搭配所适用的经济初始状态是：① 存在比较高的失业率；② 大部分企业开工不足，设备闲置；③ 大量资源有待开发；④ 市场疲软，没有通胀现象；⑤ 国际收支盈余过多。在此状态下，这种搭配模式一方面会刺激对进口产品的需求，减少国际收支盈余；另一方面对推动生产和降低失业率有促进作用。这种模式能够在短时间内提高社会总需求，见效迅速，但运用时应谨慎，如果掌握的尺度不好会造成通货膨胀的危险。

2）紧缩性的财政政策和紧缩性的货币政策，即"双紧"政策

当经济过度繁荣，通货膨胀严重时，可以把紧的财政政策和紧的货币政策配合使用。这就是说通过增加税收和减少政府支出规模等紧的财政政策压缩总需求，从需求方面抑制通

货膨胀。而利用提高法定存款准备金率等紧的货币政策增加商业银行的准备金,会使利率提高,投资下降,货币供给量减少,有利于抑制通货膨胀,同时,由于紧的财政政策在抑制总需求的同时会使利率下降,而通过紧的货币政策使利率上升,从而不使利率的下降起到刺激总需求的作用。其结果可在利率不变的情况下,抑制经济过度繁荣,使总需求和总产出下降。实施紧缩性的财政政策和紧缩性的货币政策搭配的初始状态是:① 经济处于高通货膨胀;② 不存在高失业率;③ 国际收支出现巨额赤字。削减总需求一方面有利于抑制通货膨胀,保证货币和物价的稳定;另一方面有助于改善国际收支状况,减少国际收支赤字。但是,这一模式如果运用不当往往会造成经济停滞的后果。

3) 扩张性的财政政策和紧缩性的货币政策

这种政策组合的结果是利率下降,总产出的变化不确定。具体说来这种模式在刺激总需求的同时又能抑制通货膨胀。松的财政政策通过减税、增加支出,有助于克服总需求不足和经济萧条;而紧的货币政策会减少货币供给量,进而抑制由于松的财政政策引起的通货膨胀的压力。实施扩张性的财政政策和紧缩性的货币政策搭配适宜的条件是:① 经济停滞不前,甚至衰退;② 社会总需求不足;③ 物价稳定,没有通货膨胀迹象;④ 失业率高;⑤ 国际收支赤字。在这种条件下,用松的财政政策来拉动内需,对付经济衰退,用紧的货币政策来减少国际收支赤字,调节国际收支平衡,从而有助于促进宏观经济的内外均衡。

4) 紧缩性的财政政策和扩张性的货币政策

同扩张性的财政政策和紧缩性的货币政策相反,这种政策组合的结果是利率上升,总产出的变化不确定。一方面,通过增加税收,控制支出规模,压缩社会总需求,抑制通货膨胀;另一方面,采取松的货币政策增加货币供应,以保持经济适度增长。实施紧缩性的财政政策和扩张性的货币政策搭配的适宜条件是:① 经济过热;② 物价上涨,通货膨胀;③ 社会失业率低;④ 国际收支出现过多顺差。在此状态下,采取紧缩性的财政政策和扩张性的货币政策的配合是适宜的,前者可以用来对付通货膨胀,后者可以用来减少过多的国际收支盈余(通过刺激进口和以低利率刺激资本流出),从而有助于促进宏观经济的内外均衡。

可以看出,上述四种组合各有特点,在现实生活中,这四种政策搭配与选择是一个很复杂的问题。采取哪种形式,应视当时的经济情况而定,灵活、适当地运用。

5.2 财政农业支持

专栏 5.1

新农村建设照亮 9 亿农民心

河南省濮阳县村民用 8 句话概括这几年农村的巨变:"上得起学,治得了病,养得起老,走得好路,挣得到钱,做得了主,学得到艺,看得到戏。"以前农民过的日子只能叫"生存",现在可以称得上"生活"了。公共财政的阳光照亮人心。

1) 成绩

财政加大对"三农"的投入,实质就是按照统筹城乡社会经济协调发展的要求,将"三农"发展中属于政府职责的事务逐步纳入各级财政支出范围,努力加强农业、发展农村、富裕农民,逐步实现公共财政覆盖农村并向农村倾斜。几年来,中央及各级政府围绕"生产发展、生活宽裕、乡风文明、村容整洁、管理民主"的新农村建设目标,大力调整财政支出结构,调整国民收入分配结构,深化经济、行政体制改革,积极推进城乡利益结构的调整。

2005年,中央财政预算安排用于"三农"的支出达3 397亿元,比上年实际执行数增加422亿元。初步统计,全国有20个省份的省级财政安排用于"三农"的资金比上年增长20%以上,有些省份甚至增长40%以上。包括中央农业综合直补在内的"高含金量"惠农政策连续出台,充分显示了党中央解决"三农"问题的决心和力度,中国农村正迎来全方位发展的历史性机遇。

由于长期投入不足,农村教育、卫生等公益事业几乎成了被遗忘的角落,一直是社会全面协调发展的"短腿"。2005年以来,全国大部分省份积极调整财政支出结构,新增教育、文化、卫生事业等十多个农村公益事业项目,资金70%以上被用在了农村。

2006年,国家首次提出用2年时间全部免除农村义务教育阶段学生学杂费,首次要求用3年时间基本普及新型农村合作医疗制度,"免费义务教育"和"农民医保"已渐行渐近。

农村"行路难"是农民最迫切要求解决的问题之一。从2005年起,国家启动了乡村道路改造工程,要让农民走上"柏油水泥路"。

2) 存在的问题

虽然中央财政和国债建设资金用于"三农"的投入不断增长,但支农资金效益却有待提高。症结在于国家支农投资管理体制。一是专项资金比重大,占到中央财政转移支付总额的57%。专项转移支付的分配权掌握在中央各部委手中,部门掌握着大量专项资金,拥有资源配置权,而且支配权力越来越大,为设租和寻租创造条件。二是管理分散。目前中央政府直接分配与管理支农投资的部门有十六七个之多,部门各自为战,投资分散、交叉重复,资金使用效率不高。

现行的征地制度,是旧利益结构的"硬核"。据有关部门统计,多数地方征地款分配比例为,农民得10%~15%,集体得25%~30%,政府及其他机构得60%~65%。失地农民"种田无地、就业无岗、低保无份",成为中国最大的困难群体。有关资料还显示,土地开发商所付地款总价中的72%是政府各项税费,"以地生财"成为地方政府重要的筹资手段。这是不合理的。国家应尽快进行农村征地制度改革,调整收入再分配结构,切实解决农民主体不清问题,把土地的增值部分多留给农民。

令人欣喜的是,2006年9月出台的《国务院关于加强土地调控有关问题的通知》等多项"土地新政",一方面注重提高失地农民补偿标准,另一方面将土地出让金重点投向农村。文件规定:土地出让总价款必须首先足额支付土地补偿费、安置补助费等,其余土地出让收益应主要用于农业土地开发和农村基础设施建设等。预计2007年中央和地方土地收益直接用于支持农业发展的资金数量将大大增加,有望超过1 000亿元。

(资料来源:2007年02月27日新华网)

这是一篇关于新农村建设财政政策支持的综合述评,比较全面地概括了近几年中央实行的农村财政政策。究竟实行了哪些财政政策?各种政策取得的效果怎样?各种财政政策之间有什么联系?为了实现新农村建设的目标,下一步国家农村财政政策的走向会发生哪些变化?还需要怎样去完善呢?

农业是公益性基础产业,无论是发达国家还是发展中家,农业始终受到政府的干预和扶持。我国是一个农业大国,财政对农业的支持和保护尤其重要。在市场经济和WTO《农业协议》的双重约束下,在国家财力有限的条件下,如何完善财政农业支持政策体系,不断改善财政农业支持的数量、方式,提高财政农业支持效率,始终是我国财政工作中面临的重要问题。

5.2.1 财政农业支持的相关概念及理论依据

1) 相关概念的界定

(1) 农业支持和农业保护 二者属于市场经济条件下政府干预农业的宏观调控政策范畴,目的均在于通过政府干预来促进本国农业的健康发展。之所以使用两个不同词汇,是因

WTO《农业协议》的要求。我国加入 WTO 之前，并未对二者进行区分，"支持"和"保护"通常并列混用。例如，中共中央政策研究室和国务院发展研究中心课题组(1997)指出：农业保护是指政府为使农业有效地支持国民经济持续、稳定、协调发展，保护社会安定和良好生态环境，通过对农业生产和贸易等环节的支持与保护，以提高农业综合生产能力为基本目标，以保护农民利益为落脚点，由此而采取的一系列支持和保护农业的政策措施的总称。

但是 WTO《农业协议》对农业支持和农业保护有不同的规定。《农业协议》把农业政策分为农业支持和农业保护两类政策。

农业支持政策是指政府对农业提供的下列政策：① 一般性政府服务（如农业科研、病虫害控制、培训、推广与咨询、检疫、水利等基础设施服务）；② 以粮食安全为目的的公共储备；③ 国内粮食援助；④ 与生产不挂钩的收入支持；⑤ 自然灾害救济；⑥ 作物保险计划；⑦ 地区援助计划；⑧ 通过资源休作计划提供的结构调整援助；⑨ 环境规划等。这些政策不会扭曲市场规则，是各国常用的促进农业持续发展的政策，称为"绿箱"政策。

农业保护政策是指政府对国内农业生产与贸易采取的诸如财政补贴、价格干预、关税与非关税壁垒等措施，能够刺激国内农产品的生产并发挥向农业转移收入的目的，有可能扭曲并替代市场机制，被 WTO 称为"黄箱"政策。

政府的农业支持政策侧重从改善公共生产条件和基础设施方面间接支持农业，符合政企分开的要求，有利于长期提高农业综合生产能力；而农业保护政策实质上是政府直接支持和保护农业生产和经营，政府既当裁判又当运动员，适宜短期采用。因此，WTO 鼓励农业支持反对农业保护，主张通过多边贸易协议限制甚至消除农业保护。

(2) 财政农业支持与农业国内支持　财政农业支持是指政府运用财政工具对农业发展提供资金支持，与广义的财政支农支出基本一致，包括各级政府用于支持和保护农业发展的全部财政资金支出。既有通过预算渠道安排的直接用于农业发展的财政资金（如农业基本建设支出、农林水利气象等部门事业费支出、支援农村生产支出等），还有通过预算外渠道安排的间接支持农业发展的财政支出（如各种对农业的财政补贴、农业税收减免等）。

农业国内支持是 WTO《农业协议》中使用的术语，是有利于农产品生产者的国内支持措施的总称，包括"绿箱"政策、"黄箱"政策、"蓝箱"政策、微量许可和发展中国家优惠措施等。"绿箱"政策是无需承诺削减的国内支持措施，是不会引起生产和贸易扭曲的政策；"黄箱"政策是会导致生产和贸易扭曲的政策，也有削减承诺或微量许可的国内支持措施；"蓝箱"政策是指根据限制生产计划给予生产者的直接支付，是 WTO 不要求作出减让承诺的国内支持政策。

(3) 农业综合生产能力　是一个国家或地区在一定时期一定经济技术条件下，由全部农业投入要素所形成的，能够相对稳定地达到一定产出水平的综合能力。这是衡量国家或地区农业总体生产水平和农村经济实力的重要标志。不断提高农业综合生产能力，提高农产品自给率，减少对国际农产品市场的依赖，这是保持中国国家安全独立的现实需要。

(4) 财政支出效率　即财政支出效益，是指政府在财政资源配置过程中，以最小的财政支出，产生最大限度的公共产品、公共服务产出，即财政投入与产出绩效之间的对比关系。现代公共财政是效率财政，效率是其核心问题。政府运行绩效包括经济绩效、政治绩效和社会绩效；政府运行成本包括经济成本、政治成本和社会成本。

2) 财政农业支持的理论依据

从消费角度讲，农产品具有私人产品属性，农产品消费是一个充满竞争的市场。从生产角度讲,农产品生产具有相当程度的外部效应、公共属性和非竞争性,就是说农产品人人需要,然而投入大效益低,社会效益大于私人效益,私人成本大于社会成本,由此导致市场失灵,这为财政农业支持提供了理论依据。现代市场经济下的农业是典型的"混合经济",如果失去政府支持,农业生产必将处于低效率状态。

(1) 从农产品的公共属性分析　首先,农产品——粮食是一国经济独立的基础,是国家安全的基本保障。对国家而言,没有任何一种商品的短缺会像粮食那样直接威胁社会安全。农业生产具有保障国家安全的属性,其作用具有超出农户私人生产的意义。农业不可能完全依靠市场力量来配置资源,需要政府的干预和支持。其次,农业是非农业部门独立和发展的前提。只有当农业劳动生产率提高到一定水平,能够经常提供剩余产品时,工业、商业、金融、教育、科技、卫生等部门才能脱离农业而发展起来。我国是一个有13亿人口的从半殖民地半封建社会基础上建立起来的发展程度不平衡的社会主义初级阶段的发展中国家,粮食安全不仅关系中国自身稳定,而且具有世界性意义。

(2) 从农业生产条件的公共属性分析　农业是自然再生产和经济再生产相结合的产物。随着社会经济的不断发展,人类各种技术性活动对自然环境带来了许多负面影响,环境污染、水土流失不断加剧,这直接破坏了农业的自然生产条件,加大了农业生产成本。如今,农业生产对公共基础设施和公共服务的要求越来越高。而改善自然环境、发展公共基础设施所需要的巨额人力、物力,单纯依靠分散的市场力量不可能完成,只有通过政府实施全额或部分财政投入,同时制定社会投入的鼓励性政策才能解决。政府要净化政策环境,明确政府鼓励投资的领域,列出具体目录和补贴、优惠、奖励办法等,鼓励和引导社会资本踊跃进入农业领域。

(3) 从农业经济的外部效益分析　农业作为国民经济的基础部门,除了产生直接经济效益之外,还有特殊的生态效益和社会效益,这是全社会的共同利益所在,然而这种利益无法在市场价格中得以反映。此外,农业基础设施、农业科研、农业教育和培训、农业环境保护等准公共产品,具有供给的不可分割性和消费的非排他性,其效益外溢,这也是无法通过市场来衡量的。外部效益大而内部效益小的产业,只有通过政府的支持才能确保其发展壮大。

(4) 从农业产业的风险性分析

① 由农作物的生物特性引起的自然风险:相对其他产业而言,农业时刻要经受大自然的考验。这是由农业以动植物为劳动对象,以土地、光、热、水、气为生产条件所决定的,农业生产周期较长,气温、降雨、风力等异常变化都会给农业生产带来危害。而自然风险是单个农户或组织无力抵御的,需要政府通过投入,建立完善的灌溉、防洪设施,提供优质气象服务等来预防和抵御。

② 价格波动引起的市场风险:市场风险是由于商品供求失衡导致价格波动而给生产者和经营者所带来的风险。农产品供求波动引起的市场风险远远高于其他商品,这是由于农产品的供给弹性和需求弹性不对称以及农产品价格信息不完全而引起的。在市场经济条件下,农业生产的波动,不仅会损害农业生产者的利益,而且会破坏国民经济的稳定。因此,政府必须通过公共投入来完善市场体系,建立灵敏、快捷、高效的农产品供求信息系统,提高政府的公共服务水平,减少农产品价格大幅涨跌对农业乃至整个国民经济的不利影响。

5.2.2　我国财政农业支持存在的突出问题

应该说,按照理论联系实际的方针,新中国成立60年来,尤其是改革开放时期,我国各级政府对农业的财政支持和保护取得了举世瞩目的成绩。特别是进入新世纪以来,国家财政对"三农"事业的支持达到前所未有的力度。2001—2005年间,仅中央财政用于"三农"的资金就达11 300多亿元,5年间平均递增17%,是改革开放以来投入最多、增幅最快的时期。地方财政也是如此。我国农业综合生产能力连年提高,用人均最少的耕地保障了世界1/6人口的吃饭问题,创造了世界奇迹。尽管如此,我们还必须正视农业财政支持方面存在的突出问题。

1) 财政支农资金比例低且趋于下降

长期以来,我国对农业实行了"又予又取"的政策,而且是"取多予少",农业支持的总体水平不足10%。而目前世界上大多数发达国家对农业的支持水平一般在30%~50%,美国和欧盟分别达到50%和60%,同为发展中国家的印度、巴基斯坦、巴西、泰国也在15%左右。20世纪90年代以来,国家财政性支农支出(预算内)的绝对量从1991年的244亿元增加到2005年的1792亿元,但是财政支农支出占财政支出的比例整体上却呈现下降趋势,从1991年的7.19%下降到2005年的5.28%,年平均5.46%。GDP年年增长,财政农业支出的总量也在增加,但是在相对比例上并没有同步增长,详见表5.1。

表5.1 1991—2005年国家财政支农支出总量及比例汇总表

年份	支农支出(亿元)	财政支出(亿元)	支农支出占全部财政支出的百分比(%)
1991	243.55	3 386.62	7.19
1992	269.04	3 742.20	7.18
1993	323.42	4 642.30	6.96
1994	399.70	5 792.62	6.90
1995	430.22	6 823.72	6.30
1996	510.07	7 937.55	6.42
1997	560.77	9 233.56	6.01
1998	626.02	10 798.18	5.79
1999	677.46	13 187.67	5.14
2000	766.89	15 886.50	4.83
2001	917.96	18 902.58	4.58
2002	1 102.70	22 053.15	5.00
2003	1 134.86	24 649.95	4.60
2004	1 693.79	28 486.89	5.95
2005	1 792.40	33 930.28	5.28
平均	763	13 964	5.46

资料来源:根据《中国统计年鉴(2006)》资料整理。

2) 农业支持结构不合理

农业支持结构不合理表现为四多四少:直接投资多,补贴少;"人头"经费投入多,建设支出少;用于全社会受益的投资多,真正用于农业和农民受益的投资少;一般性生产投入多,用于提高农业科技水平的投入少。一段时期以来,国家财政农业支出中农业、农民直接受益的份额偏少,仅有的财政支农资金并未全部用于农业、农村和农民,"非农化"现象严重。最突出的是水利投资,如1996—2002年防洪工程投资将近1 400亿元,除少部分专用于农业和农村外,大多数是城乡居民共同受益的工程,但却全部计算为农业投资。据估计,农业投资中实际用于农业和农村发展的支出占50%左右。

3) 农业补贴总量少且方式需改进

财政农业补贴是国家对农业某种产品的生产、流通、贸易活动或居民给予的辅助性财政资金支持行为,目的在于对特定群体、区域、环节的支持和补偿作用。长期以来,我国财政农业补贴的基本手段只有价格补贴等少数几种;财政支农补贴的对象和环节也错位,受益者多是庞大的农产品流通部门,生产者受益有限。因此要改进农业补贴方式,由基层财政部门在银行设立农民补贴及减免专户,将补贴款项直接拨入农户个人专户。这样做有很多好处:补贴直接向农户发放,中间环节少,操作程序规范,政策约束力强,减少了人为流失,做到了补贴的透明化、制度化。近年来,为了增加农民收入,确保粮食生产稳定增长,国家积极探索对农民直补的办法,初步建立起符合我国国情的,以收入补贴、生产补贴、救助性补贴等多种方式的财政支农资金直接补贴模式。

4) 金融信贷支农力度亟待加强

由于农业比较利益小,农村信用社定位不够明晰,农村信用担保机制建设滞后以及金融监管不力等因素,农村资金大量外流,农村金融"失血"严重,资金大量流向城镇和工商业。四大国有商业银行已经连续多年没向农村发放贷款。今后,政府要通过贴息、担保、政策优惠等方式,按照"谁投资、谁经营、谁收益"的原则,引导并刺激银行信贷资金投入农业,提高农业投资的吸引力。财政应充分动员和引导企业、集体、农民、银行信贷、外资等多种资金注入,鼓励承包、合资、入股等多种形式发展农业,为农业产业化奠定雄厚的基础。

5.2.3 我国财政农业支持的原则

1) 与国家农业发展的总体目标相协调

一般认为,我国农业发展有三大目标:一是提高农业综合生产能力,实现农产品安全供给;二是增加农民收入,实现城乡协调发展;三是提高农产品竞争力,实现农业可持续发展。因此,实施财政农业支持政策,就要有助于实现上述多重目标,即要有利于提高农产品的质量和竞争力,有利于实现农民增收,有利于农业可持续发展。财政农业支持政策要紧紧围绕农业发展的多重目标,在侧重基础性支持的前提下,结合农业发展的短期和长期目标,建立健全财政农业支持政策体系,突出重点,最大限度地提高财政资金效率。

2) 有利于提高农业生产效率

实施财政农业支持政策,不是要取消市场对资源配置的基础作用,而是要矫正市场失灵、弥补市场缺陷。财政支持政策对市场失灵的弥补功能主要体现在两个方面:其一,弥补市场无法主动承担的公共性、公益性社会职能,如财政对农业基础设施建设的支持;其二,堵住因农业比较利益偏低而导致的农业资源利用不充分甚至外流的漏洞,通过财政支持对农民进行补偿,充分调动农民的生产积极性,最终实现对农业资源的有效利用。总之,把市场机制与财政支农政策结合起来,既避免市场机制的缺陷,又避免财政对市场功能的扭曲,促进农业健康发展。

3) 效率优先,兼顾公平

财政农业支持是政府的公共经济行为,要注意在公平和效率之间进行权衡,既不能片面强调效率,也不能片面追求公平,要在追求效率的过程中兼顾公平。从财政支农的实践考察,我国过去存在着因强调公平而平均使用财政资金,以致资金分散不能形成合力的效益损失现象,这是今后应予以克服的弊端。从我国经济社会发展全局来考虑,今后财政支农资金除了要用于基础设施、农业科研技术、种粮补贴等方面以谋求必要效益之外,应重点向中西部倾斜,向不发达地区倾斜,向贫困地区倾斜。继续保持发达地区的领先优势,助推中部地区迎头赶上,帮扶西部地区跟上步伐,保持一定程度的均衡协调发展,这是当今中国财政农业支持政策的方向。

5.2.4 近年来中央对发展"三农"事业的政策

1) 统筹城乡经济社会发展

2003年10月,十六届三中全会通过《关于完善社会主义市场经济体制若干问题的决定》,明确提出要"统筹城乡发展,统筹区域发展,统筹经济社会发展,统筹人与自然和谐发展,统筹国内发展和对外开放",并且把统筹城乡发展置于"五个统筹"的第一位。作为化解"三农"问题的新思路和新方针,统筹城乡发展是全面建设小康社会中克难攻坚的内在要求,是经济社会事业持续健康快速发展的客观需要。

"三农"问题主要表现在城乡差距扩大、农民负担沉重、农民收入增长缓慢、农村消费能力下降、农村劳动力转移困难以及农村社会事业落后等方面,它们充分浓缩了我国经济中的体制性矛盾。

所谓统筹城乡经济社会发展,就是要立足农业抓发展,跳出"三农"抓"三农",对城乡经济社会发展统一规划、通盘考虑,从总体上统筹解决城乡发展过程中的矛盾和问题,促进城乡协调共同发展。在具体制定规划和政策时,要将"三农"问题作为侧重点置于优先发展位置,加强对农业的支持和保护,发挥城市对农村的带动作用,逐步形成城市和农村相互促进、协调发展的良性机制。

2) "多予、少取、放活"的方针

2003年中央农村工作会议提出,要对农业实行"多予、少取、放活"的政策。

多予,就是要加大对农业的扶持力度,调整投入结构,加强农村基础设施建设,建立对农业的支持和保护体系,推动农业科技进步,为农民增收创造条件。对农业"多予"实质是要调整国民收入分配格局,使国民收入和社会资源分配适度向"三农"倾斜。"多予"的着眼点不仅在于增加农民当前的收入,更主要在于长期普遍地增强农民从事农业、非农产业、进城务工等的素质和能力,通过"输血"最终达到"造血"的目的。

少取,就是要深化农村税费改革,继续减轻农民负担,在巩固农村税费改革成果的基础上逐步取消不应由农民承担的各种税费,创造条件最终实现城乡税制的统一。"少取"的核心在于减轻农民负担、保护农民合法权益。

放活,就是要放开农民手脚,调整土地产权、城乡隔离等不合理的经济制度,深化农村经营体制改革,激发农民自主创业实现增收的积极性。

"多予"和"少取"侧重于国民收入分配方面,"放活"直接指向生产关系和城乡关系的调整方面。作为一个整体,"多予、少取、放活"政策方针的核心,就是通过政府扶持和政策,打破束缚,促进农村生产力的进一步解放,实现农民收入的较快增长,带动农村经济社会的全面发展。

3)"两个趋向"的重要论断

胡锦涛总书记在党的十六届四中全会上指出:"在工业化初期,农业支持工业,是一个普遍趋向;在工业化达到相当程度后,工业反哺农业,城市支持农村,也是一个普遍趋向。"这就是"两个趋向"重要论断。"两个趋向"论断科学地判明了我国经济社会发展所处的新阶段,明确指出我国总体上已经进入以工业反哺农业、城市支持农村的发展阶段。这是对社会主义初级阶段思想的丰富,是对国际发展经验的精辟总结,内涵丰富,立意深远。这是我党在新形势下对工农关系、城乡关系认识上的深化,是党中央进一步关爱农民、重视"三农"事业的体现,是制定一系列惠农政策的理论基石,是指导各级政府、部门加大力度切实做好"三农"工作的方向标。

"两个趋向"论断的精神实质,是在社会主义现代化建设过程中,要实行农业与工业、农村与城市发展并重的方针,将以前所实行的"农业支持工业"政策向"工业反哺农业、城市支持农村"的发展战略转移,实行城乡一体化,统筹发展,和谐发展,最终实现全体人民的共同富裕。

"工业反哺农业、城市支持农村"方针是"两个趋向"的核心内容,其含义是在国家总体实力不断增强的基础上,深入挖掘农业和农村发展潜力,加大政府对农业发展的支持力度,发挥城市对农村的辐射和带动作用,发挥工业对农业的支持和反哺作用,走城乡互动、工农互促的协调发展道路。

"工业反哺农业、城市支持农村"方针是在"统筹城乡发展"、"多予、少取、放活"及"两个趋向"基础上提出来的。"统筹城乡发展"是科学发展观的重要组成部分,是一种发展理念。"多予、少取、放活"是发展农村经济、增加农民收入、推进城乡统筹发展的具体路径。"工业反哺农业、城市支持农村"则是这些重大决策的进一步发展,是解决"三农"问题方针的进一步升华,是贯彻科学发展观、统筹城乡发展的必然要求,是新阶段正确处理我国工农关系、城乡关系,促进农村经济社会全面发展的重要指针。

4)积极发展现代农业

党的"十六大"报告提出"建设现代农业"一词。2006年《国家"十一五"规划纲要》把"发展现代农业"单列阐述,2007年中央农村工作会议明确提出,推进新农村建设,首要任务是建设现代农业。推进农业现代化,顺应经济社会发展的客观趋势,符合世界农业发展的一般规律,是我国促进农民增收的基本途径,是提高农业综合生产能力的重要举措,是建设社会主义新农村的产业基础。

(1)内涵与特征 农业现代化,包括技术装备现代化和经营管理现代化两个相辅相成的方面。现代农业制度,就是现代农业的经营管理制度,它具有以下特征:① 农户专业化生产,为"卖"而生产,商品率高。② 农户接受广泛的社会化服务,自主开展多种形式的合作与联合,与市场建立稳定的有组织的联系。③ 农产品生产与加工、流通有机结合,广泛使用先进技术,形成社会化大生产经济。④ 农户与集体形成双层经营的利益共同体,利益共享,风险共担。⑤ 国家对农业采取有力的扶持政策,对农民多予少取,甚至予而不取。综合以上特征,可作如下定义:现代农业制度,就是以专业农户为基础,以双层经营体制为主要特征,在国家支持保护下的农业产业化经营体系。

(2)现代农业的过程与手段 发展现代农业的过程,就是改造传统农业、不断发展农村生产力的过程;就是转变农业增长方式,促进农业又快又好发展的过程。其策略手段可概括为:用现代物质条件装备农业,用现代科学技术改造农业,用现代产业体系提升农业,用现代经营形式推进农业,用现代发展理念引领农业,用培养新型农民发展农业;提高农业水利化、机械化和信息化水平,提高农业产出率、资源利用率和农业劳动生产率,提高农业素质、效益和竞争力。要特别强调以下四点:① 坚持用现代物质条件装备农业,加强农田水利建设,加快农业机械化发展,广泛使用现代农业生产要素。② 坚持用现代科学技术改造农业,加强农业科技创新体系建设,推广先进适用农业技术,切实转变农业增长方式。③ 坚持用现代经营形式发展农业,积极推进农业产业化经营,提高农民进入市场的组织化程度,让农民从产业化经营中得到更多的实惠。④ 坚持用现代发展理念指导农业,积极发展资源节约型、环境保护型循环农业。

(3) 农业现代化的具体任务 ① 加快农业科技进步,加强农业设施建设,调整农业生产结构,转变农业增长方式,提高农业综合生产能力。② 稳定发展粮食生产,实施优质粮食产业工程,建设大型商品粮生产基地,促进农产品加工转化增值,发展"高产、优质、高效、生态、安全"农业。③ 大力发展畜牧业,保护天然草场,建设饲草基地。④ 积极发展水产业,保护和合理利用渔业资源。⑤ 加强农田水利建设,改造中低产田,搞好土地整理。⑥ 提高农业机械化水平,加快农业标准化,健全农业技术推广、农产品市场、农产品质量安全和动植物病虫害防控体系。⑦ 积极推行节水灌溉,科学使用肥料、农药,促进农业可持续发展。

5.2.5 财政农业支持的范围及效率

财政农业支持的范围取决于国家农业发展政策和公共财政政策。我国农业发展的多元目标决定了财政农业支持在内容和范围上的广泛性。根据财政资金的用途和发挥作用的方式,可以将财政农业支持的范围分为投入性支持和补贴性支持两类。凡是政府作为投资主体,旨在增强全社会农业公共产品和公共服务的供给水平而对农业进行投入,属于财政投入性支持;凡是政府通过辅助支出的形式向某种农产品的生产、流通、贸易活动或特定居民提供转移支付,属于财政补贴性支持。

1) 财政农业投入性支持

(1) 投入性支持的目标 财政投入性支持一般适用于政府向社会提供农业纯公共产品或准公共产品及服务,投入性支持的总体目标是贯彻落实国家农业发展政策,为农业生产的持续、稳定发展创造良好的外部环境条件,具体目标有两个:① 加强农业公共投资项目建设,增强农业发展后劲,为农业生产的可持续发展提供基础设施。如大江大河治理、兴修水库、农业生态环境保护等。这些基础设施项目一般具有公益性或非营利性、社会效益好经济效益差、建设周期长、资金数额庞大,农户和一般经济组织无力承担,需要政府给予投入性支持。还包括与农民增收紧密相关的"六小工程"设施建设,即节水灌溉、人畜饮水、乡村道路、农村沼气、农村水电、草场围栏等,对改善农民生产生活条件、带动农民就业、增加农民收入发挥着积极作用。② 发挥财政资金的示范效应和乘数效应。政府作为实施农业投入的主体之一,其投入可以为集体和农户等其他主体加大农业投入创造外部条件,降低单位投资成本,激励和引导其他主体增加农业投资,发挥财政资金的乘数效应,对整个农业投资起到带动和示范作用,尤其是在农业经济低迷时期更是如此。

(2) 投入性支持的主要项目 财政农业投入性支持表现为各级政府在预算中设立的各类农业支出,包括农业基本建设支出、支援农村生产支出、农林水利气象等部门事业费、农业综合开发支出、农业科技三项费用、农业扶贫开发支出等。

① 农业基本建设支出:指国家财政以扩大农业综合生产能力为主要目的而新建、扩建

有关工程项目的固定资产投资。

② 支援农村生产支出：指国家财政对农村集体（户）的各项生产支援支出，包括小型农田水利和水土保持补助费、支援农村合作生产组织的资金、农业技术推广和植保补助费、农村草场和畜禽保护补助费、农村造林和林木保护补助费、农村水产补助费等。

③ 农林水利气象等部门事业费：指国家财政对农林水利气象等部门事业发展提供支持和保护的专项支出，包括农垦事业费、农场事业费、农业事业费、畜牧事业费、农机事业费、林业事业费、天然林保护费、水利事业费、水产事业费、气象事业费、乡镇企业事业费、土地管理事业费、森林工业事业费、退耕还林补助费和其他事业费等。

④ 农业科技三项费用：指国家对农业科学技术方面的支出，包括新产品试验费、中间试验费和重要科学研究补助费等。

⑤ 农业综合开发支出：指中央和地方财政用于农业综合开发项目的投资和配套资金支出。

上述支农科目最终划分为三大类：一是农业、农村基础设施建设的投入；二是农业科研的投入；三是涉农服务体系建设。

2）财政农业补贴性支持

（1）补贴性支持的目的　相对于财政农业投入性支持的公益目的而言，农业补贴性支持的范围小、直接性强。补贴性支持的目的主要是调整利益分配关系，发挥政府对特定群体、区域和环节的支持和补偿，实现特定目标。鉴于这种特点，转移支付是财政农业补贴性支持的主要方式，能够直接使补贴对象获益。

（2）补贴性支持的主要项目　财政农业补贴性支持的范围广泛，不仅包括国内支持政策所涉及的补贴项目，也包括出口竞争中对农产品的补贴。根据 WTO《农业协议》中我国的承诺，我国不再对农产品实施出口补贴，意在减少对市场机制的扭曲。目前财政农业补贴性支持的主要项目如下：

① 对种粮农民的直接补贴：国家从粮食风险基金中拿出部分资金直接补贴种粮农民，通常按前5年的粮食平均收购量为基数确定直补单价，农户凭身份证、补贴通知书等法定证件直接到当地财政农税大厅领取补贴。这是一项民心工程，对于增加农民收入、稳定种粮积极性、抵御市场风险等意义重大，深得民心。

② 良种补贴：国家为了改善粮食品质，增强农产品的竞争力，对全国13个粮食主产区种植国家规定的大豆、小麦、玉米和水稻等优良品种的农民给予财政专项补贴，可以向供种单位发放，也可以直接发放到农户。

③ 农机具购置补贴：这是国家财政对农民个人、农场职工、农机专业户、农机服务组织等购置大中型生产加工机械所给予的专项资金补贴；对文化程度较高、熟悉农机技术、常年从事农业生产经营、耕作或经营土地较多、在当地具有示范带头作用的农机购买人，在同等条件下优先给予补贴；补贴比例和数额一般占农机市场价格的5%～30%不等，由各级农机主管部门根据当地经济发展水平、农机推广难易程度等确定。

④ 粮油等国家公共安全储备补贴：这是国家财政对粮油专项储备或临时储备等产生的利息费用、轮换费用和轮换价差等的直接补贴，具有国家储备功能，属于"绿箱"政策支出。

⑤ 农村救济支出：这是财政用于农村抚恤和社会福利救济的补贴支出，包括农村社会救济费和救灾支出两部分。其中农村社会救济补贴反映财政对农村五保户、贫困户等的生活救济支出；救灾支出是政府对特大自然灾害的救济补助、灾后重建补助等。

⑥ 农业贷款利息补贴:这是国家财政对农业生产经营单位使用指定用途的农业信贷资金应付利息所给予的补助。如农业综合开发项目贷款贴息、农业产业化经营项目贷款贴息、农户小额贷款贴息等。这是国家利用财政杠杆引导信贷资金和社会资金流向农业的有效方式。

⑦ 国内食品援助方面的补贴:这是中央和地方财政用于扶持副食品生产和流通,平抑副食品市场价格的风险基金支出、城镇居民价格补贴以及平抑市场肉食价差补贴等。

⑧ 环境保护补贴:这是国家财政对实施生态环境保护的相关利益主体所给予的补贴,例如农村开荒补助费、草场改良保护补助、造林补助、林木病虫害防治补助以及退耕还林粮食补助等。

3) 财政农业支持效率

作为财政支出效率的一个子因素,财政农业支持效率是政府对农业的各类资金投入与其所取得的实际效果之间的比较关系,体现在资金配置的合理性和资金运用的有效性两个方面。

资金配置的合理性,一方面是指一定时期财政用于农业支持方面的资金总量及比例符合财政资金有效配置的客观比例要求,能够满足农业发展对公共产品和服务的需要;另一方面是指既定财政支持资金在不同项目之间的分配符合效率原则,使一定的投入产生最大的产出或效益。如果一定时期财政用于支持农业方面的资金总量及比例过低,则很难实现国家对农业发展的宏观意图,也很难保证国民经济各部门协调发展的需要。但是,受国家财力不足的限制,这个总量和比例不可能过高。资金运用的有效性是指一定数量财政农业支持资金的使用能够产出更多符合质量要求的农业产品和服务。

从内容上分析,财政农业支持效率还可以划分为规模效率、结构效率和资金使用效率。其中规模效率是指一定时期财政用于农业支持发展的资金总量占同期国家财政支出总额的比例具有合理性,符合国家宏观农业发展政策的需要,并且该比例的增长能够得到法律保障。结构效率是指财政农业支持资金在不同项目之间的分配具有合理性,有利于发挥不同方式和项目本身的优势。使用效率是指不同农业支持项目的资金投入数量与所取得效果之间的比较。使用效率的提高,意味着单位财政资金消耗所提供的公共产品和服务数量更大,或者单位公共产品或服务所消耗的财政资金数量更小。

5.3 农村教育

农村教育是提高农村居民文化素质,促进农村社会发展的高效手段,是转移农村富余劳动力、推进工业化和城镇化的重要依托。农村教育是创造农村未来的事业,既是农村建设的重要组成部分,又是农村走向现代化的基础,始终处于全局性和战略性地位,对提高农村劳动者政治、经济和科学技术素质等起着决定性作用。

5.3.1 农村教育的类型及其经费投入机制

农村教育是指在农村地区举办、以农村人口为对象、为农村经济社会发展服务的各类教育的总称,分为农村基础教育、农村职业教育和农村成人教育。农村教育总的发展方向概括为"一个"目标、"两条腿"走路、"三教"统筹,即农村教育要切实为农村发展服务,采取正规教育和成人教育两条腿走路,实现基础教育、职业教育和成人教育的统筹发展。

1) 基础教育

(1) 内涵界定　基础教育又称义务教育,是指从学龄儿童入学到初中毕业的九年教育阶段。之所以称"基础",一是因为它是个人接受中、高等教育的基础,通过基础教育的个人,再参加职业教育或技术培训就容易得多;二是因为它是个人成长、民族进步和国家发展的基础,民族振兴的希望,国家长治久安无不寄托于基础教育的成功普及。基础教育是农村普通教育、正规教育的主体,其主要任务是培养农村人口和劳动者的基本素质。基础教育以九年义务教育为核心。

义务教育是法律上对基础教育的称谓,根据法律规定,国家对适龄儿童、少年实施一定年限和程度的学校教育。2006年我国新修订的《中华人民共和国义务教育法》(以下简称《义务教育法》)第2、4、5、11、42条分别规定:"国家实行九年义务教育制度。义务教育是国家统一实施的所有适龄儿童、少年必须接受的教育,是国家必须予以保障的公益性事业。实施义务教育,不收学费、杂费。国家建立义务教育经费保障机制,保证义务教育制度实施。""凡具有中华人民共和国国籍的适龄儿童、少年,不分性别、民族、种族、家庭、财产状况、宗教信仰等,依法享有平等接受义务教育的权利,并履行接受义务教育的义务。""各级人民政府及其有关部门应当履行法律规定的各项职责,保障适龄儿童、少年接受义务教育的权利。""凡年满六周岁的儿童,其父母或者其他法定监护人应当送其入学接受并完成义务教育;条件不具备的地区的儿童,可以推迟到七周岁。""国家将义务教育全面纳入财政保障范围,义务教育经费由国务院和地方各级人民政府依照本法规定予以保障。"这些条款清楚地规定了受教育者及其监护人的权利和义务,也界定了政府在实施义务教育过程中应尽的责任。

(2) 基本特点　义务教育的公共属性十分突出。因为"接受这类教育服务的人并不直接付费,而维持教育服务的费用由政府财政部门承担"。义务教育在消费上的非竞争性和受益上的非排他性,指的就是这些。因此普及性、强制性和免费性成为义务教育的三个特点。

① 普及性:也称统一性,这是贯穿义务教育始终的理念。全国实行统一的九年义务教育,包括统一的教科书、教学计划、考核标准、经费标准、建设标准、学生公用经费标准等。当然,不同地区在统一标准下略有差别。

② 强制性:也称义务性,即让适龄儿童、少年接受义务教育是家长、学校和政府的义务。家长不送学生上学,家长要承担责任;学校不接受适龄儿童、少年上学,学校要承担责任;学校不提供相应的条件,也要受到法律的处罚。

③ 免费性:也称公益性,即义务教育是国家统一实施的所有适龄儿童、少年必须接受的教育,是国家必须予以保障的公益性事业。法律明确规定义务教育"不收学费、杂费"。当然,由于我国的国情国力,实行真正意义上的免费教育还需要一个过程。免除义务教育阶段的杂费,涉及政府财力问题,国家多次下决心解决这个问题。为此《义务教育法》规定"对接受义务教育的适龄儿童、少年不收杂费的实施步骤由国务院规定"。具体而言,农村从2007年起全部免除学费、杂费,但对城市还需要一个过程。

(3) 基础教育与高等教育的关系摆放　与基础教育相比,高等教育的最大特点在于其混合产品属性。高等教育是一种向中学后学生传授专业知识并直接为社会作出贡献的公益性事业,具有两面性:一是公益属性。高等教育具有直接服务国家政治、经济、军事、尖端科学、文化艺术等的功能,能够直接服务于国家综合国力和国际地位的提升,所以世界各国历来重视对高等教育的财政支持,尤其是中央政府的投入,总量大,比例高。二是私益属性。由于高等教育的选拔性,特别是过去(20世纪80年代中后期以前)我国高考那种"千军万马过独木桥"式的人才选拔制度,严重背离了人的全面发展和教育的公平目标,因为这种"精英"式高等教育只能成为个人谋求更高收入、提高生活质量的工具。正因为如此,20世纪80年代中后期,为顺应世界潮流及各国对于高等教育的理念发生的重大变化,改革与开放的中国也实现了从"单纯公益事业观"向"公益与私益事业相结合"的重大转变。由于理念的变化,原先一直认为"国家和社会理应承担高等教育部分费用,甚至应当包揽高等教育成本"的观点逐渐转向"混合投入"的新理念。即高等教育不仅需要政府财政投入,个人投资也不可或缺。高等教育的个人收益率大于社会收益率,个人理所当然要缴纳一定费用,这符合公平原则,特别是在政府财力有限的情况下更需要非政府投入。这一论断成为绝大多数国家高等教育成本补偿政策的理论依据。

基础教育则不然,它是纯粹公共产品,对国家和民族素质的提高发挥着基础支撑作用。但是,这种"基础和支撑"具有长线而非短线、间接而非直接、普及而非推广、基础而非应用、社会效益而非经济效益的特性,即基础教育是难以"立竿见影"的教育。加之我国人口众多、地域辽阔、地区发展不平衡、国家财力有限等实际原因,形成了基础教育虽然重要,但由于中央更注重效益直接的高等教育,基础教育只好下放基层县、乡政府乃至村级组织负责运作,导致基础教育的管理权限下放过低,基础教育投资长期严重不足。

(4) 基础教育的经费投入　义务教育是受益非排他性和消费非竞争性的公共产品,效益外溢,这一点是明确的。作为义务教育的重要组成部分,农村义务教育是农村公共产品中最重要的方面,因此,提供农村义务教育经费是政府义不容辞的责任。关键是哪一级政府承担的问题。新《义务教育法》第四十四条指出"义务教育经费投入实行国务院和地方各级人民政府共同负担、省级政府负责统筹落实的体制。农村义务教育所需经费,由各级人民政府根据国务院的规定分项目、按比例分担",逐步将农村义务教育全面纳入公共财政保障范围,建立中央和地方分项目、按比例分担的农村义务教育经费保障机制,并提出4条基本措施:

① 全部免除农村义务教育阶段学生学杂费,对贫困家庭学生免费提供教科书并补助寄宿生生活费。

② 提高农村义务教育阶段中小学公用经费保障水平。由省级制定本省农村中小学预算内生均公共经费标准,所需资金由中央和地方按照免除学杂费的分担比例共同承担。在此基础上,为促进农村义务教育均衡发展,由中央适时制定全国农村中小学义务教育阶段公用经费定额标准,所需资金仍由中央和省按比例共同承担。以后,中央适时对基准定额进行调整。

③ 建立中小学的校舍维修改造长效机制。东部地区中小学的校舍维修改造资金主要由省级政府承担,中央根据财力状况和改造成效等适当给予奖励。中西部地区,中央根据农村义务教育阶段中小学在校生人数和校舍生均面积、使用年限、单位造价等因素,分省(自治区、直辖市)测定每年校舍维修改造所需资金,由中央和省按5∶5比例共同承担。

④ 巩固和完善农村中小学教师工资保障机制。中央继续按照现行体制,对中西部、东部地区的中小学教师工资经费给予支持。省级人民政府要加大对本行政区域财力薄弱地区的转移支付力度,确保农村中小学教师工资按照国家标准及时、足额发放。

2) 农村职业教育

(1) 内涵界定　农村职业教育实质是农业劳动力和后备劳动者获得现代农业知识、掌握现代农业生产技能的一种教育,是农村培养专业技术及管理人才的正规教育,招生对象主要是初、高中毕业生。农村职业教育以就业为导向,主要由各类职业学校和培训机构承担,分为初等、中等和高等三级。改革开放以来,我国农村职业教育得到迅速发展,初步形成了多种类、多层次、多功能的农业职业技术教育体系,为农村培养了大批技术和管理人才,提高了广大农民运用科学技术脱贫致富的能力,直接促进了农村经济的发展。

(2) 经费投入机制　由于职业教育是以就业为导向的教育,是促进经济、社会发展和劳动就业的重要途径,是分流义务教育后初中毕业生的主要途径,因此,国家提出要实施以初中后学生继续教育为重点的职教分流,实行职业学校教育与职业培训并举,并与其他教育相互沟通、协调发展的职业教育体系。为了完成这项重大任务,国家提出:一要建立"政府统筹、农业牵头、部门配合、社会参与"的新型农民教育培训机制,实行多样、灵活、开放的办学模式,把教育教学与生产实践、社会服务、技术推广结合起来,加强实践和就业能力的培养。二要开展多种形式的农村职业教育培训,在整合现有资源的基础上,重点建设好地、县级骨干示范职业学校和培训机构,以适应农村产业结构调整,劳动力向二、三产业转移的需要。三要实行灵活的农村职业教育教学和学籍管理制度,方便学生工学交替、半工半读、城乡分段和职前职后分段完成学业,积极鼓励社会力量包括外资举办职业教育,促进职业教育办学主体和投资多元化。显然,按照支出与收益配比的原则,职业教育要实行自费与统筹相结合的办法。

3) 农村成人教育

(1) 内涵界定　农村成人教育是指紧密联系农民生产生活需要而开展的非正规教育,承担着农村教育普及(主要是扫盲)和培养中、高级专门人才的双重任务,是农村教育体系的重要组成部分。农村成人教育包括扫盲教育和继续教育两类。扫盲教育除了教农民识字、看报外,还包括普及健康保健常识、基本法律知识、农机和家电使用方法以及种植、养殖业基本知识等。继续教育是面向农民脱贫致富、转岗就业、创业发展的成人教育。主要实施途径有:农业广播学校、农民中专、农民技术培训学校、农村中学、乡村农民文化技术学校、各类教学点、培训班等。绿色证书培训是指为使农民达到从事某项农业技术工作应具备的基础知识和技能要求,经当地政府或行业管理部门认可的从业资格凭证。

(2) 经费投入机制　作为终身教育的有机组成部分,农村成人教育要适应现代农业科学技术和农村劳动力加速转移的要求,通过在农村普遍开展农村实用技术培训,增加农民收入;广泛开展劳动力转移培训,使农民初步掌握在城市和非农产业就业必需的技能,获得相应职业资格证书。在培训过程中,要坚持培训与市场挂钩的方针,鼓励和支持"订单"式培养,把培训和输出结合起来,逐步形成"政府扶持、用人单位出资、培训机构减免经费、农民适当负担"的投入机制。要充分发挥成人文化技术学校、农业广播电视大学和各种农业技术推广、培训机构的作用。除此之外,农村中小学可以一校多用、一校多能、日校办夜校,充分发挥剩余资源的使用价值,成为农村基层开展文化、科技和教育活动的重要基地,提高办学的经济和社会效益。

5.3.2　农村教育综合改革

2006年中央一号文件指出,要进一步深化以农村税费改革为主要内容的农村综合改革,建立精干高效的基层行政管理体制和覆盖城乡的公共财政制度,其中新型农村义务教育管理体制是改革的中心内容。

1) 农村教育综合改革的主要内容

在落实科学发展观、构建和谐社会思想指导下,各级政府要切实落实"教育优先发展"战略,进一步调整和优化农村教育结构,坚持"三教统筹"和"农科教结合"方向,整合各类农村学校和培训资源,统筹农村基础教育、职业教育和成人教育的协调发展,促进农业、科技和教育的紧密结合,为当地建设培养迫切需要的中、初级适用人才,从整体上形成与社会主义市场经济体制和农村科技体制相适应的农村教育体系。

2) 农村教育综合改革的具体办法

(1) 转变教育观念,明确办学方向 新《义务教育法》要求回归义务教育的本质。普及教育、强制教育和免费教育是义务教育的本质特征,免费的步骤可以根据国情分步实施,但必须坚持免费原则。公益性是整个教育事业的特征,义务教育更彻底一些,不仅是普及的、强制的,还是免费的。中央财政将从2007年开始,用两年时间免除农村地区义务教育阶段的杂费;城市地区还要深入调查研究、制订方案、加快进程,使农村教育切实转变到为当地经济建设和社会发展服务的轨道上来。

(2) 加强教师队伍建设 一是深化教师人事制度改革,依法实施教师资格准入制度,创新教师补充机制,加强中小学教师编制管理,坚决清退不合格和超编的教职工,提高农村中小学师资水平;二是鼓励城镇教师、大学毕业生到农村支教,建设农村中小学现代远程教育体系。

(3) 课程建设方面 一是以素质教育为宗旨,加快农村中小学课程改革;二是严格控制农村中小学教科书的种类和价格,推行教科书政府采购,逐步建立教科书循环使用制度;三是改革教学内容和教学方法,在普通中小学的适当阶段,因地制宜地引进职业教育因素,加强教学和实际的联系,积极吸收和推广国内外先进的教学方法和经验。

(4) 建立义务教育评价体系 义务教育要切实承担起实施素质教育的重大使命,把重视培养学生的独立思考能力、实践能力和创新能力作为促进学生全面发展的重点,切实把教学效果评价与生产实验基地等实践评价充分结合起来,努力提高教育质量。

(5) 搞好农村教育统筹 完善义务教育管理体制,要强化省级统筹。以前,义务教育重心下移乡村,而乡村能力有限,难负其责,于是将统筹责任放到县级;而县级基本上是吃饭财政,也无力承担;因此这次教育改革要加大省级的责任,实行"经费省级统筹、管理以县为主"的体制,真正将"人民教育人民办"转到"义务教育政府办"上来。义务教育均衡发展、增强农村教育经费保障力度、加强贫困地区支持等方面,坚持省级统筹非常重要。各级政府对农村义务教育经费的分担机制、预算单列、专项转移支付规范化、专项资金设立等义务教育经费保障机制的主要环节,要充分重视起来。

(6) 促进教育公平,防止资源过度集中 均衡发展是义务教育的根本发展方向。将义务教育的均衡发展纳入法制轨道,充分保障人人公平接受义务教育的权利,保障流动人口子女在非户籍地平等接受义务教育的条件,这将对平稳推进城市化进程起到关键作用。

(7) 依法规范义务教育办学行为 一是不得将学校分为重点学校和非重点学校,学校不得分设重点班和非重点班。要公平分配学校及教育资源,不搞政策、资金、资源倾斜,满足全社会对教育公平的强烈愿望。二是不得以任何名义改变公办学校的性质,也就是"名校不能变民校"。三是学校不得违反国家规定收取费用,不得以向学生推销或变相推销商品、搞营利服务等。

3) 农村教育综合改革的重点和核心

加快农村义务教育体制改革是农村教育综合改革的重点和核心。建立并完善"各级政府责任明确、财政分级投入、经费稳定增长、管理以县为主"的农村义务教育管理体制,中央和省级政府要更多地承担发展农村义务教育的责任,确保农村中小学教职工工资按时足额发放,确保农村中小学正常运转经费,确保农村中小学建设和危房改造等所需的经费。

5.4 农村公共卫生

农村公共卫生工作是关系广大农民根本利益的大事,不仅关联广大农民群众的身体健康,还影响农村社会经济事业的繁荣进步。国务院《关于进一步加强农村卫生工作的决定》提出:要在全国农村基本建立与社会主义市场经济体制和农村经济社会发展相适应的农村卫生服务体系和新型农村合作医疗制度,逐步加大政府对公共卫生事业的投入,建立公共卫生经费保障机制,提高重大疾病的预防控制能力,优化医疗卫生资源配置。这一决定为农村公共卫生事业的发展指明了方向。坚持公共卫生的公益性质,深化医疗卫生体制改革,强化政府责任,严格监督检查,建设覆盖城乡居民的基本卫生保健制度,为群众提供安全、有效、方便、价廉的公共卫生和基本医疗服务。

5.4.1 农村公共卫生的基本理论

1) 农村公共卫生及管理的基本内涵

农村公共卫生是以防治传染病、水资源污染、环境卫生、食物中毒等公共卫生事件和进行健康教育为内容的农村社会公益事业,是农村全体居民通过政府举办并共同受益的事业。个人患病所需的特定医疗服务与之不同,它是个人受益、成本归属明确、采用等价交换机制的医疗服务,是纯粹的私人产品。

农村公共卫生管理是政府对农村保健、医疗、防疫等方面进行管理的总称,包括:① 对社会常见易发流行疾病、传染病及新型疾病的预防和控制;② 对地方病的预防和控制;③ 对大众疾病医疗条件的提供和救治;④ 对大众身体健康尤其是妇女、儿童的卫生保健。另外,建立卫生事业管理机构,制定医疗卫生的法律、法规和政策,加强对医疗机构和医务人员的管理,提高卫生服务的质量和水平,管理医药商品等,也是卫生管理的重要内容。

2) 政府提供公共卫生服务的理论依据

世界银行提出了政府干预公共卫生事业的三条理由:"第一,减少贫困是在医疗方面进行干预的最直接理论基础;第二,许多与医疗有关的服务是公共产品,其作用具有外部性;第三,疾病风险的不确定性和保险市场的缺陷是政府行为的第三个理论基础。"这实际上是以市场机制在卫生资源配置方面的缺陷来立论政府公共卫生服务的,可资借鉴。

(1) 公共卫生服务缺失　包括饮用水安全、传染病与寄生虫病的防范、病菌传播媒介控制等在内的公共卫生服务,是具有外部效应的纯公共产品,消费非排他性,即人们无法将不付费者从这种服务的利益中排除出去,从而私人对此根本不会提供或不充分提供。

(2) 卫生信息服务缺陷　卫生信息也是一种具有外部效应和非排他性的公共产品,市场力量不可能向公众免费提供卫生、免疫、营养及计划生育等方面的信息服务,因为不完善的信息才能确保其市场利益。

(3) 收入分配方面的缺陷　市场机制是以劳动、资本等生产要素对产出的贡献率来分配收入的,就劳动而言,个人收入水平取决于劳动的边际贡献,这以个人健康为前提。而卫生条件、疾病等时刻威胁着人的健康和劳动能力。劳动者因疾病而失去劳动机会甚至丧失劳动能力,造成收入减少以至陷入贫困的境地,而贫困者更难抵御疾病的侵袭,这就是所谓"贫困的循环"。可见市场的收入分配机制是存在缺陷的。随着人类社会进步事业的发展,卫生保健成为包括病患劳动者在内的人们普遍拥有的权利,不是单纯基于经济基础的特权。应由政府在政策法律层面对此予以充分保障,缓解和消除因健康对收入差距的不利影响。

(4) 疾病防范风险的缺陷　在农村,"小病挨,大病拖,重病才往医院治"的情况普遍存在,因病返贫现象非常突出。据调查,因病致贫的比例高达42%,成为产生新的贫困的重要原因之一。一个家庭只要出现一个重病号,一到两年家底耗得净光,造成子女辍学、生计艰难等系列问题。这说明,防范疾病风险,单靠私人力量是不够的,十分微弱,农村尤其如此。依靠商业医疗保险的方法,作用也很有限。因为商业保险的趋利性导致"逆向选择",即保险机构倾向于选择无医疗救治需求但热心投保的低风险对象,而对真正有医疗保障要求但投保相对较少的患病者缺乏兴趣。所谓"有需求的,得不到承保;无需求的,保险机构却在极力叫卖"。这是极不合理的,由此决定商业医疗保险不可能发展壮大。与这两种情况相反,政府的公共卫生服务具有社会保险性质,政府以其雄厚财力外加法律强制,高风险的患病者不受排斥,低风险的无病者因为保费低廉而愿意响应政府的医保政策,这就为全社会劳动者提供了坚强后盾。

5.4.2　农村公共卫生的状况及成因

1) 农村公共卫生状况

农村公共卫生状况是从总体上对农村防疫、医疗、保健和公共环境保护等情况的描述。20世纪60到70年代,我国曾建立起覆盖村、乡、县三级的农村合作医疗保健制度,县设医院,乡设卫生院,村设卫生室,到70年代末,中国成为拥有最全面医疗保障体系的国家之一,80%~85%的人口享有基本医疗保健。按人均GDP,中国的排名虽然不高,但按健康水平,中国的排名则高得多,在世界上赢得广泛赞誉。80年代以来,随着农村联产承包责任制的推广,家庭成为基本生产单位,集体经济解体,农村合作医疗失去了依托,农村基本医疗体系随之解体或停办,享受基本医疗保障的农民从90%迅速下降到9%左右。90年代以来,随着农村经济的发展,农民收入增加,广大农民迫切感到医疗保健的重要性,合作医疗制度又逐渐恢复和发展起来。党的十四届三中全会决议指出,要"发展和完善农村合作医疗制度",实行城乡有别的社会保障办法,并陆续出台了一系列政策,例如开展农村初级卫生保健、实施"三项建设"、促进和恢复合作医疗、推进乡村卫生一体化等。但是,目前农村医疗卫生仍面临着投入不足、保障缺乏、公共卫生基础薄弱等问题。

2) 农村公共卫生问题的成因

(1) 农村经济和社会发展水平低　我国农村多数地区自然条件较差,产业结构不合理,生产手段落后,科学技术知识不普及,信息闭塞,交通不便,使得农村经济社会的发展水平较低,无法为农村公共卫生事业提供充足的经费来源。

(2) 政府财政支持不够　从国家财政支出的比例来看,农村公共卫生的投入严重不足,而且呈下降趋势。近年来,全国卫生支出占财政支出的比例是1.6%~1.7%,而农村卫生的财政支出比例还低于这个平均数,从1.44%下降到0.78%,农村卫生基本补助经费占财政支出的比例由0.82%下降到0.54%。前面有关数字也充分显示:城乡公共卫生资源分配失衡,很大程度是由财政资金向城市倾斜的政策造成的。

(3) 农村卫生设施落后,医务人员素质不高　据世界卫生组织公布的数据,2001年中国公共卫生资源分配的公平性在全世界排名第188位,倒数第4。中国享有医疗卫生保障的人数占15%,而且主要是市民,而近85%的农村居民没有医疗卫生保障。说明中国社会医疗保障体系主要局限于城市,刚刚触及农村。

(4) 农民文化水平不高,卫生保健知识欠缺　大部分农民个人存在诸多不良卫生习惯,如个人卫生不洁,不注意保护公共环境,到处乱堆柴草、乱堆粪土、乱倒垃圾、乱泼污水等。不少农民还存在封建迷信思想,求神拜佛,乱用偏方,不信科学,乱传谣言。

(5) 基层干部不重视公共卫生管理工作　不少农村干部在思想认识上有偏差,片面认为发展生产、繁荣经济是大事,医疗卫生是小事。认识跟不上,直接导致农村公共卫生长期处于无人管、少人管的局面。当然,政府对农村医疗卫生的观念,城乡居民不同的"生命价格"问题,说明基层干部的观念偏差还有广泛的政治土壤。

5.4.3　建立和完善农村公共卫生服务体系

农村公共卫生服务的基本任务概括为:① 建立健全多层次的农村卫生服务体系,为农村居民提供基本卫生服务。② 防病保健工作:落实卫生防病和妇幼保健措施,降低农村居民传染性疾病、慢性非传染性疾病、地方病、职业病的发病率和孕产妇、婴幼儿死亡率。③ 基本医疗保障:逐步建立农村医疗保障制度,使农村居民获得基本的医疗保障。④ 环境卫生治理:饮用水、厕所达到国家规定的卫生标准,改善农村居民生活环境卫生状况。⑤ 健康教育:广泛开展健康教育和爱国卫生运动,提高农民的健康意识、健康水平和自我保健能力。

1) 发展农村社区卫生服务,健全农村三级医疗卫生服务网络

所谓社区卫生服务,是指在一个社区范围内,针对人群的常见病和多发病,配备合格的医务人员和医疗设施,提供比较全面的基本预防保健和医疗服务。农村社区卫生服务体系建设是建立社会公共卫生体系的基础,也是预防和控制常见病、多发病及慢性病的有力措施。县、乡、村三级医疗卫生服务网络建设,能够满足农民各种疾病救治的需要,小病就近到社区预防并及时治疗,大病、疑难病到县级以上医院救治,社区医疗机构还承担公共卫生环境建设。这是一个方便快捷、成本节约、覆盖宽泛的卫生组织体系。到2005年底,全国1 636个县共设有县级医院5 673所、县妇幼保健机构1 625所、县疾病预防控制中心1 726所、县卫生监督所1 141所,上述四类县级卫生机构共有卫生人员96.1万人;全国3.47万个乡镇共设乡镇卫生院4万个,人员100万人,其中卫生技术人员86万人;全国62.5万个行政村共设立60.9万个村卫生室,设立卫生室的村数占行政村总数的88.1%。村卫生室中,执业(助理)医师10.4万人、乡村医生90.6万人、卫生员5.1万人,每千农业人口乡村医生和卫生员1.11人。

2) 增加公共卫生投入,保障卫生设施和预防保健的经费

(1) 加大公共卫生基础设施投入　政府财政要加大卫生设施投入,健全突发公共卫生应急处理机制和疾病预防控制体系、医疗救治体系、卫生监督体系。乡(镇)村级卫生院(所)是开展农村公共卫生服务的物质基础,财政必须加大投资力度。改造薄弱乡镇卫生院,建设标准化中心镇卫生院,按标准新建、改建村级卫生服务站,健全农村卫生服务网络和农村防保组织。

(2) 补助乡镇医生　乡(镇)村医生是农村卫生服务的中坚力量。县级政府应统筹乡(镇)卫生院(所)编制内职工的基本工资、养老保险、医疗保险、失业保险,离退休人员费用以

及乡卫生院建设资金,逐步增加卫生人才培养方面的经费。对私人兴办的公益卫生机构,政府要适当补助。

(3) 县级政府对农村卫生监督、防疫防病、妇幼保健、健康教育等的投入,应统筹解决其经费　健全卫生监督体系,各县(区)设立中心镇卫生监督所,经济发达乡镇建立卫生监督分所。加强农村卫生人员的引进和培训,逐步提高农村卫生监督、防保和医技人员的整体素质。完善妇幼保健系统。加强艾滋病、结核病等重大疾病防治工作,开展伤残预防、残疾人康复、职业病、慢性非传染性疾病等防治工作。

(4) 加大卫生扶贫力度　卫生扶贫是政府扶贫的重要内容,各级政府要统筹扶贫工作,逐步加大国家对卫生扶贫资金投入,帮助贫困地区重点解决卫生设施建设、疾病控制、妇幼保健、环境卫生等资金困难。

3) 完善医疗救助体系

农村医疗救助制度是通过政府拨款、社会捐助等渠道筹措资金,对农村特困群体实施医疗费用补助的制度。救助对象主要是农村"五保户"以及经县级政府批准的身患重病、影响基本生活的特困对象。救助形式有大病医疗费用补助以及合作医疗资助等。建立贫困地区农民家庭医疗救助基金的办法由省级人民政府统筹制定;省、市(地)、县级财政根据实际需要和财力情况,安排专项医疗救助资金;中央财政通过转移支付实施辅助救助。

农村医疗救助实行个人申请、村民代表会评议、民政部门审核批准、医疗机构提供服务的管理体制。基本程序是:① 救助对象向村民委员会提出书面申请:以家庭为单位,一年申请一次。② 村民委员会调查核实,结果由民主评议小组评议。评议内容包括能否享受救助、救助标准等,并进行公示。③ 上报乡镇人民政府民政办审核。④ 县民政局审批。⑤ 对经过民主评议和上级民政部门批准的救助对象,由乡(镇)或村委会向社会公示,接受社会监督。⑥ 救助资金由县大病救助办公室直接向救助对象就诊医院支付,或拨入乡镇医疗救助基金专户,再由乡镇发放给救助对象。做到救助程序公开、救助对象公开、救助内容公开、救助标准公开。

4) 建立与农民收入水平相适应的药品供应和监管体系

(1) 完善农村药品供应网络建设　一是药品经营网络建设,要向乡、镇、村延伸,形成布局合理、供应及时的药品经营网络。二是药品配送网络建设,将药品配送线路延伸到村级医疗服务室。政府要鼓励大型药品经营企业对县(区)药品批发企业的兼并或改造,建立基层药品配送中心。基层药品配送中心下设药品销售点,服务点实行统一商号、统一配送、统一标识、统一价格、统一管理。三是逐步推行农村医疗药品集中采购,也可由乡镇卫生院为村卫生站统一代购药品,杜绝代购中的不当谋利行为。有条件的地区实行药品集中采购。四是落实有问题药品的包退包换制度。

(2) 依法加强农村基层药品市场监管　一是食品药品监管部门要定期不定期地开展对县及县以下药品批发、零售企业及农村卫生机构的药品采购渠道、药品质量、价格等检查监督,对制售假冒伪劣药品、过期失效药品、兽药人用等违法行为要严肃治理,查处无证、无照经营药品的行为,取缔各种非法药品集贸市场。整顿和规范中药材市场,及时向农民发布医疗服务、药品质量和价格等信息,尤其要加强对农村卫生室药品、高毒农药以及剧毒杀鼠剂的管理,切实保证农民用药安全。二是价格主管部门要加强对农村医疗卫生机构、药店销售药品的价格监督,严厉查处价格违法行为。三是卫生行政部门要规范医疗机构用药行为,各省(自治区、直辖市)卫生行政部门要制定新型农村合作医疗基本药物目录。四是推行药品集中采购,控制农村医药费用不合理增长,减轻农民药费负担。

5.4.4 建立新型农村合作医疗制度

2002年,中共中央、国务院下发《关于进一步加强农村卫生工作的决定》,要求全国各地积极引导农民,建立以大病统筹为主的新型农村合作医疗制度,重点解决农民因病致贫、返贫问题,计划到2010年基本覆盖农村居民。2003年,卫生部、财政部、农业部联合下发《关于建设新型农村合作医疗制度的意见》,成为建立新型农村合作医疗制度的指南。2004年国务院办公厅又下发了《关于进一步做好新型农村合作医疗试点工作指导意见的通知》,要求各地把新型农村合作医疗作为重要工作来抓。截止到2006年底,全国已有1 451个县(市、区)开展了新型农村合作医疗,覆盖人口为5.08亿人,4.10亿农民参加了合作医疗,比例达80.7%。参加合作医疗的农民就诊率和住院率明显提高,经济负担有所减轻,2006年全国共补偿参加新型农村合作医疗的农民2.72亿人次,补偿资金支出155.81亿元。新型农村合作医疗制度得到农民群众的广泛拥护。

1) 新型农村合作医疗制度的内容

(1) 基本内涵　新型农村合作医疗制度是一项惠及亿万农民的初级医疗保障制度,是我国医疗体制改革的重要部分,对于统筹城乡发展,全面建设小康社会意义重大。该制度的核心精神是:在政府的组织、引导和支持下,坚持自愿、互助、公开、服务的原则,由个人、集体和政府等多方筹资,建立医疗卫生专用基金,以大病统筹为主,按一定比例对农民的医药和预防保健费用进行补偿。互助共济,共担风险;人人参与,人人享有;因地制宜,费用低廉;专款专用、民主管理等是这项制度的基本特征。

(2) 基本原则

① 农民自愿参加的原则:受到农民的衷心拥护是新型农村合作医疗制度不断发展的基础,所以开展新型农村合作医疗,一定要坚持农民自愿参加的原则。严禁硬性定指标、定任务、搞摊派、强迫代缴以及贷款缴纳等简单粗暴、强迫命令的做法。要通过广泛深入的宣传教育活动,了解和分析农民对新型医疗的疑虑和意见,有针对性地进行具体、生动的宣传,把新型合作医疗的办法、参加人的权利与义务以及报销办法等宣传到千家万户,使广大农民真正认识到建立新型农村合作医疗制度的意义和好处,树立互助共济意识,自觉自愿地参加新型农村合作医疗。

② 因地制宜、多种模式的原则:各地经济社会发展情况不同,农民对合作医疗的认识不同,农民经济承受能力不同,医疗服务供求状况不同,所以要因地制宜,采取符合当地条件和农民愿望的形式,不能简单化、一刀切。

③ 个人、集体、政府多方筹资的原则:卫生部、民政部、财政部、农业部、发展改革委等部委联合发布的《关于进一步做好新型农村合作医疗试点工作的指导意见》明确指出:"要根据农民收入情况,合理确定个人缴费数额。原则上农民个人每人每年缴费不低于10元,经济发达地区可根据农民收入水平及实际需要相应提高缴费标准。要积极鼓励有条件的乡村集体经济组织对本地新型农村合作医疗给予适当扶持,但集体出资部分不得向农民摊派。中央财政对中西部除城镇以外参加新型农村合作医疗的农民平均每年每人补助10元,中西部地区各级财政对参加新型农村合作医疗农民的资助总额不低于每年每人10元,东部地区各级财政对参加新型农村合作医疗农民的资助总额应争取达到20元。地方各级财政的负担比例可根据本地经济状况确定。"

（3）新旧制度的区别　新型合作医疗制度在管理主体、资金来源和保障对象等方面，与以前的合作医疗存在很大区别：新型合作医疗的资金筹集由政府唱主角，政府承担筹资的主要责任；新型合作医疗以"保大病"为主，兼"保小病"，即主要针对农民住院治疗，兼顾门诊治疗；参加新型合作医疗以农户为主，避免了以前"一人参保，全家吃药"的弊端，也增强了基金筹集的力度；医疗费用实行全年累计、分段分档、按比例补偿的管理办法。

（4）补偿模式分析　目前新型农村合作医疗制度的补偿模式有大病统筹、住院统筹加门诊统筹、住院统筹加门诊家庭账户三类模式。对农民来说，第三种模式更容易调动他们的"参合"意愿，但也易造成资金沉淀，不能充分发挥互助共济的作用。相对而言，前两种模式的抗风险能力较强，因为参加的人多、基金规模大，资金周转灵活。所以，国家主张"新农合"总的发展趋势是：逐步淡化家庭账户，向大病统筹为主或住院与门诊统筹为主的补偿模式过渡，不断增强合作医疗的抗风险能力。

2) 新型农村合作医疗制度的运行

（1）筹集资金——关键是建立科学合理的筹资机制　合作医疗基金的筹集以乡镇社区为范围，形成家庭投入为主、集体扶持、国家组织引导的筹资机制。

① 农民家庭户缴纳的份额，主要取决于两个因素：一是年人均医药费实际支出；二是个人愿望，即农民个人自愿缴纳的数额。

② 政府（主要是县乡两级）应有适当的财政投入。政府资金是合作医疗的启动、扶持资金，特别是对贫困地区，政府应给予特别资金支持，要加大政府转移支付力度。

③ 鼓励村集体经济组织、社会团体和村中大户为农民支付部分医疗保险，提升筹资水平。集体补助部分要根据当地集体经济状况，一般要占基金总额的20%。随着经济社会的发展，政府和集体的投入比例要相应提高。

④ 改进个人缴费方式，在农民自愿参加并签约承诺的前提下，由乡（镇）农税或财税部门一次性代收，开具由省级财税部门统一印制的专用收据，也可采取其他符合农民意愿的缴费方式。

（2）合理支出——核心是构建合理的补偿制度

① 合理确定补偿标准：坚持以收定支、量入为出、逐步调整、保障适度的原则，充分听取农民意见，根据基线调查、筹资总额等情况，科学合理地确定大额医药费用补助的起付线、封顶线和补助比例。既要防止补助比例过高而透支，也不能因支付比例太低造成基金沉淀，影响农民受益。对费用报销比例问题：在合作医疗的初建阶段，报销比例可低一些，但不宜低于30%（否则不会得到广大农民的拥护）；之后，报销比例要随个人缴纳、集体补助和各级财政资金的增加而逐步提高，但不宜超过80%（否则会出现"有病无病都看病，大病小病都拿药"的不良现象，造成公共医疗资源浪费），一般选择70%左右为宜。

② 探索简便的报账方式：农民在县、乡、村定点医疗机构就诊，可先由定点医疗机构初审并垫付费用，然后由定点医疗机构定期到县或乡新型农村合作医疗经办机构核销。新型农村合作医疗经办机构应及时审核定点机构的资金垫付情况，确保定点机构正常运转，发现违反制度的情况不予核销，已发生的费用自行承担。农民经批准到县级以上医疗机构就医，可预先垫付有关费用，再由县新型农村合作医疗机构按相关规定审核报销。

③ 作为社会保障制度的组成部分，新型农村合作医疗要遵循"风险分担、互助互利、所得再分配"的原则，根据资金节余情况，对参保人员实施免费体检、健康咨询、健康教育、预防保健等服务。

我国新型农村合作医疗制度刚刚起步,尚面临许多困难与问题。但只要我们坚持执政为民、以人为本的指导思想,以科学态度扎扎实实地做好试点工作,不断总结、完善、推广试点经验,新型农村合作医疗制度一定会逐步得到巩固和提高,广大农民将从中得到更多的实惠。

5.5 农村社会保障制度

"三农问题"是困扰中国经济持续健康发展的关键,其中农业问题是基础,农民问题是核心,农村问题是难点。"三农"问题的集中表现是:农业是弱质产业、农民是弱势群体、农村是落后地区。解决"三农"问题,不是单靠发展农村经济就能解决得好的,还要从政治法律层面找路径。建立由国家法律保障的适应农村情况的风险管理制度,已经成为中国工业化中期解决"三农"问题的首选途径。

5.5.1 农村社会保障制度的内涵

农村社会保障制度是以法律为依据,以国家、集体和农民投入为依托,通过国民收入的分配和再分配,对农村社会成员的基本生产和生活给予物质保障的各项法令、规章、制度的总称。它是国家对农村社会成员及其家庭所提供的福利,是通过法律程序实施,由政府进行财力转移支付的公共计划,旨在帮助农村社会成员转移和避免风险。

1)制度内容

一般来说,农村社会保障制度包括农村社会保险、农村社会救济(助)、农村社会福利、农村优抚安置等方面。各方面有机联系、相辅相成,形成农村社会保障体系。

(1)农村社会保险 社会保险是社会保障体系的核心层次,面向劳动阶层,是社会保障的基本目标。作为农村社会保障制度的核心,养老保险、医疗保险是与广大农民关系最密切的内容。失业保险是对城市产业工人实行的险种,目前农村社会保障制度没有设计这项内容。

(2)农村社会救济(助) 社会救助是社会保障的辅助层次,面向贫困阶层,是社会保障要实现的最低目标。农村社会救济包括扶贫、五保户供养、救灾救济等,建立居民最低生活保障制度是发展方向。

(3)农村社会福利 社会福利属于社会保障的第三层次,公共福利面向全体公民,职工福利面向企事业单位和国家机关职工,是社会保障的最高目标。农村社会福利受财力所限,主要包括政府对福利企业、养老院、农村社区等的资助。

(4)农村优抚安置 社会优抚是对特殊阶层的社会保障,一般面向军人及其家属,是社会保障的特殊目标。农村优抚安置包括国家抚恤和补助、群众优待、退伍义务兵和志愿兵的接收安置等。

农村社会保障服务网络以上述内容为主体,体现为救灾扶贫、医疗预防保健、优抚安置、老年人保障、残疾人保障等具体工作。制定并实施社会保障法,依法保证上述项目的实施,是农村社会保障事业健康发展的必然要求,是农村社会保障走向法制化、制度化的重要体现。

2)制度特征

社会保障制度一般具有强制性、层次性、福利性、保险性和激励性等特征。农村社会保障也不例外，此外还有以下特征：

（1）农村社会保障的对象是农村社会成员 指农村居民和家庭，即我国户籍制度中的"农业户口"或"农业户"。当然，目前农村居民并非全部农业劳动者，还有农村干部、集体企业管理者、乡镇企业职工、私营企业主等阶层，他们都是农村社会保障的对象。

（2）参与农村社会保障的主体是多元化的 农村社会保障的主体有权利主体、责任主体和经办主体之别。农村社会保障以农村社会成员为保障对象，农村社会成员便是享受经济安全和社会福利的权利主体。政府或国家有责任保障全体农村社会成员的经济安全和社会福利，因此，社会或国家是提供农村社会保障的责任主体；由于我国处于社会主义初级阶段，政府财力有限，使得农村居民（户）自身也成为责任主体。专门负责实施和经办农村社会保障的机构或组织是经办主体，一般由政府专设社会保障机构承办。

（3）实施农村社会保障制度是政府行为 农村社会保障属政府行为。可从以下两方面认识：一是社会保障由法律强制实施，离开政府强制管理，社会保障基金的筹集就会落空，而且不会长久维持。从这个意义上说，社会保障基金实质是"社会保障税"，这是社会保险不同于商业保险的体现。二是社会保障作用的发挥，必须通过财政转移支付，才能起到转移社会资金，提高社会福利的目的。因此，以法律强制为基本条件，在政府的宣传、引导和支持下，充分调动广大农民参与社会保障的积极性，才能搞好农村社会保障事业，发挥社会保障的"减震器"作用。

5.5.2　农村社会养老保险

养老保险、医疗保险是农村社会保险制度的两个重要方面，鉴于医疗保险在本章农村卫生制度部分已有介绍，这里主要介绍养老保险。

1）发展历程

1991年，国务院授权民政部负责开展农村养老保险的试点工作，并制定颁布了《农村社会养老保险基本方案》。山东、江苏、武汉等地是全国最早开始农村养老保险的地区，经过探索，取得了许多有益经验。1995年国务院批转民政部《关于进一步做好农村社会养老保险工作的意见的通知》指出，在农村基本温饱问题初步解决、基层组织比较健全的地区，应逐步建立农村养老保险制度，这是深化农村改革，保障农民利益，解除农民后顾之忧，健全农村社会保障体系的重要措施。到1998年，中国60岁以上的老年人口已达1.32亿，占全国总人口的10.2%，标志着中国正式步入老龄化社会行列。党的十五大和九届全国人大一次会议明确了农村社会养老保险工作的目标，即建立与社会主义市场经济相适应，具有中国特色的农村养老保险制度。2002年劳动和社会保障部表示要积极推动发达地区建立城乡统一的农村养老保险制度。2006年国家"十一五"规划就农村社会养老保险的发展步骤作出展望：① 用2年左右的时间完善制度模式，理顺工作关系，健全监督体系，实现规范化管理和持续稳步、健康有序的发展；② 再用3到5年的时间，使全国农村社会养老保险覆盖率达到农村适龄人口的30%；③ 用20到30年的时间，即农村人口老龄化高峰到来之前，在农村普遍建立起与农村经济发展和社会进步相适应的具有中国特色的农村社会养老保险制度。

2）现行农村养老保险模式

农村养老保险制度是国家和社会依据有关法律法规，为解决农村居民达到国家规定的解除劳动义务的年龄或因年老丧失劳动能力情况下基本生活需要而建立的社会保险制度。

(1) 保险对象　非城市户口的农村居民,是农村养老保险的保障对象,不分职业、性别,一般为18周岁以上的正常劳动力,领取养老保险金的年龄必须满60岁。

(2) 基金筹集　农村养老保险基金的筹集,坚持"个人缴费为主,集体补助为辅,国家给予扶持"的原则。个人缴费一般占缴费总额的50%以上;参保人员所在村或企业给予适当补助,补助比例和总额根据村或企业经济情况确定;国家扶持主要体现在乡镇企业为职工交纳养老保险,可以税前列支,而且保险基金营运免缴增值税等,还有利息补偿、免税、适度补贴等扶持方式。

(3) 缴费标准　缴费标准多档次、方法灵活。农民可以根据自身经济状况确定缴费标准,经济状况好时多缴,不好时少缴,遇到天灾人祸时停缴,恢复生产后继续缴费。保险关系可以随着投保人变动而迁移,如果投保人在缴费期间死亡,个人缴费的全部本息退还其法定继承人或指定受益人。

(4) 管理方法　采用"建立个人账户,实行储蓄积累,按积累总额确定发放标准"的方法,将个人缴费和集体补助记入个人名下。参保人将来领取养老金的多少,主要取决于个人账户的积累额;账户资金按规定实行分段计息,滚动增值,"实账运营",账户权益始终为参保人所有,缴费时间越早,缴费越多,领取标准越高。

(5) 统一待遇　实行务农、务工、经商人员一体化、统一编号、统一管理。这样做既体现了农村养老保险的平等性,又适应了农村劳动力从事多种职业但离土不离乡的实际情况,适应城镇化进程中农村劳动力流动的趋势,符合农工商一体化的发展方向。

(6) 逐步过渡　社保基金以县为单位统一管理,由地方政府建立制度,成立相应管理机构,逐步向全国立法和管理过渡。

3) 农村养老保险制度的特点

(1) 家庭保障、土地保障和养老保险相结合　面对我国人口多、底子薄、农民占绝大多数的国情,任何单纯养老防老的观点都是不科学的,自我保障、家庭保障和社会养老保险相结合是必然趋势。自我筹资、家庭保障是我国养老保障的传统,要继承发扬,尤其是在农村社会养老保险建立的初期,农民个人缴费要占主要比例,国家和社会适当扶助;随着农村事业发展和政府职能转变,各级政府要逐步加大投入(占主要比例),个人和家庭辅助。总之,农村养老保险基金要以个人缴费为主、集体补助为辅、国家政策扶持,突出自我保障为主,不给政府增加包袱。

(2) 因地制宜原则　我国地区发展极不平衡,各地区农村集体和农民个人的收入相距悬殊,因此,要分步骤、多模式循序渐进地实行这项制度,不能搞一刀切,使保障水平与农村生产力发展和各方面承受能力相适应。东部沿海经济发达地区起步早一些、发展快一些,要率先建立与城镇类似的强制性社会保险制度(养老和医疗为主);中等发展地区要建立以县为单位的最低生活保障制度,开展自愿性社会养老保险(个人缴费为主)和合作医疗保险;落后地区首先要加强扶贫工作,在对贫困人口的普遍救助基础上,逐步建立以县乡为单位的生活最低保障制度。

(3) 便利农村劳动力流动　这是为了满足农民进城务工、经商等流动就业的需要所作的制度规定。实行统一的社会养老保险制度,账户随人流动,便于农村劳动力有序流动。

(4) 政府引导和农民自愿相结合　这是农村养老保险建立初期所需要的工作方法,随着农村经济的发展,有条件的地区将逐步加大政府工作力度,以体现社会保险的特性。

5.5.3 农村社会救济(助)制度

如果说农村社会保险制度是适应市场经济的需要而建立的新型农村社会保障制度,那么,农村社会救济(助)制度则是我国建立最早、运行时间最长的社会保障制度的主体内容。农村社会救济(助)是国家和社会以保障农村居民的基本生存权利为目标,对农村居民因各种原因造成的无法维持最低生活水平的困难给予帮助的一项社会保障制度。妥善解决特困群众和灾民的基本生活问题,维护农村弱势群体的基本生活权益,促进社会主义新农村建设,是这项制度的核心使命。从内容上看,包括农村"五保"供养制度、农村扶贫工作、农村最低生活保障制度和自然灾害救助等。农村社会救助与农村社会保险在保障对象、标准和权利义务方面的区别,参见表5.2。

表5.2 农村社会救济和农村社会保险的比较

项 目	对 象	标 准	权利义务的对应关系
农村社会救济	1. 无劳动能力的农村居民; 2. 不能维持基本生活水平的农村居民	标准较低,只能保证受益人的基本生活需要	权利和义务不对应,只要申请者符合社会救济条件,就可以向社会救济机构申请救助
农村社会保险	能够正常劳动且能获得基本生活收入的农村居民,为了预防年老或疾病等风险而投保	标准较高,一般能保证受益人达到一定的生活水平	权利和义务对应关系显著,谁缴的保费多,谁就能获得更多的保险津贴

1) 农村"五保"供养制度

(1) 含义界定 农村"五保"供养制度,是指依托集体经济组织对农村无依无靠的老、弱、孤、寡、残人员实施的基本生活保障制度。享受"五保"供养的对象,通称"五保户"。2006年国务院修订的《农村五保供养条例》规定:老年、残疾或者未满16周岁的村民,无劳动能力人、无生活来源又无法定赡养、抚养、扶养义务人;或者其法定赡养、抚养、扶养义务人无赡养、抚养、扶养能力的,享受农村"五保"供养待遇。

(2) "五保"供养的内容 保吃、保穿、保住、保医、保葬或保教,统称"五保"。① 保吃:即供给粮油、副食品和生活燃料;② 保穿:即供给服装、被褥等生活用品和零用钱;③ 保住:即提供符合基本居住条件的住房;④ 保医:即提供疾病治疗,对生活不能自理的给予照料;⑤ 保葬:即办理丧葬事宜;保教,对未满16周岁或虽满16周岁但仍在接受义务教育的五保对象,保障他们接受义务教育的费用。

(3) "五保"供养程序 享受农村"五保"供养待遇的程序:① 申请:由村民本人向村民委员会提出申请;因年幼或者智力残疾无法表达意愿的,由村民小组或者其他村民代为申请。② 公示:由村民委员会评议,对符合条件的,在本村范围内公告。③ 审批:对公示无重大异议的,由村民委员会将评议意见和有关材料报送乡镇人民政府审核批准。

(4) 供养制度变革 农村"五保"供养制度建立于1956年,一直在我国农村持续发挥作用。1994年国务院颁布了《农村五保供养条例》,并于2006年根据农村税费改革的需要进行了修订。新修订的《农村五保供养条例》有一个重大转变,就是把"五保"对象从农村集体供养转为财政供养,由建立在"村提留"、"乡统筹"基础上的村民互助自养制,转变为政府公共财政负担的财政供养制。截至2005年底,全国有"五保"对象570多万人,实际享受"五保"待遇者 328.5 万人,覆盖率 58%,年人均供养水平 989.7 元,月平均 82.5 元。

(5) 供养方式 "五保"对象主要有五种供养方式:① 网络供养:以乡镇敬老院为供养服务中心,统一管理全乡镇"五保"人员。② 统供分养:由乡镇政府统一制定供养标准,统一分配财物,本人在原家中生活,由村集体提供生活服务。③ 承包供养:由"五保"户与他人协商,建立供养关系。④ 集中供养:由乡镇开办敬老院或福利院,集中供养老人。⑤ 合作养老保险供养:由集体缴纳保费,通过养老保险理事会给予"五保"对象生活照顾。

2) 农村扶贫工作

(1) 含义界定 农村扶贫工作是国家通过资金、物资、技术输入等方式对农村贫困户和贫困地区进行扶持和帮助,使其改变贫困面貌、脱贫致富的一项新型社会救助制度。扶贫划分为两类:救济型扶贫和开发型扶贫。救济型扶贫是指对那些根本无能力脱贫,只能靠政府定期救助才能维持最低生活水平的贫困户的扶持,形象地称之为"输血"式扶贫。开发型扶贫是对那些由于各种突发性原因导致贫困,经过政府和社会的救助有可能脱贫的农村扶持,形象地称之为"造血式"扶贫。

(2) 国家扶贫工作的基本方针

① 开发式扶贫:在国家帮助和扶持下,引导贫困农户以市场为导向,开发当地资源,发展商品生产,改善生产条件,提高贫困户自我积累、自我发展的能力。这是贫困地区脱贫致富的根本出路,也是扶贫工作必须长期坚持的方针。

② 综合开发、全面发展:把扶贫开发纳入国民经济和社会发展规划,加强水利、交通、电力、通信等基础设施建设,重视科技、教育、卫生、文化事业的发展,改善环境质量,提高生活质量,促进贫困地区的协调发展。

③ 可持续发展:将扶贫开发与资源保护、生态建设、计划生育、贫困人口控制等结合起来,实现资源、人口和环境的良性循环,提高贫困地区可持续发展能力。

④ 自力更生、艰苦奋斗:充分发挥贫困地区广大干部群众的积极性、创造性,不等不靠、苦干实干,主要依靠自身力量改变贫穷落后面貌。

⑤ 政府主导、社会参与:适应社会主义市场经济的要求,政府要转变职能,加强对扶贫工作的领导,积极动员和组织社会各界,以多种形式支持贫困地区的开发。

(3) 地区贫困的原因及救济方式选择 我国各地区经济社会发展的不平衡性十分突出,造成农村贫困的原因各不相同。东部地区的贫困主要是由身体残疾、罹患重病、自然灾害和突发变故等造成的;西部地区的贫困则是由自然条件恶劣、经济基础薄弱、社会发展落后等造成的;中部兼而有之。

原因多种多样,因而解决贫困的方式也是多样的。对东部地区,要大力完善社会救助制度,保证贫困户的基本生活需要,给予优惠政策,鼓励自主创业;对中西部地区,各级政府要加大扶贫力度;对自然条件恶劣地区,鼓励当地农民向条件较好的地方移民,开展劳务输出,开辟解决温饱的新途径;对基础设施脆弱地区,政府要扩大基础设施投资,努力改善环境质量,创造脱贫致富的条件;对社会事业落后地区,要开展"文化扶贫",做好计划生育工作,提高贫困户的科技文化素质,增强可持续发展能力。

移民式扶贫要按照群众自愿、就近安置、量力而行、适当补助的原则进行。比较可行的移民式扶贫的做法有:① "插户移民":贫困户自行投亲靠友,分散安置,政府给予一定补助。② 政府建设移民开发基地安置移民:注意既要解决迁入户的温饱问题,又要保证不破坏迁入地的生态环境。③ "吊庄移民":搬迁初期两头有家,待移民点得到开发,生活条件基本稳定后再完全搬迁。

3) 农村最低生活保障制度

(1) 概念界定　农村最低生活保障制度,简称"农村低保",是指以保障基本生活为目的,对家庭人均收入低于当地最低生活保障标准的农村贫困人口实行差额补助的一种社会救助制度。

(2) 历程回顾　建立农村最低生活保障制度,是从制度上保障农村特困人口基本生活的重要措施,对于维护农村社会稳定,促进农村经济社会发展意义重大。1997年以来,在党中央国务院的统一部署下,各级政府高度重视城乡群众的生活贫困问题,大力推进城乡社会救助体系建设,在首先建立城镇居民最低生活保障制度之后,积极探索建立农村最低生活保障制度,明确政府责任,制定保障标准,调整发放办法,为保障城乡困难群众的基本生活发挥了重要作用。到2005年,全国有北京、天津、上海、浙江、河南、陕西等14个省(区、市)出台了"农村低保"政策文件,覆盖上述省份的1543个县(市、区),有村民385万户、777万人得到保障。未搞"农村低保"的省份,则实行了农村特困户生活救助制度,救济对象880.9万人。以河南省为例,该省"农村低保"从2006年7月开始,执行每人每月不低于20元的差额补助标准,具体标准由各地政府参考当地农村居民基本生活因素确定,"低保"所需资金由省、市、县三级财政共同负担,省财政每人每月补助10元,剩余部分由市、县财政承担,资金由乡镇民政部门以货币形式按季度发放。

(3) 申办程序　"农村低保"制度实行属地管理,以家庭为单位,由户主向所在地村民委员会提出申请,经村民委员会核实后报乡镇政府初审,最后县民政部门审查发证。申请人的家庭成员、家庭收入、人均补助差额等情况要在其居住地张榜公布,接受群众监督。

4) 自然灾害救济

(1) 概念界定　自然灾害救济简称赈灾,是指政府和社会力量对遭受自然灾害承受损失,农作物减产减收三成以上的农业人口进行救助的制度。这是一种应急救助,是为帮助灾民脱离灾难险情、减轻灾害损失、克服生活和生产困难而提供的社会援助。

(2) 灾害救助体系建设　我国是一个农业大国,是世界上自然灾害最严重的国家之一,气象、地质、旱涝、洪水和病虫等灾害防不胜防。农业灾害一旦发生,直接受害的是农民,继而产生灾民安置、疫病防治、农业减产减收甚至国民经济动荡等一系列问题,因此,以政府为主导力量,加强财政救济力度,建设自然灾害救助体系,成为政府一项重要而迫切的工作。

① 加强宣传,提高广大农民的防灾意识:各地农技服务部门要举办多种形式的"科技下乡"活动,使农民了解灾害知识,并把学到的知识运用到生产、生活中去,增强抗灾、减灾和生产自救能力。

② 加强农村基础设施建设:农村公共基础设施不仅是农业生产正常稳定发展的保障,也是抵御自然灾害的重要屏障。加强政府基础设施投入,对于防治洪涝、风暴、地震等灾害,减轻损失,十分有效。

③ 制定灾害应急预案:农业生产面临的灾害具有不可预测性,尽管国家气象事业取得了巨大进步,然而天有不测风云。为了应对突发性自然灾害,制定灾害应急预案十分必要。

5) 完善农村社会救助体系的建议

我国城乡社会救助体系的总体目标是:到2010年,即"十一五"末,在全国基本建立以最低生活保障和灾民救助制度为主体,医疗、教育、住房、司法等专项救助为辅助,"覆盖城乡、水平适中、制度统一、待遇有别"的社会救助体系,切实保障困难群众的基本生活,促进社会和谐与经济稳定协调发展。为此,在农村社会救助体系建设方面要采取以下措施:

(1) 整合救助资源,建立以农村最低生活保障和灾民救助为主体的社会救助体系。将现有的农村救灾、低保、特困户补助、医疗救助等救助项目,以及临时帮困、送温暖等临时应急性救助项目,适当加以整合,使制度更加简约并便于操作。适当提高救助标准,扩大最低生活保障范围;将医疗救助纳入农村医疗保障体系,并入新型农村合作医疗制度。"农村低保"制度要坚持城乡统筹,与城市低保制度合理衔接、循序渐进。根据国情,农村最低生活保障制度应以省为主体,中央财政给予支持。各省可以设立不同保障线,发达地区高一些,欠发达地区适当低一些。

(2) 增加财政资金投入。从各国情况看,财政是社会救助的主要资金来源。这是由社会救助的公共属性决定的。进一步健全社会救助资金管理十分必要。① 将各部门自行筹措、分散使用的救灾、低保、教育、住房等救助资金纳入社会救助总盘子,统一筹集,统一管理,统一使用。② 调整财政支出结构,大幅度增加财政救助支出占财政支出的比例。要将财政救助支出纳入预算,实现资金来源规范化和稳定化,建立随经济增长而增长的机制。③ 强化社会救助资金管理和监督,严格执行专账专户、专款专用制度。

(3) 健全社会救助法律体系,推进救助工作法制化、规范化和科学化。从目前我国城乡二元经济结构、人口总量及分布以农村人口为主,以及社会保障制度初步建立等情况看,制定和颁布《社会救助法》的条件基本成熟。通过立法形式,对救助对象享受国家保障的条件、数量等作出明确规定,使困难群体依法获得救助。

(4) 积极培育民间公益救助组织,实现救助主体多元化。在社会救助体系中,政府是第一责任主体,但仅靠政府是不够的。要实行政府救助与社会救助相结合,建立多元化救助体制。对企业和个人用于社会救助的捐资要给予政策优惠。对企业和个人设立民间救助基金,由基金管理机构自行管理。政府也可以向民间救助基金注入一定资金,共同参与管理,确保救助资金规范运作。

复习思考题

1. 简述财政政策的含义、种类、目标、工具与调节方式。
2. 政府财政为什么要加大对农业的支持?财政农业支持的范围有哪些?
3. 政府农业支持和农业保护有哪些区别和联系?
4. 农村教育有哪些类型?政府财政对各类教育应该采取什么政策方针?
5. 农村义务教育有哪些特点?在大力普及和发展农村义务教育的过程中,政府财政要发挥什么作用?
6. 试述新农村合作医疗保障制度的基本内容。
7. 在全面建设小康社会,大力推进城市化进程中,如何实现农村社会保障制度与城市社会保障制度的一体化?

金融篇

6 农村金融概论

[学习目标]

知识目标:识记金融的含义和构成要素;理解金融的地位与作用;掌握金融体制的基本框架。识记农村货币流通的特点,农业资金与农业信贷资金的区别;理解农业信贷资金对于农业发展的作用;掌握我国现行的农村金融机构体系的构成。

技能目标:熟知农村金融的含义与特点;正确理解农村金融的地位与作用;正确把握农村金融与农村经济的关系。熟知农村货币流通正常化的衡量标志;正确进行农村货币流通速度的测定与分析;正确把握农村货币流通的组织与调节。

能力目标:能正确地梳理以合作金融为基础,商业性、政策性金融分工协作的农村金融体系的历史背景、运行态势与改革趋向,培养从事农村金融工作的基本能力。能正确地梳理中国农业发展银行、农行、农信社、中国邮政储蓄银行及农村合作基金会等农村金融机构的历史发展脉络,培养从事农村金融工作的基本能力。

6.1 金融与农村金融

6.1.1 金融概述

金融是现代经济的核心,其所提供的服务遍及社会生活的方方面面。随着市场经济的发展以及金融服务功能的拓展,金融已经成为当今社会经济资源配置的核心。金融服务业的发展为世界各国经济的运行与发展不断注入新鲜的血液与活力。

1) 金融的含义

金融是货币资金的融通,也就是与货币、信用、银行直接相关的经济活动的总称。具体来说,它包含货币的发行与回笼,存款的存入与取出,贷款的发放与收回,国内外资金的汇兑与结算,金银、外汇、有价证券的买卖,贴现市场、同业拆借市场的活动,保险、信托、租赁,等等。货币资金的融通,如果通过银行等金融机构作为媒介来进行,称为间接金融;如果不通过媒介,而由双方当事人直接建立债权债务关系的,称为直接金融。

2) 金融的构成要素

(1) 金融对象 金融是货币信用关系的体现,它的各种活动及交易对象首先是货币。如货币的供应、货币流通的组织与管理、货币兑换、外汇的交易与管理等,都是金融活动的基本内容。但货币不是金融活动的唯一对象。在发达的市场经济条件下,大量出现的金融对象是资本。资本是具有增值特性的货币,资本在供给者与需求者之间的运动就是资本的融通,资本融通是金融活动的主要内容。金融的另一个对象是金融产品(也叫金融工具)。资本在运动过程中,除现金以外,有时还需要寄托于某种载体加以体现,这种载体就是金融产品。金融产品是资本的代表,是它的购买者的所有权或债权的凭证,也是它的发行者或出售者的债务或资本出让凭证,人们通过这些金融产品的买卖、转让、抵押、借贷等方式来实现资本的融通。

(2)金融形式 金融的形式多种多样,并且相互交织地存在着。以金融主体划分,可分为商业信用、银行信用、国家信用、股份信用、合作信用、民间(个人)信用、租赁信用、信托信用、保险信用;以金融对象的用途划分,可分为生产信用、流通信用、消费信用;以期限划分,有长期信用、中期信用、短期信用;以金融活动地域划分,有国内信用、国际信用。

(3)金融主体 是构成金融关系的当事人,如债权人与债务人、借款人与贷款人、筹资人与投资人等。在现实经济生活中金融活动的参与主体有企业、政府机构、居民家庭、金融机构、中央银行等。

(4)金融中介 是各金融主体之间完成金融活动的媒介。在金融活动中,各金融主体之间可以直接进行交易,也可以通过金融中介机构来进行。在发达的市场经济条件下,由于金融产品和形式的多样化,金融活动更多的需要通过金融中介来进行。金融活动的中介机构主要是银行、投资公司、保险公司、证券与期货公司、基金公司、金融信托与租赁公司等。

(5)金融市场 是建立在金融产品买卖基础上的融资场所、融资机制和各种金融活动的综合体系。金融市场为货币资本的流通和运动提供了便利与效率,也为国家进行金融宏观调控提供了条件。

3)金融的地位

金融已经成为经济活动中最活跃、最积极的要素之一,同时也是现代经济的核心。从我国金融改革和发展的实践看,金融是社会资金运动的总枢纽,是国民经济重要的"调节器",是控制货币供应的"总闸门",是经济发展的重要杠杆。金融安全是国家经济安全的核心。

(1)市场经济的实质是货币经济 在现实经济中,货币流通成为经济资源的引导与支持因素,由各种货币收支构成的货币运动涉及经济中的方方面面,如以企业为单位的货币收支、以家庭(个人)为中心的货币收支、以财政为中心的货币收支、以银行为中心的货币收支、对外贸易中的货币收支等。货币以其自身特有的运动规律,对宏观经济运行起着巨大的影响作用。在中国,货币政策已和财政政策、收入政策、产业政策一起,成为宏观调控的重要政策工具。

(2)现代经济是信用经济 现代经济从本质上看,具有扩张性质,各经济主体往往需要借助负债去扩大生产规模、技术更新和产品销售。经济中的债权、债务关系是最基本、最普遍的经济关系,经济越发展,债权债务关系越紧密,就越成为经济运转的必要条件。现代经济中信用货币是整个货币群体中最基本的形式,它通过资本与负债将银行和各个经济部门紧密联系起来,信用关系成了无所不在的经济关系,成为现代经济发展的原动力。

(3)金融活动参与主体广泛 金融活动的参与主体非常广泛,社会活动中的每个人都要通过各种方式直接或间接地参与某种金融活动。当前,金融活动的主要参与主体有企业、家庭、政府、中央银行、商业银行、非银行金融机构等。

4）金融的作用

（1）筹集与融通资金　生产与建设资金的来源，主要有两个方面：一是财政的无偿拨付；二是通过金融市场的有偿筹集和融通。据统计：中国 1978 年财政拨款与银行贷款的比例为 76.6% 和 23.4%；1995 年这一比例为 2.5% 和 97.5%；2006 年这一比例约为 1% 和 99%。以上数据表明，金融在筹集与融通资金中发挥了巨大的作用。

（2）引导资金流向　国民经济的综合平衡、社会再生产的顺利实现，既要求实物的实现，也要求价值的实现。因此，资金不仅在总量上应满足社会再生产的需要，而且要在资金配置、资金结构上更加合理化。金融不但通过信用方式、金融产品来引导资金的合理流向，而且还能吸引广大居民的闲置资金使之转化为生产基金。

（3）提高资金使用效率　首先，通过金融机构加强信贷管理来影响、督导企业改进对资金的管理，提高资金使用效率。其次，金融也会要求提高金融机构自身的资金使用效率。因此，加强金融机构的管理，对提高资金使用效率，更好地满足资金要求非常必要。

（4）调控社会总需求　中国在建设市场经济过程中，迫切要求建立一个强有力的经济调控体系，综合运用价格、税收、信贷、利率、汇率等经济杠杆，来调控社会总需求与总供给，积累与消费的比例，人、财、物的流向，产业结构与产品结构，对外经济往来等。金融调控日益成为这一调控体系中最重要的组成部分。金融调控的主要目标是保证社会总供给与总需求相适应，稳定货币，平衡国际收支，保持国民经济持续、稳定、协调发展等。

5）金融体制的基本框架

金融体制是一定的经济体制的派生物，有什么样的经济体制，就会产生什么样的金融体制。一方面它是市场经济条件下货币、信用、银行的内部结构和管理制度及其金融市场、金融政策关系的总和；另一方面它还包括具体的相互关联的六个部分：一是货币的供给、调控体系，即中央银行调节、控制整个社会货币流通量的基本方式和程序；二是以利率、汇率、准备金制度和公开市场业务等富有弹性的控制手段为主的间接控制体系；三是在中央银行主导下的，以商业银行为业务主体，多种金融机构并存的不同规模、类别齐全的金融组织结构体系；四是以本币市场与外币市场并存，国内金融和国外金融兼容，间接金融与直接金融和货币市场、资本市场、黄金市场、外汇市场相结合的发达的、全方位的开放的金融市场结构体系；五是以稳定币值为目标的金融政策、决策组织体系；六是以一整套行之有效的审慎的金融监督方法和健全的金融法规为手段的有效的金融管理监督体系以及金融与财政相互分工、配合、协调的体系。

为适应建立社会主义市场经济体制的需要，更好地发挥金融在国民经济中宏观调控和优化资源配置的作用，中国（国务院）于 1993 年 12 月 25 日作出了关于金融体制改革的决定。决定明确金融体制改革的目标是：建立在国务院领导下，独立执行货币政策的中央银行宏观调控体系；建立政策性金融与商业性金融分离，以国有商业银行为主体、多种金融机构并存的金融组织体系；建立统一开放、有序竞争、严格管理的金融市场体系。以此为发端，适应社会主义市场经济体制的金融体制的基本框架已经逐步形成，并不断发展、完善。概括起来，适应社会主义市场经济体制的金融体制由金融宏观调控体系、金融机构组织体系、金融市场体系和现代化的金融管理体系四个环节组成。

6.1.2　农村金融概述

在整个金融体系中，农村金融是其中重要组成部分之一。之所以这么说，主要是由于以农业为主的农村经济,在当今世界的经济发展中有着举足轻重的作用,它涉及国民经济的各个部门,是整个国民经济发展的基础。而农业与农村经济要想获得发展,最根本的一条就是必须依靠资金的支持,而为农业以及农村经济发展提供贷款资金、财务划拨结算以及农业保险等各种类型的金融服务正是农村金融部门的主要职责。

1) 农村金融的含义

农村金融即农村货币资金的融通,是农村中以农业为主,包括农村中小企业等其他非农生产经营活动在内的领域组织和调剂资金的活动。具体指农村领域内货币流通、资金运动和信用活动三者的相互叠合部分,也就是农村领域内相互联系、相互依存的以资金为实体、信用为手段、货币为表现形式的货币流通、资金运动和信用活动的统一,是全社会金融活动、金融关系的一个重要组成部分。理解农村金融的含义,应把握以下要点:

(1) 活动的领域在农村　农村金融活动主要是在农村这个特定的环境条件下进行的,它活动的领域在农村;即使商业金融的主体在城市,但只要其发放的贷款是针对"三农"的,也应纳入农村金融这个范畴之内。

(2) 采用的手段是信用　货币在各经济主体之间的转移是以保值、增值(偿还、付息)为条件的,因而表现为融通资金余缺的借贷活动。

(3) 作用的实体是资金　包括循环周转中处于职能形态的资金,也包括处于闲置待用状态中的潜在资金,农村金融活动是始终围绕资金这个实体进行的。

(4) 表现的形态是货币　即所融通的资金是货币形态存在的资金,而不是以实物形态存在的资金。

2) 农村金融的特点

农村金融有其他金融活动的共同点,但由于它主要活动于农村经济领域,为农村经济服务,决定了它有自身的特点。掌握农村金融的特点,有助于我们对农村金融的了解,更好地发挥其作用。

(1) 涉及面广　农村金融在农村经济生活中处于中枢地位,农村货币资金运动和信用关系必然涉及农村各个领域。无论是从事农业(广义农业,包括农、林、牧、渔)的农民,还是在农村从事非农行业的其他生产经营者,总会或多或少的、直接或间接的同各种资金打交道,即必然会和银行、信用社或是其他形式的民间金融打交道。农村金融不仅涉及农业,也涉及农村经济中的工业、商业、运输业、建筑业和服务业等;不仅涉及农村,也涉及城市。农村经济的发展,扩大了农村资金供求规模,开阔了资金活动的领域,强化了农村金融对农村经济的影响力。

(2) 风险较高　农村金融的这一特点,主要表现在以下几个方面:

① 农业生产具有波动性和不稳定性:农业生产易受各种自然灾害的影响,使农业生产出现波动性和不稳定性。农业生产的这个特点,必然影响农村金融的稳定性,使农村金融机构开展业务的风险较大。

② 农村货币资金周转慢、流通时间长:发展中国家和地区农村生产经营管理的水平较低,加之农村经济活动多受自然条件限制,种植业(狭义农业)农作物生产周期长,都给资金的周转速度带来负面效应。

③ 农业利润较低:同工业、商业、运输业、建筑业和服务行业相比,农业所获得的利润较低。

(3) 具有较强的政策性　无论在哪一个国家,农业都是国民经济的根本。为了支持农业生产的发展,也为了提高农民的生活水平,任何国家都会在政策以及资金扶持上向农业这个弱质性产业倾斜。农村金融必须紧紧围绕国家农业发展政策及目标而开展工作。

(4) 管理较难　总的来说,农村地域辽阔,地理、气候差别很大,所谓"淮南为桔,淮北为枳"是其真实写照;各地区、各生产经营单位之间物质生产条件不一,劳动生产率高低有较大差异,这一点在发展中国家和地区表现得尤为明显。综合反映在农业生产上,就是具有不稳定性和资金需求的不平衡性,给农村金融管理带来困难。

3) 农村金融的地位

(1) 农村金融在农村再生产过程中处于中介地位　在市场经济条件下,农业生产中所需要的各种物质资料的购买、农产品的销售以及农村非农生产经营活动都是通过货币资金的形式进行的。农村金融作为专门从事农村社会货币资金的再分配的信用中介,通过再分配闲置货币资金而实现对生产资料的分配,同时也通过动员这些闲置货币资金而影响消费资料的分配。农村金融的服务活动,一头服务于生产,一头服务于消费,把生产与消费环节联结起来。贷款从发放到收回的这段时间,主要占用在生产环节;储蓄存款作为农村居民的待用货币收入,又与消费环节紧密相关;各项货币收支活动,更是贯穿于生产、分配、交换、消费各个环节的始终。总之,农村中各项货币收支活动都是通过农村金融机构实现的,所以农村金融活动渗透于农村再生产的全过程。

(2) 农村金融是农村资金的总枢纽　农村中各种类型的生产经营活动所需要的资金与农村金融活动密不可分。将农村闲置货币资金集中起来,代表着社会货币资金集中于农村金融机构;贷款的发放和存款的提取,代表着农村金融机构对货币资金的再分配;国家对农业的无偿拨款和通过信用方式对农业的贴息支援,也都是通过农村金融机构的支付和贷放而完成的。说到底,农村居民生活中的任何一张钞票都是通过农村金融机构流进流出的。

4) 农村金融的作用

农村金融的上述地位,决定了它在农村经济中发挥着重要作用。

(1) 筹集、分配农村资金,支持农村经济建设和农业生产发展　农村经济建设需要大量资金,除农村经济单位、农户自筹之外,还可以得到国家财政的无偿支援,但数额有限,因此还是主要依靠农村金融的有偿支持。随着农村经济的发展和农民收入的增加,资金的暂时闲置和资金的暂时短缺同时存在,需要农村金融机构组织和分配资金。农村金融机构可以把零星分散的小额货币聚少成多,形成巨大的资金力量;把进入分配以后的补偿基金、积累基金,进入消费前的货币收入等闲置基金转化为生产资金——变死为活;把短期待用资金的稳定余额,连接成可供长期使用的资金——续短为长;进而分配到农村的生产、流通等各个领域和部门。

(2) 调节货币资金,稳定农村经济　稳定农村经济,需要稳定农村货币,这既要求流通中的货币量与商品量相适应,也要求货币购买力总额与商品供应总额相适应。如果流通中的货币量长时间多于可供商品量,就可能出现物价上涨,影响农村经济的稳定和城乡居民的生活;也会影响农村存款的稳定增长,不利于动员农村资金,发展农村经济。因此,农村金融的又一个重要任务是调节货币流通,保持货币流通的正常化,为农村经济稳定发展提供良好的金融环境。

(3) 管理农村资金,提高农村经济效益　农村资金运用情况直接反映着农村经济的经营水平与经济效益。农村金融机构是农村信贷、现金出纳和转账结算的中心,通过自己的业务活动,能在管理农村资金、提高经济效益方面发挥重要作用。农村金融机构通过信贷活动,可以了解农村中小企业、农民农业生产情况;通过发放贷款时贷与不贷、贷多贷少、利息高低和期限长短来调节农村企业、农民的生产经营活动,并通过帮助、改善经营管理等工作,促其加强管理,降低成本,提高经济效益。

5) 农村金融与农村经济的关系

农村金融是农村经济发展的产物,农村经济状况决定着农村金融活动的范围、规模和质量。在市场经济条件下,作为农村货币资金运用中信用关系总和的农村金融,渗透于农村再生产的全过程,对以市场经济为基础的农村经济产生重大影响。

(1) 农村经济决定农村金融　金融是现代社会经济发展的核心,其产生的根本目的是为经济服务,并在市场经济的发展过程中不断发展深化。农村经济决定农村金融,主要体现在以下几个方面:

① 农村生产力发展水平与农村商品经济的发育程度决定农村金融活动的规模与发展程度:在美国、欧盟、日本等发达国家和地区,由于经济发展水平较高,农业一般采取大规模的农场经营,科技含量较高。即使是日本,虽然土地的经营规模不大,但由于现代生物技术的采用,因而一般农业发展所需的资金较多,靠农业合作金融、政策金融提供的资金显然无法满足需求。加之当地的市场发育充分以及金融制度发展比较完备,这就决定了其农业生产主要的资金来源是来自商业金融的一般农业项目贷款。在发达国家和地区,商业性金融所发挥的作用要大于其他形式的农村金融服务。而广大发展中国家和地区农业以及农民的生产经营水平较低导致农业利润低下,而且伴随着较高的农业生产风险,因此,商业性金融投资于农业的积极性受到一定程度的影响。在这些国家和地区,更多的是要发挥农村金融中合作金融、政策性金融的作用。

② 农业与农村经济效益的提高从根本上决定着农村金融效益的提高:伴随着传统农业向现代农业的转变,农业生产经营活动的经济效益也逐步提高。在发达国家,由于农业生产的劳动效率很高,现代科学技术的广泛采用以及农业保险产品的强制性推出,加之国家给予农业以大量补贴,所以,农业的经营效益同工、商业比起来,利润相差无几,由于能够获利,金融机构一般愿意为农业提供资金支持,其所获利润的多少与农业生产和农村经济效益的提高有着直接的关系。

③ 农村金融的业务内容与发展速度取决于农村经济发展对资金的需求状况:农村居民对农业生产进行投资的资金缺口直接决定了农村金融提供资金的规模,以及提供什么样的金融产品来满足农业生产经营者的需求。

农村金融从作为整体经济的一个部分来说,无疑居于从属地位,其基本功能是满足经济发展过程中的生产需求、投融资需求和服务性需求。因此,不能凌驾于农村经济发展之上,不能脱离农村经济和农业生产状况而盲目追求自身的发展。

(2) 农村金融反作用于农村经济　农村金融作为农村再生产的中间环节,反过来又会影响农村经济,对农村市场经济的发展有着重要的影响。

① 农村经济离不开农村金融的支持:伴随着农业生产以及农村经济的不断发展,无论是扩大农业生产经营规模,还是在科学技术指导下提高农业生产的经营效益,抑或是利用当地资源发展农村其他产业的经营活动,都需要大量资金,而既现实又可行的选择就是获得各种金融机构的支持。

② 农村金融是农村经济运行的中心:农村金融通过融通农村货币资金来优化配置农

村社会资源,既关系到农村物质技术基础、生产条件的改善,生产要素投入的增加及其组合利用程度,又关系到现代科学技术的应用以及农村资源开发利用和农业生产结构的调整,影响农村经济市场化和现代化的进程。

③ 农村金融是农村经济的神经中枢:稳定农村经济,就需要稳定农村货币,这就要求流通中的货币量与商品量相适应,购买力总额与商品供应总额相适应。如果流通中的货币量长时间多于可供商品量,就可能出现物价上涨,影响农村经济的稳定,影响城乡居民的生活。同时,货币流通不正常,也会影响农村存款的稳定增长,不利于动员农村资金、发展农村经济。因此,农村金融的一个重要任务是调节货币流通,并通过稳定农村货币流通,保证农村商品流通的正常进行,保持全社会货币流通的正常化,从而为农村经济稳定发展提供良好的金融环境。美国是世界上农业最发达的国家,这与其有完备的农村金融体制密不可分。美国构建农村金融体制的基本原则是为农业发展提供资金支持。经过多年的发展,美国农村从整体上形成了多层次、全方位的金融体制,通过政府补贴、发展农村金融体系、增加农业贷款和农业生产社会化等各种渠道,为农业融通资金,满足农业发展的各种资金需要,为农业现代化提供了资金保障。

总之,农村经济的发展水平越高,资金供求量越多,农村金融市场和资金借贷活动也就越活跃,所以说农村经济发展水平是农村金融活动的起点。相应的,农村金融市场的开放和活跃,则又能有力地刺激和促进农村经济的发展,所以说农村金融活动的最终归宿是农村经济的发展。

6.2 农村金融体系

农村金融体系是由若干农村金融机构组合而成的一个为农业和农村发展融通资金的有机整体。无论在经济发达国家还是在发展中国家,都有以金融机构为中介的间接融资和不以金融机构为中介的直接融资。然而当代几乎所有国家的农村金融都以间接融资为主,即以农村金融机构作为农村金融的基本力量,以农村银行信贷资金作为农村金融的基本内容。因此,大多数国家伴随着农村经济的不断发展,都相继成立或形成层次不同、体现各国特色的农村金融体系。

虽然各种信用渠道在各国农村金融体系中的地位和作用存在着差别,并各具特色,但从所有者关系分,大体上由政策金融、合作金融和商业金融三部分组成。它们之间有一定的分工,起着相互补充的作用。此外,在较为贫困和落后的农村地区,私人之间的借贷作为非正式的信贷资金来源,仍然发挥着一定的作用。

6.2.1 农业政策性金融

1) 农业政策性金融的含义及重要地位

农业政策性金融是指与政府某些经济职能相联系,为贯彻政府社会经济政策或意图,不以商业性标准为原则,以国家信用为基础,在农业及相关领域从事资金融通,并为政府所有、参股、担保和控制,支持、保护农业生产,促进国民经济协调发展和农业收入稳定增加的一种特殊金融活动。

农业政策性金融在各国金融体系中占有重要地位:一方面,充当政府贯彻实施农业政策的工具、政府提供低利贷款的窗口,为配合政府在不同历史时期、不同发展阶段特定农业政策实施的需要,通过各种政策性融资活动达到扶持农业生产、促进社会经济健康稳定发展的目的;另一方面,又补充、纠正商业性金融在农业信贷领域作用的不足和偏差,健全和优化一国金融体系的总体功能,充分发挥其在一国经济与社会发展中不可替代的作用。

各国为了扶持本国农业生产的发展,都成立了农业政策性金融机构。美国农民家计局、法国农业信贷银行、日本农林渔业金融公库,还有印度的国家农业及农村开发银行、英国农业信贷公司、德国农业抵押银行等都是或类似农业政策性金融机构。此外,还有一些国际组织如国际农业发展基金、国际农业信贷联合会等也充当了政策性金融机构的作用,都是著名的国际农业政策性金融机构。

这些政策性金融机构多以推进农业现代化进程、贯彻和配合国家振兴农业计划和农业保护政策为目的而设立,其资金多来源于政府拨款、发行以政府为担保的债券、吸收特定存款和向国内外市场借款,贷款和投资多用于支持农业生产经营者的资金需要、改善农业结构、兴建农业基础设施、支持农产品价格、稳定和提高农民收入等。

2) 农业政策性金融的特征

(1) 经营方向的政策性 在不同的历史发展阶段,农业发展状况及外部环境都不尽相同,国家要依据农业内外部环境的变化,相应的调整农业发展政策。农业政策性金融要配合政府不同时期农业政策意图及重点,发挥政策性金融对宏观经济的调节作用,实现政府经济和社会发展目标。

(2) 经营目标的非营利性 由于农业在国民经济中所处的重要地位,因此各国政府都必须对农业加以支持和保护,农业政策性金融就是充当这种支持和保护的重要方法之一。由于从事农业政策性贷款发放,农业政策性金融机构一般都能从政府那里享受到贷款利息差额补贴、税收减免或担保债务等特殊待遇。因此,大多数农业政策性金融机构主要发放中长期农业开发性贷款,且利率低,通常比一般商业性贷款利率低2~3个百分点。除发放优惠贷款外,农业政策性金融机构还为业务对象提供优惠条件的担保,以改善借款人的融资条件和地位,并鼓励其他金融机构扩大农业贷款。

(3) 具有一定的福利性 一般金融机构贷款,首先考虑贷款的安全性,因此贫困地区和低收入的农民很难得到贷款;而帮助贫困地区和低收入的农民解决资金短缺问题,就需要政府的农业政策性金融机构出面才能解决。20世纪70年代中期,印度政府建立地区农村银行,专门为边远地区小农和小手工业者提供低息贷款。印度地区农村银行为贫困地区的小农提供的贷款占其贷款总额的90%以上;美国农民家计局为农业工人以及低收入的农民提供的建房贷款利率为1%。

(4) 与商业金融的互补性 农业政策性金融在一国金融体系中的作用,除了执行政府的农业政策之外,还要补充、纠正商业金融、合作金融在农业信贷领域的不足和偏差,并引导他们增加对农业的资金投入。在各国实践中,许多农业政策性金融机构都以间接发放贷款方式资助商业金融、合作金融扩大农业贷款,以推动更多的资金投入农业。在两者关系中,前者扮演农业贷款"批发"机构,而后者则充当农业贷款的"零售"机构。如印度国家农业和农村开发银行主要是向土地开发银行、地区农村银行、商业银行和合作银行拆借贷款,由这些机构转贷给农民借款人。

6.2.2 合作金融

合作金融是整个合作经济的重要组成部分,是指在商品经济条件下,人们为了共同利益而自愿入股,在资金上相互融通、相互帮助的一种特殊的资金融通形式。合作金融体现了一种自愿、自主、互利的合作关系,如图 6.1 所示。合作金融组织遵循信用原则开展业务,以改善社员的生产条件为主要目标,不特别支持社员生活方面的需求,更不办理无息的带慈善性质的贷款。

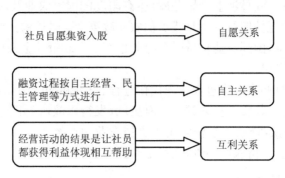

图 6.1　合作金融的三种关系

1) 合作金融的原则

合作金融作为合作经济的一个组成部分,其原则应当符合一般的合作原则,即自愿、民主、互利。但合作金融又与其他合作经济有不同之处,因而合作金融原则又含有其自身的特点。合作金融的一般原则如图 6.2 所示。

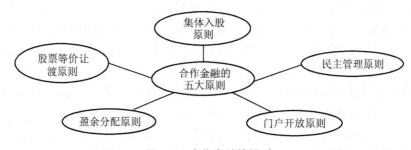

图 6.2　合作金融的原则

(1) 集体入股原则　每个社员都应向合作社提供一定限额的股金,并对合作社承担一定的责任。

(2) 门户开放原则　凡居住在合作社业务区域内,愿意维护合作社共同利益的人,均可自愿加入或退出。

(3) 民主管理原则　合作社的章程确定社员在合作社内具有平等的权利,每个社员对于合作社的决议和选举,只有一个投票权。

(4) 股票等价让渡原则　合作社的股票价格常与票面相等,社员退出时,合作社如备有让渡资金,可将股票收回,再按票面价值转让给其他社员。合作社的股票不在金融市场上进行买卖。

(5) 盈余分配原则　合作社对社员股金、借款和存款均实行低利,并以此作为对资金的使用费。合作社盈余应按一定比例转入准备金,充实合作社的经营资金。如准备金充裕,还可以为借款社员办理保险,或降低放款利率,使社员能得到实质上的低成本贷款。

2) 合作金融的特征

合作金融作为一种特殊的资金融通方式,有其内在的特点。为适应发展和竞争的需要,合作金融在组织形式、管理体制、业务经营、分配方式等方面会发生一定变化,但其基本特性不会发生根本改变。

(1) 自愿合作性　合作金融是经济上的相对弱势群体以自愿入股的方式采用合作组织形式所经营的金融。由于农民或是农村中小企业在经济生活中特别是在资金融通方面处于相对不利的地位,即同其他行业相比,农业生产一般风险较大;再加之农民或农村中小企业自身缺乏合适的担保、抵押品,农民很难从商业金融机构得到贷款。于是他们按合作制原则,组织自己的金融机构——信用合作社和合作银行,集中分散的资金用以发展生产,改善生活,或通过合作组织为其担保以方便向商业金融机构融资,从而解决社员的资金需要。

(2) 非营利性　合作金融是互助金融,不以营利为目的。合作金融组织是要利用团体互助的方法为其成员解决个人力量所不能解决的经济问题,通过互助互利原则,调剂资金余缺。信用社从本质上看只为社员服务,一般不为非社员提供服务。社员有余款存到信用社,需要时则向信用社借贷,利用资金余缺的时间差,调剂社员资金余缺,实现互助互利,而不像其他经济组织那样以营利作为其追求的目的。

(3) 民主管理性　合作金融是人的结合,而非资本的结合,这是一般合作经济的特点。这里的"人"可以是自然人也可以是法人。合作金融组织中的每一成员都具有平等的地位,而不以出资的多少决定其在组织中的权力大小。合作金融组织实行民主管理,不允许任何人或少数人在组织中享有特权。信用社实行"一人一票制、门户开放",都是强调人的地位,因为它本来就是弱者为互通有无而进行的联合。

(4) 互助共济性　合作金融建立于精神与道德之上。合作金融组织对成员的道德要求较高,要求社员必须具备互助互信、互负责任、互相鼓励的精神和道德条件。

(5) 业务"自为性"　合作金融组织以业务交易量作为社员权、责、利的标准。"对社员提供金融服务"是信用社的宗旨,服务主要通过社员与信用社的资金业务往来加以表现。"存贷款往来量大"说明其得到的服务多,接受服务多的社员自然应该对提供资金负有较多的责任和义务。有些国家规定了社员交纳股金额需与其交易额成比例,规定信用社的盈余按社员与信用社的交易额比例分配,甚至对交易量特别多的社员增加一定的表决权,这也符合合作制原理。

(6) 政策优惠性　合作金融组织能得到政府的政策优惠。为实现国家的经济发展目标,维护市场经济的正常秩序,保护弱小企业,政府往往给予为弱小企业提供融资服务的合作金融组织许多政策上的优惠,例如减免税收、为合作金融组织提供长期低息贷款等。

6.2.3　商业金融

美国、欧盟、日本等市场经济发达的国家,其农村金融主要以商业银行等股份制金融机构的服务为主。以营利为目的的商业银行除了对工商业发放贷款外,在农业生产十分发达、农业经营获得较高利润时,也向农业发放贷款。并不是说在欧、美等发达国家农业生产的经营风险就低,在这些国家里,农业信贷高风险、低效益的矛盾也仍然存在,但是政府的补贴和优惠等措施,对引导商业金融机构资金投向农业生产起了重要作用。

典型的以商业金融为主的为农村金融服务的国家是英国。英国农村金融经过长期发展,形成了以商业银行为主体的农村金融制度。在历史上,英国工业革命较早,是银行制度建立最早的国家之一,当欧洲大陆开展农村信用合作运动时,英国的大商业银行已深入农村建立分支机构,用无抵押透支形式,向农民发放短期贷款,近些年来还有向中、长期贷款发展的趋势。因此,英国的商业银行在农村金融中居最重要的地位。是什么导致英国的商业银行对英国农业如此青睐呢?究其原因,主要是由于英国农业十分发达,经营农业的收益较高,对农业放贷风险低、收益高,加之英国的商业银行具有雄厚的资金实力,故其愿意也能够为农业发展提供全面的金融服务。

合作金融与股份制商业金融的区别如表 6.1 所示。

表 6.1 合作金融与股份制商业金融的区别

项目	合作金融	股份制商业金融
经营目的不同	通过联合解决其内部成员在融资方面的需求,为其服务	追求股东利润的最大化
组织成分不同	社员是各类农业生产经营者,同时也是合作金融业务的需求者	任何人只要购买银行的股票都可以成为银行的股东
联合内容不同	股金总额不固定,但限制每个社员认购股份的最高额,股份不能买卖,社员退社时可以退股也可以以票面价值转让给其他社员	股份制金融股金总额固定,不限制个人购买额,股票可以自由转让,但不能退股
管理方式不同	是一种资金的联合,但更重要的是劳动者的劳动联合,其性质决定了它实行一人一票的民主管理制度	是资本的联合,其权利与义务均以股东所投资的资本额为标准,实行一股一票的管理制度

注:随着市场经济的发展,合作金融组织的管理原则也发生了一些变化,在原有的一人一票的基础上,逐步引进了比例制,即当各社员与信用社的交易额差距很大时,采用有最高限额的交易额的比例制来决定表决权。有的合作社业务经营所需资金由社员按其所享有的服务,即贷款额以交纳股金的方式按比例提供,当合作社出现亏损时,表面上以社员认购股金的多少来分摊,实质上是以交易额为比例分担责任。

6.2.4 三者之间的关系

政策金融、合作金融和商业金融之间并不是互相冲突的,而是既有分工,又有交叉。从分工来看,政策金融主要提供长期低息贷款,合作金融和商业金融则主要提供中短期贷款。从交叉来看,三者又是紧密相连的。如法国的农业信用合作组织的总行就是政府的法国农业信贷银行,形成上官下民的混合机构;美国和日本的农业信用组织是在政府资助下建立起来的,虽然已经逐年偿还政府投资,但在金融政策上仍接受政府有关部门的领导、管理、监督。合作金融机构和商业金融机构在资金融通、财政补贴上还得到政府的支持和帮助,而且政府的农业贷款还主要依靠合作金融机构和商业金融机构发放。

6.3 中国农村金融的发展历程

我国的农村金融大致经历了新中国成立初期的大发展时期,人民公社化后长达 20 年的大波折时期,改革开放后的恢复、改革、攻坚时期这三大不同的历史发展阶段。农村金融的三个发展阶段是与我国农村经济在新中国成立之后的迅速发展、人民公社化之后的缓慢发展以及改革开放之后的全面迅速发展三个阶段基本一致的。

6.3.1 新中国成立初期的大发展时期(1950—1957)

新中国成立后,随着城市改造与建设的全面铺开,政府在农村根据地和解放区开创的社会主义金融事业在全国得到了广泛和迅速的发展。刚组建起来的统一的国家银行也把自己的基层机构延伸到农村各地,即以原来在各解放区建立的银行组织为基础,在全国各县建立了中国人民银行的县支行机构,县以下的各区、乡建立人民银行的营业所,成为国家银行在农村的基层机构。

紧接着在"农村金融领域的信用合作与农村生产领域的生产合作、农村物质资料流通领域的供销合作"三大合作热潮中,农村信用合作社(简称农信社)作为农民集体所有制的合作金融组织,按照组织上的群众性、管理上的民主性、经营上的灵活性"三性"原则普遍建立并迅速发展。农信社遵循合作制宗旨,资本金由农民入股,干部由信用社社员选举产生。在业务经营上,坚持"以农为本,为民服务"的方针,扎根农村,服务农户和农业生产,积极筹集融通资金,引导民间借贷,帮助农民和农村集体经济组织解决资金困难,为发展农业生产、改善农民生活、打击农村高利贷发挥了积极作用。

1950—1957年是农信社夯实基础、普及发展阶段。这一时期的农信社,实行社员民主管理,资本金由农民入股,主要为社员的生产生活提供信贷支持,基本保持了合作制的性质。信用社虽然坚持了民办,但理论和组织形式基本仿效欧洲社区合作实践,缺乏与中国农村实际相结合的制度创新。西方的合作经济理论与中国实际的背离决定了我国农信社从出生就走上了畸形发展之路。

而在这一时期重新组建的中国农业银行(简称农行),则吸取了前次组建不设分支机构,没有很好地发挥作用,组建后不久就被撤并的教训,相应设立了中央、省、地、县各级分支机构,并在全面办理农村存贷款、管理农村财政拨款以及领导农信社、促进农业生产和农村信用事业的发展等方面发挥了重要的作用,从而与农信社一起,共同开创了新中国成立初期农村金融欣欣向荣的大好局面。由此初步形成以国家银行为领导、以农信社为基础的社会主义农村金融体系。

6.3.2 人民公社化后长达20年的大波折时期(1958—1978)

1958—1978年是我国农村金融的大波折时期。这一时期由于受到极"左"路线的干扰,首先,由于对农业、农村经济以及农村金融发展规律性的认识有偏差,中国农行这一农村金融体系的主导,在1957年4月再次被撤并;继而作为农村金融体系基础的农信社管理体制则经历了从下放给人民公社、生产大队、贫下中农管理,到交由中国人民银行领导和委托中国农行代管的曲折历程,并出现了多次反复。农信社的性质也经历了从合作制、集体所有制,到"既是集体金融组织,又是国家银行在农村的基层机构"的变化,使农信社从最初的信用合作组织逐步演变为"官办"的农村金融机构。可见,这一时期农村金融不仅没有得到正常发展,而且严重扭曲和萎缩。

(1) 1958—1962年是农信社停滞不前、衰退阶段 这一阶段的农信社在改革与发展过程中逐步由民办走向官办,组织管理模式的市场经济原则逐步让位于计划经济原则,计划色彩越来越浓重,信用社原有的多元化资金主体被单一的生产大队经济管理关系取代,在单一的领导关系下,信用社合作组织性质逐渐蜕化变质。

(2) 1963—1978年是农信社受国家银行控制和领导阶段 这一阶段农信社的干部由国家银行任命,财务、业务、工资待遇等一律比照银行进行管理。国务院在1977年出台的《关于整顿和加强银行工作的几项规定》中明确指出,"信用社是集体金融组织,又是国家银行在农村的金融机构",避免了信用社受人民公社和生产大队领导而名存实亡,防止了信用社资金被任意挤占挪用,强化了银行对信用社的领导权。但是,这种管理体制使信用社严重脱离了社员群众而丧失了集体所有的合作金融组织特点,逐步演变成为国家专业银行在基层的附属机构,最终由"民办"走向了"官办"。

经济决定金融,特定的社会经济和政治制度下,一定的金融组织形式离不开相应的宏观经济管理体制背景,并与政府的政治目标高度一致。纵观农信社1978年以前的改革与发展历程,不难发现,正是社会经济管理体制和经济主体的变迁,导致信用社的经营管理权不断地发生易位,造成信用社由最初的民办民管最终走向官办官管。由于政治上的原因,农信社经历了由人民公社、生产大队、贫下中农、银行管理的体制变迁,而由社员民主管理的体制模式在我国从未真正出现过。农信社由合作金融组织演变成国家银行的基层机构,是由单一的人民公社集体所有制经济体制决定的。计划经济体制下,国家通过人民公社达到控制和管理农村经济的目的,农村经济的运行实际上成为国家控制下的人民公社经济的运行,人民公社成为农村的唯一投资主体。单一的投资主体要求单一的金融机构与之相适应,政社合一的体制需要与之性质类似的国家银行等金融机构,而不是农信社这样的合作金融组织。

6.3.3 改革开放后的恢复、改革、攻坚时期(1979—现在)

1) 初步恢复发展时期(1979—1996)

改革开放后,我国农村金融首先迎来的是初步恢复发展时期。1979年再度恢复中国农行,作为国家专业银行,它承担着统一管理支农资金,集中办理农村信贷,领导农信社,发展农村金融的任务。随着农村联产承包责任制的普遍实行,农户家庭重新成为农村基本生产经营单位,信用合作社初创时期合作的基础——农户家庭分散经营失而复得,信用社开始了恢复合作金融性质的改革,并初步焕发了生机。1984年国务院批转中国农行《关于改革信用合作管理体制的报告》,为把农信社办成真正的合作金融组织,国家授权农行代管农信社。在农行的领导下,根据国务院的要求,对农信社在一定范围内进行了下放一些经营权的改革,使农信社的功能和业务进一步扩充。这一时期的农信社得到了初步的恢复和发展。截至1996年8月末,农信社资产总额达10 551亿元,各项存款余额达7 946亿元。10年间,全国农信社平均每年向农业和乡镇企业贷款2 000亿元以上。农村贷款总额中,80%的农户贷款和70%的乡镇企业贷款来自信用社,信用社对促进农业和农村经济的发展起到了举足轻重的推动作用。

1979—1995年是农信社改革的修修补补阶段。这一时期农信社由农行全面接管,成为农行的"基层附属机构",贷款大量投向乡镇企业,农民失去对信用社经营活动的监督权。尽管恢复信用社"三性"取得了一定成绩,但也存在形式主义、走过场等问题。这种既是合作金融组织又是国家银行附属机构的管理体制暴露出诸多问题:一是混淆了两种不同所有制的金融组织界限;二是农行与农信社存在利益偏差;三是信用社被管得过死,丧失了经营自主权,难以发挥合作制组织优势;四是存在着行社共同吃财政"大锅饭"问题;五是农信社按行政区域设置机构网点,不接近群众,信息不对称难以避免。社会主义市场经济理论提出前后,理论界关于合作金融的争论仍停留在其性质是否属于集体所有制经济上,过于强调农信社的"公有制"性质,实践结果是信用社的管理体制没有发生实质性的根本变化。

2) 初步改革时期(1996—2003)

(1) 改革背景 农行再度恢复后以及农信社的重新焕发生机,为改革开放新时期农村金融的发展奠定了必要的组织基础;而实现经济体制改革后的农村商品生产的迅速发展与农村商品流通规模的空前扩大,则为新时期农村金融的发展提供了扎实的经济基础和广阔的发展空间,以1996年7月召开的全国农村金融体制改革工作会议和1996年8月国务院《关于农村金融体制改革的决定》为契机,农村金融的初步改革时期拉开了帷幕。

(2) 改革的指导思想 《关于农村金融体制改革的决定》指出：农村金融体制改革是整个金融体制改革的一个重要组成部分。这次改革的指导思想是：根据农业和农村经济发展的客观需要,围绕"九五"计划和2010年农业发展远景目标,建立和完善以合作金融为基础,商业性金融、政策性金融分工协作的农村金融体系；进一步提高农村金融服务水平,增加对农业的投入,促进贸、工、农综合经营；促进城乡一体化发展,促进农业和农村经济的发展和对外开放。重点是恢复农信社的合作性质,进一步增强政策性金融的服务功能,充分发挥国有商业银行的主导作用。核心是把农信社逐步恢复为由农民入股、由社员民主管理、主要为入股社员服务的合作性金融组织。改革的步骤：农信社与中国农行脱离行政隶属关系,对其业务管理和金融监管分别由农信社县联社和央行承担,然后按合作制原则加以规范。为保证农信社脱离与农行行政隶属关系后在管理上的连续性,要首先充实加强县联社和央行县支行。农村金融体制改革是现有农村金融体制的自我完善,要坚持稳健过渡,分步实施,保持农村金融整体上的稳定性。在改革中,要不误农时地做好各项金融服务工作。

(3) 改革内容 《关于农村金融体制改革的决定》明确了以下改革要点：

① 改革农信社管理体制：加强农信社县联社的建设；强化央行对农信社的监管；农行不再领导、管理农信社；按合作制原则重新规范农信社；县以上不再专设农信社的经营机构；农信社改革政策性强、难度大,为使农村信用合作事业稳定、健康地发展,改革中要注意维护农信社的合法权益,国家要给予适当的政策支持；央行要制定防范风险的对策和具体措施。

② 办好国有商业银行,建立农村合作银行。

③ 增设农发行的分支机构,加强农产品收购资金管理。

④ 逐步建立各类农业保险机构,建立农村保险合作社；成立国家和地方农业保险公司。

⑤ 清理整顿农村合作基金会。

3) 当前的改革攻坚时期(2003—现在)

(1) 改革背景 1996年9月以来,按照党中央、国务院的统一部署,农信社在改革中发展,各项工作取得明显成效。信用社为农业、农村和农民服务的方向进一步明确,服务水平不断提高,支农投入明显增加；内部管理逐步规范,资产质量和经营状况逐渐好转；金融监管得到加强,金融风险得到初步控制。目前建设小康社会,推进社会主义新农村建设需要金融支持,农信社又是服务"三农"的主力军。但信用社无论在自身建设,还是在适应为"三农"服务要求等方面,都还存在着不少问题,主要是：产权不明晰,法人治理结构不完善,经营机制和内控制度不健全；管理体制不顺,管理职权和责任需要进一步明确；历史包袱沉重,资产质量差,经营困难,潜在风险仍然很大。

(2) 改革的必要性 没有农村金融的发展,就没有农村经济的发展,发展和谐经济、构建和谐社会就缺乏必要的基础。中国农信社改革,不是一个单纯的金融问题,而是事关农业、农村、农民和国民经济全局的问题。在我国农村经济发展中,农村金融服务缺失已成为制约农村经济发展的重要因素。

① 机构缺失：近几年来,国有商业银行改革大量收缩县以下营业网点,加剧了农村及

县域经济金融服务的供求矛盾,导致"一社"难支"三农"。

② 资金缺失:国有商业银行贷款权限的上收,农村政策性银行机构改革和业务调整,邮政储蓄资金的外流,加上农村直接融资渠道少,造成支农资金供不应求。

③ 服务方式缺失:农业生产保险和农村商业保险空缺,农村直接融资渠道不足,农业担保体系和农村信用环境建设滞后,农信社贷款方式单一,手续复杂等。

同时,改革也是农信社自身生存、发展的迫切要求。2002年末,全国农信社资不抵债额达3 300多亿元,资本充足率为-8.45%,资本净额-1 217亿元,不良贷款5 147亿元,不良贷款比重占36.93%。自1994年至2003年,全国农信社连续10年亏损,2002年当年亏损58亿元,历史亏损挂账近1 500亿元。在这种情况下,要求农信社增强"三农"服务,无疑是一种奢望。加快农信社改革,加大改革力度,已是"三农"发展和农信社求生存的历史必然与大势所趋。

(3) 改革的指导思想、目标和总体原则 深化信用社改革,改进农村金融服务,不仅关系到信用社的稳定健康发展,而且事关农业发展、农民增收、农村稳定的大局。2003年6月27日国务院出台《深化农信社改革试点方案》,提出:根据当前农业和农村经济发展对农村金融服务提出的要求,以服务农业、农村和农民为宗旨,按照"明晰产权关系、强化约束机制、增强服务功能、国家适当支持、地方政府负责"的总体要求,加快信用社管理体制和产权制度改革,目标是把信用社逐步办成由农民、农村工商户和各类经济组织入股,为农民、农业和农村经济发展服务的社区性地方金融机构,充分发挥信用社农村金融主力军和联系农民的金融纽带作用,更好地支持农村经济结构调整,帮助农民增加收入,促进城乡经济协调发展。

深化信用社改革应遵循以下原则:一是按照市场经济规则,明晰产权关系,促进信用社法人治理结构的完善和经营机制转换,使信用社真正成为自主经营、自我约束、自我发展、自担风险的市场主体;二是按照为"三农"服务的经营方向,改进服务方式,完善服务功能,提高服务水平;三是按照因地制宜、分类指导原则,积极探索和分类实施股份制、股份合作制、合作制等各种产权制度,建立与各地经济发展、管理水平相适应的组织形式和运行机制;四是按照权、责、利相结合原则,充分发挥各方面积极性,明确信用社监督管理体制,落实对信用社的风险防范和处置责任。

(4) 改革内容 深化信用社改革,要重点解决好两个问题:一是以法人为单位改革信用社的产权关系。即明晰产权关系,完善法人治理结构,区别各类情况,确定不同的产权形式,健全经营机制,成为真正的市场主体。二是改革信用社管理体制,将信用社的管理交由地方政府负责。即建立国家宏观调控、加强监管,省级政府依法管理、落实责任,农信社自我约束、自担风险的监督管理体制。省级管理机构(省级联社)发挥行业管理职能。

专栏6.1

正确理解和认识农信社改革试点资金支持政策

关于资金支持与农信社改革效果挂钩的安排,对推进改革所发挥的积极作用得到了各有关方面的充分肯定。但是,应该看到,目前仍存在对资金支持政策的理解不全面、不客观的情况,甚至产生了对政策本身的误解。必须澄清观念,统一认识,才能有效发挥资金支持政策对改革的正向激励作用。

专项票据不兑付是否就意味着资金支持没有落实到位?有一种观点认为,只有兑付专项票据,资金支持政策才算落实到位。实际上,自专项票据发行之日起,农信社的资金支持就已经得到落实。专项票据发行是央行的负债行为、农信社的投资行为,但它是一种特殊的交易行为。因为票据发行交易不是等价交换,而是在央行向农信社提供可生息的优质票据资产的同时,将资产损失从农信社的资产负债表转移到了央行的资产负债表上。票据发行时是向农信社注入优质票据资产,兑付时是给付现金。票据发行就意味着等额置换了农村信用社的不良资产和历年亏损,就意味着等额化解其历史包袱;票据发行后表现为农信社等额的亏损挂账和资产损失转换为无风险、能生息的对央行的债权;票据兑付早一些或晚一些,以及兑付前后的差距,对农信社财务和资产负债的影响只有一个,就是利差,即不考虑风险损失因素,将票据兑付资金用于投资和贷款的收益比票据利息高。因此,票据发行就意味着资金支持已经落实到位。

与国有银行相比,中央对农信社的资金支持是否少了?有一种观点认为,中央对国有银行的资金支持力度大、无条件,对农信社支持力度小、有条件。其实,无论是产权结构、组织形式,还是改革路径、外部环境,农信社与国有商业银行都有很大的不同,不具有可比性。国有商业银行股改后,从维护我国金融安全的需要出发,国家对其拥有绝对控股地位,并按注资比例享受分红。农信社作为社区型金融机构,其股东和社员全部是社区内的法人和自然人,中央按照规定比例安排资金支持后,对其并没有股权要求。国家注资国有商业银行,实行财务重组,公开发行股票并上市,以此强化外部约束机制,是取得和保持国家对其控股地位所必需的,同时也是国家财务支持的核心条件。按照国务院关于农信社改革的总体要求,在资金支持政策制定中设置专项票据发行兑付条件,目的在于撬动改革,调动多个方面支持农信社改革、发展的积极性,多渠道采取措施共同解决农信社的历史包袱。在资金支持比例和额度问题上,专项票据和专项借款合计为1 661亿元,实际执行过程中,加上执行较低的存款准备金率,以及票据利息、置换资产变现收入、税收减免和保值贴补息等因素,资金支持总额和比例比改革之初方案设计要高得多。总体判断,国家对国有银行和农信社改革的资金支持力度都是很大的,只是方式上有所区别。

完善资金支持政策是否就是不断提高专项票据兑付"门槛"?国发〔2003〕15号文件明确规定:"中央银行票据支付必须与农信社改革效果挂钩,以县(市)为单位验收支付,标准为:产权明晰,资本金到位,治理结构完善。"为增强票据兑付考核的操作性,量化考核,准确把握要点,使改革取得实效的农信社及时进入票据兑付程序,央行会同银监会在最初发布的资金支持实施方案中,把不良贷款比例降幅和资本充足率最低标准作为票据兑付的条件。2006年,对先行试点8省(市)农信社所发行的票据陆续进入票据兑付期。鉴于本轮改革试点的艰巨性和复杂性,当时初步判断,票据到期时,大部分农信社难以完全达到规定的票据兑付条件和符合监管最低标准的资本充足率,如期进入兑付程序难度大。为此,央行、银监会联合下发银发〔2006〕130号文件,进一步完善了资金支持政策。明确强调,农信社在申请兑付专项票据时,明晰产权关系、完善法人治理结构应取得明显进展;重点考核其健全内控制度和强化内部管理的实际成效。提出了逐步提高资产质量、有效控制成本费用、不断改善财务状况的具体要求。以上有关经营财务指标的变化,能直观地反映农信社所取得的改革实效,有利于农信社按期兑付专项票据资金,并增强改革试点资金支持政策的透明度、公信力和可操作性,同时也是经过广大农信社主观努力在票据兑付时应当而且能够达到的指标。考虑到明晰产权关系、完善法人治理结构的长期性,为便于改革取得实效的农信社按期进入兑付程序,票据兑付时重点考核其改善经营管理的实际成效,这相对于明晰产权关系、完善法人治理结构以及建立在真实合规基础上的资本充足率和不良贷款比例要求,不能认为是票据兑付提高了"门槛"。

资料来源:易纲,推动农村金融改革要再上新台阶,中国金融网,2008年1月6日

专栏6.2

农村金融改革"摸着石头过河"

"三农"问题一直是我国经济体制改革的核心问题。要促进农村经济的可持续发展、不断增加农民收入、调整农村产业结构、推进农村的城镇化进程等,都离不开资金的投入和金融的支持。因此,农村金融改革可谓是我国农村经济和社会全面发展的重要保证。

改革开放 30 年来,伴随着经济市场化的进程,我国农村金融也进行了一系列的改革,这极大地推动了农村经济、金融的发展。1979 年 2 月,中国农业银行正式恢复,成为主管农村金融的专业银行。1984 年 8 月,国务院提出,要把农信社真正办成群众性的合作金融组织,恢复"三性",即组织上的群众性、管理上的民主性、经营上的灵活性。这一时期还相继成立了国家农业投资公司、中国农村发展信托投资公司、中国经济开发信托投资公司等多种农村金融机构,农村金融体系初步重建,并已呈现多元化的格局。顺应改革开放大势,农村金融机构为农村经济筹措资金,提高资金运用效率,极大地支持了农村经济的恢复和发展,同时,农村经济的发展反过来又促进了农村金融的发展。这一时期,农行和农信社的存贷款每年大幅增加,农村社会总产值每年增长很快,均达到 20% 以上。

1993 年 12 月,国务院发布《关于金融体制改革的决定》,提出要建立政策性银行、发展商业银行、组建合作银行的农村金融体系"三位一体"的模式。1994 年,中国农业发展银行成立,承担从农业银行分离出来的政策性业务。1996 年 8 月,农信社从农业银行脱离出来,逐步改为"由农民入股、由社员民主管理、主要为入股社员服务的合作性金融组织"。但是,"三位一体"模式初衷虽好,实际运行的结果却并不理想。因此,从 2003 年开始,农信社开始了以市场化为导向的新一轮改革,解决了农信社的生存和发展问题,农信社的资产质量明显改善,经营管理体制也得到了改进,并成为农村金融的"主力军"。

2006 年底,中国银监会发布《关于调整放宽农村地区银行业金融机构准入政策更好支持社会主义新农村建设的若干意见》,从机构种类、资本限制等方面大幅放宽农村金融机构的准入政策。2007 年 3 月 20 日,中国邮政储蓄银行在北京挂牌成立。邮政储蓄原本就覆盖全国城乡,而且网点面广,交易额最大,在农村业务上有"先天"优势,从网点分布、业务种类来看,均与农信社拟合程度较高,能与农信社形成正面竞争。这种竞争不仅会激活农村金融市场,改善农村金融服务质量,而且对我国多元化、适度竞争农村金融市场的形成均能起到巨大的推动作用。2007 年 3 月 1 日,中国第一批 4 家农村新型金融机构挂牌成立,自此开始,各种新型农村金融机构相继成立,村镇银行、贷款公司、农村资金互助合作社等金融机构由于具有准入门槛低、规模小、服务基层、为"三农"提供便利服务等特点,得到了银监会和国家的鼓励和支持。同时,有多家外资银行准备进军农村金融市场。农村金融机构体系正朝着全方位、多层次的方向发展。

现阶段农村金融改革的主要目标是要形成一个金融主体多元、金融产品多样、金融服务多层次,正规金融机构与非正规金融机构互相补充,政策扶持与市场配置相结合,各类金融组织有效竞争、充满活力的具有中国特色的农村金融体系。现在,农村金融的结构已经从改革开放初的农行"一枝独秀"到信用社的"一股独大",再到现在发展成为包括省市联社、农商银行、农合银行、农发银行、开发银行、乡村银行、邮储银行、农村保险、信托公司在内的全方位、多层次的金融体系。随着改革的不断推进,农村金融体系对于农村的建设和发展发挥了巨大的作用,农村金融这块中国金融发展的"短板"已经在尽快地补起来。

应看到,由于农村金融服务具有业务零散、风险大、成本高、收益低等特点,农村金融与商业化运作之间的确存在一定的矛盾,因此金融机构从事农村金融服务非常谨慎。但放眼未来,社会主义新农村建设需大量资金投入,农村被国家列为扩大内需的重点以及政府对农产品价格的保护等政策,都意味着农村金融还有很大的利润空间。因此,农村金融机构今后还需贴合农村金融需求实际、找准业务定位,建立有效的经营管理机制、信贷机制、人员激励机制、风险防范机制以及面向"三农"的金融产品开发机制,积极探索多元化、市场化、适度竞争的农村金融新体制机制。同时,也需要政府对农村金融给予货币政策、税收政策等配套政策上的支持和多方面优惠,以利于农村金融机构真正服务"三农"。

总之,农村金融改革适应经济发展的需要,正在不断进步,并且已经为农业发展、农村进步、农民增收作出了巨大贡献。然而,社会、经济不断在发展变化,改革还要继续。农村金融改革,要继续一步一个脚印地走下去。

资料来源:郭田勇. 农村金融改革"摸着石头过河". 国际金融报,2009 年 1 月 19 日

6.4 农村货币流通

6.4.1 农村货币流通的特点

货币流通是与商品流通相联系的货币运动。商品流通没有明显的城乡界限,决定了货币流通也不存在明显的城乡界限。但是,城乡商品生产和商品交换又各有自己的特点,城乡经济发展水平也有一定的差距,这就决定了城乡货币流通也各有自己的特点。

1) 农村货币流通具有明显的季节性

这主要指农村货币流通随着农村商品流通的季节性变化而变化。农村货币流通季节性变化的根本原因在于农业生产的季节性变化。农业生产是自然再生产和经济再生产过程的统一,生产过程受地理、气候等自然因素的影响较大,季节性较强;而且生产力发展水平越低,经营品种越单一,农业生产的季节性越突出。

一般来说,在农作物播种季节,生产资料销售增加,货币归行增加;在农作物收获季节,农副产品收购增加,相应的货币投放增加,从而形成了农村现金流通在年度中的变化是上半年归行多,投放少,下半年归行少,投放多。即上半年净归行,下半年净投放的特点。由于现金流通与非现金流通可以互相转化,因而农村非现金流通的情况也与现金流通类似。近年来,随着农村企业与其他非农产业的迅速发展,农村种植业比重相对下降,农村商品流通的季节性有所缓和,农村货币流通的季节性特点已不如过去那么突出。但是,不管农村种植业与农村企业、农村非农产业的比重发生什么样的变化,以农副产品为主要原料的农村加工业仍然在相当大的程度上受季节性的制约,非农产业在劳动力的使用上也在一定程度上受季节性的影响,因而,由农村商品生产和流通所决定的农村货币流通的季节性特点依然存在。

2) 供给短缺,需求旺盛——农村货币资金供求矛盾十分突出

(1) 供给短缺的两方面原因

① 源头供给不足:农村金融机构的存款主要来源于农村居民储蓄存款,储蓄存款占农村金融机构各项存款的85%~95%。首先是农民可支配收入增长缓慢导致了农村金融机构储源减少,增量不足。农户储蓄存款增长额占全国储蓄存款增长额的比重从1985年的31%下降为2001年的14.5%;1985年城镇居民人均储蓄是农村居民人均储蓄的3.25倍,而1998年这个差距高达9.44倍,2001年则为7.18倍。其次是农村金融市场尤其是资本市场不发达,农民可选择的资产组合方式只有存款和现金。自1996年5月1日至2002年2月21日,我国中央银行已连续八次下调利率,降息的结果在一些地方导致现金窖藏和现金交易增加现象。尽管自2004年10月29日以来,我国中央银行又开始上调利率,但迄今为止尚属于小步微调,活期储蓄存款利率仍停留在较低水平,加之货币政策时滞的影响,现在谈降息效应(现金窖藏和现金交易增加现象)的消解还为时尚早。

② 县域以下投放不足:据调查,国有商业银行河南省县以下网点2001年8月末贷款余额1 353亿元,其中农业贷款93亿元,仅占6.87%。河南省巩义市由于资金集中存入商业银行,2001年7月国有商业银行各项存款比年初上升6.8亿元,而同期各项贷款却下降894万元。这种现象至今尚无根本改观。

(2) 需求旺盛的四方面表现

① 农村经济面临结构调整,资金需求量非常大:随着我国农村经济市场化程度的加

深,建立在市场规则基础上的各种经济要素的重新配置与组合已成为启动我国新一轮农村经济增长的动力与源泉。在新一轮土地承包权延期30年后,资金问题就成了农村经济进一步激活与发展的关键问题。而农村中小企业和农户的资金需求满足程度最低。

② 农户贷款难:央行南宁中心支行的一份调查列举了贷款难的8种表现形式:一是没有与信用社建立存贷款联系的农户,申请贷款难;二是农民申请小额贷款相对容易,申请大额贷款难;三是与农信社工作人员不熟悉的农民申请贷款难;四是因不可预测因素影响导致贷款不能按期归还、临时资金周转困难的农户,重新申请贷款难;五是在信用社辖区内承包土地的异地农民申请贷款难;六是不熟悉农信社贷款办理程序的农户感到申请贷款难;七是怕农信社调查家底的农户申请贷款难;八是因农村贷款利率总是上浮到最高幅度,农户感到贷款难。农民贷款难问题反映了农村金融服务无论数量上还是质量上的满足率都比较低。

③ 农村产业深化要求金融深化:随着大宗农产品生产日趋饱和、价格下跌,农业经济结构调整的速度逐步加快,组织程度与科技含量越来越高,不仅种植业、养殖业内部调整加快,存在扩大规模、改善质量的冲动,而且还出现了"公司+农户"、"合作经济组织+农户"、"专业市场+农户"、"订单农业"等产业化经营模式,农村对金融服务的需求日益快速增长。

④ 农村资金需求具有不平衡性:农村资金需求表现为东西部不平衡,距离城市远近差异大,低收入和高收入差异大。具体表现为:一是资金的地区结构分布不平衡,贫困地区资金供求矛盾更加突出。二是低收入农户资金需求由于不符合银行贷款的条件,得不到银行应有的支持。三是偏远山区的农民特别需要金融支持,但山区的农村金融机构网点因达不到存款规模而被撤并。

3) 农村货币流通速度较为缓慢

相对城市而言,农村货币流通速度较缓慢,最主要的原因在于:首先,农业的生产周期长于工业生产周期,农村商品流通的周期长于城市商品流通周期,从而使得农村货币流通速度慢于城市货币流通速度。其次,农村商业远不如城市发达,商品价款的结算方式相对落后,这延长了农村商品流通周期,延缓了农村货币流通速度。最后,城市居民的货币收支一般以一个月为一个周期,农户的货币收支一般以一年为一个周期;加之农村居民金融意识较城市居民薄弱,素有手持货币的偏好;农村居民生活条件的改善也需要常年积蓄货币等,也使得农村货币流通速度较城市缓慢。

由于货币流通规模是由流通中的货币量与货币流通速度共同决定的,因而,在维持一定的货币流通规模前提下,与缓慢的农村货币流通速度相对应的是较大的农村市场货币容纳量。换句话说,要维持同样的货币流通规模,由于农村货币流通速度慢于城市,那么,农村货币容纳量大于城市。上述情形是就城乡货币流通比较而言,若仅就农村货币流通本身来看,近年来由于农村商品生产的发展,商品交易的活跃,特别是农村集市贸易的迅速发展,农村货币流通速度与过去相比较不是减慢而是加快了。

4) 农村现金流通的范围大于非现金流通的范围

农村货币流通的这一情况正好与城市相反。在城市,国家目前仍对机关、团体、企事业单位实行现金管制,要求各单位的经济往来主要通过银行办理转账结算。城市中规模较大的工商企业大笔业务交易的价款结算,也适宜采用转账结算方式;而且,城市信用事业发达,银行机构普及,转账结算方式多样,这些都为以转账结算为主的城市货币流通提供了相应的条件。在农村,随着联产承包责任制的实行,农户家庭成为农村中最基本的经济单位。一般来说,农户家庭经营零星分散,经营规模较小,在商品交换及其他款项结算中使用现金较为方便。目前农村信用事业相对落后,银行网点稀少、转账结算困难等,都决定了农户的经济往来只能以现金为主。至于农村企业,按规定必须受国家现金管理制度的约束,但由于多数农村企业规模较小,相对落后的银行转账结算服务体系满足不了农村企业灵活经营的需要,因而,农村企业采用现金结算仍十分普遍。上述情形,决定了农村货币流通以现金为主,现金流通的范围远远大于非现金流通的范围。在整个现金流通中,农村现金流通占较大的比重,因而,现金流通的大头在农村。

6.4.2 农村货币流通的衡量与调节

货币作为一般等价物在城乡是共通的。货币在城乡的流通都要遵循货币流通规律的要求。但是货币在城乡中的流通又各有自己的特点,并形成相对独立的农村货币流通与城市货币流通。这就决定了整个社会货币流通正常化的实现必须建立在农村货币流通与城市货币流通各自正常化的基础上。因而,单独研究农村货币流通正常化问题,具有重要的意义。

1) 农村货币流通正常化的衡量标志

货币流通是否正常,主要指货币流通是否与商品流通相适应。货币流通适应商品流通的要求,则货币流通是正常的。反之,就是不正常的。货币流通是否正常,从本质上说,就是货币流通规律的要求是否得到实现。也就是说,市场货币流通量是否与商品流通对货币的需要量相一致。因而,判断货币流通是否正常,不能简单地将市场货币流通量的增加或减少与货币流通的正常与不正常直接对应起来。应该说,任何同市场商品流通需要相适应的市场货币流通量的增加或减少都是正常的。

在计划经济时期,由于对价格实行计划控制以维持价格的长期稳定,市场货币流通量过多或过少缺乏直接的正常的表现途径,因而货币流通的正常与否需要通过货币流通量与商品供应量比值的经验数据来衡量。加之长期以来只重视现金货币而忽视存款货币的研究,因而货币流通量与商品供应量的比例又主要采用现金流通量与社会商品零售额之比、现金流通量同商品库存额之比以及现金流通量同农副产品收购额之比等来衡量整个货币流通以及农村货币流通是否正常。

进入社会主义市场经济发展时期,由于价格逐步放开,并逐步形成随供求关系变化而变化的市场价格,市场货币流通量的过多或过少直接导致商品价格的上涨或下落,计划经济时期所采用的货币流通量同商品供应量的比例关系已不能被用来衡量货币流通是否正常,取而代之的最直接、最灵敏的衡量标志是价格。一般地说,在其他因素不变或变化较小的情况下,商品价格的较大幅度上涨或下落直接反映市场货币流通量过多或过少,而市场货币流通量过多或过少均属货币流通的不正常。

由此可见,在市场经济条件下,物价指数是衡量货币流通是否正常的主要标志。但是,在运用这一衡量标志的时候,必须对具体情况作具体分析,尤其需要对物价的升降是受价值规律的作用还是受货币流通规律的作用进行具体分析。一般地说,由于价值规律的作用而引起的物价的升降是货币流通正常的表现。例如,为使计划经济条件下长期存在的农产品价格与价值背离状况得到纠正,商业部门适当提高农副产品收购价格,在一定程度上受国家收购价格牵制的农副产品市场价格也相应的有所提高,这样的价格上涨,是对违背价值规律的不合理的比价关系的纠正,不属于货币流通的不正常状况。而由于货币流通规律的作用而引起的物价的升降,则基本上是货币流通不正常的表现。例如,财政向银行透支弥补赤字,则是在商品流通规模没有相应扩大的情况下增加货币发行,这部分没有物质基础的货币投入流通之后同样要追逐商品,在商品总量既定与货币流通速度没有多大变化的情况下,必然引起商品需求大于供给,从而引起价格上涨;这样的价格上涨,折射出不正常的货币流通现象。可见,用价格水平衡量货币流通是否正常,必须进行具体分析。

就农村货币流通而言,衡量货币流通是否正常,也应以农村物价水平为主要标志。但在运用这一标志进行衡量时,除了同样要区别是价值规律作用还是货币流通规律的作用而进行具体分析以外,还必须紧紧结合农村货币流通在时间、空间、速度、形态及流向上不同于城市货币流通的特点进行具体的分析与衡量,并采取相应的措施进行必要的控制与调节。

2) 农村货币流通影响因素的测定与分析

基于以上分析,影响农村货币流通的主要因素有三个:农村商品总额、农村物价水平与农村货币流通速度。

(1) 农村商品总额的测定与分析　农村商品总额大小是决定农村货币流通规模大小的一个基本因素。农村商品总额的大小主要取决于农村农、工、商、服务和运输各业的发展规模与发展速度。农村各业发展规模大,发展速度快,农村商品总额大,货币需要量也大;反之,货币需要量就小。农村各业发展规模与速度的测定,一般可借助于以不变价格计算的农村工农业总产值、农村社会总产值与农村国民生产总值等有关指标进行。但在具体测定与分析过程中,不能将代表农村各业发展规模的上述指标的增减与农村商品总额的增减直接对应,进而与农村货币需要量的增减直接对应。因为,农村生产由自给半自给生产向完全商品化生产的转化不可能一蹴而就。尤其是在农村种植业生产中,部分种子的自给与部分产品作为口粮的自足还将持续很长时期。这部分用于自给的种子与用于自足的粮食不作为商品进入流通,不参加交换,不需要货币作为流通手段与支付手段。因而,在根据农村各业发展规模统计农村商品总额进而测定农村货币需要量的时候,应对这一部分做预先扣除。除此之外,在农村经济由自给自足经济向商品经济转化的过程中,物物交换在一些边远落后地区还没有完全消失,这部分物物交换不需要货币的介入,测定农村货币需要量的时候,也需要做部分扣除。上述两个方面扣除比例的大小,应根据农村不同地区生产商品化、经济货币化程度的不同而定。并且,随着农村生产的不断发展与生产商品化、经济货币化程度的日益提高,上述折扣比例将逐步降低,农村货币需要量将随之扩大。

(2) 农村物价水平的测定与分析　农村物价水平对农村货币流通的影响与农村商品总额对农村货币流通的影响既有共同点,又有不同之处。两者的共同点是:在货币流通速度一定的条件下,农村物价水平的提高与农村商品总额的扩大都能引起农村货币流通规模相应扩大;反之,则可能相应缩小。两者的不同点在于:农村商品总额的扩大不因农村货币流通规模的扩大而扩大(如通货膨胀情况下即如此);而农村物价水平则会伴随着农村货币流通规模的扩大而扩大。因而,农村物价水平的测定与分析必须区分两种情况进行:一是在测定农村货币需要量的时候必须将物价水平固定在某一时点上或采取基期物价水平进行测算。否则,物价与货币供应量相互作用,任何货币供应量都会成为货币必要量,实际上也就没有了经济学意义上的货币必要量。二是在分析农村物价水平的变化是否正常时,必须判断物价水平的变化是价值规律作用的结果,还是货币流通规律作用的结果。如属后者,随着农村市场经济的发展,城乡经济一体化的逐步推进,历史上形成的工农业产品比价不合理的状况将逐步缓解,农村价格水平将伴随着工农业产品价格剪刀差的逐步缩小而逐步提高;由此引起的农村物价水平的变化——农村货币流通量扩大是客观正常的,是与农村货币需要量的扩大相一致的。

（3）农村货币流通速度的测定与分析　农村货币流通速度对农村货币流通的影响与农村物价水平对货币流通的影响大同小异。相同之处在于农村货币流通速度与农村货币流通规模也具有一定的互动效应，即货币流通速度加快或放慢，可能引起货币流通规模相应扩大或缩小。不同之处在于，与物价水平的变动相比较，货币流通速度的变化要缓慢得多，幅度要小得多。而且，这种变化一般是在物价变动受到抑制的情况下发生的。也就是说，在纸币流通的条件下，流通中的货币量过多或过少首先通过物价的涨落表现出来，只有在物价水平受到人为控制的条件下，流通中货币量过多或过少才通过货币流通速度的减慢或加快表现出来。根据上面的分析，农村货币流通速度的测定与分析也必须分两种情况进行：一是在测定农村货币需要量时，必须将货币流通速度作为既定条件，即采取基期货币流通速度进行测算；二是对一定时期农村货币流通速度变化的分析，必须判断这一变化是货币供应量过多或过少引起的，还是农村商品经济发展过程中的必然现象。前者如前所述，即在物价受到抑制的情况下，货币流通量的过多或过少通过货币流通速度的减慢或加快表现出来。如是后者，随着农村市场的发育、农村交通与通信状况的改善以及农村信用的普及与扩大，农村货币流通速度会比过去加快。但是，由于上述状况的改善是渐进性的，因而农村货币流通速度在一定时期内是基本稳定的，变化相对较小。

3）农村货币流通的组织与调节

农村货币流通的组织与调节是在对农村货币流通的各种影响因素进行合理测定与全面分析的基础上进行的，并且以实现和维护农村货币流通的正常化为基本目标。

（1）农村货币流通正常化的基础　由于农村货币流通受农村商品流通制约并为农村商品流通服务，因此，农村货币流通的正常化是以农村商品流通的正常化为基础的。农村商品生产与流通的正常化，指的是农村产品结构合理、农村商品流通秩序正常以及农村商品生产与流通规模的稳中有升、持续扩大。首先，农村产业结构、产品结构只有大致合理，农村各业才能够互相促进，协调发展；各行各业产品与劳务才能建立对应关系并衔接起来；产品与劳务的交换才能顺利实现；货币的流通才能维持正常。否则，短线产品供不应求，长线产品积压浪费，与之相对应的货币流通也不可能正常。其次，农村各行业商品生产的正常进行与协调发展，需要正常的商品流通秩序与之相对应：即各行业生产出来的产品，应该拥有畅通无阻的交换渠道，产品的交换过程应该在公平合理的情况下进行。唯有如此，各行业产品交换才能及时、顺利地实现，相应的货币流通才是正常的。最后，农村商品生产与交换应该是持续稳定发展的，商品生产与交换发展过程中的停滞、倒退或大起大落的周期性波动，都会破坏业已形成的正常的商品流通与货币流通秩序，从而导致商品流通与货币流通不正常状况的出现。

（2）农村货币流通的组织　农村货币流通组织的任务，在于使农村货币的流通与农村商品流通对货币的需要相适应。由于作为农村货币流通影响因素之一的农村货币流通速度在一定时期内是基本稳定的，因而一定时期内农村货币流通与农村商品流通对货币的需要相适应又可归结为市场货币流通量与货币需要量保持基本一致。市场流通中的货币，是从银行机构投向市场实现了货币的流通职能后，又从市场流回银行机构的。因此，农村货币流通的正常组织，又具体落实在合理、及时地组织农村货币的投放与归行两个方面。

（3）农村货币流通的调节　农村货币流通的调节是对农村市场货币流通量过多或过少的调节。

① 农村市场货币流通量过少的情况一般是整个社会经济通货紧缩的一种表现，所谓

"大河无水小河干"。通货紧缩对"三农"的危害也是很大的,如农产品价格下降,势必减少农民收入;科技含量较低的乡镇企业,首当其冲成为市场淘汰的对象;农民进城打工的机会成本增加,收入减少。但整个社会通货紧缩的治理在金融学(货币银行学)中研究颇丰,农村金融作为金融学的一个相对独立部分,只能作为金融学理论(规范经济学层面)在农村社区(实证经济学层面)的发展与延伸(分支与细化),没有必要重述金融学已做的论断(这是本书的一个重要写作原则,下不再注)。

至于农村中某些地区、某些行业出现货币供给短缺的情况,由于这种短缺往往仅是局部、暂时的结构性短缺,而不是农村货币流通总量的短缺。因此,在市场经济条件下,这种货币供应的结构性短缺,一般会由于货币具有质的同一性,能在不同地区、不同行业间自由流动而趋于缓解。而某些地区、某些部门由于自身的弱质性或经济发展水平较差等原因而对货币的流入缺乏吸引力,以致货币供给不足的问题一直得不到缓解,则是一般性货币流通调节措施难以彻底解决的。这一问题的解决,只能依赖对货币资金的分配实行倾斜政策——财政资金分配与政策性贷款发放的倾斜政策,来加速这些地区各部门经济的发展,提高这些地区或部门对货币流入的吸引力,使上述货币供应的结构性不足从根本上得到解决。

② 农村货币流通量过多的情况一般是整个社会经济通货膨胀的一种表现,所谓"大河有水小河满"。农村货币流通量过多存在着总量过多与结构性过多两种情况。与前面对农村货币结构性短缺的分析一样,结构性货币过多的一部分会由于市场货币的自由流动而趋于缓解;另一部分,则需要通过产业政策、财税政策与金融政策等对个别发展速度不正常、利益分配不合理的地区或部门予以调节,从而使结构性货币过多问题从根本上得到解决。

农村市场货币流通总量过多的调节,是农村货币流通调节的重点,具体可从微观与宏观两个方面考虑。微观方面对农村货币流通量过多的调节仍然要通过货币投放与归行的各条渠道进行,调节的措施主要有:一是增加农村市场试销对路的商品供应以归行过多的货币;二是控制农村企事业单位工资奖金的发放以减少对市场的货币投放;三是加强农村存款的组织以加速货币回流银行;四是减少贷款的发放,及时或提前收回贷款以缩小信贷规模。其中,前两条措施的落实需要农村企事业单位的积极配合,后两条措施的落实则取决于农村金融部门的主观能动性。但是,在市场经济条件下,不管是农村工商企业还是农村商业性金融部门,其活动的基本宗旨都是通过向市场提供商品、劳务及其他服务以获取最大的利润。上述微观方面的农村货币流通调节措施若与其追求利润最大化的目标不一致,就很难转化为自觉的行动。为此,上述微观方面的农村货币流通调节措施的有效落实,需要宏观金融方面强有力的调控措施予以配合,即微观方面的农村货币流通调节措施与宏观方面的金融调控措施必须紧密地衔接与协调一致。

宏观方面对农村货币流通量过多的调节措施主要有两条:一是中央银行运用货币政策工具控制与减少农村货币供应量以控制与收缩农村贷款总规模。因为农村货币供应量的控制与减少,在一定程度上取决于农村贷款总规模的控制和收缩。二是中央银行通过制定现金管理制度,强化现金管理,在一定程度上减少农村现金投放,增加农村现金归行,从而在一定程度上缓解农村货币流通量过多的问题。

对农村货币流通不正常的调节,除了要将微观方面的调节措施与宏观方面的调控措施结合起来之外,还必须注意将这一调节同城市货币流通的调控结合起来。这不仅因为在市场经济条件下,货币在城乡之间的流动较为频繁,而且还因为农村货币流通不正常中的部分因子是由城市货币流通不正常引起或波及的。

6.5 农业资金与农业信贷资金

6.5.1 农业资金的含义和特殊性

1) 农业资金的内涵

广义的农业资金是指国家、个人或社会其他部门投入农业领域的各种货币资金、实物资本和无形资产,以及在农业生产经营过程中形成的各种流动资产、固定资产和其他资产的总和。广义的农业资金实际上也就是用于农业生产和农村经济发展的各种财务和资源的总和,并且总是以一定的资金、财产和其他权利的形式存在。狭义的农业资金是指社会各投资主体投入农业的各种货币资金。我们通常所说的农村资金,主要是指货币资金。

2) 农业资金的外延

根据农业资金的来源(或投资主体),农业资金可分为五大类,如图6.3所示。

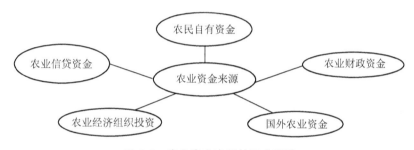

图6.3 农业资金来源的五大渠道

(1) 农民自有资金　农民是最主要的农业生产经营主体,也理所当然是农业资金的最主要的投资主体。农民用于农业的资金涉及农业生产的方方面面:从种植作物、施肥、打药到收割、销售等环节,都要有农民的付出。由于农民资金的有限性,一般当农民扩大生产时,往往需要寻找其他的资金来源渠道。

(2) 农业财政资金　农业财政资金是政府为了支持农业发展而拨付的各项农业支出,包括农业科研推广、农业基础设施、农业公共服务等,还有国家为调控农业生产而直接发放的各种农业补贴。农业财政资金的使用一般是无偿的,直接由国家财政预算拨付。发达国家由于经济基础雄厚,往往给予农业生产大量的补贴。

(3) 农业信贷资金　农业信贷资金是金融机构或个人给农民融资所形成的各种农业贷款。农业信贷资金可以是用于公共投资领域,也可以是用于农业私人投资领域,或者是政策性的。但农业信贷资金的使用一般是有偿的,到期要偿还本金并支付一定的利息。

(4) 农业经济组织投资　除了农民以外,农业企业、农业经济合作组织等其他经济组织也是农业的一种经营主体,它们的投资也是农业资金的重要来源。

(5) 国外农业资金　随着经济开放和资本的国际流动,来自国外的资本成为农业资金的一个新来源。

3) 农业资金的特殊性

同其他行业的资金相比,农业资金由于与农业生产紧密结合在一起,因此具有自己的特殊性：

① 农业资金的收益性较差而且风险较高：与发达国家相比，大部分发展中国家农业多处于农业发展初级阶段向现代化农业的转变过程当中，农业生产者生产规模小，经济力量有限，一旦遇上自然灾害等意外事故，生产就难以维持下去，甚至破产，农业信贷资金贷放具有高风险性和低收益率；工业化过程中工商业平均利润率水平相对于农业大幅提高，工商业资金贷放收益率相对较高，导致资金大量集中于工商业，原有的农业贷放资金包括农业政策性贷款资金大量流失，农业生产缺乏资金支持，农业生产规模化和产业升级无法实现，生产水平徘徊不前甚至倒退，平均利润率下降，农业资金贷放收益水平随之下降，从而又促使农业资金进一步流失，形成农村金融和农业生产双衰退的不良循环。

② 农业资金效益的外部性：农业生产不仅创造农业产品，而且附带较大的生态效益和社会效益。因此农业资金投入的收益就产生了外部性。也就是说，农业资金的投入不仅使农民受益而且还使社会其他部门也获得了额外的好处。

③ 农业资金往往和一定的农业政策联系在一起：无论是发达国家还是发展中国家，农业都是受保护和支持的产业。在市场经济条件下，政府往往通过农业资金来干预农业主体的行为，以各种农业补贴、公共投资、公共服务来达到国家发展农业的目的。

6.5.2 农业信贷资金的含义和作用

1) 农业信贷资金的含义

(1) 农业信贷资金的内涵　农业信贷资金是指各种金融机构和个体信贷供给者投入到农业生产领域中的信贷资金。

(2) 农业信贷资金的外延　农业信贷提供的对象主要包括种植业、林业、牧业、渔业等农业生产行业的农业生产者，既包括农户，也包括农业生产企业。各种金融机构既包括正式的金融组织，如以银行为代表的商业性金融机构、政策性金融机构；以信用社为代表的合作性金融机构以及外资金融机构等；也包括非正式的民间金融组织。个体信贷供给者，比如农民在亲戚朋友之间的借款。一般来说，可以按照农业信贷供给主体的不同，大致把农业信贷资金划分为以下四种类型：

① 商业性农业信贷资金：是由商业银行等金融机构针对农业生产所提供的信贷资金。营利是这类金融组织的主要目标，也就是通常所说的银行发放贷款主要是为了收取利息。无论是针对农业生产发放的贷款，还是对农业企业发放的贷款，其根本目的都是为了创造自身可获得的利润，因此其发放的贷款常常用于营利性较强的农业项目。由于农业生产的利润较低而且蕴含着较大自然风险，因此商业性金融机构发放的农业贷款一般较少。

② 合作性农业信贷资金：主要是由农业合作信贷组织提供的资金。合作性农业信贷组织一般是由农业信贷的需求者按照合作制的原则组建的信贷组织。一些有农业信贷需求的农业生产经营者按照"共同出资、共同使用"的原则组成信贷资本金，只有内部成员才能享受到信贷服务，资金在内部成员之间相互调剂以满足其大部分的资金需求，并收取一定的费用（也就是利息）。与银行等商业性金融机构不同的是，合作性信贷资金收取利息是为了提高资金的使用效率，是为了自身的可持续发展，因此，它是以"营利性"与"服务性"为"双重目标"的。

农村信用合作运动就世界范围而言始于19世纪60年代，其目的是把农村中贫苦的小生产者和小经营者组织起来，通过信用合作进行自助、互助，抵御高利贷，并在其他金融机构不愿向农业提供信贷资金的情况下,解决农业中信贷资金的供应问题,而且随着社会经济的发展,合作金融在一些国家农业发展中居于主导地位,并对农业发展起着至关重要的作用,它既存在于经济发达国家,又存在于发展中国家。

③ 政策性农业信贷资金:是由政府的农业政策性信贷机构提供的农业信贷资金。考虑到农业的弱质性与风险性以及农业在国民经济中的重要地位,农业政策性信贷机构是由政府出资成立并经营,专门为农业提供政策性信贷资金的金融机构。

对于商业性金融机构,农业资金"低收益、高风险、高成本"的特性有悖于商业性融资的基本原则——追求贷放资金的安全性、营利性和流动性。鉴于此,商业性金融机构大多不愿发放农业性贷款,或在经济高涨时期将原有的农业性贷放资金投入到工商业等其他平均利润率高的产业,这在工业化过程中的发展中国家特别突出。因此通过农业政策性信贷为农业发展提供资金是纠正农业信贷资金市场失灵、调整和引导农业发展的一种有力的政策工具。凡是农业生产比较发达的国家,农业政策性金融无一不起到巨大的支撑作用,值得发展中国家效仿。

④ 民间农业信贷资金:是由民间个人资金的供给者利用其自有资金为农业生产提供的信贷资金。民间借款的情况较为复杂,可大致分为两种:

一是亲戚朋友之间的"友情借贷",一般不收取利息,借贷的范围仅限于相互了解、相互信任的亲戚、朋友或邻里之间,借款的用途可以是用于农业生产性投资,也可以是用于盖房、看病或其他突发性大额消费项目。

二是个人以营利为目的发放的资金。民间借贷将自有资金贷给他人使用,并获取利息收益。收取的利息视市场利率而定,有些近似于"高利贷"。

2) 农业信贷资金对于农业发展的作用

信贷资金是现代农业生产发展必需的一种生产要素。伴随着传统农业向现代农业转变和农业生产的社会化、专业化和市场化,利用农业信贷资金来推动农业技术改造,农业机械设备、温室、良种、农药等现代农业生产要素的投资,现代农业气象、通信、交通、农业和农村基础设施等农业公共产品的投资都要依赖大量的资金,这些资金如果依靠农民自身的积累是很难完成的(农业公共产品不仅包括农业生产所用的水利灌溉等农业基础设施建设,还包括对农民的科学技术指导以及农业科技推广等。农村公共产品包括农村的水、电、道路等与农民生活相关的基础设施建设,还包括农村的各种义务教育与培训等。农村公共产品对于农业生产的发展、农民生活水平的提高有极大的促进作用)。除了国家财政对农村公共产品的投资外(发达国家有较雄厚的财力作保证,一般发展中国家由于财力有限,对农业与农村公共产品的投入往往不足),大量的投资还主要依赖从各种金融机构的借款。因此,农业信贷资金与现代农业的发展密不可分。

总之,现代农业发展所依赖的农业技术进步、农业公共投资以及大规模的农业私人生产投资都离不开农业信贷资金的支持。

6.6 农村金融机构体系

20世纪80年代以来,我国的农村金融改革不断深化,农村金融制度和体制不断完善,基本上形成了一个以农村合作金融为主体,商业金融、政策金融分工协作,民间借贷为补充的农村金融服务体系,初步改变了农村金融组织机构功能混淆、利益冲突、机构单一的局面。

迄今为止,我国已形成了包括商业性金融机构、政策性金融机构、合作性金融机构在内的,以正规金融机构为主导、以农信社为核心的农村金融体系。

6.6.1 农村金融体系中的政策性金融机构——中国农业发展银行

成立于1994年的中国农业发展银行(简称农发行)是我国农村金融领域唯一的一家政策性银行,组建以来在支持农副产品收购、农村经济发展、农民增收、确保国家粮食安全方面作出了巨大贡献。近年来,随着农村经济的发展及粮食市场化改革的逐步推行,农发行单一"粮食银行"职能凸现出诸多问题,越来越不适应农村经济金融发展的需要。

1) 农发行的发展历程

农发行是适应"十四大"建立社会主义市场经济体制,深化金融体制改革,加强对农业支持的背景下成立的。十多年来,农发行走过了不平凡的历程,经历了全方位支农、专司收购资金封闭管理和逐步扩大支农范围三个发展阶段。从1994年组建到1998年新一轮粮改开始,是农发行全方位支农阶段。此时段农发行在支持粮、棉、油购销,支持扶贫攻坚和农业开发等方面做了大量工作,为促进农业和农村经济的发展发挥了积极作用,并建立了相对完善的机构与网络体系,为农发行的进一步发展奠定了必要的组织基础。1998年至2004年是农发行专司收购资金封闭管理阶段。此时段农发行认真贯彻落实国家粮、棉购销政策,全力支持粮、棉市场化改革,切实履行了收购资金供应与管理职能。2004年下半年以来是农发行逐步扩大支农范围阶段。此时段农发行业务范围逐步拓宽到整个农业领域,逐步形成了以粮、棉、油收购资金贷款业务为主体,以支持龙头企业、农副产品生产与加工转化为一翼,以支持农业与农村发展的中长期贷款为另一翼,以中间业务为补充的"一体两翼"业务发展格局。

农发行于1994年6月30日正式接受农行、工行划转的农业政策性信贷业务,共接受各项贷款2 592亿元。1995年3月,农发行基本完成了省级分行的组建工作。1996年8月至1997年3月末,农发行按照国务院《关于农村金融体制改革的决定》增设了省以下分支机构,形成了比较健全的机构体系,基本实现了业务自营。在此之前,由于农发行在乡镇一级没有网点,采取了委托代理方式由农行和建行承办其政策性业务,除大中型农、林、牧、水利基建和技改贷款由建行代理外,其他各项政策性业务都由农行代理。1998年3月,国务院又将农发行承办的农村扶贫、农业综合开发、粮棉企业附营业务等项贷款业务划转到有关国有商业银行,农发行主要集中精力加强粮棉油收购资金封闭管理。目前,农发行的运营资金主要来源于央行的再贷款,暂未开展境外筹资业务。

2) 农发行的性质、任务、资金来源、组织结构、业务范围

长期以来,农行既要按商业化原则运作,又要执行国家的政策性业务,两种业务不分造成其资金运行机制混乱,不能适应农村不同经济层次发展需要。为了完善农村金融服务体系,更好地贯彻落实国家产业政策和区域发展政策,促进农业和农村经济的健康发展,国务院于1994年4月19日发出《关于组建中国农业发展银行的通知》,批准了农发行组建方案和章程,并对农发行的性质、任务、资金来源、组织结构、业务范围等做了明确规定。

(1) 性质 农发行是直属国务院领导的政策性金融机构,为独立法人,实行独立核算,自主、保本经营,企业化管理;在业务上接受人民银行(以下简称人行)的指导和监督。

(2) 主要任务 按照国家的法律、法规和方针、政策,以国家信用为基础,筹集农业政策性信贷资金,承担国家规定的农业政策性金融业务,代理财政性支农资金的拨付,为农业和

农村经济发展服务。

（3）资金来源

① 资本金：注册资本为200亿元人民币。

② 业务范围内开户企事业单位的存款。

③ 发行金融债券。

④ 财政支农资金。

⑤ 人行的再贷款。

⑥ 同业之间的协议存款。

（4）组织结构　在机构设置上实行总行、分行、支行制。总行设在北京，分支机构的设置须经央行批准。农发行实行行长负责制，对其分支机构实行垂直领导的管理体制。十多年来，农发行已悄然发展成为拥有2 000多个分支机构、6万员工的"庞然大物"。

（5）业务范围　农发行的具体业务范围，由国务院根据不同时期国民经济发展和宏观调控的需要并考虑到农发行的承办能力来界定。农发行成立以来，国务院对其业务范围进行过多次调整。农发行目前的主要业务如下：

① 办理由国务院确定的粮食、油料、棉花收购、储备、调销贷款。

② 办理肉类、食糖、烟叶、羊毛等国家专项储备贷款。

③ 办理中央财政对上述主要农产品补贴资金的拨付，为中央和省级政府共同建立的粮食风险基金开立专户并办理拨付。

④ 办理粮食、棉花、油料加工企业收购资金贷款。

⑤ 办理农业产业化龙头企业贷款。

⑥ 办理业务范围内开户企事业单位的存款。

⑦ 办理开户企事业单位的结算。

⑧ 发行金融债券。

⑨ 办理保险代理等中间业务。

⑩ 办理粮棉油政策性贷款企业进出口贸易项下的国际结算业务以及与国际业务相配套的外汇存款、外汇汇款、同业外汇拆借、代客外汇买卖和结汇、售汇业务。

6.6.2　农村金融体系中的商业性金融机构——中国农业银行

1996年农村金融体制改革前，农行在支持国民经济发展特别是农村经济发展中发挥了重要作用，承担了管理农信社、调节农村货币流通等多种功能。它是一家以办理乡镇农村工商企业存贷款业务为主的专业银行，为农村经济恢复、土地改革、农业合作化运动、乡镇企业发展、家庭联产承包责任制的推行做出了突出贡献。农行的改革与发展历程可谓一波三折，经历了"四起三落"，尤其是近年来，随着农村金融体制改革的推进，农行已完成由专业银行向商业银行的转变，业务领域、服务对象、经营机制、管理体制等都发生了深刻变化，服务对象脱离"三农"，业务重点转向城镇。认真梳理农行五阶段改革与发展历史，有助于认识其发展脉络并推动它更好地按现代商业企业机制运作和发展。

1）第一阶段(1951—1952)：农业合作银行的组建与撤销

1950年下半年，全国开始分三次进行土地改革。为帮助农民和手工业者在土地改革后组织起来发展生产和经营，有计划地对农、林、牧、渔业等生产建设进行投资，扶助合作社开展新的借贷关系，恢复和发展农村经济，农业合作银行（农业合作银行与第二、三次建立的农行性质、任务基本相同,国内学者将其视为农行前身)于1951年8月经国务院批准应运而生。农业合作银行成立后,人行对其性质、任务、组织、资金运用及与各部门的关系等做了明确规定。

(1) 性质　与人行分支机构分工协作,共同加强和扩大对农业和手工业的长短期贷款,人行负责办理各项短期信贷并对农业合作银行的短期信用进行管理,农业合作银行按照国家计划办理农业的财政拨款和对农业的长期贷款。农业合作银行总管理处负责汇编全国农业合作长短期信贷计划,各地人行共同参照执行。

(2) 任务　依照国家预算,执行农牧水利、林垦合作社、企业机关的投资拨款工作,并监督其正确使用;依照信贷计划办理农牧水利、林垦合作社等长期贷款;编订农业合作社短期信贷计划并进行信贷工作;组织领导农村金融工作及领导信用社合作社工作。

(3) 组织形式　采取总管理处—分行—支行—办事处组织模式,对未设立分支机构地区的基层农村金融工作仍由各地人行办理。具体地,农业合作银行设总管理处,受人行总行领导与监督,负责全国农业合作的长期信贷及农业的财政拨款;在总管理处下,大行政区设分行,省设支行,农业贷款较多的地区设办事处,受人行区分行指导,负责办理对农业的长期贷款及国家对农业的财政拨款;对未设分支机构的人行区行、省分行所在地,由区行、省分行农业合作处、科在总管理处的领导下开展长期贷款,短期信贷仍由各地人行办理;对未设分支机构的人行县行所在地,由县支行统一负责对农业的长短期信贷及对农业的财政拨款。

(4) 资金运用　负责办理、监督和管理国家对农林牧渔、农田水利、机关企业、合作社等的财政预算拨款;将国家拨付的固定资金以低利率发放农业合作一年期以上的长期贷款;可用各地合作社及合作农场等提存人行的公积金专户调剂长期信用。

(5) 与各部门的关系　负责农业部、林垦部等部门的国家财政预算拨款;审核农林牧渔、农田水利、机关企业、合作社等所需贷款;与全国合作总社共同商订农村信用合作组织的建立与业务经营。

随着土地改革和农业生产互助合作的开展,农村经济发生了重大变化,针对当时发展的新形势,1952年农业合作银行制定了《农业合作贷款计划》,就贷款方针、总额、期限、利率、原则等作出规定:大力支持粮棉增产,重点支持水利建设、病虫害防治、农具及肥料使用等;根据贷款用途不同确定贷款期限及利率,如对农民贷款用于购买牲畜及新式大农具、对牧区及山区农民贷款用于繁殖家畜等实行较长期限,对农田水利贷款实行较低利率等;坚持专款专用原则,保证贷款用于有计划地扶持农业生产。

"三反"运动后期,1951年中共中央发出《关于实行精兵简政,增产节约,反对贪污、反对腐败和反对官僚主义的决定》,人行总行精简机构,于1952年7月撤销农业合作银行。自此,农村金融工作由人行统一管理,农业合作银行从组建到撤销历时不到一年。

2) 第二阶段(1955—1957):农行的成立及撤销

1954年8月,人行总行在向中央报送的《关于建立中国农业银行的请示报告》中指出,在过渡时期为了适应我国农业生产发展的需要,根据我国实际情况,参照苏联经验,必须建立一个专业的农行,以便把国家的农业信贷和农信社,统一组织在国家的政策要求下,有计划地支持农业合作社运动,打击直至消灭农村高利贷。经国务院批准,1955年3月1日农行正式成立,作为人行总行直辖行之一,受人行领导。

农行在农村信贷工作中起了一定的作用,但在两年的实践中,也出现了一些问题,国务院《关于撤销中国农业银行的通知》指出,一是人行和农行两行的工作很难划分,特别是县级以下的工作更难划分,因为发放农业贷款、吸收农村存款、指导信用合作社的工作,事实上同发放商业贷款、组织非现金结算等工作联系十分密切,分成两个银行分别管理,反而容易在市场关系、资金调剂和政策配合等方面引起若干困难,影响工作的顺利进行;二是两行分别设立,需要大量增加机构和干部,增加基本建设和费用开支,而且机构分立,干部不能统筹使用,结果真正做农村信贷工作的干部反而要比人行一揽子领导的时候少。显然这种情况既不利于统一安排农村信贷工作,又不合乎精简节约的原则,对工作是不利的。为此,国务院决定将农行的各级机构同人行合并,农行的名义即予撤销。

1957年4月12日国务院正式发出《关于撤销中国农业银行的通知》,农行第二次退出农村金融舞台。

3)第三阶段(1963—1965):农行的重建及再次撤销

国家支农资金对于巩固和发展农村人民公社集体经济,促进农业生产的恢复和发展起了重大作用。但由于对资金的使用缺乏通盘规划和严格的制度管理,出现了资金浪费和被挪用现象。为了使支农资金能够充分发挥效益,更好地为发展农业生产服务,中共中央和国务院认为除了建立各级农业资金管理小组,加强支援农业资金的统一管理以外,还有必要从上而下地建立农行的各级机构,把过去由财政部门直接拨付的各项支援农业的资金和由人行办理的各项农业贷款统一管理起来,并统一领导农村的信用合作工作。1963年10月,中共中央、国务院颁发《关于建立中国农业银行统一管理国家支援农业资金的决定》,对农行的性质、任务、资金来源等做了具体规定。1963年11月9日,全国人民代表大会常务委员会第106次会议决议,批准设立农行,作为国务院的直属机构。1963年11月12日农行总行在北京正式成立。

农行统一管理了国家支援农业的各项资金,对于发挥这些资金的使用效果,促进农业生产的发展,起了积极的作用。但人、农两行分设以后,也出现了一些问题,主要是:两行基层机构的工作有些重复,增加了手续;管理机构重叠,增加了行政管理人员,而基层机构的人员,特别是支援农业第一线的人员增加不多;两行分工与合作当中存在一些问题。1965年10月人行和农行在向中共中央、国务院报送的《关于中国农业银行同人行合并的请示报告》中指出,从当前的精简要求出发,从备战出发,人、农两行机构从上至下合并起来是适宜的。1965年11月农行与人行再次合并。

4)第四阶段(1979—1992):农行的恢复

1978年7月,国务院召开全国农田基本建设会议,提出考虑恢复农行,以便更好地管理运用农业贷款,支援农业建设。1978年12月,十一届三中全会通过《关于加快农业发展若干问题的决定(草案)》,明确规定"恢复中国农业银行,大力发展农村信贷事业"。根据十一届三中全会决定,1979年1月17日人行在向国务院报送的《关于恢复中国农业银行,统一管理国家支农资金的报告》中提出:"农业大发展需要大量资金,除队社自己的资金积累以外,国家要在农业投资和农业信贷上予以大力支持。前一个时期,国家支援农业的资金渠道较多,缺乏全面规划和统一管理,特别是在林彪和'四人帮'的干扰破坏下,不少地方在支农资金管理上有章不循,违章不纠,管理松散,信用混乱,发生了不少浪费资金和挪用资金的现象,使部分支农资金没有发挥应有的效果。今后国家将继续增拨农业投资,扩大农村信贷。为使这部分资金充分发挥效益,更好地为高速度发展农业生产和实现四个现代化服务,中央决定恢复农行是完全必要的,我们要认真贯彻执行。"1979年2月23日国务院发出《关于恢复中国农业银行的通知》,对农行的性质、任务、业务范围、资金来源、机构设置等做了具体规定。1979年3月13日农行正式恢复建立。

与前三次农行的建立与恢复相比,第四次恢复农行适应了加快农村商品经济发展和农业现代化需要。农行恢复后,信贷业务范围扩大,由过去单纯的办理农贷业务转变为综合办理包括农村工商业贷款在内的各项存贷款业务及农村的结算业务,统一管理各项支农资金,调节农村货币流通,领导农信社,在支持农村商品经济发展和农业现代化发展过程中,发挥了重要作用。但是,随着社会主义市场经济体制的逐步建立,当时农村金融体制出现了与新形势不相适应的问题:一是政企不分,农行既要办成真正的金融企业,又要直接领导或受托领导农信社,货币经营职能和金融行政职能不分。既不利于农行和农信社的各自发展,也不符合金融法规,必须进行改革。二是两业不分,农行同时承办政策性业务和经营性业务,由于两种业务的资金来源、贷款管理、评价标准不同,长期由一家银行同时经营,造成资金运行机制混乱,必须加以改革。三是农村金融机构业务功能趋同,不能适应农村不同经济层次发展的需要。

5) 第五阶段(1993—现在):农行的改革与发展

(1) 改革背景 十四大确立了我国社会主义市场经济体制改革目标,十四届三中全会通过的《中共中央关于建立社会主义市场经济体制若干问题的决定》提出了我国金融体制改革的总体目标:人行作为央行,在国务院领导下独立执行货币政策,从主要依靠信贷规模管理,转变为运用存款准备金率、央行贷款利率和公开市场业务等手段,调控货币供应量,保持币值稳定;建立政策性银行,实行政策性业务与商业性业务分离;发展商业性银行,现有的专业银行要逐步转变为商业银行,并根据需要有步骤地组建农村合作银行和城市合作银行,商业银行要实行资产负债比例管理和风险管理。1993年12月,国务院在《关于金融体制改革的决定》中确定组建国家开发银行、中国进出口银行、中国农业发展银行三家政策性银行,同时提出要把国家专业银行(农行、工行、建行和中行)办成真正的国有商业银行。

(2) 改革内容 1994年,农行制定了《1995—1997年改革与发展纲要》,确立了向商业银行转变的目标,明确了改革与发展战略,在经营管理模式、信贷业务范围等方面进行了一系列变革。

《1995—1997年改革与发展纲要》确定了以实施商业银行发展战略,构建商业银行的经营管理体制和运行机制,更好地支持农业和城乡经济持续、快速、健康发展作为农行改革与发展的指导思想。

农行向商业银行转轨,其核心是按照社会主义市场经济的要求,把农行办成自主经营、自求平衡、自负盈亏、自担风险、自我约束和自我发展的综合性银行。为此,必须对现有农行的组织机构及运行机制进行一系列的政策调整与制度创新,逐步向商业银行过渡。但由于农行管理体制产生并运作于原有的计划经济背景之下,形成了一时难以打破的固定模式和陈旧办法,所以向商业银行转轨就面临着利益主体难确定、历史包袱难消化、资金供求难平衡、传统观念难转变、外部关系难理顺等许多困难,由此决定了这一转变是一个渐进的、复杂的探索过程。有鉴于此,应树立因地制宜、区别对待、分步推进的改革战略。

由于多种原因,在中国的商业银行中,农行人员多、分布广、资产规模巨大。2007年,全行有员工近48万,截至2005年底,全行资产规模4 7710亿元,政策性贷款余额4 140亿元,其中不良贷款3 490亿元。农行2007年已经启动了全行的人力资源综合改革计划,改革将按照现代商业银行经营管理的要求,紧紧围绕农行改革发展的战略目标,坚持"整体设计、有效对接、分步实施"的原则积极稳妥地推进。2008年以来,农行积极转变经营机制,加强内部管理,努力从多个方面为农行改革进行前期准备,使业务经营呈现持续向好态势,利润指标再创新高。

2009年1月16日农行股份公司挂牌,2010年7月15日、16日,农业银行股票分别在上海证券交易所和香港证券交易所上市,农业银行股份制改革终于修成正果。

6.6.3 农村金融体系中的社区性地方金融机构——农村信用社

农信社是由农民、农村工商户和各类经济组织入股,实行社员民主管理,主要为社员提供金融服务的社区性地方金融机构,服务对象是农民,服务产业是农业,服务地域是农村,宗旨在于促进农村经济的发展。信用社成立50多年来,为我国的农业和农村经济发展做出了较大贡献。但是,由于种种原因,农信社在改革与发展过程中也曾一度陷入困境。为了在认清农信社现状、存在问题的基础上,更好地研究农信社出路,有必要了解农信社的发展历程和改革实践,使其更好地发挥支农主力军作用。认真梳理农信社七阶段改革与发展历史,有助于把信用社逐步办成由农民、农村工商户和各类经济组织入股,为农民、农业和农村经济发展服务的社区性地方金融机构。

1) 第一阶段(1949年以前):农信社雏形初步形成阶段

农村信用合作事业在我国最早可以追溯到隋代,"合会"(又称"摇会"、"邀会"等)成为这一时期的重要民间信用形式,一直延续至今。1919年,薛仙舟创办"上海国民合作银行",标志着我国现代信用合作运动的开始。1923年,"华洋义赈救灾会"在河北省香河县创建了我国第一家农信社,初衷在于帮助农民发展生产,解决生活困难。1927年,此类信用社已达430家,开始受到国民党的扶持和管制,逐步成为其统治农民的工具。1934年,我国第一个县级信用合作联社在河北省深泽县成立。新中国成立前,国民党统治区内的各类合作社已达17万之多,其中,信用合作社5万多个,占30%,区联社604个,县联社855个,省联社27个。1935年,中国农民银行成立,目的是调剂农村合作社资金,通过委托信用社及联社发放贷款的方式推动合作社发展。1936年12月,国民政府颁布合作金库章程,将合作金库分为全国合作金库、省合作金库和县市合作金库,上级合作金库由下级合作金库自由入股组成,理事、监事由下级合作金库选举产生,对下级合作金库无强制性指导监督权,各级合作金库均自负盈亏。1948年,全国共有分库15个、支库22个,遍布全国40个省,成为分布最广的中央金融机构。

与此同时,革命根据地的农村合作金融也得到了发展。第二次国内革命战争时期,为帮助农民解决资金困难,抵制高利贷剥削,在江西革命根据地由农民自发组建了信用合作社,由工农劳苦群众入股,实行一人一票,受中华苏维埃共和国银行领导。1945年,解放区共有信用合作组织880多个,对打击高利贷、解决农民生产生活困难起到了积极作用。

这一阶段的农信社具有区域分割性、互助救济性、自发组织性等特点,是较为典型的合作制,不以营利为目的。无论在国民党统治区还是在革命根据地,信用合作社最初都是由农民自发组织成立的,目的在于通过资金互助发展生产,解决生活困难。信用合作社得到一定发展后,不同程度地受到了政府的规范、引导或管制。在国民党统治区,信用社主要由地主阶级或代理人管理,具有阶级性,在革命根据地则由"中央银行"管理,与合作制的由社员民主管理原则相悖。总的来看,信用合作社的最初发展始终没能摆脱政府的干预和扶持。

2) 第二阶段(1950—1957):农信社夯实基础、普及发展阶段

1951年5月,人行总行召开了第一次全国农村金融工作会议,决定大力发展农信社。

同年人行下发《农村信用合作社章程准则(草案)》和《农村信用互助小组公约(草案)》,明确规定:信用社是农民自己的资金互助组织,不以营利为目的,组织形式可以多样化,优先向社员发放贷款,银行为信用社提供低息贷款支持。人行于1954年2月召开的第一次全国农村信用合作会议对农信社的发展起了巨大的推动作用。1955年底,我国信用社达到15.9万个,吸收入股农户7 600万户,占到了农户总数的65.2%,基本达到了"一乡一社",提前实现了信用合作化目标。1955年以后,针对信用社存在的问题,按照民主管理健全等标准开展了巩固信用社的工作。1956年,全国已有农信社16.3万个,吸收入股农户近1亿户,存款达4.32亿元,贷款达10亿元,生产贷款占到了42.4%。

3) 第三阶段(1958—1962):农信社停滞不前、衰退阶段

1958年,"大跃进"开始,我国进入高度集中的计划经济时期,按西方市场原则确立的合作社的组织管理模式逐步被计划原则确定的人民公社代替。1959年,信用社下放到生产大队,改为信用分部,工作人员由生产大队统一管理,盈亏由生产大队统一核算,信用社的作用被大大削弱,正常的信用关系遭到破坏,资金被大量挪用,信用社的业务经营秩序遭到破坏,社员和储户利益受到侵害。1962年底,社员储蓄由1958年末的20亿元下降到9.7亿元。1962年11月,《农村信用合作社若干问题的规定》明确指出:"信用合作社是农村人民的资金互助组织,是国家银行的助手,是我国社会主义金融体系的重要组成部分。"

4) 第四阶段(1963—1978):农信社受国家银行控制和领导阶段

这一阶段农信社的干部由国家银行任命,财务、业务、工资待遇等一律比照银行进行管理。1965年,信用社各项存款48亿元,比1962年末增加20亿元。1966—1970年间,受"文化大革命"影响,信用社业务状况起伏不定,规章制度遭到破坏,财务混乱,业务一度出现停顿。1970年,信用社由"贫下中农管理"做法废止后,业务状况又有所好转。1975年,信用社存款由1970年的76亿元增加到135亿元。

5) 第五阶段(1979—1996年8月):农信社改革的修修补补阶段

(1) 改革背景　1979年以家庭联产承包责任制为标志的农村经济改革在全国展开,农村经济体制变革引起农村资金需求实现了由集中化向分散化的转变,农信社服务对象由社队集体转向分散农户、个体工商户、乡镇企业和各种经济联合组织。农村和农业产业结构调整引起农户的贷款结构发生变化,过去农民个人贷款主要用于治病和解决生活困难,随着土地关系调整及多种经营发展,农户满足经营性资金需要的贷款需求成为农户金融服务需求的主要内容。农民收入的稳步增长使其对农村金融服务需求的种类增加,由单一的存贷款需求转向结算、汇兑、租赁、信用卡等多元化金融服务需求。

(2) 改革目标　通过恢复农信社"三性",即组织上的群众性、管理上的民主性、业务经营上的灵活性,把农信社真正办成群众性的合作金融组织,充分发挥其调剂农村货币流通作用,适应农村经济发展需要。

(3) 改革内容　1980—1981年,国家采取了搞活农信社业务,扩大农信社业务经营自主权,理顺农行和农信社的往来利率关系等一系列改革措施,但始终围绕信用社作为银行基层机构的体制进行,改革没有取得实质性进展。1982—1984年,以恢复信用社"三性"为主要内容进行改革。1984年国务院105号文件批转农行《关于改革信用社管理体制的报告》,明确提出要把农信社真正办成群众性的合作金融组织,在农行领导、监督下,独立自主地开展存贷业务,成立了由农行控制的县联社。为此采取了吸收农民入股,取消入股数量限制,按盈余对股民分红,恢复社员代表大会制度及干部选举制,改农行对信用社的指令性计划为

指导性计划,建立县联社领导基层信用社等改革举措。这一时期,920个县的信用社实行了浮动利率,提高了资金使用效益,1 136个县成立了县联社,扩大了经营自主权,在体制和资金关系上增强了信用社的独立性。1985年以后,取消了农行对信用社的亏损补贴,理顺了农行与信用社的业务关系,信用社开始独立经营、自负盈亏。

6) 第六阶段(1996年9月—2003年6月):农信社全面改革阶段

(1) 改革背景 20世纪90年代初期,农业产业结构和农村经济结构的调整,促进了乡镇企业和农村第二、三产业的迅猛发展,非农产业发展成为农村经济新的增长点;与此相适应,农村金融机构的服务对象也逐步由农业转向非农产业。相对于农业而言,非农产业的资金需求规模大、周期长。鉴于农村金融机构的现有贷款规模和管理方式不能适应新业务的需求,农村大量的非正式金融机构,如农村合作基金会、乡镇企业基金会、农民储金会等应运而生。民间借贷市场日益活跃,高利贷现象严重,农村金融市场发展一度陷入混乱。特别是1992年以后,各地逐步兴起的"开发热"和"达标热",不切实际的"政绩工程"和"面子工程",使得地方政府纷纷介入农村金融市场,集资、高息吸储、行政指令性贷款等,进一步加重了农村金融市场的混乱。为了治理和理顺农村金融市场秩序,中央于1996年推动了新一轮的农村金融体制改革。

(2) 改革目标 恢复农信社的合作性质,把农信社逐步改为由农民入股、由社员民主管理、主要为入股社员服务的合作性金融组织。

(3) 改革内容 1996年8月22日,国务院出台《关于农村金融体制改革的决定》,开始实施以农信社管理体制改革为重点的新一轮农村金融体制改革——农信社由人行托管,农信社改革日益深化。首先,农信社与农行脱离行政隶属关系。其次,由农信社县联社和人行承担对农信社的业务管理和金融监管。最后,按合作制原则对农信社进行规范。根据人行重新发布的《农村信用合作社管理规定》和财政部《金融保险企业财务制度》,对农信社现有的股权设置、民主管理、服务方向、财务管理等进行规范:一是改变单一股权结构,增加团体股,吸收农户、农村集体经济组织和农信社职工入股,适当充实股本;二是建立健全社员民主管理制度,实行"一人一票"制,充分发挥社员代表大会、理事会、监事会的积极作用;三是坚持主要为社员服务的方针,优先安排对农村种植业、养殖业的贷款,对本社社员的贷款不少于全部贷款金额的50%;四是按规定交纳准备金,留足备付金,资金运用实行资产负债比例管理,多存多贷,少存少贷,瞻前顾后,合理调剂。

《关于农村金融体制改革的决定》允许在城乡一体化程度较高的地区将已经商业化经营的农信社组建成农村合作银行,部分省市于1996年下半年进行试点。农村合作银行是按照《商业银行法》要求设立的股份制商业银行,设在县及县级市,由所在县(市)财政、各类企业及居民个人依法投资入股组成,实行一级法人制度,资本金不少于5 000万元,固定资产贷款不得超过贷款总额的30%,主要为农业、农产品加工业及农村其他各类企业服务。农村合作银行组建后,原农信社法人资格取消,作为农村合作银行的分支机构开展业务,不加入农村合作银行的农信社,要办成真正的合作金融组织。

7) 第七阶段(2003年7月—现在):农信社制度创新阶段

(1) 改革背景 随着四大国有商业银行逐步从县域经济以下撤退,农信社日益成为农村金融市场最主要甚至是唯一的金融机构。截至2003年6月末,全国农信社共有法人机构34 909个,其中信用社32 397个,省级联社6个,市级联社65个,县级联社2 441个,各项存款余额22 330亿元,占金融机构存款总额的11.5%;各项贷款余额16 181亿元,占金融机构贷款余额的10.8%;农信社共发放农业贷款6 966亿元,占金融机构农业贷款总额的83.8%,比1996年增加5 479亿元。在农业贷款中,对农户贷款5 552亿元,其中,小额信贷1 141亿元,农户联保贷款458亿元。然而由于种种原因,农信社在发展过程中面临着诸多问题,举步维艰,许多信用社长期亏损甚至资不抵债。2002年末,农信社不良贷款余额达到5 147亿元,占贷款总额的37%,共有亏损社11 901家,占机构总数的33.5%,共有资不抵债社19 542家,占机构总数的55%,历年亏损挂账达1 313.92亿元。这次推行的改革就是迄今为止力度最大、范围最广、程度最深的一次改革。

(2) 改革目标 把信用社逐步办成由农民、农村工商户和各类经济组织入股,为农民、农业和农村经济发展服务的社区性地方金融机构。

(3) 改革内容 针对当前信用社自身建设及为"三农"服务方面存在着的产权不明晰、法人治理结构不完善、经营机制和内控制度不健全、管理体制不顺、管理职权和责任不明确、历史包袱沉重、资产质量差、经营困难、潜在风险大等一系列问题,2003年6月27日,国务院出台《深化农村信用社改革试点方案》,按照"明晰产权关系、强化约束机制、增强服务功能、国家适当支持、地方政府负责"的总体要求,开始在浙江、山东、江西、贵州、吉林、重庆、陕西和江苏8省(市)率先进行以管理体制和产权制度为核心的农信社改革试点。一是以法人为单位,改革信用社产权制度,明晰产权关系,完善法人治理结构,区别各类情况,确定不同的产权形式;二是改革信用社管理体制,将信用社的管理交由地方政府负责。

农信社在探索体制改革、改进经营管理、增强为农服务以及防范金融风险等方面都取得了明显成效。但是,在经历了20多年不间断的制度演进后,中国农业资金投入短缺、农户和农村中小型企业贷款难问题仍较突出,已有一定层次发展推进的中国农村经济活动主体发展中的每一步,尤其是正在推进的农业战略性结构调整,都不同程度地感受到来自农村金融制度的制约;农信社仍然面临着产权、历史包袱、组织模式、民主管理等诸多问题的困扰。主要是:化解历史包袱、改善资产质量的难度明显高于预期;明晰产权关系、完善法人治理尚未取得实质性进展,主要表现在产权关系不明晰(存款化股金、贷款化股金现象仍然存在)、股权高度分散(1个农信社法人有10多万个股东)、股东主体是农民(缺乏做股东的能力),在法人治理结构上,"三会"(权力机构:社员大会;执行机构:理事会;监察机构:监事会)有形无神、内部人控制现象仍然存在;经营粗放、管理薄弱的状况亟待改善,省级联社行政化管理倾向严重,政企合一有加强趋势;支持包括农村合作金融机构在内的农村金融可持续发展的系统性、制度性政策尚不完善。实现农村合作金融机构改革目标的任务依然艰巨。

值得关注的是,近期部分地区出现了以省为单位组建统一法人机构或由省级管理机构控股辖内县(市)农村信用社的现象。当前我国"三农"资金需求呈现小额、分散特征,加强和改善县域和农村金融服务,小规模银行比全国性或区域性的大银行更具优势。此外,国际经验和历史经验也都表明,银行做大后注意力往往集中在城市的大项目,易偏离"三农"服务方向。而且,把银行做大的合并过程往往是行政主导,易造成不尊重产权等负面影响。目前,坚持农信社县(市)法人地位的长期稳定,有利于农信社健康可持续发展,有利于发展适度竞争的农村金融市场,有利于改善县域和农村金融服务。同时,无论是农信社产权制度改革,还是组织形式选择,都应坚持市场主导原则,充分尊重股东和法人的自主选择权,防止通过行政手段推动农信社兼并重组,避免把农信社法人层级越做越高。

专栏 6.3

农村金融体系中因噎废食的金融机构——农村合作基金会

农村合作基金会产生于 20 世纪 80 年代中期,是在坚持资金所有权及其相应的收益权不变的前提下,由乡村集体经济组织和农户按照自愿互利、有偿使用的原则建立,为农民、农业生产、农村集体经济服务的社区性资金互助合作组织。农村合作基金会的产生、存在与发展有其深刻的历史与经济背景,它是特定历史条件下农村经济体制改革的产物,在一定程度上促进了农村商品经济的发展,缓解了农民"贷款难"的问题,抑制了农村高利贷的盛行。作为地方政府与农业行政管理部门制度创新的产物,农村合作基金会在发展过程中积累了大量风险,最终在政府的行政干预下逐步走向了消亡。

从改革试验、高速扩张,到清理关闭,纵观中国农村合作基金会产生和发展的历史过程,大体上可划分为五个主要阶段。

(1) 第一阶段(1984—1986),农村合作基金会探索试点阶段　1983 年下半年,黑龙江、江苏、辽宁等地为防止农村集体积累资金流失,开始清理整顿集体资产,通过试行集体资金"队有村管或乡管"办法,对被其他单位和个人侵占、挪用、占用的集体资产采取了能收回的收回,不能收回的转为对合作基金会借款的办法,在此基础上试行了集体资金有偿使用制度,通过集体资金在乡村集体经济组织成员之间的有偿借用,进行内部融资,提高了资金的融通效益。1984 年,第一家农村合作基金会在河北省康保县芦家营乡正式成立,1986 年末,黑龙江、辽宁、湖北、浙江、广东、四川、江苏等地农村地区内部融资活动都有了不同程度的发展,农村合作基金会雏形基本形成。这种自发形成的农村集体资产内部融通与管理机构,既确保了集体资产的保值增值,又开辟了"三农"融资的新渠道,契合了当时农村社会商品经济发展对资金的需求,受到了农民的欢迎,同时也得到了地方政府、农业行政管理部门的支持,并获得了中央政府审慎的认可。

(2) 第二阶段(1987—1991),农村合作基金会推广发展阶段　1987 年 1 月中央 5 号文件《把农村改革引向深入》进一步指出:"一部分乡、村合作经济组织或企业集体建立了合作基金会;有的地方建立了信托投资公司。这些信用活动适应发展商品生产的不同要求,有利于集中社会闲散资金,缓和农行、信用社资金供应不足的矛盾,原则上应当予以肯定和支持。"同年,中央相继在黑龙江尚志市、河北玉田县、山东平度市、广西玉林市、四川广汉市等地创办了农村合作基金会规范化试验区,逐步建立了农村合作基金会的新制度框架。

中央政府连续表示的政策支持,有效地减弱了正规金融机构出于维护自身垄断利益和防止竞争而制造的巨大阻力,为农村合作基金会的发展创造了必不可少的政策环境,促进了全国农村合作基金会的蓬勃发展。到 1991 年底,全国已有 33% 的乡镇建立了合作基金会,融通资金总额达 99.9 亿元。其中四川省集资总额达到 15.94 亿元,比 1988 年底的 2.01 亿元增长了 6.9 倍,每个基金会平均集资额 29.03 万元,与 1988 年的 7.27 万元相比,增长了 3 倍。

(3) 第三阶段(1992—1995),农村合作基金会高速扩张阶段　1992 年全国建立的以农村合作基金会为主要形式的农村合作金融组织,乡镇一级 1.74 万个,村一级 11.25 万个,分别占乡镇总数和村总数的 36.7% 和 15.4%,年末共筹集资金 164.9 亿元。1995 年底,四川省共建立乡镇合作基金会 5 349 个,占乡镇总数的 84.7%,集资总额达 145.26 亿元,每个基金会平均集资 271.57 万元。这一时期,以机制灵活、成本低、不受监管为特点的农村合作基金会实现了高速增长。到中央正式提出整顿关闭合作基金会之前的 1996 年底,全国已有 2.1 万个乡级和 2.4 万个村级农村合作基金会,融资规模约为 1 500 亿元。

1992 年邓小平南行讲话后,国内证券、期货和房地产等具有投机特征的新兴领域逐步开放,全国掀起了新一轮投资热潮,在这一宏观背景下,许多农村合作基金会在地方政府的干预下,开始将资金盲目投向乡镇村办集体企业。此外,随着金融体制改革的深入,农行和信用社逐步向商业化经营转型,政策性支农作用弱化,业务重点偏向城镇和非农产业,农村合作基金会由于受到资本趋利性的诱惑,也开始大办非会员及所在区域以外的存贷款业务。这一时期,供销社、计生委、民政、劳动和社会保障等部门也都开始创办基金会,参与高利率资金市场的恶性竞争。农村合作基金会以高于国家法定存贷款利率的水平吸收并投放资金:一方面,较高的存款利率增强了合作基金会的筹资能力;另一方面,严重的资金短缺又使其能够以较高的贷款利率发放信贷。这种"高进高出"的利率水平有其合理性,但由于地方政府的行政干预多,监督机制弱,管理水平低,资金投放的风险放大,局部地区开始出现小规模的挤兑风波。

1994年,有关部门专门下发"农经发(21号)文件"对合作基金会进行整顿。规定,农经管理部门为行政管理部门,人行依法对合作基金会的业务活动进行监督,其他任何部门和个人不得干预合作基金会的行为。各级农委要配合人行,对一些打着"农村合作基金会"的牌子,从事与合作基金会的性质、宗旨及基本任务不相符活动的,要进行严肃查处。

(4) 第四阶段(1996—1998),农村合作基金会整顿发展阶段 过度膨胀使得农村合作基金会发生了质的变化,突出表现为目的上的营利性、活动范围的超社区性、资金来源及投向的非农性、业务经营上的非法性(违规从事存贷款等金融业务)等特征;合作互助性的变味以至丧失,基层政府利用手中的行政权力进行不当干预等诸多问题,引发了中央政府对农村合作基金会的整顿。1996年8月,国务院出台的《关于农村金融体制改革的决定》充分肯定了农村合作基金会自创办以来,对增加农业投入,缓解农民生产资金短缺发挥了一定的积极作用。同时,明确了农村合作基金会不属于金融机构,不得办理存、贷款业务,要真正办成社区内的资金互助组织。针对当时存在的部分农村合作基金会以招股名义高息吸收存款,入股人不参加基金会管理,不承担亏损;基金会将筹集资金用于发放贷款,违反金融法规经营金融业务,隐藏着很大的风险等问题,《关于农村金融体制改革的决定》提出三项措施对农村合作基金会进行清理整顿:一是对已经营金融业务,存贷款业务量比较大的农村合作基金会,在进行清产核资的基础上,可并入现有的农信社,也可另设农信社;二是对不愿并入现有农信社或另设农信社的,农村合作基金会不得再以招股形式吸收居民存款,停止办理贷款业务;三是对不具备转为农信社条件的,要办成真正的合作基金会。农村合作基金会的债权债务关系,要在地方政府的领导下妥善处理,以保护农民的利益。

1997年11月,中央为了加强国有金融的垄断地位,集中资金进行国有企业改革,决定全面整顿农村合作基金会。政策的突然趋紧,合作基金会被突然宣布关闭,不可避免地引发了挤兑危机,引起了农村社会的动荡,1998年各地普遍出现挤兑,四川、河北等地甚至出现了较大规模的挤兑风波,并且酿成了危及农村社会及政治稳定的事件。

(5) 第五阶段(1999年以后),农村合作基金会清理关闭阶段 1999年1月,国务院发布3号文件,正式宣布全国统一取缔农村合作基金会。该文件强调,"为有效防范和化解金融风险,保持农村经济和社会的稳定,党中央、国务院决定对农村合作基金会进行全面清理整顿……清理整顿的目标任务是:停止新设农村合作基金会;现有的农村合作基金会一律停止以任何名义吸收存款和办理贷款,同时进行清产核资,冲销实际形成的呆账,对符合条件的并入农信社,对资不抵债又不能支付到期债务的予以清盘、关闭。"

6.6.4 农村金融体系中的新军——中国邮政储蓄银行

2006年12月31日,经国务院同意,银监会正式批准中国邮政储蓄银行开业。经中国政府批准,中国邮政储蓄银行有限责任公司于2007年3月6日依法成立。中国邮政储蓄银行有限责任公司承继原国家邮政局、中国邮政集团公司经营的邮政金融业务及因此而形成的资产和负债,并将继续从事原经营范围和业务许可文件批准、核准的业务,继续使用原商标和咨询服务电话,各项业务照常进行,客户无须办理任何变更手续。中国邮政储蓄银行,成为中国第五大银行。

1) 组建中国邮政储蓄银行的意义

组建中国邮政储蓄银行是深化我国金融体制改革的客观要求,也是邮政体制改革的重要组成部分,对于促进我国邮政事业的发展,更好地为社会提供金融服务都具有积极而重大的意义。随着我国金融体制改革的不断深化,邮政储蓄的现行管理体制已不能满足银行业监管法制化、规范化的管理要求,组建中国邮政储蓄银行是为了理顺邮政储蓄管理体制,有效防范和化解金融风险,促进邮政储蓄持续健康地发展。中国邮政储蓄银行将进一步拓展业务范围,向城乡居民提供小额信贷、消费信贷、信用卡、投资理财、企业结算等更丰富的金融服务。中国邮政储蓄银行的成立,是我国银行业改革取得的又一项重要成果,标志着我国邮政金融进入了一个崭新的发展阶段。

2) 中国邮政储蓄银行的市场定位

中国邮政储蓄银行成立后的市场定位是:充分依托和发挥邮政的网络优势,完善城乡金融服务功能,以零售业务和中间业务为主,为国民经济和社会发展,为广大居民群众提供金融服务;经监管部门批准,办理零售类信贷业务和公司业务,与国内其他商业银行形成良好的互补关系,有力地支持社会主义新农村建设。

3) 中国邮政储蓄银行的战略目标

中国邮政储蓄银行成立后的战略目标是:按照金融体制改革的方向和现代企业制度的要求,建立起符合市场经济规则和金融企业内部风险控制要求的管理体制和运行机制,实现邮政金融业务的规范化经营和可持续发展,逐步建成一个资本充足、内控严密、营运安全、竞争力强的现代商业银行。

4) 中国邮政储蓄银行的业务范围

中国邮政储蓄银行将充分依托和发挥网络优势,完善城乡金融服务功能,为城市社区和广大农村地区居民提供基础金融服务。

中国邮政储蓄银行成立后,按照《中华人民共和国商业银行法》的要求,将可以全面办理商业银行业务。目前中国邮政储蓄银行主要是利用覆盖城乡的网络资源,大力发展零售业务,稳健经营低风险资产业务。负债业务主要包括吸收人民币储蓄、外币储蓄。资产业务主要包括协议存款、同业存款、债券投资、票据贴现、银团贷款、小额贷款、消费信贷等。中间业务主要包括汇兑、代理收付款项、代理保险、代理承销发行、兑付政府债券、代销开放式基金、提供个人存款证明服务及保管箱服务等。

中国邮政储蓄银行今后将注重开发多样化的金融产品。在各方面条件成熟时,中国邮政储蓄银行将进一步拓展公司业务,提高竞争力和效益。负债业务将开办对公存款业务、发行金融债券等。资产业务将稳步开展信贷业务,实现资金多渠道回流农村。中间业务将发展基金托管业务、理财服务、代理买卖外汇、公司结算等业务。

5) 中国邮政储蓄银行的组织架构设置

中国邮政储蓄银行将坚持"积极稳妥、分步实施"的改革步骤,在现有的经营管理组织架构基础上,引入现代商业银行的管理理念,建立管理科学、精简高效的法人治理结构和组织管理体系。邮政储蓄银行在北京设立总行;按行政区划建立省级分行;省级以下机构,根据各省不同的情况和实际需要,设立精简的分支机构。

6) 中国邮政储蓄银行与中国邮政集团公司的关系

中国邮政集团公司以全资方式出资组建中国邮政储蓄银行有限责任公司。中国邮政集团公司和中国邮政储蓄银行将充分发挥各自优势,在网络资源共享、产品交叉销售等方面开展合作,保证邮政企业和储蓄银行的稳定、协调发展。

7) 中国邮政储蓄银行邮政金融业务的基本情况

中国邮政储蓄银行拥有得天独厚的网络优势,所提供的基础金融服务已经深入人心,享有"绿色银行"的美誉。邮政储蓄自1986年恢复开办以来,目前已发展成为我国一支重要的金融力量,经过20多年的发展,现已建成覆盖全国城乡网点面最广、交易额最多的个人金融服务网络。特别是在一些边远地区,邮政储蓄是当地居民唯一可获得的金融服务。

邮政储蓄银行组建期间,邮政储蓄及各项邮政金融业务照常进行,并行使用"中国邮政储蓄银行"和原"邮政储蓄"的品牌名称。中国邮政储蓄银行成立后,将完全继承邮政储蓄及各项邮政金融业务的资产和负债,客户无须因改制而办理任何变更手续。

6.6.5 试点中的小额贷款组织——小额贷款公司

1) 小额信贷 10 年历程

对于小额信贷在中国的发展,一般认为经典的或具有现代意义的小额信贷的发展始于 20 世纪 90 年代初期,以 1993 年中国社会科学院(以下简称社科院)农村发展研究所引入孟加拉乡村银行小额信贷模式为发端,由此也开始了小额信贷在中国的十余年发展历程。

在此之前,在一些国际组织对华援助项目中,也开展了一些具有小额信贷意义的资金支持活动。通常是作为项目的多重目标之一,将部分来自国际组织的资金以小额贷款和滚动贷款的形式投向一些县办企业和乡镇企业(主要是 20 世纪 80 年代初期在中国政府的要求下进行的)。这一时期的小额贷款大多被用来改善妇女地位和扩大就业机会、改善医疗和生育卫生条件。我们把这些活跃在国际项目中的小额信贷活动称为"早期的项目试验",虽然并非真正意义上的小额信贷活动,但对于其后小额信贷在中国的发展却具有重要的借鉴意义。

(1) 小额信贷在中国"早期的项目试验" 这一时期从 1981 年至 1993 年,主要是在一些援华的国际项目中,与其他项目目标相配合,同时利用小额贷款的方式开展一些针对特定人群的信贷计划,比较有代表性的有以下几项:

① 联合国的机构之———妇女发展基金,于 1981 年、1982 年分别通过山东省妇联和北京市妇联,针对为妇女提供就业机会的小企业贷款。

② 于 20 世纪 80 年代末启动的国际农业发展基金项目,其投资集中用于排灌系统、林业和基础设施,用以改善农村低收入农户的粮食供给和提高营养水平。

③ 1989 年人口基金会开始在甘肃、青海和宁夏某些县实施的"妇女、人口与发展"项目,开发投资绝大部分作为滚动资金。

④ 始于 1984 年被称为"礼品传递"的国际小母牛项目,主要在中国西部贫困地区,资助人均收入低于当地平均收入的农户。

⑤ 始于 1992 年香港乐施会的农村综合发展项目,其中的一项内容是为农户提供小额信贷,购买畜种,改良饲养技术,提供防疫兽医服务。项目区集中在贵州、广西、云南的若干个贫困县。

在这些国际援华项目中,小额信贷都仅仅是其项目多重目标中的一个内容而已,而且不同的项目在运作时,无论是针对的目标群体还是具体采取的运作方法也都是不尽相同的,但是在这些项目的运作与实践中,可以看到人们对小额信贷的不断探索。

(2) 中国小额信贷发展开端——社科院"扶贫社"小额信贷项目 1993 年,社科院农村发展研究所在福特基金会和孟加拉乡村银行的资金和技术支持下,将孟加拉乡村银行的小额信贷模式引入中国,并在 1994 年开始实施一项名为"行动——研究计划"的小额信贷项目,1993—1994 年为项目筹备阶段,1994 年 5 月正式发放贷款。该项目于 1994 年初至 1995 年 11 月,分别在河北省易县和河南省虞城县、南召县建立起三个县级扶贫合作社(简称扶贫社),使项目快速且有效率地运作起来,贷款有效且稳妥地到达真正贫困户手中,同时保证高还贷率。这一项目的启动被认为是真正意义上的小额信贷活动在中国的开端。

"扶贫社"一开始就比较强调严格按照乡村银行的方法操作,在实行过程中虽然根据中

国的实际情况对某些原则作了适当改变,但乡村银行多年行之有效的制度基本上被保留下来。目前的制度和技术可以概括如下:

① 小额度贷款与重复贷款承诺:小额度贷款起步,重复贷款。第一轮贷款额度,上限1 000元,重复贷款额度可以逐步提高,但一般不超过3 000元。

② 小组联保和分期还款:5%小组基金的5人联保小组,每周还款和每周强制存款。这是以还款意愿替代财富显示机制,是对传统抵押担保的一种灵活变通,也是放松抵押担保的还款制度安排。分期还款也使得贷款风险得以分散,能够及时发现潜在的违约可能,并使惩罚措施便于操作。

③ 中心会和中心主任:"扶贫社"项目没有采取乡村银行每周小组会的方式,代之的是以村庄为一个村中心,在本村中寻找一位熟悉本村情况并有威望的村民担任中心主任,协助信贷人员,负责本村与贷款管理相关的全部工作。中心主任根据本村贷款规模和贷款质量得到报酬。

④ 全部交易在村庄内进行:信贷人员每天在不同村庄中办理业务,这样可以降低客户交易成本。

⑤ 市场利率:年贷款利率8%。

(3) 小额信贷在中国探索性的发展　社科院"扶贫社"项目的成功,使得小额信贷在社会上引起了较大的反响,推动了一些国内和国际机构在中国支持和推行小额信贷工作。小额信贷各种发展模式在我国不断涌现,进入了探索性的发展阶段。

一方面,来自国际机构的小额信贷项目积极在中国开展试验,其中联合国开发计划署对小额信贷最先采取积极的政策,1995年开始在四川仪陇县试验小额信贷扶贫项目。与20世纪90年代之前的"早期项目试验"不同,此时的小额信贷扶贫项目其中心是把小额信贷作为一种完整的扶贫制度,从最初仅限于四川、云南等省的少数几个县,规模不断扩大,最后几乎遍及西部各省区的几十个县,成为在中国由国际机构资助的规模最大的小额信贷项目之一。与此同时,国际粮食计划署、联合国儿童基金会、加拿大国际开发署等国际机构也纷纷参与其中,在中国的贫困地区开展小额信贷项目。

另一方面,国内的扶贫机构与金融机构也逐渐认识到小额信贷对于扶贫资金落实到户的重要意义。在国务院"扶贫办"的极力推动下,各省区也开始了对小额信贷试点的积极探索。国家的扶贫机构和正规金融机构如农行、农信社也纷纷参与到小额信贷扶贫的活动中来,比如中德合作江西山区可持续发展小额信贷项目,在进入项目运行的第二阶段时,就充分利用了农信社在农村中的地位和作用,使得项目走上了可持续发展道路。而国内政府与金融机构的参与,也使得小额信贷在我国的发展出现了一个重要的转折,即小额信贷扶贫从由非政府组织、社会团体,主要利用国外资金进行小范围试验,转向了以政府和指定的国家银行操作、以使用国内扶贫资金为主,在较大范围内推广。其中发展较快的省区有陕西、四川、云南、河北、广西、贵州等。

(4) 小额信贷在中国的创新——农信社农户小额信用贷款　小额信贷在扶贫领域内取得了可喜的成功,但同时,仅仅着眼于扶贫的小额信贷项目并不能惠及低收入群体中的更多人,一方面是由于大多数来自国际组织援助的小额信贷采取的是项目式运作的方式,项目期通常3~5年,项目地点也仅限于某一个或若干县,难以持续发展且涉及范围有限;另一方面,来自政府参与的小额信贷主要关注于扶贫,而在政府所针对的"贫困人口"之外,还存在着大量的低收入者(以广大农户为主),他们也面临着资金的约束,难以发展生产和改善其生活状况,因此迫切地需要新的创新出现。

进入20世纪90年代中后期,中国农村金融体制改革快速推进,逐渐构建起了以农行为代表的商业性金融、以农发行为代表的政策性金融和以农信社为代表的合作性金融三位一体的组织体系。但是,农行在商业化目标的推动下,距离农村和农民渐行渐远,农发行专注于粮食收储也难以真正为农户提供信贷服务,事实上,真正面对农户开展信贷业务的机构仅剩农信社。然而,农信社虽然被赋予了"支农主力军"的大名,但其发展本身就面临一系列的问题,比如不良贷款过多、资金实力有限、联网和结算系统缺乏等。结果是,在中国的广大农村领域内,真正的来自正规金融机构的金融供给十分有限,农户和农村中小企业普遍面临着"贷款难"的问题。同时,农信社虽然背负"合作金融"之名,但与传统的银行机构并无二致,对农户和农村中小企业发放贷款采取的方式依然是传统银行要求的严格的抵押担保,农户由于缺乏抵押担保品,因此对其贷款望而却步。在农村领域内,"贷款难"的问题已经严重制约了农村经济的发展,"三农"问题突出地表现为资金问题。如何向农村人口提供金融服务引起各界的极大关注。

基于上述背景,加之来自小额信贷在扶贫领域内的捷报频传,1999年7月,人行下发《农村信用合作社农户小额信用贷款管理暂行办法》,开始在部分省市的农信社试点推行农户小额信用贷款和农户联保贷款业务。2001年底,人行再次颁布了《农信社农户小额信用贷款管理指导意见》,明确要求各地农信社适时开办农户小额信用贷款,简化贷款手续,方便农民借贷。自2002年始,人行在全国范围内开始普遍推行农户小额信用贷款。至此,小额信贷在中国的发展从仅仅着眼于扶贫,开始转向更大范围的农村金融领域,农信社作为国家正规金融机构之一,成为小额信贷在中国的最大实践者。

农户小额信用贷款充分借鉴了来自孟加拉乡村银行小额信贷模式的精华,同时结合中国农村经济和社会的现实情况,进行了大胆的创新和尝试,在向农户提供不需抵押担保的信用放款和联保放款的同时,也使农信社得到了一定程度的发展,探索了一条小额信贷在中国发展的新道路。

(5) 小额信贷在中国的正规化之路——"只贷不存"小额信贷机构试点　小额信贷的成功经验被农信社吸纳,经过创新与发展推出了农户小额信用贷款与农户联保贷款,事实上已经启动了小额信贷在中国的正规化发展之路,只是这样的发展仅仅是在现有机构内部进行的改革与创新。而进入2005年,小额信贷在中国发展10年之际,来自人行,分别在贵州、四川、山西、陕西、内蒙五省区开始的"只贷不存"小额信贷机构试点,正式推动了中国小额信贷正规化的发展之路。小额信贷的运作不仅仅由非政府组织、国际机构、社会团体来操作,也不仅仅由农信社来运行,而是引入了一个新的"只贷不存"的小额信贷机构来专营,这是中国小额信贷发展历程中的大事,也是农村金融改革中的一个重大举措,这个试点对于中国的农村金融发展与小额信贷发展都具有重大意义。

2) 我国小额信贷的发展阶段及类型

(1) 中国小额信贷的发展阶段　小额信贷在中国"早期的项目试验"可以认为是中国小额信贷发展的序幕,如果认为社科院引入孟加拉乡村银行小额信贷模式是现代小额信贷在中国大地上的真正"登陆",那么直到"只贷不存"小额信贷机构试点的启动,中国小额信贷走上正规化发展道路,中国小额信贷的发展可以大致分为三个阶段,如表6.2所示。

针对中国小额信贷发展的三个阶段,小额信贷在不同阶段的目标群体、运作机构、方式等方面都存在着区别。

表 6.2　中国小额信贷各发展阶段比较

项目	第一阶段	第二阶段	第三阶段
起始时间	1994 年	1999 年	2005 年
目标群体	贫困户	中低收入农户	微型金融需求者
服务领域	扶贫	农村金融	农村金融
典型运作机构	非政府组织、国际机构、社会团体、政府扶贫机构等	农村信用社	"只贷不存"小额信贷机构
机构属性	非政府组织为主	金融机构	金融机构
资金来源	捐款、扶贫资金	存款	机构自有资金
信贷方式	小组贷款为主,较严格地遵守孟加拉乡村银行模式	个人信用贷款联保贷款	个人信用或联保等多种方式
利率水平	8%(以社科院为代表)	银行贷款利率	银行贷款利率
还款方式	分期还款为主	灵活确定	灵活确定
储蓄	强制储蓄	自愿储蓄	不允许吸储
监管	不纳入金融监管	金融监管	金融监管

资料来源:李莉莉.农村小额信贷.北京:中国社会出版社,2006

(2) 中国小额信贷的类型　中国小额信贷十余年发展,从最初引入孟加拉乡村银行小额信贷模式后,经历了与中国经济社会现实的碰撞,出现了许多创新与发展,至今中国小额信贷的类型大致可以分为以下几种:

① 非政府组织、国际机构、社会团体等民间组织操作的小额信贷:非政府组织等民间组织操作的小额信贷是小额信贷进入中国选择的一种主要组织形式,也是迄今为止中国小额信贷发展的一支重要力量。中国的非政府组织小额信贷存在两种基本类型:一种是由非政府组织操作的专业小额信贷,通常由一个社团机构作为载体,利用国际赠款、扶贫资金等各方筹集的资金来开展小额信贷业务,他们以提供小额信贷为主要任务和目标,并希望通过有效运作后实现机构的自我生存与发展。具有代表性的包括:中国社科院贫困问题研究中心管理的三个扶贫合作社、中国扶贫基金会管理的贫困农户自立能力建设服务社以及联合国开发计划署与中国国际经济技术交流中心管理的部分乡村发展协会。另一种是由非政府组织操作的包括小额信贷部分的项目,也即在一个综合性目标的项目中,小额信贷仅作为其项目目标之一存在。这种类型通常只是利用小额信贷方法来实现扶贫和其他项目目标。如香港乐施会的部分项目、国际基金组织和鹤类基金会支持的草海项目、中国计划生育协会等运作的"幸福工程"、中国妇女报等支持的"农家女"项目等。作为民间机构操作的小额信贷,其在运作的过程中可以准确地贯彻小额信贷的原则,还款率也较高;但是却面临着组织成本较高、规模相对较小、组织机构经营金融业务合法性问题以及难以实现可持续发展等挑战。

② 政府部门操作的小额信贷:政府部门操作小额信贷是小额信贷进入中国之后的一个重要的转折,中央和地方政府如此大规模的介入和利用小额信贷进行扶贫,也是国际小额信贷发展史上的一个非常特殊的事例。政府介入小额信贷始于1997年,当时中国大规模的扶贫开发计划已经实施了10年(从1986年开始),政府的扶贫开发政策的制定者一直相信提供贴息贷款对于帮助贫困人口脱贫是必要和有效的,但是 10 年大规模扶贫开发计划实施

以来,效果并未像他们最初设想的那样理想。从中央到县设立的扶贫开发领导机构本身运作费用庞大,同时协助发放扶贫贷款的金融机构(开始是农行,后来由农发行管理,然后再委托农行基层机构代理,现在又划归农行管理)也缺少积极性,并且会左右贷款的具体项目选择,更重要的是在这种模式下,扶贫贴息贷款的到户率非常低,扶贫效果十分有限。因此从1997年开始,为了解决扶贫贴息贷款到户率低的问题,借鉴国内非政府组织操作小额信贷的做法,对扶贫贷款的管理与发放体制进行了改革,在原有的分配管理体制中新建了负责贷款小组组建、贷款项目选择和帮助资金回收的扶贫社,从而使原来由扶贫办和农行组成的二位一体体制,转变为由扶贫办、农行和扶贫社三位一体的体制。这种体制一方面延伸了扶贫办在乡镇一级的机构,强化了扶贫贷款项目的基层操作管理;另一方面也在一定程度上减弱了银行部门在贷款对象选择方面的商业化倾向,同时政府操作的小额信贷由于有政府的极力推动,因此具有行动快、规模大、成本小、目标准及有一定配套技术支持等优点,但是同时也产生了如还款率不高、不可持续、政府主导下的供给与农户需求脱节等一系列问题。尽管如此,政府操作的小额信贷也获得了极大的发展,如果按省区为单位计算,几乎已覆盖所有的西部省区和大多数中部省区。

③ 金融机构操作的小额信贷:在中国,运作小额信贷的主要有三类金融机构:农行(包括农发行曾运作了一段时期)、农信社和新被允许成立的"只贷不存"小额信贷机构,但是三类机构操作小额信贷的模式却不同。对于农行(含农发行),其主要是作为政府操作小额信贷的一个辅助机构参与小额信贷的,从其本质来看,应该属于政府部门操作小额信贷的类型。所以,真正属于金融机构操作的小额信贷主要有两类:一种是从1999年开始的在农信社领域内开展的农户小额信用贷款业务,这是正规金融机构第一次引入小额信贷业务;另一种是从2005年开始,在川、黔、陕、晋、蒙五省区进行的"只贷不存"小额信贷机构试点,一个新的金融机构被允许成立,并且被准予开展小额信贷业务,这极大地推动了中国小额信贷正规化的发展之路。无论是农信社还是"只贷不存"小额信贷机构操作的小额信贷,都是小额信贷在中国的创新与发展,必将极大地推动中国小额信贷事业的发展。

6.6.6 试点中的新型农村金融机构——村镇银行、贷款子公司、农村资金互助社

2006年12月20日,中国银监会发布《关于调整放宽农村地区银行业金融机构准入政策,更好地支持社会主义新农村建设的若干意见》,为解决农村地区银行业金融机构网点覆盖率低、金融供给不足、竞争不充分等问题,中国银监会按照商业可持续原则,适度调整和放宽农村地区银行业金融机构准入政策,降低准入门槛,强化监管约束,加大政策支持,促进农村地区形成投资多元、种类多样、覆盖全面、治理灵活、服务高效的银行业金融服务体系,更好地改进和加强农村金融服务,支持社会主义新农村建设,就调整放宽农村地区银行业金融机构准入政策有关问题提出如下意见:

1)适用范围和原则

(1)适用范围 适用于中西部、东北和海南省的县(市)及县(市)以下地区,以及其他省(区、市)的国定贫困县和省定贫困县。

(2)原则 农村地区银行业金融机构准入政策调整涉及面广,要积极、稳妥地开展这项工作,按照"先试点,后推开;先中西部,后内地;先努力解决服务空白问题,后解决竞争不充分问题"的原则和步骤,在总结经验的基础上,完善办法,稳步推开。

2) 准入政策调整和放宽的具体内容

(1) 放开准入资本范围　积极支持和引导境内外银行资本、产业资本和民间资本到农村地区投资、收购、新设以下各类银行业金融机构：

① 鼓励各类资本到农村地区新设主要为当地农户提供金融服务的村镇银行。

② 农村地区的农民和农村小企业也可按照自愿原则，发起设立为入股社员服务、实行社员民主管理的社区性信用合作组织。

③ 鼓励境内商业银行和农村合作银行在农村地区设立专营贷款业务的全资子公司。

④ 支持各类资本参股、收购、重组现有农村地区银行业金融机构，也可将管理相对规范、业务量较大的信用代办站改造为银行业金融机构。

⑤ 支持专业经验丰富、经营业绩良好、内控管理能力强的商业银行和农村合作银行到农村地区设立分支机构，鼓励现有的农村合作金融机构在本机构所在地辖内的乡(镇)和行政村增设分支机构。

上述新设银行业法人机构总部原则上设在农村地区，也可以设在大中城市，但其具备贷款服务功能的营业网点只能设在县(市)或县(市)以下的乡(镇)和行政村。农村地区各类银行业金融机构，尤其是新设立的机构，其金融服务必须能够覆盖机构所在地辖内的乡(镇)或行政村。

对在农村地区设立机构的申请，监管机构可在同等条件下优先审批。股份制商业银行、城市商业银行在农村地区设立分支机构，且开展实质性贷款活动的，不占用其年度分支机构设置规划指标，并可同时在发达地区优先增设分支机构；国有商业银行、股份制商业银行、城市商业银行在大中城市新设立分支机构的，原则上应在新设机构所在地辖内的县(市)、乡(镇)或行政村也相应设立分支机构。

(2) 调低注册资本，取消营运资金限制　根据农村地区金融服务规模及业务复杂程度，合理确定新设银行业金融机构注册资本。

① 在县(市)设立的村镇银行，其注册资本不得低于人民币 300 万元；在乡(镇)设立的村镇银行，其注册资本不得低于人民币 100 万元。

② 在乡(镇)新设立的信用合作组织，其注册资本不得低于人民币 30 万元；在行政村新设立的信用合作组织，其注册资本不得低于人民币 10 万元。

③ 商业银行和农村合作银行设立的专营贷款业务的全资子公司，其注册资本不得低于人民币 50 万元。

④ 适当降低农村地区现有银行业金融机构通过合并、重组、改制方式设立银行业金融机构的注册资本，其中，农村合作银行的注册资本不得低于人民币 1 000 万元，以县(市)为单位实施统一法人的机构，其注册资本不得低于人民币 300 万元。

取消境内银行业金融机构对在县(市)、乡(镇)、行政村设立分支机构拨付营运资金的限额及相关比例的限制。

(3) 调整投资人资格，放宽境内投资人持股比例　适当调整境内企业法人向农村地区银行业法人机构投资入股的条件：应具备良好的诚信记录，上一年度盈利，年终分配后净资产达到全部资产的 10% 以上(合并会计报表口径)，资金来源合法等。

资产规模超过人民币 50 亿元，且资本充足率、资产损失准备充足率以及不良资产率等主要审慎监管指标符合监管要求的境内商业银行、农村合作银行，可以在农村地区设立专营贷款业务的全资子公司。

村镇银行应采取发起方式设立，且应有 1 家以上(含 1 家)境内银行业金融机构作为发起人。适度提高境内投资人入股农村地区村镇银行、农村合作金融机构持股比例。其中,单一境内银行业金融机构持股比例不得低于20%,单一自然人持股比例、单一其他非银行企业法人及其关联方合计持股比例不得超过10%。任何单位或个人持有村镇银行、农村合作金融机构股份总额5%以上的,应当事先经监管机构批准。

(4) 放宽业务准入条件与范围 在成本可算、风险可控的前提下,积极支持农村地区银行业金融机构开办各类银行业务,提供标准化的银行产品与服务。鼓励并扶持农村地区银行业金融机构开办符合当地客户合理需求的金融创新产品和服务。农村地区银行业法人机构的具体业务准入实行区别对待,因地制宜,由当地监管机构根据其非现场监管及现场检查结果予以审批。

充分利用商业化网络销售政策性金融产品。在农村地区特别是老少边穷地区,要充分发挥政策性银行的作用。在不增设机构网点和风险可控的前提下,政策性银行要逐步加大对农村地区的金融服务力度,加大信贷投入。鼓励政策性银行在农村地区开展业务,并在平等自愿、诚实信用、等价有偿、优势互补原则基础上,与商业性银行业金融机构开展业务合作,适当拓展业务空间,加大政策性金融支农服务力度。

鼓励大型商业银行创造条件在农村地区设置ATM机,并根据农户、农村经济组织的信用状况向其发行银行卡。支持符合条件的农村地区银行业金融机构开办银行卡业务。

(5) 调整董(理)事、高级管理人员准入资格

① 村镇银行的董事应具备与拟任职务相适应的知识、经验及能力,董事长、高级管理人员应具备从事银行业工作5年以上,或者从事相关经济工作8年以上(其中从事银行业工作2年以上)的工作经验,具备大专以上(含大专)学历。

② 在乡(镇)、行政村设立的信用合作组织,其高级管理人员应具备高中或中专以上(含高中或中专)学历。

③ 专营贷款业务的全资子公司负责人,由其投资人自行决定,事后报备当地监管机构。

④ 取消在农村地区新设银行业金融机构分支机构高级管理人员任职资格审查的行政许可事项,改为参加从业资格考试合格后即可上岗。

⑤ 村镇银行、信用合作组织、专营贷款业务的全资子公司,可根据本地产业结构或信贷管理的实际需要,在同等条件下,适量选聘具有农业技术专长的人员作为其董(理)事、高级管理人员,或从事信贷管理工作。

(6) 调整新设法人机构或分支机构的审批权限 上述准入政策调整范围内的银行业法人机构设立,分为筹建和开业两个阶段。其筹建申请,由银监分局受理,银监局审查并决定;开业申请,由银监分局受理、审查并决定。在省会城市所辖农村地区设立银行业法人机构的,由银监局受理、审查并决定。

其筹建行政许可事项,其筹建方案应事前报当地监管机构备案(设监管办事处的,报监管办事处备案)。其开业申请,由银监分局受理、审查并决定;未设银监分局的,由银监局受理、审查并决定。

上述法人机构及其分支机构的金融许可证,由决定机关颁发。

(7) 实行简洁、灵活的公司治理 农村地区新设的各类银行业金融机构,应针对其机构规模小、业务简单的特点,按照因地制宜、运行科学、治理有效的原则,建立并完善公司治理,在强化决策过程的控制与管理、缩短决策链条、提高决策经营效率的同时,要加强对高级管理层履职行为的约束,防止权力的失控。

① 新设立或重组的村镇银行,可只设董事会,并由董事会行使对高级管理层的监督职能。董事会可不设或少设专门委员会,并可视需要设立相应的专门管理小组或岗位,规模微小的村镇银行,其董事长可兼任行长。

② 信用合作组织可不设理事会,由其社员大会直接选举产生经营管理层,但应设立由利益相关者组成的监事会。

③ 专营贷款业务的全资子公司,其经营管理层可由投资人直接委派,并实施监督。

农村地区新设银行业金融机构,要科学设置业务流程和管理流程,精简设置职能部门,提高效率,降低成本,实现高效、安全、稳健运作。

3) 主要监管措施

(1) 坚持"低门槛、严监管"的原则,实施审慎监管 要强化对农村地区新设银行业法人机构资本充足率、资产损失准备充足率、不良资产率及单一集团客户授信集中度的持续、动态监管。农村地区新设银行业法人机构必须执行审慎、规范的资产分类制度,在任何时点,其资本充足率不得低于8%,资产损失准备充足率不得低于100%,内部控制、贷款集中、资产流动性等应严格满足审慎监管要求。村镇银行不得为股东及其关联方提供贷款。

(2) 根据农村地区新设银行业法人机构的资本充足状况及资产质量状况,适时采取差别监管措施

① 对资本充足率大于8%、不良资产率在5%以下的,监管机构可适当减少对其现场检查的频率或范围,支持其稳健发展。

② 对资本充足率低于8%、大于4%的,要督促其限期提高资本充足率,并加大非现场监管及现场检查的力度,适时采取限制资产增长速度、固定资产购置、分配红利和其他收入、增设分支机构、开办新业务以及要求其降低风险资产规模等措施,督促其限期进行整改。

③ 对限期达不到整改要求、资本充足率下降至4%、不良资产率高于15%的,可适时采取责令其调整高级管理人员、停办所有业务、限期重组等措施。

④ 在限期内仍不能有效实现减负重组、资本充足率降至2%以下的,应适时接管、撤销或破产。

对专营贷款业务的全资子公司,应主要实施合规监管,并与其母公司实施并表监管。

(3) 引导和监督新设银行业法人机构的资金投向 原则上,信用合作组织应将其资金全部用于社员,确有资金富余的,可存放其他银行业金融机构或购买政府债券、金融债券。对新设立的信用合作组织,只要其管理规范,诚实守信,运行良好,其他银行业金融机构可根据其实际需要予以融资支持。鼓励农村地区其他新设银行业金融机构在兼顾当地普惠性和商业可持续性的前提下,将其当地吸收的资金尽可能多地用于当地。对确已满足当地农村资金需求的,其富余资金可用于购买中国农发行发行的金融债券,或通过其他合法渠道向"三农"融资。

(4) 建立农村地区银行业金融机构支农服务质量评价考核体系

① 农村地区银行业金融机构应制定满足区域内农民、农村经济对金融服务需求的信贷政策,并结合当地经济、社会发展的实际情况,制定明确的服务目标,保证其贷款业务辐射一定的地域和人群。

② 银行业金融机构应根据在农村地区开展贷款业务的特点,积极开展制度创新,构建正向激励约束机制,建立符合"三农"实际的贷款管理制度,培育与社会主义新农村建设相适应的信贷文化。

③ 监管机构应建立对农村地区银行业金融机构的支农服务质量考核体系,并将考核结果作为对该机构综合评价、行政许可以及高级管理人员履职评价的重要内容,促进农村地区银行业金融机构安全稳健经营,满足农村地区的有效金融需求。

4) 社会资金获准成立村镇银行等农村金融机构

2007年1月22日,中国银监会对外公布了成立村镇银行、贷款公司、农村资金互助社的暂行办法和相关的实施细则。银监会发布的6项行政许可及监管细则包括:《村镇银行管理暂行规定》、《村镇银行组建审批工作指引》、《贷款公司管理暂行规定》、《贷款公司组建审批工作指引》、《农村资金互助社管理暂行规定》和《农村资金互助社组建审批工作指引》等。这些行政许可及实施细则文件从村镇银行、贷款公司、农村资金互助社的设立与退出,到组织机构、公司治理及经营行为,组建审批的工作程序进行了详尽规范。银监会有关负责人表示,6个文件的及时发布为新型农村银行业金融机构服务"三农"提供了制度保障,将促进农村金融体系的完善和农村金融服务水平的提高,促进城乡金融和经济的协调发展。三类机构的运营今后将有规可依。

(1) 村镇银行　村镇银行是经中国银监会依据有关法律、法规批准,由境内外金融机构、境内非金融机构企业法人、境内自然人出资,在农村地区设立的主要为当地农民、农业和农村经济发展提供金融服务的银行业金融机构。村镇银行属一级法人机构,不同于商业银行的分支机构,在政策、经营及本地化等方面具有优势,加上银行作为特殊的金融企业,风险控制十分成熟,使得村镇银行已成为非金融企业一个优选的"投资项目"。湖北省银监局相关负责人曾表示,"每天来谈投资的企业都挤破了门"。

2007年3月1日,中国第一家村镇银行——四川仪陇惠民村镇银行在仪陇县金城镇正式挂牌开业,这标志着中国银监会放宽农村地区银行业金融机构准入政策取得新突破。从2007年10月份开始,银监会已将村镇银行试点省份从6个扩大到全部31个省市区,汇丰、花旗、渣打等外资银行纷纷对这一领域表示出浓厚的兴趣。村镇银行正在引发我国农村金融投资主体多元化的一场改革风暴。

(2) 贷款公司　贷款公司是经中国银监会依据有关法律、法规批准,由境内商业银行或农村合作银行在农村地区设立的专门为县域农民、农业和农村经济发展提供贷款服务的非银行业金融机构。中国第一家贷款公司——四川仪陇惠民贷款有限责任公司2007年3月1日在仪陇县马鞍镇开张。

(3) 农村资金互助社　农村资金互助社是经银行业监督管理机构批准,由乡(镇)、行政村农民和农村小企业自愿入股组成,为社员提供存款、贷款、结算等业务的社区互助性银行业金融机构。2007年3月9日,吉林省梨树县闫家村百信农村资金互助社成立,这是我国第一家经银行业监督管理机构批准挂牌营业的村级农村资金互助社。

复习思考题

1. 简述农村金融的含义、特点、地位、作用。
2. 简述农村金融体系的构成及其关系。
3. 简述中国农村金融的发展历程。
4. 农村货币流通有何特点?怎样进行农村货币流通速度的测定与分析?
5. 农业资金与农业信贷资金有何区别?
6. 简述我国现行的农村金融机构体系。

7 农村金融业务

[学习目标]

知识目标：识记涉农金融机构在农村开展的各类金融业务；理解涉农金融机构在农村发放贷款的种类和在农村经济发展中的作用；掌握利率的分类以及影响利率的各种因素。

技能目标：掌握各类储蓄存款业务利息的计算；正确理解单利和复利计息的原理；正确把握票据贴现的流程和实质。

能力目标：能较为准确地模拟农业银行贷款业务基本流程，培养从事农户小额信用贷款、农户联保贷款等农信社直接对农户提供贷款的主要形式的基本能力。

7.1 中国农业银行的农村金融业务

虽然自20世纪90年代初期开始，中行、农行、工行、建行四大国有银行在业务范围的地域划分上早已实现竞争和交叉，但是农行在我国农村金融业务中仍占据重要地位。农行被定位为农村金融体系的骨干，在进行股份制改革后，将会稳定和发展在农村地区的网点和业务，扩大在基层的覆盖面，进一步强化为"三农"服务的市场定位和责任，充分利用在县域的资金、网络和专业等方面的优势，加大对农业产业化、农村基础设施的支持力度，更好地为"三农"和县域经济服务。

7.1.1 存款业务

吸收存款是商业银行筹集信贷资金的重要途径，农行在农村地区开办的存款业务主要有个人储蓄存款和企事业单位存款两类。

1) 个人储蓄存款业务

个人储蓄存款业务指个人将属于其所有的人民币或外币存入农行，由农行开具存款凭证，个人凭存款凭证支取存款本金和利息，农行依照规定支付存款本金和利息的活动。

储蓄关系到千家万户的利益，影响着国家经济建设的资金总量和社会的稳定，是一项非常重要的经济活动。为此，国家制定了开展储蓄活动必须遵守的若干原则，即存款自愿、取款自由、存款有息、为储户保密的原则。

自1999年11月1日起，我国对储蓄存款利息所得恢复征收个人所得税，税率为20%。利息税在鼓励消费和投资、合理调节个人收入、增加财政收入等方面发挥了积极作用。近年来，我国经济社会的整体环境与利息税开征时相比已有较大改变。目前，投资增长较快，物价指数有一定上涨，居民储蓄存款利息收益相对减少。为了适应国民经济发展的需要，减少因物价指数上涨对居民储蓄存款利息收益的影响，增加居民储蓄存款利息收益，国务院发布了《关于修改〈对储蓄存款利息所得征收个人所得税的实施办法〉的决定》，自2007年8月

15日起,税率由20%下调为5%。

为了保护个人存款账户的真实性,维护存款人的合法权益,国务院发布了《个人存款账户实名制规定》。根据规定,自2000年4月1日起,我国实行储蓄存款实名制,即个人到储蓄机构开立账户办理储蓄存款时,应当出示个人法定身份证件,而且只能使用身份证件上的姓名,不得为他名或不计名,储蓄机构也只能按照此姓名为储户办理存款手续。

我国储蓄存款采用单利计息法。各种类型存款利息计算的基本公式为:

利息=本金×利率×存款期限

其中,存款期限的基本计算方法是年、月、日同减法和向前借位法,1年按360天、1个月按30天计算。计算利息时,还必须注意存款期限与利率单位之间要严格对应,即如果存款期限以年表示,则相对应的利率也必须是年利率;如果存款期限以月表示,则相对应的利率必须是月利率;如果存款期限以日表示,则相对应的利率必须是日利率。

按储户是否和银行约定存款期限分类,农业银行开办的储蓄存款业务可分为以下几种:

(1)活期储蓄 指个人将其所拥有的货币资金存入银行,不与银行约定存款的期限,储户可随时凭银行开出的存折办理续存或取款、存取金额不限的储蓄存款类型。活期储蓄存款业务一元起存,多存不限,存、取款灵活方便,在为储户带来利息收入的同时,还能满足储户随时用款的需要,比较适合于个人生活待用款和暂时不用款项的存储。在计算机和网络技术的支持下,活期储蓄存款的储户可以在农业银行通存通兑区域内的任一联机网点办理存取款、查询及挂失等业务。随着活期储蓄存款功能的深度开发,活期储蓄业务还被赋予了代收代付、代发工资等功能。

目前,中国农业银行活期储蓄存款实行按季度结息的制度。每季度结息后,储户持存折前来办理第一次存取款业务时,系统将自动将上一季度的利息在存折上予以补登。储户办理销户时,利随本清。

活期储蓄存款较常采用的计息方法是积数计息法。所谓积数,是指每次储蓄存款余额与该笔余额实际存期的乘积。积数相加乘以利率即为税前利息。其中,利率以结息日或销户日当天银行挂牌公告的活期储蓄存款利率为准。活期储蓄存款利息计算的相关公式为:

积数=储蓄存款余额×对应的存期

税前利息=存期内积数之和×利率

利息所得税=税前利息×税率

税后利息=税前利息-利息所得税

【例7-1】 2007年4月11日,某人在农行营业网点开立活期储蓄存款账户,存入人民币5 000元,5月11日取走1 000元,5月17日续存500元,5月30日销户。利率以表7.1所列为准(下同)。计算:整个存期内积数之和是多少?销户时可以获得多少税前利息?银行应扣除多少利息所得税?税后实得多少利息?

【解】 4月11日到5月11日,5 000元储蓄存款的存期为30天;5月11日到5月17日,4 000元储蓄存款的存期为6天;5月17日到5月30日,4 500元储蓄存款的存期为13天。根据上述公式,则有:

存期内积数之和=5 000×30+4 000×6+4 500×13=232 500

销户时可获税前利息=232 500×0.72%÷360=4.65(元)

银行应扣缴的利息所得税=4.65×20%=0.93(元)

税后实得利息=4.65-0.93=3.72(元)

(2)定期储蓄 指储户在办理存款时就和银行约定了存储的时间,到了约定的时间方可办理取款业务。按存取方式的不同,定期储蓄又可以分为以下四种:

① 整存整取定期储蓄:指个人将属于其所有的货币资金存入银行,约定存期、整笔存入,由银行开具存单,到期一次性支取本息的一种储蓄存款类型。通常50元起存,存期包括3个月、6个月、1年、2年、3年、5年六个档次。这种储蓄利率比活期储蓄利率高,并提供约定转存和自动转存功能,适合于较长时期内不会动用的节余款项的存储。存款到期,储户凭存单办理取款、销户,按存入日银行挂牌公告的相应存期利率支付利息。税前利息计算公式为:

$$税前利息＝本金×利率×期限$$

为方便储户,整存整取定期储蓄存款可部分提前支取。部分提前支取时,未提前支取部分按原存期、原利率开给新存单;提前支取部分,按支取日活期利率支付利息。逾期支取,逾期利息以初始本金和逾期天数为依据,按支取日活期储蓄存款利率计付利息。

【例7－2】 2007年5月20日,某人在农行的某营业网点开立整存整取定期储蓄存款账户,存入10 000元,存期6个月。计算:如果到期支取,该储户可以获得的税前利息是多少?

【解】 根据公式,到期支取,税前利息＝10 000×2.61％×6÷12＝130.5(元)

近年来,随着金融业务的创新,整存整取定期储蓄业务中开给储户的存款凭证由最初的存单(折)发展为被"定期一本通"取代。定期一本通是指以存折方式开立的定期整存整取储蓄账户。在同一户名、账号的账户中,开立多个子账户,存储多笔不同存款日期、不同存款金额、不同存期及利率的人民币和外币的定期储蓄存款。同时,使用定期一本通还可以办理自动转存业务,即定期一本通内各种存款到期后,均可按设定期限自动转存,无需储户亲自办理转存手续。存款到期是否需要自动转存以及自动转存期限由储户在办理储蓄业务时和银行约定。

② 零存整取定期储蓄:指个人将属于其所有的货币资金存入银行,每月固定存额,集零成整,约定存款期限,到期一次支取本息的一种定期储蓄存款类型。通常5元起存,存期包括1年、3年、5年三个档次。中途如有漏存,要在下月补齐。这种类型储蓄的利率虽然低于整存整取定期存款,但是高于活期储蓄,因而可使储户获得稍高的存款利息收入,同时具有计划性、约束性、积累性的功能,可以起到积零成整、积少成多的功效,适合有固定收入但节余不多的储户。

需要注意的是,零存整取可以预存(次数不定)和漏存(如有漏存,应在次月补齐,但漏存次数累计不超过两次),账户漏存两次(含)以上的账户之后的存入金额按活期存款计息。一般不允许部分提前支取。

零存整取定期储蓄存款利息的计算有积数计息法和基数计息法两种。按基数计息法税前计息公式可以表示为:

$$税前利息＝最后存款余额×[(1+n)÷2×月利率]$$

其中,n代表存期相当于多少个月。

【例7－3】 某人办理零存整取业务,约定存期1年,每月固定存入金额为100元。到期时,该人税前应得多少利息?

【解】 根据公式,税前利息＝1 200×[(1+12)÷2×2.07％÷12]＝13.46(元)

为了促进我国非义务教育事业的发展,农行和其他商业银行一样,获准开办了一类特殊的零存整取定期储蓄存款业务——教育储蓄存款。教育储蓄存款是指个人为其子女接受非义务教育积蓄资金,到期一次性支取本息的定期储蓄。教育储蓄存期分为1年、3年和6年三个档次,最低起存金额为50元,本金合计最高限额为2万元。开户时与储蓄机构约定每月固定存入的金额,分月存入,到期一次性支取,能起到积零成整、积少成多,满足中低收入家庭小额存储,积蓄资金解决子女非义务教育支出的需要。

教育储蓄的开户对象为在校小学四年级(含四年级)以上的学生。开立此账户,须凭储户本人(学生)户口簿或居民身份证到储蓄机构以储户本人(学生)的姓名办理。

教育储蓄享受的优惠政策主要体现在两方面:一是利率较高。虽然教育储蓄实质上是零存整取定期储蓄,但可以比照整存整取定期储蓄存款计算利息。如规定1年期、3年期教育储蓄按开户日同期同档次整存整取定期储蓄存款利率计息;6年期按开户日5年期整存整取定期储蓄存款利率计息。这就使储户获得了比一般零存整取储蓄要多的利息收益。二是利息享受免税待遇。储户提供接受非义务教育储蓄的学生身份证明,可免征储蓄存款利息所得税。

教育储蓄到期支取时,凭存折和学校提供的正在接受非义务教育的学生身份证明,一次性支取本金和利息。教育储蓄到期支取时,储户如不能提供证明,其教育储蓄不能享受上述优惠政策。

③ 整存零取定期储蓄:指个人将属于其所有的货币资金一次性存入,分期陆续平均支取本金,到期支取利息的一种定期储蓄存款类型。通常1 000元起存,存期包括1年、3年、5年三个档次。本金支取期分1个月一次、3个月一次、半年一次三种,由储户与银行协商确定,利息于期满结清时支取。这种储蓄类型可以为储户带来比活期储蓄高的利息收入,一般适合有大笔款项在一定时期内不需全部动用,但在较长时间内陆续使用的储户。

虽然和零存整取定期储蓄相反,整存零取定期储蓄本金的变化是由多到少,等额减少,但是两者利息计算的原理是一样的,整存零取定期储蓄存款税前利息计算公式为:

税前利息=每次固定取出金额×(1+累计取出次数)÷2×取出次数×年利率÷12

【例7-4】 某储户2007年5月20日开立了一个整存零取1年期定期储蓄账户,存入6 000元,与银行约定每月取本金一次,每月取出500元。计算:到期时税前应付多少利息?

【解】 根据公式,税前利息=500×(1+12)÷2×12×2.07%÷12=67.28(元)

④ 存本取息定期储蓄:指个人将属于其所有的货币资金一次性存入,分次支取利息,到期支取本金的一种定期储蓄存款类型。通常5 000元起存,存期包括1年、3年、5年三种。可一个月或几个月取息一次,由储户与银行协商确定。这种储蓄类型可以使储户获得较活期储蓄高的利息收入,适合有大笔款项在一定时间内不需动用,日常需要相对固定的小笔开支的储户。存本取息定期储蓄存款的税前利息计算公式为:

税前利息总额=本金×期限×利率

每次支取利息额=到期利息总额÷支取次数

【例7-5】 某储户2007年5月20日存入10 000元存本取息储蓄,期限为3年,与银行约定每6个月取息一次。计算:银行应付税前利息总额是多少?每次所获税前利息是多少?

【解】 根据公式,税前利息总额=10 000×3×2.61%=783(元)

每次获得税前利息额=783÷(3×12/6)=130.50(元)

(3) 定活两便储蓄 是储户一次性存入货币资金,不约定存期,由银行根据储户存款的实际存期按规定计算利息,于储户支取时一并支付本金和利息。这种储蓄既可以使储户享受定期存款较高的收益,又可以享受活期储蓄存取自由的便利,适合于一笔款项会被使用但是又无法确定何时会被使用的情况。

根据规定,定活两便储蓄存款的利率按如下规定执行:存期不满3个月的,计付活期利息;存期3个月以上(含3个月),不满6个月的,按支取日整存整取3个月利率6折计算;存期6个月以上(含6个月),不满12个月的,按支取日整存整取6个月利率6折计算;存期1年以上(含1年),按支取日整存整取1年利率6折计算。

【例7-6】 某储户2007年1月10日存入定活两便储蓄存款10 000元,2007年5月30日支取,计算税前应付利息是多少?

【解】 从2007年1月10日至2007年5月30日,这笔存款的实际存期共计4个月零20天,折合为140天,实际存期超过3个月,应按支取日定期整存整取3个月的利率打6折计算。所以,税前应付利息 = $10\,000 \times 140 \times 2.07\% \div 360 \times 60\% = 48.3$(元)。

(4) 个人通知存款 指存款人向银行支取自己的存款时,需要向银行提前发出通知才可以获准支取。也就是说在存入款项时不必和银行约定存期,但是要预先确定品种(即支取时需提前几天通知银行),现行品种包括1天通知储蓄存款和7天通知储蓄存款两种。支取时储户按所选品种提前1天或7天通知银行,约定支取日期及金额,最低5万元起存,最低支取金额为5万元,按支取日挂牌公告的相应利率和实际存期计息,利随本清。部分支取的,支取部分按支取日相应档次的利率计付利息,留存部分仍从开户日计算存期。通知存款利率高于活期储蓄利率,存期灵活、支取方便,能获得较高收益,一般适用于大额、存取较频繁的存款。

表7.1 人民币储蓄存款利率表

储蓄类型	年利率(%)
1.活期储蓄	0.72
2.整存整取 3个月	2.07
6个月	2.61
1年	3.06
2年	3.69
3年	4.41
5年	4.95
3. 零存整取、整存零取、存本取息	
1年	2.07
3年	2.61
5年	3.06
4.定活两便按1年内定期整存整取同等利率6折	
5. 通知存款	
1天	1.08
7天	1.62

注:本表所列利率自2007年5月19日开始执行。

2) 单位存款业务

目前农行开办的单位存款业务包括以下几种：

(1) 单位活期存款　指企业、事业、机关、部队、社会团体及其他经济实体在银行的分支机构或营业网点开立的活期存款账户，办理不规定存期、单位可随时转账、存取的存款。单位活期存款账户存取款灵活方便，适用于单位日常收支和存放暂时闲置的资金。因为支取时必须使用支票，所以单位活期存款也称为支票存款。

(2) 单位定期存款　单位定期存款是银行与存款单位双方在存款时事先约定期限、利率，到期后支取本息的存款。单位定期存款起存金额为1万元，存期包括3个月、半年、1年三个档次。按存款日中国人民银行挂牌公告的定期存款利率计付利息，不同档次执行不同利率，遇利率调整，不分段计息。因利率较高，可以为存款人带来更多的利息收入，适合于单位在一个较为确定的时期内暂不使用的资金的存款。

(3) 单位通知存款　指存款人在存入款项时不约定存期，支取时需提前通知办理存款的银行，约定支取存款日期和金额才能支取的存款。单位通知存款按存款人提前通知的期限长短分为1天通知存款和7天通知存款两个品种。目前，单位通知存款起存金额为50万元，最低支取金额10万，需一次存入，一次或分次支取。通知存款的利率高于活期存款，低于定期存款，但其取款的灵活性高于定期存款。

(4) 单位协定存款　指存款单位与农业银行通过签订《协定存款合同》，约定合同期限、协商确定结算账户需要保留的基本存款额度，超过基本存款额度的存款为协定存款，基本存款按活期存款利率付息，协定存款按中国人民银行规定的上浮利率计付利息的一种存款种类。这种存款类型可使存款单位在保证日常收支资金往来需要的同时获取较高的收益。

7.1.2　贷款业务

农行在农村的贷款业务指农行把货币资金按照一定条件暂时让渡给农村借款单位或农民个人使用，并约定在一段时间内收回，同时收取利息的一种经济行为。在所有商业银行中，农行是涉农贷款投放规模最大、占比最高的银行。

1) 农行农村贷款的种类

农行农村贷款的种类繁多，按不同标准、不同角度对其分类如下：

(1) 按贷款经营属性划分

① 自营贷款：指农行以合法方式筹集的资金自主发放的贷款，风险由农行自行承担，并由农行负责收回本金和利息。

② 委托贷款：指由政府部门、企事业单位及个人等委托人提供资金，由农行根据委托人确定的贷款对象、用途、金额、期限、利率等代为发放、监督使用并协助收回的贷款。这种贷款，农行作为受托人只收取手续费，不承担贷款风险，但应承担相应义务。

③ 特定贷款：指经国务院批准并对贷款可能造成的损失采取相应补救措施后责成国有独资商业银行发放的贷款。

(2) 按贷款期限划分

① 短期贷款：指农行发放的期限在1年以内(含1年)的贷款。

② 中期贷款：指农行发放的期限在1年以上(不含1年)、5年以下(含5年)的贷款。

③ 长期贷款：指农行发放的期限在5年(不含5年)以上的贷款。

(3) 按贷款保证方式划分

① 信用贷款：指以借款人的信誉发放的贷款，一般只对信用程度高、经济效益好、借款期限短等风险性小的借款人发放这类贷款。

② 担保贷款：包括保证贷款、抵押贷款、质押贷款三种类型。保证贷款是指按《中华人民共和国担保法》（以下简称《担保法》）规定的保证方式以第三人承诺在借款人不能偿还贷款时，按约定承担一般保证责任或者连带责任而发放的贷款。抵押贷款是指按《担保法》规定的抵押方式以借款人或第三人的财产作为抵押物发放的贷款。质押贷款是指按《担保法》规定的质押方式以借款人或第三人的动产或权利作为质物发放的贷款。

③ 票据贴现：指贷款人以购买借款人尚未到期商业票据的方式发放的贷款。

(4) 按贷款风险划分

① 正常贷款：指借款人能够履行合同，没有足够理由怀疑贷款本息不能按时足额偿还的贷款。

② 关注贷款：指尽管借款人目前有能力偿还贷款本息，但存在一些可能对偿还产生不利影响因素的贷款。

③ 次级贷款：指借款人的还款能力出现明显问题，完全依靠其正常营业收入无法足额偿还贷款本息，即使执行担保，也可能会造成一定损失的贷款。

④ 可疑贷款：指借款人无法足额偿还贷款本息，即使执行担保，也肯定要造成较大损失的贷款。

⑤ 损失贷款：指在采取所有可能的措施或一切必要的法律程序之后，本息仍然无法收回，或只能收回极少部分的贷款。

按贷款风险分类也称贷款五级分类，是国际贷款风险分类的通行做法。这一分类方法通过对借款人的财务、非财务、现金流量、信用支持等因素的连续监督和适时分析，动态、真实地反映借款人各时期的还款能力、还款意愿及贷款风险变化情况，判断贷款的实际损失程度，从而为确定和处置贷款风险提供科学、准确的依据。可见，实行贷款五级分类能及时发现贷款管理中存在的问题，对农行完善信贷管理制度，加强信贷管理，有效控制贷款风险，提高信贷管理水平和信贷资产质量，促进农行树立风险管理理念、审慎经营具有十分重要的意义。

从 2004 年开始，国有独资商业银行、股份制商业银行取消并存的贷款四级分类制度，全面推行五级分类制度。1998 年以前，中国的商业银行一直按照财政部 1988 年金融保险企业财务制度的要求，把贷款划分为正常、逾期、呆滞、呆账，后三类，即"一逾两呆"合称为不良贷款。这个统计口径即贷款四级分类制度。1998 年 5 月，商业银行开始试行中国人民银行制定的贷款风险分类指导原则，并于 2002 年 1 月开始全面实施，该指导原则将贷款风险分为五类，即正常、关注、次级、可疑和损失。从实行了很多年的四级分类制度一下子过渡到五级分类制度需要一个过程，所以 1998 年至 2004 年出现了银行内部两种统计口径并存的局面。

2) 农行发放贷款的基本程序

农行办理贷款必须遵循以下基本程序：

(1) 贷款申请　各种贷款，都要由借款人按照贷款规定的要求，向所在地开户银行提出书面贷款申请，并附有关资料。

(2) 贷款调查　银行受理借款申请后，对借款进行贷款申请书内容与贷款可行性调查。

(3) 对借款人的信用评估　银行在对借款人的贷款申请进行深入细致的调查研究的基础上，还要利用掌握的资料，对借款人进行信用评估，划分信用等级。

(4) 贷款审批　对经过审查评估符合贷款条件的借款申请，按照贷款审批权限规定进行贷款决策，并办理贷款审批手续。

(5) 借款合同的签订和担保　对经审查批准的贷款，借贷双方按照《中华人民共和国经济合同法》和《借款合同条例》签订《借款合同》。

(6) 贷款发放　根据借贷双方签订的《借款合同》和生产经营、建设的合理资金需要，办理借贷手续。

(7) 贷款检查　贷款放出后，银行要对借款人执行《借款合同》的情况即借款人的资信状况进行跟踪调查和检查，对违反政策和违约行为要及时纠正处理。

(8) 贷款收回　要坚持按照借贷双方商定的贷款期限收回贷款。贷款到期前，书面通知借款人准备归还借款本息的资金。借款人因正当理由不能如期偿还的贷款，可以在到期前申请延期归还，经银行审查同意后，按照新约定的期限收回。

3) 农行在农村的商业性贷款业务

农行在农村开展的商业性贷款业务主要有个人贷款和企业贷款两类。

(1) 个人贷款

① 个人消费性贷款：指向贷款人发放的用于消费用途的贷款业务，主要包括个人住房贷款、汽车贷款、一般助学贷款等类型。其中，个人住房贷款是指农行向借款人发放的，用于借款人购买首次交易的住房和二手房的贷款；个人汽车贷款是指授权开办汽车贷款业务的农行经办机构向个人借款人发放购买汽车的贷款业务，包括个人自用车贷款和个人商用车贷款；一般助学贷款是指农行对高等学校在校学生和新录取学生以及在职深造、再就业培训、出国留学人员发放的商业性贷款。教育助学贷款一般最长期限不超过8年（含8年，特例可达12年），可根据央行有关规定适当展期。

② 个人生产经营贷款：是对从事合法生产经营的非法人资格的私营企业业主和个体工商户发放的，用于生产经营流动资金需求以及租赁商铺、购置机械设备和其他合理资金需求的贷款业务。

(2) 企业贷款

① 流动资金贷款：指农行向借款人发放的用于解决其生产经营过程中临时性、季节性资金需求，或生产经营过程中长期平均占用的流动资金需求的贷款。按贷款期限的长短又可分为短期流动资金贷款和中期流动资金贷款。其中，短期流动资金贷款期限为1年（含）以内，根据中国人民银行的有关规定，短期流动资金贷款可分为6个月以内（含）和6个月至1年（含）两种期限；中期流动资金贷款期限为1~3年（不含1年，含3年）。

② 对公客户活期存款账户透支：指农行给客户在约定期限和额度内，通过指定的对公活期存款账户办理支付结算的可撤销循环融资便利，或者说在约定的透支额度和期限内，当客户在农行开立的活期存款账户余额不足以支付结算时，允许客户以透支方式进行支付，以该账户回笼款项自动偿还。

③ 票据贴现：对于持票人来说，相当于提前取得了本来必须要到规定的期限才能获得的款项；对于银行来说，相当于向票据持有人提供了一笔相当于票面金额的贷款，只是银行从事这项业务应该得到的利息即贴现利息，可以预先获得。

总体来说，农行支农力度在逐渐减弱。据统计，20世纪80年代中期以前，农行全部贷款的98%以上集中投向了农村。80年代中期至90年代初,为解决农产品"卖难"和扶持迅猛崛起的乡镇企业,农行对信贷结构进行了重大调整,将每年涉农信贷计划的60%用于支持农副产品收购和乡镇企业发展。90年代中期以后,随着农行商业化改革进程的加快,农行金融资源的配置不再仅仅局限于农业和农村,加大了对农村电网、交通、通信等的支持力度。但是近年来,同样以盈利最大化为经营目标的农行紧随其他商业银行之后,将分支机构和营业网点收缩到县一级,撤出了基层农村金融市场,对农业信贷投入逐年减弱,经营业务也日益向城市和工业靠拢。

4)农行在农村的政策性贷款业务

目前,农行还承担少量的政策性贷款业务,主要包括扶贫贷款和康复扶贫贷款两类。

(1)扶贫贷款

① 扶贫贷款的类型:包括扶贫贴息贷款和一般扶贫贷款。其中,扶贫贴息贷款用于贫困户投资少、见效快、效益高,有助于直接解决群众温饱的种植业、养殖业、林果业项目。一般扶贫贷款主要用于种植业、养殖业、林果业。此外,还可适量用于有利于改善生产条件,贷款经济效益和社会效益显著的产业和项目,如荒地、荒山、荒坡、荒滩、荒水的开发利用,适度规模的农、林、牧、渔商品基地及支柱产业;能充分发挥贫困地区资源优势、大量安排贫困户劳动力就业的资源开发型和劳动密集型的加工业项目;极少数生存和发展条件特别困难的村和农户,开展劳务输出,实行异地开发或移民。

② 扶贫贷款的贷款对象:主要是列入扶贫开发规划的贫困户、贫困乡村合作经济组织以及承担扶贫开发任务的各类经济实体和服务组织。

③ 扶贫贷款的贷款方式:采用信用和担保两种贷款方式。其中,用于种植业、养殖业、林果业的农户小额贷款,原则上实行信用放款;对贫困乡村合作经济组织、各类扶贫经济实体和服务组织贷款一般实行担保贷款方式,要求应有符合规定担保条件的保证人、抵押物或质物做担保才能发放贷款。

④ 扶贫贷款的贷款期限和利率:根据贷款项目的生产经营周期和借款人综合还款能力合理确定,一般为1~5年,最长不超过7年。扶贫贷款严格执行央行利率政策和规定,利率不上浮。对企业的扶贫贷款,实行按季收息;对贫困户贷款,实行按半年收息。

(2)康复扶贫贷款

① 康复扶贫贷款的含义:是为解决农村贫困残疾人温饱问题而安排的专项信贷资金。这项贷款坚持借款自愿、贷款自主的原则和开发式扶贫、扶持到户到人的方针,以扶持贫困残疾人解决温饱为目标,依据政策导向,强化资金管理,优化贷款结构,努力提高信贷资金的使用效益。

② 康复扶贫贷款的范围:用于非国定贫困县(市),只能安排在计划规定的、配套资金落实的县(市)内,以残疾人贫困户作为资金投放、项目实施和受益的对象。

③ 康复扶贫贷款的用途:只能用于扶持农村残疾人贫困户从事有助于直接解决温饱的种植业、养殖业、手工业和家庭副业,主要以"小额信贷"的方式直接扶持到残疾人贫困户。

④ 康复扶贫贷款的期限和利率:执行国家统一的扶贫贷款利率,财政按扶贫贷款利率与农行向借户收取的利率之差,按季给予贴息,贴息额由中央财政和省级财政各负担一半。中央财政贴息部分由财政部根据中国残疾人联合会审核上报的康复扶贫贷款的规模确定,并直接拨付给农行总行;省级财政贴息部分,由省级财政根据当地残联核报的康复扶贫贷款数确定,贴息拨付给农行各省级分行。财政贴息期限与贷款期限一致,均为5年。残疾人服

务机构承贷承还的贷款期限为5年,5年内滚动安排使用。

此外,农行还提供国家助学贷款,对符合中央和地方财政贴息规定的高等学校在校学生发放该类贷款。

7.1.3 中间业务

中间业务是指商业银行不需要运用自己的资金,只利用自身在资金、技术、信息等方面的优势,代理客户办理收付和其他委托事项,以中介人的身份提供各种金融服务,从中收取手续费的业务。中间业务较少运用商业银行的资产便可带来较多的利润,目前,中间业务的收入占总收入的30%～50%,已经与资产业务、负债业务共同构成现代商业银行业务的三大支柱。

央行根据中间业务的经济属性,制定了我国中间业务的参考分类,把商业银行中间业务划分为9大类:支付结算类、银行卡业务、代理类、担保类、承诺类、交易类、基金托管业务、咨询顾问类和其他类中间业务。

1) 支付结算类业务

支付结算类业务是指商业银行为客户办理因债权债务关系引起的与货币收付、资金划拨有关的收费业务,包括国内外结算业务。结算业务借助的主要结算工具包括银行汇票、商业汇票、银行本票和支票。结算方式,主要包括同城结算方式和异地结算方式。常见的结算业务如下:

(1) 汇款业务 是由付款人委托银行将款项汇给外地某收款人的一种结算业务。汇款结算分为电汇、信汇和票汇三种形式。在银行业务广泛使用电子技术的情况下,除小额款项仍使用电汇和信汇的方式外,大笔款项都通过电子资金划拨系统处理。

(2) 票据业务

① 支票结算:支票是我国目前使用最普遍的非现金支付工具,是指出票人签发的,委托银行在见票时无条件支付确定的金额给收款人或持票人的票据,适用于同一票据交换区域内的商品交易、劳务供应、债务清偿等款项的支付。

② 银行本票结算:银行本票是银行签发的,承诺自己在见票时无条件支付确定的金额给收款人或者持票人的票据。银行本票见票即付,付款保证程度高,适用于同一票据交换区域内的商品交易、劳务供应、债务清偿等款项的支付。

③ 银行汇票结算:银行汇票是出票银行签发的,由其在见票时按照实际结算金额无条件支付给收款人或者持票人的票据。异地或同城结算均可使用,具有票随人到、方便灵活、兑付性强的特点,因而使用广泛。

(3) 委托收款业务 是收款人委托银行向付款人收取款项的结算方式。同城或异地结算都可以使用,并且不受金额起点的限制,便于销售方主动收款。委托收款结算款项的划回方式分为邮寄和电报两种,可由收款人自行选择。委托收款的基本业务流程如图7.1所示。

图7.1 委托收款结算流程

(4) 托收承付业务 是根据购销合同由收款人发货后委托银行向异地付款人收取款项,由付款人向银行承认付款的结算方式。办理结算的款项必须是商品交易以及因商品交易而产生的劳务供应款项。托收承付结算方式的基本业务流程如图 7.2 所示。

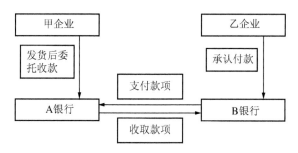

图 7.2 托收承付结算流程

(5) 信用证业务 是由银行根据申请人的要求和指示,向收益人开立的载有一定金额,在一定期限内凭规定的单据在指定地点付款的书面保证文件。信用证是国际贸易中使用最广泛的支付方式,有效解决了异地商品交易的双方互不信任的矛盾。其业务基本流程是:购货方向银行提出开具信用证申请,银行审核通过并收取一定的保证金后即开具信用证,并在信用证上注明付款条件,供货方在收到信用证后,按所列条件发货,并在发货后备齐所有单据向银行要求付款,银行对单据审核无误后即向供货方要求付款赎单,如图 7.3 所示。

信用证支付方式下,以银行的信用为担保,买卖双方都有保证,银行划拨资金安全,因此大大方便了国际贸易往来。

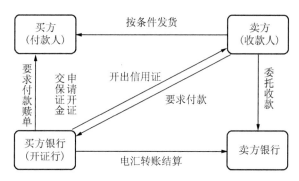

图 7.3 商业信用证业务流程

(6) 其他支付结算业务 包括利用现代支付系统实现的资金划拨、清算,利用银行内外部网络实现的转账等业务。

2) 银行卡业务

银行卡是由银行发行,供客户办理存取款和转账支付的新型服务工具的总称。按清偿方式不同,银行卡可分为以下两种:

(1) 信用卡 包括贷记卡和准贷记卡。贷记卡是指发卡行给予一定的信用额度,持卡人可在信用额度内先消费、后还款的信用卡;准贷记卡是指持卡人先按发卡行要求交存一定金额的备用金,当备用金不足时,可在发卡行规定的信用额度内透支的信用卡。

(2) 借记卡 是指发卡行不给持卡人信用额度,持卡人必须先存款、后消费的银行卡。

对于商业银行来说,银行卡业务带来了大量的中间业务、手续费收入、年费收入,还带来了大量的存款，同时使业务突破了地域限制，因而银行卡业务是商业银行必争的一块业务。

农业银行卡是指由农行发行的具有消费支付、信用贷款、转账结算、存取现金等全部或部分功能的信用凭证和支付工具。农行于1991年开办银行卡业务，其所发行的各种类型的银行卡统称为农行金穗卡系列。截至2007年末，发卡量达3.12亿张。一般根据是否需要交存备用金，将金穗卡分为以下三种：

(1) 金穗贷记卡　是指农行发行的，给予持卡人一定信用额度，持卡人可在信用额度内先消费后还款的信用支付工具。办理贷记卡无需交纳准备金，由农行根据申请人资信状况给予一定的透支额度，并可以享受循环信用、免息还款等待遇，是最符合"信用"本义的信用卡。

(2) 金穗借记卡　是农行发行的一种金融支付工具，具有存取现金、转账结算、消费、理财等全部或部分功能。借记卡具有联网作业、实时入账、不允许透支的特点。为获得借记卡，持卡人必须在发卡机构开有账户，并保持一定量的存款。持卡人用借记卡刷卡付账时，所付款项直接从其在农行的账户上转到销售商品或提供服务的商家的银行账户上。对于持卡人来说，用借记卡付款的过程和从银行直接提款，然后用现金付账的过程，没有本质的差别，只不过用卡进行支付较为方便一些。

(3) 金穗准贷记卡　兼具贷记卡和借记卡的部分功能，一般需要交纳保证金或提供担保人，使用时先存款后消费，存款计付利息，在购物消费时可以在发卡银行核定的额度内进行小额透支，但透支金额自透支之日起计息，欠款必须一次还清，没有免息还款期。

此外，根据信用等级，可分为金穗卡金卡和金穗卡普通卡。金卡主要是对资信状况良好、经济实力雄厚、没有资金风险的单位和个人发行的一种信用等级较高的信用卡；普通卡则是对一般资信可靠的单位和个人发行的一种信用卡。根据发行对象，可分为金穗单位卡和金穗个人卡。单位卡是指对具有法人资格的单位发行的信用卡。凡在农行开立基本存款账户的单位可凭央行核发的开户许可证申领单位卡，单位卡最多可申领6张，持卡人由申领单位法定代表人或其委托的代理人书面指定。个人卡是指对年满18周岁以上，有固定收入的成年人发行的信用卡。同时，个人卡的主卡持卡人可为年满18周岁具有完全民事行为能力的个人申领附属卡，每张主卡最多可以申请办理2张附属卡。

3）代理类业务

代理业务是指商业银行只提供金融服务，不承担资金损失风险的中间业务。从事这一业务时，银行既不是债权人也不是债务人，而仅仅以代理人身份出现。目前，农行开办的代理业务主要包括以下几种：

(1) 代发工资　指农行受机关、企事业单位或其他经济组织的委托，通过转账方式，将其员工的薪金收入在约定的时间划转到员工在农行开立的银行卡或活期储蓄存折账户中的一项中间业务。这一业务在满足客户发放工资需要的同时，也为客户员工存取款提供了方便。

(2) 代售业务　主要指代售国债和开放式基金业务。其中，代售国债指农行利用遍布全国的营业网点，向投资人销售包括凭证式国债等在内的各类国债的业务；代售开放式基金指经中国证监会和央行批准，农行受基金管理公司委托，代为办理基金单位的认购、申购和赎回等业务。两种代售业务都可为农行带来一定的手续费收入。

(3) 代办保险　农行可以提供代理新保承保、代理犹豫期撤单、代理退保、保单信息查询、代收保费、代付保险金及理赔金和保单质押贷款等多项保险公司授权代为经办的服务,获得一定的代办手续费收入。

(4) 代理收付 代理收付是指农行接受收款单位和付款人的委托,将付款人在银行账户的资金按当期付款人应缴纳的金额在约定的时间划付给收费单位账户的资金结算业务。目前,代收代缴项目主要是与居民家庭日常生活息息相关的公用事业费及其他费用,如电费、水费、固定电话费、移动电话费、有线电视费、各类罚没款等。

4) 担保类业务

担保业务是指商业银行为客户债务清偿能力提供担保,承担客户违约风险的业务。担保业务一般不需动用银行有形资金,只是运用银行无形资产——银行信誉来获取收益的一种手段,主要包括银行承兑汇票、备用信用证、保函、贷款出售等品种。

(1) 银行承兑汇票 指由收款人或付款人(或承兑申请人)签发,并由承兑申请人向开户银行申请,经银行审查同意承兑的商业汇票。承兑是指商业银行为客户开出的票据签章,承诺到期付款的业务。在票据到期时,客户应及时办理兑付。如果客户到期无力支付,则承兑银行要负责支付。通过银行承兑,票据有了付款保障,便可在市场上方便地流通。

(2) 备用信用证 指开证行应借款人要求,以放款人作为信用证的收益人而开具的一种特殊信用证,以保证在借款人破产或不能及时履行义务的情况下,由开证行向收益人及时支付本利,是商业银行应客户的要求向其债权人作出的付款保证。

客户与其债权人之间达成某种交易协议,如借贷协议,并向商业银行申请备用信用证。备用信用证是独立于借款人和贷款人之间的借贷合同。银行应客户的申请向客户的贷款人出具备用信用证,保证当客户未能按协议进行偿付或履行其他义务时,代替客户向受益人进行偿付,银行为此支付的款项变为银行对客户的贷款。银行支付后,借款人必须补偿银行的所有损失。备用信用证与商业信用证的区别是,在商业信用证中,银行承担的是第一付款责任,只要收款人提供合格的单据,银行就必须按合同履行支付义务;而在备用信用证中,银行承担的是连带责任,只有借款人未能履行其付款义务时才代其支付。

(3) 银行保函 指商业银行应客户(申请人)的书面申请,向受益人(债权人)出具的书面信用保证。为被担保人提货、投标、履行合同、预付款、确保产品质量等行为提供担保,在申请人未按其与受益人签订合同的约定偿还债务或履行约定义务时,承担付款或赔偿责任。各类保函业务,包括投标保函、承包保函、还款担保函、借款保函等。

(4) 贷款出售 是指商业银行通过直接出售或证券化的方式将贷款进行转让,以此来减低风险资产的比例,提高资金的流动性。贷款出售后,购买方一般保留对出售银行的追索权。当然,追索权也可以一次买断。

5) 承诺类业务

承诺业务是指商业银行在未来某一日期按照事前约定的条件向客户提供约定信用的业务,最典型的承诺业务就是贷款承诺。

贷款承诺是指银行承诺客户在未来一定的时期内,按照双方事先确定的贷款利率、期限、贷款使用方向等条件,应客户的要求,随时提供不超过一定限额的贷款。银行在提供贷款承诺时会向客户收取一定的费用,如果在规定的期限内客户没有提出贷款申请,费用也不予退还。贷款承诺实质上是一种期权合约。对于客户来说,贷款承诺可以避免未来贷款利率上升而多支出利息的风险,同时也可通过该承诺支持其在融资市场上的信誉,降低筹资成本。

6) 交易类业务

交易业务是指商业银行为满足客户保值或自身风险管理等方面的需要,利用各种金融工具进行的资金交易活动,主要包括金融衍生工具交易。

金融衍生工具是指以货币、债券、股票等金融工具为基础,以信用交易为特征的新型金融工具,主要有远期合约、金融期货、互换和期权等品种。金融衍生工具具有规避风险、增加收益、价格发现等功能,同时商业银行也承受衍生工具交易带来的风险。

7) 基金托管业务

基金托管业务是指有托管资格的商业银行接受基金管理公司委托,安全保管所托管的基金的全部资产,为所托管的基金办理基金资金清算、款项划拨、会计核算、基金估值、监督管理人投资运作的业务,包括封闭式证券投资基金托管业务、开放式证券投资基金托管业务和其他基金的托管业务。

基金托管作为近年新兴的商业银行中间业务,伴随着基金业的发展和资产管理业务领域的进一步拓宽,正在日趋成熟,并成为商业银行中间业务的盈利亮点。可以预测,随着我国基金的发展,基金托管业务必将成为各商业银行间竞争的焦点。

8) 咨询顾问类业务

咨询业务是指商业银行向企业、政府或个人提供其所需信息,如企业资信调查、项目技术可行性论证、各种市场预测、财务分析等营业性业务。通过开展咨询业务,商业银行可充分利用自身的各项优势为自己增加收入,同时,其有价值的信息又可帮助企业、政府优化自身行为,提高社会效益,也密切银行与客户的关系,为银行扩大经营规模、增强竞争力提供了有力的支持。目前,咨询业务已成为一种新兴的、有巨大发展潜力的中间业务。商业银行咨询业务主要有以下几种:

(1) 财务分析　指受客户委托,对企业进行财务会计咨询以及开办财务培训,并对调查对象的资产负债及其经济损益状况进行专题分析。

(2) 验资业务　指根据国家行政管理部门的有关规定,受工商行政管理部门的委托,对准备办理工商注册登记的企业法人的资金数额进行核实、验证的资信咨询业务。

(3) 资信调查　指商业银行接受国内外客户的委托,对指定的调查对象进行有关经营能力、信用状况、偿付能力等方面的调查。

(4) 商情调查　指受客户委托,对国内外市场动态、价格走势、贸易政策、关税等进行调查的业务。

(5) 金融情报　指受客户委托,为客户提供本国或外国的货币、利率、金融市场等的情况,以及预测其变化趋势等方面的咨询。

9) 其他类业务

(1) 保管箱业务　是指农行接受客户(租用人)的委托,按照《中国农业银行租用保管箱合同》中事先约定的条款,以农行向客户(租用人)有偿出租保管箱的形式,为客户(租用人)提供存放贵重物品、有价证券、文件资料等物品的一项中间业务。

(2) 存款证明书　是指农行根据存款人的申请,开具的证实存款人在《存款证明书》签发当日在农行存款情况的资信证明。对出国留学、探亲、旅游、出国定居的人士或其他需要个人提供存款证明时,为其证明在农行的存款情况,以表明存款人的经济实力,协助其办理有关手续。

(3) 委托贷款　是指农行作为受托人,按照政府部门、企事业单位及个人等委托人的意愿,以农行的名义发放的贷款。委托方须按贷款余额的一定百分比按月向农行支付委托贷款发放手续费,付款方式由双方协商确定,期限一般在3个月以上。

7.2 农村信用社业务

7.2.1 负债业务

负债业务是筹措资金、形成资金来源的业务,是开展资产业务与其他业务的基础和资金保证。农信社的负债业务主要有以下几种:

1) 所有者权益

所有者权益是指所有者在农信社资产中享有的经济利益,其金额为资产减去负债后的余额,主要包括实收资本(或股本)、资本公积、盈余公积和未分配利润等。从事存贷业务的农信社按一定比例从净利润中提取的一般风险准备,也是所有者权益的组成部分。

(1) 农信社的实收资本 是指投资者按农信社章程或合同、协议的约定,实际投入农信社的资本。

(2) 资本公积 根据《金融企业会计制度》规定,资本公积主要包括以下几种:

① 资本(或股本)溢价:是指农信社投资者投入的资金超过其在注册资本中所占份额的部分。

② 接受非现金资产捐赠准备:是指农信社因接受非现金资产捐赠而增加的资本公积。

③ 接受现金捐赠:是指农信社因接受现金资产捐赠而增加的资本公积。

④ 股权投资准备:是指农信社对被投资单位的长期股权投资采用权益法核算时,因被投资单位接受捐赠等原因增加的资本公积,农信社按其持股比例计算而增加的资本公积。

⑤ 外币资本折算差额:是指农信社接受外币投资,因所采用的汇率不同而产生的资本折算差额。

⑥ 关联交易差价:是指上市的农信社与关联方之间的交易,对显失公允的交易价格部分而形成的资本公积。这部分资本公积不得用于转增资本或弥补亏损。

⑦ 其他资本公积:是指除上述各项资本公积以外所形成的资本公积,以及以资本公积各准备项目转入的金额。债权人豁免的债务,也在本项目核算。

(3) 盈余公积 是指农信社按照规定从净利润中提取的各种积累,主要包括以下几种:

① 法定盈余公积:是指农信社按照规定的比例从净利润中提取的盈余公积。农信社的法定盈余公积是按净利润的10%提取。法定盈余公积累计额达到注册资本的50%时可以不再提取。

② 任意盈余公积:是指农信社经股东大会或类似机构批准按照规定的比例从净利润中提取的盈余公积。

③ 法定公益金:是指农信社按照规定的比例(原则上按5%)从净利润中提取的用于职工集体福利设施的公益金。法定公益金用于职工集体福利时,应将其转入任意盈余公积。

(4) 未分配利润 是农信社留待以后年度进行分配的结存利润,也是农信社所有者权益的组成部分。相对于所有者权益的其他部分来说,农信社对于未分配利润的使用分配有较大的自主权。从数量上来说,未分配利润是期初未分配利润,加上本期实现的税后利润,减去提取的各种盈余公积和分配股利后的余额。

2) 存款

存款是农信社根据国家的有关规定,按照一定的期限和利率,运用信用方式筹集社会闲置资金的一种负债业务,也是农信社最基本、最重要的资金来源,占其比重的70%左右。存款业务具有以下特点:一是涉及面最广。存款业务不仅与自身的经营和经济效益息息相关,更与当地机关团体、企事业单位和千家万户存款人的利益休戚与共,是当地经济社会的晴雨表。二是交易量最大。存款业务种类繁杂、户数众多、发生频繁,交易笔数和金额在农信社中最大。三是结算效率日趋提高。存款人资金流入和流出的渠道不断增多,结算范围越来越广,结算手段越来越先进,清算速度逐步加快。四是存在风险。加强管理,意义重大。

与商业银行一样,农信社开办的存款形式有多种分类:如按期限分为活期存款、定期存款;按用途分为结算存款、储蓄存款;按币种分为本币存款、外币存款;按经济性质分为企事业单位存款、居民储蓄存款、财政性存款。

近年来,税费改革、免除农业税、粮补到户等诸多惠农政策的相继出台,在很大程度上减轻了农民负担,提高了农业综合生产能力,农民收入增加,从而使农信社存款增幅强劲、逐年攀升。另外,农村外出务工人员的返乡收入也成为农信社存款增长的强有力支撑。

3) 非存款负债业务

农信社的非存款负债业务是指除存款以外的负债,包括向央行借款、同业存款、同业拆入、应付工资、应付福利费、应付利息、应付税金、其他应付款等。

(1) 向央行借款　央行向农信社融通资金主要有再贴现和再贷款两个渠道,目前再贷款是主要形式。用途仅限于:国务院和各省(区、市)政府确定的贫困地区农信社用于支持农业生产的资金需要;用于解决农业生产季节性原因所引起的先支后收的短期资金需要;农信社用于支付清算中出现的临时头寸资金需要。

(2) 进入同业拆借市场拆借资金　同业拆借市场,是指金融机构之间以货币借贷方式进行短期资金融通活动的市场。同业拆借的资金主要用于弥补信用社短期资金的不足、票据清算的差额以及解决临时性资金短缺需要。由于同业拆借的期限较短,风险较小,包括商业银行在内的许多金融机构都把短期闲置资金投放于该市场,以便及时调整资产负债结构,保持资产的流动性。按照目前的相关规定,农信社可以县联社为单位申请加入同业拆借市场拆借资金。

7.2.2 资产业务

资产业务是运用资金取得收益的业务,或者说是信用社将通过各种方式和渠道筹集的资金贷放或投资出去以获取收益的活动,是信用社最核心、最重要的业务。

1) 现金资产

现金资产是随时可以用来应付各种需要变现支付现金的资产,也是信用社资产业务中最具流动性的资产。主要包括以下几种:

(1) 库存现金　是存放在信用社的用于满足客户提现和信用社日常开支需要的现钞和硬币。由于库存现金是一种非盈利性资产,而且保存库存现金还需要大量的安全保卫费用,如果保留过多,不仅不利于安全保卫工作,还会影响农村信用社的经营效益;但现金库存保留太少,也会影响正常业务的开展。所以合理匡算现金库存量成为农村信用社日常管理工作的一项重要内容。

(2) 法定存款准备金　是信用社按法定存款准备金率缴存中央银行的货币资金。实施存款准备金制度最初的目的是为了保证存款性金融机构的清偿能力,保护储户的利益,后来逐渐被各国中央银行作为调节金融机构信用活动、控制货币供应量、干预社会经济生活的重要政策工具之一。经济发展状况不同,货币政策取向也不同,存款准备金率也会随之调整。

在央行 2008 年 1 月 16 日宣布再次上调存款准备金率 0.5 个百分点后,农信社仍执行的存款准备金率为 12.5%,低于普通商业银行 2.5 个百分点。1999 年 11 月,央行将金融机构法定存款准备金率从 8% 下调到 6%。而此后 7 年中,虽经历 4 次调整,但农信社一直维持 6% 的水平不变。2006 年 11 月 15 日,农信社才与其他商业银行一样,开始逐步上调存款准备金率。至 2007 年,农信社的存款准备金率已升至 12.5% 的高点。

(3) 超额准备金　指商业银行存放在中央银行的,超过法定存款准备金的那部分存款。它可以随时支用,以补充法定存款保证金的不足,或用于商业银行间同业清算。

农信社或者因为规避风险而"惜贷",或者在当地找不到好项目而无法将资金贷放出去等原因,可能在某一阶段出现程度不同的流动性过剩,于是也会选择存入央行,成为超额准备金。

此外,农信社的现金资产还包括因为有资金往来关系而存放在同业的款项和在途资金等。

2) 贷款业务

贷款是农信社最主要的资产业务,是运用资金的主要渠道,也是取得经济效益的主要途径。

农信社贷款的发放和使用应当符合国家的法律、法规和金融监管及行业管理规章,应当遵循安全性、流动性、效益性三原则,应当坚持以"三农"服务为主,社区服务、社员贷款优先,量力而行和按期收回本息等原则。

农信社的贷款种类繁多,按期限可分为短期贷款、中期贷款、长期贷款;按对象可分为农户贷款、农村工商企业贷款、农村集体经济组织贷款等;按性质可分为消费性贷款和生产性贷款;按用途可分为流动资金贷款、固定资产贷款;按有无担保可分为信用贷款、担保贷款;按自主权可分为自营贷款、委托贷款;按风险可分为正常贷款、关注贷款、次级贷款、可疑贷款、损失贷款。

农信社贷款就个人信贷业务而言可分为农户贷款(小额信用贷款、农户联保贷款)、个人质押贷款(个人存单质押贷款、凭证式国债质押贷款、个人保单质押贷款)、个人消费贷款(个人住房贷款、个人汽车消费贷款、教育助学贷款、个人大额耐用消费品贷款、旅游度假消费贷款),其中农户小额信用贷款、农户联保贷款是目前农信社直接对农户提供贷款的主要形式。

(1) 农户小额信用贷款　是农信社基于农户的信誉,在核定的额度和期限内向农户发放的不需抵押和担保的小额贷款。

① 基本条件:居住在信用社的营业区域内;具有完全民事行为能力,信誉良好;从事土地耕作或者其他符合国家产业政策的生产经营活动,并有合法、可靠的经济来源;具备清偿贷款本息的能力。

② 贷款用途:种植业、养殖业方面的农业生产费用贷款;小型农机具贷款;围绕农业生产的产前、产中、产后服务等贷款;小型农田水利基本建设贷款;购置生活用品、建房、治病、子女上学等消费类贷款。

③ 农户信用等级评定及授信:信用社应以村(街)为单位建立农户信用评定制度,并根据农户个人信誉、还款记录、所从事生产经营活动的主要内容、经营能力、偿债能力等指标制

定具体的评定方法。采取"评定等级、核定总额、随用随贷、余额控制、周转使用"的管理方法,基本流程是:农户自愿申请→农村信用社受理并调查→评定信用等级→审批并核定贷款总额→农户在核定的额度及期限内随用随贷→贷款到期收回。

④ 期限:根据生产经营活动的实际周期确定,原则上最长不超过2年;生产费用贷款一般不超过1年。

⑤ 额度:信用社根据农户信用等级确定贷款额度,分为优秀、较好、一般三个等级。提供的最高贷款额度原则上依次为不超过3万元、2万元和1万元。

(2) 农户联保贷款 是指由不是直系亲属的农户在自愿基础上组成联保小组,信用社对联保小组成员发放并由联保小组成员相互承担连带保证责任的贷款。这种贷款实行"个人申请、多户联保、周转使用、责任连带、分期还款"的管理办法。

① 基本条件:具备下列条件的借款人可以自愿组成联保小组:居住在信用社的营业区域内;具有完全民事行为能力;单独立户,经济独立,在贷款人服务区域内有固定住所;具有贷款资金需求;具有合法、稳定的收入;在贷款人处开立存款账户。

② 贷款用途:种植业、养殖业等农业生产费用贷款;加工、手工、商业等个体工商户贷款;消费性贷款;助学贷款;贷款人同意的其他用途贷款。

③ 联保小组的设立及成员职责:设立联保小组应当向贷款人提出申请,经贷款人核准后,所有成员应当共同与贷款人签署联保协议,联保小组自联保协议签署之日设立。联保协议有效期由借贷双方协商议定,但最长不得超过3年。

联保小组所有成员应当遵循"自愿组合、诚实守信、风险共担"的原则,履行下列职责:按照借款合同约定偿付贷款本息;督促联保小组其他成员履行借款合同,当其他借款人发生贷款挪用或其他影响贷款偿还的情况时,及时报告贷款人;在贷款本息未还清前,联保小组成员不得随意转让、毁损用贷款购买的物资和财产;对联保小组其他借款人的借款债务承担连带保证责任,在借款人不能按期归还贷款本息时,小组其他成员代为偿还贷款本息等。

④ 贷款的发放与管理:信用社应根据联保小组借款人申请的生产项目的实际需求、还款能力、信用记录和联保小组的代偿能力,核定联保小组成员的贷款限额,联保小组各成员的贷款限额应相同。对单个联保小组成员的最高贷款限额由各省级信用合作管理部门根据地方经济发展、当地居民收入和需求、农信社的资金供应等状况确定,信用社可根据借款人还款情况是否良好,逐次增加贷款额度。在联保协议有效期内,借款人在原有的贷款额度内可周转使用贷款。

农户联保贷款期限由贷款人根据借款人生产经营活动的周期确定,但最长不得超过联保协议的期限。期限超过1年的,从贷款期限满1年起,应分次偿还本金。

农户联保贷款利率和方式及结息的办法由信用社在适当优惠的前提下,根据小组成员的存款利率、费用和贷款风险等情况与借款人协商确定,但利率不得高于同期法定的最高浮动范围,农户联保贷款一般按季结息。分次偿还本金的,按贷款本金余额计收利息。

通过开展农户联保贷款业务,一方面使农户在缺乏财产作抵押和存单作质押的情况下也可以从信用社获得贷款,满足其生活和生产经营中的资金需求;另一方面联保小组成员之间的连带还款保证也降低了信用社发放贷款的信贷风险。

我国农信社从1999年起推广农户小额信用贷款、联保贷款。2001年全国大范围地推广了农户小额信用贷款和联保贷款办法,在一定程度上解决了种养业农户贷款难的问题。央行数据显示,截至2006年末,全国农信社农户贷款余额达到9 196亿元,获得农户小额信用贷款和联保贷款服务的农户数达7 072万户,占全国农户总数的31.2%,占有贷款需求、符合贷款条件农户的57.6%。实践证明,小额贷款业务是农村金融机构满足农村金融需求、促进农村经济发展行之有效的一种方式。

(3) 担保贷款 农信社开办的担保贷款包括保证贷款、抵押贷款、质押贷款三种。这三类贷款按贷款对象的不同又可以分为农户(个体经营户)担保贷款和企业担保贷款。这里介绍前者。

① 保证贷款:是指按规定的保证方式以第三人(保证人)承诺在借款人不能偿还贷款时,按约定承担一般保证责任或者连带责任为前提而发放的贷款,即信用社与借款人订立借款合同后,保证人要监督借款人按期如数偿还贷款本息,如果借款人到期不能还清全部债务,保证人则应按合同规定承担连带责任,代为清偿债务。

② 抵押贷款:是指按规定的抵押方式以借款人或第三人的财产作抵押物发放的贷款。信用社发放这种贷款,要求贷款人必须以有担保价值和能够转让的财产物资作为抵押物并依法办理登记。当借款人不能按期偿还贷款本息时,信用社作为债权人有权处分该抵押物,并优先受偿。

③ 质押贷款:是指按规定的质押方式以借款人或第三人的动产或权利作为质物发放的贷款。按质物不同,质押贷款又分为动产质押贷款和权利质押贷款两种形式。动产质押贷款指债务人或者第三人将其动产移交债权人(信用社)占有,将该动产作为贷款的担保,债务人不履行债务时,信用社有权依照规定以该动产折价或者以拍卖该动产的价款优先受偿。权利质押贷款指债务人或者第三人将其享有的权利移交债权人(信用社)占有,作为向信用社申请贷款的担保,当债务人不履行债务时,信用社有权依照规定以该权利所得价款优先受偿。信用社办理权利质押贷款主要以个人存单、凭证式国债、个人保单为主要质押物。质押担保贷款与抵押担保贷款的区别在于抵押贷款抵押物由贷款人保管,而质押贷款的质物由作为债权人的信用社占有。

农信社目前开办的企业信贷业务主要有流动资金贷款、固定资产贷款、项目贷款、票据贴现、银行承兑汇票、额度循环贷款、信用贷款、联保贷款、社团贷款和信用证业务等,其中流动资金贷款、固定资产贷款、项目贷款是农信社直接对企业提供贷款的主要形式。

总之,在农信社的各类贷款中,短期贷款风险高于中长期贷款;信用贷款风险远高于担保贷款;法人贷款风险高于自然人贷款;农、林、牧、副、渔业生产性贷款风险高于个人消费贷款。提高农信社的贷款质量是一项长期的任务。

3) 同业拆放

同业拆放,是同业拆借的对称,是指资金有结余的农信社通过同业拆借市场,将资金贷放给其他金融机构以获取利息收益的一种资金运用形式。由于同业拆借的期限较短,风险较小,农信社将短期闲置资金投放于该市场,不仅可以调整其资产负债结构,保持资产的流动性,降低经营风险,还可以增加利息收入。

4) 债券投资

债券是一种有价证券,是筹资的一种手段,是筹资者向债权投资者(债权人)出具的、承诺在一定时期支付约定利息和到期偿还本金的债务凭证。为加强对农信社的债券投资管理,切实防范投资风险,在确保支农资金需要的前提下,农信社资金仍有富余的,可以适当用于债券投资,但要严格控制债券投资品种,除国债、政策性金融债以及经中央有关部门批准公开发行的国家重点建设企业债券外,一律不得购买其他债券。农信社购买国债(国库券、国家重点建设企业债券、财政债券、国家建设债券、特种公债和保值公债等）及政策性金融债（指国家开发银行、中国农业发展银行、中国进出口银行三家政策性银行发行的金融债券），必须以联社为单位进行，并在中央国债登记结算有限公司开立债券托管账户，办理登记托管。具有全国银行间债券市场债券交易成员资格的农信社联社，可直接通过全国银行间债券市场购买债券；不具有成员资格的，可委托具有代理结算资格的商业银行或农信社联社购买债券。农信社联社进行债券回购交易，必须严格按照《全国银行间债券市场债券交易管理办法》的规定进行，防止资金流入股市。银监会特别指出："严禁农信社在证券交易所进行回购和现券交易"；"严禁以协议国债、融券、虚假债券回购（农信社直接向券商以回购的名义放出资金，把手中资金融出；券商利用这部分资金再购买债券继续进行回购交易，从而扩大资金规模）、虚假代保管和购买股票等形式进行投资"；"严禁以任何变相方式与证券公司或其他机构合作进行债券投资业务"。

7.2.3 资产负债联合管理

农信社根据市场营销的要求，对资产组合与负债组合进行对应控制，以实现资产负债的总体优化配置。首先在调整负债组合上，一是调整负债的种类组合，农信社合理的负债组合应该是负债多样性，即以存款负债为主，提高存款负债质量，扩大股金负债，增加同业负债，发展长期负债。二是调整存款负债组合，在存款区位组合上，农信社在农村金融市场应占绝对份额，在城市金融市场应占一定份额；在存款负债的种类上，要巩固储蓄存款，狠抓对公存款（面向企业、事业单位、部队、机关和社会团体、学校等开办的人民币存款），增加同业存款；在存款负债的期限组合上要以定期存款为主，扩大活期存款。其次在调整资产组合上，一是在资产种类组合上，以高效资产为主，提高信贷资产质量，保持适量现金资产比例，增加债券资产品种，抑制固定资产增长，压缩其他资产占用。二是在资产期限组合上，以短期资产为主，扩大中期资产，增加长期资产。三是在信贷资产组合上，贷款对象应以农户小额贷款为主，以服务农民和农业为主，资金充裕的地方，可支持民营经济发展和开办消费信贷及有选择地支持能源、基础设施建设，限制乡镇工业项目。

7.2.4 中间业务

农信社中间业务指不构成表内资产、表内负债，形成非利息收入的业务。2002年4月22日，中国人民银行关于落实《商业银行中间业务暂行规定》有关问题的通知，把商业银行中间业务划分为九大类：支付结算类、银行卡业务、代理类、担保类、承诺类、交易类、基金托管业务、咨询顾问类和其他类中间业务，指出农信社可以开办中间业务，并参照《商业银行中间业务暂行规定》执行。农信社中间业务构成如图7.4所示。目前，农信社开展的中间业务主要是结算业务和代理业务。

1) 结算业务

城乡居民、个体经营户及社会团体、企事业单位等均可在农信社办理各种结算业务。可办理现金结算、转账结算、同城结算、异地结算；可办理支票结算、汇兑结算、委托收款以及委托签发银行汇票、银行承兑汇票；可通过同城票据交换、县辖往来、省内特约电子汇兑往来和全国特约电子汇兑往来办理结算业务。

结算服务项目主要有以下几种：

(1) "支票"结算　是由出票人签发的，委托办理支票存款业务的信用社在见票时无条

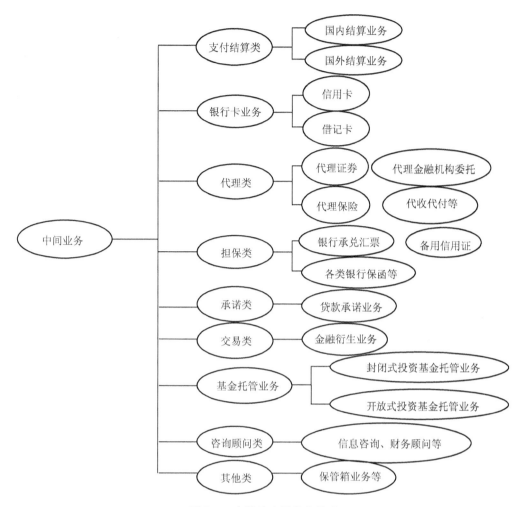

图 7.4 农信社中间业务构成

件支付确定的金额给收款人或者持票人的结算方式。各种款项结算,均可使用支票。信用社支票分为"现金"和"转账"两种支票。

(2)"特约汇兑自带凭证"结算 信用社"特约汇兑自带凭证"结算与"银行汇票"结算方式相同。特约汇兑自带凭证是出票信用社签发的,由汇兑信用社在见票时按照实际结算金额无条件支付给收款人或者持票人的票据。单位和个人在全国和省内各种款项结算,均可使用信用社特约汇兑自带凭证。信用社特约汇兑自带凭证可用于转账,填明"现金"字样的特约汇兑自带凭证也可以支取现金。

(3)"特约电子汇兑"结算 是信用社运用计算机处理异地汇划款项以及资金清算的现代化结算系统。单位和个人均可在信用社办理异地特约汇兑结算,将款项转入异地账户。交存现金的还可以到异地信用社支取现金。如收款人不在汇入地信用社开户的,也可由汇入地信用社办理转汇。需要在汇入地采购物资的,可按规定给票据制定的收款人建立临时账户,分次结算。

(4)"委托收款"结算 是收款人委托信用社向付款人收取款项的结算方式。单位和个人凭已承兑的银行承兑汇票、债券、存单等付款人的债务证明到信用社办理托收款项结算,均可以采用委托收款结算方式。

2) 代理业务

农信社开办的代理业务主要包括代收个人利息税、代收有线电视费、代收税款、代收电费、代发工资、代理国库支付、代理保险、代发独生子女费、代发农村粮食直补款等十余种。在开办的代理业务中,代理国库支付、代收电费、代发工资手续发生比较频繁,且额度较大,周转快,留存时间较短。个别信用社开办的保管箱、代理保险等业务,因业务面狭窄,功能欠缺,发展不规范、规模小、质量差,基本处于半停滞状态。

7.3 农业发展银行业务

7.3.1 农发行的资金来源业务

农发行的资金来源主要包括注册资本金和运营资金两部分。其中,农发行成立时国家财政投入的注册资本金为200亿元人民币。农发行运营资金的主要来源有以下几个方面:

1) 再贷款、发行金融债券

农发行的运营资金来源长期以来主要依靠央行的再贷款。从2005年开始,农发行加大了市场化筹资渠道的力度,2005年末,央行再贷款占农发行负债总额的比例已经由原来的84%下降为63%。2006年年底,农发行市场化筹资占比达到57%,较上年同期大幅提高了20个百分点;央行再贷款占农发行负债总额的比例由63%降为43%;金融债券占比由21%提高到35%。在发行金融债方面,农发行2006年完成了19期2 000亿元的债券发行计划(含定向发行的2期150亿元债券),且无一期流标,同时,不断优化债券结构,积极创新债券品种和发行方式。目前,农发行债券期限结构已实现长、中、短期并存的格局,中长期债券占73%。2007年8月末,农发行发行的金融债券余额和占付息负债的比重首次超过央行再贷款,发行金融债券已成为农发行最主要的资金来源。2010年11月农发行就完成了全年2 800亿元金融债券的发行工作,其中政策性金融债券2 400多亿元,占市场上政策性金融债券发行量的23%。

2) 业务范围内开户企事业单位的存款

这是指农发行业务范围内在农发行开户的企业、事业、机关、部队和社会团体及其他经济实体办理的人民币存款,包括单位定期存款、单位活期存款、单位通知存款、单位协定存款、同业存款以及经中国人民银行批准的其他存款等一个完整的单位存款品种系列。

3) 同业拆借资金

在市场化发债筹资的带动下,农发行开展同业拆借业务,逐步提高资金营运效率,现已成为全国银行间同业拆借市场成员。农发行还通过开办同业拆借、改善资金调拨方式,增加了资金营运能力。2005年下半年,农发行获批开办人民币同业拆借业务,当时获批拆借限额28亿元。当年,农发行完成9笔拆借业务,拆借金额达222亿元。

7.3.2 农发行的贷款业务

1) 发展历程

农发行自1994年成立至今,伴随着国家宏观经济政策的调整,业务范围也随政策的调整而不断拓展。十多年来,农发行的贷款业务经历了全方位支农、专司收购资金封闭管理和逐步扩大支农范围三个发展阶段。

(1) 从 1994 年组建到 1998 年新一轮粮改开始,是农发行贷款业务全方位支农阶段。此时段农发行在支持粮、棉、油购销,支持扶贫攻坚和农业开发等方面做了大量工作,为促进农业和农村经济的发展发挥了积极作用,并建立了相对完善的机构与网络体系,为农发行的进一步发展奠定了必要的组织基础。

(2) 1998 年至 2004 年是农发行贷款业务专司收购资金封闭管理阶段。此时段农发行认真贯彻落实国家粮、棉购销政策,全力支持粮、棉市场化改革,切实履行了收购资金供应与管理职能。1998 年 4 月,为配合粮食流通体制改革,国务院决定将农发行承担的农业综合开发、扶贫等专项贷款业务以及粮棉企业加工和附营业务贷款划转农行。农发行仅履行粮棉油收购资金封闭管理职能,专门对国有粮食购销企业发放粮食收购、调销、储备贷款。

(3) 2004 年下半年以来是农发行贷款业务逐步扩大支农范围阶段。此时段农发行业务范围逐步拓宽到整个农业领域,逐步形成了以粮、棉、油收购资金贷款业务为主体,以支持龙头企业、农副产品生产与加工转化为一翼,以支持农业与农村发展的中长期贷款为另一翼,以中间业务为补充的"一体两翼"业务发展格局。

2007 年 7 月 30 日,银监会批复同意农发行开办农村基础设施建设贷款、农业综合开发贷款和农业生产资料贷款业务。银监会在批复中指出,农村基础设施建设贷款支持范围限于农村路网、电网、水网(包括饮水工程)、信息网(邮政、电信)建设,农村能源和环境设施建设。农业综合开发贷款支持范围限于农田水利基本建设和改造、农业生产基地开发与建设、农业生态环境建设、农业技术服务体系和农村流通体系建设。农业生产资料贷款支持范围限于农业生产资料的流通和销售环节。

贷款实行风险定价,以风险与收益对称为原则,执行农发行商业性贷款利率管理有关规定,利率原则上不下浮。具体贷款项目的利率方式和执行利率可在政策允许范围内,根据贷款项目风险水平、筹资成本、管理成本、贷款目标收益以及当地市场利率水平等因素,由借贷双方协商确定。

这是继 2006 年农发行扩大农业产业化龙头企业贷款范围,开办农业科技贷款、农业小企业贷款试点之后,业务范围的进一步扩大。新业务的开办标志着农发行对"三农"的信贷支持进入了宽领域、多方位、深入入的发展阶段。而此前,农发行江苏省分行已涉足新业务探索。2007 年 3 月末,农发行江苏省分行已发放支持新农村建设的商业性储备、仓储设施、农业产业化等新业务贷款(余额)98 亿元。

在支持新农村建设方面,农业小企业贷款、农业科技贷款、农村基础设施建设贷款、农业综合开发贷款、农业生产资料贷款和农村流通体系建设贷款等运作良好。

2) 商业性贷款业务发展中存在的问题

农发行商业性贷款业务发展中主要存在以下问题:一是经济环境差,新业务贷款载体少。二是发展基础差,有效信贷资产少。三是队伍素质差,独当一面的专业人员少。四是结算服务功能差,贷后管理难度大。

7.3.3 农发行的中间业务

尽管农发行可参照《商业银行中间业务暂行规定》拓展中间业务空间,但目前毕竟还是处在初始起步阶段。目前农发行仅有三个方面的中间业务:一是支付结算类中间业务,这是银行机构最基础、最常规的职能性中间业务;二是代理类中间业务,保险业务是从 2004 年才开始开展的一项中间业务,且只能与太平洋保险公司进行代理,客户的选择面狭窄;三是代理国家开发银行结算业务,这是2005年着手开展的一项中间业务,虽然能体现优势互补、资源共享,但国家开发银行并不是在每个县市均有业务,对部分基层农发行来说,完成任务无法均衡实现。

农发行在2004年开始了对中间业务的开拓工作,主要表现在保险代理业务上,而且力度在逐年加大。

作为农发行全面改革的一部分,中间业务受到大力倡导。在新的中间业务考核办法中,贴现利息收入和固定资产出租收入被剔除。通过制度手段,各分行开展中间业务的积极性受到充分调动。目前,保险代理业务是中间业务的大宗,国际结算业务正在积极推进,与工行签署的信用卡业务合作协议正在逐步实施。

7.4 三类新型农村金融机构的业务

2006年12月20日,中国银监会发布《关于调整放宽农村地区银行业金融机构准入政策,更好支持社会主义新农村建设的若干意见》,允许社会各种资金在农村成立村镇银行、贷款公司、农村资金互助社等金融机构。

7.4.1 村镇银行业务

依据《村镇银行管理暂行规定》,经银监分局或所在城市银监局批准,村镇银行可经营下列业务:吸收公众存款;发放短期、中期和长期贷款;办理国内结算;办理票据承兑与贴现;从事同业拆借;从事银行卡业务;代理发行、代理兑付、承销政府债券;代理收付款项及代理保险业务;经银行业监督管理机构批准的其他业务。村镇银行按照国家有关规定,可代理政策性银行、商业银行和保险公司、证券公司等金融机构的业务。有条件的村镇银行要在农村地区设置ATM机,并根据农户、农村经济组织的信用状况向其发行银行卡。对部分地域面积大、居住人口少的村、镇,村镇银行可通过采取流动服务等形式提供服务。

村镇银行在缴足存款准备金后,其可用资金应全部用于当地农村经济建设。村镇银行发放贷款应首先充分满足县域内农户、农业和农村经济发展的需要。确已满足当地农村资金需求后,其富余资金可投放当地其他产业、购买涉农债券或向其他金融机构融资。

7.4.2 贷款公司业务

依据《贷款公司管理暂行规定》,经银监分局或所在城市银监局批准,贷款公司可经营下列业务:办理各项贷款;办理票据贴现;办理资产转让;办理贷款项下的结算;经中国银行业监督管理委员会批准的其他资产业务。贷款公司不得吸收公众存款。贷款公司的营运资金为实收资本和向投资人的借款。

7.4.3 农村资金互助社业务

农村资金互助社以吸收社员存款、接受社会捐赠资金和向其他银行业金融机构融入资金作为资金来源。农村资金互助社的资金应主要用于发放社员贷款,满足社员贷款需求后确有富余的可存放其他银行业金融机构,也可购买国债和金融债券。农村资金互助社发放大额贷款、购买国债或金融债券、向其他银行业金融机构融入资金,应事先征求理事会、监事会意见。农村资金互助社可以办理结算业务,并按有关规定开办各类代理业务。农村资金互助社开办其他业务应经属地银行业监督管理机构及其他有关部门批准。农村资金互助社不得向非社员吸收存款、发放贷款及办理其他金融业务,不得以该社资产为其他单位或个人提供担保。农村资金互助社根据其业务经营需要,考虑安全因素,应按存款和股金总额一定比例合理核定库存现金限额。

7.5 利息与利率

7.5.1 利息

1) 利息的含义

利息是借贷关系中借款者为取得货币资金的使用权,而支付给贷款者超过借贷货币额的那一部分代价;也可以说是贷款者因暂时让渡货币资金使用权,而从借款者那里取得的超过借贷货币额的那一部分报酬。马克思在继承前人研究成果的基础上,从借贷资本运动的整个过程着手分析,揭开了利息神秘的面纱。其利息理论的核心内容包括:货币必须经过生产过程才能增值;利息来源于劳动者创造的剩余价值,实质是利润的一部分;利息体现着货币资本家和职能资本家对劳动者创造的剩余价值的分割。

2) 利息成为收益的一般形态

在现实生活中,利息已经被看做是收益的一般形态。作为一个非常重要的观念,利息是收益的一般形态,是指一笔货币资金,无论做怎样的用途,利息都被看成是资金所有者理所当然可以获得的收益。也就是说,衡量一项经营活动是否取得了收益,总是以利息为参照物来判断。只有当经营收益超过了利息收益时,才被认为产生了盈利,盈利为经营收益超过利息的部分。同理,如果一笔资金未被贷放出去,资金所有者被认为遭受到了利息损失,或者是被认为付出了机会成本;运用自己资本的经营者也总是把所得的经营利润分为利息与企业主收入,扣除利息之后的利润才是经营的所得。利息是衡量收益的尺度这一观念,已被人们广为接受,并指导着人们的经济活动。

3) 收益资本化

任何有收益的事物,都可以通过其所产生的收益与利率的对比倒算出来它相当于多大的资本金,这一倒算过程即被称为收益的资本化。

通常,我们是在已知本金和利率的情况下计算利息,即计算一笔本金产生的收益。如一笔 10 000 的借贷资金,在年利率为 10% 的情况下,一年所产生的利息收益为 10 000×10%=1 000(元)。而收益资本化的过程刚好相反,是在已知收益和利率的情况下,计算本金相当于多少。也就是说,已知一笔借贷资金在 10% 的利率下,一年所产生的利息为 1 000 元,则我们可以推知这笔借贷本金=1 000 元/10%=10 000 元。用公式表示为:

$$资本金=(年)收益/(年)利率$$

收益资本化的重要意义在于,可以使一些本来不是资本的事物也可以被视为资本,一些不具有价值的东西也可以有了交换的价格。股票价格、土地价格和人力资本的形成就是这一规律较为典型的应用。下面以股票价格的形成为例说明。

股票本身的价值微乎其微或者可以说没有内在价值,但是由于股票可以给持有者带来股息、红利收益,也就是说,股票既然是可以产生收益的事物,股票的理论价格便可以根据收益资本化规律计算出来。比如:一只股票预期年股息红利收益为 2 元/股,在市场利率为

5%的情况下,这只股票每股的理论价格就是 40 元(2 元/5%);如果市场利率上升为 10%,这只股票每股理论价格下降为 20 元(2 元/10%);如果市场利率下降为 2%,这只股票每股理论价格将上升为 100 元(2 元/2%)。虽然股票的实际市场价格受多种因素影响会与理论价格有较大差距,但就长期看,这一规律对股票价格的形成具有指导作用。

收益资本化是商品经济中的规律,只要利息成为收益的一般形态,这个规律就起作用。在我国市场经济发展过程中,这一规律日益显示出它的作用。比如在土地的买卖和长期租用、相对工资体系的调整以及有价证券的买卖活动中,其价格的形成都受这一规律作用的影响。随着市场经济的进一步发展,"收益资本化"规律的作用还会不断扩大与深化。

7.5.2 利率

利率是利息率的简称,是借贷活动中一定时间内获得(或支付)的利息额与本金的比率。利率是衡量与计算利息量的尺度和工具,体现着借贷资本或生息资本增值的程度。用公式表示为:

$$利率 = \frac{利息额}{本金} \times 100\%$$

1) 利率的表示方法

根据计算利息的不同期限单位,利率有年利率、月利率与日利率三种表示方法。

(1) 年利率 年利率是以年为期限单位计算利息时使用的利率,通常以本金百分之几(%)表示。如 100 元本金,借贷时间为 1 年,到期共获得 10 元利息,则这笔借贷活动的年利率即是 10%;若借贷时间为 2 年,到期共获得 10 元利息,则这笔借贷活动的年利率为 5%。

(2) 月利率 月利率是以月为期限单位计算利息时使用的利率,通常以本金千分之几(‰)表示。如 1 000 元本金,借贷时间 1 个月,获得 10 元利息,则月利率为 10‰;借贷时间 2 个月,共获得 10 元利息,则月利率为 5‰。

(3) 日利率 日利率是以日为期限单位计算利息时使用的利率,通常以本金万分之几(‱)表示。如:10 000 元本金,借贷时间 1 天,获得 10 元利息,则日利率为 10‱;借贷时间 2 天,共获得 10 元利息,则日利率为 5‱。

上述三种利率之间的换算关系为:年利率=月利率×12=日利率×360;日利率=月利率/30=年利率/360;月利率=日利率×30=年利率/12。

我国民间习惯上将年利率、月利率与日利率统称为"厘",但不同借贷期限限定下的"厘"的含义不同,如年利率 1 厘表示 1%,月利率 1 厘表示 1‰,日利率 1 厘表示 1‱。

【例 7-7】 已知年利率为 12%,则月利率和日利率分别是多少?

【解】 根据年利率和月利率、日利率之间的换算关系,年利率为 12%,则:月利率=年利率/12=12%/12=1%=10‰;日利率=年利率/360=12%/360=0.033%=3.3‱。

2) 利率的运用

利率是计算利息的工具,运用利率计算利息有两种基本方法:单利计息法和复利计息法。

(1) 单利 单利是指在计算利息时,不论期限长短,仅按本金计算利息,所生利息不再加入本金计算下期利息。其计算公式为:

$$I = P \cdot i \cdot n$$
$$S = P + I = P + P \cdot i \cdot n = P(1 + i \cdot n)$$

式中，S 表示本利和，I 表示利息，P 表示本金，i 表示利率，n 表示与利率对应的借贷期限（下同）。

【例 7-8】 一笔为期 2 年，年利率为 5% 的 100 000 元存款，用单利方法计息，期满应支付多少利息？

【解】 根据公式，期满应支付利息：$I = P \cdot i \cdot n = 100\,000 \times 5\% \times 2 = 10\,000$（元）

（2）复利　复利是指计算利息时，按一定期限（如 1 年），将所生利息加入本金再计算利息，逐期滚算。其计算公式为：

$$S = P(1+i)n$$
$$I = S - P$$

仍以上题为例，一笔为期 2 年，年利率为 5% 的 100 000 元存款，用复利方法计息，期满时应支付本利和与利息分别是：

期满时应支付本利和 $S = P(1+i)n = 100\,000 \times (1+5\%) \times 2 = 110\,250$（元）

期满时应支付利息 $I = S - P = 110\,250 - 100\,000 = 10\,250$（元）

比较上述两种计息方法，发现用复利方法计算出的利息比单利方法计算出的利息要多。因此复利更符合资金的时间价值理念，比单利更合理，应用得更广泛。这是因为在单利条件下，前一期得到的、尚未提取的利息不再计息，而是滞留在银行手中，全然不顾在计息后、提取前这段时间资金的时间价值。事实上，这部分资金仍在为银行所用，因为这部分利息需等到存款期满时才兑付，银行完全可以利用这段时间差暂时运用这部分资金于贷款，获得利息收益。换一个角度说，如果存款人及时提取前一期的利息，他可以把这部分利息再存入银行，获取单利条件下无法获得的收益。

在我国，虽然储蓄利息的计算仍然维持着单利计息的外衣，但是实际上利率已经被"复利化"了。

3）利率的种类

经济生活中存在多种形式的利率。按不同的标准，可将利率分为不同的类别。

（1）按借贷期限内利率是否浮动分类

① 固定利率：是指在整个借贷期限内保持固定不变的利率，一般适用于短期借贷。固定利率便于借贷双方准确计算借贷成本与收益，是传统的借贷利率确定方式。但当借贷期限较长、市场利率波动较大时，实行固定利率会使债权人，尤其是长期放款的债权人承受较大的损失，于是浮动利率应运而生。

② 浮动利率：是指在借贷期限内根据借贷双方的协定，在规定的时间以某种市场利率为参照进行调整的利率。浮动利率可以起到减少债权人损失或减轻债务人负担的作用，但由于手续繁杂、计算依据多样而增加费用开支，因此，多用于 3 年以上的国内及国际金融市场的借贷。

（2）按是否包含或剔除了物价变动率因素分类

① 名义利率：是一定时点上对物价变动率因素未作剔除的利率，也是计算债权人应收利息或债务人应付利息时所依据的利率，或者说是信用工具上注明的利率。

② 实际利率：是在一定时点上已对物价变动率因素剔除后的利率，也是衡量借贷双方真实收益或代价的依据。

名义利率与实际利率之间的换算关系为：

实际利率＝名义利率－物价变动率

假设某一时期银行储蓄存款利率为6%,同期内物价变动率为2%,则存款实际利率为6%－2%＝4%;假设某一时期银行储蓄存款利率为2%,同期内物价变动率为－2%,则存款实际利率为2%－(－2%)＝4%;假设某一时期银行储蓄存款利率为10%,同期内物价变动率为12%,则存款实际利率为10%－12%＝－2%。

当名义利率高于同期内物价变动率时,实际利率大于零,称为正利率,如上述第一、第二种情况;反之,则为负利率,如上述第三种情况;当名义利率等于同期内物价变动率时,实际利率等于零。

实际利率对经济活动起实质性影响,虽然通常在经济管理中能够操作的只是名义利率。在经济生活中,划分名义利率和实际利率的意义在于,它为分析物价变动条件下的利率变动及其影响提供了依据和工具。但实际利率更应该重视。因为对债权人来说,在借贷过程中,不仅要承担债务人到期无法归还本金的信用风险,还要承担货币贬值的通货膨胀风险。

(3) 按利率的决定方式分类

① 市场利率:是按照市场规律而自由变动的利率,即由借贷资本的供求关系直接决定并由借贷双方自由议定的利率。

② 官方利率:是一国货币管理部门或中央银行确定的利率,又称官定利率、法定利率。它反映了非市场的强制力量对利率形成的干预。

③ 公定利率:是由非政府部门的民间金融组织,如银行公会、银行业协会等,为了维护公平竞争所确定的属于行业自律性质的利率。这种利率对其行业成员具有一定的约束力。

(4) 按银行业务角度分类

① 存款利率:是客户在银行或其他金融机构存款时所取得的利息与存款额的比率。存款利率的高低直接决定了存款者的利息收益和银行及其他金融机构的融资成本,对银行集中社会资金的数量有重要影响。

② 贷款利率:是银行和其他金融机构发放贷款时所收取的利息与借贷本金的比率。贷款利率的高低直接决定着利润在企业和银行之间的分配比例,因而影响着借贷双方的经济利益。

一般情况下,贷款利率应大于存款利率,两者之差称为存贷利差。存贷利差是银行收益的主要来源。在一国经济发展的特殊时期,有可能会出现贷款利率小于存款利率的不正常现象(利率倒挂)。

(5) 按利率的作用分类

① 基准利率:是在利率体系中处于核心或基础地位的利率,它的变动会引起其他利率的相应变动,并且会引导利率体系的变化趋势。

② 差别利率:是银行等金融机构对不同部门、不同期限、不同种类、不同用途和不同信用能力的客户的存贷款制定不同的利率。差别利率对于提高信贷资金配置效率,调节信贷市场供求起着积极作用。

(6) 按信用行为的期限长短分类

① 短期利率:1年期以下的信用行为称为短期信用,相应的利率就是短期利率。

② 长期利率:1年期以上的信用行为称为长期信用,相应的利率就是长期利率。

4) 影响利率的因素

一个国家利率水平的高低受特定的社会经济条件的制约,是由许多因素综合决定的,主要包括以下几个方面:

（1）平均利润率　按照马克思的利率决定理论，利息是利润的一部分，体现着职能资本家和货币资本家对利润的分割，因此，利率最大不能超过甚至不能等于利润率，最小不能为零，即介于零和利润率之间。在充分竞争的市场环境中，各行业的利润率水平在某一时期会处于一种相对均衡状态，因而会形成一个社会平均利润率。就社会整体而言，这一社会平均利润率就成为该时期利率水平形成的重要依据。

（2）借贷资本的供求状况　利率作为资金使用权的"价格"，必然会受到借贷资本供求状况的影响。当借贷资本供给相对增加时，利率会趋于下降；当借贷资本需求相对增加时，利率会趋于上升。

（3）风险因素　借贷活动的一个显著特征就是具有风险性，即存在债权人到期不能获得本息清偿的可能。不同的信用形式，债权人所承受的信用风险程度大小不一。风险较大的借贷活动，利率就会高一些；风险较小的借贷关系，利率相应可以低一些。

（4）国家经济政策　利率的变动会使包括储蓄、消费、投资等在内的诸多经济指标产生连锁反应，因而利率在各国普遍被作为一种宏观调控工具加以使用。即使是市场化程度很高的国家，也会借助各种货币政策和财政政策工具以及其他一些行之有效的办法来调控货币供应量，进而影响市场利率水平，使之有助于政府经济发展目标的实现。

（5）物价水平　当前物价上升时，实际利率下降，为保证债权人的利益，应适度提高名义利率；反之，应将名义利率适度降低，来维护债务人的利益。所以，一国一定时期的物价水平，也会对一国的利率（名义利率）产生影响。如果预期未来的物价水平相比现在上升，则借贷资金的供给就会减少，需求就会增加，从而使利率呈上升趋势；反之，如果预期未来的物价水平相比现在下降，利率水平将趋于下降。

（6）国际利率水平　随着金融全球化程度的日益提高，国际间利率水平的联动性表现也越来越明显。国际利率水平对一国国内利率水平的影响是通过资金在国际间的流动实现的。如一国为实行紧缩政策，提高了国内利率水平，一旦国内利率水平高于国际市场利率水平时，就会吸引大量国际资本流入该国。这样，该国的货币供给将会被动增加，利率水平将承受下降压力，紧缩政策的实施效果会受到削弱；反之，如果一国国内利率水平低于国际利率水平，将会使国内资金大量外流，资金供给减少，利率上升。所以，在越来越开放的国际环境中，一国利率水平的调整与确定必须充分考虑国际利率水平的高低。

上述影响利率水平的诸多因素交织在一起，最终决定了一国一定时期内的利率水平。

复习思考题

1. 简述农行农村存款业务类型、农村贷款种类以及中间业务类型。
2. 简述农信社的资产业务、负债业务和中间业务。
3. 简述农发行的资金来源和主要业务。
4. 简要说明利息的含义、利率的表示方法和种类、单利计息法、复利计息法。
5. 简述影响利率的各种因素。

8 农村融资工具

[学习目标]

知识目标：识记各类农村融资工具的含义；理解各类农村融资工具的种类；掌握各类农村融资工具的特点。

技能目标：熟知各类票据的流程；正确理解债券、股票的发行和流通以及投资基金的运作流程；正确把握各类融资工具在农村金融与经济发展中的作用。

能力目标：能正确理解各类农村融资工具的融资原理，形成对农村金融工作的基本认知，培养从事农村融资工作的基本能力。

信用工具是以书面形式发行和流通，用于保证债权、债务双方权利与义务，具有法律效力的凭证。随着信用范围的扩大，信用工具经常被称为金融工具。任何一种金融工具都具有双重性质：对出售者和发行人，它是一种债务凭证；对购买者和持有人，它是一种债权凭证与能够带来收益的金融资产。

信用工具、金融工具、金融资产三个概念经常交互使用，容易混淆。信用工具是从债权债务的角度定义信用凭证；金融工具是从融资的角度定义融资工具，在外延上，二者有所不同。如央行发行的纸币是信用工具，但不具备融资功能（在物价水平保持不变的情况下，收益为零）；股票是融资工具，但它体现的不是债权债务关系。

关于金融工具与金融资产的关系，学者的观点不尽相同。一般情况下，金融工具被看做是金融资产在市场交易中的表现形式；而金融资产则是从财富、存量角度对金融工具这一载体的计量结果。但也有学者认为，二者不能等同，有些金融工具并不构成金融资产，有些金融资产本身并不表现为金融工具。

信用工具作为证券投资客体（证券投资的对象），主要是指有价证券（简称证券）。根据证券所体现的经济性质，可分为商品证券、货币证券和资本证券及其他证券。商品证券是证明有领取某种商品权利的凭证，如商品提货单、仓单、物品收据等；货币证券是对货币享有请求权的凭证，如汇票、本票、支票等；资本证券是一种投资形式，是持有者能按期从发行者处领取收益的权益性凭证，如股票、债券等；其他证券则包括土地所有权证、房产证等。

农村融资工具主要是指货币证券和资本证券。

8.1 货币证券——票据

8.1.1 票据概述

十一届三中全会以来，我国经济、金融体制经过30多年的改革开放，发生了重大变化。1988年银行结算制度实行全面改革，制定了以汇票、本票和支票为主体的新的结算制度，确立了银行结算票据化的发展方向,票据开始在全国范围内推广使用,并得到较大的发展。1995年,《中华人民共和国票据法》(以下简称《票据法》)出台并于1996年1月1日起施行,是我国票据发展史上的一个里程碑,是将我国票据活动纳入法制化管理的一个重要标志。它的实施,有力地推动了我国票据的健康发展,对维护社会经济、金融秩序,促进经济发展具有十分重要的意义。

我国《票据法》的宗旨和任务是:① 规范票据行为;② 保障票据活动中当事人的合法权益;③ 维护社会经济秩序;④ 促进社会主义市场经济的发展。

1) 票据的含义

票据有广义和狭义之分。广义上的票据包括各种有价证券和商业凭证,如股票、股息单、国库券、发票、提单、仓单等。狭义上的票据,仅指《票据法》所规定的汇票、本票和支票。我国《票据法》中所指的票据即为狭义上的票据,是指出票人约定自己或委托付款人在见票时或指定的日期向收款人或持票人无条件支付一定金额并可流通转让的有价证券。

2) 票据的特征

(1) 票据以支付一定的金额为目的 支付"票据金额"是票据签发和转让的最终目的,票据上的权利义务关系只有在票据金额得到全部支付后才归于消灭。

(2) 票据是一种设权、完全有价证券 票据权利是以票据的做成和交付而设立的,未做成票据前,票据权利是不存在的。票据所表示的权利与票据有不可分离的关系,权利与票据融合为一,票据权利的发生,必须做成票据;票据权利的转移,必须交付票据;票据权利的行使,必须提示票据。

(3) 票据是一种无因证券 持票人只要对票据债务人提示票据就可行使票据权利,而对取得票据的原因不负证明责任,即使票据的基础关系无效或有瑕疵,票据债务人仍应对持票人按票据所载文义负责。

(4) 票据是一种流通证券 票据上的债权可以通过背书转让或交付转让的方式予以流通转让。根据国际上通行的做法,凡记名票据,必须经背书才能交付转让;凡无记名票据,仅凭交付就可以转让。由于我国《票据法》规定的票据均为记名票据,因此其转让必须通过背书进行。

(5) 票据是一种文义、要式证券 票据当事人的权利与义务,必须以该票据的文义为准。不论是债权人还是债务人,都应根据票据上所记载的文义承担责任。票据的做成必须严格按照《票据法》所规定的要素和款式,缺少应绝对记载事项之一,票据无效。

3) 票据的功能

(1) 支付功能 支付是最原始的票据功能,它可以解决现金支付在手续上的麻烦。商事交易频繁,使用票据,不仅可以节省点钞的麻烦和时间,而且十分安全。票据还可以通过背书作多次转让,在市场上成为一种流通的支付工具,减少现金的使用。以票据作为支付工具,代替现金支付,可以达到迅速、准确、安全的目的。

(2) 信用功能 在商品经济社会里,一切商事交易并非都是交易与付款同时进行的现货交易,常常是在交易之后的一定时间再予以付款的,它是建立在信用基础之上的交易。这时票据就成为商业信用不可缺少的工具。

(3) 汇兑功能 在商事活动中,商人之间的结算主要是凭借票据的汇兑功能,以解决异地之间现金支储在空间上的障碍,用以了结相互之间的债权债务。

(4) 融资功能 票据的较新功能是融资,即调度资产。这主要通过票据贴现来实现。票据贴现是以未到期票据向银行出售换取现金。银行按市场利率,先行扣取贴现日至到期日的利息,尔后以票面金额付给持票人。银行以贴现方式收下票据,可再向中央银行或其他银行贴现以取得资金,称为"再贴现"。票据贴现,解决了资金流转的困难,使票据持有人的资金从票据债权的形式转变为现金形式,从而加速资金周转,促进经济的发展。

8.1.2 汇票

汇票是出票人签发的,委托付款人在见票时或者在指定日期无条件支付确定的金额给收款人或者持票人的票据。按照出票人的不同,我国《票据法》将汇票分为银行汇票和商业汇票(商业承兑汇票、银行承兑汇票)。汇票必须记载以下事项:① 表明"汇票"的字样;② 无条件支付的委托;③ 确定的金额;④ 付款人名称;⑤ 收款人名称;⑥ 出票日期;⑦ 出票人签章。未记载以上事项之一的,汇票无效。

1) 银行汇票

银行汇票是银行应汇款人的请求,在汇款人按规定履行手续并交足保证金后,签发给汇款人由其交付收款人的一种汇票;或者说是由企业单位或个人将款项交存银行,由银行签发给其持往异地办理转账结算或支取现金的票据。与商业汇票有所不同,它不是由出票银行委托第三人支付汇票金额,而是由出票银行自己作为付款人,承担付款责任。其基本当事人只有两个,即出票银行和收款人,银行既是出票人又是付款人。

银行汇票是我国多年票据实践经验的总结,是为方便交易活动,满足企事业单位、个人异地采购的需要而创设的一种支付工具。在具体做法上,银行汇票有许多自身的特征,比如出票银行即为付款银行、代理付款银行具有不确定性、付款地为出票银行所在地、记载汇票金额和实际结算金额、见票即付等;具有票随人到、方便灵活、兑现性强的特点。正是由于银行汇票所具有的这些特点,而使其在使用上更为方便灵活,乐于为广大企事业单位、银行和个人所接受。银行汇票作为一种最广泛的票据结算工具,在我国的票据使用中所占比例相当大,对促进我国经济的发展起到了重要的作用。

银行汇票的出票和付款,限于中国人民银行和参加"全国联行往来"的银行机构办理,主要用于异地先拿票款、后发货的结算。企业单位在不能确定异地售货单位,或者不了解异地销货单位产品的情况下,可持银行汇票实地确定销货单位和到销货单位了解产品情况后,实行钱货两清。

银行汇票流转程序如图 8.1 所示。

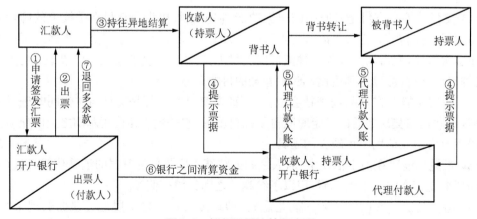

图 8.1 银行汇票流转程序图

2) 商业汇票

商业汇票是企事业单位等签发的,委托付款人在付款日期无条件支付确定金额给收款人或持票人的一种汇票。商业汇票一般有3个基本当事人:出票人、付款人、收款人。商业汇票适用于企业单位先发货后付款或双方约定延期付款的商品交易,主要用于同城或异地的结算。这种汇票经过购货单位或银行承诺付款,承兑人负有到期无条件支付票款的责任,对付款单位具有较强的约束力,有利于增强企业信用意识,促进企业偿付货款。购销双方可以根据需要商定不超过半年的付款期限。购货单位在资金暂时不足的情况下,可以凭承兑的汇票购买商品。销货单位急需资金,可持承兑的汇票以及增值税发票和发运单据复印件向银行申请贴现以及时补充资金;销货单位也可以在汇票背面背书后转让给第三者,以支付货款。

在银行开立存款账户的法人以及其他组织之间,必须具有真实的交易或债权债务关系,才能使用商业汇票。出票人为在银行开立存款账户的法人以及其他组织,与付款人具有真实的委托付款关系,具有支付汇票金额的可靠资金来源。

按照承兑人的不同,商业汇票分为银行承兑汇票和商业承兑汇票。由银行承兑的汇票为银行承兑汇票,由银行以外的企事业单位等承兑的汇票为商业承兑汇票。

(1) 银行承兑汇票　在购销合同关系中使用的银行承兑汇票,当由购货单位签发汇票时,有3个基本当事人,即出票人、付款人(承兑银行)、收款人(销货单位),其做法是由购货单位签发汇票并向银行申请承兑,承兑后交付收款人;当由销货单位签发汇票时,有两个基本当事人,即出票人(销货单位)、付款人(承兑银行),出票人又是收款人,其做法是由销货单位签发汇票并请求购货单位向银行申请承兑,银行承兑后,由购货单位交付给收款人。银行承兑汇票流转程序如图8.2所示。

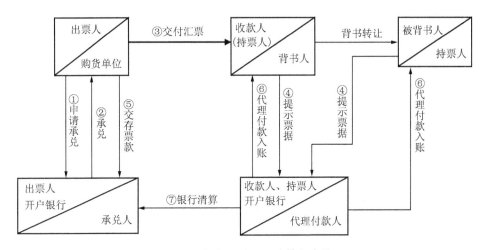

图8.2　银行承兑汇票流转程序图

(2) 商业承兑汇票　在购销合同关系中使用的商业承兑汇票,其基本当事人通常有两个:收款人和付款人。当付款人签发汇票时,付款人即为出票人,其做法是由付款人签发并承兑,承兑后即交付收款人;当收款人签发汇票时,收款人即为出票人,其做法是由收款人签发并交付款人承兑,承兑后即交付收款人。商业承兑汇票流转程序如图8.3所示。

汇票经承兑后,承兑人即为汇票的主债务人,承担到期无条件支付汇票金额的票据责任。付款地即为承兑人所在地。

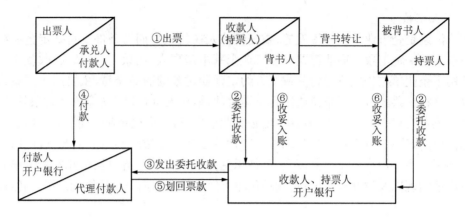

图 8.3 商业承兑汇票流转程序图

8.1.3 本票

本票是出票人签发的,承诺自己在见票时无条件支付确定的金额给收款人或者持票人的票据。这一定义包含两层意思:一是本票是由出票人约定自己付款的,其基本当事人有两个:出票人和收款人。在出票人之外不存在独立的付款人,属于一种自付证券。二是本票是在到期日无条件支付票据金额给收款人或者持票人的,出票人在完成出票行为后,即承担到到期日无条件支付票据金额的责任,不需要在到期日前进行承兑。按出票人的身份不同,本票可分为银行本票和商业本票。我国《票据法》规范的本票是银行本票。

1) 银行本票

银行本票是由银行签发的,承诺自己在见票时无条件支付票据金额给收款人或持票人的票据;或者说是申请人将款项交存银行,由银行签发给其凭以办理同一票据交换区域内转账或支取现金的票据。其信誉较高,付款有保证。银行本票具有两个重要特征:首先,银行本票的出票人在资格上是有限制的,仅限于银行签发,银行以外的法人、非法人单位或者个人不得签发银行本票;其次,银行本票仅限于见票即付,属于即期本票,是一种支付证券而不是信用证券。任何银行不得签发远期本票。实务中,银行本票的基本做法是:单位、个体经济户和个人在同城范围的商品交易、劳务供应及其他款项结算,需要使用银行本票的,必须首先填制银行本票申请书并将款项交存银行;银行在受理申请书并收妥款项后,据以签发银行本票。申请人可以将银行本票交付给本票上记载的收款人,以办理结算。销货单位在不了解对方信用的情况下多要求采用银行本票。

银行本票是以银行信用为基础,以使用人将款项交存银行为前提的,具有较强的信用;在交易活动中,使用银行本票,销货方可以见票发货,购货方可以凭票提货;债权、债务双方可以凭票清结债权债务;收款人将银行本票交存银行,银行即可为其入账,有利于加速商品流通和资金周转,减少现金使用。

银行本票必须记载以下事项:表明"本票"的字样;无条件支付的承诺;确定的金额;收款人名称;出票日期;出票人签章。未记载以上事项之一的,银行本票无效。

我国的银行本票包括以下几种:

(1) 以记载的金额是否固定为标准,银行本票分为定额银行本票和不定额银行本票。

① 定额银行本票:定额银行本票的金额已事先印制于本票正面,签发时不必再另行填写。定额本票面额分为 1 000 元、5 000 元、10 000 元和 50 000 元 4 种。

② 不定额银行本票：不定额银行本票并未印有本票金额，而是由出票银行根据当事人的约定在出票时按规定填写。

（2）以付款方式为标准，银行本票分为现金本票和转账本票。

① 在本票上注明"现金"字样的银行本票为现金本票。现金本票既可转账也可以用于支取现金。

② 在本票上注明"转账"字样的银行本票为转账本票。转账本票只能用于转账，不得提取现金。

我国《票据法》规定，本票的出票人必须具有支付本票金额的可靠资金来源，并保证支付。本票出票人的资格由中国人民银行审定。本票上记载付款地、出票地等事项的，应当清楚、明确。本票上未记载付款地的，出票人的营业场所为付款地；本票上未记载出票地的，出票人的营业场所为出票地。本票的出票人在持票人提示本票时，必须承担付款的责任。本票自出票日起，付款期限最长不得超过2个月。本票的持票人未按照规定期限提示本票的，丧失对出票人以外的前手的追索权。

受多方面因素影响，我国的银行本票目前使用较少，还没有得到推广。但是，根据我国社会主义市场经济发展的需要，中国人民银行制定的结算制度确定了银行本票的发展方向，在全国大中城市开办银行本票业务，这为银行本票的推广奠定了基础。随着我国社会主义市场经济的发展，银行本票的使用范围和规模将进一步扩大，其使用量将得到逐步增加，同时对促进我国经济的发展也会发挥重要的作用。

银行本票结算流程如图8.4所示。

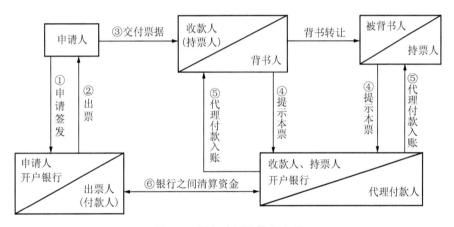

图8.4 银行本票流转程序图

2）商业本票

商业本票是由接受信用的购货企业签发给收款人的债务凭证。它无须承兑，但须取得有关金融机构的保证支持。持有未到期的商业本票可以向银行贴现。目前商业本票在我国尚未使用。这是由于商业本票按其产生的基础，可以分为交易性商业本票和融资性商业本票。交易性商业本票产生于商品交易之中，目前使用的商业汇票中的对己汇票实际上具有交易性商业本票的作用，可以替代交易性商业本票的使用；融资性商业本票产生于短期的资金融通，如同企业债券，在国外也主要是货币市场的一种短期融资工具，使用这种工具的公司必须具备比较高的商业信用，同时必须有银行或金融公司提供担保，并有一整套的运作管理制度。我国目前尚不具备上述条件，如果允许企业单位签发和使用这种商业本票，在一定程度上将会引起信用膨胀,不利于加强中央银行的宏观调控。

8.1.4 支票

支票是出票人签发的,委托办理支票存款业务的银行或者其他金融机构在见票时无条件支付确定的金额给收款人或者持票人的票据。这一定义包含了以下三层意思：一是支票与汇票一样,属于委付证券,有三方基本当事人,即出票人、付款人和收款人；二是付款人仅限于办理支票存款业务的银行或者其他金融机构；三是支票的付款日期形式仅限于见票即付,是一种支付证券。这里着重说明两点：

第一,支票注重资金关系。汇票与支票同为委付证券,但两者在支付委托方面有很大区别。汇票并不十分注重资金关系,汇票的出票人可以在未提供资金的情况下,委托他人为付款人。支票则十分注重资金关系,出票人必须在付款人处存有足额的资金,才能委托付款人支付票款。在我国,目前无论是企事业单位、机关、团体、部队、学校、个体经济户还是个人,只要在可以办理支票存款业务的金融机构处存有足额的资金,并约定可以使用支票支付的,就可以签发支票。

第二,银行是依法设立的吸收公众存款、发放贷款、办理结算业务的企业法人,企事业单位甚至公民个人与银行一般都存有一定的资金关系。由于支票是一种支付工具,只能见票即付,如果以银行以外的其他企事业单位充当付款人,就不能保证支票的及时付款。而由银行充当付款人,支票持票人的权利实现就有充分保障。充当支票付款人的银行必须是经批准可以办理支票存款业务的银行。所谓支票存款是指活期存款。因此,这种银行仅指经批准可以吸收活期存款的银行和其他金融机构（包括城市信用社和农村信用社）,而依规定只吸收定期存款的金融机构则不能作为支票的付款人。

1) 支票的种类

为了规范支付结算行为,保障支付结算活动中当事人的合法权益,加速资金周转和商品流通,促进社会主义市场经济的发展,依据我国《票据法》和《票据管理实施办法》以及有关法律、行政法规,制定的《支付结算管理办法》将支票分为现金支票、转账支票和普通支票。

(1) 支票上印有"现金"字样的为现金支票,现金支票只能用于支取现金。

(2) 支票上印有"转账"字样的为转账支票,转账支票只能用于转账。

(3) 支票上未印有"现金"或"转账"字样的为普通支票,普通支票可以用于支取现金,也可以用于转账。在普通支票左上角画两条平行线的,为划线支票,划线支票只能用于转账,不得支取现金。

2) 支票的使用

支票必须记载以下事项：① 表明"支票"的字样；② 无条件支付的委托；③ 确定的金额；④ 付款人名称；⑤ 出票日期；⑥ 出票人签章。未记载以上事项之一的,支票无效。支票上未记载金额和收款人名称的,经出票人授权可以补记。

我国《票据法》规定,支票的出票人所签发的支票金额不得超过其付款时账户的实有存款金额。禁止签发空头支票。票据金额以中文大写和数码同时记载,二者必须一致,否则票据无效；票据金额、日期、收款人名称不得更改,更改的票据无效；对票据上的其他记载事项,原记载人可以更改,更改时应当由原记载人签章证明。支票的持票人应当自出票日起10日内提示付款；异地使用的支票,其提示付款期限由中国人民银行另行规定。

在支票使用过程中存在一些单位和个人签发空头支票的现象,不仅损害了持票人的合法利益,影响了支票的使用和流通,而且影响结算资金汇路畅通以及经济、金融秩序。为保护持票人的合法利益,维护经济金融秩序,促进票据业务健康发展,央行2005年5月23日发布了《中国人民银行关于对签发空头支票行为实施行政处罚有关问题的通知》。该通知明确了以下规定:

一是规定对空头支票违规行为实施行政处罚。通知明确实施空头支票行政处罚的主体为中国人民银行及其分支机构;处罚依据和标准为《票据管理实施办法》第31条"签发空头支票或者签发与其预留的签章不符的支票,不以骗取财物为目的的,由中国人民银行处以票面金额5%但不低于1 000元的罚款"的规定;明确空头支票的罚款,由出票人在规定期限内到指定的罚款代收机构主动缴纳,逾期不缴纳的,人民银行及其分支机构可采取每日按罚款数额的3%加处罚款、要求银行停止其签发支票、申请人民法院强制执行等措施。

二是建立了空头支票违规行为的"黑名单"制度。为了加大对空头支票监管的力度,人民银行分支行建立签发空头支票"黑名单"制度,并将有关违规信息定期向同一票据交换区域内的银行进行通报。

三是明确监督管理的职责。人民银行总行负责空头支票处罚制度的制定和监督执行;人民银行分支行负责本辖区内空头支票行政处罚的组织实施;出票人开户银行负责报告签发空头支票违规行为、代为送达有关法律文书等;罚款代收机构负责罚款的收缴。

四是强化了违规责任。该通知根据事权划分,规定了罚款代收机构、出票人开户银行和空头支票的出票人三方的违规责任。罚款代收机构对空头支票罚款收入占压、挪用的,中国人民银行及其分支机构按照《金融违法行为处罚办法》的有关规定给予处罚,情节严重的,追究其高级管理人员及直接责任人的行政责任;出票人开户银行不报、漏报或迟报出票人签发空头支票行为的,由人民银行责令改正,逾期不改、情节严重的,追究其高级管理人员及直接责任人的行政责任;对于屡次签发空头支票的出票人,银行有权停止为其办理支票或全部支付结算业务。

该通知从促进非现金支付工具健康发展的视角,明确了签发空头支票行为的行政处罚制度,其发布实施有利于保证经济交易双方的契约得以认真履行,维护市场经济有序运行,促进非现金支付体系安全高效运转。

3) 支票的特点

支票是传统支付工具中使用最广泛和便利的非现金支付工具,在同一城市范围内的商品交易、劳务供应、清偿债务等款项支付,均可以使用支票,目前支票的使用量占同城结算总笔数的70%左右。由于支票的以下特点,使得其在面对新兴支付工具的挑战时仍保持着极为重要的地位:

(1) 支票不受交易时间、地点和对象的限制,且具有很强的流通性,可以在更广泛的交易主体之间使用。除可用于商户与消费者之间的交易外,还可用于单位与个人之间、个人与个人之间的支付。

(2) 支票的使用成本相对较低,无须专用的机具和受理设施。

(3) 支票支付金额无上限的限制。支票既可支付零售项目,也适用于大额买卖。只要账户上有足够的款项支付,支票支付通常没有使用金额的限制。

(4) 支票支付具有一定的私密性。使用支票进行结算,收款人无须将自己的银行账号等告诉付款人。

为进一步推动支票业务发展,满足不同层次的支付需求,央行将在以下方面进一步做好相关工作:一是扩大支票的使用主体,大力推广个体工商户和个人使用支票,促进支票业务的均衡发展。总体上看,目前我国支票使用主要以单位为主,除少数大中城市有一定量的个人支票在使用外,其他地区个人支票使用较少,个人支票的社会认知度较低,还未成为居民的日常支付工具。随着个人征信系统①的完善和居民消费观念的转变,个人支票业务发展前景广阔。特别是在个人缴纳公用事业费等各种费用时,其优势更能得到有效发挥。二是建立跨行政区域的票据交换中心,促进区域经济的发展。目前,央行已经确立了鼓励和发展区域性票据交换的总体思路,将打破支票在同城使用的限制,推动建立以中心城市为依托、辐射周边的跨行政区域的票据交换中心,使支票在更大范围内流通,有利于促进区域经济的发展。三是积极研究影像交换技术等在票据交换领域的运用,实现票据截留。采用票据影像交换和实现票据截留,可以缩短清算时间,提高结算效率,实现高效便捷的支付服务。四是建立和完善支票的管理制度,有效防范支票支付风险。

借记支票流转程序如图 8.5 所示。

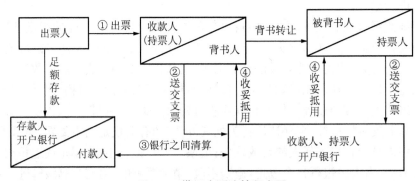

图 8.5 借记支票流转程序图

贷记支票流转程序如图 8.6 所示。

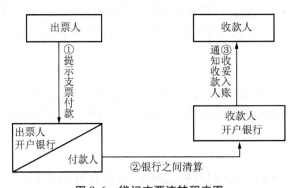

图 8.6 贷记支票流转程序图

---

① 个人征信系统又称消费者信用信息系统,主要为消费信贷机构提供个人信用分析产品。随着客户要求的提高,个人征信系统的数据已经不再局限于信用记录等传统运营范畴,注意力逐渐转到提供社会综合数据服务的业务领域中来。个人征信系统含有广泛而精确的消费者信息,可以解决顾客信息量不足对企业市场营销的约束,帮助企业以最有效、最经济的方式接触到自己的目标客户,因而具有极高的市场价值,个人征信系统的应用也扩展到直销和零售等领域。在美国个人征信机构的利润有 1/3 是来自直销或数据库营销,个人征信系统已被广泛运用到企业的营销活动中。

8.1.5 票据贴现

票据贴现是指持票人在需要资金时,将其持有的未到期的商业票据,经过背书(指持票人在票据背面或者粘单上记载有关事项并签章的票据行为)转让给商业银行并贴付利息,商业银行从票面金额中扣除利息后,将余款支付给持票人的票据行为[①];或者说是指持票人为了资金融通的需要而在票据到期前以贴付一定利息的方式向银行出售票据。对于贴现银行来说,就是收购没有到期的票据。票据贴现的期限都较短,一般不会超过6个月,而且可以办理贴现的票据也仅限于已经承兑的并且尚未到期的商业汇票。

1) 票据贴现的种类

一般而言,票据贴现可以分为贴现、转贴现和再贴现3种。

(1) 贴现 是指客户(持票人)将未到期的票据出卖给贴现银行,以便提前取得现款。一般工商企业向银行办理的票据贴现就属于这一种。

(2) 转贴现 是指银行以贴现购得的没有到期的票据向其他商业银行所作的票据转让。转贴现一般是商业银行间相互拆借资金的一种方式。

(3) 再贴现 是指贴现银行持未到期的已贴现票据向人民银行的贴现,通过转让票据取得人民银行再贷款的行为。再贴现是中央银行的一种信用业务,是中央银行为执行货币政策而运用的一种货币政策工具。

2) 票据贴现的办理条件

商业汇票的收款人或被背书人需要资金时,可持未到期的商业承兑汇票或银行承兑汇票并填写贴现凭证,向其开户银行申请贴现。贴现银行需要资金时,可持未到期的承兑汇票向其他银行转贴现,也可以向人民银行申请再贴现。

商业汇票的持票人向银行办理贴现业务必须具备下列条件:

(1) 持票人是在银行开立存款账户的企业法人以及其他组织。

(2) 持票人与出票人或者直接前手具有真实的商业交易关系。

(3) 提供与其直接前手之前的增值税发票和商品发运单据复印件。

申请票据贴现的单位必须是具有法人资格或实行独立核算、在银行开立有基本账户并依法从事经营活动的经济单位。贴现申请人应具有良好的经营状况,具有到期还款能力,贴现申请人持有的票据必须真实,票式填写完整、盖印、压数无误,凭证在有效期内,背书连续完整。贴现申请人在提出票据贴现的同时,应出示贴现票据项下的商品交易合同原件并提供复印件或其他能够证明票据合法性的凭证,同时还应提供能够证明票据项下商品交易确已履行的凭证(如发货单、运输单、提单、增值税发票等复印件)。

3) 票据贴现的办理程序

央行办理再贴现业务的对象是在当地中国人民银行开立存款账户的银行。银行在对商业汇票办理贴现后需要资金时,可以向中国人民银行申请再贴现。

符合条件的商业汇票的持票人可持未到期的商业汇票连同贴现凭证向银行申请贴现。贴现银行可持未到期的商业汇票向其他银行转贴现,也可以向中国人民银行申请再贴现。

[①] 中国人民银行于1997年颁布的《商业汇票承兑、贴现与再贴现管理暂行办法》规定,贴现系指商业汇票的持票人在汇票到期日前,为了取得资金贴付一定利息将票据权利转让给金融机构的票据行为,是金融机构向持票人融通资金的一种方式。

贴现、转贴现和再贴现时,应做成转让背书,并提供贴现申请人与其直接前手之前的增值税发票和商品发运单据复印件。

持票人持未到期的汇票向银行申请贴现时,应根据汇票填制贴现凭证,在第一联上按照规定签章后,连同汇票一并送交银行。银行信贷部门按照信贷办法和支付结算办法的有关规定审查,符合条件的,在贴现凭证"银行审批"栏签注"同意"字样,并由有关人员签章后送交会计部门。

贴现银行向人民银行申请再贴现时,必须持已办理贴现但尚未到期的、要式完整的商业承兑汇票或者银行承兑汇票,填制再贴现凭证,并在汇票上背书,一并送交人民银行。人民银行审查后,对符合条件的予以再贴现。

会计部门接到做成转让背书的汇票和贴现凭证,按照支付结算办法的有关规定审查无误,贴现凭证的填写与汇票核对相符后,按照支付结算办法有关贴现期限以及贴现利息计算的规定和规定的贴现率计算出贴现利息和实付贴现金额。其计算办法是:

贴现利息＝汇票金额×贴现天数×(月贴现率÷30 天)

实付贴现金额＝汇票金额－贴现利息

【例 8-1】 某银行为一企业的一张票面金额为 100 万元、60 天后到期的票据办理贴现,年贴现率为 12%。银行应扣除的贴现利息是多少?应支付给申请办理贴现的企业多少货币金额?

【解】 根据公式,银行应扣除的贴现利息＝100×60×(12%÷12÷30)＝2(万元)

支付给申请办理贴现的企业的贴现付款额＝100－2＝98(万元)

然后在贴现凭证有关栏目内填上贴现率、贴现利息和实付贴现金额。

第一联贴现凭证作贴现科目借方凭证,第二、三联分别作××科目和利息收入科目的贷方凭证,第四联贴现凭证加盖转讫章作收账通知交给持票人,第五联贴现凭证和汇票按到期日顺序排列,专夹保管。

贴现、转贴现和再贴现的期限从其贴现之日起至汇票到期日止。实付贴现金额按票面金额扣除贴现日至汇票到期前一日的利息计算。承兑人在异地的,贴现、转贴现和再贴现的期限以及贴现利息的计算应另加 3 天的划款日期。

贴现、转贴现、再贴现到期,贴现、转贴现、再贴现银行应向付款人(承兑人)收取票款。不获付款的,贴现、转贴现、再贴现银行应向其前手追索票款。贴现、再贴现银行追索票款时可以从申请人的存款账户收取票款。

贴现到期,贴现银行作为持票人,在汇票背面背书栏加盖结算专用章并由授权的经办人员签名或盖章,注明"委托收款"字样,填制委托收款凭证,在"委托收款凭据名称"栏注明"商业承兑汇票"或"银行承兑汇票"及其汇票号码连同汇票向付款人办理收款。对于付款人在异地的,应在汇票到期前,匡算至付款人的邮程,提前办理委托收款。将第五联贴现凭证作第二联委托收款凭证的附件存放。如果贴现银行收到付款人开户银行或承兑银行退回的委托收款凭证、汇票和拒绝付款理由书或付款人未付票款通知书后,贴现银行在追索票据时,对申请贴现的持票人在本行开户的,可从其账户收取。贴现申请人账户余额不足时,应按照逾期贷款的规定处理。贴现申请人未在本行开立账户的,对已贴现的汇票金额的收取,应按《票据法》的规定向贴现申请人或其他前手进行追索。

已办理再贴现的银行,应于再贴现到期日前在人民银行存款账户内留足资金。再贴现到期日,人民银行从申请再贴现银行存款账户内收取票款。再贴现申请人账户余额不足时,应按逾期贷款的规定处理。

8.2 资本证券——股票、债券、投资基金

资本证券是一种投资形式,是持有者能按期从发行者处领取收益的权益性凭证,通常是指在证券市场上发行和流通、期限在1年以上的有价证券。资本证券有3种:一种是股权证券或称所有权证券,即股票;另一种是债权证券,即债券;还有一种是信托契约证券,即投资基金。

8.2.1 股权证券——股票

1) 股票的含义、票面要素与特征

(1) 股票的含义 股票是股份有限公司为筹措资本而发给股东,作为投资入股的证书和索取股息、红利的一种凭证,是一种代表所有权的证券。

(2) 股票的票面要素 股票作为股权证券,是持有人对公司投资的凭证,因而必须依法先经主管机构核定并登记签证后始得发行。主要目的是防止股份公司不依股份公司章程规定滥发股票,同时也为了防止伪造股票。股票必须以法定格式做成,虽然各国对上市股票必须记载的法定事项规定不一,但一般来说,都具有以下票面要素:标明"股票"字样;股份公司名称;设立登记的年、月、日;股份总额及每股金额;股票发行的年、月、日;批准机关名称及批准的日期和"文号";发行股票的种类;股票发放日期及地点;记名股票的股东名称;股票转让与过户等事项的规定;公司印章及法人印章;其他需要记载的事项。

(3) 股票的特征

① 无期限性:股票一经发行,便具有不可返还的特性。对股票持有者来说,不存在什么退股还本,只要公司存在,它的股票便始终存在。即使公司破产清理,也只能根据公司当时的财产状况,予股票持有者以有限补偿。

② 参与性:股票表示的是对公司的所有权或股权,这种权益通常有多种表现,如可参加股东大会,投票表决股利分配等。

③ 风险性:股票投资具有较大风险。一般而言,股票投资的收益率很高,但在市场千变万化条件下,高收益与高风险必然相伴,公司经营得法,收益自然可观,公司经营不善,甚至破产倒闭,股票持有者必然要蒙受损失。

④ 流动性:股票作为一种有价证券,随时可以流通转让。股票的流动性部分是针对无期限性而言,因为流通可以有效避免投资被困死在某种股票上;部分是针对风险性而言,不同的投资者由于对风险和收益的估价不同,以及各种原因引起的投资偏好,导致股票市场价格波动不已,市价波动使买卖更加频繁,从而增强了股票的流动性。股票可以在证券市场上兑换、贴现、转让和买卖,也可以作为抵押品向金融机构申请贷款,对此,股份有限公司章程不能禁止和限制。保障股票的流动性,既能吸引更多的投资者,也是企业投资的延续和发展。

⑤ 收益性:与股票的风险性相伴的是股票的收益性。债权人的收益固定,而股东的收益(股息、红利)不固定且取决于公司盈余多少;公司盈利增长会带动公司股票价格上涨,这又为股东带来获取股票买卖差价即资本利得的好处。因此,股票持有者在承担较大投资风险的同时,也拥有获得较高投资收益的机会。

2) 股票的种类

股票种类的多样性为企业以股票筹资提供了多种选择机会。企业可根据自身的需要，确定向社会发行何种股票。

(1) 按股东所代表的权益，股票可分为普通股和优先股。

① 普通股：是股份公司发行的无特别权利的股票。

② 优先股：是相对普通股而言，股东享有某些优先权利，主要是优先分配公司盈利和剩余财产权的股票。

(2) 按票面是否记名，股票可分为记名股和无记名股。

① 记名股：是在股票和公司股东名册上均记载股票持有人姓名的股票。这种股票在转让时必须办理过户手续。

② 无记名股　是指不在股票和公司股东名册上记载股票持有人姓名的股票。一般来说，不记名股票的转让手续更简便一些。

(3) 按面额形态，股票可分为面额股和无面额股。

① 面额股：是指在股票票面记载一定金额的股票。

② 无面额股：是指股票发行时无票面价值记载，仅标明每股占资本总额一定比例的股票。

(4) 按绩效或收益能力，股票可分为蓝筹股、成长股、收入股、周期股、防守股和投机股(这是一般投资者较为关注的分类角度)。

① 蓝筹股：原为美国投资者使用的概念，现泛指在证券交易所公开上市的、由著名大公司发行的、收益可靠且丰厚的股票。

② 成长股：指由发展前景极佳、销售额及收益额迅速扩张的成长型的公司发行的股票。

③ 收入股：指那些能在当前和今后一定时期内支付较高股息的股票。

④ 周期股：指那些收益随经济(商业)周期波动的股票。

⑤ 防守股：指收益相当稳定、价格变动弹性较小的股票。

⑥ 投机股：指股份公司的经营前景和收益水平都很难预测，市场交易价格波动剧烈，经常被投机者炒作的股票。

(5) 按存在形态，股票可分为实体股和记账股。

① 实体股：指股份公司给股东发放纸制的票券作为其持有股份的表征。

② 记账股：指不发行股票实体，只作股东名册登记的股票。

(6) 按投资主体的性质，我国的股票可分为国家股、法人股、社会公众股和外资股。

① 国家股：是指有权代表国家投资的政府部门或机构以国有资产投入公司形成的股份，又称"国有资产股"或"国有股"。

② 法人股：是指企业法人或具有法人资格的事业单位和社会团体，以其依法可经营、支配的资产向股份有限公司非上市流通股权部分投资所形成的股份。

③ 社会公众股：是指我国境内个人和机构，以其合法财产向公司可上市流通股权部分投资所形成的股份。

④ 外资股：是指股份公司向外国和我国香港、澳门、台湾地区投资者发行的股票。

(7) 按英文字母作为代称，我国的股票可分为 A 股、B 股、H 股等。

① A 股：其正式名称是人民币普通股票。它是由我同境内的公司发行，供境内机构、组织或个人(不含台、港、澳投资者)以人民币认购和交易的普通股股票。即已在或获准在上海

证券交易所或深圳证券交易所流通且以人民币为计价币种的股票。这种股票按规定只能由我国居民或法人购买,是面对中国公民发行且在境内上市的股票。

② B股:其正式名称是人民币特种股票,它是以人民币标明面值,以外币认购和买卖,在境内(上海、深圳)证券交易所上市交易的特种股票。即以人民币为股票面值,以美元、港元计价,面向境外投资者发行,但在中国境内上市的股票。它是境外投资者和境内投资者向我国的股份有限公司投资而形成的股份,在上海证券交易所或深圳证券交易所上市流通(2001年2月19日前,仅限外国投资者买卖。2001年2月19日后,B股市场对国内投资者开放,现境内投资者只要有美元、港元就可以开户投资)。

③ H股、N股、S股、L股、T股和G股:这类股票属注册地在内地、上市地在境外的外资股。其中H股是以港元计价在香港发行并上市的境内企业的股票,是指我国的股份有限公司在香港证券交易所发行并上市流通的股票。香港的英文是HongKong,取其字首,在香港上市的外资股就叫做H股。依此类推,纽约的第一个英文字母是N,新加坡的第一个英文字母是S,伦敦的第一个英文字母是L,在纽约、新加坡和伦敦上市的股票就分别叫做N股、S股和L股。中国企业在日本上市的股票,称为T股(是个特例)。实施股权分置改革的上市公司的股票被称为G股,在交易所股票简称前冠以字母"G",如600019宝钢股份实施股改后股票简称变为"G宝钢"。

3) 股票市场

股票市场也称权益市场,是专门对股票进行公开交易的市场,包括股票的发行和转让,分为一级市场和二级市场。当股份公司第一次向投资者出售原始股或在原始股的基础上增发新股时,是借助于一级市场来完成发行,所以一级市场也称发行市场;而二级市场是已经发行的股票在投资者手中转手买卖所形成的市场,因此又称其为流通市场。

(1) 股票发行市场　是指股份公司直接或通过中介机构向投资者出售新发行的股票。股票发行的目的:新设立的股份公司为募集股本而发行股票;股份公司为扩大生产规模或业务经营而增资发行股票;股份公司为提高股东权益,将公司积累公积金或盈余资金或股票红利折成股金以股票形式发给股东的增资发行;公司将可转换债券换成股份等。

① 股票发行方式:是股份公司向认购者出售股票进行筹资的方式。

根据发行对象的不同,分为公开发行与非公开发行。公开发行也称公募,是指股票发行人向社会公众公开推销股票的发行方式。采用这种方式,可以扩大股东的范围,分散持股,防止囤积股票或被少数人操纵,有利于提高公司的社会性和知名度,为以后筹集更多的资金打下基础,同时更可以增加股票的适销性和流通性。非公开发行股票亦称私募或发行内部股票,是指股票发行人非公开地向本公司内部职工或特定投资者推销新股票的方式。

根据发行者出售股票方式的不同,分为直接发行和间接发行。直接发行是指股票发行人自行向投资者推销股票的方式;间接发行是指在股票市场上,发行者委托中介机构代理出售股票的发行方式。作为股票推销者的中介机构有投资银行、证券公司、信托投资公司等。这些中介机构在发行时负责办理一切发行事务,承担一定的发行风险并从中提取相应的发行费用。公开发行和非公开发行都可以采取直接发行和间接发行。间接发行是公开发行股票经常采用的一种方式。

根据中介机构承担风险的不同,分为包销、代销及助销3种方式。包销是指证券商以自己的名义,买下股票发行人的全部股票,再于适当的时候将所购股票全部卖出,转售给公众,证券商从中赚取差价,同时承担发行风险。代销是指证券商受发行人的委托,代办销售股票的方式。股票发行人自担发行风险和责任,只需付给代销的证券商一定的代销手续费。助销是指承销者自购一部分、代理发行一部分的承销方式。我国的《股票发行与交易管理暂行条例》中规定,公开发行股票应当由证券经营机构承销,承销包括包销和代销两种方式。

根据股票发行的具体方式,分为网上定(竞)价发行和网下询价配售发行。网上定(竞)价发行就是通过证券交易所交易系统面向广大投资者发行股票,也就是通常所说的申购新股。具体来说,就是指主承销商利用证券交易所的交易系统,以自己作为唯一卖方,按照发行人确定的底价将公开发行股票的数量输入其在交易所的股票发行专户;投资者则作为买方,在指定时间通过交易所会员交易柜台以不低于发行底价的价格及限购数量,进行竞价认购的一种发行方式。网下询价配售一般是在网下向一些机构投资者配售时采用的一种股票发行方式。按有关规定,首次公开发行的股票在确定发行价格时,不能由发行人自行确定,必须通过向符合规定的机构投资者进行价格征询,价格征询的过程称为询价。询价发行就是给申购的投资者一个询价区间(即申购价格上限和下限),然后由投资者在发行价格区间内进行累计投标询价,最后综合累计投标询价结果和市场走势等情况确定发行价格。由于投资者申购股票数量与股票发行量之间存在数量比例差别,因此,实际发售股票时,要按照同比例的原则,确定每个投资者可以实际购买的股票数量,称为配售。询价制度在一定程度上减少了发行定价的主观性和随意性,为形成一个市场广泛接受的发行价格奠定了良好的基础。通过后者发行的股票,发行后到上市前一般有三个月的锁定期限。

② 股票发行程序:股票的发行,不论是初次发行,还是增资发行,都遵循一定的程序。

第一步,申请程序。申请人聘请会计师事务所、资产评估事务所、律师事务所等专业性机构,对其资产资信、财务状况等进行审计、评估,并就相关事项出具财务状况意见书、资产评估意见书以及法律意见书。然后公司向地方政府或中央企业主管部门提出公开发行股票的申请,同时提交下列文件:申请报告、发起人会议或股东大会同意公开发行股票的决议;批准设立股份有限公司的文件;工商行政管理部门颁发的股份有限公司营业执照或股份有限公司筹办登记证明;公司章程;招股说明书;资金运用的可行性报告;需要国家提供资金或其他条件的固定资产投资项目,还应当提供有关部门同意固定资产投资立项的批准文件;经会计师事务所审计的公司近3年来或自公司成立以来的财务报告和由2名以上的注册会计师及其所在会计师事务所签名、盖章的审计报告;就公司发行股票相关事宜由2名以上律师及其律师事务所签名、盖章的法律意见书;由2名以上的专业资产评估人员及其所在机构签名、盖章的资产评估报告;由2名以上注册会计师及其所在事务所签名、盖章的验资报告;涉及国有资产的,还应提交国有资产管理部门出具的确认文件;股票发行的承销方案和承销协议;地方政府或中央企业管理部门要求提交的其他文件。

第二步,审批程序。股份有限公司的股票发行申请,由地方政府或中央企业管理部门进行审批;地方政府或中央企业管理部门应当在自接到申请之日起30个工作日内作出是否批准的审批决定,并抄报证监会。

第三步,复审程序。经批准的股票发行申请,送证监会复审。证监会应当在自收到申请之日起的20个工作日内出具复审意见书。经证监会复审同意的,申请人应当向证券交易所上市委员会提出申请,经上市委员会同意接受上市的,才能发行股票。

第四步,股份有限公司与证券经营机构签订证券承销协议,由证券经营机构承销股票。根据《中华人民共和国证券法》(以下简称《证券法》)第21条的规定,公开发行的股票应当由证券经营机构承销。股份有限公司与证券经营机构签订的承销协议应当载明下列事项:当事人的名称、住所及法定代表人姓名;代销、包销股票的种类、数量、金额及发行价格;代销、包销期限及起止日期;代销、包销的付款方式及日期;代销、包销费用的计算、支付方式及日期;违约责任;其他需要约定的事项。另外,《证券法》第24条规定,证券公司承销证券,应当对公开发行募集文件的真实性、准确性、完整性进行核查;发现有虚假记载、误导性陈述或者重大遗漏的,不得进行销售活动;已经销售的,必须立即停止销售活动,采取相应的纠正措施。

第五步,向社会公布招股说明书及发行股票的通知,进行股票发售工作。招股说明书一般要在股票发售之前刊登在证监会指定的全国性证券报刊上。发行股票的通知也要在报刊上公开发布。通知中应当列明发行股票的数量、价格、发行时间以及发行方法。发行记名股票的,股份有限公司还应当置备股东名册。股东名册应当记载以下事项:股东姓名、名称及住所;各股东所持股份数;各股东所持股票的编号;各股东取得其股份的日期。发行无记名股票的,股份有限公司应当记载其股票数量、编号及发行日期。

③ 股票发行价格:是股份公司在募集公司股本或增发新股时所确定和使用的价格。股票发行价格的确定是股票发行决策的最重要的内容,既要考虑发行人的利益,又要考虑投资者的利益,还要顾及股票上市后的表现。市盈率是确定股票发行价格的一个重要的参数。在确定市盈率时,应考虑以下因素:公司每股净资产含量及其实力、公司所从事的主要行业的发展趋势前景、公司所处行业的其他公司的市盈率水平、发行时证券市场的供求情况。

股票发行价格一般有以下几种:

一是平价发行,亦称面额发行或等价发行,指股票发行价格与股票票面价值相等。它可准确确定每一股份在公司所占比例,发行费用较低,且不受市场行情影响,发行稳定,简便易行。

二是溢价发行,指股票以高于股票票面价值的价格发行。

三是折价发行,指股票以低于股票票面价值的价格发行。我国《中华人民共和国公司法》(以下简称《公司法》)规定,股票不得低于面额发行。

四是时价发行,指股票的发行价格以当时股票市场上的价格水平为基准加以确定。

五是中间价发行,指在股票票面价值和股票市场价格之间确定其发行价格。采用中间价发行,须经股东大会特别决议认可。

六是设定股票发行,指由董事会确定股票最低价格,并按最低价格发行。这种方法主要适用于无面额股票的发行。

我国证券市场确定股票发行价格的方式主要有两种,一是累积订单式;二是固定价格方式。累积订单式是由承销商与发行人先确定一个价格幅度,通过市场促销征集在各个价位上的需求量,然后再根据需求量确定发行价格。固定价格方式是由承销商与发行人确定一个固定价格,据此销售。

④ 股票上市:是指已经发行的股票经证券交易所批准后,在交易所公开挂牌交易的法律行为。股票上市,是连接股票发行和股票交易的"桥梁"或"纽带"。在我国,股票公开发行后即获得上市资格。此外,为促进股票市场的健康发展和实现上市股票的优胜劣汰,我国还建立了股票的退市制度,对股票的暂停上市、恢复上市和终止上市相关条件作出了明确规定。

(2) 股票流通市场 股票流通市场是已经发行的股票按时价进行转让、买卖和流通的市场,包括交易所市场和场外交易市场两部分。由于它是建立在发行市场基础上的,因此又称作"二级市场"或"次级市场"。相比而言,股票流通市场的结构和交易活动比发行市场更为复杂,其作用和影响也更大。

① 股票流通市场的功能:股票流通市场包含了股票流通的一切活动。股票流通市场的存在和发展为股票发行者创造了有利的筹资环境,投资者可以根据自己的投资计划和市场变动情况,随时买卖股票。由于解除了投资者的后顾之忧,他们可以放心地参加股票发行市场的认购活动,有利于公司筹措长期资金,股票流通的顺畅也为股票发行起到了积极的推动作用。对于投资者来说,通过股票流通市场的活动,可以使长期投资短期化,在股票和现金之间随时转换,增强了股票的流动性和安全性。股票流通市场上的价格是反映经济动向的晴雨表,它能灵敏地反映出资金供求状况、市场供求、行业前景和政治形势的变化,是进行经济预测和分析的重要指标,对于企业来说,股权的转移和股票行市的涨落是其经营状况的指示器,还能为企业及时提供大量信息,有助于经营决策和改善经营管理。可见,股票流通市场具有重要的作用。

② 股票交易方式:转让股票进行买卖的方法和形式称为交易方式,它是股票流通交易的基本环节。现代股票流通市场的买卖交易方式种类繁多,从不同的角度可以分为以下三类:

一是议价买卖和竞价买卖。按买卖双方决定价格的不同,分为议价买卖和竞价买卖。议价买卖就是买方和卖方一对一地面谈,通过讨价还价达成买卖交易。它是场外交易中常用的方式。一般在股票上不了市、交易量少,需要保密或为了节省佣金等情况下采用。竞价买卖是指买卖双方都是由若干人组成的群体,双方公开进行双向竞争的交易,即交易不仅在买卖双方之间有出价和要价的竞争,而且在买者群体和卖者群体内部也存在着激烈的竞争,最后在买方出价最高者和卖方要价最低者之间成交。在这种双方竞争中,买方可以自由地选择卖方,卖方也可以自由地选择买方,使交易比较公平,产生的价格也比较合理。竞价买卖是证券交易所中买卖股票的主要方式。

二是直接交易和间接交易。按达成交易的方式不同,分为直接交易和间接交易。直接交易是买卖双方直接洽谈,股票也由买卖双方自行清算交割,在整个交易过程中不涉及任何中介的交易方式。场外交易绝大部分是直接交易。间接交易是买卖双方不直接见面和联系,而是委托中介人进行股票买卖的交易方式。证券交易所中的经纪人制度,就是典型的间接交易。

三是现货交易和期货交易。按交割期限不同,分为现货交易和期货交易。现货交易是指股票买卖成交以后,马上办理交割清算手续,当场钱货两清;期货交易则是股票成交后按合同中规定的价格、数量,过若干时间再进行交割清算的交易方式。

③ 股票流通市场的构成:股票流通市场的构成要素主要有:股票持有人,在此为卖方;投资者,在此为买方;为股票交易提供流通、转让便利条件的信用中介操作机构,如证券公司或股票交易所(习惯称之为证券交易所)。股票流通市场主要由交易所市场和场外交易市场构成,此外还包括第三市场和第四市场。

交易所市场是股票流通市场中最重要的组成部分,也是交易所会员、证券自营商或证券经纪人在证券市场内集中买卖上市股票的场所,是二级市场的主体。具体来说,它具有固定的交易所和固定的交易时间,接受和办理符合有关法律规定的股票上市买卖,使原股票持有人和投资者有机会在市场上通过经纪人进行自由买卖、成交、结算和交割。证券公司也是二级市场上重要的金融中介机构之一,其最重要的职能是为投资者买卖股票等证券,并提供为客户保存证券、为客户融资融券和提供证券投资信息等业务服务。

作为股票交易的场所,证券交易所本身不持有股票,也不进行股票的买卖,更不决定股票的价格,主要作用是为交易双方成交提供条件和服务,并对双方的交易行为进行监督。具体来说,证券交易所在股票交易方面的主要业务包括:提供买卖股票的交易席位和有关的交易设施;制定并监督实施有关场内买卖股票的各项规则;编制和公布有关的股票交易资料等。证券交易所股票交易的基本程序如下:

a. 开立股票账户:投资者若想进入股票市场从事股票投资和交易活动,首先要在证券登记清算机构办理开户手续,开立股票账户,以便存放要操作的股票。

b. 开立资金账户:开立股票账户后,投资者再选择一个证券营业部开立资金账户,用于存放收进和付出的资金。选择证券营业部时,一般要考虑该营业部的服务是否热情周到,工作人员的业务素质,营业厅内计算机终端分布是否合理,操作是否方便等因素。

c. 委托买卖:在开立股票账户和资金账户后,投资者便可以根据自己的判断,向自己委托的证券公司下达买卖指令了。目前,主要的委托方式有:当面委托、电话委托、电传委托、传真委托和网络委托。

d. 买卖撮合成交:证券公司在接受客户委托后,通知其在证券交易所的经纪人执行委托,将客户的买卖指令输入交易所电脑主机,由交易所电脑主机按照"价格优先、同等价位时间优先"的原则自动撮合成交。买卖申报分为集合竞价和连续竞价两种。每个交易日早上9:15—9:25为集合竞价时间,高过开盘价的买入申报和低于开盘价的卖出申报按开盘价成交,连续交易时间内的申报竞价成交遵循时间优先、价格优先原则。

e. 清算与交割:所谓清算,是将买卖股票的数量和金额分别予以抵消,然后通过证券交易所交割净差额股票或价款的一种程序。清算的意义,在于减少通过证券交易所实际交割的股票和价款,节省人力、物力和财力。证券交易所如果没有清算,那么每家证券公司都必须向对方逐笔交割股票与价款,不仅手续烦琐,而且效率低下。股票清算后即办理交割手续,也就是卖方向买方交付股票,同时,买方向卖方支付价款。

f. 过户:过户是股票买卖的最后一道手续。由于在交易所上市的所有股票均采用无纸化的记名方式,当股票买卖时,即表明股权的转让。因此,应在股东名册上变更股东的姓名、地址等相关内容,股票的购买者才可能成为名副其实的上市公司的股东,与其他原有的股东享有同等的股东权益。这种办理变更股票持有人名册的手续就叫做过户。过户通常由证券登记结算机构完成。

此外,投资者在委托买卖股票时,应支付各种费用和税收,一般包括委托手续费、佣金、过户费、印花税等。

场外交易市场又称店头市场或柜台市场。它与交易所共同构成一个完整的证券交易市场体系。场外交易市场实际上是由千万家证券商组成的抽象的证券买卖市场。在场外交易市场内,每个证券商大都同时具有经纪人和自营商双重身份,随时与买卖证券的投资者通过直接接触或电话、电报等方式迅速达成交易。作为自营商,证券商具有创造市场的功能。证券商往往根据自身的特点,选择几个交易对象。作为经纪证券商,证券商替顾客与某证券的交易商行进行交易。在这里,证券商只是顾客的代理人,他不承担任何风险,只收少量的手续费作为补偿。

场外交易市场与股票交易所的主要不同点是:第一,它的买卖价格是证券商之间通过直接协商决定的,而股票交易所的证券价格则是公开拍卖的结果。第二,它的证券交易不是在固定的场所和固定的时间内进行,而是主要通过电话成交。第三,在股票交易所内仅买卖已上市的股票,而在场外交易市场则不仅买卖已上市的股票,同样也买卖未上市的股票。

场外交易市场在证券流通市场的地位,并不是在所有的国家都一样。美国的场外交易市场比任何国家都发达。其主要原因是,美国的证券交易委员会对证券在交易所挂牌上市的要求非常高,一般的中小企业无法达到。这样,许多企业的证券不可能甚至不愿意在交易所挂牌流通,它们的股票往往依靠场外交易市场流通。欧洲国家,如英国,则有所不同,其场外交易市场远不如美国那样发达。原因很简单,就是交易所市场非常发达,在交易所交易的股票不仅包括所有上市的股票,也包括许多非上市的中小企业的股票。

投资者如果想买卖某些公司发行的、没有在股票交易所登记上市的股票,可以委托证券商进行。他们通过电脑、电话网或电报网直接联系完成交易。在场外交易市场买卖股票有时需付佣金,有时只付净价。场外交易市场的股票通常有两种价格:一是股份公司卖给证券公司的批发价格;二是证券公司卖给客户的零售价格。在这一市场上,股票的批发和零售价格的差价不大,但当市场平淡时,差价就要大一些,一般来说,这种差额不得超过买卖金额的5％。

总之,场外交易市场具有三个特点:一是交易品种多,上市不上市的股票都可在此进行交易;二是相对的市场,不挂牌,自由协商的价格;三是抽象的市场,没有固定的场所和时间。

第三市场是指在柜台市场上从事已在交易所挂牌上市的证券交易。这一部分交易原属于柜台市场范围,近年来由于交易量增大,其地位日益提高,以致许多人都认为它实际上已变成独立的市场。第三市场是20世纪60年代才开创的一种证券交易市场,是为了适应大额投资者的需要发展起来的。一方面,机构投资者买卖证券的数量往往以千万计,如果将这些证券的买卖由交易所的经纪人代理,这些机构投资者就必须按交易所的规定支付相当数量的标准佣金。机构投资者为了减低投资的费用,于是便把目光逐渐转向了交易所以外的柜台市场。另一方面,一些非交易所会员的证券商为了招揽业务,赚取较大利润,常以较低廉的费用吸引机构投资者,在柜台市场大量买卖交易所挂牌上市的证券。正是由于这两方面的因素相互作用,才使第三市场得到充分的发展。第三市场的交易价格,原则上是以交易所的收盘价为准。

第三市场并无固定交易场所,场外交易商收取的佣金是通过磋商来确定的,因而同样的股票在第三市场交易比在股票交易所交易的佣金要便宜一半,所以第三市场一度发展迅速。直到1975年美国证券交易管理委员会取消固定佣金比率,交易所会员自行决定佣金,投资者可选择佣金低的证券公司来进行股票交易,第三市场的发展才有所减缓。

第三市场交易属于场外市场交易,但它与其他场外市场的主要区别在于第三市场的交易对象是在交易所上市的股票,而场外交易市场主要从事上市的股票在交易所以外的交易。

第四市场是投资者直接进行证券交易的市场。在这个市场上,证券交易由买卖双方直接协商办理,不用通过任何中介机构。同第三市场一样,第四市场也是适应机构投资者的需要而产生的,当前第四市场的发展仍处于萌芽状态。

由于机构投资者进行的股票交易一般都是大数量的,为了保密,不致因大笔交易而影响价格,也为了节省经纪人的手续费,一些大企业、大公司在进行大宗股票交易时,通过电子计算机网络直接进行交易。第四市场的交易程序是:用电子计算机将各大公司股票的买进或卖出价格输入储存系统,机构交易双方通过租赁的电话与机构网络的中央主机联系,当任何会员将拟买进或卖出的委托储存在计算机记录上后,在委托有效期间,如有其他会员的卖出或买进的委托与之相匹配,交易即可成交,并由主机立即发出成交证实,在交易双方的终端上显示并打印出来。由于第四市场的保密性及其节省性等优点,对第三市场及证券交易所来说,它是一个颇具竞争性的市场。

8.2.2 债权证券——债券

1) 债券的含义、票面要素与特征

(1) 债券的含义　债券是政府、金融机构、工商企业等向投资者发行,承诺按一定利率支付利息并按约定条件偿还本金的债权债务凭证,体现着债券认购者与发行者之间的债权债务关系。其含义涵盖4个方面的内容:① 发行人是借入资金的经济主体;② 投资者是出借资金的经济主体;③ 发行人需要在一定时期还本付息;④ 债券是发行者与投资者之间的债权债务关系的法律凭证。

(2) 债券的票面要素　债券的票面应具备以下4个要素:

① 债券的面值:包括面值币种和面值大小两项内容。面值币种取决于发行者的需要和债券的种类;面值大小从一个货币单位到百万货币单位不等。

② 债券的利率:是债券利息与债券面值的比率。它表示债务人对债权人出借资金使用权的报酬。债券利息对于筹资者(债券发行人)来说是筹资成本,利率越高负担越重;而对于投资者来说是投资收益,利率越高收益越大。

③ 债券的偿还期限:是从债券发行日到本息偿还日的时间。

④ 债券发行者(筹资者)的名称。

(3) 债券的特征

① 偿还性:指债务人必须按规定的期限偿还本金并支付相应的利息。除无期公债或永久性公债不规定到期时间外,其他一切债券都对债券的偿还期限有严格的规定,并且债务人必须如期向持有人支付利息。

② 流动性:指债券能迅速、方便地变现为货币的能力,即持有人具有不受损失或仅受很小损失的情况下将债券转变为现金的能力。债券是一种流动性较强的有价证券,期满后,债券持有人可以向发行人一次性收回本息;而到期前,持有人可以随时到资本市场上向第三者出售转让。证券市场越发达,债券的流动性越强。

③ 收益性:主要表现在两个方面,一是投资者在持有期内取得稳定的利息收益;二是投资者通过在资本市场上买卖债券获得资本。

④ 安全性:表现在债券发行人一般是政府、政府的公共部门、银行和资信度较高的企业等,而且债券的发行、还本付息都有法律保障,从而使债券的还本付息有一定的安全性。

⑤ 风险性:包括信用风险和市场风险两个方面,即债券持有人不但要承受债券发行人到期不能还本付息的信用风险,还要承受因债券价格变动给自己造成损失的市场风险。

2) 债券的种类

债券的种类繁多,且随着人们对融资和证券投资的需要又不断创造出新的债券形式。在现今的金融市场上,债券的种类可按发行主体、发行区域、期限长短、利息支付形式、发行方式、有无担保和是否记名等分为11类。

(1) 按发行主体分类,债券可分为政府债券、金融债券和公司债券。

(2) 按发行的区域分类,债券可分为国内债券和国际债券。

① 国内债券：是由本国的发行主体以本国货币为单位在国内金融市场上发行的债券。

② 国际债券：是本国的发行主体到别国或国际金融组织等以外国货币为单位在国际金融市场上发行的债券。

（3）按期限长短分类，债券可分为短期、中期和长期债券。一般的划分标准是期限在1年以下的为短期债券，期限在10年以上的为长期债券，期限在1～10年的为中期债券。

（4）按利息的支付方式分类，债券一般分为附息债券、贴现债券和普通债券。

① 附息债券：是在它的券面上附有各期息票的中长期债券，息票的持有者可按其标明的时间期限到指定的地点按标明的利息额领取利息。息票通常以6个月为一期，由于它在到期时可获取利息收入，息票也是一种有价证券，因此它也可以流通、转让。

② 贴现债券：是在发行时按规定的折扣率将债券以低于面值的价格出售，在到期时持有者仍按面额领回本息，其票面价格与发行价之差即为利息。

③ 普通债券：它按不低于面值的价格发行，持券者可按规定分期分批领取利息或到期后一次领回本息。

（5）按有无抵押担保分类，债券可分为信用债券和担保债券。

① 信用债券：亦称无担保债券，是仅凭债券发行者的信用而发行的、没有抵押品作担保的债券。一般政府债券及金融债券都为信用债券。少数信用良好的公司也可发行信用债券，但在发行时须签订信托契约，对发行者的有关行为进行约束限制，由受托的信托投资公司监督执行，以保障投资者的利益。

② 担保债券：指以抵押财产为担保而发行的债券。具体包括：以土地、房屋、机器、设备等不动产为抵押担保品而发行的抵押公司债券，以公司的有价证券（股票和其他证券）为担保品而发行的抵押信托债券和由第三者担保偿付本息的承保债券。当债券的发行人在债券到期而不能履行还本付息义务时，债券持有者有权变卖抵押品来清偿抵付或要求担保人承担还本付息的义务。

（6）按是否记名分类，债券可分为记名债券和无记名债券。

① 记名债券：是指在券面上注明债权人姓名，同时在发行公司的账簿上做同样登记的债券。转让记名债券时，除要交付票券外，还要在债券上背书和在公司账簿上更换债权人姓名。

② 无记名债券：是指券面未注明债权人姓名，也不在公司账簿上登记其姓名的债券。现在市面上流通的一般都是无记名债券。

（7）按发行时间分类，债券可分为新发债券和既发债券。

① 新发债券：指新发行的债券，这种债券都规定有招募日期。

② 既发债券：指已经发行并交付给投资者的债券。新发债券一经交付便成为既发债券。在证券交易部门既发债券随时都可以购买，其购买价格就是当时的行市价格，且购买者还需支付手续费。

（8）按是否可转换来区分，债券可分为可转换债券与不可转换债券。

可转换债券是能按一定条件转换为其他金融工具（股票）的债券，而不可转换债券就是不能转化为其他金融工具的债券。

（9）按借贷期限内利率是否变动分类，债券可分为固定利率债券和浮动利率债券。

① 固定利率债券：是指在整个借贷期限内利率维持不变的债券。固定利率债券不考虑市场变化因素，因而其筹资成本和投资收益可以事先预计，不确定性较小，适合于短期借贷

或经济走势较为稳定的市场环境中的借贷活动采用。

② 浮动利率债券：是指债券发行时即规定其利率随市场利率变动而调整的债券，或者说是在借贷期限内利率会随市场利率变动而变动的债券。采用浮动利率方式发行债券，考虑了市场的变化因素，可以降低借贷双方的借贷风险，适合于中长期借贷或经济走势不明朗、波动比较频繁的市场环境中的借贷活动采用。

(10) 按能否上市流通分类，债券可分为可流通债券和不可流通债券。

① 可流通债券：也称可转让债券或上市债券，指能够在证券市场上自由买卖的债券，认购者可以根据自己对资金的需求和市场行情随时将债券转让他人。

② 不可流通债券：也称不可转让债券或不可上市债券，指不能在证券市场上自由买卖的债券，认购者只能持有到期，方可接受债务人的还本付息。

(11) 按发行方式分类，债券可分为公募债券和私募债券。公募债券是指按法定手续，经证券主管机构批准在市场上公开发行的债券，其发行对象是不限定的。私募债券是指发行者以与其有特定关系的少数投资者为募集对象而发行的债券。

3) **债券市场**

债券市场是发行和买卖债券的场所，是金融市场的一个重要组成部分。债券市场是一国金融体系中不可或缺的部分。一个统一、成熟的债券市场可以为全社会的投资者和筹资者提供低风险的投融资工具，债券的收益率曲线是社会经济中一切金融商品收益水平的基准，因此债券市场也是传导中央银行货币政策的重要载体。可以说，统一、成熟的债券市场构成了一个国家金融市场的基础。

(1) **债券市场的种类**　根据不同的分类标准，债券市场可分为不同的类别。最常见的分类有以下几种。

① 根据债券的运行过程和市场的基本功能，可将债券市场分为发行市场和流通市场。债券发行市场和流通市场相辅相成，是互相依存的整体。发行市场是整个债券市场的源头，是债券流通市场的前提和基础。发达的流通市场是发行市场的重要支撑，流通市场的发达是发行市场扩大的必要条件。

② 根据市场组织形式，债券流通市场又可进一步分为场内交易市场和场外交易市场。证券交易所是专门进行证券买卖的场所，如我国的上海证券交易所和深圳证券交易所。在证券交易所内买卖债券所形成的市场，就是场内交易市场，这种市场组织形式是债券流通市场的较为规范的形式。交易所作为债券交易的组织者，本身不参加债券的买卖和价格的决定，只是为债券买卖双方创造条件，提供服务，并进行监管。场外交易市场是在证券交易所以外进行证券交易的市场。柜台市场为场外交易市场的主体。许多证券经营机构都设有专门的证券柜台，通过柜台进行债券买卖。在柜台交易市场中，证券经营机构既是交易的组织者，又是交易的参与者。此外，场外交易市场还包括银行间交易市场以及一些机构投资者通过电话、电脑等通信手段形成的市场等。目前，我国债券流通市场由三部分组成，即沪深证券交易所市场、银行间交易市场和证券经营机构柜台交易市场。

③ 根据债券发行地点的不同，债券市场可以划分为国内债券市场和国际债券市场。国内债券市场的发行者和发行地点同属一个国家，而国际债券市场的发行者和发行地点不属于同一个国家。

(2) **债券市场的主要功能**　纵观世界各个成熟的金融市场，都有一个发达的债券市场。债券市场在社会经济中占有如此重要的地位，是因为它具有以下几项重要功能：

① 融资功能：债券市场作为金融市场的一个重要组成部分，具有使资金从资金剩余者流向资金需求者，为资金不足者筹集资金的功能。我国政府和企业先后发行多批债券，为弥补国家财政赤字和国家的许多重点建设项目筹集了大量资金。在"八五"期间，我国企业通过发行债券共筹资820亿元，重点支持了三峡工程、上海浦东新区建设、京九铁路、沪宁高速公路、吉林化工、北京地铁、北京西客站等能源、交通、重要原材料等重点建设项目以及城市公用设施建设。

② 资金流动导向功能：效益好的企业发行的债券通常较受投资者欢迎，因而发行时利率低，筹资成本小；相反，效益差的企业发行的债券风险相对较大，受投资者欢迎的程度较低，筹资成本较大。因此，通过债券市场，资金得以向优势企业集中，有利于资源的优化配置。

③ 宏观调控功能：一国中央银行作为国家货币政策的制定与实施部门，主要依靠存款准备金、公开市场业务、再贴现和利率等政策工具进行宏观经济调控。其中，公开市场业务就是中央银行通过在证券市场上买卖国债等有价证券，调节货币供应量，实现宏观调控的重要手段。在经济过热、需要减少货币供应时，中央银行卖出债券，收回金融机构或公众持有的一部分货币从而抑制经济的过热运行；当经济萧条、需要增加货币供应量时，中央银行便买入债券，增加货币的投放。

(3) 债券发行市场　债券发行是发行人以借贷资金为目的，依照法律规定的程序向投资人要约（要约又称订约提议，是指要约人一方向对方当事人提出的订立经济合同的建议和要求），发行代表一定债权和兑付条件的债券的法律行为，是证券发行的重要形式之一。它满足了发行人弥补资金不足的需求和投资人取得投资收益的需求。债券发行市场，又称一级市场，是发行单位初次出售新债券的市场。债券发行市场的作用是将政府、金融机构以及工商企业等为筹集资金向社会发行的债券，分散发行到投资者手中。

① 债券发行的目的：债券的发行主体有中央政府、地方政府、金融机构、公司。债券发行的目的多种多样。一般来说，中央政府和地方政府发行债券的目的主要是为了弥补财政赤字和扩大公共投资；金融机构发行债券的目的是为了获得长期稳定的资金来源，扩大贷款额和投资；企业发行债券的目的较为复杂，主要有以下几个方面：

a. 多渠道筹集资金：公司除了发行股票筹集自有资金，向银行借款取得债务资金，发行商业票据获得短期资金外，还可以通过发行公司债券获得长期债务资金。多种筹资方式扩大了资金来源，并使各种筹资方式的副作用得以抵消和受到有效的限制，降低筹资风险。同时，也为投资者在投资方向、投资方式、投资条件等方面提供了多样选择，满足了不同投资者的不同需求。

b. 调节负债规模，实现最佳的资本结构：按照现代公司财务理论，公司可以通过改变负债与资本的比例，使公司的融资成本降低，从而提高公司的价值。当公司的资本收益率高于固定的债券利率时，可以产生财务杠杆作用，使公司资产增值。

c. 维持对公司的控制：股票是一种所有权证书，而债券的持有人与公司之间只是债权债务关系，持有人无权参与公司经营决策。所以无论发行多少，是否集中在少数人手中，都不会改变公司资本的所有关系，维持了对公司的控制。

② 债券发行的条件：是指债券发行人在以债券形式筹集资金时所涉及的各项条款和规定，主要由发行金额、票面金额、期限、票面利率、发行价格、付息方式、偿还方式、发行费用、有无担保及税收效应等方面的内容构成。确定合理的发行条件，是保证债券发行成功的一

项重要工作,它直接影响到发行者的筹资成本和投资者的投资决策。

a. 发行金额:影响债券发行金额的因素主要有发行人的资金需要、发行人的信誉及还本付息能力、市场承受能力、债券种类及该种债券对市场的吸引力等。如果发行额定得过高,会造成销售困难,进而影响发行人信誉,对发行后债券的转让也会产生不良影响。

b. 期限:从债券的计息日起到偿还本息日止的时间称为债券的期限。影响发行期限的因素主要有所需资金的性质和用途、对市场利率水平的预期、流通市场的发达程度、物价的变动趋势、发行者的信誉度、市场上其他债券的期限构成及投资者的投资偏好等。一般情况下,如果发行债券是用于长期投资,预期未来市场利率水平将会上升,流通市场比较发达、发行人的信誉度较高,则可发行长期债券。

c. 票面利率:债券的票面利率是指发行人每年向投资者支付的利息占票面金额的比率。票面利率的高低直接影响到发行人的融资成本和投资者的投资收益。发行人在确定票面利率高低时应考虑的因素主要有市场利率水平、债券期限长短、信用级别、利息支付方式及证券管理部门对票面利率的规定等。一般来说,在市场利率较高时发行的期限较长;信用级别较低、期满时一次性付息、按单利计算的债券票面利率较高。

d. 发行价格:发行价格是指债券投资者认购新发行的债券时实际支付的价格。债券的发行价格可以分为平价发行、溢价发行和折价发行三种。

e. 付息方式:付息方式是指发行人在债券的有效期内,一次或按一定的时间间隔分次向债券持有人支付利息的方式。一次性付息又可分为利随本清方式(即债券到期时一次性还本付息)及利息预扣方式(即贴现发行方式)。

f. 偿还方式:在偿还方式中,要规定偿还金额、偿还日期以及偿还形式。偿还日期可以分为期满偿还、期中偿还和延期偿还。偿还形式可以分为货币偿还、债券偿还和股票偿还。

g. 发行费用:发行费用是指发行人支付给有关发行中介机构、服务机构的各种费用。发行人应尽量减少发行费用,以降低发行成本。

h. 担保:有无担保是债券发行的重要条件之一。一般来说,除政府以及大的金融机构发行的债券可以没有担保外,其余的债券都应有担保条款。担保可分为信用担保和财产担保。对投资者来说,担保会提高其所持债券的安全性,减少风险性。

i. 债券的税收效应:债券的税收效应主要是指对债券的收益是否征税。涉及债券收益的税收有收入所得税和资本税。收入所得税由发债人在支付利息时预先扣除并集中上缴地方税务部门。资本税是出售债券时对卖出价格与买入价格之间的差额收益征税。债券的税收效应直接影响债券的收益率,所以投资者在比较纳税债券和不纳税债券的收益率时应进行适当的折算。

③ 债券的发行方式

a. 按照债券的发行对象分类,可分为私募发行和公募发行两种方式。

私募发行是指面向少数特定的投资者发行债券,一般以少数关系密切的单位和个人为发行对象,不对所有的投资者公开出售。具体发行对象有两类:一类是机构投资者,如大的金融机构或是与发行者有密切业务往来的企业等;另一类是个人投资者,如发行单位自己的职工,或是使用发行单位产品的用户等。私募发行一般多采取直接销售的方式,不经过证券发行中介机构,不必向证券管理机关办理发行注册手续,可以节省承销费用和注册费用,手续比较简便。但是私募债券不能公开上市,流动性差,利率比公募债券高,发行数额一般不大。

公募发行是指公开向广泛不特定的投资者发行债券。公募债券发行者必须向证券管理机关办理发行注册手续。由于发行数额一般较大,通常要委托证券公司等中介机构承销。公募债券信用度高,可以上市转让,因而发行利率一般比私募债券利率低。公募债券采取间接销售的具体方式又可分为三种:一是代销。发行者和承销者签订协议,由承销者代为向社会销售债券。承销者按规定的发行条件尽力推销,如果在约定期限内未能按照原定发行数额全部销售出去,债券剩余部分可退还给发行者,承销者不承担发行风险。采用代销方式发行债券,手续费一般较低。二是余额包销。承销者按照规定的发行数额和发行条件,代为向社会推销债券,在约定期限内推销债券如果有剩余,须由承销者负责认购。采用这种方式销售债券,承销者承担部分发行风险,能够保证发行者筹资计划的实现,但承销费用高于代销费用。三是全额包销。首先由承销者按照约定条件将债券全部承购下来,并且立即向发行者支付全部债券价款,然后再由承销者向投资者分次推销。采用全额包销方式销售债券,承销者承担了全部发行风险,可以保证发行者及时筹集到所需要的资金,因而包销费用也较余额包销费用高。

西方国家以公募方式发行国家债券一般采取招标投标的办法进行。投标又分竞争性投标和非竞争性投标。竞争性投标是先由投资者(大多是投资银行和大证券商)主动投标,然后由政府按照投资者自报的价格和利率,或是从高价开始,或是从低利开始,依次确定中标者名单和配额,直到完成预定发行额为止。非竞争性投标,是政府预先规定债券的发行利率和价格,由投资者申请购买数量,政府按照投资者认购的时间顺序,确定他们各自的认购数额,直到完成预定发行额为止。

b. 按照债券的实际发行价格和票面价格的异同,债券的发行可分为平价发行、溢价发行和折价发行。

平价发行,指债券的发行价格和票面额相等,因而发行收入的数额和将来还本数额也相等。前提是债券发行利率和市场利率相同,这在西方国家比较少见。

溢价发行,指债券的发行价格高于票面额,以后偿还本金时仍按票面额偿还。只有在债券票面利率高于市场利率的条件下才能采用这种方式发行。

折价发行,指债券发行价格低于债券票面额,而偿还时却要按票面额偿还本金。折价发行是因为规定的票面利率低于市场利率。

c. 按发行是否通过证券承销机构划分,分为直接发行和间接发行。

直接发行是指由债券发行人自行直接向投资者出售债券募集资金。尽管直接发行可以避免中介费用或手续费的支出而节约发行成本,但是募集足额资金所需要的时间会比较长,会耗费发行人大量的时间和财力,所以一般只适合私募发行债券时采用,不适合公募方式发行债券。

间接发行是指发行人委托证券承销机构发行债券,这是采用得较多的一种债券发行方式。所谓证券承销机构,也称债券承销团成员,是指我国境内具备一定资格条件并经批准从事债券承销业务的商业银行、证券公司、保险公司和信托投资公司等金融机构。按相关规定,我国境内商业银行等存款类金融机构和国家邮政局邮政储汇局可以申请成为凭证式债券承销团成员;商业银行等存款类金融机构以及证券公司、保险公司、信托投资公司等非存款类金融机构,可以申请成为记账式债券承销团成员。

中国的债券发行:一般情况下,企业债券发行须经中国人民银行批准,重点企业债券和国家债券发行须经国务院批准。通常企业债券采取自办发行或者委托有关金融机构代办发行的方式,重点企业债券和国家债券采取银行代理发行的方式,由国家承担发行风险。国家债券采取分配认购方式,或者向单位分配认购任务,或由个人自愿认购。1991年国库券的发行开始部分试行由银团包销发行的办法。企业债券和金融债券一般采用自愿认购的方式。除贴现金融债券和企业短期融资债券的一部分采取折价发行方式外,其他各种债券均采取平价发行的方式。

④ 债券的偿还方式:债券的偿还是指债券发行人依照信用原则,履行借债时的承诺,对债券持有人偿还本金和支付利息的活动,包括本金偿还和利息支付两个方面。

债券本金的偿还方式有以下几种:

a. 到期偿还、期中偿还和展期偿还。

到期偿还指债券的本金是在偿还期满时进行偿还。这是绝大多数债券所采取的本金偿还方式。

期中偿还指债券在偿还期满之前由债务人采取在交易市场上购回债券或者直接向债券持有人支付本金的方式进行本金的偿还。期中偿还债券还可以分为三种:一是定时偿还,指自债券发行之日起经过一定时间的冻结期后,定期定额的偿还债券的制度。定时偿还又可以有抽选偿还和买入注销两种方式。二是随时偿还,指债券发行日后经过一定的冻结期后由发行人任意选择部分或全部债券进行偿还的方式。一般来说,这种方式的采用有两个原因:发债人发行债券后,市场利率降低较大或者是发债人发债之后有了剩余资金。三是买入偿还,也叫买入注销。是指发行人通过债券交易市场将其已发行的债券买进予以注销的做法。一般来说,发行人可以在债券发行后至期满前这段时间内的任何时候进行买入方式的偿还。

展期偿还指发行人在发行债券时规定,投资人有权决定在债券到期后继续按原定利率持有债券到某一个指定偿还日期或几个指定日期中的一个日期要求偿还的做法。这种偿还方法的采用往往在市场利率看跌时投资者才予以接受。

b. 部分偿还和全额偿还。部分偿还是指从债券发行日起,经过一定宽限期后,按发行额的一定比例陆续偿还,到债券期满时全部还清。全额偿还是指在债券到期之前,偿还全部本金。

c. 定时偿还和随时偿还。定时偿还亦称定期偿还,是指债券发行后待宽限期过后,分次在规定的日期,按一定的偿还率偿还本金。随时偿还也称任意偿还,是指债券发行后待宽限期过后,发行人可以自由决定偿还时间,任意偿还债券的一部分或全部。

d. 抽签偿还和买入注销。抽签偿还是指在期满前偿还一部分债券时,通过抽签方式决定应偿还债券的号码。买入注销是指债券发行人在债券未到期前按照市场价格从二级市场中购回自己发行的债券而注销债务。

债券利息的支付方式包括到期一次支付和分次支付两种方式。到期一次支付的优点在于手续简便,付息的工作成本较低;缺点在于一次性支付全部利息,可能会给债务人造成支付上的压力,一般适合于中、短期债券利息的支付。分次支付利息,不仅可以在一定程度上调动认购者的热情,利于债券的发行,还可以分散支付利息的压力。但是多次付息也会使操作成本增加,一般适合于中、长期债券利息的支付。

(4) 债券流通市场 债券流通市场,又称二级市场,指已发行债券买卖转让的市场。债券一经认购,即确立了一定期限的债权债务关系,但通过债券流通市场,投资者可以转让债权,把债券变现。作为一种金融工具,一般情况下,债券应该被赋予流通性。建设一个开放的、低成本的、高效率的、高流动性的债券流通市场,不仅有助于债券一级市场的顺利发行,也有助于推动我国债券市场的改革。目前,我国债券流通市场主要由三部分组成,分别是沪深证券交易所市场、银行间债券交易市场和证券经营机构柜台交易市场。

① 证券交易所市场:在证券交易所内买卖债券所形成的市场,就是证券交易所债券市场。各种可上市债券在证券交易所挂牌交易,价格随行就市,投资者在此市场得到债券低买高卖的差价收入。

② 银行间债券交易市场:全国银行间债券市场是指依托于全国银行间同业拆借中心(简称同业中心)和中央国债登记结算公司(简称中央登记公司)的,包括商业银行、农村信用联社、保险公司、证券公司等金融机构进行债券买卖和回购的市场,成立于1997年6月6日。经过近几年的迅速发展,银行间债券市场目前已成为我国债券市场的主体部分。记账式国债的大部分、政策性金融债券都在该市场发行并上市交易。该市场同时兼有一级市场和二级市场的功能,既可以实现债券的发行,也可以进行既发债券的流动转让。银行间债券交易市场交易的债券主要是经央行批准可用于全国银行间债券市场交易的政府债券、金融债券和中央银行债券等记账式债券。交易的类型包括债券买卖和债券回购两种。其中,债券买卖是指参与者以商定的价格转让债券所有权的交易行为;债券回购是参与者进行的以债券为权利质押的短期资金融通业务。具体来说就是指正回购方(资金融入方)在将债券出质给逆回购方(资金融出方)融入资金的同时,双方约定在将来某一指定日期由正回购方按约定回购利率计算的资金额向逆回购方返还资金,逆回购方向正回购方返还原出质债券的融资行为。

③ 证券经营机构柜台交易市场:是指通过证券经营机构的专门柜台进行债券买卖形成的市场。在柜台交易市场中,证券经营机构既是交易的组织者,又是交易的参与者。

4) 政府债券

政府债券是政府为筹集资金而向投资者出具的并承诺在一定时间还本付息的债务凭证。它的利息享受免税待遇,其中由中央政府发行的债券也称公债或国库券,其发行目的都是为了弥补财政赤字或投资于大型建设项目。而由各级地方政府机构如市、县、镇等发行的债券就称为地方政府债券,其发行目的主要是为地方建设筹集资金,因此都是一些期限较长的债券。在政府债券中还有一类称为政府保证债券的,它主要是为一些市政项目及公共设施建设筹集资金而由一些与政府有直接关系的企业、公司或金融机构发行的债券,这些债券的发行均由政府担保,但不享受中央和地方政府债券的利息免税待遇。

政府债券的发行主体是政府。它是指政府财政部门或其他代理机构为筹集资金,以政府名义发行的债券,主要包括国库券和公债两大类。一般国库券是由财政部发行,用以弥补财政收支不平衡;公债是指为筹集建设资金而发行的债券。有时也将两者统称为公债。

(1) 中央政府债券　又称国家债券或国家公债券。各国政府发行债券的目的通常是为了满足弥补国家财政赤字、进行大型工程项目建设、偿还旧债本息等方面的资金需要。国家债券按照偿还期限的长短可分为短期国家债券(1年以下)、中期国家债券(1年以上10年以下)和长期国家债券(10年以上)。中国国库券比较特殊,它不是短期国家债券,而是中长期国家债券。其偿还期限已先后有10年、5年、3年3种;它所筹集资金一是用于国家重点项目建设,二是用于弥补预算赤字。此外,中国的国库券尚未成为中央银行从事公开市场业务的工具。

① 国债的种类:我国国债主要按券面形式的不同分为4类:无记名式国债、凭证式国债、记账式国债、电子式国债。其中,无记名式国债已不多见,凭证式和记账式国债是目前主要的国债类型,电子式国债是国债的最新形式。

a. 无记名式国债:是一种票面上不记载债权人姓名或单位名称的债券,通常以实物券形式出现,又称实物券或国库券。无记名式国债是我国发行历史最长的一种国债。我国20世纪50年代发行的国债和从1981年起发行的国债主要是无记名式国库券。发行时通过各银行储蓄网点、财政部门国债服务部以及国债经营机构的营业网点面向社会公开销售,投资者也可以利用证券账户委托证券经营机构在证券交易所场内购买。无记名国债的现券兑付,由银行、邮政系统储蓄网点和财政国债中介机构办理;或实行交易场所场内兑付。一般来说,无记名式国库券更适合金融机构和投资意识较强的购买者。

b. 凭证式国债:是指国家采取不印刷实物券,而用填制"国库券收款凭证"的方式发行的国债。我国从1994年开始发行凭证式国债。凭证式国债具有类似储蓄又优于储蓄的特点,通常被称为"储蓄式国债",是以储蓄为目的的个人投资者理想的投资方式。与储蓄相比,凭证式国债的主要特点是安全、方便、收益适中。因此,购买凭证式国债不失为一种既安全又灵活、收益适中的理想的投资方式,是集国债和储蓄的优点于一体的投资品种。凭证式国债可就近到银行各储蓄网点购买。

c. 记账式国债:是指以记账形式记录债权,通过证券交易所的交易系统发行和交易,可以记名、挂失的国债。投资者进行记账式国债买卖,必须在证券交易所设立账户。由于记账式国债的发行和交易均为无纸化,所以效率高,成本低,交易安全。记账式国债,没有实物形态的票券,而是在电脑账户中记。我国从1994年推出记账式国债这一品种,通过沪深交易所的交易系统发行和交易。如果投资者进行记账式债券的买卖,就必须在证券交易所设立账户。所以,记账式国债又称无纸化国债。可见,记账式国债具有成本低、收益好、安全性好、流通性强的特点。

d. 储蓄国债(电子式国债):是我国财政部面向境内中国公民储蓄类资金发行的,以电子方式记录债权的不可流通人民币债券。我国于2006年6月首次发行电子式储蓄国债。储蓄国债采用现代信息技术,充分体现了以人为本的设计理念及与时俱进的时代特征。在未来一段时期内,财政部将会同央行,根据时代发展和投资者需求变化,不断完善相关制度,扩大试点范围,推出新的品种,增加新的购买渠道,提高服务水平,力争将储蓄国债发展成为老百姓最欢迎的投资品种之一。

此外,国家债券按发行区域可分为内债和外债;按能否流通转让,可以分为可转让债券和不可转让债券;按发行方式可以分为强制国债、爱国国债和自由国债;按计价单位可分为货币国债、实物国债和折实国债。

② 我国国债的发行方式:国家债券的发行者是中央政府,由国家承担偿还本息的责任。它可以全部在证券交易所上市,也可以在到期前用作抵押贷款的担保品,而且,政府不征收债券收益所得税。因而,它的信誉好、风险小、流动性强、抵押代用率高,是最受投资者欢迎的金融资产之一。国家债券的发行量和交易量在证券市场一般都占有相当大的比重,不仅在金融市场上起着重要的融资作用,而且是各国中央银行进行公开市场业务的重要手段。国家债券的发行一般以公募发行为主,同时又多采取间接销售的方式,即通过证券发行中介机构公开向社会上发行。国家债券的发行,一般在国内以本币币种发行,称作政府本币内债,在国外也有时以外币币种发行,称作政府外币债券。

改革开放以来,我国国债发行方式经历了从20世纪80年代的行政分配,90年代初的承购包销,到目前的定向发售、承购包销和招标发行并存的发展过程,总的变化趋势是不断趋向低成本、高效率的发行方式,逐步走向规范化与市场化。

a. 行政分配:即计划派购方式,由财政部直接发行,采取计划分配方式,按地区、部门、企业单位和个人确定发行数额,并要求全额完成。我国20世纪80年代基本上采取这种方式。

具体来说,就是一部分国债由财政部按一定比例分配给各省级财政部门,通过行政动员再分配给企业和个人认购;另一部分国债由财政部委托中国人民银行推销给各级银行。行政分配方式发行国债主要在恢复举债的最初10年,即1981—1991年采用。这种国债发行方式虽然带有一定的强制性,但是在当时国民收入较低、投资者金融意识不强、缺少机构投资者、没有国债二级市场的条件下,对于保证国债发行任务的完成,起到了非常重要的作用。

b. 承购包销:是指各金融机构按一定条件向财政部或地方财政部门承销国债,并由其在市场上分销,未能发售的余额由承销商购买的发行方式。承购包销方式始于1991年,主要用于不可流通的凭证式国债,它是由各地的国债承销机构组成承销团,通过与财政部签订承销协议来决定发行条件、承销费用和承销商的义务,因而是带有一定市场因素的国债发行方式。具体来说,1991年的国债发行,改变以往单一的行政分配方式,采取了由中央承购包销、地方承购包销和行政分配同时进行的方式。1993年国债一级自营商制度确立之后,开始形成通过国债一级自营商组成国债承销团,直接向财政部承购包销的方式发行。目前,世界上许多国家采取这一方式,这也是我国90年代中期后的主要发行方式之一。目前主要应用于不可上市流通的凭证式国债的发行。承销机构赚取的不是发行者支付的手续费,而是包销价与转卖债券的差价。承购包销又可以分为全额包销和余额包销。全额包销是指财政部与承销机构签订承购合同,由承销机构按一定价格买下全部国债,并按合同规定的时间将价款一次性付给财政部,然后承销机构以高于其购买价格的价格向社会公众出售。余额包销是指承销机构先接受财政部委托在约定期限内发行证券,至销售截止日,未售出国债余额再由承销机构按协议价格认购。

c. 定向发售:是指定向养老保险基金、失业保险基金、金融机构等特定机构发行国债的方式,主要用于国家重点建设债券、财政债券、专项债券、特种国债等品种,是对我国国债发行方式的一种有效补充。如1998年财政部曾对中、农、工、建四大国有商业银行发行了2 700亿元特别国债,补充其资本金。目前,财政部每年根据需要,向养老保险基金、失业保险基金或者金融机构等特定机构发行一定数量的国债。由于数量较少、规模有限、对象特定,所以一般采取定向私募的方式发行。

d. 招标发行:是指通过招标的方式来确定国债的承销商和发行条件。根据发行对象的不同,招标发行又可分为缴款期招标、价格招标、收益率招标三种形式。

缴款期招标是指在国债的票面利率和发行价格已经确定的条件下,按照承销机构向财政部缴款的先后顺序获得中标权利,直至满足预定发行额为止。

价格招标主要适用于贴现国债的发行,按照投标人所报买价自高向低的顺序确定中标,直至满足预定发行额为止。如果中标规则为"荷兰式",那么中标的承销机构都以相同价格(所有中标价格中的最低价格)来认购中标的国债数额;而如果中标规则为"美国式",那么承销机构分别以其各自出价来认购中标数额。

"荷兰式"招标的特点是"单一价格",而"美国式"招标的特点是"多种价格"。我国目前短期贴现国债主要运用"荷兰式"价格招标方式予以发行。

收益率招标主要用于付息国债的发行,它同样可分为"荷兰式"招标和"美国式"招标两种形式,原理与上述价格招标相似。

招标发行将市场竞争机制引入国债发行过程,从而能反映出承销商对利率走势的预期和社会资金的供求状况,推动了国债发行利率及整个利率体系的市场化进程。此外,招标发行还有利于缩短发行时间,促进国债一、二级市场之间的衔接。基于这些优点,招标发行已成为我国国债发行体制改革的主要方向。

我国从1995年开始将竞争机制引入国债发行。该年8月,财政部在1年期记账式国债的发行中首次采用了以缴款期为标的公开招标。1996年1月,1996年记账式一期国债的发行首次采用了以价格为标的的招标方式。同年6月,1996年记账式五期国债发行以收益率为标的。2003年起,财政部对国债发行招标规则进行了重大调整,在原来单一"荷兰式"招标的基础上,增加了"美国式"招标方式,招标标的包括利率、利差、价格三种。

③ 国债的功能:通过发行国债,不仅为国民经济发展筹措了大量建设资金,而且由于国债所具有的安全性高、流动性强、享受免税待遇的特点,也较好地满足了社会各类投资者的需要。同时,不断扩大的国债发行规模,为市场提供了更多的流动性,有利于稳定和活跃金融市场,并为我国财政政策和货币政策的有效实施提供了有效手段和可操作的工具。具体来说,我国国债的功能主要体现在以下方面:

a. 弥补财政赤字,满足经常性财政支出的需要:随着国家职能的扩展,当税收不能满足国家日常支出需要的时候,国债作为一个财政范畴应运而生。可以说,弥补财政赤字是促使国债产生的直接原因,从而也反映着国债最基本的功能。例如,2005年,我国共发行7 022.87亿元国债,其中的2 999.5亿元用于弥补当年财政赤字。通过发行国债来弥补财政赤字,不仅灵活、迅速,而且副作用较小,因而成为当今世界各国弥补财政赤字普遍采取的做法。

b. 筹集建设资金,满足建设性财政支出的需要:在我国发展的各个历史阶段,国债筹集经济建设资金的功能表现得尤为突出。1954—1958年我国连续5年发行经济建设债券,筹资支持新中国的经济建设;1987年我国开始发行重点建设债券和重点企业建设债券,筹资支持我国电力、钢铁、石油化工和有色金属等重点行业的发展;1998—2006年9年间我国累计发行长期建设债券超过万亿元,有力地支撑了政府投资,为拉动我国经济增长作出了重要贡献;2010年,我国发行8 000亿元国债,继续用于经济结构的调整和加强基础建设。

c. 发挥宏观调控功能,调节社会经济运行:这一职能是债券上述两项职能的派生职能,是指通过发行债券这种方式将社会暂时闲置不用的资金集中起来,并按国家宏观调控意图加以重新配置运用,使社会经济运行更加协调和有效。这种调控功能体现在多个方面,例如,将这部分财力重点用于某些地区、某些产业和项目,还可以起到促进地区经济协调发展、实现产业和产品结构优化的功效;将这部分财力用于弥补经常性支出的赤字,可以起到扩大社会消费总规模,平衡社会总供求关系的作用;通货膨胀时期发行或增加发行债券,可以暂时减少流通领域中的货币量,缓解物价上涨的压力;通货紧缩时期,减少或暂停债券发行,可以在一定程度上缓解物价持续下跌的压力。

d. 提供金融工具,拓展货币政策操作空间,增强金融调控效果:随着国债制度的发展和金融市场环境的改善,国债不再仅仅是调节社会经济运行的重要的财政政策工具,也日益成为连接财政政策与货币政策的桥梁。偿还期限在1年以内的短期债券具有流动性好、安全性高的特点,因而成为商业银行流动性管理的主要工具,也成为各国中央银行公开市场操作工具的理想选择。我国央行于1994年开始试办公开市场业务,通过买卖未到期国债来吞吐基础货币,调剂商业银行的储备头寸,影响其信贷能力,从而调节货币供应量和利率水平,为货币政策服务。随着我国国债期限结构的进一步优化和短期国债品种的增加,公开市场业务操作的空间和效果将会逐步得到加强,国债尤其是短期国债会在货币量调节领域发挥更大作用。

在市场经济条件下,国债除具有弥补财政赤字、筹集建设资金等基本功能之外,还具有以下几方面重要作用:

a. 形成市场基准利率:利率是整个金融市场的核心价格,对股票市场、期货市场、外汇市场等市场上金融工具的定价均产生重要影响。国债是一种收入稳定、风险极低的投资工具,这一特性使得国债利率处于整个利率体系的核心环节,成为其他金融工具定价的基础。国债的发行与交易有助于形成市场基准利率。国债的发行将影响金融市场上的资金供求状况,从而引起利率的升降。在国债市场充分发展的条件下,某种期限国债发行时的票面利率就代表了当时市场利率的预期水平,而国债在二级市场上交易价格的变化又能够及时地反映出市场对未来利率预期的变化。

b. 作为财政政策和货币政策配合的结合点:首先,扩大国债的发行规模是国家实施积极财政政策的主要手段,1998年8月为保证经济增长率达到8%而增发2 700亿元特种国债就是一个很好的例子。其次,国债,特别是短期国债是央行进行公开市场操作唯一合适的工具。国债的总量、结构对公开市场操作的效果有重要的影响。如果国债规模过小,央行在公开市场上的操作对货币供应量的控制能力就非常有限,不足以使利率水平的变化达到央行的要求;如果国债品种单一,持有者结构不合理,中小投资者持有国债比例过大,公开市场操作就很难进行。

c. 作为机构投资者短期融资的工具:国债的信用风险极低,机构投资者之间可以利用国债这种信誉度最高的标准化证券进行回购交易来达到调节短期资金的余缺、套期保值和加强资产管理的目的。

(2) 地方政府债券 又称地方债券,是指由省、市、县、镇等地方政府根据信用原则、以承担还本付息责任为前提而筹集资金的债务凭证,是指有财政收入的地方政府及地方公共机构发行的债券。发行这类债券的目的,是为了筹措一定数量的资金用于满足市政建设、文化进步、公共安全、自然资源保护等方面的资金需要。地方政府债券一般用于交通、通信、住宅、教育、医院和污水处理系统等地方性公共设施的建设。同中央政府发行的国债一样,地方政府债券一般也是以当地政府的税收能力作为还本付息的担保。正因为如此,国外没有将一般责任债券和收益债券构成的集合称为地方政府债券,而是称市政债券。地方政府债券的安全性较高,被认为是安全性仅次于"金边债券"的一种债券,而且,投资者购买地方政府债券所获得的利息收入一般都免交所得税,这对投资者有很强的吸引力。

地方政府债券是政府债券的形式之一,在我国新中国成立初期就已经存在。如早在1950年,东北人民政府就发行过东北生产建设折实公债,但1981年恢复国债发行以来,却从未发行过地方政府债券。由于我国1995年起实施的《中华人民共和国预算法》规定,地方政府不得发行地方政府债券(除法律和国务院另有规定外),因此,我国目前的政府债券仅限于中央政府债券。但地方政府在诸如桥梁、公路、隧道、供水、供气等基础设施的建设中又面临资金短缺的问题,于是形成了具有中国特色的地方政府债券,即以企业债券的形式发行地方政府债券。如1999年上海城市建设投资开发公司发行5亿元浦东建设债券,名义上是公司债券,但所筹资金则是用于上海地铁建设;济南自来水公司发行1.5亿元供水建设债券,名义上是公司债券,而所筹资金则用于济南自来水设施建设。近几年,国债发行总规模中有少量中央政府代地方政府发行的债券,其中,2001年为400亿元,2002年为250亿元,2003年为250亿元,2004年为150亿元,2005年为100亿元,2010年则达到2 000亿元。

5) 金融债券

金融债券是各类银行及其他非银行金融机构(保险公司、证券公司等),根据国家有关政策以及相关的证券法律规定,按照证券发行程序,向社会公众和机构投资者发行的按约定还本付息的有价证券(债务凭证)。发行的目的一般是为了筹集中长期资金,其利率也一般要高于同期银行存款利率,而且持券者需要资金时可以随时转让。金融债券票面利率通常高于国债,但低于公司债券。金融债券面向机构投资者发行,在银行间债券市场交易,个人投资者无法购买和交易。

金融债券能够较有效地解决银行等金融机构的资金来源不足和期限不匹配的矛盾。一般来说,银行等金融机构的资金有3个来源,即吸收存款、向其他机构借款和发行债券。存款资金的特点之一,是在经济发生动荡的时候,易发生储户争相提款的现象,从而造成资金来源不稳定;向其他商业银行或中央银行借款所得的资金主要是短期资金,而金融机构往往需要进行一些期限较长的投融资,这样就出现了资金来源和资金运用在期限上的矛盾,发行金融债券比较有效地解决了这个矛盾。债券在到期之前一般不能提前兑换,只能在市场上转让,从而保证了所筹集资金的稳定性。同时,金融机构发行债券时可以灵活规定期限,比如为了一些长期项目投资,可以发行期限较长的债券。因此,发行金融债券可以使金融机构筹措到稳定且期限灵活的资金,从而有利于优化资产结构,扩大长期投资业务。由于银行等金融机构在一国经济中占有较特殊的地位,政府对它们的运营又有严格的监管,因此,金融债券的资信通常高于其他非金融机构债券,违约风险相对较小,具有较高的安全性。所以,金融债券的利率通常低于一般的企业债券,但高于风险更小的国债和银行储蓄存款利率。

按不同标准,金融债券可以划分为很多种类。最常见的分类有以下两种:

(1) 根据利息的支付方式,金融债券可分为附息金融债券和贴现金融债券。如果金融债券上附有多期息票,发行人定期支付利息,则称为附息金融债券;如果金融债券是以低于面值的价格贴现发行,到期按面值还本付息,利息为发行价与面值的差额,则称为贴现债券。比如票面金额为1 000元,期限为1年的贴现金融债券,发行价格为900元,1年到期时支付给投资者1 000元,那么利息收入就是100元,而实际年利率就是11.11%即[(1 000-900)/900×100%]。按照国外通常的做法,贴现金融债券的利息收入要征税,并且不能在证券交易所上市交易。

(2) 根据发行条件,金融债券可分为普通金融债券和累进利息金融债券。普通金融债券按面值发行,到期一次还本付息,期限一般是1年、2年和3年。普通金融债券类似于银行的定期存款,只是利率高些。累进利息金融债券的利率不固定,在不同的时间段有不同的利率,并且一年比一年高。也就是说,债券的利率随着债券期限的增加累进。比如面值

1 000 元、期限为 5 年的金融债券，其利率第一年为 9%，第二年为 10%，第三年为 11%，第四年为 12%，第五年为 13%。投资者可在第一年至第五年之间随时去银行兑付，并获得规定的利息。

此外，金融债券也可以像企业债券一样，根据期限的长短划分为短期债券、中期债券和长期债券；根据是否记名划分为记名债券和不记名债券；根据担保情况划分为信用债券和担保债券；根据可否提前赎回划分为可提前赎回债券和不可提前赎回债券；根据债券票面利率是否变动划分为固定利率债券、浮动利率债券和累进利率债券；根据发行人是否给予投资者选择权划分为附有选择权的债券和不附有选择权的债券等。

金融债券诞生于日本，是在日本特定的金融体制下产生的债券品种。中国从 20 世纪 80 年代引进金融债券。中国境内发行金融债券始于 1985 年，到目前为止，共发行过三类金融债券：

① 普通金融债券：指各商业银行和非银行金融机构发行的金融债券。1985 年，中国农业银行向社会公众发行了 15 亿元金融债券，揭开了我国金融债券的发行历史。为了解决国有商业银行信贷资金不足问题，中国工商银行、中国建设银行和其他非银行金融机构被批准向社会公开发行金融债券，用于发放特种贷款，支持一些产品为社会所急需、经济效益好的建设项目的扫尾工作，以促进其迅速竣工投产。同时，规定发行金融债券要贯彻量出为入的原则，即根据特种贷款的实际需要，在批准的额度内发行，以免所筹资金闲置而发生亏损。这种金融债券一直持续到 1992 年，大约发行了 200 多亿元，以后再没有发行过。这种金融债券的特点是，从发行目的看，它类似于政府债券，是为了贯彻国家经济政策，完成国家资金管理机构承担的融资任务，而不是为了金融机构自身多赚取利润。但从发行办法看，它又类似于企业债券，既不给各地下达指令性指标，也不做政治动员，完全依靠金融债券自身的特点上市发行。

2006 年 5 月 19 日，民生银行在全国银行间债券市场成功发行 3 年期、100 亿元金融债券，发行利率为 2.88%。这是民生银行第一次在全国银行间债券市场公开发行普通金融债券，100 亿元的发行规模也使得该债券成为当时股份制商业银行在全国银行间债券市场发行的规模最大的债券之一。

② 政策性金融债券：1994 年，国家开发银行、中国进出口银行和中国农业发展银行三家政策性银行相继成立，这三家政策性银行的资本金和信贷资金开始由国家财政拨付，但是由于财政困难不能完全满足这三家银行的资本金和信贷资金的需求，国务院批准它们可以在银行间债券市场面向金融机构发行特种金融债券。到 2002 年底，这三家银行共发行此类金融债券 15 299 亿元。2007 年，三大政策性银行的发债计划总规模达到 11 360 亿元，比 2006 年增长 26.5%。

③ 特种金融债券：为筹集专门用于偿还不规范证券回购的债务，部分金融机构也发行过特种金融债券。特种金融债券具有变现能力强、收益高、安全性好的特点，是一种较为理想的金融工具。1997 年和 1998 年，为了解决证券回购出现的问题，中国人民银行批准了 14 家金融机构先后发行 16 次金融债券，发行总规模 56 亿元。这些金融机构包括华夏证券有限公司、国泰证券有限公司、南方证券有限公司、广东发展银行、海南发展银行、北京京华信托投资公司、中兴信托投资公司、海南汇通国际信托投资公司、海南赛格国际信托投资公司、中银信托投资公司、海南国际租赁公司、新疆国际租赁公司、广东国际信托投资公司深圳分公司和北京四通财务公司等。

6）公司债券

公司债券是指公司依照法定程序发行的，约定在一定期限还本付息的有价证券。其发行的目的是为了筹集长期建设资金，一般都有特定用途。按有关规定，企业要发行债券必须先参加信用评级，级别达到一定标准才可发行。因为企业的资信水平比不上金融机构和政府，所以公司债券的风险相对较大，因而其利率一般也较高。公司债券票面利率高于国债和金融债券。部分公司债券面向社会公开发行，在证券交易所上市交易，个人投资者可以购买和交易。投资公司债券最大的风险是发债公司的违约风险，一旦发债公司经营不善，不能按照当初的承诺兑付本息，就会导致债券价格的大幅下跌，投资者就会蒙受损失。

公司债券也是企业、公司举借长期债务的书面凭证。公司债券是公司债务的表现形式之一。基于公司债券的发行，在债券的持有人和发行人之间形成了以还本付息为内容的债权债务法律关系。因此，公司债券是公司向债券持有人出具的债务凭证。

（1）公司债券的种类

① 按是否记名可分为以下两种：

a. 记名公司债券：即在券面上登记持有人姓名，支取本息要凭印鉴领取，转让时必须背书并到债券发行公司登记的公司债券。

b. 不记名公司债券：即券面上不需载明持有人姓名，还本付息及流通转让仅以债券为凭，不需登记。

② 按持有人是否参加公司利润分配可分为以下两种：

a. 参加利润分配公司债券：指除了可按预先约定获得利息收入外，还可在一定程度上参加公司利润分配的公司债券。

b. 非参加利润分配公司债券：指持有人只能按照事先约定的利率获得利息的公司债券。

③ 按是否可提前赎回分为以下两种：

a. 可提前赎回公司债券：即发行者可在债券到期前购回其发行的全部或部分债券。

b. 不可提前赎回公司债券：即只能一次到期还本付息的公司债券。

④ 按发行债券的目的可分为以下几种：

a. 普通公司债券：即以固定利率、固定期限为特征的公司债券。这是公司债券的主要形式，目的在于为公司扩大生产规模提供资金来源。

b. 改组公司债券：是为清理公司债务而发行的债券，也称为以新换旧债券。

c. 利息公司债券：也称为调整公司债券，是指面临债务信用危机的公司经债权人同意而发行的较低利率的新债券，用以换回原来发行的较高利率债券。

d. 延期公司债券：指公司在已发行债券到期无力支付，又不能发新债还旧债的情况下，在征得债权人同意后可延长偿还期限的公司债券。

e. 按发行人是否给予持有人选择权分为两种：

- 附有选择权的公司债券：指在一些公司债券的发行中，发行人给予持有人一定的选择权，如可转换公司债券（附有可转换为普通股的选择权）、有认股权证的公司债券和可退还公司债券（附有持有人在债券到期前可将其回售给发行人的选择权）。

- 未附选择权的公司债券：即债券发行人未给予持有人上述选择权的公司债券。

（2）公司债券的特点

① 风险性较大：公司债券的还款来源是公司的经营利润，但是任何一家公司的未来经

营都存在很大的不确定性,因此公司债券持有人承担着损失利息甚至本金的风险。

② 收益率较高:风险与收益成正比的原则,要求较高风险的公司债券需提供给债券持有人较高的投资收益。

③ 对于某些债券而言,发行者与持有者之间可以相互给予一定的选择权。

(3) 企业债券　企业债券诞生于中国,是中国存在的一种特殊法律规定的债券形式。按照中国国务院1993年8月颁布实施的《企业债券管理条例》规定:"企业债券是指企业依照法定程序发行、约定在一定期限内还本付息的有价证券。"就企业债券定义本身而言,与公司债券定义相比,除发行人有企业与公司的区别之外,其他都是一样的。

① 企业债券的信用评级:由于企业的资信水平低于金融机构和政府,因而企业债券的风险相对较大。所以,按有关规定,在正式发行之前,企业债券必须经过信用评级机构的评级,只有达到一定信用级别的债券才获准发行。

a. 企业债券信用评级的思路:我国现有评级机构50多家,不同评级机构的具体评级方法和标准各不相同,但基本思路大体一致:一是进行发行人的财务风险分析。主要通过对被评级人的会计质量、盈利能力、偿债能力、资本结构、财务弹性等方面的现金流量分析来开展。二是进行发行人的经营风险分析。主要通过对发行人所处宏观环境、行业状况、竞争地位、管理层的素质、经营效率、筹资项目等方面的分析来进行。三是进行发行人的支持因素分析。主要从发行人的治理结构、债券发行条款、政府支持态度等方面考察。最后,综合上述各种因素对拟发债券评定信用等级。

b. 我国评级系统的信用等级:一般设置为三等九级,分别是:AAA、AA、A;BBB、BB、B;CCC、CC、C。每一个信用等级又用"+"、"-"符号进行微调,表示略高或略低于本等级(不设AAA+)。九个级别中,AAA级信用等级最高,C级信用等级最低。如30亿元无担保三峡债券被评为AAA级债券,表明其信用程度高,清偿能力很强,风险很小。

c. 企业债券信用评级的作用:企业债券信用评级的作用主要体现在:一是方便投资者进行债券投资决策。投资者购买债券要承担一定的风险。其中,信用风险也即发行者不能偿还本息是投资债券的最大风险,这一风险与发行者偿还能力紧密相关。对广大投资者尤其是中小投资者来说,由于受时间、知识和信息的限制,无法对众多企业债券进行分析和选择,因此需要专业机构对拟发行的债券还本付息的可靠程度进行客观、公正和权威的评定,即进行债券信用评级,以方便投资者决策,更有利于投资者规避风险、保护自身利益。二是减少较高信用等级债券发行人的筹资成本。一般来说,资信等级越高的债券,越容易得到投资者的信任,因而能够以较低的利率和较高的价格出售出去;反之,资信等级低的债券,风险较大,只能以较高的利率或较低的价格发行;甚至使少数风险较大的债券无法获得发行资格,从而从源头上减少了债券市场的信用风险。此外,对于监管当局来说,便于有甄别地实施监管,提高监管效率;对于金融运行来说,则可以降低信息成本,提高证券市场的运作效率,促进资源的优化配置。可见,独立、公正、客观的信用评级制度会对企业债券市场的健康发展起到很大的促进作用。

需要说明的是,债券信用评级机构对某一债券所作出的信用评级不具有向投资者推荐这一债券的含义,只供投资者决策时参考,因此,债券信用评级机构对投资者只负有道义上的责任,并不承担任何法律上的责任。

③ 企业债券的种类:除按债券的通用分类方法进行分类外,企业债券还可以按下述标准进行分类:

a. 按借贷活动有无抵押担保,可将债券分为担保企业债券和信用企业债券。担保企业债券指以抵押财产为担保而发行的企业债券,包括以土地、房屋、机器、设备等不动产为抵押担保品而发行的抵押企业(或公司)债券,以企业(或公司)持有的有价证券为担保品而发行的抵押信托债券,由第三者担保偿付本息的承保债券三种类型。如果担保企业债券的发行人在债券到期不能履行还本付息义务,债券持有者有权变卖抵押品来清偿抵付或者要求担保人承担还本付息的义务。信用企业债券也称为无担保企业债券,指仅凭债券发行者的信用而发行的、没有抵押品作担保的债券。一般来说,除政府债券外,少数信用良好的企业(或公司)也可以发行信用债券。

b. 按借贷期限划分,企业债券可以分为短期企业债券、中期企业债券和长期企业债券三种。短期企业债券的借贷期限仍然限定在1年以内,中期企业债券则是指偿还期限在1年以上5年以下的债券,偿还期限在5年以上的统称为长期企业债券。

④ 我国企业债券发行的基本情况:1993年8月以前,我国企业债券的发行人主要是国有大中型企业。自《企业债券管理条例》于1993年8月生效之后,企业债券发行主体由国有企业扩大到一切有法人资格的企业。1994年7月1日《中华人民共和国公司法》生效后,有三类公司可以发行公司债券:一类是股份有限公司;一类是国有独资公司;还有一类是两个以上的国有企业或者其他两个以上的国有投资主体投资设立的有限责任公司。

1984年,我国开始出现企业债券,当时主要是一些企业自发地向社会和企业内部职工筹资。1987年,我国一些大企业开始发行重点企业债券。1988年,重点企业债券改由各国家专业银行代理国家专业投资公司发行。以后,我国又陆续出现了企业短期融资债券、内部债券、住宅建设债券和地方投资公司债券等。据不完全统计,1987年至2005年,我国累计发行企业(公司)债券3 288.77亿元,2006年企业债券发行额为1 234亿元。相比金融市场发达国家,我国企业债券融资占GDP的比重明显过低。如截至2006年末,我国企业债存量规模为2 831亿元,占GDP的比例仅为1.4%,而美国的公司债已经是其GDP的1倍多。同时,我国企业(公司)通过发行债券融资的规模低于股票,这也与成熟市场国家债券融资规模明显高于股票融资规模形成了鲜明的反差。

目前,我国企业债券发行管理制度的主要依据是《企业债券管理条例》。根据该条例,我国对企业债券实行审批制管理。企业债券的取得额度与监管发行由发展与改革委员会(以下简称"发改委")负责,企业债券利率由央行负责管理,上市审批又由证监会和证券交易所负责,这使得企业债券审批程序繁琐且漫长。自2005年起,有关部门简化了企业债券的审核程序,将"审批制"统一为"核准制"。

8.2.3 信托契约证券——投资基金

1) 证券投资基金概述

(1) 证券投资基金的含义 证券投资基金简称投资基金,是一种利益共享、风险共担的集合投资方式,即通过发行基金单位集中投资者的资金,由基金托管人托管,由基金管理人管理和运用资金,从事股票、债券、外汇、货币等金融工具投资,以获得投资收益和资本增值的一种投资工具。投资基金在不同国家或地区称谓有所不同,美国称为"共同基金",英国和香港称为"单位信托基金",日本和台湾称为"证券投资信托基金"。

证券投资基金既可以看作是一种信托投资方式,也可以看作是一种信托投资工具。作为一种信托投资方式,证券投资基金是指通过发行基金单位,汇集众多投资者的小额资金为大额资金,由基金托管人托管,由基金管理人管理,由证券分析专家和投资专家具体操作运用,根据设定的投资目标,将资金分散投资于特定的资产组合,投资者按投资比例分享投资收益并承担相应风险的特殊的信托投资方式。作为一种信托投资工具,则是指证券投资基金发行出售给基金投资者的基金券或受益凭证,它体现的是投资者(委托人)与基金管理人(受托人)之间的一种委托与受托的关系。

(2) 证券投资基金的特点　一是集众多的分散、小额资金为一个整体;二是委托具有丰富的证券投资知识和经验的专家经营管理,可以节约交易成本,提高投资收益;三是分散投资,通过投资组合来降低投资风险。

① 流动性强,变现方便:基金的买卖程序非常简便,从而使基金具有了较强的流动性。对于封闭式基金,投资者可以直接在二级市场买进和卖出,程序与股票交易相似;对于开放式基金,投资者可以随时向基金管理公司申购或赎回基金,也可以通过基金的代销银行或证券公司等机构申购或赎回。

② 组合投资,分散风险:证券投资基金具有组合投资、分散风险的运作特点。基金管理人配备了大量的投资专家,他们不仅掌握了广博的投资分析和投资组合理论知识,而且在投资领域也积累了较为丰富的经验,通过汇集众多中小投资者的小额资金,形成雄厚的资金实力,可以同时把投资者的资金分散投资于各种类型的金融工具,在分散和降低金融风险的同时,可以获得相对较高的收益。

③ 投资门槛较低,交易成本较小:证券投资基金具有投资小、费用低的优点。在我国,每份基金单位面值为人民币1元。证券投资基金最低投资额一般较低,投资者可以根据自己的财力,多买或少买基金单位,从而解决了中小投资者"钱不多、入市难"的问题。此外,由于证券商大多对大额交易收取的佣金和手续费等实行优惠,分摊在众多投资者身上的基金单位投资成本也因此而降低,也就是通常所说的基金投资具有规模经济的优势。

④ 约束性较强,安全性较高:基金三方当事人(即基金份额持有人、基金管理人和基金托管人)在基金的运作过程中形成三角关系:基金份额持有人委托基金管理人投资,委托基金托管人托管;管理人接受委托进行投资管理,监督托管人并接受托管人的监督;托管人保管基金资产,执行投资指令,同时,监督管理人并接受管理人的监督。因此,基金份额持有人与基金管理人之间是委托人、受益人与受托人之间的关系;基金份额持有人与基金托管人之间是委托人与受托人之间的关系;基金管理人与基金托管人之间是平行受托和互相监督关系。三者之间形成了较强的约束关系,从而在较大程度上防止损害基金投资者利益行为的发生,保证了基金的安全。

⑤ 基金具有风险性:任何投资都是要承受风险的,专家理财的基金投资也不例外。基金要承受的风险主要有以下几种:一是市场风险。基金主要投资于证券市场,而证券市场价格会因各种因素而产生波动,从而导致基金收益水平变化,可能造成投资亏损。二是管理风险。基金运作过程中,基金管理人的知识、经验、判断、决策、技能、道德以及管理手段和管理技术等因素,会影响基金的收益水平。三是流动性风险。由于市场环境或者遭遇巨额赎回,基金可能不能以当前基金份额净值进行交易。另外,不同基金品种风险不一样,如股票型基金风险要比债券型基金大;相同的基金品种也会因其股票资产投资上限不同而具有不同风险。

(3) 证券投资基金的作用与意义　国际经验表明,投资基金对引导储蓄资金转化为投资,稳定和活跃证券市场,提高直接融资的比例,完善社会保障体系,完善金融结构具有极大的促进作用。我国证券投资基金的发展历程也表明,投资基金的发展与壮大,推动了证券市场的健康稳定发展和金融体系的健全完善,在国民经济和社会发展中发挥日益重要的作用。

目前在我国发展证券投资基金具有重要意义,主要表现在以下几个方面:

① 有利于广大中小投资者投资于证券市场特别是股票市场:中小投资者通常是资金量小,利用业余时间进行投资,因而,无论在信息、技术、经验及专门知识方面都不及专业投资者。如果通过证券投资基金进行投资,则可利用专业投资机构在上述几方面的优势,不仅投资方便,而且收益也相对稳定。

② 有利于证券市场的稳定:一个成熟的证券市场应是一个以机构投资者为主的市场,而不是一个以中小投资者为主的市场。通过发展证券投资基金,可以将广大中小投资者分散的资金,转变为由专门机构持有的大资金。而大的机构投资者由于熟悉业务,具有经验,能够进行理性投资,因而能够减少投机性炒作,从而有利于证券市场的稳定。

③ 促进证券市场的发展:证券市场的发展,既要规范,又要扩大规模。扩大规模就需要有更多的资金进入证券市场。而通过发行投资基金就可以使许多未能投资于证券市场的资金进入证券市场,从而支持证券市场规模。

(4) 证券投资基金的种类　根据不同标准可将投资基金划分为不同的种类。

① 根据基金单位是否可增加或赎回,投资基金可分为封闭式基金和开放式基金。封闭式基金是指经核准的基金份额总额在基金合同期限内固定不变,基金份额可以在依法设立的证券交易场所交易,但基金份额持有人不得申请赎回的基金。开放式基金是指基金份额总额不固定,基金份额可以在基金合同约定的时间和场所申购或者赎回的基金。

② 根据组织形态的不同,投资基金可分为公司型投资基金和契约型投资基金。公司型投资基金是具有共同投资目标的投资者组成以盈利为目的的股份制投资公司,并将资产投资于特定对象的投资基金;契约型投资基金也称信托型投资基金,是指基金发起人依据其与基金管理人、基金托管人订立的基金契约,发行基金单位而组建的投资基金。

③ 根据证券投资风险与收益的不同,证券投资基金可分为成长型投资基金、收入型投资基金和平衡型基金。成长型投资基金是以资本长期增值作为投资目标的基金,其投资对象主要是市场中有较大升值潜力的小公司股票和一些新兴行业的股票,一般很少分红,经常将投资所得的股息、红利和盈利进行再投资,以实现资本增值。收入型投资基金是以追求基金当期收入为投资目标的基金,其投资对象主要是那些绩优股、债券、可转让大额定期存单等收入比较稳定的有价证券,一般把所得的收益都分配给投资者。平衡型基金是同时追求长期资本增值和短期股利收益双重目标的基金,这类基金主要投资于债券、优先股和部分普通股,这些有价证券在投资组合中有比较稳定的组合比例,一般是把资产总额的 25%～50%用于优先股和债券,其余的用于普通股投资,其风险和收益状况介于成长型基金和收入型基金之间。

④ 根据投资对象的不同,投资基金可分为股票基金、债券基金、货币市场基金、期货基金、期权基金、指数基金和认股权证基金等。股票基金是指以股票为投资对象的投资基金;债券基金是指以债券为投资对象的投资基金;货币市场基金是指以国库券、大额银行可转让存单、商业票据、公司债券等货币市场短期有价证券为投资对象的投资基金;期货基金是指以各类期货品种为主要投资对象的投资基金;期权基金是指以能分配股利的股票期权为投资对象的投资基金;指数基金是指以某种证券市场的价格指数为投资对象的投资基金;认股权证基金是指以认股权证为投资对象的投资基金。

⑤ 根据投资货币种类,投资基金可分为美元基金、日元基金和欧元基金等。美元基金是指投资于美元市场的投资基金;日元基金是指投资于日元市场的投资基金;欧元基金是指投资于欧元市场的投资基金。

⑥ 根据资本来源和运用地域的不同,投资基金可分为国际基金、海外基金、国内基金、国家基金和区域基金等。国际基金是指资本来源于国内,但投资于国外市场的投资基金;海外基金也称离岸基金,是指资本来源于国外,并投资于国外市场的投资基金;国内基金是指资本来源于国内,并投资于国内市场的投资基金;国家基金是指资本来源于国外,并投资于某一特定国家的投资基金;区域基金是指投资于某个特定地区的投资基金。

(5) 证券投资基金的沿革　投资基金发源于19世纪的英国,繁荣于美国,20世纪80年代开始风行世界,在很多国家都成为大众化的投资工具。

我国的投资基金业始于1992年,可分为两个发展阶段。其中,1992—1997年为第一阶段。这一阶段,由中国人民银行负责管理基金业,全国共发行72只投资基金,并且全部为封闭式基金,共募得资金66亿元,除淄博基金、天骥基金和蓝天基金为公司型基金外,其余均为契约型基金,大部分基金由证券或信托机构的基金部负责运作。1998年至今为第二阶段。这一阶段,中国证监会接替中国人民银行负责管理基金业。1997年11月国务院证券委员会发布《证券投资基金管理暂行办法》,基金业开始有了明显发展。在较短的时间内就成功地实现了从封闭式基金到开放式基金、从资本市场到货币市场、从内资基金管理公司到合资基金管理公司、从境内投资到境外理财的几大历史性的跨越,走过了发达国家几十年上百年走过的历程,取得了举世瞩目的成绩。证券投资基金目前已经具有了相当规模,成为我国证券市场最重要的机构投资力量和广大投资者最重要的投资工具之一。

为了规范证券投资基金活动,保护投资人及相关当事人的合法权益,促进证券投资基金和证券市场的健康发展,2003年10月28日第十届全国人民代表大会常务委员会第五次会议通过《中华人民共和国证券投资基金法》(以下简称《证券投资基金法》),自2004年6月1日起施行。这是继《证券法》后,我国证券市场第二部法律。《证券投资基金法》的颁布实施将对快速推动我国基金业的发展具有十分重大的意义。

2) 投资基金实务

投资基金的运作机制和运作流程是依据基金管理的法律规范并与基金的组织形态密切相关的,对投资基金基本运作的了解是进行基金投资的基础。因此,介绍投资基金的设立与发行、交易与价格、基金的收益、费用与收益分配、基金的资产管理与监管以及基金信息披露等方面的内容是学习投资基金实务的必然逻辑。

(1) 投资基金的设立与发行　基金作为一种集合投资制度,它的发起与设立必须严格遵循国家规定的条件和报批程序。一般来说,首先应由设立基金的发起人提交设立基金所需的各项文件,如申请设立报告、发起人协议、基金契约等,并向主管机关提出设立基金的申请。主管机关在审核基金各当事人资格条件以及基金设立的必要性与可行性之后,对申请给予相应的批复。经批准设立的基金即可发布招募说明书(或称公开说明书),对外发行受益凭证,募集信托资金,与信托人签订信托契约,与基金管理公司订立委托管理协议书,正式组成基金。基金的发起与设立是基金运作的首要步骤,对于基金发起人的资格和基金设立的基本条件,不同的国家和地区要求程度不尽相同。我国的证券投资基金尚处于试点阶段,管理层出于对保护广大投资者利益的考虑,对基金的发起与设立都作出了极为严格的规定,力求从一开始就把基金置于一个严格的监管环境之中,以保证基金的运作具有高度的规范性。

基金的设立得到有关部门的批准后,即可向特定的投资者群体或向社会公众募集资金,这就是基金的发行和募集阶段。在国外,随着基金业的不断发展和进步,基金发行和募集的方式也呈现出多样化的特点,按照发行对象的不同大致可以分为私募和公募两种方式。私募发行是指向特定投资者群体(一般是大的金融机构和个人)募集资金的发行方式。这种方式对国内大多数投资者而言并不熟悉,仅在深、沪两地的B股市场得到了采用。公募发行又称公开发行,即对社会公众发行基金单位募集资金的方式。两种发行方式可以说各具特点,其适用的范围和优劣性亦各有不同。一般来说,私募基金发行费用较为低廉,监管条件较为宽松;而公募基金由于是面向社会大众,因此受到的监管也往往较为严格。按照《证券投资基金管理暂行办法》的有关规定,我国的证券投资基金目前只能采用公募即公开发行的方式。发起人在募集基金时,必须按照证监会所要求的格式和内容编制及公布招募说明书,并对基金的管理人、托管人、投资目标以及费用、收益分配等内容做出真实、准确、完整的陈述,供投资者作为进行投资活动的参考和依据。同时,发起人还应当提供证监会批准设立的文件、基金契约、法律意见书和其他必备的文件以供投资者查询。

(2) 投资基金的交易与价格

① 投资基金的交易:投资基金的交易是投资基金整个运作过程的一个基本环节,是投资基金市场十分重要的组成部分。投资基金的交易实际是投资基金证券或受益凭证的交易,通常情况下,它指的是基金证券或受益凭证的认购、上市、赎回、转让等经济活动。

基金的认购是与基金的发行相对应的概念。基金的发行是基金的信托投资机构将已批准发行的基金证券向个人和机构投资者推销的经济活动;基金的认购是指个人投资者和机构投资者按照基金证券发行公告或规定向基金管理公司或基金的信托投资机构购买已经批准发行的基金证券的经济活动。在国外,由于投资基金的种类较为丰富,因此,投资者参与基金投资的方式也因投资基金的类型不同而各有差异。如公司型投资基金,投资者的投资活动是通过购买公司股份来实现的;而对于契约型投资基金而言,投资者的投资活动则是通过认购受益凭证来实现的。当然,无论投资于何种类型的投资基金,投资者在申请购买基金单位时,都必须准备好有关证件和价款,将填好的认购申请表交到经纪公司或该基金指定的承销公司,缴足认购款和手续费并办理相关认购手续。在我国,目前证券投资基金的发行与认购都是通过证券交易所的交易系统进行的,投资者在认购基金单位时,须开设证券交易账户或基金交易账户,在指定的发行时间内利用证券交易所的各个交易网点以公布的价格和符合规定的申购数量进行认购。

基金发行成功后,基金证券即可获准在证券交易所或证券交易中心(场外交易柜台)内挂牌买卖,投资者可以按照一定的基金交易规则在规定的基金交易市场从事基金证券或受益凭证的购回和出让。当然,投资基金的交易过程也因基金类型和运作方式的不同而各有差异。例如:封闭式基金的交易一般都是利用股票交易系统来进行的,其交易和清算的有关操作事项基本上同股票交易规则相似。而开放式基金的交易则表现为基金单位的申购与赎回,投资者可以根据市场情况和自己的投资决策随时向基金管理公司或销售机构提出申购或赎回基金单位的要求。

② 投资基金的交易价格:谈到投资基金的交易,就必须涉及投资基金的交易价格,它是基金交易的基础,也是投资者十分关注的一项内容。广义上讲,基金的交易价格就是基金单位在交易市场买卖的价格。但是,由于基金类型和运作方式的不同,基金的交易价格又被划

分为封闭式基金价格和开放式基金价格两大类。

开放式基金的交易由于采用的是申购和赎回制度,即基金必须以资产价值向投资人出售或向投资人赎回基金单位,因此,开放式基金的价格主要取决于基金单位资产净值(NAV)。

$$NAV=(基金总资产-总负债)÷已发行的基金单位总数$$

开放式基金申购价与赎回价的计算公式为:

$$申购价=NAV+申购费用$$
$$赎回价=NAV-赎回费用$$

封闭式基金的基金单位是上市交易的,影响封闭式基金价格的因素也就相对要复杂得多。一般来说,封闭式基金的价格不仅仅以基金的资产净值(NAV)作为交易基础,更主要的是由市场供求关系所决定的。因此,封闭式基金的价格在交易过程中往往是随行就市,有升有跌,有时其价格可能会出现与NAV相背离的情况。例如美国的封闭式基金多数都是折价交易的,而我国则基本上是溢价交易的。

(3) 投资基金的收益、费用和利润分配　投资者投资于投资基金,必须对其收益、费用和利润分配有较为充分的了解,这三方面的内容对投资者最终的投资回报将产生相当大的影响。

① 投资基金的收益:投资基金的收益是基金经理人运用基金资产进行各种经济活动而获得的基金资产增值的部分。不同类型的投资基金有着不同的投资目标和投资策略,因此获取投资收益的方式也不尽相同。通常情况下,基金获取的收益主要有以下几种:

a. 利息收入:利息收入一般有三种来源:基金经理公司在抛售有价证券之后等待新的投资时机的过程中,形成存入金融机构的存款,相应的取得一定的利息收入;对于开放式基金而言,通常需要保留一定比例的货币资金,以备投资者赎回基金单位时付现,这些保留的货币资金一般都以定期或活期存款的方式存入银行或其他金融机构,由此将产生一定的利息收入;国债、公司债券、商业票据等一些信用工具也是基金投资的重点对象,基金如果投资于这一类金融资产,也会在一定时期内产生利息收入。

b. 股息和红利:股息是指股份有限公司根据投资者持有的股份数额分配给股东的利润。红利是指除了股息以外按股份比例分配给股东的权益。股份有限公司通过有效的经营管理,在一个决算期内获得的利润,以扣除应交纳的一切捐税费用和应提留的公积金后的净利润为基础,由公司制定分配方案之后,经股东大会通过后实施分配。基金投资上市公司的股票,当然也就可以获得股息和红利。

c. 资本利得:投资基金的投资目的是获得利润,为了使基金投资获取更大的收益,基金经理人考虑的往往不是股利和利息收入,而是利用各种投资技巧,尽量在低价时买进,在高价时卖出,以赚取市场差价,这种利润就是资本利得。

d. 其他收益:其他收益指的是基金资产参与其他领域的投资而获取的收益。

上述各种收益的大小及其在总收益中所占比重的大小取决于基金的投资方向及其各投资品种在总资产中的比重,同时也取决于基金的投资组合结构。

② 投资基金的费用:投资基金在募集、发行和日常的经营管理过程中都发生相应的费用。这些费用包括交易手续费、基金管理费、托管费等,而这些费用也是基金管理人、托管人以及其他当事人的收入来源。投资基金的费用形式相当繁琐,归纳起来主要包括以下三个方面的内容:

a. 销售与服务费用:销售与服务费用是指在基金的设立、销售和赎回以及提供其他各项服务时由投资者支付的相关费用,包括前期费用(销售费用)、后期费用(赎回费用)、基金(封闭式)交易费用以及12b-1费用等费用项目。

b. 基金管理费用:基金管理费用主要是指基金在运作过程中所发生的管理费用,其中包括基金经理人管理费、基金托管人管理费以及会计师费用、律师费用等其他费用。

c. 基金交易费用:它指的是基金在进行证券交易时应支付给证券经纪商的代理费。通常情况下,这部分费用与基金的投资周转率密切相关,交易越频繁,交易费用相对也就越高。

在上述三类费用之中,除第一类费用由投资者直接承担外,其余两类均由基金支付,但由投资者间接负担。因此,基金的费用又可以据此分为投资者交易费用和基金操作费用两个部分。

③ 投资基金的收益分配:基金在获取各项已实现投资收益并扣除期间各项费用之后,即形成了基金的可分配收益。对于基金的收益分配,不同的国家和地区以及不同的基金类型有着不同的分配方式,但总的来说,基金的收益分配必须遵循一定的原则和方法。按照《证券投资基金管理暂行办法》的有关规定,我国证券投资基金的收益分配比例不得低于基金净收益的90%。基金收益分配一般采用现金或派送基金单位的形式,特殊情况下也会采用把投资收益根据基金单位总额按比例增加单位基金净资产价值的方式。分配时间因基金类型的不同而略有差异,货币基金通常每月分配一次,债券基金每月或每季度分配一次,而其他股票基金通常每年分配一次。

(4) 投资基金的资产管理　投资基金在管理基金资产的过程中,以现代投资组合理论为基础,采取投资组合的策略,将大部分资产投资于各种金融资产,如存款、债券、股票、贵金属以及衍生金融工具等,并根据其不同的风险程度和获利能力构建和安排投资组合,使基金资产在组合总收益不变的情况下,把风险降低到最低程度或在愿意承担的风险水平上,尽可能地使其收益最大化,从而达到分散和降低风险,确保基金资产安全,并获取收益的目的。在实际操作中,基金经理人首先会依据相关法律、法规对基金公司在投资范围、投资方向等方面的规定,确定基金自身特定的投资目标。其次,基金经理人会通过对各种金融投资品种收益和风险的衡量和测定,根据不同的组合目标和对风险的承受能力,选择不同的投资品种;根据宏观经济环境及其对证券市场的影响制定投资策略;根据货币政策的变化、利率的趋势以及对行业及上市公司的调查、研究确定具体的投资组合和投资比重。最后,投资组合一旦构建完成,基金的资产管理方面还会面临许多新的问题,例如:金融市场的瞬息万变所导致的各投资品种风险与收益的动态变化;基金投资专门化与分散化之间的矛盾等。因此,基金经理人还必须时刻关注市场的变化以及投资组合绩效的实现情况,通过对政策、经济周期、产业前景和企业经营状况的敏感度分析,建立动态的投资组合并随时进行调整,以保证投资目标的实现。总而言之,基金公司的资产管理是一项相当复杂的工作,它的主要内容就是选择合适的投资方向,组成能够达到该基金特定投资目标的投资组合。

根据《中华人民共和国证券投资基金法》的规定,基金财产可以用于上市交易的股票、债券以及国务院证券监督管理机构规定的其他证券品种的投资,但不得用于承销证券;向他人贷款或者提供担保;从事承担无限责任的投资;买卖其他基金份额,但国务院另有规定的除外;向其基金管理人、基金托管人出资或者买卖其基金管理人、基金托管人发行的股票或者债券;买卖与其基金管理人、基金托管人有控股关系的股东或者与其基金管理人、基金托管人有其他重大利害关系的公司发行的证券或者承销期内承销的证券;从事内幕交易、操纵证券交易价格及其他不正当的证券交易活动等。

(5) 投资基金的信息披露　投资基金设立以后,基金的资产就交由基金管理人和托管人进行管理,就某种程度而言,基金的持有人与基金的管理人、托管人之间处于信息不对称的状态。为了保障基金资产的安全,维护投资者的切身利益,基金的管理人有责任也有义务向基金的持有人及时、详尽、准确地报告其经营情况、收益水平等一切与基金有关的信息,以保证投资基金的信息公开性,这是投资基金公开、公平、公正原则的要求和体现。在投资基金的日常业务中,需要向社会公众披露的信息十分繁杂,但总的来说可以划分为以下几个部分:

① 基金设立或追加资金时的信息披露:基金在设立或追加资金时应当向投资者提供基金公司的组成文件,如契约型基金的基金契约、公司型基金的公司章程、招募说明书等,便于投资者了解有关该基金的基本情况——发起人与当事人的基本情况、基金的目的、投资政策、收益分配政策等内容,使投资者能够在充分掌握资料的情况下作出合理的投资决策。

② 基金运作过程中的信息披露:指的是基金向社会公众和有关监管部门提供的反映投资基金运作状况的报告,是监管部门与广大投资者监督基金管理者是否履行管理职责的一个重要的评判依据,它一般包括以下三方面的内容:

a. 基金的中期和年度报告:基金报告是基金管理公司或基金公司定期向监管部门和投资者提供的反映基金资产运作情况和投资业绩的报告。根据有关规定,目前我国证券投资基金的年报需在基金会计年度结束后的 90 日内公告,而中期报告则需在基金会计年度前 6 个月结束后的 30 日内公告。报告依据真实、完整的原则向投资者公开期间内的所有资讯,其主要内容有:基金经理人报告、基金绩效表现记录、基金投资组合报告、收益及股利分配报告以及基金的财务报表等,是投资者评价投资基金运作水平,制定投资决策的重要的信息来源。

b. 基金资产净值与投资组合:为了及时、准确地反映基金资产的运作情况,投资基金除了需要定期编制基金的中期和年度报告以外,还需要定期向投资者公布基金资产净值与投资组合的变动情况。按照《证券投资基金管理暂行办法》的有关规定,封闭式基金的资产净值每月至少公告一次,从 1998 年 10 月 12 日开始,中国证监会要求封闭式基金每周公告一次资产净值。规定还要求,基金的投资组合应当每 3 个月至少公告一次,公告的内容一般包括基金投资在股票、债券上的金额和比例、投资比重较大的股票名称和投资数量以及投资的行业分布情况等。

c. 临时公告与报告:基金在运作过程中,发生可能对基金持有人权益及基金单位的交易价格产生重大影响的事件时,将按照法律、法规及主管部门的有关规定及时公告。

(6) 投资基金的监管　是基金监管的主体运用一定的监管手段和方法对基金发起设立、运作和管理全过程进行监督、检查、控制和管理,以保证基金正常有序发展的一系列活动的总称。发达国家的经验证明,投资基金的监管应该是一个多层次的体系。它的监管主体大致可以划分为政府机构、行业自律组织和基金托管人等市场组织机构三个组成部分,其监管的模式因各个国家和地区发展方式的不同而各有差异。

我国的证券投资基金虽然起步较晚,但管理层从一开始就十分重视规范和监管,并在参考发达国家基金管理法规的基础上,于 1997 年颁布了《证券投资基金管理暂行办法》,2003 年颁布了《中华人民共和国证券投资基金法》(以下简称我国《证券投资基金法》)等一系列监管文件。基金法规的出台彻底改变了我国基金业在许多方面长期处于无法可依的不利局面,基金监管工作中主观随意性和盲目性较大的问题得到了较好的解决,对促进基金业的规范化发展起到了很大的作用。随着理论认识水平的不断提高,经验的积累和监管技术手段的不断改进,相信我国证券投资基金的监管将不断得到完善。

证券投资基金运作基本流程如图 8.7 所示。

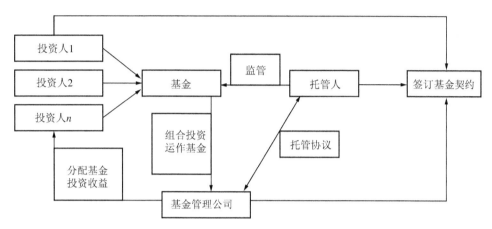

图 8.7 证券投资基金运作基本流程示意图

8.3 证券市场中介机构

证券市场参与者包括证券发行人、证券投资者、证券市场中介机构、证券监管机构。

证券发行人是指为筹措资金而发行证券的政府及其机构、金融机构和公司企业。

证券投资者是指进入证券市场进行证券交易的机构和个人,是证券市场的资金供给者。

证券市场中介是连接证券投资者与筹资者的桥梁,是证券市场运行的核心。在证券市场起中介作用的实体是证券经营机构和证券服务机构,通常把两者合称为证券中介机构。

8.3.1 证券经营机构

证券经营机构又称证券商,它是指依法设立可经营证券业务的、具有法人资格的金融机构。证券经营机构根据业务内容划分,有证券承销商、证券经纪商和证券自营商三类。证券承销商是依照规定有权包销或代销发行人发行的有价证券的证券经营机构,是证券一级市场上发行人与投资者之间的媒介,其作用是受发行人的委托,寻找潜在的投资公众,并通过广泛的公关活动,将潜在的投资人引导成为真正的投资者,从而使发行人募集到所需要的资金。证券经纪商是指接受客户委托,代客买卖证券并以此收取佣金的证券经营机构。其主要职能是:为投资者提供信息咨询、开立账户、接受委托代理买卖以及证券过户、保管、清算、交割等。证券自营商是指自行买卖证券,从中获取差价收益,并独立承担风险的证券经营机构。

我国的证券经营机构是指由证券主管机关依法批准设立的在证券市场上经营证券业务的金融机构,包括证券公司和证券交易所等。

1) 证券公司

证券公司是指依照公司法规定,经国务院证券监督管理机构批准成立的从事证券经营业务的有限责任公司或股份有限公司。

(1) 证券公司的类型　可分为综合类证券公司和经纪类证券公司。经纪类证券公司是只能专门从事证券经纪业务的证券公司。经纪类证券公司注册资本最低限额为人民币5 000万元;主要管理人员和业务人员必须具有证券从业资格;有固定的经营场所和合格的交易设施;有健全的管理制度。

设立综合类证券公司,必须具备下列条件:注册资本最低限额为人民币5亿元;主要管理人员和业务人员必须具有证券从业资格;有固定的经营场所和合格的交易设施;有健全的管理制度和规范的自营业务与经纪业务分业管理的体系。综合类证券公司可以经营下列证券业务:证券经纪业务,证券自营业务,证券承销业务,经国务院证券监督管理机构核定的其他证券业务。

(2) 证券公司的功能与作用　证券公司是一国金融体系的重要组成部分,是证券市场重要的组织者、参与者。它是联结证券市场上资金供求双方的桥梁和纽带,并为之提供适合各自所需的各种金融工具。

证券公司对实现一国有限资源的有效配置和促进产业集中起着十分重要的作用。主要体现在以下几个方面:

① 媒介资金供需:它一方面使资金盈余者能够充分利用多余资金来获取收益;另一方面又帮助资金短缺者获得所需资金以求发展。

② 构造证券市场:证券市场由证券发行人、证券投资者、管理组织者、证券经营机构和服务机构组成。其中,证券经营机构起了穿针引线、联系不同主体、构造证券市场的重要作用。

③ 优化资源配置:证券经营机构作为金融体系的一个重要组成部门,同其他金融机构一样通过其自身的经营活动来融通、调节资金,尽可能地实现社会资源的有效配置。

④ 促进产业集中:并购重组是证券公司资产管理的重要内容,而产业的集中和垄断在现代商品经济社会一般是通过并购来实现的。

(3) 证券公司的主要业务

① 承销:证券承销是指证券经营机构代理证券发行人发行证券的行为。标准的承销过程由三个步骤构成:首先,证券经营机构就证券发行的种类、时间、条件等对发行公司提出建议。其次,当证券发行人确定证券的种类和发行条件并且报请证券管理机关批准之后,证券经营机构将与之签订证券承销协议,以明确双方的权利、义务及责任。最后,证券经营机构着手进行证券的销售工作。

② 经纪:证券经纪业务是指证券经营机构接受客户委托代客户买卖有价证券的行为。证券经纪业务又称代理买卖证券业务。在通常情况下,代理买卖证券业务经证券交易所集中成交,其整个过程实际上分为两个步骤:客户委托证券经营机构代理买卖证券;证券经营机构在证券交易所中交易。客户委托证券经营机构代理买卖证券,从开始到结束,大致有办理股东账户、开户、委托、交收四步。在代理买卖业务中,证券经营机构应遵循以下几个原则:代理原则;效率原则;"公开、公正、公平"原则。

③ 自营:证券自营业务是指证券经营机构为本机构投资买卖有价证券、赚取差价并承担相应风险的行为。自营业务所使用的资金必须是自有资金和依法筹集的资金。

④ 投资咨询:证券公司作为业务广泛的综合性金融服务机构,可以为客户提供有关投资组合设计、估价等多种咨询服务。

⑤ 资产管理:证券公司还为客户提供有关资产、负债、风险等管理。

⑥ 其他业务:证券公司除了上述的业务活动还有以下业务:代理债券的还本付息和代为发放股息红利;经营有价证券的代保管及鉴(定)证;接受委托办理证券的登记和过户;证券贴现和证券抵押贷款及有关主管机关批准的其他业务等。

(4) 证券公司的管理　包括管理战略、管理内容、管理原则、管理模式、内控制度等。管理内容:一是业务管理,包括经纪业务的管理、自营业务的管理和其他业务的管理;二是财务管理,包括自有资金管理、客户资金与证券管理、固定资产管理及损益管理;三是人力资源管理,主要包括员工的要求与聘用、经理人员的选择与员工的培训等内容;四是风险管理,包括证券交易风险的管理、证券自营风险的管理等。

2) 证券交易所

证券交易所是指依据国家有关法律,经政府证券主管机关批准设立的集中进行证券交易的有形场所,即证券买卖双方公开交易的场所。它是一个高度组织化、集中进行证券交易的市场,是整个证券市场的核心。证券交易所本身并不买卖证券,也不决定证券价格,而是为证券交易提供一定的场所和设施,配备必要的管理和服务人员,并对证券交易进行周密的组织和严格的管理,为证券交易顺利进行提供一个稳定、公开、高效的市场。我国《证券法》规定,证券交易所是为证券集中交易提供场所和设施,组织和监督证券交易,实行自律管理的法人。

(1) 证券交易所的特征　有固定的交易场所和交易时间;参加交易者为具备会员资格的证券经营机构,交易采取经纪制,即一般投资者不能直接进入交易所买卖证券,只能委托会员作为经纪人间接进行交易;交易的对象限于合乎一定标准的上市证券;通过公开竞价的方式决定交易价格;集中了证券的供求双方,具有较高的成交速度和成交率;实行"公开、公平、公正"原则,并对证券交易加以严格管理。

(2) 证券交易所的职能　证券交易所为证券交易创造公开、公平、公正的市场环境,扩大了证券成交的机会,有助于公平交易价格的形成和证券市场的正常运行。

我国《证券交易所管理办法》规定,证券交易所的职能包括:提供证券交易的场所和设施;制定证券交易所的业务规则;接受上市申请、安排证券上市;组织、监督证券交易;对会员进行监管;对上市公司进行监管;设立证券登记结算机构;管理和公布市场信息;中国证监会许可的其他职能。

从股票交易实践可以看出,证券交易所有助于保证股票市场运行的连续性,实现资金的有效配置,形成合理的价格,减少证券投资的风险,联结市场的长期与短期利率。但是,证券交易所也可能产生下列消极作用:

a. 扰乱金融价格:由于证券交易所中很大一部分交易仅是转卖和买回,因此,在证券交易所中,证券买卖周转量很大,但是,实际交割并不大。而且,由于这类交易其实并非代表真实金融资产的买卖,其供求形式在很大程度上不能反映实际情况,有可能在一定程度上扰乱金融价格。

b. 易受虚假消息影响:证券交易所对各类消息都特别敏感,因此,只要有人故意传播不实消息,或者谎报企业财务状况,或者散布虚有的政治动向等,都可能造成交易价格变动剧烈,部分投资者就会蒙受重大损失,而另一些人则可能大获其利。

c. 从事不正当交易:主要包括从事相配交易、虚抛交易和搭伙交易。相配交易是指交易者通过多种途径,分别委托两个经纪人,按其限定价格由一方买进、一方卖出同种数量的证券,以抬高或压低该证券的正常价格。虚抛交易是指交易者故意以高价将证券抛出,同时预先托嘱另一经纪人进行收购,并约定一切损失仍归卖者负担,结果是可能造成该证券的虚假繁荣。搭伙交易是指由两人以上结伙以操纵价格,一旦目的达成后,搭伙者即告解散。

d. 内幕人士操纵股市:由于各公司的管理大权均掌握在大股东手中,所以这些人有可能通过散布公司的盈利、发放红利及扩展计划、收购、合并等消息操纵公司股票的价格;或者直接利用内幕消息牟利,如在公司宣布有利于公司股票价格上升的消息之前先暗中买入,等宣布时高价抛出;若公司将宣布不利消息,则在宣布之前暗中抛出,宣布之后再以低价买入。

e. 股票经纪商和交易所工作人员作弊:在证券交易所进行交易时,股票经纪商的作弊行为可能有倒腾(即代客户一会儿买入一会儿卖出,或故意紧张地劝说客户赶快买入或卖出,以便其从每笔交易中都可获佣金)、侵占交易佣金、虚报市价、擅自进行买卖从而以客户的资金为自己谋利或者虚报客户违约情况从而赚取交易赔偿金。交易所工作人员的作弊方式可能有:自身在暗中非法进行股票买卖、同股票经纪商串通作弊或同股票经纪商秘密地共同从事股票交易。

(3) 证券交易所的组织形式　证券交易所的组织形式大致可以分为两类,即公司制和会员制。这两种证券交易所均可以是政府或公共团体出资经营的(称为公营制证券交易所),也可以是私人出资经营的(称为民营制证券交易所),还可以是政府与私人共同出资经营的(称为公私合营的证券交易所)。

① 公司制证券交易所是以股份有限公司形式组织并以营利为目的的法人团体,一般由金融机构及各类民营公司组建。从股票交易实践可以看出,这种证券交易所要收取发行公司的上市费与证券成交的佣金,其主要收入来自买卖成交额的一定比例。交易所章程中明确规定作为股东的证券经纪商和证券自营商的名额、资格和公司存续期限。它必须遵守本国公司法的规定,在政府证券主管机构的管理和监督下,吸收各类证券挂牌上市。同时,任何成员公司的股东、高级职员、雇员都不能担任证券交易所的高级职员,以保证交易的公正性。

在公司制证券交易所中,总经理向董事会负责,负责证券交易所的日常事务。董事的职责是:核定重要章程及业务、财务方针;拟定预算决算及盈余分配计划;核定投资;核定参加股票交易的证券商名单;核定证券商应缴纳营业保证金、买卖经手费及其他款项的数额;核议上市股票的登记、变更、撤销、停业及上市费的征收;审定向股东大会提出的议案及报告;决定经理人员和评价委员会成员的选聘、解聘及核定其他项目。监事的职责包括审查年度决算报告及监察业务,检查一切账目等。

② 会员制证券交易所是不以营利为目的,由会员自治自律、互相约束,参与经营的会员可以参加股票交易中的股票买卖与交割的社会法人团体。会员制证券交易所组织有下列特征:一是证券交易所是由若干会员组成的一种非营利性法人。构成股票交易的会员都是证券公司,其中有正式会员,也有非正式会员。二是证券交易所的设立须经国家批准。三是证券交易所的决策机构是会员大会(股东大会)及理事会(董事会)。其中,会员大会是最高权力机构,决定证券交易所基本方针;理事会是由理事长及理事若干名组成的协议机构,制定为执行会员大会决定的基本方针所必需的具体方法,制定各种规章制度。四是证券交易所的执行机构有理事长及常任理事,理事长总理业务。

会员制交易所的佣金和上市费用较低,从而在一定程度上可以防止上市股票的场外交易。但是,由于经营交易所的会员本身就是股票交易的参加者,因而在股票交易中难免出现交易的不公正性。同时,因为参与交易的买卖方只限于证券交易所的会员,新会员的加入一般要经过原会员的一致同意,这就形成了一种事实上的垄断,不利于提供服务质量和降低收费标准。交易所设会员大会、理事会和监察委员会。

在会员制证券交易所中,理事会的职责主要有:决定政策,并由总经理负责编制预算,送请会员大会审定;维持会员纪律,对违反规章的会员给予罚款、停止营业与除名处分;批准新会员进入;核定新股票上市;决定如何将上市股票分配到交易厅专柜等。

我国《证券法》规定,证券交易所的设立和解散由国务院决定。设立证券交易所必须制定章程,证券交易所章程的制定和修改,必须经国务院证券监督管理机构批准。

我国内地有两家证券交易所——上海证券交易所和深圳证券交易所。上海证券交易所于1990年11月26日成立,当年12月19日正式营业;深圳证券交易所于1989年11月15日筹建,1991年4月11日经中国人民银行总行批准成立,7月3日正式营业。两家证券交易所均按会员制方式组成,是非营利性的事业法人。组织机构由会员大会、理事会、监察委员会和其他专门委员会、总经理及其他职能部门组成。

根据我国《证券交易所管理办法》规定,会员大会是证券交易所的最高权力机构,每年至少召开一次,具有以下职权:制定和修改证券交易所章程;选举和罢免会员理事;审议和通过理事会、总经理的工作报告;审议和通过证券交易所的财务预算、决算报告;决定证券交易所的其他重大事项。

根据我国《证券法》和《证券交易所管理办法》的规定,证券交易所设理事会,理事会对会员大会负责,是证券交易所的决策机构,每届任期3年。其主要职责是:执行会员大会的决议;制定、修改证券交易所的业务规则;聘任总经理和根据总经理的提名聘任副总经理;审定总经理提出的工作计划和财务预算、决算方案;审定对会员的接纳与处分;根据需要决定专门委员会的设置;会员大会授予的其他职责。

我国《证券法》规定,证券交易所设总经理1人,由国务院证券监督管理机构任免,副总经理1至3人;总经理与副总经理的任期为3年。总经理在理事会的领导下负责证券交易所的日常管理工作,是证券交易所法定代表人。总经理因故不能履行职责时,由副总经理代其履行职责。

专门委员会主要有上市委员会和监察委员会。上市委员会由13名委员组成(律师、注册会计师、证券交易所所在地会员和外地会员代表各2人;中国证券监督管理委员会和证券交易所所在地人民政府授权的机构各委派1人;证券交易所理事长、总经理;证券交易所其他理事1人),其职责主要有审批股票的上市及拟定上市规定和提出修改上市规则的建议等。监察委员会由9名委员组成(证券交易所所在地会员2人,外地会员4人,律师、注册会计师各1名;理事1名),每届任期3年,其主要职责有:监察理事、总经理等高级管理人员执行会员大会、理事会决议的情况;监察理事、总经理及其他工作人员遵守法律、法规和证券交易所章程、业务规则的情况;监察证券交易所的财务情况等。

会员制证券交易所规定,进入证券交易所参与集中交易的,必须是证券交易所的会员或会员派出的入市代表,其他人要买卖在证券交易所上市的证券,必须通过会员进行。会员制证券交易所注重会员自律,在证券交易所内从事证券交易的人员,违反证券交易所有关规则的,由证券交易所给予纪律处分;对情节严重的撤销其资格,禁止其入场进行证券交易。

(4) 证券交易所的成员 不论是公司制的交易所还是会员制的交易所,其参加者都是证券经纪人和自营商,包括会员和交易人。会员又包括股票经纪人、股票自营商及专业会员。

股票经纪人主要是指佣金经纪人,即专门替客户买卖股票并收取佣金的经纪人。交易所规定只有会员才能进入大厅进行股票交易。因此,非会员投资者若想在交易所买卖股票,就必须通过经纪人。

股票自营商是指不是为顾客买卖股票,而是为自己买卖股票的证券公司,根据其业务范围可以分为直接经营人和零数交易商。直接经营人是指在交易所注册的、可直接在交易所买卖股票的会员,这种会员不需支付佣金,其利润来源于短期股票价格的变动。零数交易商是指专门从事零数交易的交易商(零数交易是不够一单位所包含的股数的交易),这种交易商不能收取佣金,其收入主要来源于以低于整份交易的价格从证券公司客户手中购入股票,然后以高于整份交易的价格卖给零数股票的购买者所赚取的差价。

专业会员是指在交易所大厅专门买卖一种或多种股票的交易所会员,其职责是就有关股票保持一个自由的、连续的市场。专业会员的交易对象是其他经纪人,按规定不能直接向公众买卖证券。在股票交易实践中,专业会员既可以经纪人身份也可以自营商身份参与股票的买卖业务,但不能同时身兼二职而参加股票买卖。

交易人进入交易所后,就被分为特种经纪人和场内经纪人。

特种经纪人是交易所大厅的中心人物,每位特种经纪人都身兼数职,主要有:充当其他股票经纪人的代理人;直接参加交易,以轧平买卖双方的价格差距,促成交易;在大宗股票交易中扮演拍卖人的角色,负责对其他经纪人的出价和开价进行评估,确定一个公平的价格;负责本区域交易,促其成交;向其他经纪人提供各种信息。

场内经纪人主要有佣金经纪人和独立经纪人。佣金经纪人即股票经纪人。独立经纪人主要是指一些独立的个体企业家。一个公司如果没有自己的经纪人,就可以成为独立经纪人的客户,每做一笔交易,公司须付一笔佣金。在实践中,独立经纪人都会竭力按公司要求进行股票买卖,以获取良好信誉和丰厚报酬。

在股票投资与交易活动中,客户与经纪人是相互依赖的关系,主要表现在下列四个方面:一是授权人与代理人的关系。客户作为授权人,经纪人作为代理人,经纪人必须为客户着想,为其利益提供帮助。经纪人所得收益为佣金。二是债务人与债权人的关系。这是在保证金信用交易中客户与经纪人之间关系的表现。客户在保证金交易方式下购买股票时,仅支付保证金若干,不足数额向经纪人借款。不管该项借款是由经纪人贷出或由商业银行垫付,这时的经纪人均为债权人,客户均为债务人。三是抵押关系。客户在需要款项时,须持股票向经纪人作抵押借款,客户为抵押人,经纪人为被抵押人,等以后股票售出时,经纪人可从其款项中扣除借款数目。在经纪人本身无力贷款的情况下,可以客户的股票向商业银行再抵押。四是信托关系。客户将金钱和证券交由经纪人保存,经纪人为客户的准信托人。经纪人在信托关系中不得用客户的财产为自身谋利。客户若想从事股票买卖,须先在股票经纪人公司开立账户,以便获得各种必要资料,然后再行委托;而经纪人则不得违抗或变动客户的委托。

(5)证券上市制度 证券上市是指已公开发行的证券经过证券交易所批准在交易所内公开挂牌买卖,又称交易上市。申请上市的证券必须满足证券交易所规定的条件,方可被批准挂牌上市。各国对证券上市的条件与具体标准有不同的规定。我国《证券法》规定,申请证券上市交易,应当向证券交易所提出申请,由证券交易所依法审核同意,并由双方签订上市协议。申请股票、可转换为股票的公司债券或法律、行政法规规定实行保荐制度的其他证券上市交易,应当聘请具有保荐资格的机构担任保荐人。

股份有限公司申请股票上市应当符合下列条件:股票经国务院证券监督管理机构核准已向社会公开发行;公司股本总额不少于人民币3 000万元;公开发行的股份达公司股份总数的25%以上;公司股本总额超过人民币4亿元的,公开发行股份的比例为10%以上;公司在最近3年无重大违法行为,财务会计报告无虚假记载。证券交易所可以规定高于上述规定的上市条件,并报国务院证券监督管理机构批准。

公司申请公司债券上市交易,应当符合下列条件:公司债券的期限为1年以上;公司债券实际发行额不少于人民币5 000万元;公司申请债券上市时仍符合法定的公司债券发行条件。

证券上市后,上市公司应遵守我国《公司法》、《证券法》、《证券交易所上市规则》等法律法规的规定,并履行信息披露的义务。上市公司必须定期公开财务状况和经营状况,公开披露年度报告、中期报告和临时报告,并应履行及时披露所有对上市公司股票价格可能产生重大影响的信息,确保信息披露的内容真实、准确、完整而没有虚假、严重误导性陈述或重大遗漏的基本义务。

公司上市的资格并不是永久的,当不能满足证券上市条件时,证券监管部门或证券交易所将对该股票作出实行特别处理、退市风险警示、暂停上市、终止上市的决定。这些做法既是对投资者的警示,也是对上市公司的淘汰制度,是防范和化解证券市场风险、保护投资者利益的重要措施。

我国《证券法》规定,上市公司有下列情形之一的,由证券交易所决定暂停其股票上市交易:公司股本总额、股权分布等发生变化不再具备上市条件;公司不按照规定公开其财务状况,或者对财务会计报告作虚假记载,可能误导投资者;公司有重大违法行为;公司最近3年连续亏损;证券交易所上市规则规定的其他情形。

上市公司有下列情形之一的,由证券交易所决定终止其股票上市交易:公司股本总额、股权分布等发生变化不再具备上市条件,在证券交易所规定的期限内仍不能达到上市条件;公司不按照规定公开其财务状况,或者对财务会计报告作虚假记载,且拒绝纠正;公司最近3年连续亏损,在其后1个年度内未能恢复盈利;公司解散或者被宣告破产;证券交易所上市规则规定的其他情形。

公司债券上市交易后,公司有下列情形之一的,由证券交易所决定暂停其公司债券上市交易:公司有重大违法行为;公司情况发生重大变化不符合公司债券上市条件;发行公司债券所募集的资金不按照核准的用途使用;未按照公司债券募集办法履行义务;公司最近两年连续亏损。公司有前述第1项、第4项所列情形之一经查实后果严重的,或者有前述第2项、第3项、第5项所列情形之一,在限期内未能消除的,由证券交易所决定终止其公司债券上市交易。

(6)证券交易所的运作系统　证券交易所的运作系统由必要的硬件设施和信息、管理等软件组成,它们是保证证券交易正常、有序运行的物质基础和管理条件。现代证券交易所的运作普遍实现了高度的计算机化和无形化,建立起安全、高效的电脑运行系统。该系统通常包括交易系统、结算系统、信息系统和监察系统四部分。

① 交易系统:电子化交易是世界各国证券交易的发展方向,现代证券交易所均不同程度地建立起高度自动化的电脑交易系统。交易系统通常由交易主机、交易大厅、参与者交易业务单元(上海证券交易所)或交易席位(深圳证券交易所)、报盘系统及相关的通信系统等

组成。交易主机或称撮合主机,是整个交易系统的核心,它将通信网络传来的买卖委托读入计算机内存进行撮合配对,并将成交结果和行情通过通信网络传回证券商柜台;参与者交易业务单元是指交易参与人据此可以参加上海证券交易所证券交易,享有及行使相关交易权利,并接受交易所相关交易业务管理的基本单位;交易席位是指深圳证券交易所提供并经会员申请获得的参与深圳证券交易所的专用设施;通信网络是连接证券商柜台终端、交易席位和撮合主机的通信线路及设备,如单向卫星、双向卫星和地面数据专线等,用于传递委托信息、成交信息及行情信息等。

② 结算系统:是对证券交易进行结算、交收和过户的系统。世界各国的证券交易市场都有专门机构进行证券的存管和结算,在每个交易日结束后对证券和资金进行清算、交收、过户,使买入者得到证券,卖出者得到相应的资金。

③ 信息系统:信息系统负责对每日证券交易的行情信息和市场信息进行实时发布。信息系统发布网络可由以下渠道组成:交易通信网,通过卫星、地面通信线路等交易系统的通信网络发布证券交易的实时行情、股价指数和重大信息公告等;信息服务网,向新闻媒介、会员、咨询机构等发布收市行情、成交统计和非实时信息公告等;证券报刊,通过证券监管机构指定的信息披露报刊发布收市行情、成交统计及上市公司公告和信息等;互联网,通过互联网向国内外提供证券市场信息、资料和数据等。

④ 监察系统:监察系统负责证券交易所对市场进行实时监控的职责。日常监控包括以下方面:行情监控,即对交易行情进行实时监控,观察股票价格、股价指数、成交量等的变化情况,如果出现异常波动,监控人员可立即掌握情况,作出判断;交易监控,即对异常交易进行跟踪调查,如果是由违规引起,则对违规者进行处罚;证券监控,即对证券卖出情况进行监控,若出现违规卖空,则对相应证券商进行处罚;资金监控,即对证券交易和新股发行的资金进行监控。若证券商未及时补足清算头寸,监控系统可及时发现,作出判断。

(7) 证券交易原则和交易规则　证券交易所采用经纪制交易方式,投资者必须委托具有会员资格的证券经纪商在交易所内代理买卖证券,经纪商通过公开竞价形成证券价格,达成交易。我国《证券法》规定,证券在证券交易所上市交易,应当采用公开的集中交易方式或者国务院证券监督管理机构批准的其他方式。证券交易当事人买卖的证券可以采用纸面形式或者国务院证券监督管理机构规定的其他形式。证券交易以现货和国务院规定的其他方式进行交易。

证券交易所的业务规则包括上市规则、交易规则及其他与股票交易活动有关的规则。具体来说,应当包括下列事项:股票上市的条件、申请程序以及上市协议的内容及格式;上市公告书的内容及格式;交易股票的种类和期限;股票的交易方式和操作程序;交易纠纷的解决;交易保证金的交存;上市股票的暂停、恢复和取消交易;证券交易所的休市及关闭;上市费用、交易手续费的收取;该证券交易所股票市场信息的提供和管理;对违反证券交易所业务规则行为的处理等。

为了保证场内证券交易的公开、公平、公正,使其高效、有序进行,由证券交易所制定交易原则和交易规则。我国《证券法》规定,证券交易所依照证券法律、行政法规制定上市规则、交易规则、会员管理规则和其他有关规则,并报国务院证券监督管理机构批准。证券交易所应当为组织公平的集中交易提供保障,公布证券交易即时行情,并按交易日制作证券行情表,予以公布。

① 交易原则:证券交易通常都必须遵循价格优先原则和时间优先原则。价格优先原则

指价格较高的买入申报优先于价格较低的买入申报,价格较低的卖出申报优先于价格较高的卖出申报;时间优先原则指同价位申报,依照申报时序决定优先顺序,即买卖方向、价格相同的,先申报者优先于后申报者,先后顺序按证券交易所交易主机接受申报的时间确定。

② 交易规则:主要的交易规则有交易时间、交易单位、价位、报价方式、价格决定、涨跌幅限制等。交易时间指交易所有严格的交易时间,在规定的时间内开始和结束集中交易,以示公正。交易单位指交易所规定的每次申报和成交的最小数量单位,一个交易单位俗称"一手",委托买卖的数量通常为一手或一手的整倍数。价位指交易所规定每次报价和成交的最小变动单位。报价方式指传统的证券交易所用口头叫价方式并辅之以手势作为补充,现代证券交易所多采用电脑报价方式,无论何种方式,交易所均规定报价规则。价格决定指交易所按连续、公开竞价方式形成证券价格,当买卖双方在交易价格和数量上取得一致时,便立即成交并形成价格。我国上海、深圳证券交易所的价格决定采取集合竞价和连续竞价方式,集合竞价是指在规定的时间内接受的买卖申报一次性撮合的竞价方式;连续竞价是指对买卖申报逐笔连续撮合的竞价方式。涨跌幅限制指为保护投资者利益,防止股价暴涨暴跌和投机盛行,证券交易所可根据需要对每日股票价格的涨跌幅度予以适当的限制,若当日价格升至或降至规定的上限或下限时,委托将无效。

③ 大宗交易:在交易所市场进行的证券单笔买卖达到交易所规定的最低限额,可以采用大宗交易方式。大宗交易在交易所正常交易日收盘后的限定时间进行,有涨跌幅限制证券的大宗交易须在当日涨跌幅价格限制范围内,无涨跌幅限制证券的大宗交易须在前日收盘价的上下30%或当日竞价时间内已成交的最高和最低成交价格之间,由买卖双方采用议价协商方式确定成交价,并经证券交易所确认后成交。大宗交易的成交价格不作为该证券当日的收盘价,也不纳入指数计算,不计入当日行情,成交量在收盘后计入该证券的成交总量。

上海、深圳证券交易所自2007年1月8日起对未完成股改的股票(即S股)实施特别的差异化制度化安排,将其涨跌幅比例统一调整为5%,同时要求该类股票实行与ST股票(ST——公司经营连续两年亏损,特别处理)、+ST股票(SST——公司经营连续两年亏损,特别处理+还没有完成股改)相同的交易信息披露制度。将来还将逐步调整指数样本股挑选标准,将未股改的公司从相关成分指数中剥离。除此以外,沪、深交易所还考虑对S股股票采取限制交易,届时只允许一天进行两次竞价,而不再进行连续竞价交易。

证券交易所对证券交易实行实时监控,并有权在证券市场出现异常情形时采取临时停市措施或对出现重大异常情况的账户限制交易。

交易规则看似平常,但正是这些交易规则组织起每日巨额的证券交易,保证了证券交易的高效、有序进行。尤其是公开、集中竞价规则,不仅反映了市场供求关系,形成公平价格,而且表达了市场对上市公司的客观评价以及显示投资者对宏观经济运行前景的预测。正因为如此,证券交易所克服了个别交易、局部市场的缺陷,成为资本市场的核心,成为市场体系中高级形态的市场。

(8) 中小企业板块　2004年5月,经国务院批准,中国证监会批复同意深圳证券交易所在主板市场内设立中小企业板块,并核准了《深圳证券交易所设立中小企业板块实施方案》,方案中有审慎推进、统分结合、从严监管、统筹兼顾四项基本原则。

中小企业板块的总体设计可以概括为"两个不变"和"四个独立"。"两个不变"是指中小企业板块运行所遵循的法律、法规和部门规章与主板市场相同;中小企业板块的上市公司符合主板市场的发行上市条件和信息披露要求。"四个独立"是指中小企业板块是主板市场的组成部分,同时实行运行独立、监察独立、代码独立、指数独立。运行独立是指中小企业板块的交易由独立于主板市场交易系统的第二交易系统承担;监察独立是指深圳证券交易所将建立独立的监察系统实施对中小企业板块的实时监控,该系统将针对中小企业板块的交易特点和风险特征设置独立的监控指标和报警阈值;代码独立是指将中小企业板块股票作为一个整体,使用与主板市场不同的股票编码;指数独立是指中小企业板块将在上市股票达到一定数量后,发布该板块独立的指数。针对中小企业板块的特点,设立初期做出相应的制度安排。

① 发行制度:中小企业板块主要安排在主板市场拟发行上市企业中流通股本规模相对较小的公司在该板块上市,并根据市场需求,确定适当的发行规模和发行方式。

② 交易及监察制度:针对中小企业板块的风险特征,在交易和监察制度上作出有别于主板市场的特别安排。一是改进开盘集合竞价制度和收盘价的确定方式,进一步提高市场透明度,遏制市场操纵行为;二是完善交易信息公开制度,引入涨跌幅、振幅及换手率的偏离值等监控指标,并将异常波动股票纳入信息披露范围,按主要成交席位分别披露买卖情况,提高信息披露的有效性;三是完善交易异常波动停牌制度,优化股票价量异常判定指标,及时揭示市场风险,减少信息披露滞后或提前泄漏的影响。同时,根据市场发展需要,持续推进交易和监察制度的改革创新。

③ 公司监管制度:针对中小企业板块上市公司股本较小的共性特征,实行比主板市场更为严格的信息披露制度。一是建立募集资金使用定期审计制度;二是建立涉及公司发展战略、生产经营、新产品开发、经营业绩和财务状况等内容的年度报告说明会制度;三是建立定期报告披露上市公司股东持股分布制度;四是建立上市公司及中介机构诚信管理系统;五是建立退市公司股票有序快捷地转移至股份代办转让系统交易的机制。

(9) 上市公司非流通股转让 2004年12月,为规范上市公司非流通股转让活动,维护证券市场秩序,保护投资者利益,上海证券交易所、深圳证券交易所、中国证券登记结算有限责任公司根据我国《公司法》、《证券法》和中国证监会的有关规定,制定了《上市公司非流通股份转让业务办理规则》。规则规定,上市公司股份转让必须在证券交易所进行,由上海证券交易所、深圳证券交易所和中国证券登记结算有限责任公司集中统一办理。证券交易所负责对股份转让双方当事人提出的股份转让申请进行合规性确认,审核与股份转让有关的信息披露内容,提供公开股份转让信息等服务。结算公司负责办理与股份转让相关的股份查询、临时保管和登记过户等业务。

股份转让双方可以通过公开股份转让信息方式达成非流通股份转让协议,也可以通过非公开方式达成协议,并按照《上市公司非流通股份转让业务办理规则》的规定办理股份转让手续。拟通过公开转让信息方式转让股份的股份持有人,由证券交易所统一安排公开股份转让信息发布。

股份持有人或受让人申请出让或受让的股份数量不得低于一个上市公司总股本的1%,持股数量不足1%的股份持有人提出出让申请的,应当将其所持有的全部股份转让给单一受让人。上市公司总股本在10亿元以上的,经证券交易所同意,上述比例可适当降低。

(10) 证券交易所的管理:在我国,证券交易所由所在地市的人民政府管理,中国证券监督管理委员会(以下简称中国证监会)监督。证券交易所的管理主要包括下列内容:

① 证券交易所的设立和解散:设立证券交易所,由国务院证券管理委员会审核,报国务

院批准。如果证券交易所出现章程规定的解散事由,由会员决议解散的,经国务院管理委员会审核同意后,报国务院批准解散。如果证券交易所有严重违法行为,则由国务院管理委员会做出解散决定,报国务院批准解散。

② 对股票交易的监管:证券交易所对股票交易活动的监管主要包括下列内容:

a. 证券交易所应当即时公布行情,并按日制作股票行情表,记载并以适当方式公布下列事项:上市股票的名称;开市、最高、最低及收市价格;与前一交易日收市价比较后的涨跌情况;成交量、值的分计及合计;股票指数及其涨跌情况等。

b. 证券交易所应当就市场内的成交情况编制日报表、周报表、月报表和年报表,并及时向社会公布。

c. 证券交易所应当监督上市公司按照规定披露信息。

d. 证券交易所应当与上市公司订立上市协议,以确定相互间的权利义务关系。

e. 证券交易所应建立上市推荐人制度,以保证上市公司符合上市要求。

f. 证券交易所应当依照股票法规和证券交易所的上市规则、上市协议的规定,或者根据中国证监会的要求,对上市股票做出暂停、恢复或者取消其交易的决定。

g. 证券交易所应当设立上市公司的档案资料,并对上市公司的董事、监事及高级管理人员持有上市股票的情况进行统计,并监督其变动情况。

h. 证券交易所的会员应当遵守证券交易所的章程、业务规则,依照章程、业务规则的有关规定向证券交易所缴纳席位费、手续费等费用,并缴存交易保证金。

i. 证券交易所的会员应当向证券交易所和中国证监会提供季度、中期及年度报告,并主动报告有关情况;证券交易所有权要求会员提供有关报表、账册、交易记录及其他文件。

③ 对证券交易所的管理与监督

a. 证券交易所不得以任何方式转让其依照股票交易法规取得的设立及业务许可。

b. 证券交易所的非会员理事及其他工作人员不得以任何形式在证券交易所会员公司兼职。

c. 证券交易所的理事、总经理、副总经理及其他工作人员不得以任何方式泄露或者利用内幕信息,不得以任何方式从证券交易所的会员、上市公司获取利益。

d. 证券交易所的高级管理人员及其他工作人员在履行职责时,凡有与本人有亲属关系或者其他利害关系情形时,应当回避。

e. 证券交易所应当建立符合股票监督管理和实施监控要求的系统,并根据证券交易所所在地人民政府和中国证监会的要求,向其提供股票市场信息。

f. 证券交易所所在地人民政府授权机构和中国证监会有权要求证券交易所提供会员和上市公司的有关材料。

g. 证券交易所应当于每一年财政年度终了后3个月内,编制经具有股票从业独立核算资格的会计师事务所审计的财务报告,报证券交易所所在地人民政府授权机构和中国证监会备案,同时抄报国务院证券管理委员会。

h. 证券交易所不可预料的偶发事件导致停市,或者为维护证券交易所正常秩序采取技术性停市措施必须立即向证券交易所所在地人民政府和中国证监会报告,并抄报国务院证券管理委员会。

i. 证券交易所所在地人民政府授权机构和中国证监会有权要求证券交易所提供有关业务、财务等方面的报告和材料,并有权派员检查证券交易所的业务、财务状况以及会计账簿和其他有关资料。

j. 证券交易所应当按照国家有关规定将其会员缴存的交易保证金存入银行专门账户，不得擅自使用。

k. 证券交易所、证券交易所会员涉及诉讼，以及这些单位的高级管理人员因履行职责涉及诉讼或者依照股票法规应当受到解除职务的处分时，证券交易所应当及时向证券交易所所在地人民政府授权机构和中国证监会报告。

8.3.2 证券服务机构

证券服务机构是依法设立的从事证券服务业务的法人机构，包括证券登记结算公司、证券投资咨询公司、资信评估机构、会计师事务所、资产评估机构、律师事务所等。证券服务机构是一国金融体系的重要组成部分，是证券市场重要参与者。证券服务机构具有证券投资咨询服务，证券发行及交易的咨询、策划、财务顾问、法律顾问及其他配套服务，证券资信评估服务，证券集中保管，证券清算交收服务，证券登记过户服务等功能。

1）证券登记结算机构

证券登记结算机构是为证券发行和交易活动办理证券登记、存管、结算业务的中介服务机构。从我国证券市场目前运作来看，证券登记结算机构有两个层面：一是专门为交易所提供集中登记、集中存管、集中结算服务的机构，称为中央登记结算机构；二是代理中央登记结算机构为地方证券经营机构和投资者提供登记结算及其他服务的地方机构，称为地方登记结算机构。

（1）组织结构　深圳证券登记结算公司和上海证券中央登记结算公司，分别由深圳证券交易所和上海证券交易所独资设立，并接受交易所对其业务活动的监督。根据业务需要，中央登记结算机构一般设立登记部、存管部、股份清算部、资金交收部、国际结算部等主要业务部门。地方登记结算机构根据与中央登记结算机构协议，代理中央登记结算机构在当地的有关业务，一般设置营业部、清算部、业务部、电脑部等主要业务部门。

（2）职能　以安全、高效、低成本为原则，为证券的发行与交易提供集中的登记、存管与结算服务。

（3）业务范围　证券账户、结算账户的设立；证券的托管和过户；证券持有人名册登记；证券交易所上市证券交易的清算和交收；受发行人委托派发证券权益；办理与上述业务有关的查询；国务院证券监督管理机构批准的其他业务。

地方证券登记机构经主管机关批准，并根据与中央登记结算公司的代理协议，主要经营以下业务：经批准公开发行或非公开发行证券的名册登记；上市及未上市记名证券的转让登记；代理有价证券的分红派息或还本付息；有价证券的集中代保管；代理本地证券经营机构的资金清算业务；主管机关批准的其他业务。

2）证券投资咨询公司

证券投资咨询公司又称证券投资顾问公司，是指对证券投资者和客户的投融资、证券交易活动和资本运营提供咨询服务的专业机构。证券投资咨询公司的最大特点是根据投资者的要求，把咨询分析建立在科学分析和现代技术分析相结合的基础上，通过收集大量信息资料并予以加工、整理，向投资者或客户提供分析报告，帮助他们建立有效的投资、融资策略，选择最佳的投资、融资方案。我国证券投资咨询公司主要有两种类型：一类是专门从事证券投资咨询业务的专营咨询机构；另一类是兼作证券投资咨询业务的兼营咨询机构。

(1) 业务范围　接受投资人或客户委托,提供证券投资咨询服务;举办有关证券投资咨询的讲座、报告会、分析会;在报刊上发表证券投资咨询的文章、评论、报告,以及通过电台、电视台等公众传播媒体提供投资咨询服务;通过电话、传真、网络等电信设备系统提供证券投资咨询服务等。目前我国证券投资咨询公司开展咨询业务的主要形式有:提供投资咨询服务;担当客户的理财顾问,帮助客户投资理财,策划企业的资产重组等。

(2) 管理

① 设立条件:申请证券投资咨询从业资格的机构,应当具备下列条件:从事证券投资咨询业务的机构,有5名以上取得证券投资咨询从业资格的专职人员,其高级管理人员中,至少有一名取得证券投资咨询从业资格;有100万元人民币以上的注册资本;有固定的业务场所和与业务相适应的通信及其他信息传递设施;有公司章程;有健全的内部管理制度;具备中国证监会要求的其他条件。

② 业务管理

a. 证券投资咨询机构及其投资咨询人员,应当以行业公认的谨慎、诚实和勤勉尽责的态度,为投资人或者客户提供证券投资咨询服务。

b. 证券投资咨询机构及其投资咨询人员,应当完整、客观、准确地运用有关信息、资料向投资人或者客户提供投资分析、预测和建议,不得断章取义地引用或者篡改有关信息、资料;引用有关信息、资料时,应当注明出处和著作权人。

c. 证券投资咨询机构及其投资咨询人员,不得以虚假信息、市场传言或者内幕信息为依据向投资人或者客户提供投资分析、预测或建议。

d. 证券投资咨询人员在报刊、电台、电视台或者其他传播媒体上发表投资咨询文章、报告或者意见时,必须注明所在证券投资咨询机构的名称和个人真实姓名,并对投资风险作充分说明。证券投资咨询机构向投资人或者客户提供的证券投资咨询传真件必须注明机构名称、地址、联系电话和联系人姓名。证券投资咨询公司的从业人员不得从事下列行为:代理委托人从事证券投资;与委托人约定分享证券投资收益或者分担证券投资损失;买卖本咨询机构提供服务的上市公司股票;法律、行政法规禁止的其他行为。

3) 其他证券服务机构

(1) 律师事务所　其证券法律业务的主要内容有两项:为证券的发行、上市和进行交易出具法律意见书;审查、修改、制作与证券发行、上市和交易有关的法律文件。

(2) 会计师事务所　其证券相关业务主要指证券相关机构的会计报表审计、净资产验证、实收资本(股本)的审验及盈利预测审核等业务。

(3) 资产评估机构　是指对股票公开发行、上市交易的公司资产进行评估和开展与证券业务有关的资产评估业务的专门机构。对同一股票公开发行、上市交易的公司,其财务审计与资产评估工作不得由同一机构承担。

(4) 信用评级机构　是金融市场上一个重要的服务性中介机构,它是由专门的经济、法律、财务专家组成的对证券发行人和证券信用进行等级评定的组织。证券信用评级的主要对象为各类公司债券和地方债券,有时也包括国际债券和优先股股票,对普通股股票一般不作评级。信用评级机构对投资人只有道义上的义务,无法律上的责任。它对某些证券发行所定的较好的资信等级并不是向投资人推荐这些证券,而只是帮助投资人在可对比基础上对投资作出判断和决定。信用评级机构既要独立于发行人应募者之外,又要独立于政府及证券主管部门之外,以确保评级结果的公正性。

8.4 证券监管机构

8.4.1 自律性组织

自律性组织有证券行业协会和证券交易所。

1) 证券行业协会

证券行业协会是证券业的自律性组织,是社会团体法人。证券行业协会的权力机构为由全体会员组成的会员大会。根据我国《证券法》规定,证券公司应当加入证券行业协会。证券行业协会应当履行协助证券监督管理机构组织会员执行有关法律,维护会员的合法权益,为会员提供信息服务,制定规则,组织培训和开展业务交流,调解纠纷,就证券业的发展开展研究,监督检查会员行为及证券监督管理机构赋予的其他职责。

2) 证券交易所

根据我国《证券法》,证券交易所是提供证券集中竞价交易场所的不以营利为目的的法人。其主要职责有:提供交易场所与设施;制定交易规则;监管在该交易所上市的证券以及会员交易行为的合规性、合法性,确保市场公平;公布行情等。

8.4.2 政府证券监管机构

我国的政府监管机构是中国证监会。

1) 历史沿革

改革开放以来,随着中国证券市场的发展,建立集中统一的市场监管体制势在必行。1992年10月,国务院证券委员会(简称国务院证券委)和中国证监会宣告成立,标志着中国证券市场统一监管体制开始形成。

国务院证券委和中国证监会成立以后,其职权范围随着市场的发展逐步扩展。1993年11月,国务院决定将期货市场的试点工作交由国务院证券委负责,中国证监会具体执行。1995年3月,国务院正式批准《中国证券监督管理委员会机构编制方案》,确定中国证监会为国务院直属副部级事业单位,是国务院证券委的监管执行机构,依照法律、法规的规定,对证券期货市场进行监管。1997年8月,国务院决定,将上海、深圳证券交易所统一划归中国证监会监管;同时,在上海和深圳两市设立中国证监会证券监管专员办公室;11月,中央召开全国金融工作会议,决定对全国证券管理体制进行改革,理顺证券监管体制,对地方证券监管部门实行垂直领导,并将原由中国人民银行监管的证券经营机构划归中国证监会统一监管。1998年4月,根据国务院机构改革方案,决定将国务院证券委与中国证监会合并组成国务院直属正部级事业单位。经过这些改革,中国证监会职能明显加强,集中统一的全国证券监管体制基本形成。

1998年9月,国务院批准了《中国证券监督管理委员会职能配置、内设机构和人员编制规定》,进一步明确中国证监会为国务院直属事业单位,是全国证券期货市场的主管部门,进一步强化和明确了中国证监会的职能。

2) 中国证监会的基本职能

(1) 建立统一的证券期货监管体系,按规定对证券期货监管机构实行垂直管理。

(2) 加强对证券期货业的监管,强化对证券期货交易所、上市公司、证券期货经营机构、证券投资基金管理公司、证券期货投资咨询机构和从事证券期货中介业务的其他机构的监管,提高信息披露质量。

(3) 加强对证券期货市场金融风险的防范和化解工作。

(4) 负责组织拟订有关证券市场的法律、法规草案,研究制定有关证券市场的方针、政策和规章;制定证券市场发展规划和年度计划;指导、协调、监督和检查各地区、各有关部门与证券市场有关的事项;对期货市场试点工作进行指导、规划和协调。

(5) 统一监管证券业。

3) 中国证监会的主要职责

(1) 研究和拟定证券期货市场的方针政策、发展规划;起草证券期货市场的有关法律、法规;制定证券期货市场的有关规章。

(2) 统一管理证券期货市场,按规定对证券期货监督机构实行垂直领导。

(3) 监督股票、可转换债券、证券投资基金的发行、交易、托管和清算;批准企业债券的上市;监管上市国债和企业债券的交易活动。

(4) 监管境内期货合约上市、交易和清算;按规定监督境内机构从事境外期货业务。

(5) 监管上市公司及其有信息披露义务股东的证券市场行为。

(6) 管理证券期货交易所;按规定管理证券期货交易所的高级管理人员;归口管理证券业协会。

(7) 监管证券期货经营机构、证券投资基金管理公司、证券登记清算公司、期货清算机构、证券期货投资咨询机构;与中国人民银行共同审批基金托管机构的资格并监管其基金托管业务;制定上述机构高级管理人员任职资格的管理办法并组织实施;负责证券期货从业人员的资格管理。

(8) 监管境内企业直接或间接到境外发行股票、上市;监管境内机构到境外设立证券机构;监督境外机构到境内设立证券机构、从事证券业务。

(9) 监管证券期货信息传播活动,负责证券期货市场的统计与信息资源管理。

(10) 会同有关部门审批律师事务所、会计师事务所、资产评估机构及其成员从事证券期货中介业务的资格并监管其相关的业务活动。

(11) 依法对证券期货违法违规行为进行调查、处罚。

(12) 归口管理证券期货行业的对外交往和国际合作事务。

(13) 国务院交办的其他事项。

复习思考题

1. 简述票据的含义、特征、功能。
2. 简述本票、汇票、支票的含义与种类。
3. 简述票据背书、贴现、转贴现和再贴现的含义。
4. 简述债券的含义、特征、种类、发行方式、发行价格以及还本付息方式。
5. 简述股票的含义、特征、种类、股票交易类型。
6. 简述证券投资基金的含义、特征、种类以及运作流程。
7. 我国证券业从业机构有哪些?

9 农业保险

[学习目标]

知识目标:识记保险、保险合同的含义和主要内容;理解保险实务的运作。

技能目标:熟知农业保险的含义与特点;正确理解农业保险的地位与作用;正确把握农业保险与农村经济的关系。

能力目标:能正确把握农业保险的特殊性,培养从事农业保险经营工作的基本能力。

9.1 保险概述

9.1.1 保险的含义及保险体现的经济关系、法律关系

1) 保险的含义

保险是指投保人根据合同约定,向保险人支付保险费,保险人对于合同约定的可能发生的事故因其发生所造成的财产损失承担赔偿保险金责任,或者当被保险人死亡、伤残、疾病或者达到合同约定的年龄、期限时承担给付保险金责任的商业保险行为。

2) 保险体现的经济关系与法律关系

(1) 保险体现的经济关系　保险是一种经济制度。保险是为了确保经济生活的安定,对特定危险事故或特定事件的发生所导致的损失,运用多数单位的集体力量,根据合理的计算,共同建立基金。从经济角度来看,保险是一种损失分摊方法,以多数单位和个人缴纳保费建立保险基金,使少数成员的损失由全体被保险人分担。

保险是最古老的风险管理方法之一。保险合约中,被保险人支付一个固定金额(保费)给保险人,前者获得保证:在指定时期内,后者对特定事件或事件组造成的任何损失给予一定补偿。

保险属于经济范畴,它所揭示的是保险的属性,是保险的本质性的东西。从本质上讲,保险体现的是一种经济关系,表现在:① 保险人与被保险人的商品交换关系;② 保险人与被保险人之间的收入再分配关系。

保险是以契约形式确立双方经济关系,以缴纳保险费建立起来的保险基金,对保险合同规定范围内的灾害事故所造成的损失,进行经济补偿或给付的一种经济形式。

(2) 保险体现的法律关系　从法律意义上说,保险是一种合同行为,即通过签订保险合同,明确双方当事人的权利与义务,被保险人以缴纳保费获取保险合同规定范围内的赔偿,保险人则有收受保费的权利和提供赔偿的义务。

保险是一种法律关系。保险是根据法律规定或当事人双方约定,一方承担支付保险费

的义务,换取另一方对其因意外事故或特定事件的出现所导致的损失负责经济补偿或给付的权利的法律关系。其特点是:① 保险是一种合同法律关系;② 保险合同对双方当事人均有约束力;③ 保险合同中所约定的事故或事件是否发生必须是不确定的,即具有偶然性;④ 事故的发生是保险合同的另一方当事人即被保险人无法控制的;⑤ 保险人在保险事故发生后承担给付金钱或其他类似的补偿;⑥ 保险应通过保险单的形式经营。

保险是经济关系与法律关系的统一。

9.1.2 保险的要素与分类

1) 保险的要素

保险的要素亦称"保险的要件",是指保险得以成立的基本条件。保险应具备以下 4 个要件:

(1) 保险必须有危险存在 建立保险制度的目的是对付特定危险事故的发生,无危险则无保险。

(2) 保险必须对危险事故造成的损失给以经济补偿 经济补偿不是恢复已毁灭的原物,也不是赔偿实物,而是进行货币补偿。因此,意外事故所造成的损失必须是在经济上能计算价值的。在人身保险中,人身本身是无法计算价值的,但人的劳动可以创造价值,人的死亡和伤残,会导致劳动力的丧失,从而使个人或者其家庭的收入减少而开支增加,所以人身保险是用经济补偿或给付的办法来弥补这种经济上增加的负担,并非保证人们恢复已失去的劳动力或生命。

(3) 保险必须有互助共济关系 保险制度是采取将损失分散到众多单位分担的办法,减少遭灾单位的损失。通过保险,投保人共同交纳保险费,建立保险补偿基金,共同取得保障。

(4) 保险的分担金必须合理 保险的补偿基金是由参加保险的人分担的,为使各人负担公平合理,就必须科学地计算分担金。

2) 保险的分类

保险大致可分为财产保险、人身保险、责任保险、信用保险、再保险。

(1) 按标的不同,保险可分为人身保险和财产保险。

① 人身保险:是以人的寿命和身体为保险标的的保险。当人们遭受不幸事故或因疾病、年老以致丧失工作能力、伤残、死亡或年老退休后,根据保险合同的规定,保险人对被保险人或受益人给付保险金或年金,以解决其因病、残、老、死所造成的经济困难。

② 财产保险:是以物或其他财产利益为标的的保险,指除人身保险外的其他一切险种,包括财产损失保险、责任保险、信用保险、保证保险、农业保险等。它是以有形或无形财产及其相关利益为保险标的的一类实偿性保险。

(2) 按实施方式不同,保险可分为法定保险和自愿保险。

① 法定保险:又称强制保险,是通过法律规定强制实行的保险。社会保险属于法定保险,但法定保险并不局限于社会保险,如新中国成立初期曾实行过国营企业财产强制保险,许多国家把汽车第三者责任险作为法定保险。

② 自愿保险:是由单位和个人自由决定是否参加保险,保险双方采取自愿方式签订保险合同,保险人可根据情况决定是否承保,被保险人也可以中途退保。

(3) 按保险人的责任次序不同,保险可分为原保险和再保险。

① 原保险：是保险人与投保人最初达成的保险。

② 再保险：发生在保险人与保险人之间的保险行为，称再保险。再保险是保险人通过订立合同，将自己已经承保的风险，转移给另一个或几个保险人，以降低自己所面临的风险的保险行为。再保险人与原保险人合同中的投保人无任何直接法律关系，它实际上是保险公司与保险公司之间分摊风险的一种安排。

(4) 按保障的对象不同，保险可分为个人保险和团体保险。

① 个人保险：是以个人作为承保单位的保险；或被保险人为单个人或家庭的保险。

② 团体保险：即被保险人为数人的保险。团体保险一般用于人身保险，它是用一份总合同，向一个团体中的众多成员提供人身保险保障的保险。

(5) 按政策分类，保险可分为商业保险和社会保险。

① 商业保险：是指通过订立保险合同运营，以营利为目的的保险形式，由专门的保险企业经营；商业保险关系是由当事人自愿缔结的合同关系，投保人根据合同约定，向保险公司支付保险费，保险公司根据合同约定的可能发生的事故因其发生所造成的财产损失承担赔偿保险金责任，或者当被保险人死亡、伤残、疾病或达到约定的年龄、期限时承担给付保险金责任。商业保险又可分为人身保险与财产保险两大类。

② 社会保险：是指在既定的社会政策的指导下，由国家通过立法手段对公民强制征收保险费，形成社会保险基金，用来对其中因年老、疾病、生育、伤残、死亡和失业而导致丧失劳动能力或失去工作机会的成员提供基本生活保障的一种社会保障制度。社会保险包括养老保险、医疗保险、失业保险、工伤保险和生育保险。

商业保险与社会保险的主要区别在于：首先，商业保险是一种经营行为，保险业经营者以追求利润为目的，独立核算、自主经营、自负盈亏；社会保险是国家社会保障制度的一种，目的是为人民提供基本的生活保障，以国家财政支持为后盾。其次，商业保险依照平行自愿的原则，是否建立保险关系完全由投保人自主决定；而社会保险具有强制性，凡是符合法定条件的公民或劳动者，其缴纳保险费用，接受保障，都是由国家立法直接规定的。再次，商业保险的保障范围由投保人、被保险人与保险公司协商确定，不同的保险合同项下，不同的险种，被保险人所受的保障范围和水平是不同的；而社会保险的保障范围一般由国家事先规定，风险保障范围比较窄，保障的水平也比较低。这是由它的社会保障性质所决定的。

商业保险与社会保险在经营方式、经营动机、保费来源、补偿方式、保障程度、核算体系等方面都存在着明显的差别。在严格意义上，社会保险并不是一种保险，而是一种采取保险形式的社会保障。它是国家为保证社会稳定，保证人民的基本生活，通过国家财政补贴和社会统筹的形式，依法强制实施的政策性保险。根据社会保险与商业保险的不同性质，必须将二者分开经营。社会保险由财政部、人力资源和社会保障部、民政部等部门制定政策，组建机构来办理。

9.1.3 保险的功能与原则

1) 保险的功能与作用

保险的功能可以分为基本功能和派生功能。

(1) 基本功能　基本功能体现保险的机制，用收取保费的方法来分摊灾害事故造成的损失，以实现经济补偿的目的，分为分摊损失和经济补偿两项功能。

① 分摊损失功能:保险是分摊损失的方法,是建立在灾害事故的偶然性与必然性的对立统一基础之上的,保险机制能够运转的原因是被保险人愿意以交付小额确定的保险费来换取对大额不确定的损失的补偿。保险组织向大量的投保人收取保险费来分摊其中少数成员不幸遭受的大额损失。

② 经济补偿功能:保险用分摊损失的方法来实现其经济补偿的目的,按照保险合同对遭受灾害事故而受损的单位、个人进行经济补偿,保险的产生和发展都是为了满足补偿灾害损失的需要。

(2) 派生功能　保险的派生功能是投融资功能和防灾防损功能。

① 投融资功能:一方面它是对保险人而言,因为保险费的收取与保险金的给付或赔偿之间存在着一定的时间差,保险人此时可以对保险基金进行投资经营,使得保险基金能够保值增值;另一方面它是对投保人而言,投保人可以选择某些保险产品以获取预期的保险金的给付,从而将保险作为一种投资。

② 防灾防损功能:一般说来,保险人可以通过提供损失管理服务来实现防灾防损功能,即帮助被保险人对潜在的损失风险进行预测、分析与评估,提出合理的事前预防方案和损失管理措施。

(3) 保险的作用　通过购买保险产品,保险人在遭受了保险责任范围内的风险损失的时候,就可以得到及时和可靠的经济补偿或者给付保险金,从而使被保险人应该享有的各项经济利益获得可靠的保障。

2) 保险的原则

(1) 最大诚信原则　保险合同当事人订立合同及合同有效期内,应依法向对方提供足以影响对方做出订约与履约决定的全部实质性重要事实,同时信守合同订立的约定与承诺。否则,受到损害的一方,按民事立法规定可以此为由宣布合同无效,或解除合同,或不履行合同约定的义务或责任,甚至对因此而受到的损害还可以要求对方予以赔偿。最大诚信原则保证保险合同当事双方能够诚实守信,对自己的义务善意履行,包括如下内容:

① 告知:保险人应该对保险合同的内容即术语、目的进行明确说明。投保人应该对保险标的状况如实告知。

② 保证:是投保人或者被保险人对于行为或不作为、某种状态存在或不存在的担保。保证较明确的一种是保险合同上明确规定的保证,比如盗窃险中保证安装防盗门、人身保险中驾驶车辆必须有有效的驾驶证;不需明确的保证称为默示保证,如海上保险中,投保人默示保证适航能力、不改变航道、航行的合法性等。由于保证条款对被保险人限制十分严格,所以各国法律都限制保险人使用默示保证,只有一些约定俗成的事项成为默示保证。

③ 弃权:是当事人放弃在合同中的某种权利。例如投保人明确告知保险人保险标的危险程度足以影响承保,保险人却保持沉默并收取了保险费,这时构成保险人放弃了拒保权。再如保险事故发生,受益人在合同规定的期限不索赔,构成受益人放弃主张保险金的权利。

④ 禁止反言:指既然已经放弃某种权利,就不得再主张该权利。比如上面放弃拒保权的例子,保险人不能在承保后,再向投保人主张拒保的权利。

(2) 保险利益原则　是指投保人对保险标的所具有的法律上承认的利益。它体现了投保人与保险标的之间存在的金钱上的利益关系。确立条件是:保险利益必须是合法的利益,保险利益必须是经济利益,保险利益必须是确定的利益。通常投保人会因为保险标的损害或者丧失而遭受经济上的损失,因保险标的保全而获得收益。只有当保险利益是法律上认可的、经济上的、确定的而不是预期的利益时,保险利益才能成立。一般来说,财产保险的保险利益在保险事故发生时存在,这时才能补偿损失;人身保险的保险利益必须在订立保险合同时存在,用来防止道德风险。

(3) 损失补偿原则　是指保险人必须在保险事故发生导致保险标的遭受损失时,根据保险责任的范围对受益人进行补偿。

① 只有保险事故发生造成保险标的毁损致使被保险人遭受经济损失时,保险人才承担损失补偿的责任;否则,即使在保险期限内发生了保险事故,但是被保险人没有遭受损失,就无权要求保险人赔偿。

② 被保险人可获得的补偿量,仅以其保险标的遭受的实际损失为限,即保险人的补偿恰好能使保险标的在经济上恢复到保险事故发生之前的状态,而不能使被保险人获得多于或少于损失的补偿,尤其是不能让被保险人通过保险获得额外的利益。

损失补偿原则主要适用于财产保险以及其他补偿性保险合同。由于人的生命和身体价值难以估算,所以人身保险并不适用该原则,但亦有学者认为健康险的医疗费用亦应遵循,否则有不当得利之嫌。

(4) 近因原则　是指判断风险事故与保险标的损失之间的关系,从而确定保险补偿或给付责任的基本原则。近因是保险标的损害发生的最直接、最有效、最起决定性作用的原因,而并不是指时间上或空间上与损失最接近的原因。如果近因属于被保风险,则保险人应赔偿;如果近因属于除外责任或者未保风险,则保险人不负责赔偿。

9.1.4　中国保险业的历史、现状与前瞻

1949年10月,中国人民保险公司成立了,在全国设立分支机构,并正式对外营业。1951年公私合营中,28家私营保险公司合并成为太平保险公司和新丰保险公司。后来中国人民保险公司将这两家保险公司合并成为"太平洋保险公司",专门对外国营业。1953—1958年,保险事业在调整中发展,一直到1958年"大跃进"和"共产风",吃饭不要钱,生、老、病、死由国家统一包办,当时认为不需要保险了,因而除国外保险业务外,国内保险业务全部停办。到1968年文化大革命时期,国外保险业务也无疾而终。

1978年十一届三中全会后,中国保险业务逐渐恢复。中国人民保险公司恢复营业,对内称为中国人民银行保险司,由中国人民银行为主管单位并负责保险监管,后来逐渐脱离中国人民银行成为独立的保险公司。随后,陆续成立了中国太平洋保险公司和中国平安保险公司。1995年,《中华人民共和国保险法》(以下简称《保险法》)颁布并规定,保险公司不能财产、人寿险混合经营,所以各保险公司逐渐分业经营。1998年11月成立了中国保险业监督管理委员会(简称中国保监会),中国人民银行的保险市场监督管理职能由中国保监会接管。

2009年底,中国内地有金融保险集团9家,保险资产管理公司9家,保险代理公司2 413家(2006年底为1 563家),保险经纪公司414家(2006年底为303家),保险公估公司326家(2006年底为244家),外资保险公司代表处154家。

2009年1月15日,中国保监会出台《贯彻落实中央扩大内需十项措施及金融'国九条'的政策措施》。保监会计划在今后一段时间重点开展的8项措施包括:进一步扩大农业保险

覆盖范围;支持灾区群众基本生活设施和公共服务基础设施恢复重建;发展房贷险、车贷险等与住房、汽车消费相关的保险;积极发展建筑工程、质量保证等相关保险业务;研究开放短期出口信用保险市场;发挥保险公司机构投资者作用和保险资金投融资功能;积极参与社会保障体系建设;加强改进保险监管等。

"国九条"明确要求保险业"发挥保险保障和融资功能,促进经济社会稳定运行",包括积极发展"三农"、住房和汽车消费、健康、养老等保险业务,引导保险公司以债权等方式投资交通、通信、能源等基础设施和农村基础设施项目等。

9.2 保险合同

9.2.1 保险合同的含义与特点

1) 保险合同的含义

保险合同是保险人(保险公司)和投保人(公民、法人)之间关于承担风险的一种民事协议。根据此协议来明确投保人与保险人之间的权利义务关系,即由投保人向保险人缴纳保险费,保险人则应在约定的保险事故发生后,对事故造成的财产损失承担经济赔偿责任,或者在约定的人身保险事件如被指定的人死亡、伤残、疾病出现时,或期限届满如达到合同约定的年龄时,履行给付保险金的义务。

2) 保险合同的特点

保险合同是一种特殊的民商事合同,除具有一般合同的共性外,还有其特殊性。

(1) 保险合同是双务合同　保险合同作为一种法律行为,一旦生效,便对双方当事人具有法律约束力。各方当事人均负有自己的义务,并且必须依协议履行自己的义务。与此同时,一方当事人的义务,对另一方而言就是权利。例如:投保人有交付保险费的义务,与此相对应的是,保险人有收取保险费的权利。

(2) 保险合同是附和性与约定性并存的合同　一般民商事合同完全或者主要是由当事人各方进行协商以约定合同的内容。但是,保险合同则不然,其内容的产生体现了一种附和性合同的特征。所谓附和性是指保险合同的主要内容由保险人单方以格式条款的方式提出,投保人或被保险人只有接受或不接受,一般不能改变。对于那些可依据具体情况由当事人进行选择、商讨的合同内容,当事人可以进行充分协商,达成意思表示一致,即使在保险合同生效后依然可以协商,进行合同的变更。但保险合同的这种约定性往往不过多涉及合同的主要条款,并且在大量的简易保险合同中,可约定的内容相当有限。因此,保险合同的约定性是辅助的。

(3) 保险合同是要式合同　所谓要式是指合同的订立要依法律规定的特定形式进行。订立合同的方式多种多样。在保险实务中,保险合同一般以书面形式订立。其书面形式主要表现为保险单、其他保险凭证及当事人协商同意的书面协议。保险合同以书面形式订立是国际惯例,它可以使各方当事人明确了解自己的权利、义务与责任,并作为解决纠纷的重要依据,易于保存。

(4) 保险合同是有偿合同　即被保险人取得保险保障,必须支付相应的保险费。

(5) 保险合同是诚实信用合同　鉴于保险关系的特殊性,保险合同对于诚实信用程度的要求远大于其他民事合同。可以说,保险合同的权利义务完全建立在诚实信用基础上,因此,保险合同被称为"最大诚信合同"。

(6) 保险合同是保障性合同　即保险合同是在被保险人遭受保险事故时保险人提供经济保障的合同。

(7) 保险合同是诺成性合同　即保险合同当事人意思表示一致,保险合同即告成立,不以保险费或其他实物的交付为必要条件。

9.2.2　保险合同的法律关系

保险合同的法律关系和一般法律关系一样,由主体、客体和内容三个不可缺少的部分组成。

1) 保险合同的主体

保险合同的主体是在保险合同中享有权利和承担义务的人,按与合同关系的密切程度可分为保险合同的当事人、关系人和辅助人。

(1) 保险合同的当事人　保险合同和其他合同一样必须有合同的当事人作为承担合同约定的权利和义务的主体。保险当事人是指订立保险合同并享有和承担保险合同所确定的权利义务的人,包括投保人和保险人。

① 投保人:又称要保人,是指与保险人订立保险合同,并按照保险合同负有支付保险费义务的人。投保人是任何保险合同不可或缺的当事人之一,它既可以是自然人也可以是法人。投保人应当具备以下三个条件:一是投保人必须具有相应的权利能力和行为能力,否则所订立的保险合同不发生法律效力;二是投保人对保险标的必须具有保险利益,即对保险标的具有法律上承认的利益,否则投保人不能与保险人订立保险合同,若保险人在不知情的情况下与不具有保险利益的投保人签订了保险合同,该保险合同无效;三是投保人应承担支付保险费的义务,无论投保人为自己利益还是为他人利益订立保险合同,均应承担支付保险费的义务。

② 保险人:又称承保人,是指与投保人订立保险合同,并承担赔偿或者给付保险金责任的保险公司。如同投保人一样,保险人也是保险合同的一方当事人,它具有以下三个法律特征:一是保险人是保险基金的组织、管理和使用人,它通过收取保险费而建立保险基金来经营保险业务,在保险事故发生时依保险合同履行赔偿或者给付保险金责任;二是保险人是履行赔偿损失或者给付保险金义务的人,保险人的这种义务不是因侵权或者违约行为而产生,而是依据法律规定或者保险合同确定的义务;三是保险人应当是依法成立并允许经营保险业务的保险公司,由于保险事业涉及社会公众利益,因此设立保险公司经营保险业务必须符合法定条件,得到国家保险监督管理机构的批准,取得经营保险业务许可证,并向工商行政管理部门办理登记,领取营业执照。

(2) 保险合同的关系人　保险关系人是指在保险事故发生或者保险合同约定的条件满足时,对保险人享有保险金给付请求权的人,包括被保险人和受益人。

① 被保险人:是以其财产、生命或者身体作为保险标的,受到保险合同保障的人。被保险人必须具备下列条件:一是其财产或人身受保险合同保障。二是享有赔偿请求权。当投保人为自己的利益订立保险合同时,投保人就是被保险人,二者是同一人。比如在财产保险中,投保人为自己的财产投保,在人身保险中,投保人以自己的身体为保险标的,投保人本人即为被保险人。

② 受益人:是人身保险合同中由被保险人或者投保人指定享有保险金请求权的人。投

保人、被保险人均可以成为受益人。受益人必须具备下列条件：一是受益人是享受保险金请求权的人。受益人享受保险合同的利益，领取保险金，但他并非保险合同当事人，且不负交付保险费的义务。二是受益人是由投保人或被保险人在保险合同中指定的人。保险合同生效后，投保人或被保险人可以中途撤销或变更受益人，无需征得保险人的同意，但必须通知保险人，由保险人在保险单上做出批准后才能生效。如果投保人与被保险人不是同一人，投保人变更或撤销受益人时，需征得被保险人同意。如果投保人或被保险人没有在保险合同中指明受益人，则被保险人的法定继承人为受益人。

（3）保险合同的辅助人　保险合同的订立和履行涉及专门知识和技术，因此除当事人、关系人之外还有辅助人。保险合同的辅助人是协助保险合同当事人办理保险合同有关事项的人。主要辅助人有：保险代理人、保险经纪人、保险公估人。

① 保险代理人：是根据保险代理合同或授权书，向保险人收取保险代理手续费，并以保险人的名义代为办理保险业务的人。保险代理人包含五层含义：一是保险代理人既可以是法人，也可以是自然人，但必须具有代理人的资格，取得营业保险代理业务的许可证，并经过注册登记。二是要有保险人的委托授权，其授权形式一般采用书面授权即委托授权书的形式，有明示权利、默示权利、追认权利。三是以保险人的名义办理保险业务，而不是以自己的名义。四是向保险人收取代理手续费。五是代理行为所产生的权利和义务的后果直接由保险人承担。依目前大陆法系保险法的观念，保险代理人虽大都为独立营业的法人，但保险人聘用的代理人也可视为保险代理人，并且不论代理人是专业还是兼业，佣金式还是薪水式，独家代理还是多家代理。更有甚者，在保护被保险人目的范围内，经总代理授权的复代理人，虽未直接由保险人授权，也适用代理效果归属原则。

② 保险经纪人：是基于投保人的利益，为投保人与保险人订立保险合同提供中介服务，并依法收取佣金的人。保险经纪人具有以下五个法律特征：一是保险经纪人是投保人的代理人，其必须接受投保人的委托，基于投保人的利益，按照投保人的要求进行业务活动。二是保险经纪人不是合同当事人，而仅是为促使投保人与保险人订立合同创造条件，撮合成交，提供中介服务，并不能代保险人订立保险合同。三是保险经纪人只能以自己的名义从事中介服务活动，但其有自行选择向哪家保险公司投保的权利。四是保险经纪人从事的是有偿活动，有权向委托人收取佣金。其佣金主要有两种形式：一种是由保险人支付的，主要来自其所收保险费的提成；另一种是当投保人有必要委托经纪人向保险人请求赔付时，由投保人向经纪人支付相关报酬。五是保险经纪人必须是依法成立的单位而非个人，并承担其活动所产生的法律后果。投保人对保险经纪人的经纪活动并不承担责任，经纪人因其过错造成的损失由其自身承担。

③ 保险公估人：又称保险公证人，是站在第三者的立场依法为保险合同当事人办理保险标的查勘、鉴定、估损及理赔款项清算业务，并给予证明的人。保险公估人作为一种特殊的中介机构，发挥着专业技术服务功能、保险信息沟通功能和风险管理咨询功能。保险公估人与保险代理人、保险经纪人不一样。保险代理人以保险公司的名义对外展业，签发保险单，收取保险费，直接代表保险人与被保险人订立保险合同。保险经纪人作为投保人的代理人，依其丰富的经验代投保人订约，并借助代理大量投保人的优势与保险人谈判，推动保险人和投保人及被保险人之间的平衡。而公估人一般受保险公司委托开展工作，尽管它应保持独立、公正的行业经营原则，但除少数专门受被保险人委托的公估人外，只对保险公司负责，其出具的公估报告书，一般是作为理赔的参考依据，其本身

并不具有法律权威性。

2) 保险合同的客体

保险合同的客体是保险合同的保险利益,即投保人对其保险标的所具有的保险利益。保险利益是投保人对保险标的具有的法律上承认的利益。投保人对保险标的应当具有保险利益,否则,所订立的保险合同无效。这一规定的意义是:保险不是赌博;有利于限制赔偿金额;有利于避免道德危险。

3) 保险合同的内容

保险合同的内容即保险合同条款的内容,主要由法律进行规定,也就是保险合同的基本条款;同时,亦允许当事人对合同内容进行约定,也就是保险合同的特约条款。

(1) 基本条款　基本条款是标准保险单的背面印就的保险合同文本的基本内容,即保险合同的法定记载事项,也称保险合同的要素。它主要明示保险人和被保险人的基本权利和义务以及依据有关法规规定的保险行为成立所必需的各种事项和要求。保险合同基本条款的主要内容包括:① 当事人和关系人的名称和住所;② 保险标的;③ 保险金额;④ 保险费及其支付方式;⑤ 保险价值;⑥ 保险责任和责任免除;⑦ 保险期间和保险责任开始的时间;⑧ 保险金赔偿或者给付方法;⑨ 违约责任和争议处理;⑩ 订立合同的年、月、日。

(2) 特约条款　特约条款在广义上包括以下四种类型。

① 附加条款:是对基本条款的补充性条款,是对基本责任范围内不予承保而经过约定在承保基本责任范围基础上予以扩展的条款。

② 法定条款:是法律规定合同必须列出的条款。

③ 保证条款:是保险人要求被保险人必须履行某项规定所制定的内容。

④ 协会条款:是专指由伦敦保险人协会根据实际需要而拟定发布的有关船舶和货运保险条款的总称。

9.2.3　保险合同的订立、变更、转让、无效和终止

1) 保险合同的订立

保险合同的订立是通过投保人与保险人的双方法律行为而发生,双方当事人的意思表示一致是该合同得以产生的基础。保险合同与一般合同一样,双方当事人订立合同必须通过两个阶段:要约与承诺。

(1) 要约　要约是希望和他人订立合同的意思表示。该意思表示应当符合两项规定:① 内容具体规定;② 表明经受约人承诺,要约人即受该意思表示约束。在保险合同中,一般以投保人提交填写好的投保单为要约,即投保人向保险人提交要求订立保险合同的书面意思表示。

(2) 承诺　承诺是受要约人同意要约的意思表示。通常保险人在接到投保人的投保单后,经核对、查勘及信用调查,确认一切符合承保条件时,签章承保,即为承诺,保险合同即告成立。

(3) 合同成立　保险合同的双方当事人经过要约与承诺,意见达成一致,保险合同即告成立。但是,保险合同成立并不意味着保险合同当然生效,除非法律另有规定或合同另有约定,保险合同的生效为保险权利义务的开始。

2) 保险合同的变更

(1) 定义　保险合同的变更是指在合同的有效期内,基于一定的法律事实而改变合同内容的法律行为,即订立的合同在履行过程中,由于某些情况的变化而对其内容进行的补充或修改。其特点是:① 必须由投保人与保险人协商而定;② 变更保险合同的内容表现为修改合同的条款;③ 变更保险合同的结果是产生新的权利和义务关系。

保险合同的变更通常包括合同主体的变更、合同内容的变更和合同效力的变更几种情况。其中保险合同的内容变更表现为:财产保险在主体不变的情况下,保险合同中保险标的的种类的变化、数量的增减、存放地点、保险险别、风险程度、保险责任、保险期限、保险费、保险金额等内容的变更;人身保险合同中被保险人职业、保险金额发生变化等。保险合同内容的变更都与保险人承担的风险密切相连。合同任何一方都有变更合同内容的权利,同时也负有与对方共同协商的义务。

(2) 变更程序　依照我国法律规定,保险合同的内容变更须经过下列主要程序:投保人向保险人及时告知保险合同内容变更的情况;保险人进行审核,若需增加保险费,则投保人应按规定补交,若需减少保险费,则投保人可向保险人提出要求,无论保险费的增减或不变,均要求当事人取得一致意见;保险人签发批单或附加条款。经上述程序后,保险合同内容的变更完成,变更后的保险合同是确立保险当事人双方权利义务关系的依据。

3) 保险合同的转让

保险合同的转让是指投保人或被保险人将保险合同中的权利和义务转让给他人的法律行为。其实质是合同主体的变更。保险合同的转让通常是由保险标的所有权的转移或出售所引起。保险合同的转让需要考虑以下几个问题:

(1) 保险人的同意　保险合同的转让与保险人的同意密切相连,但是存在着两种状态:① 必须有保险人的同意;② 可以有保险人的同意。

(2) 转让的方式　保险合同的转让,可以采取由被保险人在保险合同上背书或其他方式进行。

(3) 转让的后果　在保险合同转让时,无论损失是否已发生,只要被保险人对保险标的仍具有保险利益,则保险合同均可有效转让。

4) 保险合同的无效

保险合同的无效是当事人所缔结的保险合同因不符合法律规定的生效条件而不产生法律约束力,即合同因不符合法律规定的生效条件而产生的无法律约束力的后果。无效保险合同的特点是:① 违法性,即违反法律和公序良俗;② 自始无效性,即因其违法而自行为开始起便没有任何的法律效力;③ 当然无效性,即无需考虑当事人是否主张合同无效,法院或仲裁机构可主动审查、确认合同无效。无效的原因主要包括:缔约主体资格不合格、当事人意思表示真实性有瑕疵、客体不合法、内容不合法、形式不合法等。

5) 保险合同的终止

保险合同的终止是保险合同成立后因法定的或约定的事由发生,法律效力完全消灭的法律事实。导致保险合同终止的原因有以下几种:

(1) 自然终止　是指已生效的保险合同因发生法定或约定事由导致合同的法律效力当然地发生不复存在的情况。这些情况通常包括:① 保险合同期限届满;② 合同生效后承保的风险消失;③ 保险标的因非保险事故的发生而完全灭失;④ 合同生效后,投保人未按规定的程序将合同转让,由于投保人或被保险人已失去保险利益,使保险合同自转让之日起原有的法律效力不再存在。

(2) 因履约导致终止　是指在保险合同的有效期内,约定的保险事故已发生,保险人按照保险合同承担了给付全部保险金的责任,保险合同即告结束。按照赔偿或给付金额是否累加,履约终止可分为以下两种情况:

① 在普通的保险合同中,无论一次还是多次赔偿或给付保险金,只要保险人历次赔偿或给付的保险金总数达到保险合同约定的保险金额时,并且保险期限尚未届满,保险合同均终止。

② 在机动车辆保险和船舶保险合同中,保险人在保险有效期间赔付的保险金不进行累加,只有当某一次保险事故的赔偿金额达到保险金额时保险合同才终止。否则,无论一次还是多次赔偿保险金,只要保险人每次赔偿的保险金数目少于保险合同约定的保险金额,并且保险期限尚未届满,保险合同继续有效且保险金额不变。

(3) 因解除导致终止

① 解除的含义与条件:保险合同的解除是在保险合同期限尚未届满前,合同一方当事人依照法律或约定行使解除权,提前终止合同效力的法律行为。保险合同的解除应当符合法律规定的四个必须:必须在可以解除的范围内行使解除权;必须存在解除的事由;必须以法律规定的方式解除;必须在时效期间内行使解除权。

② 解除的形式:保险合同的解除,一般分为法定解除和意定解除两种形式。法定解除:是指当法律规定的事项出现时,保险合同当事人一方可依法对保险合同行使解除权。意定解除:又称协议注销终止,是指保险合同双方当事人依合同约定,在合同有效期内发生约定情况时可随时注销保险合同。

9.2.4　保险合同的解释原则

合同解释是指当对合同条款的意思理解发生歧义时,法院或者仲裁机构按照一定的方法和规则对其做出的确定性判断。保险合同解释的原则有以下几项:

(1) 文义解释原则　是指按保险条款文字的通常含义解释;保险合同中用词应按通用文字含义并结合上下文来解释。

(2) 意图解释原则　是以当时订立保险合同的真实意图来解释合同。意图解释只适用于文义不清、用词混乱和含糊的情况。

(3) 解释应有利于非起草人原则　由于多数保险合同的条款是由保险人事先拟定的,保险人在拟订保险条款时,对其自身利益应当是进行了充分的考虑,而投保人只能同意或不同意接受保险条款,而不能对条款进行修改。所以,对保险合同发生争议时,人民法院或者仲裁机关应当做出有利于非起草人(投保人、被保险人和受益人)的解释,以示公平。

(4) 尊重保险惯例的原则　保险业务有其特殊性,是一种专业性极强的业务。在长期的业务经营活动中,保险业产生了许多专业用语和行业习惯用语,这些用语的含义常常有别于一般的生活用语,并为世界各国保险经营者所接受和承认,成为国际保险市场上的通行用语。为此,在解释保险合同时,对某些条款所用词句,不仅要考虑该词句的一般含义,而且还要考虑其在保险合同中的特殊含义。

9.2.5　保险合同争议处理的方式

保险合同订立以后,双方当事人在履行合同过程中,围绕理赔、追偿、缴费以及责任归属等问题容易产生争议。因此,采用适当方式,公平合理地处理,直接影响到双方的权益。对保险业务中发生的争议,可采取和解、调解、仲裁和司法诉讼四种方式来处理。

(1) 和解　是在争议发生后由当事人双方在平等、互相谅解基础上通过对争议事项的协商,互相做出一定的让步,取得共识,形成双方都可以接受的协议,以消除纠纷,保证合同履行的方法。

(2) 调解　是在第三人主持下根据自愿、合法原则,在双方当事人明辨是非、分清责任的基础上,促使双方互谅互让,达成和解协议,以便合同得到履行的方法。

(3) 仲裁　是争议双方在争议发生之前或在争议发生后达成协议,自愿将争议交给第三者做出裁决,双方有义务执行的一种解决争议的方法。

(4) 诉讼　是合同当事人的任何一方按照民事法律诉讼程序向法院对一定人提出权益主张,并要求法院予以解决和保护的请求。诉讼有民事诉讼、行政诉讼和刑事诉讼之分,保险合同争议的诉讼属于民事诉讼。

9.3　保险业务流程

保险企业的经营活动业务流程包括展业、承保、理赔等环节。

9.3.1　保险展业

保险展业也称推销保险单,它是保险展业人员引导具有保险潜在需要的人参加保险的行为,也是为投保人提供投保服务的行为,它是保险经营的起点。保险展业由保险宣传和销售保险单两种行为构成。保险展业的方式包括直接展业、保险代理人展业和保险经纪人展业。

① 保险人直接展业:是指保险公司依靠自己的业务人员去争取业务,这适合于规模大、分支机构健全的保险公司以及金额巨大的险种。

② 保险代理人展业:国内外的大型保险公司除了使用直接展业外,还广泛地建立代理网,利用保险代理人和保险经纪人展业。

③ 保险经纪人展业:保险经纪人是投保人的代理人,对保险市场和风险管理富有经验,能为投保人制定风险管理方案和物色适当的保险人。

9.3.2　保险承保

保险承保是指保险人在投保人提出要保请求后,经审核认为符合承保条件并同意接受投保人申请,承担保单合同规定的保险责任的行为。具体分为投保人提出投保申请和保险人接受投保两个方面。保险商品的交换是一种双向选择:一方面,投保人选择保险人、保险商品;另一方面,保险人必须对投保危险加以审核,以决定是否承保,如何承保。

1) 投保运作

投保是指投保人请求和保险人签订保险合同的表示。它只是投保人单方的意思表示,如果保险人不接受,那么就不产生保险的效力。

2) 承保运作

承保是指保险人与投保人双方对保险合同内容协商一致,并签订保险合同的过程,它包括核保、签单、收费、建立客户资信档案等程序。承保工作中最主要的环节为核保,核保的目的是避免危险的逆向选择，实现企业有效益的发展。核保活动包括选择被保险人、对危险活动进行分类、决定适当的承保范围、确定适当的费率或价格、为展业人员和客户提供服务等几个方面。保险公司在进行承保时，应做好以下几方面工作：① 应当由承保部门制定与公司目标相一致的承保方针和编制承保手册，承保手册具体规定承保的险种、展业的地区、所使用的保险单和费率厘定计划，以及可以接受的、难以确定的和拒保的业务、保险金额等。承保手册便于保险展业人员贯彻执行公司的方针政策。② 承保部门在决定是否接受投保时要对投保人做出评价。评价需要得到有关信息，信息的种类随险种而定。③ 承保部门在对有关信息进行评估后，要做出承保决策。决策的方式有：一是接受投保，出立保险单；二是有条件地接受投保。

9.3.3 保险理赔

1) 索赔与理赔的含义

索赔与理赔是相对应的概念，是被保险人行使权利和保险人履行义务的具体表现。索赔是指投保人或被保险人在保险事故发生后，根据保险合同条款的规定，请求保险人履行义务的行为。理赔是指保险人接到投保人或被保险人的请求，根据保险合同的规定，对保险事故的发生以及造成的物质损失或人身伤害进行一系列调查审核并予以赔偿的行为。索赔与理赔是投保人或被保险人行使权利和保险人履行义务的过程，是保险合同履行的核心环节，直接体现了保险的职能。

2) 保险理赔的原则

保险事故发生后，投保人或被保险人应当及时提出索赔请求；并且要遵守诚实信用原则，提供有关证据，采取积极措施，协助保险人的理赔工作。保险人亦应"重合同、守信用"，理赔应坚持"主动、迅速、准确、合理"的原则。主动是指保险人应主动深入现场开展理赔工作；迅速是指保险人应按法律规定的时间，及时赔付，不拖拉；准确是指计算赔偿金额应力求准确，该赔多少就赔多少，不惜赔，也不滥赔；合理是指赔付要合情合理，树立实事求是的作风，具体情况具体分析，既符合合同条款的规定，又符合实际情况。

3) 索赔与理赔的程序

(1) 索赔的程序　① 出险通知：投保人、被保险人或受益人知道保险事故发生后，应当及时通知保险人；② 采取合理的施救、整理措施；③ 接受检验、保护出险现场，以便保险人能够正确、迅速地审核损失，给付赔偿；④ 索赔证明：提出保险单、保险标的原始单据、出险报告、损失鉴定证明、财产损失清单和施救整理费用等索赔单证；⑤ 提出索赔请求；需要注意的是，被保险人必须在法定的时间内行使索赔权，否则，将丧失对保险人的索赔请求权；⑥ 领取保险金。

(2) 理赔的程序　① 立案检验与现场勘查；② 审查单证与审核责任；③ 核算损失，给付赔偿；④ 损余处理：受灾的保险财产有时还有一定的价值，保险公司在全部赔偿后，就有权处理损余物资，也可以将损余物资折价给被保险人，以充抵保险金；⑤ 代位追偿：在财产保险中，当保险标的发生保险责任范围内的损失，而该项损失应当由第三人负赔偿责任时，投保人可以先向保险人要求赔偿，保险人先予赔偿损失后，即取得了对第三者追偿的权利，这就是所谓的代位求偿权，或称为代位追索权。

4) 保险理赔的方式

保险公司在出险后依据保险合同约定向保户理赔有两种方式。

（1）赔偿　与财产保险对应，指保险公司根据保险财产出险时的受损情况，在保险额的基础上对被保险人的损失进行的赔偿。保险赔偿是补偿性质的，即它只对实际损失的部分进行赔偿，最多与受损财产的价值相当，而永远不会多于其价值。

（2）给付　人身保险是以人的生命或身体作为保险标的，而人的生命和身体是不能用金钱衡量的，所以人身保险出险而使生命或身体所受到的损害，是不能用金钱赔偿得了的。故在出险时，保险公司只能在保单约定的额度内对被保险人或受益人给付保险金，即人身保险是以给付的方式支付保险金的。

9.4　农业保险实务

9.4.1　农业保险概述

1）农业保险的含义

农业保险有狭义和广义之分，其区分依据多为承保标的。狭义的农业保险是指专为农业生产者在从事种植业和养殖业生产过程中，对遭受自然灾害和意外事故所造成的经济损失提供保障的一种保险。狭义的农业保险，按种类不同分为种植业保险和养殖业保险；按危险性质分为自然灾害损失保险、病虫害损失保险、疾病死亡保险、意外事故损失保险；按保险责任范围不同，可分为基本责任险、综合责任险和一切险；按赔付办法可分为种植业损失险和收获险。而广义的农业保险除了农作物种植业保险和养殖业保险外，还包括从事广义农业生产的劳动力及其家属的人身保险和农场上的其他物质财产的保险。我国学术界和实务界目前一般采用狭义农业保险概念，而将广义农业保险涵盖在农村保险的概念之中。农业保险不同于农村保险。农村保险范围较广，属地域性概念，指在农村范围内举办的各种保险的总和。农业保险是农村保险的一部分。

2）农业保险的基本特征

农业保险属于财产保险的范畴，但又有区别于其他财产保险的显著特点。目前我国农业保险正处于新一轮的试验阶段，深入研究农业保险的特殊性，对于加快我国农业保险发展、建立政策性农业保险制度具有重要的理论与实践意义。

（1）保险标的的特殊性　农业保险的保险标的大多是有生命的植物或动物，受生物学特性的强烈制约，具有以下不同于一般财产保险的非生命标的的特点：

① 保险价值难以确定。一般财产保险的标的是无生命物，保险价值相对稳定，容易确定；农业保险的标的在保险期间一般都处在生长期，其价值始终处于变化中，只有当它成熟或收获时才能最终确定，在此之前，保险标的处于价值的孕育阶段，不具备独立的价值形态，因此，投保时的保险价值难以确定。实务中，农业保险的保险金额多采用变动保额，而一般财产保险的保险金额是固定的。

② 具有明显的生命周期及生长规律，保险期限需要细致而又严格地按照农作物生长期特性来确定，长则数年，短则数日；普通财产保险的保险期限一般为一年。

③ 在一定的生长期内受到损害后有一定的自我恢复能力，从而使农业保险的定损变得更为复杂，定损时间与方法都与一般财产保险不同，尤其是农作物保险，往往需要收获时二次定损。

④ 种类繁多，生命规律各异，抵御自然灾害和意外事故的能力各不相同，因而难以制定

统一的费率标准和赔偿标准,增加了农业保险经营难度;普通财产保险的费率标准和赔偿标准相对容易确定。

⑤ 受自然再生产过程的约束,对市场信息反应滞后,市场风险高,农业保险的承保、理赔等必须考虑这些因素;普通财产保险则相对简单。

⑥ 农产品的鲜活性特点使农业保险的受损现场容易灭失,对农业保险查勘时机和索赔时效产生约束,如果被保险人在出险后不及时报案,则会失去查勘定损的机会。这也是农业保险更容易引发道德风险的重要原因。因此,农业保险合同对理赔时效的约定比普通财产保险严格得多。

(2) 农业风险的特殊性　农业的主要活动是在露天下进行的,农业所面临的风险主要是自然风险。农业风险的特殊性主要表现在以下四个方面:

① 可保性差:可保风险的条件包括:大量的独立的同质风险;损失是意外的、偶然的、不可控的;风险损失必须是可以测量的、确定的;发生巨灾损失的概率非常小。一般财产保险的风险大都符合这些条件,而农业风险与可保条件多有不符。首先,农业风险具有很强的相关性。农业风险大多来源于人类难以驾驭的大自然,如洪灾、旱灾、雹灾、虫灾等,在灾害事故及灾害损失中常常表现为高度的时间与空间的相关性。其次,由于农业灾害的覆盖面广、影响面大,农业风险所造成的经济损失往往难以度量。再次,农业风险发生巨灾损失的概率相对较大。我国几乎每年必发的洪水灾害都造成高达几百亿元的直接经济损失,相对于保险基金来说都属于巨灾损失。

② 风险单位大:风险单位是指发生一次灾害事故可能造成的保险标的损失范围。对于普通财产保险,一个保险单位通常就是一个风险单位,只要承保标的充分多,就能在空间上有效分散风险。在农业保险中,一个风险单位往往包含成千上万保险单位,风险单位巨大。一旦灾害发生,同一风险单位下的保险单位同时受损,使农业风险难以在空间上有效分散,保险赖以存在的风险分散机制难以发挥作用。

③ 具有明显的区域性:这也是农业风险所特有的。我国幅员辽阔,地理环境复杂,自然灾害种类繁多,发生频率、强度各异,表现出明显的区域性。首先是风险种类分布的区域性,即不同地区存在着不同的灾害种类,如我国南方地区水灾较为频繁,北方地区则旱灾较为严重,而台风主要侵害沿海地区等。其次是同一生产对象的灾害种类和受损程度的地区差异性,即由于地理、气候、品种不同,同一生产对象在不同地区有不同类型的灾害,而且对同一灾害的抵抗能力不同。如同样是水稻,在我国南方和北方就有着不同的自然灾害,而且即使是遭受同样灾害,南方、北方不同水稻品种的抗御能力也不同。农业风险的区域性使得农业保险经营必须进行风险区划与费率分区,这是一项科技含量高、成本高的工作,大大增加了农业保险经营的难度和成本。

④ 更为严重的逆向选择与道德风险:保险业务中普遍存在逆向选择与道德风险。但是,由于农业保险的标的大都是有生命的动植物,其生长、饲养都离不开人的行为作用,农民购买了保险之后,难免通过其行为增加预期索赔;又由于农村地域广阔,业务分散,交通不便,管理难度大,有效监管成本高。因此,农业保险业务中存在更为严重的逆向选择和道德风险。农业风险的特殊性,造成农业保险经营极不稳定,经营难度大,赔付率高。根据中国保监会公布的有关资料,从1985年到2004年的20年里,我国农业保险业务除了2年微利以外,其余18年都处于亏损状态,综合赔付率高达120%。

专栏 9.1

逆向选择与道德风险

所谓逆向选择是指那些有较大风险的投保人试图以平均的保险费率购买保险。保险人控制逆向选择的方法是对不符合承保条件者不予承保,或者有条件地承保。例如,投保人就自己易遭受火灾的房屋投保火灾保险,保险人就会提高保险费率承保。道德风险是指投保人以不诚实或故意欺诈的行为促使保险事故发生,以便从保险中获得额外利益的风险因素。投保人产生道德风险的原因主要有两点:一是丧失道德观念;二是遭遇财务上的困难。从承保的观点来看,保险人控制道德风险发生的有效方法是将保险金额控制在适当额度内。因此,保险人在承保时要注意投保金额是否适当,尽量避免超额承保。

(3) 农业保险商品的特殊性　商品按市场性质可以区分为公共物品与私人物品。一般财产保险商品属于私人物品,而农业保险商品既不是完全意义上的私人物品,也不是典型的公共物品,而是介于私人物品和公共物品之间的一种准公共物品。农业保险的准公共物品性主要表现在以下几个方面:

① 农业保险虽然在直接消费上具有排他性的主要特征,即购买了保险的农户在保险责任范围内能得到直接的经济补偿,没有购买保险的农户不能得到相应的补偿,但在其整个消费过程中即保险经营的一定环节上并不具有排他性。防灾防损是农业保险经营的重要环节,是减少风险损失、降低保险经营成本的主要措施,但在实施防灾防损措施时,不买保险的农户常常可以搭"便车"。

② 农业保险的主要商品不具有竞争性:一方面,农业保险的高风险与高成本决定了农业保险的高费率;另一方面,农业本身的预期收益不高,农民可任意支配的收入很低,支付能力非常有限。因此,在市场条件下,难以形成有效供给和有效需求。我国自 1982 年恢复开办农业保险以来,除了新近成立的几家农业保险公司以外,一直只有原中国人民保险公司和原新疆兵团财产保险公司承办农业保险,业务日趋萎缩。

③ 农业保险的成本和利益具有显著的外在性:虽然在短期内农业保险产品的供需双方可以确切计算利益,但从长期看,由于农产品(尤其是关系到国计民生的基础性农产品)的需求扩张受到人的生理条件的限制,其价格弹性和收入弹性都很小,引进农业保险后,农产品的有效供给增加,价格下降,从而提高了整个社会的福利水平,使全社会受益。保险公司和农户并没有得到全部甚至是主要的利益。农民购买农业保险的边际私人收益小于其边际社会收益,农业保险公司提供农业保险的边际私人成本大于其边际社会成本,即农业保险的成本和利益是外溢的。

④ 农业风险的特殊性决定了农业保险必须进行规模经营,才能在大范围内分散风险,保持经营的相对稳定。农业保险商品的准公共物品性决定了农业保险采用纯商业性经营方式难以成功,国内外农业保险发展的历程都证明了这一点。

(4) 农业保险经营方式的特殊性　农业保险商品的特殊性,决定了其经营方式的特殊性。普通财产保险商品属于竞争性私人物品,一般采用商业性经营方式;农业保险商品是准公共物品,其"公共部分"应该由政府来提供。因此,农业保险必须采用政策性保险经营方式。政策性农业保险的实质就是国家财政对农业保险的净投入并辅之以必要的法律与行政支持。

我国长期实行以直接的农业补贴和价格补贴为主的农业保护政策,发生自然灾害时由中央财政直接拨款救济灾民,对农业保险的投入很少。我国目前除对农业保险免缴营业税外,没有其他扶持政策,几乎是纯商业性经营。我国农业保险要健康发展,必须增加政府投入。

① 对农业保险实行补贴投保农户、补贴保险公司、补贴农业再保险的"三补贴"等政策,即中央和地方财政对农产投保按品种、按比例给予保费补贴,对经营政策性农业保险业务的保险公司适当给予管理费用补贴,建立中央、地方财政支持的农业再保险体系。同时,对农业保险经营实行税收减免、优惠贷款等扶持政策。

② 尽快研究制定《农业保险法》及其配套的法律法规,从各方面对农业保险予以规范和规定,保证农业保险体系的健康运行。

③ 对农业保险发展予以行政支持,包括保险宣传、协调各方关系等。但是,对农业保险的补贴要依据本国国情,实事求是、量力而行。我国是发展中国家,国家财政实力有限,在目前情况下,一是逐步减少农产品收购价格补贴和出口补贴(这也是"WTO"《农业协议》所要求的),转用于农业保险保费补贴和费用补贴,逐步实行以支持农业保险为主的农业保护政策;二是农业保险实施必然使政府财政用于灾害补偿和救济的支出减少,可将节省的部分投入到支持农业保险发展中;三是在农业保险发展初期,国家应着眼长远,适当增加巨灾风险基金的积累。国家增加对农业保险的投入,有利于调整我国支持和保护农业的政策,完善我国农业保护制度体系。

(5) 农业保险组织形式的特殊性　农业保险商品的准公共物品性以及农业保险经营的政策性决定了其组织形式有别于普通财产保险。我国《保险法》规定,保险公司应当采取股份有限公司和国有独资公司两种组织形式。鉴于农业保险的特殊性,2004年中国保监会提出,在现有发展水平下,我国农业保险发展应走经营主体组织形式多元化道路。

① 为政府代办农业保险的商业保险公司,如中国人民保险公司、中华联合保险公司分别在四川、江苏等地实行的奶牛、水稻等政策性农业保险试点。这种组织形式的优势在于,上述两家公司经历了长时间和大范围的农业保险实践,培养了大批专业技术人才,积累了丰富的经营管理经验,业务较易开展。

② 专业性农业保险公司,即专门或者主要经营农业保险的股份制保险公司,如2004年相继成立的上海安信农业保险公司、吉林安华农业保险公司,2007年成立的安徽国元农业保险股份有限公司。这种组织形式较适合于农业较发达地区,但要解决好股份公司的商业性与农险业务的政策性之间的矛盾。

③ 农业相互保险公司,这种公司采用相互保险的形式但又吸收了公司制的运作方式和法人治理结构,日本、美国、欧洲国家等多采用此形式,我国2005年也成立了黑龙江阳光农业相互保险公司。这种形式产权清晰、交易成本低,有利于相互监督防范道德风险,有利于协调政府、公司、农户间的关系,比较适合于农业生产经营比较集中,组织性较好的地区,如黑龙江农垦区、新疆建设兵团等。

④ 地方财政兜底的政策性农业保险公司,上海市原来由市农委主导的"农业保险促进委员会"即为此种组织形式。"兜底"虽可解保险公司的后顾之忧,但容易使其放松管理,滋生心理风险;并且,对于巨灾风险损失,地方政府也难以"兜底"。

⑤ 外资或合资农业保险公司,如2004年10月成立的法国安盟保险公司成都分公司。设立外资或合资农业保险公司有利于引进先进经营技术、管理经验和高素质专业人才。

由于农业生产、农村经济和地方财政存在着巨大的地区差异,实践中具体采用哪种组织形式,则应因地制宜、因时制宜。

3) 农业保险的作用

在我国农业市场化、国际化竞争的大背景下,农业保险除了传统的对农业生产实施事前与事后经济补偿、稳定农民收入等功能外,新形势下农业保险的功能与作用还在拓展和延伸。

(1) 有利于改善农业经营主体的信用地位　农业保险可以使个人风险得到转移、分散,实现将原来不稳定的风险转化为稳定的风险。有农业保险作保障,农业生产趋于稳定,经营者的收益保障程度提高,这有利于改善农业经营主体的经济地位,从而改善其信贷地位,便于其获得贷款,引导农业金融资本流入,促进农业生产扩大规模,提高集约化水平和降低资金融通成本。

(2) 有利于促进农村金融体系的稳定　农业保险不仅是稳定农业生产、保障经营者利益的有力手段,而且由于它对农业资金融通起到配套保障作用,因而还是一国农村金融体系的重要组成部分,其发展关系到一国农村金融体系的完整性和稳健性。

(3) 有利于促进农业和农村经济的稳定与发展　农业产业与其他产业具有高度联动性,农业生产的发展会直接带动农业产前、产后和相关服务业的发展,农民收入的提高可以直接促进其对工业品、服务业的消费。由于农业保险稳定了农业投资收益,会促进社会增加对现代农业的投入,促进农业新技术的推广和应用。农业的出路在于科技,在"十五"期间,尽管与发达国家相比低20~30个百分点,我国农业科技对农业产出增长的贡献仍达45%左右。而科技成果的应用不是无偿的,必须付出一定代价。在很多情况下,如果没有农业保险,农民往往会因为回避风险而放弃使用新的科学技术。因此,农业保险可以通过促进农业生产的稳定来促进农村相关产业的稳定与发展。

(4) 有利于促进国家经济发展和社会稳定　农业是母体性产业,是国民经济的基础,是人们最主要的生活来源,"三农"问题不仅直接关系到本部门的产业发展、就业增长和区域稳定,还是拉动内需的核心力量,是实现经济持续发展的根本保障。因此,通过农业保险促进农业的稳定与发展,使广大农民从容面对天灾人祸,有利于国家经济和社会的稳定、发展。

(5) 有利于政府对农业的支持和保护　农业保险是市场经济和开放经济条件下政府进行农业支持和保护的有力工具。WTO规则要求成员逐步开放农产品市场并减少对农业的补贴,但与农业生产相关的自然灾害保险则不予限制。农业保险已成为WTO成员支持本国农业的基本手段和方式之一。因此,大力发展农业保险,建立政策性和商业性相结合的农业保险制度,是我国合理运用WTO规则,完善农业保护体系,提高我国农业的生产经营水平和国际竞争实力的必要措施。

总之,农业保险是政府保护农业,稳定农村经济,安定农民生活,确保国家粮食安全,乃至促进国民经济又好又快发展的有效工具之一。由于在世界贸易组织中,农业保险属于绿箱政策,是世界贸易组织框架下世界农业政策的重要走向之一。

9.4.2 农业保险的主要内容

1) 农业保险的险种结构

农业保险从不同的角度有不同的分类,根据承保对象,可分为种植业保险和养殖业保险两大类别,种植业保险以不同作物又可分为粮食作物保险、经济作物保险、其他作物(蔬菜、保护地栽培)保险、林木保险、水果和果树保险等;养殖业保险也可分为大牲畜保险、小牲畜保险、家禽保险、水产养殖保险、特种养殖保险等。根据保险责任划分,农业保险可分为单一责任保险、混合责任保险和一切险,其中,单一责任保险一般仅承保一项风险责任,如水灾、火灾等;混合责任保险则采取列举方式明示承保的多项风险责任;一切险采取列举方式,但实质上除列示的不保责任外均属于可保责任,因此,一切险所承保的风险责任最大。在我国保险实践中,农业保险通常是按承保对象来划分的。

(1) 种植业保险 指以农作物及林木为保险标的,对在生产过程中发生约定的灾害事故造成的经济损失承担赔偿责任的保险。在农业保险实践中,种植业保险是一个很宽泛的险别,它是以国有或集体的农牧场、林场和农户为被保险人,以其生产经营的生长期、收获期、初加工期、储藏期的作物、林木、水果及果树为保险标的,以各种自然灾害和意外事故为保险风险的所有农作物(包括林木)保险的总称。在国外,种植业保险一般被称为农作物保险,他们将农林种植和水生植物养殖业都归在农作物之列。我国的种植业保险,因其生产时期的不同,有生长期农作物保险与收获期农作物保险之分。前者只保作物生长阶段的风险损失,后者保农作物成熟后收获期、储藏和初加工期的风险损失。我国目前开办的种植业农业保险主要险种有:水稻保险、蔬菜保险、林木保险、水果收获保险、西瓜收获保险、小麦保险、油菜保险、棉花保险、烤烟保险等。

① 粮食作物保险:指以生长期的粮食作物为保险标的的保险。按我国传统的农业分类方法,禾谷类(稻、麦、玉米等)、豆类(大豆、豌豆、绿豆、蚕豆、扁豆等)和根茎类(红薯、马铃薯、山药、芋头等)作物属于粮食作物。粮食作物保险是对粮食作物在从出苗到成熟收获期间因各种自然灾害和意外事故所造成的损失,由保险人依据约定提供经济补偿的保险。我国试办的这类保险险种有生长期水稻保险,生长期小麦保险,生长期玉米保险,生长期大豆保险,收获期小麦、水稻火灾保险等。

② 经济作物保险:指以生长期经济作物为保险标的的保险。经济作物称技术作物、工业原料作物,指具有某种特定经济用途的农作物。广义的经济作物还包括蔬菜、瓜果、花卉等园艺作物。经济作物按其用途分为:纤维作物(棉花、麻类、蚕桑等)、油料作物(花生、油菜、芝麻、大豆、向日葵等)、糖料作物(甜菜、甘蔗等)、原料作物(橡胶、椰子、油棕、剑麻等)、药用作物(枸杞、干草、人参、贝母等)及其他经济作物,如饮料作物(茶叶、咖啡、可可等)、嗜好作物(烟叶等)、香料作物(熏衣草等)、工业用番茄和啤酒花等。经济作物保险就是为经济作物生产和初加工提供的灾害、事故损失的保险。我国试办的这类保险险种有棉花种植保险、烟草保险、油菜保险、甜菜种植保险、甘蔗种植保险、烤烟保险等。

③ 蔬菜园艺作物保险:指以生长期的蔬菜和园艺作物为保险标的的保险。蔬菜作物分为瓜类蔬菜、茄果类蔬菜、葱蒜类蔬菜、绿叶类蔬菜、水生类蔬菜、甘蓝类蔬菜、白菜类蔬菜、菜用豆类、食用菌类;园艺作物分为花卉作物(鲜花及鲜花蓓蕾)和其他园艺作物(观赏花木、工艺盆景及装饰植物的种植)。我国试办的这类保险险种有露天种植蔬菜保险。

④ 水果及果树保险:指以生长期的水果和果树为保险标的的保险。水果和果树分为仁果类(苹果、梨等)、核果类(桃、杏等)、浆果类(葡萄、草莓、猕猴桃等)、坚果类(核桃等)、柑果类(柑橘等)、亚热带及热带水果类(香蕉等)。在实务中,这类保险分两类:即水果保险和果树保险。水果保险的保险期限相对较短,只是从每年水果生产季节的定果开始至水果成熟收获离枝止。而果树保险的保险期限有1年或1年以上。我国有的省试办果树保险,主要是苹果树保险。

⑤ 林木保险:指以具有经济价值的林木为保险标的的保险。林木按用途分为防护林、用材林、经济林、炭薪林、特种用途林、苗圃林等。我国目前办理的这类保险险种主要是森林

火灾保险。

⑥ 其他种植业保险:指除以上列明的种植业保险以外的其他作物保险,主要有以下几种:

a. 绿肥牧草作物保险:指以绿肥牧草作物为保险标的的保险,绿肥牧草包括苜蓿、草木樨等。

b. 制种作物保险:指以繁育种质资源为生产目的的作物为保险标的的保险。

c. 温室大棚作物保险:指以温室大棚及在温室大棚内种植的作物为保险标的的保险。温室指有人工墙体、室内高度达到人可以在其中自由作业标准,能利用人工或自然方式采暖,用于培育农作物的玻璃温室等建筑;大棚指用于培育农作物的、采用塑料薄膜等材料做成的、操作人员可以直接进入的设施。

d. 收获期保险:指以收获期农作物为保险标的的保险。收获期农作物指生殖生长终止,经济产量已经构成,生产上已进入收割、晾晒、轧打、脱粒、烘烤阶段的农作物,如小麦火灾保险、农作物露堆保险等。

e. 其他保险:包括农作物雹灾保险、农作物育苗育秧保险、农作物价格保险、农业灾害气象指数保险等。

(2) 养殖业保险 指以饲养的畜、禽和水生动物等为保险标的,对在养殖过程中发生约定的灾害事故造成的经济损失承担赔偿责任的保险;或者说是由保险人对生产者(被保险人)在养殖业生产过程中因灾害事故或疾病造成保险标的损失承担赔偿责任的一种保险。我国目前开办的养殖业农业保险主要险种有生猪保险、养鸡保险、养鸭保险、牲畜保险、奶牛保险、耕牛保险、山羊保险、淡水养殖保险、养鹿保险、蚌珍珠保险等。在我国保险经营的实践中,养殖业保险通常被分为以下四类:

① 牲畜保险:牲畜按在农业生产中的主要经济用途分役畜和产品畜两大类;按年龄、雌雄不同,分为成年畜、幼畜、仔畜,以及公畜、母畜。在畜牧学中有大牲畜、小牲畜之分,因此养殖业保险业务中分为以下两种:

a. 大牲畜保险:指以大牲畜为保险标的的保险。大牲畜指为了经济或其他目的而饲养的体型大、饲养周期较长的哺乳动物,主要包括牛、马、驴、骡、骆驼等。大牲畜保险以役用、乳用、肉用、种用的大牲畜,例如耕牛、奶牛、菜牛、马、种马、骡、驴、骆驼等为承保对象,承保在饲养使役期间因牲畜疾病或意外灾害造成的死亡、伤残以及因流行病而强制屠宰、掩埋所造成的经济损失。由于大牲畜保险是一种死亡保险,所以投保的牲畜必须畜体健康。牲畜的死亡率高低对费率也有重要影响。在我国农村不少地区,大牲畜仍是主要的劳动工具,近年来乳用、肉用的牲畜也大量增加,牲畜保险有着广阔的市场。

b. 小牲畜保险:指以小牲畜为保险标的的保险。小牲畜指人们为了经济或其他目的而饲养的中小型哺乳动物,主要包括猪、羊、兔等。能繁殖母猪指已经达到生殖年龄、有生殖能力的母猪,一般是年龄在8个月至4周岁的母猪。育肥猪指断乳起至出栏止的猪,育肥阶段5个月左右。

② 家禽保险:指以家禽为保险标的的保险。家禽指经过人类长期驯化,在人工饲养条件下可繁殖,具有经济价值,能提供肉、蛋、羽等产品的禽类的统称,主要包括鸡、鸭、鹅等。保险责任范围主要是各种自然灾害和意外事故情况以及疾病、瘟疫造成家禽在饲养期间的死亡。家禽饲养量大,在非灾害事故情况下也有少量正常死亡,因此应规定一个合理的免赔额。

③ 水产养殖保险:指以水产养殖产品为保险标的的保险,即对水产养殖过程中因自然灾害和意外事故造成经济损失(死亡或流失)提供补偿的一种养殖险。水产养殖是指利用海洋水域、滩涂和内陆水域中的可养面积,对鱼、虾、蟹、贝、藻类及其他水生经济动植物进行人工投放苗种、饵料和经营管理,以获取相应产品的生产活动,分为淡水养殖和海水养殖。我国试办的水产养殖保险险种有:池塘养鱼保险、鳗鱼养殖保险、池塘养虾保险、网箱养鱼保险、海水养虾流失保险等;也试办过贻贝及扇贝养殖保险、蛤蜊养殖保险、海带养殖保险、珍珠养殖保险等。

④ 特种养殖保险:指以特种养殖动物为保险标的的保险。特种养殖是指对稀有的、经济价值较高的动物进行饲养,以获取相关产品或观赏等为目的的生产活动,主要包括鹿、貂、牛蛙、蛇等特种养殖。特种养殖是近年来在市场经济发展中兴起的经济动物饲养业。特种养殖的动物很多,如鹿、水貂、狗、果子狸、肉鸽、鸵鸟、蛇、鳖、牛蛙、蚯蚓等。为这些饲养动物生产提供的保险服务就属于特种养殖保险。我国试办过的这类保险险种有:养鹿保险、鸵鸟养殖保险、养鳖保险、牛蛙养殖保险、肉鸽养殖保险等。

2) 涉农保险险种

涉农保险指除农业保险以外,其他为农业服务业、农村、农民直接提供保险保障的保险,包括:涉及农用机械、农用设备、农用设施、农房等农业生产生活资料,以及农产品储藏和运输、农产品初级加工、农业信贷、农产品销售等活动的财产保险;涉及农民的寿命和身体等方面的人身保险。

(1) 农机保险　指以农用机械为保险标的的保险。农用机械包括拖拉机、农具、农用生产设备等。

① 大中型拖拉机保险与配套农具保险:前者指以发动机额定功率在14.7千瓦(含14.7千瓦,即20马力)以上的拖拉机(分为链轨式和轮式两种)为保险标的的保险;后者指以为各种大中型拖拉机配套的用于从事田间作业的各种农机具,包括旋耕机、播种机、插秧机等为保险标的的保险。

② 小型拖拉机保险与配套农具保险:前者指以发动机额定功率在2.2千瓦(含2.2千瓦)以上,小于14.7千瓦的拖拉机(包括小四轮与手扶式)为保险标的的保险;后者指以为各种小型拖拉机配套的用于从事田间作业的各种农机具,包括旋耕机、播种机、插秧机等为保险标的的保险。

③ 排灌动力机械保险与节水灌溉机械保险:前者指以用于农用排灌作业的配套动力机械,包括电动机和柴油机为保险标的的保险;后者指以能进行喷滴管灌作业的机械,包括微灌、喷灌、滴灌、渗灌机械为保险标的的保险。

④ 联合收割机保险与机动脱粒机保险:前者指以在收获过程中同时可以完成几项作业(如收割和脱粒等)的收割机械(如谷物联合收割机、棉花联合收获机——摘棉机,分为牵引式和自走式两种)为保险标的的保险;后者指以由动力机械驱动专门进行农作物脱粒的作业机械为保险标的的保险。

⑤ 农用运输车保险:指以在拖拉机基础上发展起来的,其性能和结构介于汽车和拖拉机之间,动力为柴油机,速度在每小时50公里以下的,载重量为1.5吨以下的农用运输机械(分为四轮和三轮两种)为保险标的的保险。

⑥ 机动剪毛机保险与挤奶机保险:前者指以由动力机械驱动进行剪毛作业的机械为保险标的的保险;后者指以由动力机械驱动进行挤奶作业的机械为保险标的的保险。

⑦孵化设备保险:指以用于家禽种蛋孵化的设备(以成套为单位计算)为保险标的的保险。

⑧排灌站保险:指以有排灌动力机械和设施的场所为保险标的的保险。

⑨机电井保险:指以安装柴油机、电动机或其他动力机械带动水泵抽水灌溉农田且已经配套的水井(不包括待机配套的水井)为保险标的的保险。

(2)农房保险　指以农民生活住房及农业生产用房为保险标的的保险。农民生活住房是指农民拥有的、位于农村的、用于居住生活的房屋;农业生产用房指直接用于农业生产、放置农业生产工具和其他生产资料、存放成品和半成品、从事农林牧渔服务业的房屋,如库房、农产品初加工的生产用房和畜禽圈舍、水产养殖的房屋等。

(3)渔船保险　指以渔船为保险标的的保险。渔船分为远洋捕捞渔用机动船和近海及内陆渔用机动船。远洋捕捞渔用机动船指用于远洋捕捞作业的渔用机动船,包括生产用渔船和辅助渔船。近海及内陆渔用机动船指用于近海及内陆捕捞作业的渔用机动船,包括生产用渔船和辅助渔船。

3)农业保险的保险标的

农业保险的标的因险种而异,分为以下几种:

(1)生长期农作物保险的保险标的　是处于生长期的各种农作物,包括粮食作物、经济作物、其他作物、林木、水果、果树等。例如大田种植的粮食作物:水稻、小麦、大麦、玉米、高粱、大豆、蚕豆、豌豆、小豆、绿豆、菜豆、红薯、马铃薯、山药、芋头等;大田种植的经济作物:棉花、苎麻、亚麻、油菜、花生、芝麻、蓖麻、向日葵、甜菜、甘蔗、烟草、茶叶、咖啡等;露天栽培或保护地栽培的蔬菜作物:黄瓜、西葫芦、冬瓜、苦瓜、茄子、西红柿、辣椒、豇豆、菜豆、毛豆、刀豆、蚕豆、大蒜、大葱、韭菜、芹菜、菠菜、胡萝卜、平菇、香菇、猴头菇等。需要注意的是,并不是在农作物生长的任何时期,都可以作为保险标的。对于大田作物和保护地栽培作物来说,一般是出土的苗或移栽成活的苗才可以作为保险标的。

(2)收获期农作物保险的保险标的　收获期农作物保险主要涉及粮食作物和经济作物。凡成熟后进入收割、脱粒、晾晒、碾打、烘烤等初加工的夏、秋粮食作物和经济作物均可作为保险标的。例如,收割的水稻、小麦在脱粒、晾晒、碾打过程中,可作为收获期水稻、小麦火灾保险的保险标的,采摘下来的烟叶可作为烤烟保险的保险标的。目前,中国人民保险公司开办此类保险业务的地区有河南、河北、山西、云南、陕西、辽宁、内蒙古、新疆、安徽、广西、黑龙江、宁夏、贵州、吉林、山东、北京、江苏、甘肃等。

(3)林果保险的保险标的　主要包括:原始或次生林:防护林、用材林、经济林、薪炭林等。盛果期果园的水果:柑橘、苹果、梨、桃、葡萄、香蕉、荔枝、芒果等。栽植的果树:柑橘树、苹果树、梨树、桃树、葡萄树、香蕉树、荔枝树、芒果树等。此外,在青海省,凡政府批准退耕还草,由农户种植的草地,都可以乡、农场为单位向中国人民保险公司投保牧草生长期火灾专项保险。其他林地、草地不在保险单承保的范围内。该保险只对退耕还草后参加保险的草地,因意外火灾而造成的损失负赔偿责任。

(4)大家畜保险的保险标的　保险人承保的大家畜主要是牛(奶牛、肉牛、耕牛)、马、骡、驴、骆驼等。按畜群分,大家畜可分为幼畜、青年畜和成年畜(例如,牛分为犊牛、青年牛、成年牛)。而一般只有畜体健康、饲养管理正常的青年畜和成年畜可作为保险标的,而且,成年畜的畜龄也有限制。幼畜和高龄畜(如10岁以上的奶牛)的染病率和死亡率比较高,故一般不保。

(5) 小家畜保险的保险标的　小家畜保险主要承保的是猪、羊、兔等。与大家畜保险的要求类似,只有无伤残、无疾病而且断乳后的这类家畜才能作为保险标的。有的条款还有更具体的投保规定,例如猪断乳体重要求为 10 千克。

(6) 家禽保险的保险标的　包括符合承保条件的鸡、鸭、鹅、火鸡等家禽,主要是符合卫生、防疫要求,具有科学饲养管理设施和技术条件的规模化饲养场饲养的家禽。对承保的家禽也有年龄限制,特别是种禽,例如,种鸡使用年限为 1~2 年,种鸭使用年限为 2 年,种鹅使用年限为 1~4 年。农户家庭散养的规模太小的家禽不宜作为保险标的。

(7) 水产养殖保险的保险标的　水产养殖一般分为淡水养殖和海水养殖,其养殖的水产品有五大类,即鱼类、虾类、蟹类、贝类和藻类。每类又有许多不同品种,例如鱼类有传统的四大家鱼——鲤鱼、草鱼、鲢鱼和鲫鱼,还有新兴名贵品种罗非鱼、鳗鱼、鲈鱼等。实践中的保险标的并不多,主要是符合承保条件的鱼、虾、蚌、珍珠、扇贝、蛤蜊等。淡水养殖保险的承保,要求有一定的养殖面积,水源充足、无污染且周围无污染源,投保人具有一定的饲养技术和条件等;海水养殖的养殖区要有良好无污染的水质,最近 2~3 年无赤潮发生,避风条件好,养殖人具有一定的养殖经验等。

(8) 特种养殖保险的保险标的　特种养殖保险涉及的动物门类很多,有兽类(鹿、肉狗等)、禽类(鸵鸟、鹌鹑等)、爬行类(蛇、鳖等)、两栖类(牛蛙、蟾蜍等)、节肢动物(蚯蚓等),每种动物都可以作为保险标的,但各自都须具备一定条件,例如养殖规模、养殖经验、技术条件等。

4) 农业保险的责任范围

农业保险责任范围的确定因地区、险种、标的而异,但主要依据在于农业保险的性质、目标和保险人的供给能力、被保险人的需求状况及社会环境。农业保险的责任有自然灾害及意外事故所致农产品的严重损失。自然灾害主要是洪涝、冰雹、暴风、冻害,意外事故主要是火灾及其他。农业保险的保险责任在农作物保险、畜禽保险和水产养殖保险中各不相同。

农作物保险的保险责任主要是自然灾害。农作物保险承保的责任主要有:单一风险责任、混合风险责任、一切风险责任。

(1) 生长期和收获期农作物保险的保险责任　主要涉及粮食作物、经济作物和其他作物,根据保险人承担保险风险责任的多寡,有单一风险责任、综合风险责任和一切风险责任之分。

生长期农作物保险的保险责任,从理论上讲,由于气候原因引起的自然灾害和病虫草危害引起的生物灾害损失都可以作为生产期农作物保险的保险责任。收获期农作物保险的保险责任分为单项责任和综合责任。

承保农作物单一风险责任的保险,简称"农作物单一险",是保险人只承保一种风险责任的保险,例如,小麦雹灾保险、棉花雹灾保险,保险人只对冰雹灾害引起的生长期小麦和棉花产量损失负责赔偿;又如,水稻、小麦火灾保险,保险人只对水稻、小麦在收割、运输、脱粒、碾打、晾晒过程中由于火灾原因造成保险标的损失负赔偿责任。烤烟保险,对烟叶烘烤加工过程中因火灾原因造成保险标的损失承担赔偿责任。有的险种保险人承担两种和两种以上风险责任,这种保险简称"农作物综合险"。如某省举办的棉花保险,承保的风险责任有冰雹、洪水、渍涝、暴风、龙卷风等。承保农作物一切风险责任的保险简称为"农作物一切险"。这种保险的保险人承担几乎所有的自然灾害和病虫害造成的损失赔偿责任。我国目前在试办中尚未提供这种保险,但在农业保险比较发达的国家,如美国、加拿大,政府的农作物保险公司主要出售这种保险单。其承保的责任包括干旱、洪水、火山爆发、山体滑坡、雹灾、火灾、作物病虫害等。

(2) 林木保险的保险责任　林业生产中的风险很多,有自然风险,例如,火灾、洪灾、风灾、雪灾、冻害、雹灾、野兽危害、病虫害等;有社会风险,如盗伐、哄抢等。林木保险的保险责任可以有多种选择,但目前一般情况下,保险人只出售森林火灾保险单,承担单一火灾风险的损失补偿责任。

森林保险的保险责任:凡在森林生长过程中可能遇到的意外灾害,并导致可以计算的直接经济损失,均可作为森林保险的保险责任。

(3) 畜禽保险的保险责任　畜禽保险标的面临的可保风险主要有三类:一是自然灾害,如火灾、水灾、地震、地陷、暴风、暴雨、台风、龙卷风、泥石流、雷击、难产、阉割感染、冰雹、冻灾等。二是意外事故,如火灾、碰撞、窒息、爆炸、摔跌、野兽伤害、触电、建筑物或其他物体倒塌等。三是社会风险,为防止传染病蔓延,执行当地政府命令捕杀并掩埋或焚烧等。

畜禽保险可以将以上风险(或其中一部分)所致畜禽死亡或残废损失综合起来作为保险责任,也可以单独承保其中某一种风险责任。例如,中国人民保险公司在青海省开办的牡鹿养殖保险,承保的范围既包括特定的自然灾害和意外事故(如雷击、水灾、冰雹、崖崩、洪水、泥石流及其他固定物体的倒塌等),还包括特定疾病(从口蹄疫、肉毒梭菌病、棘豆草毒病中选定,经畜牧兽医行政部门确诊为准)以及特别约定(如截茸而致牡鹿死亡)等。

(4) 水产养殖保险的保险责任　一般包括死亡责任和流失责任两种。水生动植物自身疾病引起的死亡、缺氧死亡及他人投毒、养殖池干涸、冰冻、污染等引起的死亡,均构成死亡责任;台风、龙卷风、暴风雨、洪水、地震、海啸等风险造成堤坝溃决或海潮漫坝引起的养殖动物流失损失,则可构成流失责任。保险人既可以一张保单同时承保死亡责任和流失责任,也可以将死亡责任作为基本责任,流失责任作为附加责任保险,还可以将流失责任单独承保。

(5) 农业保险的除外责任　除外责任是指保险标的损失不属于由保险责任范围内的保险事故所导致的损失,因而保险人不予承担赔偿责任。农业保险的除外责任因险种而异,各险种共同的除外责任包括:① 被保险人及其关系人故意行为、欺骗行为所致的损失;② 被保险人管理不善,或者违反经实践证明是合理的栽培和饲养技术造成的损失;③ 战争、军事行动或暴乱;④ 偷盗,被野兽、牲畜、禽类猎食造成的损失;⑤ 市场价格跌落造成的损失;⑥ 其他不属于保险责任范围的损失。各险种具体的除外责任在保险条款中都有明确规定。

5) 农业保险的保险期限

(1) 农作物保险的保险期限　农作物保险的保险期限与农作物的生产特点联系在一起。生长期农作物保险一般从作物出土定苗后起保,到成熟收割时截止。如小麦保险可以从麦苗出齐后开始,水稻保险从插秧结束起保,到小麦、水稻成熟收割时止;对分期收割的农作物(如棉花、烟草),保险期限应到收完最后一批棉花和烟叶为止。对收获期农作物保险,一般从农作物收割(采摘)进入场院或烘房后起保,到完成脱粒、晾晒等初加工离场入库前,或完成烘制离开烘房为止。有的收获期保险的保险条款,将保险期限提前到收割(采摘)进入场院前10天,包括了收割、运输途中的时间,向后推迟到交售入库为止,从而扩大了保险责任和保障程度。但总体上讲,收获期农作物保险是一种短期保险,保险期限通常为1个月或40天。

林木属多年生植物,生长期特别长,林木保险的保险期限因此可长可短,但起保一定是在林木栽植成活后。目前实行1年期的短期保险,少数也有签订3年、5年乃至更长的合同的。

(2) 养殖业保险的保险期限　养殖业保险的保险期限一般与动植物养殖的生产周期相一致。由于养殖对象种类很多,其生活习性、生长规律等方面各有特点,养殖业保险的责任期限不可能按自然年度或其他时间区间确定一个统一的期限,而需要根据标的养殖周期或风险特点来确定。保险责任期限长短因标的而异,即使同一标的,也可能因地域和气候的不同、险种不同而在时间先后和长短方面有一定差别。例如,生猪死亡保险和生猪屠宰保险,前者承保生猪饲养期间死亡责任,一般有几个月甚至于1年;而后者承保的是屠宰场收购的生猪在候宰期间的疾病和死亡责任,对于分批投保的保险标的,保险期限只有几小时,最多不超过24小时。但按当年屠宰计划投保的,保险期限为1年,其中每一屠宰批次的保险期限仍不超过24小时。

6) 农业保险的保险金额

农业保险的保险金额指的是保险公司承担的最高赔偿责任限额。农业保险与一般财产保险不同,保险金额不易确定。各国实行的农业保险,采用全额保险的极为罕见。经验表明,如实行全额保险,易引起道德风险;同时就农业保险的本质及其目标而言,实行部分保险更具说服力,因为农业保险所负的使命在于农民不致因灾害发生而被迫中断再生产,或无法维持其最低生活,因此,实行部分保险即可达到目标。农业保险的保险金额主要采取以下几种方式确定:

(1) 按产量确定保险金额　这是使用最为普遍的一种方法,保险人根据各地同一风险区同类标的一定时期平均产量确定保险保障的产量水平,再根据事先选定的价格和保险比例确定保险金额。生长期农作物保险和水产养殖保险适用这种确定保险金额的方式,例如,中国人民保险公司开办的收获期农作物火灾保险每亩保险金额的确定就是参照当年或上年国家对与保险标的同类的农产品的收购价格和被保险人所在县(市)同类标的作物前3年平均亩产量的60%~80%确定。森林保险的保险金额是按单位面积的林木蓄积量和预先选定的木材价格来确定的。但有的险种,例如烟草、棉花保险,在上述确定的保险金额范围内根据作物不同的生长时期的损失变动情况,保额是有变化的。

(2) 按成本确定保险金额　此种方法又称生产成本制,采用较少。由于获得准确的农作物或水产品产量资料并不是一件容易的事,保险人便以各地同类保险标的生产的平均成本作为确定保险金额的依据。例如,中国人民保险公司在青海省开办的牧草生长期火灾专项保险的保险金额就按当地每亩所投入的成本分阶段确定,一般每亩保险金额不超过50元。另外,美国佐治亚州的州立保险所对于果树栽培者也采用这种办法。

(3) 按市场价或协商价确定保险金额　在牲畜保险等业务中,有时以一个时期的平均市场价格确定保额。例如,一头3岁成年奶牛当地市场价约为5 000元,保险人可以5 000元作为保险金额。中国人民保险公司在青海省开办的牝鹿养殖保险,保险金额就是按当地牝鹿的市场价格确定,但保险金额最高不超过当地当年牲畜市场实际价格的5成。大家畜、小家畜和禽类保险,水果和果树保险也可根据标的具体情况,协商确定保险金额。

7) 农业保险的保险费率

同其他财产保险一样,农业保险的保险费率也是以保险标的损失率为基础的。但由于农业生产风险高,农业保险标的损失率也比其他财产保险的损失率高出很多,以标的损失率确定的保险费率就相当高,而高额保费农民承担不起,由此农业保险进入两难境地:真正根据损失率厘定费率,保户买不起;为迁就投保人的支付能力,很多保险公司在没有其他资金支持的情况下,由于高额赔付率而导致破产。为了解决这个矛盾,西方发达国家通常由政府来补贴费率,以此降低保费,使农民能负担得起。

9.4.3 我国农业保险的组织形式

1) 我国农业保险组织形式的理论模型

我国农业保险的组织形式理论上有7种基本类型:一是保险公司受地方政府的委托代办;二是保险公司与农业技术部门合办;三是农业保险合作社;四是地方政府办保险,保险公司代理;五是保险公司与地方政府共保;六是民政部门办;七是地方性经济单位自办。

1996年《国务院关于农村金融体制改革的决定》中对"逐步建立各类农业保险机构"做出如下决策:在总结试点经验的基础上,逐步在农业比重较大的县建立农村保险合作社,主要经营种养业保险。在发展农村合作保险的基础上,创造条件成立国家和地方农业保险公司,主要为农村保险合作社办理分保和再保险业务。国家农业保险公司在中国人民保险(集团)公司原有农业保险机构的基础上组建。为避免农业保险机构因承保种养业保险造成亏损,国家将在政策上给予适当的扶持。

当时提出这一对策的理论依据是:我国地域辽阔,农业经济发展不平衡,因此我们鼓励各地结合自己的农业经济状况,因地制宜地发展多种形式的农业保险。鉴于我国农业商品经济不发达,商业性农业保险受到严重限制,国家还无力向农业保险提供大量的资助或补贴,社会保障性农业保险还无法广泛推行的态势,我国农业保险的基本性质应当是而且只能是以合作性质为主。这种合作保险的实质就是把农民组织起来,以损失分摊的方式在参加合作的农民中间筹集补偿基金,用于对少数受灾的合作社员的补偿。

合作保险的优越性在于:一是合作保险是非营利性的,盈利归合作社社员所有,利于调动农民的积极性;由于没有盈利,财政可以对其免税,因而提高了农业保险的经济可行性。二是合作组织是较低层次的公有制形式,与我国的农业经济基础相适应,易于为农民所接受。三是合作组织宜于在村、乡一级普遍建立,干部多由农民自己兼职,他们对农业生产的特点和规模十分熟悉,在农业风险评估和理赔定损中遇到的与农业技术有关的难题,当农民自己作为保险人时,会变得容易解决得多。四是在保险经济行为中,由于参加合作社的农民彼此利益结合在一起,且相当熟悉,因而易于实现相互监督。

诚然,农业合作保险也有其不利的方面:一是农业保险合作社覆盖面小,保障的危险事件独立性差,在不够充分的地域范围内,一地受灾,往往使全体受损,因而互助性受到限制;二是合作社中保险专业人才不足,保险技术方面受到影响。

为了克服农业保险合作社的上述先天不足,我国应在合作社的基础上,寻求一条合作保险、商业保险和国家支持相结合的道路。具体说,为了克服农业保险合作社的经营地域狭小与农业灾害地域广大之间的矛盾,要运用再保险机制对分散的农业保险合作社实行联网,分散风险。当时中国人民保险公司已经建立起了由中央到省、市、地、县的金字塔状的网络机构,其他保险公司也相应的有了自己较大的网络机构。利用这一有利条件,每村或乡级的农业保险合作社直接将业务的一部分或大部分向保险公司的支公司分保,支公司又将业务的一部分向保险公司的分公司分保,分公司再将业务的一部分向总公司分保。这样,农业保险合作社的业务通过逐级分保而获得稳定的经营基础。

为了克服农业保险技术人才不足的矛盾,确保农业保险体系的建立,保险公司要向农业保险合作社提供技术指导和帮助,以科学地评估风险,测算费率,制定保单条款,定损核赔,组织核算。

政府在农业保险合作社的建立和发展中起着重要的作用,首先,现阶段在我国农村经济中,地方政府始终起着组织者和推动者的作用,对于农业合作保险这样一项利国利民的好事,地方政府要利用自己的威信和影响,引导农民组建农业保险合作社。其次,对带有社会保障性质的农业保险合作社,地方政府要给予必要的扶持,在税收方面不仅要免除农业保险合作社的一切税收,而且要免除保险公司的一切与农业保险相关的分保收入的税收。

总之,以合作保险为主体,以保险公司为支持,以国家政府为后盾,以互助合作为宗旨,以提供基本保险为目标,以商业保险技术为基础,多种形式地发展农业保险,应当是我国农村保险事业向前推进的基本道路。这基本上反映了当时人们的认知水平。

2) 我国农业保险组织形式的实践模式

(1) 保险企业专业化经营 是指中国人民保险公司对农业保险实行"低保额、低收费"的商业化经营组织形式。

(2) 联合共保 是指由中国人民保险公司与地方政府或有关部门共同对保险人承担经济补偿责任的一种组织形式。其主要做法是,将县以下的农险业务划作地方性险种,由地方政府组织推动,保险公司办理具体业务;双方按照"利益均沾、风险共担"的原则,各分享一定比例的收益,同时承担相应的风险。1992年"联合共保"全国曾发展到近900个县,使我国农险保费在1993年达到最大额8.3亿元。但由于双方常"争利推责",影响了被保险人的利益,这种组织形式到1995年基本停办。

(3) 农村互助合作组织 包括农业保险合作社和农村统筹保险互助会,是农民互助互济性质的保险组织,具体业务由人保代理。由于缺乏利益协调机制和相关法律法规的规范,尤其是与1994年开始实行的新的会计制度相冲突,在河南省84个县试点后,便逐步停办了。

3) 我国农业保险经营组织形式的比较与选择

(1) 商业性农业保险和政策性农业保险的边界 农业保险是政策性保险,但这并不意味着所有农业保险产品都必须实行政策性经营。事实上,1791年诞生在德国的雹灾保险,就是由私营保险公司经营的,而且德国、英国、法国等至今都是以私营保险公司为主经营雹灾保险。在日本,除一部分大田作物(水稻、早稻、小麦等)和马、牛、猪、蚕等饲养项目是依法强制实行政策性保险之外,花卉、某些设施农业、精细农业产品的保险,实际上都是商业性经营。这就有必要对农业保险的具体项目和内容进行分析,讨论商业性农业保险和政策性农业保险的区别。

只有那些关乎国计民生并对农业和农村经济、社会发展有重要意义,而商业性保险公司又不可能或不愿意从事经营的农业保险项目,才可能纳入政策性保险经营。也就是说,从宏观层面上讲,政策性农业保险项目必须有较强的政策意义;而从微观层面上讲,这些保险产品因其成本高、价格高,在竞争的保险市场上难以成交。符合这些条件的农业保险项目或产品主要包括以下几种:

① 农作物多风险保险:这类标的农作物风险通常很高,例如玉米、棉花、水稻、小麦等作物,由于这些产品涉及食物和纤维供给的安全,在国民经济中具有重要的战略地位,从而在

相当长的时间里具有重要的政策意义。同时,洪涝、干旱、霜冻、冰雹、病虫害等风险事故的发生率相当高。据统计,1961—1990年30年间,我国农作物遭受这些灾害的面积占播种面积的比例高达29.8%,而成灾面积占播种面积的比例为16%,这两个比例在20世纪90年代和21世纪以来还有进一步的提高。在湖南、湖北、安徽等省,水灾的发生率超过30%,作物的损失率显然很高。有学者曾在陕西关中地区做过调查,棉花的社会损失率在9%~18%左右,粮食作物的社会损失率在7%~13%左右。这也就是以产量为保障目标的多风险农作物保险的纯费率高达2%~15%的原因。

② 家畜家禽死亡保险:现阶段,畜牧业在我国也具有重要的政策意义,而且畜牧业保险标的因疫病和意外事故死亡的风险也很大。有学者曾在某大城市调查过为期10年的奶牛的社会死亡率,其平均死亡率为3%~5%,在疫病流行的年份高达10%,其中,犊牛平均死亡率高达12%~16%。家畜家禽保险对畜牧业的持续、稳定发展具有一定的战略意义。而这两大类农业保险项目都难以进入竞争的商业保险市场。

不符合政策性农业保险项目上述特征和条件的保险项目和产品主要包括以下几种:

① 某些单风险农作物保险:例如,农作物冰雹灾害保险,或者某些地区如新疆、甘肃、山东等省(区)的农作物洪水保险,麦场、稻场火灾保险,烤烟火灾保险等,尽管这些保险标的也同样有重要的经济意义,但从我国的试验看来,这些保险标的遭受冰雹、洪水、火灾等单一风险灾害的几率较小,一般不超过1%;这些灾害是小概率事件,符合一般商业保险承保风险的条件。

② 范围较小、价值较高的设施农业、精细农业的单风险保险或某些综合风险保险,例如,大棚蔬菜、花卉和温室瓜果等作物的单风险或多风险保险;这些保险标的价值较高,而且生产收入较高,生产者一般支付能力较强。

当然,对于上述两类保险项目,从我国的实践和国外的经验来看,在某些地区可视政策导向,有选择、有条件地纳入政策性保险,补贴幅度要小一些。

③ 一些特殊饲养动物的疾病和死亡保险(特种养殖保险):这类保险有养鹿保险、养貂保险等。一般来说,这些保险标的在农牧业经济中的地位相对不重要,但其经济价值相对较高,饲养收入也会不低。

(2) 我国政策性农业保险的制度模式 所谓制度模式,就是经过较长时间的实践所形成的有鲜明特点的比较稳定的一套规则。农业保险在不同国家都经历了各自的实践,这些实践是在不同的社会经济制度背景和不同的政策目标下进行的,从而产生、发展和形成了不同的制度模式。根据研究和归纳,世界上农业保险的制度模式主要有五种,即美国、加拿大模式——政府主导模式,日本模式——政府支持下的合作互助模式,前苏联模式——政府垄断经营模式,西欧模式——民办公助模式和亚洲发展中国家模式——国家重点选择性扶持模式。

我国在2004年以前也试验过多种农业保险经营模式,但占主导地位的是政府支持下的商业保险公司经营模式。针对我国的实际,提出四种可供选择的政策性农业保险的制度模式:一是政府主办、政府组织经营模式;二是政府支持下的合作互助经营模式;三是政府支持下的相互保险公司经营模式;四是政府主导下的商业保险公司经营模式。第一种模式是借鉴美国20世纪90年代以前的模式设计的,第二种模式是借鉴日本模式和我国中华联合财产保险公司在新疆生产建设兵团的实践设计的,第三种模式是参考刘京生的论证和创意设计的,第四种模式是借鉴美国现行运作模式设计的。

(3) 政策性农业保险的经营主体　在社会主义市场经济条件下，如何借鉴国外经验，从我国的实际出发，选择符合我国国情的农业保险组织形式，是建立我国农业保险制度的重要内容，也是发挥农业保险的效能和效率的基本前提。近年来，国内一些研究对此提出了建设性的意见，认为在进行农业保险组织形式的选择时，既要依靠政府的推动，又要尊重农民的意愿，必须进行组织制度创新，建立低运转成本的农业保险组织制度。2004年中国保监会经过反复研究论证后提出，在现有发展水平下，我国农业保险发展应走经营主体组织形式多元化道路。我国幅员辽阔，各地区农业经济发展的地区差异性很大，农业的产业化、区域化、现代化发展很不平衡，既有发展水平较高的农业企业集团，又有农业商品化率仅在30%左右的户均耕地面积只有几亩的数亿农户，对农业保险的需求差异很大。因此，单一的农业保险组织形式不能满足农业保险发展的实际需求。经过两年多的试点。至2007年，我国农业保险经营组织形式主要有：一是为政府代办农业保险的商业保险公司；二是专业性农业保险公司；三是相互制农业保险公司；四是政策性农业保险共保体；五是外资或合资农业保险公司等。比较、分析各种农业保险组织形式的特点及其适应性，对于加快我国农业保险发展具有重要的现实意义。

① 为政府代办农业保险的商业保险公司：为政府代办农业保险的商业保险公司主要有中国人民财产保险公司（即原中国人民保险公司）及其分公司、中华联合保险公司（原新疆生产建设兵团财产保险公司）及其分公司等。

② 专业性农业保险公司：是指专门或者主要经营农业保险的股份制保险公司，专业性农业保险公司也属于商业保险公司。我国2004年以来相继成立了上海安信农业保险公司、吉林安华农业保险公司等专业性农业保险公司。专业性农业保险公司本质上都是政府财政支持和行政推动下的商业性保险公司，其主要优点在于，一是地方政府和相关部门的支持；二是政策支持优势；三是专业优势，专业性农业保险公司以服务三农为宗旨，主要面向农村市场，便于总结经验、积累数据，开发适销产品。

③ 相互制农业保险公司：相互制保险公司是所有参加保险的成员为自己办理保险而合作成立的法人组织，它是保险业特有的公司组织形态，也是当今世界保险市场上的主流组织形式之一，但这种组织形式对我国民众还比较陌生。我国2005年1月11日成立了首家相互制保险公司——黑龙江阳光农业相互保险公司，标志着我国农业保险发展组织形式的重大突破，目前运营情况良好。

④ 政策性农业保险共保体：农业保险共保体是指两家或两家以上商业保险公司根据政府授权，经营运作辖区内的农业保险项目，按照章程约定的比例，分摊保险费、承担风险、享受政策，共同提供保险服务的一种保险组织形式。共保体由"首席承保人"和"共保人"组成，"首席承保人"负责具体经营管理，"共保人"按约定比例分摊保险费，承担赔偿责任。其经营范围主要是农业保险以及涉农险，实行"单独建账、独立核算、盈利共享、风险共担"的经营方式。

⑤ 外资或合资农业保险公司：2004年10月，我国成立了首家外资农业保险公司——法国安盟保险公司（以下简称安盟）。四川分公司，其运作模式是，依靠强大的网络、资金以及丰富的农业保险经营经验和管理优势占领市场。目前，安盟保险公司已在四川、吉林、江苏三省开辟了农村保险市场，其优点主要：一是险种全面，安盟三套产品包含31个险种，其中15个险种为国内首创，填补了国内市场空白；另16个险种与国内产品相似，但保险责任范围更广。每套产品均由一系列险种组成，涉及对被保险人"财产—责任—人身—健康"的综

合全面的保障。二是价格低廉,安盟保险产品的费率普遍比国内类似保险产品约低5个百分点。三是两个"网":一个销售网,一个技术支持网。安盟公司严格培训农村代办员,要求代办员销售产品的同时,还要做好售后服务工作。安盟保险公司在我国开展的实际上是"大农业保险",即包括各种财产保险和人身保险。公司不仅为农民提供房屋、机械、牲畜和农作物收获方面的财产保险和责任保险,也为农民提供医疗保险、意外伤害保险、养老保险等"一揽子"保险产品。安盟在我国开展农业保险,增强了保险业对农业保险市场的信心,加快了农业保险制度的供给,开发和培育了我国农村保险市场,引进了先进的农业保险经营管理经验,并在一定程度上降低了农业保险费率。但是,外资保险公司在初始运营阶段都会存在一些"水土不服"的问题,安盟也不例外。

外资、合资保险公司都是商业性保险公司,如果让外资或合资商业保险公司作为政策性农业保险的经营主体,这既不现实也不可能。即使它们将农业保险的外延扩大到包括农村所有人身和财产保险业务(我国同行称之为"农村保险"),它们可能也不会真正从事这些业务的经营,原因很简单,这类经营成本很高的业务,对商业性保险公司来说是不具有可行性的。外资保险公司农业保险经营的技术及管理经验无论多先进,农业保险固有的高风险、高费用、高成本、预期利益相当有限,需求有限的特点都不可能改变,那么,这种经营很难有出路。它们如果从事政策性经营,又会遇到接受补贴和赢利意愿的矛盾。因此,这些公司愿意经营农业保险,恐怕也只是将其当作一种早点进入我国市场的敲门砖或策略而已,政府欢迎和倡导这种经营主体除了广告意义之外,不会有多少实质意义。

此外,地方财政兜底的政策性农业保险公司也可视为我国农业保险经营组织形式的一种。在"地方"财力允许的条件下,设立政策性保险公司是比较好的选择。上海市原来的由市政府农业委员会主导的"农业保险促进委员会"就类似于这种组织形式。这里的问题主要是"地方"的大小,假如"地方"太小(例如地区或县),可能会有一些问题。农业保险的风险单位很大,对单个投保农户来说大部分农业灾害都具有较大的相关性,因此,要在空间上分散风险,就必须要在较大范围从事保险经营,否则,在大灾面前,地区和县(市)恐怕是难以"兜底"的,这种教训在过去20多年的试验中已有不少。河南省以县为单位建立的"农村互助统筹保险"之所以衰落,这是原因之一。所以,将"地方"限定在省、直辖市、自治区比较好。当然,有多少省、直辖市、自治区有条件或敢于建立这种公司也是一个问题。

总之,由于农业生产、农村经济和地方财政存在着巨大的地区差异,实践中具体采用哪种组织形式,则应根据不同地域、不同时期、不同经济发展状况决定,以便最终建立起多层次体系、多渠道支持、多种组织形式经营的政策性农业保险制度。

9.4.4 我国农业保险业的发展历程与现状

1) 我国农业保险业的历史沿革

我国是一个农业大国,也是世界上农业自然灾害最严重的国家之一,给与自然环境密切相关的农业生产带来了很大的不稳定性。发展农业保险有着重要意义。新中国成立伊始即开办的保险业务包括农业保险业务于20世纪70年代中止。

我国是在1982年恢复农业保险的,由商业性保险公司承保。20世纪80年代保险业务全面恢复后,1982年起由中国人民保险公司(现名为"中国人民财产保险股份有限公司")的试点工作在全国大部分地区展开,试办了棉花、水稻、烤烟、玉米、蔬菜、大牲畜、生猪、家禽、对虾、养鱼等80多个险种。农业保险试点取得了良好的成果,但农业保险的推广仍有较大的困难,主要是农业保险面临的高风险、高难度与农业收入及农业技术的低水平之间有着很大的矛盾,农业保险大做大赔、小做小赔、不做不赔。从试点的情况看,我国农业保险的赔付率年均111%。从1982年至2001年,中国人民保险公司农业保险总共赔了6亿元。

1986年后,新疆生产建设兵团农牧业保险公司(现名为"中华联合保险控股股份有限公司")开始经营新疆生产建设兵团系统内部的农业保险。由于农业保险"小做小赔,大做大赔,不做不赔"情况的存在,一般保险公司都去抢做利润高的保险项目,农业保险出现极度萎缩;同时,在商业化背景下,没有财政支持的农业保险——中国人民保险公司和新疆兵团财产保险公司两家的经营也存在重重困难,难以为继。以新疆兵团财产保险公司的农业保险状况为例,公司自1986年挂牌经营以来,农险平均赔付率达81.59%,在经营费用率控制在19%以内的情况下经营损益算总账,亏损717.86万元。1992年以来,保险监管部门陆续批准新疆兵团财产保险公司开办财产保险、人身险业务,经营区域也扩大到全自治区,"以商补农"支持了农业保险的稳步发展。但是,目前公司定位为商业性保险公司,利润最大化是其追求的目标,而赔付率高的农业保险恰恰是其所追求目标的最大障碍。要解决这一两难问题,根本出路在于进行农业保险体制改革。

20世纪80年代后期,民政部门开办农村救灾保险;同时,各省又自办了一些农业保险合作社经营农业保险;由此,各地掀起了兴办农业保险的热潮。但由于当时实行的是国家财政兜底的计划经济体制,尽管在1982—1994年期间农业保险的平均赔付率在95%左右,实际亏损21%,各公司对农业保险成本和盈利考虑较少,所以还是根据各地需要开办了不少农业险种。随着1994年中国人民保险公司向市场化体制转轨,农业保险的高风险、高赔付与农民支付能力有限却希望获得高保障水平的矛盾以及农业保险的政策性性质与保险公司的商业性经营的矛盾日益尖锐,致使农业保险从20世纪90年代初的高潮跌入了低谷。2002年,全国农业保险保费收入为6.4亿元,占全国财产保险保费收入的8.82%,仅为农业生产总值的0.04%,险种由最多时的60多个下降到不足30个。从世界范围的农业保险看,农业保险的发展在很大程度上依靠国家财政补贴,加拿大政府补贴占农业保险保费收入的50%,日本补贴65%。而我国财政还不可能对农业保险有决定性意义的投入,我国农业保险采取何种模式尚需努力探寻。随着我国保险企业化经营的发展,农业保险这种为商业保险力所回避的业务面临严峻的形势。由于多家经营导致的竞争,保险费率虽然下降,但农民并没有得到实际利益,同时由于经营亏损严重,各经营主体又相继退出了农业保险领域。在经历了20年农业保险试点后,我国农业保险保障体系已名存实亡。

保监会统计显示,1982年原中国人民保险公司开始试办农业保险,当年保费收入只有23万元,1993年达到8.3亿元,但从1993年以后到2004年农业保险业务逐渐萎缩,到2004年农业保费不到4亿元,按照全国2.3亿农户计算,平均每户投保不到两元。近年来,随着中央对"三农"问题的重视程度不断提高,农业保险再次被提上议事日程。尽管困难重重,但农业保险作为农业风险管理的重要工具和农业支持保护体系的重要组成部分,其作用是不可取代的。

我国目前除部分地区还在经营农业保险外,在绝大多数省份,农业保险基本处于停顿状态。而我们知道,农业保险不但是在我国,在世界任何国家都是极其重要的,西方工业国家都通过农业保险来保护本国农业的发展。我国已经加入世界贸易组织,农业方面的竞争日趋激烈,因此,在世贸组织的框架内建立起合理的农业保险制度,是我国发展农业经济的当务之急。

专栏 9.2

世界贸易组织关于农业保险的有关规定

由于农业是关系到一国的粮食安全、生产结构、就业等诸多方面的重要产业部门,因而世界各国都对农产品的国际贸易非常重视,并采取各种措施对本国农业生产和贸易施加保护,包括采取关税、非关税措施限制农产品的进口、给予农业生产财政支持、给予农产品出口补贴等。由于农产品的敏感性和重要性,农产品贸易的自由化进程遇到极大阻力,乌拉圭回合前关贸总协定组织的多次贸易谈判未就农产品贸易的自由化问题达成协议;因而,农产品贸易作为一个例外,一直游离于关贸总协定确立的多边货物贸易自由化体制之外。在乌拉圭回合多边贸易谈判中,经过多方努力,达成并通过了《农产品协议》。该协议由序言、正文21个条款和5个附件组成,此外,各成员方的具体减让承诺表也是协议的组成部分。《农产品协议》的内容,主要包括以下几个部分:农产品市场准入的承诺、削减农产品生产补贴的承诺、削减农产品出口补贴的承诺、出口禁止与限制、免予起诉的规定、减让进程的评审等。在这里,我们重点介绍第二部分内容,即削减农产品生产补贴的承诺。

削减农产品生产补贴的承诺也称国内支持承诺。国内支持是指各成员方对农产品实施的价格支持、直接支持以及其他补贴形式的国内保护措施;而国内支持承诺是指各成员方对给予国内农产品生产者的上述各种支持措施实施削减的承诺。各成员方对国内农产品生产的支持情况是其他成员方最为关心的问题,也是诱发农产品贸易争端的一个主要原因。《农产品协议》及各成员方的具体承诺表规定了各成员方削减国内支持的义务,以及可免除削减义务的几种例外情况。根据《农产品协议》附件二的规定,符合以下条件的国内支持措施可以免除削减义务:① 所提供的支持是通过由公共基金建立的政府计划来提供的;② 有关支持不属于对生产者提供的价格支持;③ 有关支持措施对贸易的扭曲和影响作用极微小。

根据《农产品协议》第六条、第七条和附件二的规定,下列国内支持措施属于可免除减让义务的措施:(1) 在农业研究、病虫害控制等方面的政府开支。(2) 为食品安全目的而采取的储存措施。(3) 直接向生产商提供财政或实物支持,具体包括:① 政府在财政上参与收入保险和净收入保障项目。取得这一财政支持的条件是收入损失超过前三年平均收入的30%,这类支持的数额低于收入损失的70%。② 自然灾害救济。取得这一救济的条件是发生了政府当局正式承认自然灾害,并造成超过前三年生产收入平均30%的损失,救济款的数额应限定在弥补所受损失的范围内。通过对《农产品协议》的分析,我们不难看出,我国加入世界贸易组织后,对农业的保护将在很大程度上被限定于非价格保护,而农业保险已是国际上最重要的非价格保护工具之一。同时,此协议明确规定政府可在财政上参与农业保险以支持本国农业,这些规定非常有利于我国对农业的保护。

资料来源:李一芝,李艳芳.农村财政金融.北京:中国金融出版社,2004

2) 我国农业保险业的现状

近几年来,我国政策性农业保险飞速发展,年均增长率超过120%,特别是2007年,农业保险规模不断壮大,服务领域逐步拓宽,各项试点稳步推进,在防范抵御农业风险、促进农民增收、维护农村稳定、保障和促进社会主义新农村建设方面发挥了积极作用。

(1) 业务快速发展,服务面迅速扩大 农业保险已覆盖全国所有省(直辖市、自治区)。截至2009年6月底,农作物承保面积达到3.5亿亩,承保大小牲畜达到3.6亿头(只);农业保险覆盖全国6 152万(户次)农户;保险金额达到1 436.5亿元,保费收入达到70亿元。

(2) 能繁母猪保险迅速推进 中国保监会为了贯彻落实2008年中央1号文件和全国农业和粮食生产工作电视电话会议精神,《国务院关于促进生猪生产发展稳定市场供应的意见》下发后,保监会迅速部署相关工作,指导各保险公司与畜牧兽医部门加强合作,共同促进生猪防疫工作;组织开发新的保险条款,将所有疫病(疾病)、自然灾害、意外事件和政府扑杀纳入赔偿责任;要求保险公司通过发放宣传册、招贴画和乡村电台、广播等形式,广泛宣传国家支农惠农政策。截至 2008 年 3 月 28 日,全国共承保能繁母猪 3 717.1 万头,提供风险保障 374.7 亿元。能繁母猪保险覆盖面突破 80%,成为发展速度最快的农业保险险种。

(3) 涉农保险产品更加丰富　保险公司因地制宜创新农业保险产品,除主要粮食作物保险外,还开展了林木、油菜、香蕉、烟叶等特色作物保险,及农产品价格、农产品质量和天气气象指数保险等,涉及粮食作物、经济作物、蔬菜园艺、生猪、家禽、水产养殖等多个领域。

(4) 中央财政首次投入保费补贴　2007 年,中央财政首次对大豆、玉米、小麦、水稻、棉花、能繁母猪 6 个种植业和养殖业保险进行保费补贴。在 6 个试点省区承保面积达到 1.48 亿亩,占试点省份播种面积的 43.88%,保险金额 344.29 亿元。

(5) 农业保险作用日益凸显　农业保险在应对极端天气变化、推动农民迅速恢复生产等方面发挥了积极作用。如 2007 年 10 月 7 日,台风"罗莎"正面登陆浙江,导致余杭区超过二成水稻严重受灾,为帮助农民尽快补种,保险公司迅速赔付 1 060 万元,积极挽救了农业生产。2008 年 1 月发生在我国大部分地区的雨雪冰冻灾害,导致大量生猪冻死,保险公司已赔款 8 000 多万元,涉及约 10 万头能繁母猪,为灾后生猪生产的尽快恢复发挥了积极作用。

(6) 农业防灾防损体系建设不断加强　在做好保险理赔服务的同时,保险业充分发挥保险防灾防损功能,提升全社会防灾抗灾能力。

(7) 政策性农业保险服务网络初具规模　经过几年的发展,我国已形成以中国人保、中华联合两家全国性保险公司,黑龙江阳光、吉林安华、上海安信和安徽国元 4 家专业政策性农业保险公司为主体的政策性农业保险经营体系;逐步探索了政府与保险公司共担风险的联办模式,政府承担风险、保险公司代为经营的代办模式和政府政策支持下的保险公司自营等不同经营模式。

复习思考题

1. 什么是保险、社会保险、商业保险?保险法律规范包括哪些基本方面?
2. 怎样进行投保与承保、索赔与理赔?保险业务包括哪些种类?
3. 农业保险的主要内容是什么?
4. 我国农业保险的现状如何?目前有哪些组织形式?我国农业保险业的发展前景如何?

10 农村涉外金融业务

[学习目标]

　　知识目标:识记国际收支的含义和国际收支平衡表的内容;了解我国国际收支的基本概况。

　　技能目标:熟知外汇及汇率的含义、汇率的标价方法;正确把握人民币汇率制度与我国的外汇管理。

　　能力目标:能正确地掌握我国利用外资的多种方式,特别是与农村农业相关的外资利用情况,培养从事农村涉外金融工作的基本能力。

10.1 国际收支

　　家是小"国",国是大"家"。国与国之间的关系很像家庭与家庭之间的关系,国家之间必然要进行一定的国际交往,如政治的、经济的、文化的、军事的交往等。所有这些交往也必然会发生货币支付或不直接以货币支付的经济价值的转移。那么,国家也像企事业单位一样会对此进行系统全面的记录,这就是我们要谈到的国际收支和国际收支平衡表。

10.1.1 国际收支的含义

　　国际收支分为狭义的国际收支和广义的国际收支。狭义的国际收支指一国在一定时期(常为1年)内对外收入和支出的总额。广义的国际收支不仅包括外汇收支,还包括一定时期的经济交易。

　　国际货币基金组织对国际收支的定义为:国际收支是一种统计报表,系统地记载了在一定时期内经济主体与世界其他地方的交易。大部分交易在居民与非居民之间进行。

　　对于国际收支可以从以下几个方面深入理解:

　　① 国际收支是一个流量概念:它是对一段时期内经济交易的总计,而不是某个时间点上的经济交易量的反映。

　　② 所反映的内容是经济交易:包括商品和劳务的买卖、物物交换、金融资产之间的交换、无偿的单向商品和劳务的转移、无偿的单向金融资产的转移。

　　③ 记载的经济交易是居民与非居民之间发生的:国际收支记录的是一国居民与非居民之间的经济交易。判断一项经济交易是否应包括在国际收支统计范围内,依据的是交易双方是否分属居民与非居民的范畴。居民之间的经济交易属国内交易,不在国际收支统计范围之列。所谓居民,指一国经济领土内具有经济利益的经济单位,包括在一国居住1年或1年以上的自然人(外交使节、驻外军事人员除外)和在一国注册的企业、非营利性机构等;否则为一国的非居民。

10.1.2 国际收支平衡表

1) 国际收支平衡表的含义

国际收支平衡表是指一国将其一定时期(1年、半年、1个季度或者1个月)内的国际收支按照特定账户分类和复式记账原则编制的会计报表。由于全面系统地记录了一国的国际收支状况,国际收支平衡表已经成为反映一个国家对外经济发展以及偿债能力等情况的重要文件,也是一国在制定外汇政策等宏观经济政策时的重要参考依据。国际收支平衡表记录了一国对外全部经济交易,不仅包括纯粹经济交易引起的货币收支,还包括政治、文化、军事引起的货币收支。一般采取复式记账法,支出记入借方,收入记入贷方。

2) 国际收支平衡表的内容

国际收支平衡表的内容有:经常项目、资本和金融账户、储备结算项目、错误与遗漏。

(1) 经常项目　指本国与外国进行经济交易而经常发生的项目,是国际收支平衡表中最主要的项目,包括对外贸易收支、非贸易往来和无偿转让三个项目。

① 对外贸易收支:是指通过本国海关进出口货物而发生的外汇收支。商品的进出口是经常项目交易最重要的一个内容,包括绝大多数可移动货物在跨国界交易中所有权的转移。

② 非贸易往来:又称劳务收支或无形贸易收支,包括货运、港口供应与劳务、旅游收支、投资收支和其他非贸易往来收支。

③ 无偿转让:又称单方面转移款项,包括本国与国际组织、外国政府之间相互的无偿援助和捐赠,以及私人的侨汇和居民的其他收入。单方面转移款项主要包括移民转移款项、侨民汇款,政府无偿援助、赠款,政府向国际组织缴纳的行政费用等。

(2) 资本和金融账户　资本项目包括资本转移和非生产、非金融资产的收买或出售,前者主要是投资捐赠和债务注销;后者主要是土地和无形资产(专利、版权、商标等)的收买或出售。金融账户包括直接投资、证券投资(间接投资)和其他投资(包括国际信贷、预付款等)。国际收支平衡表中的资本与金融账户包括债务减免引起的资本性转移、直接投资、证券投资、外汇储备和投资收益。

(3) 储备结算项目　又称国际储备资产,指一国官方持有的用于国际支付和维持本国货币汇率的流动性资产。其数量多少体现了一国国际清偿能力的强弱。一国的国际储备资产包括:黄金储备,即由货币当局持有的储备黄金;外汇储备,即货币当局所能控制的国外可兑换货币存款和其他短期金融资产;在国际货币基金组织的储备头寸;国际货币基金组织分配给会员国未动用的特别提款权。

(4) 错误与遗漏　是基于会计上的需要,在国际收支平衡表中借贷方出现差额时,设置的用以抵消统计偏差的项目。这是一个人为的平衡项目,用于轧平国际收支平衡表的借贷方总额。理论上讲,国际收支平衡表按复式记账原理编制,其结果总是平衡的。但由于错误与遗漏的存在,如资料来源渠道复杂、统计口径不一、资料不全、计算错误或统计不及时以及其他一些原因,使得实际上国际收支平衡表借贷双方总额总是难以平衡,因而设立了"错误与遗漏"项目来人为地加以平衡。

3) 国际收支平衡表的编制

国际收支平衡表按现代会计学的复式记账原理编制,以借、贷作为记账符号,按"有借必有贷、借贷必相等"的原则,将每一笔国际经济交易以相同的金额分别记录在借、贷两方。按照国际惯例,贷方记录收入项目、负债(外国在本国的金融资产)增加项目、资产(本国对外金融资产)减少项目,记为"+",表示外汇的流入;借方记录支出项目、资产增加项目、负债减少项目,记为"-",表示外汇的流出。同时,按照国际货币基金组织的规定,登录国际收支平衡表时,均以商品、劳务或金融资产所有权变更的日期为准,即使这笔交易尚未实现外汇收支。此外,为了便于全球性报表分析,各国一般均选择美元或特别提款权作为记账单位。

我国国际收支平衡表是我国一年中以货币形式表现的各种对外交往的记录总结及分析对比,由国家外汇管理局负责编制。其程序是由各有关部门和各省、直辖市、自治区按国家规定的内容和格式按季、按年向国家外汇管理局和统计局报送各有关项目的统计表,再由国家外汇管理局整理、汇总,编制出当年国际收支平衡表。我国国际收支平衡表的编制原则是:

① 只记录居民和非居民之间的交易。
② 以美元为记账单位。
③ 对各项经济交易的估值以市场平均价格为标准。
④ 以所有权转变为确定国际收支的界限后采用国际通行的复式簿记法。
⑤ 商品进出口按国际通行的海关统计为基础。

我国国际收支平衡表的主要内容按照国际货币基金组织所制定的格式安排,1996年以前依据第四版《国际收支手册》所提供的标准格式,1997年起,则依据第五版《国际收支手册》所提供的标准格式编制。

4) 国际收支平衡表的分析

国际收支是经济分析的主要工具,国际收支记录了一国与世界各国的经济金融往来的全部情况,反映了该国的对外经济特点及变动对国际金融的影响。因此,认真全面的对国际收支平衡表进行分析,对了解国内外经济状况,制定相应的措施具有极其重要的意义。

(1) 国际收支分析的方法与内容 一是分析国际收支平衡表上所记载的逐个项目和内容,尤其是经常项目和资本项目的内容。二是分析国际收支平衡表上各项目的差额及它们与总差额的关系。三是从静态到动态连续分析几个时期的国际收支平衡表。四是分析比较几个不同国家的国际收支平衡表。

(2) 改革开放以来我国国际收支的基本分析 自改革开放以来,我国的国际收支发展的基本特点如下:

① 国际收支数额基本上呈逐年扩大趋势:这一趋势在贸易收支、服务贸易以及长期资本(直接投资)等项目中表现得十分突出。

② 经常项目20世纪80年代顺、逆差交替,90年代以来以顺差为主。

③ 资本和金融项目的突出特征有以下三点:

a. 长期资本流入呈较稳定增长势头,尤其是进入20世纪90年代以来增速迅猛,远远超过同期国民经济发展和出口贸易的发展速度;短期资本在20世纪80年代中后期持续大量流入之后,20世纪90年代前期迅速回跌。

b. 由于前一特点,致使长期资本流入在全部流入资本中的比重由1982年的93.1%升至1996年的98.2%,这一变化从一个侧面反映了我国利用外资态势良好;短期资本项目逆差年度多于顺差年度,1982—1996年累计为逆差101.12亿美元,长期资本项目则以顺差年度为主,累计顺差1 832.88亿美元。

c. 从1997年、1998年的国际收支平衡表上可以明显地看出,吸引外商直接投资是我国利用外资的主要方式;同时,我国对外直接投资尚在起步阶段。

④ 国家外汇库存在 20 世纪 80 年代波动之后,20 世纪 90 年代急剧增加。截至 2006 年 2 月底,我国外汇储备规模为 8 537 亿美元,已经超过日本(日本的官方数据显示,该国截至 2006 年 2 月底的外汇储备为 8 501 亿美元),位居全球第一。截至 2009 年 6 月末,国家外汇储备余额突破 2 万亿美元。这些情况反映在国际收支平衡表的储备资产变动项目中,在 20 世纪 80 年代借、贷方记载交替出现,进入 90 年代以来,仅 1992 年为 22.69 亿美元的贷方记载,其余各年均为借方记载。

⑤ 1992 年以来误差与遗漏项目数额偏大,引人注目。在这一期间误差与遗漏项目中,以借方记录为主。但 1991 年以前数额均较小,1992 年明显扩大,1994—1998 年更是剧增。这些年,我国国际收支平衡表中"误差与遗漏"项目数额较大,主要原因是我国外汇管理以及国际收支统计制度还有待于进一步完善加强,具体分析,主要是出于骗取出口退税而出口高报以至假出口,为了转移资金而进口低报、走私、旅游外汇支出统计偏低,外商投资企业税后利润汇出和利润再投资统计上的遗漏,外商直接投资金额中存在重复计算,金融机构海外头寸不够准确等。

10.1.3 国际收支的调节

1) 国际收支失衡的判断

判断国际收支是否平衡,通常的做法是将国际收支平衡表记录的国际经济交易,按照交易主体和交易目的的不同划分为自主性交易和调节性交易。按交易主体和交易动机来识别国际收支是否平衡,为我们提供了一种思维方式和基本框架,在理论上是正确的,但在实践中却存在着一定的技术性困难。实践中,国际收支是否平衡的观察,通常是在自主性交易和调节性交易对比的基本框架下,具体对国际收支的几个主要差额进行比较分析。

2) 国际收支失衡的原因与调节的必要性

(1) 国际收支失衡的原因 国际收支不平衡是绝对的、经常的,而平衡则是相对的、偶然的。国际收支失衡的主要原因有以下几种:

① 周期性不平衡:是由于国际间各国所处的阶段不同而造成的不平衡。经济周期一般包括四个阶段,危机—萧条—复苏—繁荣。当一国处于繁荣阶段,而贸易伙伴国处于衰退阶段,易造成本国的贸易收支赤字。

② 结构性不平衡:是由于国际市场对本国的出口和进口的需求条件发生变化,本国贸易结构无法进行调整所导致的国际收支不平衡。

③ 货币性不平衡:由于一国的价格水平、成本、汇率、利率等货币性因素而造成的国际收支不平衡。

④ 收入性不平衡:由于一国国民收入相对快速增长,导致进口增长超过出口增长而引起的国际收支失衡。

(2) 国际收支失衡调节的必要性 持续的巨额国际收支逆差,会耗费大量的国际储备,导致国内通货紧缩和生产下降;会削弱该国货币和国家信用的国际地位;如果逆差主要是由资本流出引起的,则会造成本国的资金短缺,利率上升,从而使该国消费和生产下降;如果逆差主要是由进口大于出口引起的,则会导致本国开工不足,失业增加,国民收入下降。持续的巨额国际收支顺差,会导致本币汇率上升,抑制出口,削弱本国商品的国际竞争力;会使国际储备大量增加,国内货币供应量增加,引发通货膨胀;如果顺差主要是由出口大于进口引起的,会减少国内生产资源,影响本国经济发展;容易造成与主要贸易伙伴国之间的摩擦,不利于国际经济关系的正常发展。

3）国际收支调节政策

当出现赤字时,国际收支调节可以采取以下措施:

(1) 外汇缓冲政策 指一国利用官方储备的变动或临时向外筹措资金来抵消超额外汇供给或需求,这种方法可以融通一次性或季节性的国际收支赤字。该政策受到储备规模的影响,只适于规模较小的短期的国际收支赤字。

(2) 财政货币政策 出现赤字时,可以采取紧缩性的财政政策。该政策可以降低商品和劳务的支出,从而降低进口;调整国内商品与国外商品的价格比,促进出口;提高国内利率,改善资本账户的状况。其局限性在于:改善国际收支往往以牺牲国内经济为代价。

(3) 汇率政策 利用汇率变动消除国际收支赤字,主要取决于以下条件:一是进出口需求弹性之和是否符合马歇尔-勒纳条件。二是本国是否有剩余的生产能力可以利用,以便增加出口商品的生产能力。三是贬值带来的本国贸易商品和非贸易商品的相对价格优势能否维持一段时间,汇率贬值引起的通货膨胀能否为社会接受。四是直接管制,包括外汇管制和贸易政策管制,管制是否引起贸易伙伴国的报复。

4）我国国际收支的调节

(1) 我国国际收支调节的宏观环境要求

① 国际收支调节必须与经济体制改革相适应。国际收支调节要受国家计划和宏观总量控制的影响,并建立在财政、信贷、物资等国内综合平衡基础上,结合财政、金融、外贸、物价等方面改革的深化,来制定相应策略及采取相应措施。其方向是计划宏观控制与市场微观调节相结合。

② 国际收支调节与产业结构、地区经济结构和改革相配合。这里包括以下几点:一是根据世界经济发展趋势,借鉴发达国家的经验,结合我国的具体情况,加速国内产业结构调整,改善进、出口商品结构,提高出口商品加工程度和附加价值,从而增加调节国际收支能力。二是利用包括引进外资等措施,加速国内产业结构及地区经济结构调整,以减少这些结构不合理而制约我国国际收支活动的发展。三是国际收支与对外开放相配合。国际收支与对外开放相配合主要指发展对外贸易、借用外债和吸收外商直接投资等要与保持国际收支平衡或基本平衡相吻合。四是国际收支的准确性要求依法加强综合治理。1992年以来误差与遗漏的数额与当年进出口总额的比值均超过或接近国际货币基金组织提出的标准。尽管其产生原因是多方面的,但如国际货币基金组织所指出的,"会引起问题"。因此,必须针对前述的种种原因,依法加强综合治理。

(2) 我国国际收支的调节措施 我国国际收支的调节包括以下内容:① 不断完善计划调控和市场调节相配合的运用;② 建立和逐步完善人民币汇率形成机制;③ 财政和税收(包括关税、出口退税对出口换汇、创汇企业及三资企业的税收)政策的灵活运用;④ 鼓励出口和支持进口的信贷政策实施后外汇管理制度的深化改革;⑤ 积极发展涉外旅游、国际运输和技术贸易等国际服务贸易和对外工程承包等国际经济合作;⑥ 建立稳定的国际储备手段,必要时适时适度利用国际清偿能力。

10.1.4 国际收支失衡的经济影响

1）国际收支逆差的不利影响

持续的、大规模的国际收支逆差对一国经济的影响表现为以下几个方面:

（1）不利于对外经济交往，存在国际收支持续逆差的国家会增加对外汇的需求，而外汇的供给不足，从而促使外汇汇率上升，本币贬值，本币的国际地位降低，可能导致短期资本外逃，从而对本国的对外经济交往带来不利影响。

（2）如果一国长期处于逆差状态，不仅会严重消耗一国的储备资产，影响其金融实力，而且还会使该国的偿债能力降低，如果陷入债务困境不能自拔，这又会进一步影响本国的经济和金融实力，并失去在国际间的信誉。如20世纪80年代初期爆发的国际债务危机在很大程度上就是因为债务国出现长期国际收支逆差，不具备足够的偿债能力所致。

2) 国际收支顺差的不利影响

持续的、大规模的国际收支顺差也会对一国经济带来不利的影响，具体表现在以下几个方面：

（1）持续性顺差会使一国所持有的外国货币资金增加，或者在国际金融市场上发生抢购本国货币的情况，这就必然产生对本国货币需求量的增加；由于市场法则的作用，本国货币对外国货币的汇价就会上涨，不利于本国商品的出口，对本国经济的增长产生不良影响。

（2）持续性顺差会导致一国通货膨胀压力加大，因为如果国际贸易出现顺差，那么就意味着国内大量商品被用于出口，可能导致国内市场商品供应短缺，带来通货膨胀的压力。另外，出口公司将会出售大量外汇兑换本币收购出口产品从而增加了国内市场货币投放量，带来通货膨胀压力。如果资本项目出现顺差，大量的资本流入，该国政府就必须投放本国货币来购买这些外汇，从而也会增加该国的货币流通量，带来通货膨胀压力。

（3）一国国际收支持续顺差容易引起国际摩擦，而不利于国际经济关系的发展。因为一国国际收支出现顺差也就意味着世界其他一些国家因其顺差而使国际收支出现逆差，从而影响这些国家的经济发展；他们要求顺差国调整国内政策，以调节过大的顺差，这就必然导致国际摩擦。例如20世纪80年代以来越演越烈的欧、美、日贸易摩擦就是因为欧共体国家、美国、日本之间国际收支状况不对称之故。

可见，一国国际收支持续不平衡时，无论是顺差还是逆差，都会给该国经济带来危害，政府必须采取适当的调节措施，以使该国的国内经济和国际经济得到健康的发展。

3) 我国的国际收支失衡

国际收支失衡是指一国经常账户、资本与金融账户的余额出现问题，即对外经济出现了需要调整的情况。20世纪90年代以来，我国国际收支除个别年份外，持续处于失衡状态。党中央、国务院高度重视国际收支失衡问题。2006年底，中央经济工作会议首次提出"必须把促进国际收支平衡作为保持宏观经济稳定的重要任务"。在2007年初全国金融工作会议上，温家宝总理再次强调指出，国际收支不平衡加剧是当前金融领域中存在的主要矛盾之一。促进国际收支平衡已成为统筹国内发展和对外开放，实现经济又好又快发展的关键环节之一。因此，了解我国国际收支失衡现状及其对我国经济的影响，分析产生的根源，积极寻求对策，显得尤为必要和重要。

（1）我国国际收支失衡现状及其对国内经济的影响　从现有文献看，众多学者对我国国际收支失衡现状及其对国内经济产生的影响众说纷纭，主要围绕以下几个方面进行了评述：

① 国际收支持续双顺差：外汇管理局的统计数据显示，除1993年以外，我国经常项目始终保持顺差并呈逐渐上升趋势。1990—2006年经常项目累计实现顺差6 525.29亿美元，年均顺差395.6亿美元，其中2006年全年实现经常项目贸易顺差为1 780亿美元，是近17

年来平均值的4倍还多。资本和金融账户除1998年因受东南亚金融危机影响出现小额逆差外,其他年份也一直保持顺差;1990—2005年累计实现1 106.6亿美元顺差,创历史新高;而2005年629.64亿美元顺差较2004年虽有大幅下降,但也还是达到15年平均值的两倍以上。贸易顺差大大提高。总体来看,我国国际收支失衡影响了国内总需求与总供给的均衡,冲击了经济的正常增长。

② 人民币升值压力较大,升值步伐持续平缓:卢锋(2006)认为,和其他国家相比,最近10年来,中国可贸易商品的相对劳动生产率虽然有了很大的提高,但是从量化的角度来看,人民币实际汇率被低估了。近年来中国制造业的单位成本在下降,但名义汇率却趋于平缓,这也印证了中国的名义汇率是被低估的。有的学者评论到人民币低估带来的自主性国际收支顺差已经威胁到国内通货膨胀,2007年以来央行5次调整了人民币利率,但是实际的利率仍然为负值。何帆(2005)认为,虽然中国现在实行的是参考"一篮子"货币的有管理的浮动汇率制度,但这"一篮子"货币还是以美元为主的。美国是中国的最大贸易交易国,与中国的贸易联系最为紧密。从这个意义上来说,人民币的升值对应的实际就是美元的贬值。经济发展和合作组织(OECD)以及美国两位著名的国际金融学家Rogoff和Obstfeld曾经研究指出,美元至少要再贬值30%～40%才能使得美国的贸易逆差保持在一个可持续的水平。然而急剧的美元贬值会引起美国通货膨胀、利率水平急剧提高,因此,从美国的利益来看,自然是美元缓慢贬值更符合自身利益。如此的话,人民币的缓慢升值其实对美国是非常有利的。国内外舆论高调认为人民币升值趋势很缓慢或者说目前中国人民币升值的步伐没有达到最优要求,以至于使以美国为首的许多发达国家要求中国人民币升值的呼声如此强烈。

③ 外汇储备规模日益扩大:一定规模的外汇储备对一个国家是必不可少的,但外汇储备的边际成本与其规模成正比,过多的外汇储备往往意味着经济效率损失,会抑制经济增长,损害一国的国民福利。北京师范大学金融研究中心课题组(2006)在《如何界定和保持中国外汇储备的适度规模》一文中采用外汇储备需求因素法和信号灯模型考察了中国1999—2005年的外汇储备规模适度性问题,并用ARIMA模型对2006年、2007年两年的外汇储备进行评价和预测,认为2005年到2007年我国外汇储备过度。中国所拥有的外汇储备规模均远远超过了实际需要。

④ 贸易摩擦显著增加:国际收支失衡影响了其他国家经济发展,增加了国际贸易摩擦。《2007年4～12月份我国进出口形势分析与预测》研究报告指出,我国连续12年成为遭遇反倾销调查最多的国家,针对我国的其他类型贸易摩擦也显著增加。据商务部统计,2006年共有25个国家和地区对我国发起"两反两保"调查86起,同比增长37%,涉案金额20.5亿美元。报告指出,近期针对我国的贸易摩擦呈现出鲜明的特点:开辟隐蔽性更强的反补贴领域,从微观领域的一般性贸易摩擦向宏观领域和制度层面的战略性贸易摩擦转移,贸易摩擦更具复杂性和系统性;在新兴优势行业和服务业与发达国家的摩擦增加,而发展中国家的摩擦集中在制造业低端等。同时,我国贸易摩擦压力持续增大,反倾销呈加速上升之势,反补贴可能扩大使用,与发展中国家的贸易摩擦大幅增加,知识产权将成为贸易摩擦的多发区。

(2) 我国国际收支失衡的原因　我国国际收支失衡的原因源于诸多方面,大多数经济学者认为主要表现在以下几个方面:

① 粗放型的贸易增长方式是贸易失衡大量积累的根源。刘华、卢孔标(2006)认为,我

国奉行的是以"出口创汇"为基本原则的传统贸易战略。20世纪90年代末期,我国经济增长已经形成了对出口的"路径依赖",国家仍将鼓励出口作为经济发展的重要动力,"千方百计扩大出口",结果是对外贸易一直以远高于GDP的增长速度发展。这是我国促进出口为导向的外贸发展理念引致的出口不平衡增长所导致的结果。我国处于全球国际分工的低端地位,以劳动密集型产品为主的出口产品结构,"大进大出"造成过度出口的假象。从国际转移规律来看,劳动密集型生产和服务通常趋向于率先外包到劳动力成本较低的国家,我国恰恰具备了丰富而廉价的劳动力优势;在产业转移出去的同时,发达国家转向生产更高档次的产品或提供服务,以期创造新的就业机会和新的出口优势,但这一过程往往有一个滞后时间段。滞后阶段中发达国家与发展中国家的贸易不平衡会扩大。

② 国际间产业结构的转移加剧经常项目收支失衡。唐建伟(2007)指出:在双边贸易中,我国顺差增加较大的市场主要是美国、欧盟和香港地区,而同一时期我国对亚洲地区却由顺差转变为逆差;在商品结构上,我国顺差集中在工业制成品,尤其是轻纺和机电产品上,而同一时期初级产品进出口却由顺差变为逆差;从经营主体看,外商投资企业进出口已经由逆差变为顺差;从贸易方式看,加工贸易顺差远远大于一般贸易顺差。原来设在亚洲其他几个经济体的加工出口产业,尤其是其末端加工工序,已经大量转移到我国,这样也就把他们对美、欧的贸易顺差转移了过来。所以,十多年来我国商品进出口的迅速增长和顺差的扩大,与国际间产业结构的调整、一部分加工出口产业以外商投资形式从其他亚洲经济体向我国转移密切相关。

③ "鼓励资本流入,限制资本流出"等外汇管制政策加速了国际收支失衡。黄瑞玲、黄忠平(2004)指出,按照邓宁的投资发展周期理论,我国正处在投资发展的第二阶段,对外直接投资处于较低水平,对外直接投资净额为负值。20世纪90年代我国就出现了"双顺差",经常项目、资本和金融项目流入的80%又在净误差与遗漏账户中流出,说明我国在利用外资的同时存在大量的资本外逃。另外,彭兴韵(2006)认为,我国的本外币管理的脱节更降低了外汇管理政策的有效性,使境外游资和各种违规资金能通过规避管制进入境内并逃避处罚。对外资企业的外债管理则实行了较为简单的"投注差"管理办法(企业中长期外债累计发生额、短期外债余额以及境外机构和个人担保履约额之和,不得超过其投资总额与注册资本的差额),而对企业介入短期外债满足流动资金需求的真实性审查流于形式,为外资企业通过境外借债进入境内进行合法逃离提供了可能。

④ 主要贸易伙伴(美国)偏重国内经济发展的贸易倾向恶化了我国国际收支失衡。我国贸易失衡不仅源于自身过分强调对外贸易,还部分源于主要贸易伙伴的忽视对外平衡。王晓雷(2006)分析表明,贸易逆差其实并没有恶化美国经济和就业,贸易保护主义是可以治理美国的贸易逆差的。美国贸易逆差的真正根源是它的储蓄—投资缺口,与美国贸易货币的贸易政策无关,仅仅从进出口本身对贸易逆差不能做出完整准确的分析,也无助于解决美国的贸易逆差问题。有数据表示,美国失业率的波动与贸易逆差的大小成反比,在美国的贸易收支"改善"阶段,美国的失业率上升,而在贸易收支"恶化"阶段,美国工人的失业率下降。而且,失业率下降最快的是美国贸易收支"急剧恶化"阶段。其他的实证资料还证明,贸易逆差有力地改善了美国工人的就业结构。正因为如此,美国更加乐意保持对中国的贸易逆差,对这一贸易失衡几乎是视而不见。随之而来的中国积累的大量的外汇储备,美国政府也是乐见其成的。就这一点来说,其实美国并不十分追求国际收支平衡,美国政府更加重视国内的经济增长。

⑤ 全球经济失衡加剧了我国国际收支失衡。把中国国际收支失衡放在全球性国际收支失衡的大背景下来分析,从理论角度出发,"特里芬"难题给了我们一个很好的视野。公衍照、任启平(2006)从美元本位与全球经济失衡、混乱的汇率制度与全球经济失衡以及国际货币协调机制的缺失与全球经济失衡三方面分析了国际货币体制与全球经济失衡的问题。分析表明,自1973年布雷顿森林体系破产以来,国际货币体系进入了牙买加体系。美元本位、混乱的汇率制度和缺乏有效的国际货币协调对全球经济失衡具有至关重要的影响,而由于美元是国际货币的"先动者",美国理当承担首要责任。20世纪70年代的布雷顿森林体系的崩溃,美元贬值成为长期趋势。在美国经济景气时,这种趋势尚不明显。由于美元身处储备货币的地位,美元的贬值给美国带来的影响与一般货币价值波动对其相应的发行国的影响有本质的不同。如果美元贬值,国内资产价值不变,对美国没有什么严重的风险;但美国的国外资产升值,其他国家的货币贬值,外国货币就会出现外逃、债台高筑等问题。相反,美元的贬值却导致他国美元储备缩水,因而极大地减轻了美国的对外债务负担。随着美国国际收支的持续恶化,美元可能出现剧烈贬值,这才是真正的风险,只有国际货币体制进行全方位的改革,才能最终避免全球经济失衡所引发的风险。在美元本位、混乱的汇率制度和缺乏制度性协调的国际货币体制下,应该看到美元作为国际货币的先行者在全球经济失衡中的作用,美国应责无旁贷地承担起全球经济失衡调整的首要责任。

(3) 我国国际收支失衡的持续性问题　大多数经济学家认为,一个国家不会在每一时期都保持贸易平衡或经济账户平衡的。但国际收支平衡又是所有国家进行经济、政治、军事活动所向往的目标。为了实现这一目标,学术界一直都在讨论,试图找出一种方法能够系统、科学地实现国家、区域乃至全球性的国际收支平衡。理想往往是美好的,但在实践中至今尚未找到一种合理的方法,甚至有学者消极地认为国际收支失衡将是永恒的。全球国际收支失衡是我们讨论的一个出发点,讨论国际收支失衡的可持续性问题首先要从美国入手。一个国家是可以有贸易逆差的,但是没有任何一个国家可以任由其无限度地扩大。考虑到美国劳动生产率相对较高、美国的人口结构相对年轻,如果其贸易逆差占GDP的比重为2%～3%,可能是可以维持的。但是根据美国经济学家Roubini和setser的研究,2006年美国贸易逆差达到GDP的6.5%,这一比重明显偏高,已经处于不可持续的状态。一个可持续的贸易逆差或债务水平至少需要具备两个条件:一是债务/GDP处于稳定水平或将收敛于某一个稳定水平;二是资本有继续流入的意愿。通过数据计算得出美国的贸易逆差和对外债务/GDP是不稳定的,并且也是不可持续的。从资本的流入意愿上说,即使对外债务/GDP能收敛于94%的水平,美国的贸易逆差和对外债务也有可能是不可持续的。事实上,美国贸易逆差和对外债务水平是不可持续的,因此,美国贸易逆差的调整也是不可避免的。由于中国是美国贸易逆差的主要输出国,相应的,中国的贸易顺差的调整也是不可避免的。余永定、覃东海(2006)从存量对流量比的可持续性来考察流量平衡的可持续性,他们的研究基于资本项目顺差的假定条件下,对双顺差可持续性的讨论便可归结为对经常项目差额可持续性的讨论,得出结论:中国基本符合经常项目顺差不会收敛的特征。不可持续性原因在于:首先,双顺差不断积累带来外汇储备的不断积累,最终会对外汇市场和国内货币市场带来难以承受的压力;其次,从长期看,为了平衡经常项目,贸易顺差必须保持相当高的增长速度以平衡迅速增长的投资收益汇出,二者很可能是未来国际环境所不能容许的。

失衡表示资源的错配和扭曲,所以任何失衡的状态尽管可以维持一时,但从长期看都是不可持续的。如果一国不主动采取措施校正其经济中的结构性失衡问题,那么,在开放经济条件下国际套利资本的自由流动就可能对其结构失衡进行"强制校正",而这种"强制校正"往往是以国内经济的破坏性回归为代价,日本泡沫经济及东南亚金融危机就是最好的例证。而这需要有一套切实可行的方案和措施加以解决。

(4) 我国国际收支失衡的改善方案 解决我国国际收支失衡问题涉及方方面面,总体上主要办法集中在以下几个方面:

① 进一步提高汇率弹性。管涛(2006)指出,要逐步发挥包括汇率在内的各种价格信号对国际收支的杠杆调节作用。完善有管理的浮动汇率制,逐步增加汇率弹性,并大力发展外汇市场、完善其资源配置、价格发现和风险规避的功能,放宽汇率升值空间。部分学者认为,升值可能会给中国带来很多不利因素,就如20世纪80年代签订"广场协议"的日本一样,经济会一蹶不振。然而,余永定(2006)认为,日元升值实际上给日本带来了积极的影响,日本的公司和日本的消费者能够便宜地进口商品和先进的技术,升值并非毫无益处。另外,2005年国际货币基金组织(IMF)发表的《世界经济展望》中提出了防止全球经济失衡的政策选择,其中最重要的一条就是包括中国在内的亚洲新兴市场国家进一步提高汇率弹性,允许该地区货币中期整体升值。

② 调整价格形成机制,完善收入政策。刘华、卢孔标(2006)提出:完善资源价格形成机制,纠正出口商品的成本扭曲;完善最低工资制度,健全企业职工工资正常增长机制;完善社会保障,改善劳动条件,增加社会保险投入;提高劳动环境成本;保证劳动者的基本收入,扩大国内居民消费,特别是农村居民消费和城乡低收入人群的消费。刘光溪(2006)认为,收入水平的提高源于人民群众议价水平的提高。想要提高劳动力价格水平就要从根本上提高人民群众的议价水平,提高劳动力的价格,必须继续大力发展教育,提高人民群众的素质,提高劳动者的业务素质和技能水平。

③ 继续实行适度扩张的财政政策以扩大内需。政府的财政支出应向基础设施建设、社会保障、福利、教育等公共产品和公共服务领域倾斜。唐建伟(2007)提出,要投放大量外汇储备支持公共产品、公共事业。长期以来,我国财政在社会保障、教育、卫生、医疗、水电、交通、通信等公共产品和服务上的投资远远不够,导致居民要为这些公共产品买单,其未来消费支出的预期过高,只能通过控制当前消费、增加预防性储蓄来应对。只有加速国家财政向公共财政的转型,加大财政在公共产品和服务上的投资,使社会抵抗风险的能力加大,每个人的储蓄率下降,才能持续有效地启动内需。同时必须完善市场规则,即分散决策权力并确保决策程序公正和透明,目的是提高政府支出效率。同时,仍要扩大消费以刺激内需。

④ 深化金融改革。提高准入外资的质量,加快国内金融市场、投融资体系改革。夏斌(2006)提出,加强对资本流入的管制,应该由注重数量向注重质量转变。一切有利于吸纳国际上先进技术和管理水平的资金我们仍要大胆地引进,一切无助于吸纳国际上先进技术和管理水平的资金,应尽可能"拒之门外"。王叙果(2007)强调:要深化金融改革,逐渐放松金融约束。逐步放松对金融机构准入的限制,积极解决民营企业、中小企业的"金融服务缺失"问题,满足其融资需求,从而扩大投资。大力发展金融市场,扩大交易规模,增加交易工具。提高国内资本效率,促进国内资本形成与扩大。优化FDI(国际直接投资;是一国的投资者跨国境投入资本或其他生产要素,以获取或控制相应的企业经营管理权为核心,以获得利润

或稀缺生产要素为目的的投资活动)结构,使FDI保持适度规模。逐步取消对居民的资产替代限制,拓宽居民投资渠道,发展对外直接投资。逐步扩大资本流出,由境内利用外资向境外利用外资转变。

⑤ 强化对人民币管理力度。裴平、孙兆斌(2006)建议:提高涉外经济政策的对称性。调整出口税幅及相关激励政策,实施出口政策的国民待遇和积极的进口政策。强化对货币错配的管理。企业应以经济全球化的理念进行主动性货币管理。政府也应强化对货币错配的管理,既要控制外汇储备资产的总量,又要改变当前外汇储备资产投向单一的状况。加快人民币国际化的进程。中国对周边国家和地区一直保持着大量的贸易逆差,中国应当利用这样的贸易格局让人民币在周边国家和地区实现国际化。人民币国际化是中国彻底摆脱"原罪"的必由之路。彭兴韵(2006)建议:改革现行的结售汇制度。强制结售汇制弱化了中央银行的信用独立性,降低了国内货币政策的效率。应实施意愿结售汇制度。通过财政部与央行的合作,另外设立一个机构,将外汇储备资产证券化后,再来购买相应的新增外汇储备。

⑥ 加强区域经济金融合作,提高应对全球经济失衡的能力。调节贸易平衡是贸易伙伴国之间的一个互动的过程,需要贸易伙伴国的积极配合。我国应加强谈判力度,提高国际间的政策协调能力,争取主要贸易伙伴国的积极配合。卢孔标(2006)指出,亚洲国家应当增加相互间的合作来应对这一区域问题。完善区域合作协调机制,形成在全球经济协商中的一致声音。加强区域货币合作,加强汇率调整上的合作和协调,同时推动亚洲统一货币进程。进一步加强贸易与投资合作,共同促进东亚经济金融发展。建立统一的东亚自由贸易区。加快亚洲债券市场发展。一个高效、有深度和流动性良好的亚洲债券市场是亚洲金融体系安全稳定的基础之一,有助于增强亚洲地区抵御国际金融风险的能力。

10.2 外汇与汇率

10.2.1 外汇的含义与种类

外汇是国际贸易的产物,是国际贸易清偿的支付手段。随着我国改革开放的深入发展,涉外经济活动深入到国民经济的各个领域,无论进出口贸易,科技学术交流,还是引进外资,发行B股、H股或环球国债与海外证券融资,几乎所有这些都涉及外汇,即不同于人民币的外国支付手段。外汇作为国际支付手段,活跃在世界各国贸易和国际金融市场上。与人民币相比,由于受复杂的国际因素影响,其活动更加变幻莫测。

1) 外汇的含义

外汇即国外汇兑,"汇"是货币异地转移,"兑"是货币之间进行转换,外汇是国际汇兑的简称。外汇概念有静态和动态之分。动态外汇,是指把一国货币兑换成为另一国货币以清偿国际间债务的金融活动。从这个意义上来说,动态外汇同于国际结算。静态的外汇有广义和狭义之分。广义的外汇是外国外汇管理法令所称的外汇。它泛指一切对外金融资产。狭义的外汇是指以外币表示的用于国际结算的支付手段。我国使用的就是广义静态外汇概念。《中华人民共和国外汇管理条例》所称外汇,是指下列以外币表示的可以用作国际清偿的支付手段和资产:① 外币现钞,包括纸币、铸币;② 外币支付凭证或者支付工具,包括票据、银行存款凭证、银行卡等;③ 外币有价证券,包括债券、股票等;④ 特别提款权;⑤ 其他外汇资产。

从形式上看,外汇是某种外国货币或外币资产,但不能认为所有的非本国货币都是外汇,只是那些具有可兑换性的外国货币才能称为外汇。只有接受《国际货币基金组织协定》第八条规定的国家的货币在国际上被承认为可自由兑换货币。这些国家必须履行三条法规:① 对国际经常往来的付款和资金转移不得施加限制;② 不施行歧视性货币措施或多种货币汇率;③ 在另一成员国要求下,随时有义务换回对方在经常往来中所结存的本国货币。迄今为止,全世界已有50多个国家的货币可自由兑换。此外,凡是接受《国际货币基金组织协定》第十四条规定的国家,其货币被视作有限自由兑换货币,这些货币的共同特征表现为对国际经常往来的付款和资金转移施加各种限制。如限制居民的自由兑换或限制资本项目外汇的兑换。我国的人民币属于有限自由兑换货币。

在我国,有20余种外币可以在外汇市场上挂牌买卖:美元(USD)、欧元(EUR)、日元(JPY)、英镑(GBP)、瑞士法郎(CHF)、意大利里拉(ITL)、荷兰盾(NLG)、比利时法郎(BEC)、丹麦克朗(DKK)、瑞典克朗(SEK)、奥地利先令(ATS)、港元(HKD)、加拿大元(CAD)、澳大利亚元(AUD)、新西兰元(NZD)、新加坡元(SIN)、澳门元(MOP)、马来西亚林吉特(MYR)等。

2) 外汇的特征

一种外币资产必须具有以下几方面的特征才能被称为外汇:

① 必须是以外币计值或表示的国外金融资产,任何以外币计值的实物资产或无形资产均不构成外汇。

② 必须是能在国外得到补偿的债权,凡不能在国际上得到补偿的各种空头支票、拒付汇票等都不能称为外汇。

③ 必须具有充分的可兑换性,也就是具有自由兑换成其他国家的货币或购买其他信用工具以进行多边支付的性能。

3) 外汇的分类

(1) 按照外汇进行兑换时的受限制程度,可分为自由兑换外汇、有限自由兑换外汇和记账外汇。

① 自由兑换外汇:是在国际结算中用得最多、在国际金融市场上可以自由买卖、在国际金融中可以用于偿清债权债务并可自由兑换其他国家货币的外汇,例如美元、港币、加拿大元等。

② 有限自由兑换外汇:是指未经货币发行国批准,不能自由兑换成其他货币或对第三国进行支付的外汇。国际货币基金组织规定,凡对国际性经常往来的付款和资金转移有一定限制的货币均属于有限自由兑换货币。世界上有一大半的国家货币属于有限自由兑换货币,包括人民币。

③ 记账外汇:又称清算外汇或双边外汇,是指记账在双方指定银行账户上的外汇,不能兑换成其他货币,也不能对第三国进行支付。

(2) 根据外汇的来源与用途不同,可分为贸易外汇、非贸易外汇和金融外汇。

① 贸易外汇:也称实物贸易外汇,是指来源于或用于进出口贸易的外汇,即由于国际间的商品流通所形成的一种国际支付手段。

② 非贸易外汇:是指贸易外汇以外的一切外汇,即一切非来源于或非用于进出口贸易的外汇,如劳务外汇、侨汇和捐赠外汇等。

③ 金融外汇：与贸易外汇、非贸易外汇不同，是属于一种金融资产外汇，例如银行同业间买卖的外汇，既非来源于有形贸易或无形贸易，也非用于有形贸易，而是管理各种货币头寸过程中的金融资产。资本在国家之间的转移，也要以货币形态出现，或是间接投资，或是直接投资，都形成在国家之间流动的金融资产，特别是国际游资数量之大，交易之频繁，影响之深刻，不能不引起有关方面的特别关注。

贸易外汇、非贸易外汇和金融外汇在本质上都是外汇，它们之间并不存在不可逾越的鸿沟，而是经常互相转化。

(3) 按外汇买卖交割期限不同，可分为即期外汇和远期外汇。

① 即期外汇：又称现汇，是在外汇买卖成交后两个营业日内办理交割的外汇。

② 远期外汇：又称期汇，是外汇买卖双方事先签订合约，预约到一定期限后再办理交割的外汇；是在外汇买卖成交后在3个或3个以上营业日内办理交割的外汇，一般不超过1年。

(4) 按外汇管理对象不同，可分为居民外汇和非居民外汇。

① 居民外汇：是指境内机构（企业事业单位、国家机关、社会团体、部队等，包括外商投资企业）和个人（中国公民和境内居住满1年的外国人）的外汇。

② 非居民外汇：是指驻华机构（外国驻华外交机构、领事机构、国际组织驻华代表机构、外国驻华商务机构和国外民间组织驻华业务机构等）以及来华人员（驻华机构的常驻人员、短期入境的外国人、应聘在境内机构工作的外国人以及外国留学生等）的外汇。

(5) 根据外汇汇率的市场走势不同，外汇又可区分为硬外汇和软外汇。

外汇就其特征意义来说，总是指某种具体货币，如美元外汇是指以美元作为国际支付手段的外汇；英镑外汇是指以英镑作为国际支付手段的外汇；日元外汇是指以日元作为国际支付手段的外汇，等等。在国际外汇市场上，由于多方面的原因，各种货币的币值总是经常变化的，汇率也总是经常变动的，因此根据币值和汇率走势又可将各种货币归类为硬货币和软货币，或叫强势货币和弱势货币。硬货币是指币值坚挺，购买能力较强，汇价呈上涨趋势的自由兑换货币；反之，则为软货币。由于各国国内外经济、政治情况千变万化，各种货币所处硬货币、软货币的状态也不是一成不变的，经常是昨天的硬货币变成了今天的软货币，昨天的软货币变成了今天的硬货币。

10.2.2 外汇汇率

1) 汇率的含义

汇率亦称"外汇行市或汇价"，即一国货币兑换另一国货币的比率，是以一种货币表示另一种货币的价格。由于世界各国货币的名称不同，币值不一，所以一国货币对其他国家的货币要规定一个兑换率，即汇率。

2) 汇率的种类

(1) 按国际货币制度的演变，可分为固定汇率和浮动汇率。

① 固定汇率：是指由政府制定和公布，并只能在一定幅度内波动的汇率。

② 浮动汇率：是指由市场供求关系决定的汇率。其涨落基本自由，一国货币市场原则上没有维持汇率水平的义务，但必要时可进行干预。

(2) 按制定汇率的方法，可分为基本汇率和套算汇率。

① 基本汇率：各国在制定汇率时必须选择某一国货币作为主要对比对象，这种货币称

为关键货币。根据本国货币与关键货币实际价值的对比,制定出对它的汇率,这个汇率就是基本汇率。一般美元是国际支付中使用较多的货币,各国都把美元当作制定汇率的主要货币,常把对美元的汇率作为基本汇率。

② 套算汇率:是指各国按照对美元的基本汇率套算出的直接反映其他货币之间价值比率的汇率。

(3) 按银行买卖外汇的角度,可分为买入汇率、卖出汇率、中间汇率和现钞汇率。

① 买入汇率:也称买入价,即银行向同业或客户买入外汇时所使用的汇率。采用直接标价法时,外币折合本币数较少的那个汇率是买入价,采用间接标价法时则相反。

② 卖出汇率:也称卖出价,即银行向同业或客户卖出外汇时所使用的汇率。采用直接标价法时,外币折合本币数较多的那个汇率是卖出价,采用间接标价法时则相反。

买入卖出之间有个差价,这个差价是银行买卖外汇的收益,一般为1‰~5‰。银行同业之间买卖外汇时使用的买入汇率和卖出汇率也称同业买卖汇率,实际上就是外汇市场买卖价。

③ 中间汇率:是买入价与卖出价的平均数。西方报刊报道汇率消息时常用中间汇率,套算汇率也用有关货币的中间汇率套算得出。

④ 现钞汇率:一般国家都规定,不允许外国货币在本国流通,只有将外币兑换成本国货币,才能购买本国的商品和劳务,因此产生了买卖外汇现钞的兑换率,即现钞汇率。按理现钞汇率应与外汇汇率相同,但因需要把外币现钞运到各发行国去,而运送外币现钞要花费一定的运费和保险费,因此,银行在收兑外币现钞时的汇率通常要低于外汇买入汇率。表10.1为中国工商银行某日人民币(即期)外汇牌价。

表10.1 人民币汇率表(2010年12月10日)　　　单位:人民币/100外币

币种	汇买、汇卖中间价	现汇买入价	现钞买入价	卖出价
美元(USD)	666.04	664.17	658.85	666.83
港币(HKD)	85.71	85.47	84.78	85.79
日元(JPY)	7.9465	7.9140	7.6697	7.9776
欧元(EUR)	881.20	877.43	850.34	884.48
英镑(GBP)	1049.65	1045.13	1012.86	1053.52

资料来源:http://www.icbc.com.cn/other/quotation.jsp

(4) 按银行外汇付汇方式,可分为电汇汇率、信汇汇率和票汇汇率。

① 电汇汇率:电汇汇率是经营外汇业务的本国银行在卖出外汇后,即以电报委托其国外分支机构或代理行付款给收款人所使用的一种汇率。由于电汇付款快,银行无法占用客户资金头寸,同时,国际间的电报费用较高,所以电汇汇率较一般汇率高。但是电汇调拨资金速度快,有利于加速国际资金周转,因此电汇在外汇交易中占有绝大的比重。

② 信汇汇率:信汇汇率是银行开具付款委托书,用信函方式通过邮局寄给付款地银行转付收款人所使用的一种汇率。由于付款委托书的邮递需要一定的时间,银行在这段时间内可以占用客户的资金,因此,信汇汇率比电汇汇率低。

③ 票汇汇率:票汇汇率是指银行在卖出外汇时,开立一张由其国外分支机构或代理行付款的汇票交给汇款人,由其自带或寄往国外取款所使用的汇率。由于票汇从卖出外汇到

支付外汇有一段间隔时间,银行可以在这段时间内占用客户的头寸,所以票汇汇率一般比电汇汇率低。票汇有短期票汇和长期票汇之分,其汇率也不同。由于银行能更长时间运用客户资金,所以长期票汇汇率较短期票汇汇率低。

(5) 按外汇交易交割期限,可分为即期汇率和远期汇率。

① 即期汇率:也叫现汇汇率,是指买卖外汇双方成交当天或两天以内进行交割的汇率。

② 远期汇率:远期汇率是在未来一定时期进行交割,而事先由买卖双方签订合同、达成协议的汇率。到了交割日期,由协议双方按预订的汇率、金额进行钱汇两清。远期外汇买卖是一种预约性交易,是由于外汇购买者对外汇资金需要的时间不同,以及为了避免外汇汇率变动风险而引起的。远期外汇的汇率与即期汇率相比是有差额的。这种差额叫远期差价,有升水、贴水、平价三种情况,升水是表示远期汇率比即期汇率贵,贴水则表示远期汇率比即期汇率便宜,平价表示两者相等。

(6) 按对外汇管理的宽严,可分为官方汇率和市场汇率。

① 官方汇率:是指国家机构(财政部、中央银行或外汇管理当局)公布的汇率。官方汇率又可分为单一汇率和多重汇率。多重汇率是一国政府对本国货币规定的一种以上的对外汇率,是外汇管制的一种特殊形式。其目的在于奖励出口限制进口,限制资本的流入或流出,以改善国际收支状况。

② 市场汇率:是指在自由外汇市场上买卖外汇的实际汇率。在外汇管理较松的国家,官方宣布的汇率往往只起中心汇率作用,实际外汇交易则按市场汇率进行。

(7) 按银行营业时间,可分为开盘汇率和收盘汇率。

① 开盘汇率:又称开盘价,是外汇银行在一个营业日刚开始营业时进行外汇买卖使用的汇率。

② 收盘汇率:又称收盘价,是外汇银行在一个营业日的外汇交易终了时使用的汇率。

3) 汇率的标价方法

确定两种不同货币之间的比价,先要确定用哪个国家的货币作为标准。由于确定的标准不同,于是便产生了几种不同的外汇汇率标价方法。常用的标价方法包括直接标价法、间接标价法、美元标价法。

(1) 直接标价法 又称应付标价法,是以一定单位(1、100、1 000、10 000)的外国货币为标准来计算应付出多少单位本国货币。就相当于计算购买一定单位外币应付多少本币,所以叫应付标价法。包括中国在内的世界上绝大多数国家目前都采用直接标价法。在国际外汇市场上,日元、瑞士法郎、加元等均为直接标价法,如日元兑美元汇率为119.05,即1美元兑119.05日元。在直接标价法下,若一定单位的外币折合的本币数额多于前期,则说明外币币值上升或本币币值下跌,叫做外汇汇率上升;反之,如果要用比原来较少的本币即能兑换到同一数额的外币,这说明外币币值下跌或本币币值上升,叫做外汇汇率下跌,即外币的价值与汇率的涨跌成正比。

(2) 间接标价法 又称应收标价法,是以一定单位(如1个单位)的本国货币为标准,来计算应收若干单位的外国货币。在国际外汇市场上,欧元、英镑、澳元等均为间接标价法。如欧元兑美元汇率为0.970 5,即1欧元兑0.970 5美元。在间接标价法中,本国货币的数额保持不变,外国货币的数额随着本国货币币值的对比变化而变动。如果一定数额的本币能兑换的外币数额比前期少,这表明外币币值上升,本币币值下降,即外汇汇率上升;反之,如果一定数额的本币能兑换的外币数额比前期多,则说明外币币值下降,本币币值上升,也就是外汇汇率下跌,即外币的价值和汇率的升跌成反比。因此,间接标价法与直接标价法相反。

(3) 美元标价法　是以一定单位的美元为标准来计算应兑换多少其他货币的汇率表示方法。在美元标价法下,各国均以美元为基准来衡量各国货币的价值。而非美元外汇买卖时,则是根据各自对美元的比率套算出买卖双方货币的汇价。美元标价法又称纽约标价法,是指在纽约国际金融市场上,除对英镑用直接标价法外,对其他外国货币用间接标价法的标价方法。美元标价法由美国在1978年9月1日制定并执行,目前是国际金融市场上通行的标价法。美元标价法有以下特点:

① 美元的单位始终不变,美元与其他货币的比值是通过其他货币量的变化体现出来的。

② 随着国际金融市场之间外汇交易量的猛增,为了便于国际间进行交易,美元标价法是在银行之间报价时采用的一种汇率表示法。目前各大国际金融中心已普遍使用。

外汇市场上的报价一般为双向报价,即由报价方同时报出自己的买入价和卖出价,由客户自行决定买卖方向。买入价和卖出价的价差越小,对于投资者来说意味着成本越小。银行间交易的报价点差正常为2~3点,银行(或交易商)向客户的报价点差依各家情况差别较大,目前国外保证金交易的报价点差基本在3~5点,香港在6~8点,国内银行实盘交易在10~50点不等。

专栏 10.1

"点数"表示法

"点数"是汇率表达的基本单位。银行公布的外汇汇率,其有效数字一般为5位。所谓"点"是指汇率有效数字的最后一位数。倒数第二位为"十点",倒数第三位则为"百点"。在外汇市场上,表示远期汇率的点数有前后两栏数字,分别代表了买价和卖价。

资料来源:朱箴元.国际金融.北京:中国财政经济出版社,2001

10.2.3　汇率变动的经济分析

1) 汇率的决定基础

汇率在不同的货币制度下有不同的制定方法。

(1) 金本位制度下汇率的决定基础　金币本位制度下汇率的决定基础是铸币平价。铸币平价指的是两种货币含金量的对比。黄金输送点成为汇率波动的界限。这是因为在金本位制度下黄金可以自由输入输出。当汇率对他有利时,他就利用外汇办理国际结算;当汇率对他不利时,他可以改为用输入或输出黄金的办法结算。

金块本位制度和金汇兑本位制度下汇率决定的基础是黄金平价。黄金平价指的是两国货币单位所代表的含金量之比。

(2) 纸币本位制度下汇率决定的基础　布雷顿森林体系汇率决定的基础是黄金平价。现行纸币本位制度下汇率决定的基础是购买力平价。所谓购买力平价是指两国货币的汇率取决于它们的购买力之比。由于货币的购买力实际上是一般物价水平的倒数,故两国货币的汇率就取决于两国物价水平之比。这是绝对购买力平价。常用的是相对购买力平价,设计算期汇率为R_1,标准期(基期)时的汇率为R_0,甲国的通货膨胀率为l_a,乙国的通货膨胀率为l_b,则利用相对购买力平价计算汇率的公式为:

$$R_1 = R_0 \times \frac{1+l_a}{1+l_b}$$

2)影响汇率变动的主要因素

除购买力这一基础性因素外,汇率变动还受到外汇供求关系的影响。当某种货币供不应求时,这种货币的汇率就会上升,当某种货币供过于求时,其汇率就会下降。而影响外汇供求关系的因素是多方面的,主要有以下几点:

(1) 直接因素——国际收支 如果一国发生国际收支顺差,通常会引起本币汇率上升;反之,一国发生国际收支逆差,往往会引起本国货币汇率下降。

(2) 长期因素——经济增长 从长期来看,一国经济持续稳定增长将有利于本币汇率的稳定,甚至保持坚挺。

(3) 利率差异 如果一国利率水平相对于他国提高,则国外资金流入增加,本国货币汇价相对提高;反之,如果一国利率水平相对于他国下降,则国内资金流出增加,本国货币汇价相对下降。

(4) 通货膨胀率差异 一国通货膨胀率越高,则其货币对内价值越低,造成国内商品价格相对上涨,引起出口减少,进口增加,从而本币汇率下降;反之,则本币汇率上升。

(5) 中央银行干预 中央银行对外汇市场的干预,虽无法从根本上改变汇率的长期变化趋势,但短期内有利于汇率的稳定。

(6) 市场预期和投机因素 当市场交易者预期某种货币可能贬值时,由于投机、避险心理,他们会大量抛售这种货币,导致该货币贬值;当市场交易者预期某种货币可能升值时,他们会大量买进这种货币,导致该货币升值。预期因素是短期内影响汇率变动的最主要因素。

除上述因素外,影响汇率变动的因素还包括一国的外贸政策、外汇管制的宽严、自然灾害等。各个因素之间相互联系又相互制约,使汇率变动成为颇为复杂的问题。

3)汇率变动对经济的影响

一国汇率受诸多经济因素的影响而变动,而汇率的变动又会反作用于这些经济因素,对各项经济指标产生影响。

(1) 汇率变动对国际收支的影响

① 汇率变动对贸易收支的影响:理论上,本币汇率下降,有利于出口,不利于进口,从而改善贸易收支状况。因为本币贬值后,以外币标示的出口商品价格下降,而以本币标示的进口商品价格上升,这样出口商品更具有价格竞争力。但实践上,贸易状况会受到进出口商品价格弹性影响,当满足马歇尔—勒纳条件时,本币贬值才可改善贸易收支,并存在J曲线效应。

② 汇率变动对劳务收支——旅游收支的影响:国际旅游业从本质上说是以劳务为中心的出口行业,因此汇率变动对旅游收支的影响机制与对贸易收支的影响基本一致。1997年东南亚货币金融危机发生后,泰国等国接待海外旅游开展得红红火火,就是证明。

③ 汇率变动对资本流动(金融账户)的影响:资本从一国流向国外,主要是追求利润和避免损失。当一国货币贬值而未到位,国内外资本为避免该国货币再贬值而受损,将资本抽出该国;若货币贬值已到位,外逃的资本将抽回国内;若货币贬值过头,投资者预期汇率将会反弹,就会纷纷将资本调到该国。

(2) 汇率变动对国内经济的影响

① 汇率变动对国内物价的影响:从出口方面看,一国货币贬值将有利于出口外汇收入

增加,本国货币供给增加,促进物价上涨;同时对国内出口货源的需求增加,在短期内,国内生产能力来不及调整,造成国内市场供求矛盾加剧,从而造成物价上涨。从进口方面看,本币贬值会使进口商品的本币成本上升,并带动国内同类商品价格上升。

② 汇率变动对国民收入和就业的影响:一国货币汇率下降,由于有利于出口而不利于进口,将会使闲置资源向出口商品生产部门转移,并促进进口替代品生产部门的发展,这将使投资、生产扩大,国民收入与就业增加。这一结论是以该国没有实现充分就业为前提的。

10.2.4 汇率制度与外汇管理

1)汇率制度的含义

汇率制度又称汇率安排,是指各国或国际社会对于确定、维持、调整与管理汇率的原则、方法、方式和机构等所作出的系统规定。内容包括:① 确定汇率的原则和依据。例如,以货币本身的价值为依据,还是以法定代表的价值为依据等。② 维持与调整汇率的办法。例如,是采用公开法定升值或贬值的办法,还是采取任其浮动或官方有限度干预的办法。③ 管理汇率的法令、体制和政策等。例如各国外汇管制中有关汇率及其适用范围的规定。④ 制定、维持与管理汇率的机构,如外汇管理局、外汇平准基金委员会等。

2)汇率制度的主要形式及特点

按照汇率变动幅度的大小,汇率制度可分为固定汇率制度和浮动汇率制度。

(1) 固定汇率制度及其特点 固定汇率制度指在法律中明确规定本国货币与某一外币保持固定的交换比率,或者只允许在较小范围内浮动。根据国际货币基金组织的分类,固定汇率制度包括三种类型:

① 货币局制度,指政府将本币与某种外币的汇率用法律形式固定下来,并且通过对本币的发行作特殊限制以保证履行这一法定义务的汇率制度。如目前我国香港就实行这种汇率制度。

② 无独立法定货币的汇率制度,也称美元化制度,即一国完全放弃了自己的货币,直接使用美元,如巴拿马就采用这种汇率制度。

③ 钉住汇率制度,指将本币按照固定汇率钉住一种主要货币,或一篮子货币,汇率波动幅度不超过 1%。

实行固定汇率制,可以避免汇率频繁波动,有助于引进外资发展本国经济,多为发展中国家采用。

从固定汇率制度的历史演变角度考察,固定汇率制是指以本位货币本身或法定含金量为确定汇率的基准,汇率比较稳定的一种汇率制度。在不同的货币制度下具有不同的固定汇率制度。

① 金本位制度下的固定汇率制度:其特点一是黄金成为两国汇率决定的实在的物质基础。二是汇率仅在铸币平价的上下各 $6‰$ 左右波动,幅度很小。三是汇率的稳定是自动而非依赖人为的措施来维持的。

② 布雷顿森林体系下的固定汇率制度:其基本内容一是实行"双挂钩",即美元与黄金挂钩,其他各国货币与美元挂钩。二是在"双挂钩"的基础上,国际货币基金协会规定,各国货币对美元的汇率一般只能在汇率平价 $\pm 1\%$ 的范围内波动,各国必须同 IMF 合作,并采取适当的措施保证汇率的波动不超过此界限。由于这种汇率制度实行"双挂钩",波幅很小,且可适当调整,因此该制度也称以美元为中心的固定汇率制度或可调整的钉住汇率制度。其

特点是一种以美元为中心的国际货币体系。该体系的汇率制度安排,是钉住型的汇率制度。具体来说,一是汇率的决定基础是黄金平价,但货币的发行与黄金无关;二是波动幅度小,但仍超过了黄金输送点所规定的上下限;三是汇率不具备自动稳定机制,汇率的波动与波幅需要人为的政策来维持;四是央行通过间接手段而非直接管制方式来稳定汇率;五是只要有必要,汇率平价和汇率波动的界限可以改变,但变动幅度有限。

可调整的钉住汇率制度从总体上看,在注重协调、监督各国的对外经济,特别是汇率政策以及国际收支的调节,避免出现类似20世纪30年代的贬值"竞赛",对战后各国经济增长与稳定等方面起了积极的作用。但其缺陷也很多:一是汇率变动因缺乏弹性,因此其对国际收支的调节力度相当有限。二是引起破坏性投机。三是美国不堪重负,"双挂钩"基础受到冲击。

(2) 浮动汇率制度及其特点　浮动汇率制度是指一国不规定本币与外币的黄金平价和汇率上下波动的界限,货币当局也不再承担维持汇率波动界限的义务,汇率随外汇市场供求关系变化而自由上下浮动的一种汇率制度。该制度在历史上早就存在过,但真正流行是1972年以美元为中心的固定汇率制崩溃之后。这种汇率制度最大的优点是可以通过汇率杠杆,对国际收支进行自动调节,降低国际游资冲击的风险。但汇率随国际收支状况变化而频繁波动,也会给国内经济造成震荡。因此实行自由浮动汇率制度的国家大都国力雄厚,金融市场也相当完善。

(3) 中间汇率制度　这种汇率制度介于固定汇率和自由浮动汇率之间,因此被称为"中间汇率制度"或有管理的浮动汇率制度。在这种制度下,汇率主要由市场供求关系生成;当汇率严重偏离正常轨道,政府可以采取措施进行纠正。中间汇率制度包括很多类型,如水平钉住、爬行钉住、爬行区间浮动和不事先公布干预方式的管理浮动等。各类型中间汇率制度并没有质的区别,只是汇率变动的范围大小不同而已。

需要指出的是,尺有所短、寸有所长,任何一种汇率制度都各有利弊。只有根据世界经济发展态势,结合国情选择汇率制度,才有利于本国经济的稳定和发展。

3) 外汇管理

(1) 外汇管理的含义　外汇管理有广义和狭义之分。广义外汇管理指一国政府授权国家的货币金融当局或其他机构,对外汇的收支、买卖、借贷、转移以及国际间结算、外汇汇率和外汇市场等实行的控制和管制行为。狭义外汇管理仅指对本国货币与外国货币的兑换实行一定的限制。凡是有自己法定货币的国家或地区,都必然存在着外汇管理,只不过是管理的松紧程度不同而已。

(2) 外汇管理的类型　根据对外汇管理的松紧程度,可以将其分为三种类型:① 严格的外汇管制。无论是国际收支中的经常项目或资本项目,都实行严格管制。大多数发展中国家的外汇管理属于这一类型。② 部分的外汇管制。这种外汇管制一般是对非居民的经常性外汇收支不加限制,准许自由兑换或汇出国外,而对居民的经常项目和资本项目的外汇收支,施加不同程度的限制。③ 取消了外汇管制。这种类型是指国家和地区准许本国或本地区货币自由兑换成其他国家或地区的货币,对经常项目和资本项目的外汇收支均不加限制。一些发达国家(如美国、英国、瑞士等)以及国际收支有盈余的一些石油生产国(如科威特、沙特阿拉伯等)的外汇管理属于这一类型。

(3) 实施外汇管制的利与弊　外汇管制好比一把"双刃剑",对一国经济发展而言,有利有弊。有利的方面表现为:作为调控手段,外汇管制确实可以保护一国经济少受或不受外来因素的影响。借助外汇管制的实施,可以起到限制进口、扩大出口、鼓励生产和保护本国民族企业的作用;可以起到限制资本外逃、维持本国国际收支平衡的作用;可以起到稳定本币汇率、抑制国内通货膨胀的作用;可以起到节约外汇支出,增加外汇储备,增强本币信誉的作用等。外汇管制已成为许多国家稳定汇率、平衡国际收支、保护本国经济发展的重要手段。弊端的方面表现为:如果一国实施较严厉的外汇管制,会阻碍国际贸易的正常发展,增加国际贸易的摩擦;会使外汇市场的调节机制不能充分发挥作用;会降低资源的有效分配与利用;不利于引进外资等。

10.2.5 人民币汇率制度与我国的外汇管理

1) 人民币汇率制度

目前,世界上对汇率的管理方法主要有三种:一是固定汇率;二是有管理的浮动汇率;三是自由浮动汇率。固定汇率是货币当局把本国货币对其他货币的汇率加以基本固定,波动幅度限制在一定的范围之内;有管理的浮动汇率是指货币当局通过各种措施和手段干预市场,使汇率在一定幅度内浮动,或维持在对本国有利的水平上;自由浮动汇率是指货币当局对外汇市场很少干预,汇率由外汇市场的供求状况自发决定,但在现实中,完全自由浮动的汇率制度是不存在的。在实行浮动汇率制后,各国原规定的货币法定含金量或与其他国家订立的纸币黄金平价就不再发挥作用。因此,国家汇率体系趋向复杂化、市场化。

1994年汇率并轨之后,我国实行的是以市场供求为基础的、有管理的浮动汇率制度。自2005年7月21日起,我国开始实行以市场供求为基础、参考一篮子货币进行调节、有管理的浮动汇率制度。本次汇率制度改革的主要内容包括以下三个方面:

(1) 汇率调控的方式 实行以市场供求为基础、参考一篮子货币进行调节、有管理的浮动汇率制度。人民币汇率不再钉住单一美元,而是参照一篮子货币,根据市场供求关系来进行浮动。这里的"一篮子货币",是指按照我国对外经济发展的实际情况,选择若干种主要货币,赋予相应的权重,组成一个货币篮子。同时,根据国内外经济金融形势,以市场供求为基础,参考一篮子货币计算人民币多边汇率指数的变化,对人民币汇率进行管理和调节,维护人民币汇率在合理均衡水平上的基本稳定。篮子内的货币构成,将综合考虑在我国对外贸易、外债、外商直接投资等外经贸活动占较大比重的主要国家、地区及其货币。参考一篮子货币表明外币之间的汇率变化会影响人民币汇率,但参考一篮子货币不等于钉住一篮子货币,它还需要将市场供求关系作为另一重要依据,据此形成有管理的浮动汇率。这将有利于增加汇率弹性,抑制单边投机,维护多边汇率。

(2) 中间价的确定 中国人民银行于每个工作日闭市后公布当日银行间外汇市场美元等交易货币对人民币汇率的收盘价,作为下一个工作日该货币对人民币交易的中间价格。

人民币汇率体现着人民币的对外价值,是人民币与其他国家货币之间的比价。人民币汇率采用直接标价法标价,实行买卖双价制,即对一种货币的汇率分买入价和卖出价,买卖差价是银行的收益。人民币买卖外币现钞,实行外钞买卖价,外钞买入价低于外汇买入价,是按照外汇买入价扣除应付外钞运抵香港的运费、保险费和垫付的人民币资金的利息计算的。

2) 我国外汇管理的基本内容

改革开放前,我国一直实行严格的外汇管制。改革开放后,我国外汇管理体制改革沿着逐步缩小指令性计划、培育市场机制的方向,有序地向与社会主义市场经济相适应的外汇管理体制转变。1993年11月14日,党的十四届三中全会通过的《中共中央关于建立社会主义市场经济体制若干问题的决定》中明确要求,"改革外汇管理体制,建立以市场供求为基础的、有管理的浮动汇率制度和统一规范的外汇市场,逐步使人民币成为可兑换货币"。这为外汇管理体制进一步改革明确了方向。1994年至今,围绕外汇体制改革的目标,按照预定改革步骤,中国外汇管理体制主要进行了以下改革:

(1) 1994年对外汇体制进行重大改革,实行人民币经常项目有条件可兑换

① 实行银行结售汇制度,取消外汇上缴和留成,取消用汇的指令性计划和审批。从1994年1月1日起,取消各类外汇留成、上缴和额度管理制度,对境内机构经常项目下的外汇收支实行银行结汇和售汇制度。除实行进口配额管理、特定产品进口管理的货物和实行自动登记制的货物,须凭许可证、进口证明或进口登记表,相应的进口合同及与支付方式相应的有效商业票据(发票、运单、托收凭证等)到外汇指定银行购买外汇外,其他符合国家进口管理规定的货物用汇、贸易从属费用、非贸易经营性对外支付用汇,凭合同、协议、发票、境外机构支付通知书到外汇指定银行办理兑付。为集中外汇以保证外汇的供给,境内机构经常项目外汇收入,除国家规定准许保留的外汇可以在外汇指定银行开立外汇账户外,都须及时调回境内,按照市场汇率卖给外汇指定银行。

② 汇率并轨,实行以市场供求为基础的、单一的、有管理的浮动汇率制度。1994年1月1日,人民币官方汇率与市场汇率并轨,实行以市场供求为基础的、单一的、有管理的浮动汇率制,并轨时的人民币汇率为1美元合8.70元人民币。人民币汇率由市场供求形成,中国人民银行公布每日汇率,外汇买卖允许在一定幅度内浮动。

③ 建立统一的、规范化的、有效率的外汇市场。从1994年1月1日起,中资企业退出外汇调剂中心,外汇指定银行成为外汇交易的主体。1994年4月1日银行间外汇市场——中国外汇交易中心在上海成立,连通全国所有分中心,4月4日起中国外汇交易中心系统正式运营,采用会员制、实行撮合成交集中清算制度,并体现价格优先、时间优先原则。中国人民银行根据宏观经济政策目标,对外汇市场进行必要的干预,以调节市场供求,保持人民币汇率的稳定。

④ 对外商投资企业外汇管理政策保持不变。为体现国家政策的连续性,1994年在对境内机构实行银行结售汇制度时,对外商投资企业的外汇收支仍维持原来办法,准许保留外汇,外商投资企业的外汇买卖仍须委托外汇指定银行通过当地外汇调剂中心办理,统一按照银行间外汇市场的汇率结算。

⑤ 禁止在境内外币计价、结算和流通。1994年1月1日,中国重申取消境内外币计价结算,禁止外币境内流通和私自买卖外汇,停止发行外汇兑换券。对于市场流通的外汇兑换券,允许继续使用到1994年12月31日,并于1995年6月30日前可以到中国银行兑换美元或结汇成人民币。通过上述各项改革,1994年中国顺利地实现了人民币经常项目有条件可兑换。

(2) 1996年取消经常项目下尚存的其他汇兑限制,12月1日宣布实现人民币经常项目可兑换

① 将外商投资企业外汇买卖纳入银行结售汇体系。1996年7月1日起,外商投资企业外汇买卖纳入银行结售汇体系,同时外商投资企业的外汇账户区分为用于经常项目的外汇结算账户和用于资本项目的外汇专用账户。外汇局核定外汇结算账户的最高金额,外商投资企业在核定的限额内保留经常项目下的外汇收入,超过部分必须结汇。外商投资企业经

常项目下的对外支付,凭规定的有效凭证可直接到外汇指定银行办理,同时,继续保留外汇调剂中心为外商投资企业外汇买卖服务。1998年12月1日外汇调剂中心关闭以后,外商投资企业外汇买卖全部在银行结售汇体系进行。

② 提高居民用汇标准,扩大供汇范围。1996年7月1日,大幅提高居民因私兑换外汇的标准,扩大了供汇范围。

③ 取消尚存的经常性用汇的限制。1996年,中国还取消了出入境展览、招商等非贸易非经营性用汇的限制,并允许驻华机构及来华人员在境内购买的自用物品、设备、用具等出售后所得人民币款项可以兑换外汇汇出。经过上述改革后,中国取消了所有经常性国际支付和转移的限制,达到了国际货币基金组织协定第八条款的要求。1996年12月1日,中国正式宣布接受第八条款,实现人民币经常项目完全可兑换。至此,中国实行了人民币经常项目可兑换,对资本项目外汇进行严格管理,初步建立了适应社会主义市场经济的外汇管理体制,并不断得到完善和巩固。如1997年再次大幅提高居民个人因私用汇供汇标准,允许部分中资企业保留一定限额经常项目外汇收入,开展远期银行结售汇试点,等等。

1998年以来,在亚洲金融危机影响蔓延深化的背景下,针对逃汇、套汇、骗汇和外汇非法交易活动比较突出的情况,在坚持改革开放和人民币经常项目可兑换的前提下,完善外汇管理法规,加大外汇执法力度,保证守法经营,打击非法资金流动,维护了人民币汇率稳定和正常的外汇收支秩序,为创造公平、清洁、健康的经营环境,保护企业、个人和外国投资者的长远利益做出积极努力。

(3) 2001年加入世界贸易组织以来,继续深化外汇管理体制改革 2001年加入世界贸易组织以来,中国对外经济迅速发展,国际收支持续较大顺差,改革开放进入了一个新阶段。外汇管理主动顺应加入世贸组织和融入经济全球化的挑战,进一步深化改革,继续完善经常项目可兑换,稳步推进资本项目可兑换,推进贸易便利化。主要措施有以下几项:

① 大幅减少行政性审批,提高行政许可效率。根据国务院行政审批改革的要求,2001年以来,外汇管理部门分三批共取消34项行政许可项目,取消的项目占原有行政审批项目的46.5%。按照《行政许可法》的要求,对保留的39项行政许可项目进行了全面清理,对这些项目办理和操作程序予以明确规定和规范,提高行政许可效率。

② 进一步完善经常项目外汇管理,促进贸易投资便利化。允许所有中资企业与外商投资企业一样,开立经常项目外汇账户,几次提高企业可保留现汇的比例并延长超限额结汇时间。多次提高境内居民个人购汇指导性限额并简化相关手续。简化进出口核销手续,建立逐笔核销、批量核销和总量核销三种监管模式,尝试出口核销分类管理;推广使用"出口收汇核报系统",提高出口核销业务的准确性、及时性。实行符合跨国公司经营特点的经常项目外汇管理政策,便利中外资跨国企业资金全球统一运作。

③ 稳步推进资本项目可兑换,拓宽资金流出入渠道。放宽境外投资外汇管理限制,将境外投资外汇管理改革试点推广到全国,提高分局审核权限和对外投资购汇额度,改进融资性对外担保管理办法,大力实施"走出去"战略。允许部分保险外汇资金投资境外证券市场,允许个人对外资产转移。实行合格境外机构投资者制度,提高投资额度,引进国际开发机构在中国境内发行人民币债券,促进证券市场对外开放。允许跨国公司在集团内部开展外汇资金运营,集合或调剂区域、全球外汇资金。出台外资并购的外汇管理政策,规范境内居民跨国并购和外国投资者并购境内企业的行为。规范境内居民通过境外特殊目的公司开展股权融资和返程投资的行为。

④ 积极培育和发展外汇市场，完善有管理的浮动汇率制。2005年7月21日汇率改革以前，积极发展外汇市场：改外汇单向交易为双向交易，积极试行小币种"做市商"制度，扩大远期结售汇业务的银行范围，批准中国外汇交易中心开办外币对外币的买卖。7月21日以后，改革人民币汇率形成机制，实行以市场供求为基础、参考一篮子货币进行调节、有管理的浮动汇率制度。配合这次改革，在人民银行的统一领导和部署下，外汇管理部门及时出台一系列政策促进外汇市场发展，包括：增加交易主体，允许符合条件的非金融企业和非银行金融机构进入即期银行间外汇市场；引进美元"做市商"制度，在银行间市场引进询价交易机制；将银行对客户远期结售汇业务扩大到所有银行，引进人民币对外币掉期业务；增加银行间市场交易品种，开办远期和掉期外汇交易；实行银行结售汇综合头寸管理，增加银行体系的总限额；调整银行汇价管理办法，扩大银行间市场非美元货币波幅，取消银行对客户非美元货币挂牌汇率浮动区间限制，扩大美元现汇与现钞买卖差价，允许一日多价等。

⑤ 加强资金流入管理，积极防范金融风险。调整短期外债口径。对外资银行外债实行总量控制，外资银行向境内机构发放的外汇贷款按照国内外汇贷款管理。实行支付结汇制，严控资本项目资金结汇。将外商投资企业短期外债余额和中长期外债累计发生额严格控制在"投注差"内，明确规定外商投资企业的境外借款不可以结汇用于偿还国内人民币贷款。以强化真实性审核为基础，加强对出口预收货款和进口延期付款的管理。将境内机构180天（含）以上、等值20万美元（含）以上延期付款纳入外债管理，同时规范了特殊类外商投资企业的外债管理，并将境内贷款项下境外担保按履约额纳入外债管理，由债务人逐笔登记改为债权人定期登记。加强对居民和非居民个人结汇管理。

⑥ 强化国际收支统计监测，加大外汇市场整顿和反洗钱力度。加快国际收支统计监测预警体系建设，初步建立高频债务监测系统和市场预期调查系统，不断提高预警分析水平。加大外汇查处力度，整顿外汇市场秩序，积极推进外汇市场信用体系建设，初步建立起了以事后监管和间接管理为主的信用管理模式。建立和完善外汇反洗钱工作机制，2003年起正式实施大额和可疑外汇资金交易报告制度，加强反洗钱信息分析工作。

（4）资本项目外汇严格管理　按照"循序渐进、统筹规划、先易后难、留有余地"的改革原则，中国逐步推进资本项目可兑换。2004年底，国际货币基金组织确定的43项资本项目交易中，我国有11项实现可兑换，11项较少限制，15项较多限制，严格管制的仅有6项。根据外汇体制改革的总体部署和长远目标，中国资本项目外汇收支管理的基本原则是，在取消经常项目汇兑限制的同时，完善资本项目外汇管理，逐步创造条件，有序地推进人民币在资本项目下可兑换。在上述总原则下，目前中国对于资本项目外汇还进行严格管理并执行三个共同原则：一是除国务院另有规定外，资本项目外汇收入均需调回境内；二是境内机构（包括外商投资企业）的资本项目下外汇收入均应在银行开立外汇专用账户，外商投资项下外汇资本金结汇可持相应材料直接到外汇局授权的外汇指定银行办理，其他资本项下外汇收入经外汇管理部门批准后才能卖给外汇指定银行；三是除外汇指定银行部分项目外，资本项目下的购汇和对外支付，均需经过外汇管理部门的核准，持核准件方可在银行办理售付汇。现阶段，中国国际收支资本项目中主要是对外借债、外商来华直接投资和对境外直接投资三种形式。

① 对外债和对外担保的管理：中国对外债实行计划管理，中资金融机构和中资企业借用1年期以上的中长期外债需纳入国家利用外资计划。1年期以内（含1年）的短期外债由国家外汇管理局管理，国家外汇管理局分别给有关省市金融机构或企业下达余额控制指标。

有短贷指标的机构可以在余额范围内借用短期国际商业贷款,期限不超过1年,可以在余额范围内周转使用。外商投资企业借用国际商业贷款不需事先批准。

所有的境内机构(包括外商投资企业)借用外债后,均需及时到外汇局定期或者逐笔办理外债登记。实行逐笔登记的外债,其还本付息都需经外汇局核准(银行除外)。境内机构(财政部代表国家在境外发行债券除外)在境外发行中长期债券经国家发展和改革委员会审核并会签国家外汇管理局后报国务院审批。在境外发行短期债券由国家外汇管理局审批,其中设定滚动发行的,由国家外汇管理局会同国家发展和改革委员会审核。地方政府不得对外举债。境内机构发行商业票据由国家外汇管理局审批,并占用其短期贷款指标。已上市的外资公司对外发行可转换债券,按境内机构对外发行债券的审批程序办理。

对外担保属于或有债务,其管理参照外债管理,仅限于经批准有权经营对外担保业务的金融机构(不含外资金融机构)和具有代位清偿债务能力的非金融企业法人可以提供。除经国务院批准为使用外国政府贷款或者国际金融组织贷款进行转贷外,国家机关和事业单位不得对外出具担保。除财政部出具担保和外汇指定银行出具非融资项下对外担保外,境内机构出具对外担保需经外汇局逐笔审批。对外担保也须向外汇局登记,对外担保履约时需经外汇局核准。

② 对外商直接投资的管理:为鼓励外商直接投资,中国对外商投资企业资本项目下的外汇收支活动采取以下管理办法:一是外商投资企业外方投资资本金可以开立外汇账户保留外汇,为筹建外商投资企业外方投资资本金可以开立外汇账户保留外汇,外资非法人合作企业(合作项目)可开立投资专项账户保留外汇,外商投资项下外汇资本金结汇可持相应材料直接到外汇局授权的外汇指定银行办理,其他资本项下外汇收入经外汇局批准后可以结汇;二是外商投资企业可以直接向境内外银行借款,自借自还,事先不需报批,事后须向外汇局登记,但中长期对外借款余额不得超过外商投资企业总投资与注册资本的差额;三是中外合作经营企业外方先行收回投资,外商投资企业依法停业清算、减资、股权转让等所得资金,经批准后可以从其外汇账户中汇出或者购汇汇出;四是允许外商投资企业用人民币利润、企业清算、股权转让、先行回收投资、减资等所得货币资金进行再投资,享受外汇出资待遇;五是为进行监督和管理,对外商投资企业实行外汇登记和年检制度。

③ 对境外投资的管理:中国对资本输出进行严格管理。目前负责境外投资项目审批的主管部门是国家发展和改革委员会和外经贸部及其授权部门,国家外汇管理局是境外投资的外汇管理机关。管理的核心内容包括:一是境内机构进行境外投资,需购汇及汇出外汇的,须事先报所辖地外汇分局(外汇管理部)进行投资外汇资金来源审查;全部以实物投资的项目、援外项目和经国务院批准的战略性投资项目免除该项审查;二是境外投资项目获得国家境外投资主管部门批准后,境内投资者应到外汇管理部门办理境外投资外汇登记和投资外汇资金购汇汇出核准手续;三是境内投资者应按时将境外投资企业有关情况(含境外企业的财务报表)报外汇局备案;四是境外投资企业重大资本变更(如增资、再投资、中方转让股权、中方收购外方股权等)的审查或核准;五是国家对境外投资实行联合年检制度,境内投资者应按时参加境外投资联合年检。

(5) 不断改进的人民币汇率形成机制　1994年1月1日汇率并轨后,中国开始实行以市场供求为基础的、单一的、有管理的浮动汇率制。中国人民银行按照前一营业日银行间外汇市场形成的加权平均汇率,公布人民币对美元、欧元、港元、日元4种货币的市场交易中间价。银行间外汇市场人民币对美元买卖价可以在中国人民银行公布的市场交易中间价上下

0.3%的幅度内浮动,对港元和日元的买卖可以在中国人民银行公布的市场交易中间价上下1%的幅度内浮动,对欧元的买卖可以在中国人民银行公布的市场交易中间价上下10%的幅度内浮动。外汇指定银行在规定的浮动范围内确定挂牌汇率,对客户买卖外汇。各银行挂牌的美元现汇买卖价不得超过中国人民银行公布的市场交易中间价上下0.17%,欧元、港元、日元现汇买卖价不得超过中国人民银行公布的市场交易中间价的1%。4种货币以外的其他外币汇率,则按美元市场交易中间价,参照国际市场外汇行市套算中间汇率,买卖汇率之间的差价不得超过中间汇率的0.5%。对超过100万美元的交易,银行与客户可以在规定的幅度内议价成交。各银行挂牌的美元、港币现钞买入价不得超过其现汇买卖中间价的0.75%,欧元、日元现钞买入价不得超过其现汇买卖中间价的1%,所有货币的现钞卖出价与现汇卖出价相同。中国人民银行对人民币汇率进行宏观调控和必要的市场干预,以保持汇率的合理和稳定。

人民币汇率形成机制改革坚持主动性、可控性、渐进性的原则。自2005年7月21日起,我国开始实行以市场供求为基础、参考一篮子货币进行调节、有管理的浮动汇率制度。中国人民银行于每个工作日闭市后公布当日银行间外汇市场美元等交易货币对人民币汇率的收盘价,作为下一个工作日该货币对人民币交易的中间价格。银行间外汇市场人民币对美元买卖价在中国人民银行公布的市场交易中间价上下0.3%的幅度内浮动,欧元、日元、港币等非美元货币对人民币交易价浮动幅度为上下3%。外汇指定银行在规定的浮动范围内确定挂牌汇率,对客户买卖外汇。银行对客户美元挂牌汇价实行价差幅度管理,美元现汇卖出价与买入价之差不得超过交易中间价的1%,现钞卖出价与买入价之差不得超过交易中间价的4%,银行可在规定价差幅度内自行调整当日美元挂牌价格。银行可自行制定非美元对人民币价格。银行可与客户议定所有挂牌货币的现汇和现钞买卖价格。

(6) 不断完善的国际收支宏观管理体系 国际收支是一国对外经济活动的综合反映,国际收支平衡表是对一定时期内一国国际收支活动的综合记录,是宏观经济决策的重要依据。中国从1980年开始试编国际收支平衡表,1982年开始对外公布国际收支平衡表,1996年开始实行新的《国际收支统计申报办法》。在1996年推出通过金融机构进行国际收支间接申报的基础上,1997年又推出了直接投资、证券投资、金融机构对外资产负债及损益、汇兑四项申报工作。国际收支统计申报和分析预测在中国宏观经济调控体系中发挥了重要的作用。

(7) 加强对金融机构外汇业务的监督和管理 建立银行间外汇市场和实现经常项目可兑换后,经常项目的外汇收支基本上直接到外汇指定银行办理;资本项目的外汇收支经外汇管理部门批准或核准后,也在外汇指定银行办理。银行在办理结售汇业务中,必须严格按照规定审核有关凭证,防止资本项目下的外汇收支混入经常项目结售汇,防止不法分子通过结售汇渠道骗购外汇。1994年以来,加强了对金融机构外汇业务经营中执行外汇管理政策的监管、检查和处罚,并建立了相应的管理制度和办法。

(8) 不断完善的国际收支监测体系 完善银行结售汇统计,启动银行结售汇统计报表改造工作,重新设计和开发了银行结售汇统计系统;升级国际收支统计监测系统,加强对跨境资金流动的监测;加快建设国际收支统计监测预警体系,初步建立高频债务监测系统和市场预期调查系统,不断提高预警分析水平。提高国际收支统计数据透明度。自2005年起,外汇局每半年发布一次《中国国际收支报告》。

(9) 健全和完善外汇管理信息化系统 外汇局现有的电子监管系统有:出口核报系统、进口核销系统、居民个人因私购汇系统、外汇账户管理信息系统、外债统计监测系统、银行结售汇统计系统、国际收支统计监测系统、反洗钱信息系统等。目前,正在进一步升级和完善上述系统,并根据外汇管理的需要,开发和设计新的电子系统,提高数据采集的及时性、准确性和完整性,完善系统的查询、分析、监测等综合功能,加强和改善非现场监管水平。

(10) 逐步建立适应社会主义市场经济的外汇管理法规体系 1980年12月,中国颁布了《中华人民共和国外汇管理暂行条例》,1996年2月颁布了《中华人民共和国外汇管理条例》(以下简称《外汇管理条例》);1996年底实现人民币经常项目下可兑换后,对该条例进行了修订;2008年8月1日国务院第20次常务会议《外汇管理条例》又一次修订通过。《外汇管理条例》是中国外汇管理法规体系中的一个极为重要的基本法规。近年来,对新中国成立以来的各项外汇管理法规进行了全面清理和修订,重新制定和公布。这些法规体现了1994年以来外汇体制改革的成果。总之,根据中国国情和外汇管理工作实践,不断充实、完善外汇管理法规,逐步建立健全"科学、合理、有效"的外汇管理法规体系,对于保证经常项目外汇自由兑换和对资本项目外汇进行有效控制,加强国际收支宏观调控和维护外汇市场正常运行起着重要的法制保障作用。

3) 中国外汇管理体制改革的前景

改革开放以来,中国一直积极推进外汇管理体制改革,不断减少行政干预,加大外汇分配领域的市场调节力度,取得了很大的成就,实现了人民币经常项目可兑换,初步建立了符合社会主义市场经济要求的外汇管理体制,经受了亚洲金融危机和2008年国际金融危机的冲击,促进了国民经济持续健康发展和对外开放水平的进一步提高。

中国外汇管理体制改革的长远目标是实现人民币完全可兑换。目前人民币在资本项目下是有严格限制的可兑换。从国际经验来看,实现资本项目完全可兑换需要具备一定前提条件,而我国当前的国情和经济实际决定了人民币资本项目可兑换还将是一个中长期的渐进过程。同时,实现资本项目可兑换是一个系统工程,涉及各种金融活动领域和大量的非金融机构,需要各部门共同参与,各项改革配套到位,逐步从有严格限制的可兑换过渡到较宽松限制的可兑换,再到基本取消限制的可兑换。

10.3 利用外资

利用外资是指我国政府、部门、企业和其他经济组织通过对外借款、吸收外商直接投资以及向境外发行债券、股票等方式筹借的境外资金。外资的形式可以是现汇、实物、工业产权或专有技术等有形资本和无形资本。我国自有外汇和中国银行自有外汇资金发放的外汇贷款购置国外设备和材料,华侨、港澳同胞的捐赠,联合国或其他国际组织的无偿赠送资金、无偿援建的项目均不属于外资范围。我国目前对引进香港、澳门、台湾地区的资本和海外华侨、国外留学人员的资金在政策上也视同引进外资。

利用外资是借用外国的资金进行经济建设和从事对外经济活动,它是国际间经济交流和合作的重要形式之一。随着改革开放和经济发展,我国利用外资形式多样化,实际使用外资规模越来越大。合理利用外资在社会经济的诸多方面起到了积极作用。

10.3.1 利用外资的意义与原则

1) 利用外资的意义

利用外资对我国农业的发展具有重要作用:一是弥补了企业资金来源不足,促进了经济的增长和发展；二是引进了国外的先进技术和设备，促进了中国生产力水平的提高；三是产品综合质量明显提高，国际竞争力有明显增强；四是提高了我国企业的管理水平，加快了国有企业经济机制转换。

以江苏省铜山县为例：农业综合开发利用外资是江苏省利用国外资金和先进管理理念改善苏北农业基础设施的一项重要举措。在项目工程施工、资金管理和监督上，采用世界银行投资项目的管理运行模式，建立严格规范的合同管理系统，实行全面招投标制、资金报账制以及项目动态的全过程监测和控制。这些创新尝试，对提高我国农业内资项目的投资效率和管理水平，具有重要的借鉴和示范意义。

(1) 改善了项目区农业生产条件，提高了农业综合生产能力　外资项目立项前，铜山县的农田大多为典型的中低产田，农田基础设施薄弱，易旱易涝，自然灾害频繁。项目实施过程中，采取了工程、生物等综合措施，加大了科技含量，实行了综合开发治理和全面配套，农田做到了"旱能灌，涝能排，渍能降"，田间道路做到了"进得去，出得来，形成闭合圈，机械田间转"，农田林网做到了"网格化"要求。彻底改善了项目区农业生产条件，提高了项目区农业综合生产能力。

(2) 促进了农业结构调整，增加了农民收入　外资项目的实施，不仅有效地改善了项目区农业生产条件，大幅度提高农作物单产，而且为农业结构调整创造了有利条件，促进了农业结构的优化调整，增加了农民收入。铜山县项目区粮食和经济作物种植比例已由1997年的6∶4提高到2005年的4∶6，建成了蔬菜、林果、食用菌、优质稻、麦良种等农副产品生产基地，带动全县培育出奶业、蔬菜业、园艺林业三大特色主导产业，取得了显著的经济效益。

(3) 改善了生态环境，取得明显的生态效益　项目区水利工程的建设、农田林网的栽植，减少了水土流失，有效地改善了农田小气候，优化了区域小气候；通过开展各类技术培训，项目区农民的综合素质尤其是科学栽培、合理施肥、用水、植保等技术的水平得到明显提高，减轻了农业作物栽培管理和日常生活中对环境的污染，产生了良好的生态效益。

2) 利用外资的原则

合理利用外资，必须根据我国经济发展的需要和可能，遵循以下原则：① 必须维护国家主权和民族利益，拒绝一切不平等和奴役性的条件。② 利用外资的规模，要从我国经济发展需要、偿还能力、配套投资能力等实际情况出发，量力而行，不能单凭主观愿望行事。③ 要坚持重质量、重效益的原则，努力提高利用外资的质量和水平。④ 要进一步健全涉外经济法和提高政策透明度。

10.3.2　利用外资的形式

利用外资的形式主要分为外商直接投资、证券融资、国际信贷和新的融资方式四大类，其中外商直接投资是我国当前吸收外资最基本最重要的渠道。

1) 外商直接投资

外国企业和经济组织或个人（包括华侨、港澳台胞以及我国在境外注册的企业）按我国有关政策、法规，用现汇、实物、技术等在我国境内开办外商独资企业，与我国境内的企业或经济组织共同举办中外合资经营企业、合作经营企业或合作开发资源的投资（包括外商投资收益的再投资）以及经政府有关部门批准的项目投资总额内企业从境外借入的资金。

(1) 中外合资经营企业（股权式合营企业）　是由外国公司、企业和其他经济组织或个人同中国的公司、企业或其他经济组织在中国境内共同投资举办的企业。其特点是合营各方共同投资、共同经营,按各自的出资比例共担风险、共负盈亏。合营各方可以以现金出资,也可以以建筑物、机器设备、场地使用权、工业产权、专项技术出资。各方出资折算出一定的出资比例,外国合营者的出资比例一般不低于25%。

(2) 中外合作经营企业(契约式合营企业)　是由外国公司、企业和其他经济组织或个人同中国的公司、企业或其他经济组织在中国境内共同投资或提供合作条件举办的企业。它与中外合资经营企业最大的不同,在于中外各方的投资一般不折算成出资比例,利润也不按出资比例分配。各方的权利义务,包括投资或者提供合作条件、利润或者产品的分配、风险与亏损的分担,经营管理的方式和合同终止时财产的归属等事项,都在各方签订的合同中确定。举办中外合作经营的企业一般由外国合作者提供全部或大部分资金,中方提供土地,厂房,可利用的设备、设施,有的也提供一定量的资金。

(3) 外资企业(外商独资企业)　是指外国的公司、企业、其他经济组织或者个人,依照中国法律在中国境内设立的全部资本由外国投资者投资的企业。根据外资企业法的规定,设立外资企业必须有利于我国国民经济的发展,并应至少符合下列一项条件:采用国际先进技术和设备的;产品全部或者大部分出口的。

(4) 外资金融机构　是指外国金融机构在中国境内投资设立的从事金融业务的分支机构和具有中国法人地位的外商独资金融机构、中外合资金融机构。它是金融领域中的外商投资企业,与一般外商投资企业相比,主要区别在于大多数外资金融机构采用外国金融机构分支机构的形式设立,不具有中国法人资格。现已在中国设立的外资金融机构有外资银行、外资财务公司和外资保险公司。设立外资金融机构须按有关法律法规申请,报国家金融主管机关批准。

(5) 合作开发　是海上和陆上石油合作勘探开发的简称。它是目前国际上在自然资源领域广泛采用的一种经济合作方式,其最大的特点是高风险、高投入、高收益。我国在石油资源开采领域的对外合作中都采用这种方式。

(6) "三来一补"　是来料加工、来样加工、来件装配等补偿贸易的简称。来料加工,即由外商提供全部或部分原材料、辅助材料和包装物料等,必要时提供设备和技术,国内企业则按照合同规定的规格、式样、质量进行加工,产品交给外商后,收取加工费;来样加工即由国内企业按照外商提供样品的款式、规格和质量要求进行加工,产品交给外商后,收取材料费和加工费;来件装配,即由外商提供元器件、零部件、半成品,必要时提供技术和设备,按照要求进行装配,产品交给外商后,向其收取装配费。补偿贸易的特点是由外商向国内企业提供技术、设备、专利等作为投资,在项目投产后,以投资项目产品或其他产品分期偿还本息。

2) 证券融资

证券融资是资金盈余单位和赤字单位之间以有价证券为媒介实现资金融通的金融活动。所谓有价证券,是指具有一定票面金额并能给其持有者带来一定收益的财产所有权凭证或债权凭证,主要包括股票和债券。

(1) 股票融资　分境外股票融资和境内外币股票融资。

① 境外股票融资:是境内企业在境外发行股票并在当地证券交易所上市的融资活动,如H股(香港上市)、S股(新加坡上市)、N股(纽约上市)。

② 境内外币股票融资:是在中国境内发行的以人民币标明币值,最初面向非居民发行,以外币购买,在境内证券交易所上市的股票,如B股(在上海证券交易所以美元交易,在深圳证券交易所以港币交易)。

(2) 境外债券融资　是经中国人民银行批准后在国外金融市场上发行中长期外国债券(扬基债券、武士债券)和欧洲债券、可转换债券以及短期债券(商业票据、大额可转让存单等)。

① 外国债券融资主要有如下特点:一是发行外国债券首先要对借款者进行评级。借款者涉及许多机构或公司企业,其信誉程度决定了能否发行债券及借款的数额,资信高的可以获准发行,且发行限额较高。如日本政府规定,发行日元债券,属政府级即 AAA 级,贷款数额可不受限制;AA 级的限定只可发行 300 亿日元;未评级的只能发行 100 亿日元。二是外国债券发行额较大且筹资多国化、多样化。美国就规定在美国发行美元债券,规模至少 5 000 万美元。从世界发行境外债券筹资数额来看,相当可观,约占国际筹资总额的 60%。三是资金使用无严格限制,但不得干扰债权国的财政金融政策。发行外国债券筹到的资金,其具体的用途及使用进度,债权国一般没有特殊要求,但债券毕竟是在外国发行,各国的经济、金融、税收等政策和法令又各异,在发行过程中要注意掌握和执行当地的法律。四是外国债券要受外国当地有关金融当局的管理,因此筹资手续相当复杂。比如,在美国发行扬基债券要经美国证券交易委员会批准;而且,外国债券融资对资信评级、申请手续和报送的资料都要求较严较细,非常复杂。

② 欧洲债券融资主要有如下特点:一是管制松散。欧洲债券市场的所在货币当局,对银行及金融机构、跨国公司、国际金融机构的融资活动管制都很松。如果在美国纽约市场发行美元债券,美国对此审查相当严格很难获准,而在欧洲货币市场发行美元债券,手续则较为简单,不需评级机构评级,也不必向任何机构登记注册,而债券注册则只向当地证券交易所提交说明书即可。二是币种多样化。欧洲债券可以有更多的货币种类选择,而且当一些借款人想展期筹集较大金额的资金时,欧洲货币市场都能满足货币种类和数量的需要。三是交易集中。欧洲债券市场的交易全部在证券交易所里成交,没有场外市场,要接受证券交易所规章制度的管理和监督。四是资金调拨方便。欧洲市场是完全自由的市场,不存在限制和标准;加上在欧洲的一些金融中心,银行林立,业务经验丰富,融资类型多,电信联系发达,银行遍布世界各地,资金的调拨非常方便,若融资后需调换成各种所需货币,可在最短时间内完成调换并调拨到世界各地。

(3) 海外投资基金融资　海外投资基金融资的作用在于使社会闲散的资金聚合起来,并在一定较长的期间维系在一起,这对融资者来说相当有益。此外,稳健经营是投资基金的一般投资策略,因而投资基金对资本市场的稳定和发展也相当有益。海外投资基金融资具有如下特点:一是海外投资基金的共同特点是,以开放型为主,且上市销售,并追求成长性,这就有利于具有持续赢利能力和高成长潜力的企业获得资金,得到快速发展。二是投资基金不能够参与被投资企业的经营管理,这就避免了投融资双方利益失衡,融资方资产流失及丧失控股权等弊端。

3) 国际信贷

国际信贷即国际间以多种方式互相提供的信贷,通常是指一个或几个国家政府、国际金融机构以及公司企业向其他国家的政府、金融机构、公司企业以及国际机构提供的贷款。

(1) 外国政府贷款　是指一国政府向另一国政府提供的优惠贷款,为国家主权债务,其贷款对象一般是经济比较落后或缺乏资金的国家。政府贷款的主要形式是混合贷款,即外国政府提供的低息优惠贷款或赠款和出口信贷结合使用。它具有利率低、期限长、附加条件较多的特点。

① 贷款条件比较优惠,贷款期限长、利率低。政府贷款具有双边经济援助性质,按照国际惯例,政府贷款一般都含有 25% 的赠与部分。据世界银行统计,1978 年世界各国政府贷款平均年限为 30.5 年,年利率为 3%。具体来看,日本政府项目贷款转贷期限一般为 30 年,年利率 2.2% 左右;德国政府贷款转贷期限一般为 20 年,年利率 0.75%~3.25%。

② 贷款与专门的项目相联系。比如,用于借款国的交通、农业、卫生等大型开发项目。

③ 由于带有一些政治因素,有时规定购买限制性条款。所谓购买限制性条款,是指借款国必须以贷款的一部分或全部购买提供贷款国家的设备。

④ 政府贷款的规模不会太大。政府贷款受贷款国国民生产总值、财政收支与国际收支状况的制约,其规模不会太大,而且,一般在两国政治外交关系良好的情况下进行。

(2) 国际金融组织贷款　是指从国际货币基金组织、世界银行、国际开发协会、国际金融公司、亚洲开发银行、非洲发展银行、国际农业发展基金组织等取得的贷款,旨在帮助成员国开发资源、发展经济和平衡国际收支。其贷款发放对象主要有以下几个方面:对发展中国家提供以发展基础产业为主的中长期贷款,对低收入的贫困国家提供开发项目以及文教建设方面的长期贷款,对发展中国家的私人企业提供小额中长期贷款。国际金融组织贷款的特点:一是贷款条件优惠。国际金融组织的贷款一般利率较低,期限较长,如国际开发协会,主要是对低收入的贫困国家提供开发项目以及文教建设方面的长期贷款,最长期限可达 50 年,只收 0.75% 的手续费。二是审查严格,手续繁多,从项目申请到获得贷款,往往需要很长的时间。

① 国际货币基金组织贷款:贷款的对象仅限于会员国政府,并且只与会员国政府的财政部、中央银行、外汇平准基金组织或其他类似的财政机构往来。贷款只用于解决国际收支的暂时不平衡,用于贸易与非贸易的经常项目支付。目前,国际货币基金组织办理的贷款有普通贷款、专门贷款、临时贷款等。

② 世界银行贷款:世界银行只对有偿还能力的会员国提供贷款,贷款主要用于世界银行审查批准的特定项目,实行专款专用,并接受世界银行的监督。目前,世界银行办理的贷款有项目贷款、部门贷款、技术援助贷款、结构调整贷款、应急性贷款、联合贷款等。

③ 国际开发协会贷款:国际开发协会是世界银行的附属机构,主要为较贫穷的发展中国家提供贷款。

④ 国际金融公司贷款:国际金融公司也是世界银行的一个附属机构,主要对世界银行会员国私人企业提供无需政府担保的贷款,以帮助私人企业的新建、扩建和改建,促进其发展。

⑤ 亚洲开发银行贷款:亚行是亚洲和太平洋地区的区域性金融机构,其贷款按方式划分有项目贷款、规划贷款、部门贷款、开发金融机构贷款、特别项目执行援助贷款和私营部门贷款等。

(3) 国外商业银行贷款　是指从国外一般商业银行借入自由外汇。它按其期限的长短不同分为短期贷款和中长期贷款。短期贷款是指企业为了满足对流动资本的需求或为了支付进口商品的贷款而借入资金的一种银行信贷。其特点是期限较短,用途不限,无需担保,形式灵活,手续简便。中长期贷款是指企业为了满足对固定资产投资的需要而向银行取得的贷款。其特点是期限较长,风险较高,借贷双方须签订协议并有借款人所在国政府担保。国外商业银行贷款的特点:一是贷款用途不受限制,企业可以自由使用;二是贷款供应充足,企业可以灵活选用币种;三是与发达国家国内同类贷款相比,其利率较低。

(4) 出口信贷　是出口国政府为了支持和鼓励本国大型成套设备出口,提高本国出口商品的国际竞争力,所采取的对本国出口给予利息补贴并提供政府信贷担保的中长期贷款形式。同时,出口信贷也是为鼓励本国银行对本国出口商或外国进口商(或其银行)提供利率较低的贷款,以解决本国出口商资金周转困难,或者满足外国进口商对本国出口商支付货款需要的一种融资方式。其目的是加强本国商品国际竞争力,扩大本国出口量。出口信贷的特点:一是出口信贷是一种官方资助的政策性贷款;二是出口信贷是一种相对优惠的贷款;三是出口信贷是一种限制性的贷款;四是出口信贷与信贷保险相结合的贷款。出口信贷的形式主要有卖方信贷、买方信贷、福费廷等。

① 卖方信贷:是出口信贷的一种,是指在大型成套设备贸易中,为了便于出口商以延期付款方式或赊销方式出售商品,出口信贷机构对出口商所提供的中长期贷款,即出口方银行向本国出口商提供的贷款。这种贷款协议由出口厂商与银行之间签订。卖方信贷通常用于机器设备、船舶等出口。由于这些商品出口所需的资金数量较大、时间较长,进口厂商一般都要求采用延期付款的方式。出口厂商为了加速资金周转,往往需要取得银行的贷款。出口厂商付给银行的利息、费用有的包括在货价内,有的在货价外另加,转嫁给进口厂商负担。因此,卖方信贷是银行直接资助本国出口厂商向外国进口厂商提供延期付款,以促进商品出口的一种方式。我国出口卖方信贷一般包括人民币和外汇贷款。

卖方信贷目前主要有以下贷款品种:项目贷款有中短期额度贷款;海外承包工程贷款(包括 BOT、BOO);境外建厂设点贷款(主要是 CKD、SKD 散件装配厂);境外设备投资贷款。卖方信贷的一般做法:出口卖方信贷支持的范围比较广泛,只要单笔出口合同金额超过 30 万美元,设备在我国国内制造部分的比重符合国家规定,出口合同中规定的现汇支付比例符合国际惯例(一般机电产品不低于 15%,船舶不低于 20%,特殊情况例外),或海外工程承包项目在其合同总额中能带动 20% 机电产品和成套设备出口的,都属于银行出口卖方信贷支持的范围。

② 买方信贷:是在出口国的出口信贷机构担保下,出口国银行直接向进口商或进口商银行提供中长期贷款,使得进口商得以对出口商以现汇支付方式结算货款。由于贷款直接提供给买方,所以称为买方信贷;或者说买方信贷是指在大型成套设备贸易中,为了扩大本国设备的出口,由出口商所在国的银行向进口商或进口商所在国的银行所提供的中长期贷款。

买方信贷与卖方信贷也有许多不同之处,主要有如下几点:一是借款人不同;二是信用性质不同;三是风险大小不同。

③ 福费廷:所谓福费廷就是在延期付款的大型设备贸易中,出口商把由进口商承兑的并经进口商银行担保,期限在半年以上的远期汇票,无追索权地出售给出口商所在地的金融机构,提前取得现款的一种资金融通方式。

④ 混合贷款:是指为满足某一项大型设备出口需要,将政府贷款(或赠款)与买方信贷(或卖方信贷)混合在一起发放的融资方式。

4) 国际融资方式的创新

近 20 年来,随着国际金融市场全球化、证券化以及自由化程度的进一步加深,金融领域的创新业务日新月异,国际融资业务也不例外,融资方式和融资工具发生了新变化,出现了一些新型融资工具,例如:项目融资中的 BOT、ABS,国际股权融资中的存托凭证,债券融资中的可转换债券、中期债券、"龙债券"、欧洲票据,以及风险基金、战略结盟式融资、结构融资等。融资方式的创新扩大了资金来源的渠道,不仅给投资者带来较高且稳定的收益,也提高了投资者资产的流动性,同时也推动了金融管制方式的调整,进而刺激金融机构进一步进行创新活动。

(1) 国际融资租赁　融资租赁又称金融租赁,是指当项目单位需要添置技术设备而又缺乏资金时,由出租人代其购进或租进所需设备,然后再出租给项目单位使用,按期收回租金,其租金的总额相当于设备价款、贷款利息、手续费的总和。租赁期满时,项目单位即承租人以象征性付款取得设备的所有权。在租赁期间,承租人只有使用权,所有权属于出租人。融资租赁的方式有衡平租赁、回租租赁、转租赁、直接租赁等。

(2) 国际项目融资　是一种特殊的融资方式,是指以境内建设项目的名义在境外筹措资金,并以项目自身的收入资金流量、自身的资产与权益,承担债务偿还责任的融资方式,也是无追索或有限追索的融资方式。国际项目融资始于 20 世纪 30 年代美国油田开发项目,后来逐渐扩大范围,广泛应用于石油、天然气、煤炭、铜、铝等矿产资源的开发,如世界上最大的年产 80 万吨铜的智利埃斯康迪达铜矿,就是通过项目融资实现开发的。项目融资作为国际大型矿业开发项目的一种重要的融资方式,是以项目本身良好的经营状况和项目建成、投入使用后的现金流量作为还款保证来融资的。它不需要以投资者的信用或有形资产作为担保,也不需要政府部门的还款承诺,贷款的发放对象是专门为项目融资和经营而成立的项目公司。

(3) BOT 投资方式　即建设—经营—转让方式,是政府将一个基础设施项目的特许权授予承包商(一般为国际财团),承包商在特许期内负责项目设计、融资、建设和运营,并回收成本,偿还债务、赚取利润,特许期结束后将项目所有权移交政府。实质上,BOT 融资方式是政府与承包商合作经营基础设施项目的一种特殊运作模式。在我国又叫"特许权融资方式"。BOT 方式主要用于发展收费公路、发电厂、铁路、废水处理设施和城市地铁等基础设施项目。

(4) 对外担保　指中国境内机构(境内外资金融机构除外),以保函、备用信用证、本票、汇票等形式出具对外担保,以《中华人民共和国担保法》中第三十四条规定的财产对外抵押或者以《中华人民共和国担保法》第四章第一节规定的动产对外质押和第二节第七十五条规定的权利对外质押,向中国境外机构或者境内的外资金融机构(债权人或受益人)承诺,当债务人未按照合同约定偿付债务时由担保人履行偿付义务。对外担保包括:融资担保、融资租赁担保、补偿贸易项下的担保、境外工程承包中的担保、其他具有对外债务性质的担保。

10.3.3　我国农业利用外资现状

农业是国民经济的基础,促进我国农村经济持续稳定发展是我国未来几十年内的一个基本战略。农业的发展需要大量的资金投入,保证农业发展对资金的需求是世界许多国家尤其是发展中国家农业发展的一项重要战略。除了有效利用国内的资金外,还要大力引进外资,充分利用国外的资源,增加对农业的投入,以此改善农业的生产经营条件,促进农业经济的发展。为了加大对农业的投资力度,引进国外先进技术,提高农业和农村经济的整体水平,我国一直把农业作为吸引外商投资的重点领域。

我国农业资源丰富,种、牧、渔、林业开发潜力都很大,而且农村存在大量廉价劳动力,具有相对比较优势。但是,农业长年来劳动生产率低下,农产品技术含量不高,国际竞争力偏弱。中国加入 WTO 后,农业领域的进一步对外开放,为外资的深度进入提供了可能。国际贸易领域的绿色和环保标准日益增多,我国农产品出口受到其他国家苛刻的检测标准的制约,与此同时,进口农产品也将不断冲击国内市场。农业领域迫切需要引进外资,提高农产品科技含量和绿色产品的开发能力,增强国际竞争力。联合国贸易发展会议的问卷调查结果也表明,今后一段时期,国际产业转移的步伐有向农业倾斜的可能,发展中国家农业领域引资金额有望不断提高;国内外环境都为农业引资提供了有力的支持。今后几年,农业将成为外商投资增长较快的领域,所占比重也将相应提高。

1)我国农业利用外资的特点

由于我国农业本身的特点,农业利用外资方面表现出以下几个特点:

(1)地域性　农业总是同一定的自然资源相联系的,具有明显的地域性。我国地域辽阔,各地资源差异很大,各有优势。农业利用外资,必须从地区的需要和条件出发,因地制宜,择优引进,才能取得预期效果。

(2)风险性　农业受温度、日照、雨量等自然条件影响大,自然灾害等会给农业生产带来风险。也有些农产品鲜活易腐,给运销带来风险。因此,农业利用外资,要重视预测预防措施,要有风险共担条款,要注意保险补偿。

(3)长期性　农业生产周期长,其投资的发挥,可能具有较长的滞后性。因此,农业项目一般要求利用贷款期长、利率低、条件优惠的外资。当然,具体项目还要具体分析。例如,投资于乡镇企业的外资,利用时侧重的不是贷款期长短和利率高低,而是技术水平高低,设备的性能、质量以及原材料和市场的保证程度等。不管是什么项目,都要既注意短期效益,又注意长期效益;既要考虑经济效益,又要考虑社会效益和生态环境效益。

(4)综合性　农业发展项目,往往需要在较大的区域范围内实施,涉及多部门、多环节、多产业的生产经营,这就需要有相应规模的综合性开发,所以在利用外资举办地区性农业开发项目时,应充分考虑其各方面的需要,采取综合性措施,这样才能使项目取得最好的效益,花最少的投资收到最大的效果。

2)我国农业利用外资的政策取向

从农业利用外资形势来看,有机遇也有挑战。需要考虑:中国农业大环境的变化(农业生产要素变化、结构调整、城市化等),农产品流通体制的改革,西部大开发对中国农业发展的可能影响,农业新技术的发展,加入WTO对中国农产品贸易及中国农业的影响等因素。

从长远发展来看,中国农业利用外资的政策取向大体有以下几个方面:

(1)农业仍将是长时期利用外资的重点领域,也是中国经济发展的基础。发展农业,除利用国内力量外,还必须最大限度地借助"外力"。积极有效地利用外资,将大大有助于推动实现农业发展的目标。

(2)利用外资的重点将从原来的基础设施建设、农产品深加工等转向提高农产品生产的科技水平和促进建立农产品流通的市场化体系等方面。随着中国经济的发展,国外优惠贷款越来越少,今后农业利用外资将更多地以外商投资为主,而外商投资的特点及其赢利性也决定其主要投向可以获取更多利润的方面。

(3)制定具体的农业利用外资产业政策,明确有关税收、信贷、进出口、土地使用等的鼓励政策。积极引导外商投资于农业新技术和综合开发;鼓励外商采用高新技术、先进技术,结合现有乡镇企业技术改造,提高经济效益,生产满足国内市场需要的产品和出口创汇产品;鼓励外商进行农业综合开发,在中西部地区充分地利用资源丰富、劳动成本和土地价格低等优势,吸引外商投资高附加值的农副产品加工项目等。

(4) 积极拓宽农业利用外资的渠道和方式。农业利用外资除了努力争取保持国外优惠贷款的适当规模外,在一些经济较发达地区的乡镇企业,对于一些附加值较高的项目,要努力探讨运用项目融资、发行中长期债券、融资租赁等新的利用外资方式。鼓励外商承包经营土地用于农业开发。对一些大型水利枢纽工程,具有一定的经济效益,可以进行 BOT 的试点。

(5) 扩大外商投资的市场准入,加快开放农产品市场。农业领域中的外商投资项目主要集中在我国东部地区,占 90%,中、西部地区仅占 5% 和 4%;从项目类型看主要是农产品的加工项目,其次是养殖项目及其关联项目,种植业项目偏少。今后外商投资的重点领域是农产品精深加工项目、农产品出口创汇项目、乡镇企业的重组改造项目。政府外债的投资重点仍然是基础设施建设、技术人才引进、扶贫和环境建设等领域。

3) 我国农业利用外资的方式

改革开放以来,农业一直是鼓励外商投资的重点领域之一。我国农业外资来源渠道大体分为三类:一是国际多边机构提供的贷款或赠款;二是双边政府之间的经济技术合作;三是以合资、合作、独资企业为主要形式所吸收的资金。其中,国际多边机构提供的贷款或赠款和双边政府之间经济技术合作的贷款或赠款两类官方资本是农业利用外资的重要来源。截至 2004 年,我国农业协议利用外资约 33 亿美元,实际利用外资 15 亿美元,大约是 1979 年的 138 倍,累计利用外资达 270 亿美元。农业利用外资从无到有、从小到大、从点到面的逐步发展,已经成为我国筹措农业资金的一个重要来源。

提供贷款或赠款的国际多边机构主要包括世界银行、亚洲开发银行、联合国粮食及农业组织、联合国开发计划署、世界粮食计划署、国际农业发展基金、欧洲联盟等农业、金融和开发机构,其中世界银行提供的贷款占多边官方资本的比重最多,世界粮食计划署向中国提供的援助占援助金额的比重最多;双边渠道主要是国家与国家之间的政府贷款和赠款,这些国家主要有日本、加拿大、澳大利亚、德国、意大利、荷兰、瑞典、丹麦、比利时等国,其中来自日本的贷款和赠款比重最多。

我国农业利用外资方式多种多样,主要有国际金融组织如世界银行、联合国粮农组织的贷款与援助,国外政府贷款与援助,外商直接投资以及补偿贸易项目,"三来一补"项目,租赁项目等。

4) 我国农业利用外资的经验与存在的问题

(1) 我国农业利用外资的经验

① 中国在自力更生的基础上利用外资:我国作为发展中国家,成功地利用了国际金融组织的贷款及无偿援助,改善了项目区的生产条件和生态环境,提高了项目区的经济发展水平。中国的主要经验是没有被动地依赖外资,而是利用无偿援助和贷款这一有利条件,通过以工代赈,开发农业资源,发展农业生产,增强自力更生的能力。

② 集中资源进行大规模农业综合开发:无偿援助和贷款项目在项目区集中人力、物力、财力进行大规模、大范围的农业综合开发,从根本上改变了贫困地区恶劣条件,政府向相关项目提供高比例的国内配套资金,确保项目的顺利实施。

③ 中国政府的积极支持与参与:在我国与无偿援助和贷款机构的合作中,一个特殊的成功经验就是政府对项目强有力的支持与参与。中央、省和地方各级政府都承诺保证国内配套资金及时、足额到位。由于政府政策上的大力支持,绝大多数项目都能按时完成。通过有关部门对项目的合理设计和管理及项目后期管护,使一些项目活动在贷款结束或无偿援

助不再提供后仍能保持持续发展。

④ 从实际情况出发,科学合理地设计项目内容:1987年农业部提出了更适合国情的"一业为主,全面发展,进行农业综合开发"的新立项原则。与以往单一项目相比,它有以下一些优点:能够在较小的空间范围内充分利用土地资源;创造更多的劳动就业机会(特别是促进妇女的就业),增加农民收入;便于项目执行单位均衡地安排资金和劳力,提高效率;利于把近期(如种植业、渔业)利益和中长期利益(如畜牧业、林业)更好地结合抵御风险;通过农林、农牧、渔牧等的相互结合,形成新的生态平衡,有利于保护农业环境;符合我国财政投资体制,把各项专业投入汇集起来,扩充资金力量。

⑤ 做好评估工作:不论是贷款机构,还是无偿援助机构,均要派出评估团通过实地考察对我国申请的项目进行评估,并在项目准备时采用"参与式评估"方法,有助于了解项目区农民最急需解决的问题,确保项目活动适合当地实际情况,避免自上而下行政命令式开展项目活动。

⑥ 建立健全各项规章制度:凡是项目搞得好的地区,都有一系列符合实际的、行之有效的规章制度,如《项目管理制度》、《财务管理制度》、《监测评价制度》、《财产物资管理制度》等。

⑦ 借鉴成功经验:由于各地项目开始时间不一致,前面搞的项目已经摸索出了一些成功经验及做法,后来的项目注重学习这些经验,避免走弯路。

⑧ 搞好技术培训:一是无偿援助项目及贷款项目管理人员的培训,提高管理知识和业务水平;二是工程技术人员的培训,包括农民技术人员,以便在工程施工中发挥各自的作用;三是农民及其他施工人员的培训。培训收到了很好的效果。

⑨ 搞好工程质量监督和监测:一是质量监督,各项目区都把质量监督工作放在首位,项目区下属各施工单位都设有专门的质量检查监督员,各县设有项目质量监督组,对工程质量进行全面的监督;二是进度监测,通常由省、地、县负责同志与专业技术人员组成检查组,定期检查或抽查;三是财务审计,为避免无偿援助、贷款及国内配套资金的损失,做到专款专用,各级项目财会工作坚持按计划拨付资金(WFP则为援助粮食),事后追踪检查,每年年末由主管部门、财政审计部专门进行检查,发现问题及时纠正。

(2) 我国农业利用外资中存在的问题

① 国内配套资金筹措困难。国内农业资金来源多层次、多渠道,资金管理分散,政策上不协调,一些农业外资项目的配套资金没有正式列为国家或地方基本建设投资;配套投资主要渠道之一的国内银行贷款,其贷款指标不易全部落实;配套投资中地(市)、县承诺的部分因财力有限,资金不能及时到位;农民投入劳动力折算资本金不合理,无形中加重了农民的经济负担,挫伤了农民参与项目的积极性;再加上各级政府投资多向工业倾斜,对农业项目不够重视,导致用于农业外资项目的国内配套资金很贫乏。

② 贷款的项目单位缺乏外汇偿还来源,加大了汇率风险。在农业利用国际金融贷款的项目中有一些项目不具备出口创汇能力,而某些开发性项目,由于我国现行对外贸易政策,使许多农业项目投产后其农产品因没有出口配额而无法组织产品出口创汇,加大了还贷压力。同时,由于缺乏责、权、利统一的借、用、还管理体系,不利于进一步扩大利用外资这一方针的贯彻。不少项目由于缺乏合理的"还贷"机制,无形中增加了项目的负担,降低了项目的还贷能力。

③ 项目的规划、设计中存在的问题:一是有些项目设计未充分考察未来市场的因素,影

响了项目的效益;二是有的项目在规划中没有从实际出发,而是照搬、照抄;三是没有正确理解集中与分散的关系;四是有的项目区、项目点缺乏代表性,开发潜力不大,难以发挥项目示范、催化作用;五是有的项目规划没有纳入当地综合发展规划或城乡发展计划,有的项目区没有按计划实施,改变了用途,影响到项目工程的完整性;六是有的项目对建设中不可预见的因素估计不足,缺乏应变能力,不能提出替代措施或次优方案,最终影响到项目的建设;七是个别项目的设计未注意农民的近期利益和远期目标的结合以及经济效益与社会效益、生态效益的结合。

④ 有关部门间的协作配合存在比较突出的问题。

⑤ 项目后管护及可持续发展有待加强。

⑥ 项目执行中与非政府组织的合作有待加强。在已完成和正在执行的外资项目中,参与机构大部分为政府部门,非政府组织在项目组织、实施和管理中参与较少。有人统计的21个项目中,只有6个项目成立农民专业技术协会。项目的各级主管部门应当充分了解非政府组织的桥梁和中介作用,以此来充分调动农民的主人翁意识,发挥其创造性,探索新的外资管理模式。

复习思考题

1. 简述外汇、汇率的含义及其标价方法。
2. 简述我国的国际收支失衡的现状。
3. 简述人民币汇率制度与我国的外汇管理。
4. 我国的国际收支状况如何?利用外资的基本方式有哪些?我国农业利用外资的渠道与方式有哪些?

参 考 文 献

1. 杜放,邱成学. 财政与金融. 北京:中国农业出版社,2007
2. 财政部预算司. 政府收支分类改革问题解答. 北京:中国财政经济出版社,2006
3. 才凤玲,张云莺. 财政基础与实务. 北京:中国林业出版社;北京大学出版社,2007
4. 葛文芳. 财政与税收. 北京:清华大学出版社,2006
5. 陶勇. 地方财政学. 上海:上海财经大学出版社,2006
6. 崔国强. 新农村经济管理手册. 长沙:湖南科学技术出版社,2007
7. 李艳芳. 财政与金融. 北京:经济科学出版社,2006
8. 蒋洪. 公共经济学. 上海:上海财经大学出版社,2006
9. 蒙丽珍,李星华. 财政与金融. 大连:东北财经大学出版社,2005
10. 申长平. 财政学概论. 大连:东北财经大学出版社,2005
11. 张启春. 公共财政学教程. 北京:中国财经出版社,2004
12. 孔淑红,安玉华. 公共财政学. 北京:对外经贸大学出版社,2003
13. 任玉兰. 财政与金融. 成都:西南财经大学出版社,2003
14. 邓子基. 现代财政学. 北京:中国财经出版社,2001
15. 应寅锋,赵岩青. 国外的农村金融. 北京:中国社会出版社,2006
16. 李莉莉. 农村小额信贷. 北京:中国社会出版社,2006
17. 郭红玉. 货币金融学. 北京:中国对外经济贸易出版社,2002
18. 霍文文. 证券投资学(第二版). 北京:高等教育出版社,2004
19. 刘金章等. 现代金融理论与实务. 北京:清华大学出版社;北京交通大学出版社,2006
20. 刘亚萍. 金融投资案例分析. 北京:科学出版社,2005
21. 朱新蓉. 金融概论. 北京:中国金融出版社,2002
22. 许谨良. 保险学(第二版). 北京:高等教育出版社,2004
23. 郭晓晶,丁辉关. 金融学. 北京:清华大学出版社,2007
24. 李一芝,李艳芳. 农村财政金融. 北京:中国金融出版社,2004
25. 蒋振中. 国际金融. 上海:上海财经大学出版社,2004